La España de los Reyes Católicos

Miguel Ángel Ladero Quesada

La España de los Reyes Católicos

Alianza editorial
El libro de bolsillo

Primera edición: 1999
Cuarta edición ampliada y revisada: 2014
Séptima reimpresión: noviembre 2025

Diseño de colección: Estrada Design
Diseño de cubierta: Manuel Estrada
Ilustración de cubierta: Eugène Devéria: *Recepción de Cristóbal Colón por los Reyes Isabel y Fernando de Castilla* (detalle). Musée Bargoin, Clermont-Ferrand.
© Giraudon/Index-Bridgeman
Selección de imagen: Carlos Caranci Sáez

Reservados todos los derechos. El contenido de esta obra está protegido por la Ley, que establece penas de prisión y/o multas, además de las correspondientes indemnizaciones por daños y perjuicios, para quienes reprodujeren, plagiaren, distribuyeren o comunicaren públicamente, en todo o en parte, una obra literaria, artística o científica, o su transformación, interpretación o ejecución artística fijada en cualquier tipo de soporte o comunicada a través de cualquier medio, sin la preceptiva autorización.

© Miguel Ángel Ladero Quesada, 1999
© Alianza Editorial, S. A., Madrid, 1999, 2025
 Calle Valentín Beato, 21
 28037 Madrid
 www.alianzaeditorial.es

ISBN: 978-84-206-9342-2
Depósito legal: M. 22.744-2014
Printed in Spain

Índice

13 Introducción

21 1. Reyes y reinos
21   1. Hace quinientos años
28   2. Reinos y regiones históricas
28   1. La Corona de Castilla
37   2. El reino de Navarra
38   3. La Corona de Aragón
43   3. La época de los Reyes Católicos
51   4. El acceso al poder (1468-1480)
52   1. La crisis sucesoria
62   2. La guerra civil en Castilla
68   3. El restablecimiento de la paz

73 2. La sociedad
73   1. Las jerarquías sociales
75   1. La nobleza
85   2. Las sociedades urbanas
95   3. Aspectos del mundo rural
99   2. La situación económica
101   1. La producción
108   2. Intercambios y centros mercantiles
114   3. Política y economía

119	3. Ideas, proyectos y realidades políticas
119	1. Perspectiva general
135	2. Doctrinas políticas e imágenes del poder regio en tiempo de los Reyes Católicos
135	1. Autores y textos
139	2. Tradición e innovación
143	3. Los argumentos religiosos
148	4. Soberanía y forma de gobierno regio
154	5. La noción de Estado
156	3. España y sus reinos: de la realidad histórica a la política
167	4. Los caracteres de la unión dinástica y del gobierno conjunto
174	5. Los reyes, sus hijos y su entorno humano
175	1. Los reyes
186	2. El entorno cortesano
192	3. Los infantes
199	4. Los medios de gobierno
201	La Corona de Castilla
201	1. Poder monárquico y «sociedad política»
202	2. Derecho y ley, en la base del ejercicio del poder
207	3. La Corte, centro de gobierno y administración
207	1. Casa y Corte
210	2. Secretarios y Consejo
215	4. Los cargos territoriales
217	5. El papel de los letrados en la administración
220	6. Los recursos hacendísticos
230	7. Los medios militares y diplomáticos
238	8. Las ciudades y la Corona
238	1. Los gobiernos locales

246	2. La intervención de la Corona. Los corregidores
250	9. Hermandades y Cortes
260	10. Los reyes y la alta nobleza
260	1. Evolución bajomedieval
262	2. El poder nobiliario
267	3. La política nobiliaria de los Reyes Católicos
273	La Corona de Aragón. Navarra
274	1. Las instituciones reales
283	2. Los gobiernos urbanos. El poder señorial
292	3. Cortes y Diputaciones
299	Conclusiones
304	5. Organización eclesiástica y reforma religiosa
304	1. Clero y sociedad
310	2. Las relaciones con Roma
316	3. La provisión de sedes episcopales
327	4. El clero secular
331	5. El Real Patronato
334	6. Los maestrazgos de las órdenes militares
339	7. Las propuestas de reforma religiosa y sus medios de difusión
345	8. La observancia conventual
354	9. Aspectos de la religiosidad de los seglares
366	6. De la tolerancia a la Inquisición
366	1. Los judíos
366	1. La situación de los judíos en la Baja Edad Media
373	2. La expulsión. Causas y resultados
379	2. Los conversos
379	1. ¿Un grupo social?

384	2. El criptojudaísmo como pretexto para la violencia
390	3. La Inquisición
397	4. La consolidación inquisitorial
405	3. Los mudéjares
414	7. Medievo y Renacimiento
414	1. Los saberes científicos y técnicos
419	2. El humanismo
426	3. Los medios de difusión del saber
426	1. Las Universidades
431	2. La imprenta
435	3. Los programas educativos
439	4. La creación literaria
446	5. El esplendor de las artes
456	8. Las ganancias del reinado: Granada, Canarias, Indias
458	1. Granada
459	1. El emirato
460	2. Los medios para la guerra
463	3. El desarrollo de la contienda
468	4. Musulmanes granadinos y repobladores
474	5. Perspectivas norteafricanas
477	6. Las revueltas granadinas de fin de siglo
480	2. Canarias
481	1. La conquista
485	2. Aborígenes y europeos
490	3. Los repobladores y la formación de la nueva sociedad
495	4. Gobierno y administración de las islas

497	3. Las Indias
497	1. El proyecto de Cristóbal Colón
500	2. Las exploraciones
505	3. El oro de las Indias
509	4. Los primeros tiempos de la colonización
515	9. La política exterior
519	1. Los años de Granada
520	1. Italia
522	2. Los ámbitos pirenaicos
523	3. La cuestión de Bretaña
526	4. Portugal
527	2. Los años de Italia
527	1. Tiempo de paz
528	2. Carlos VIII en Nápoles
533	3. La renovación de la alianza occidental
536	3. La conquista de Nápoles
536	1. Fin de siglo
539	2. La guerra de Nápoles
543	4. La muerte de Isabel la Católica y la crisis del reino
554	5. La «gobernación» castellana de Fernando el Católico. África o Italia
560	6. Navarra
566	7. Epílogo cisneriano
568	8. Reflexiones finales
573	Mapas
581	Cronología
601	Indicaciones bibliográficas
649	Índice onomástico

Introducción

Los títulos breves, como el de este libro, pueden parecer a veces más explícitos de lo que en realidad son. *La España de los Reyes Católicos:* dónde y cuándo. Pero, ¿qué era España entonces, y qué conceptos y significados comportaba aquella palabra? La respuesta debería ser acaso un libro, no un prólogo, pero, aun dentro de la obligada brevedad, hay que declarar algunas precauciones previas ante los peligros de esencialismo y anacronismo que pueden acechar desde los ángulos más diversos. Así pues, no escribiré una sola línea en pro ni en contra sobre los supuestos caracteres permanentes de lo español, porque lo que me parece interesante aquí es comprender a la España histórica, a su realidad en el siglo XV.

Tampoco se me oculta que quienes han escrito en toda Europa, no sólo en España, sobre la esencia de lo nacional y la caracterología específica de cada pueblo, estaban acuciados por el deseo de explicar o justificar unas propuestas políticas o ideológicas, unas inquietudes y problemas colectivos, en suma, que ellos mismos vivían, los seguimos viviendo, surgidos en los dos últimos siglos de nuestro pasado, extremados con triste frecuencia por la pasión y la guerra, cambiantes también según las circunstancias de nuestra vida en común.

Ninguna persona puede, en efecto, dejar de ser y vivir en sociedad, pero los historiadores tenemos acaso, como deber específico, el de contribuir a la pacificación y progreso de la nuestra a partir de la profesionalidad, aun asumiendo las limitaciones personales y de conocimiento que cada cual padecemos, y esto obliga a obrar con el necesario bagaje crítico y metodológico a la hora de formular afirmaciones, hipótesis y preguntas, y obliga también a denunciar y a no dar en absoluto materia para que individuos dominados por el fanatismo, la xenofobia o la falta de escrúpulos puedan construir en los cenáculos de su estrechez mental tantas fabulaciones sobre el pasado con las que todavía hoy se aliena y enfrenta entre sí a buena parte de los hombres desde los más diversos planteamientos ideológicos.

Pues bien, si aceptamos que la naturaleza de la realidad histórica es una permanente dialéctica entre continuidad y cambio, entre estructuras y valores colectivos y personas y sucesos irrepetibles, a través de los que cada momento o época definen su identidad y su propio ser en el ininterrumpido fluir de la Historia humana, entonces nuestra primera tarea ha de consistir en aproximar al lector algunos conceptos sobre España, quizá complejos, difusos a veces o mal organizados a nivel consciente, que existían hace quinientos años y que no son los actuales, aunque estén vinculados con ellos por diversas líneas genéticas y evolutivas, puesto que no ha habido cortes ni cesuras totales en la historia española del último medio milenio ni en su desarrollo como parte de la civilización europea occidental[1].

* * *

El libro que aquí comienza tiene como argumento principal el estudio de la unión dinástica efectuada por los Reyes Católicos, en su sentido y alcance inmediatos, y en la influencia que tuvo sobre la historia española de los tiempos que siguieron. He adoptado un punto de vista que pone de relieve los fenómenos específicos del reinado, entre 1475 y 1515, sin olvidar, no obstante, las valoraciones de conjunto y los elementos de referencia a otras muchas realidades más amplias que parecen ya bien establecidas por el saber histórico actual. El núcleo de la obra trata, en consecuencia, de las doctrinas políticas y formas de organización del poder, de la importancia clave que tuvo aquel tiempo para el paso de España como realidad histórica a España como Estado-nación, y también he procurado mostrar, a la vez, la talla humana y política de los reyes Fernando e Isabel en sus diferentes aspectos. Pero no todo se jugaba en torno a las doctrinas, a la dinastía o a los monarcas, sino que también importaban, y mucho, las formas de gobierno, los aparatos institucionales, la relación entre poder regio y «sociedad política», tan diversa en Castilla y en la Corona de Aragón: por eso se ha dedicado un buen número de páginas a estas cuestiones, que son decisivas para comprender mejor las posibilidades y los límites de aquel Estado monárquico,

---

1. Escribí estas páginas en 1978 y, desde entonces, he tenido muchas otras ocasiones de reflexionar sobre los mismos asuntos. El resultado, hoy por hoy, en otro libro mío: *Lecturas sobre la España histórica,* Madrid, Real Academia de la Historia, 1998.

y que incluso contribuyen a aclarar otras cuestiones de orden político presentes en tiempos más próximos.

Se ha seguido un método de análisis en el que las figuras de la época, las acciones y decisiones de sus protagonistas más influyentes, aparecieran en el seno de las realidades colectivas, de larga o corta duración, donde surgieron y a las que contribuyeron a modificar. Interesa, sobre todo, conocer el país y cómo pudieron vivir sus hombres, cuál era su situación en un punto concreto del tiempo histórico, al término de la Baja Edad Media, cuáles sus raíces y cuáles sus perspectivas de futuro previsibles en aquel momento, no hoy, cuando aquel futuro es ya también pasado. Se ha entendido que ésta es la forma más completa de elaborar actualmente panoramas de una época dada, aunque no todos los temas posibles se han tratado en este libro, que tiene un mero carácter introductorio.

Dentro de la mayor brevedad, hay algunas páginas dedicadas a explicar los grandes rasgos demográficos, a singularizar los principales conjuntos territoriales, a discernir las características de unas sociedades dirigidas por clases aristocráticas cuyo modelo de organización y valores culturales alcanzaban entonces un momento de apogeo, y a presentar la realidad de una situación económica en la que predominan los aspectos de crecimiento y bonanza, que consolidan el sistema y lo transforman mediante la integración de nuevos elementos de estímulo a la producción y a los intercambios. Es evidente que no se puede comprender la realidad de España, ni a finales del siglo XV ni en ningún otro momento, sin conocer los fundamentos económicos y sociales en que se basaba, pues de otra forma los mismos conceptos de Estado, sentimiento de patria o ideas prenacionales estarían vacíos de sentido, al ignorarse quiénes los tenían y en qué tipo de sociedad se enraizaban. «El Estado moderno —escribe Pierre Vilar—, que acabará confundiéndose con la nación, sólo se consolidará como forma política avanzada en el tránsito del feudalismo al capitalismo, en determinados países, a ciertos niveles y en momentos precisos... Las tres grandes monarquías absolutas —se refiere a España, Inglaterra y Francia en los siglos XVI y XVII— son el término de un orden feudal cuyo desarrollo controlaron... amparan los valores, las jerarquías y los recursos de la clase feudal, pero deben adaptarse a un mundo transformado por el ascenso de las fuerzas productivas y la apertura de nuevos mercados con el Descubrimiento.»

Las características de este libro han llevado a tratar con extensión mucho mayor otros acontecimientos y situaciones de la época de los Reyes Católicos, aunque enraizándolos siempre en sus antecedentes medievales y dejando abierto el camino para entender mejor de qué manera influyen y sobreviven en los tiempos siguientes. Todo lo relativo a la organización eclesiástica surge como cuestión fundamental: no sólo atañe al ámbito específico de la jurisdicción de la Iglesia, ni a su inserción en la sociedad, sino que es también tema político, clave para comprender muchos aspectos del naciente «Estado moderno». Así lo entendieron los Reyes Católicos, y por eso ha sido preciso estudiarlo con gran atención, dentro de los límites que convienen a un libro de síntesis.

Aquélla fue una época bien definida en sus inquietudes y aspiraciones religiosas, entre tradición y reforma, y en su vitalidad cultural, renovada por el humanismo, por la difusión de la imprenta, y por numerosas empresas intelectuales, literarias y artísticas que permanecen todavía como testigos, a menudo magníficos, del tiempo en que surgieron, cuando ya todo lo demás es pasado. Su estudio nos reconcilia con el saber histórico, otras veces árido en exceso; nos permite acercarnos algo a mundos de sentimientos, ideas, creencias, valoraciones que, aunque no sean los de hoy, pueden resultar familiares, pues no en vano se ha mantenido el hilo de la historia común entre quienes los vivieron y nosotros. Al repasar la creación literaria podemos apreciar mucho mejor, además, cuestiones fundamentales sobre el uso de las lenguas y la definitiva promoción del castellano.

Los Reyes Católicos fueron políticos que tomaron grandes decisiones sobre problemas con frecuencia muy anteriores. A menudo se les recuerda sobre todo por este aspecto de su ingente actividad. El paso de la deteriorada tolerancia medieval a la exclusión inquisitorial, a la expulsión de los judíos o a la conversión de los musulmanes, por ejemplo, ¿no habría bastado él solo para perpetuar la memoria y la polémica sobre un reinado? Pero es que, además, resolvieron un pleito multisecular, que había revivido en el siglo XV, terminando con la presencia de poderes islámicos en la península, mediante la tenaz y larga guerra de Granada y la repoblación inmediata del territorio; pusieron las bases de la política norteafricana; tomaron para la Corona la tarea de incorporar las islas Canarias, un proceso que languidecía desde la segunda década del siglo XV y vino a culminar entre 1478 y 1496, y diseñaron la nueva política de relaciones europeas de la Monarquía Hispánica unida, con tal fuerza que sus líneas maestras permanecieron vigentes durante doscientos años, mientras que, desde el exterior, comenzaba a percibirse con toda claridad a España como ámbito político, y no sólo como realidad geohistórica. Los resultados inmediatos –la conquista de Nápoles, la integración de

Navarra– fueron extraordinarios. Todo ello sin contar con la llegada al Nuevo Mundo. De manera que no hay exceso en suponer, como ya entonces se hizo, que en torno a 1492 comenzaba una época de la historia española nueva, y a la vez más influyente en la de otros muchos pueblos y países, sobre todo europeos.

Sólo una narración detallada puede dar cuenta de tantos sucesos y procurar su comprensión correcta. En consecuencia, a ello nos hemos dedicado, sin excesiva preocupación por el desdén con que a menudo se contempla a la indispensable historia narrativa, que, a mayor abundamiento, suele ser muy interesante cuando se la sitúa en sus justos términos, dentro de una concepción mucho más amplia y global del devenir y del saber histórico. Además, proporciona buenos criterios de periodificación en el tiempo corto que siempre es un reinado: primero, la época de la lucha por el trono y la guerra de sucesión castellana (1468 a 1480); después, los años en los que todo se supeditó a la conquista de Granada (1482 a 1492); en tercer lugar, el crecimiento de la política italiana y, en torno a ella, de las relaciones exteriores (1493 a 1504); por último, el tiempo de la regencia fernandina, con sus diversos avatares (1505 a 1516).

1. Reyes y reinos

... Quanto más que han acá passado diferentes maneras de gentes: porque aunque los que venían eran vasallos de los reyes de España, ¿quién concertará al vizcaíno con el catalán, que son de tan diferentes provincias y lenguas?, ¿cómo se avernán el andaluz con el valenciano, y el de Perpiñán con el cordobés, y el aragonés con el guipuzcoano, y el gallego con el castellano (sospechando que es portugués), y el asturiano e montañés con el navarro?, etc. E assí desta manera, no todos los vasallos de la corona real de España son de conformes costumbres ni semejantes lenguajes. (Gonzalo Fernández de Oviedo y Valdés, *Historia General y Natural de Indias,* Lib. II, cap. XIII, Madrid, 1851.)

1. Hace quinientos años

España fue definida por primera vez como concepto geográfico hace unos dos mil quinientos años. Conviene recordar, acto seguido, que toda geografía, en cuanto supera los mínimos niveles descriptivos, es geografía humana y conceptúa conjuntamente sobre las tierras y sobre los pueblos que las habitan. Por eso, la formación de un concepto geográfico es siempre base para definir realidades humanas y, por lo tanto, puede serlo de realidades históricas más complejas. Ciñéndonos a la época medieval, no parece que pueda haber muchas dudas razonables sobre la presencia de España como realidad histórica, de la que sus propios habitantes, integrados en la Europa medieval, toman conciencia creciente a partir de los siglos XI al XIII, a través de varias ideas que han sido desarrolladas por los sectores sociales dominantes, cosa que suele ser habitual, pero a las que no se puede negar un nivel de validez generalmente reconocido.

La primera de ellas es el recuerdo de la antigua estructura política unitaria, primero en el seno de Roma, después por obra de la realeza visigoda, y de su destrucción –la «pérdida de España»– como consecuencia de la invasión islámica y de su aceptación por la mayoría de los hispanos en el siglo VIII. Pero la civilización islámica no trazó de la península –«Al Andalus»– un concepto comparable al de la antigua Hispania, ni consiguió organizarla políticamente con unos criterios o perspectivas de unidad, a pesar de los esfuerzos de emires y califas cordobeses. Por el contrario, los pequeños condados y reinos cristianos del norte, en especial el reino de Asturias, crecieron con el recuerdo de la vieja idea romano-gótica y, sobre todo, dentro de una posición común frente al Islam que, desde finales del siglo XI, se plasma en guerra ofensiva de actitud reconquistadora, justificada por el deseo de recuperar algo arrebatado hacía siglos, y en ideología de cruzada. Los historiadores actuales saben bien la distancia que había entre esa actitud ideológica y las realidades históricas de base, pero no se puede olvidar que las ideologías también forman parte de la realidad. Con las suyas propias, la España cristiana y europea de los siglos XI al XIII se definió a través de unos amplios conceptos político-religiosos: si en los otros pueblos europeos hubo un cristianismo cemento y armazón de la sociedad medieval, ¡cuánto más en los españoles! El patronazgo de Santiago lo simboliza a la perfección.

Cualquier país toma conciencia de sí mismo a través de su historia, y pretende siempre justificar su presente a través de su pasado, aunque sea creando una visión mítica y fabulosa de cómo fue. Pues, bien, la historiografía medieval hispánica identifica a España, ya desde los siglos XII-XIII, de forma mayoritaria y no contradicha, como un ente histórico plenamente real, aunque no uniforme ni contrapuesto a la realidad diversa de sus reinos. Había, y aquellos escritos lo demuestran, una concepción de España como ámbito geohistórico característico en el conjunto de la Europa medieval. El término «nación española» que encontramos en tantas y tan variadas fuentes y testimonios de la Baja Edad Media europea, no es el resultado de elucubraciones intelectuales minoritarias, sino el reconocimiento de un hecho nacional. Pero, atención, en el sentido genérico, polivalente y no político que el término «nación» podía tener para las mentes de aquellos siglos, en los que se suele citar la vieja definición que de nación daba San Isidoro, como conjunto de hombres que reconocen un origen común y están ligados por lazos de sangre. La nación, pues, como un inmenso linaje o cepa. En España, como en otras partes, entre la vieja idea medieval y las contemporáneas de nación se ha interpuesto y desarrollado la constitución del Estado, y en su seno ha habido una transformación compleja de los conceptos y sentimientos nacionales. Pero no parece haber motivo para ignorar que existió una España medieval, igual que hubo una Alemania, una Francia, una Italia o una Inglaterra medievales.

Intentaremos precisar ahora algunos rasgos de la realidad española, más allá de su existencia geohistórica, a finales de la Edad Media. Ante todo, hay en ella una diversidad de entidades políticas muy arraigadas, y dotadas de gran complejidad interna a veces: Corona de Castilla, Corona de Aragón, Portugal, Navarra, Granada. Prescindiendo ahora de esta última, a la que se puede considerar postrer baluarte de Al Andalus, hay que señalar cómo, en todas ellas, los conceptos de naturaleza y extranjería, y los de patria o prenacionales, en el sentido actual de ambas palabras, se aplican dentro de las propias fronteras porque implican contenidos claramente políticos. No había en la España bajomedieval ni unión política ni muchos elementos efectivos que permitieran preverla, salvo la antigua concepción imperial –cuya realidad se extinguió en el siglo XII, pero no su recuerdo–, el hecho mismo de la mayor magnitud territorial y poblacional de Castilla, y el juego azaroso de los enlaces dinásticos. Se ha escrito con acierto que la península Ibérica era un «ámbito de poder» (Maravall), puesto que los monarcas de cada reino tenían que contar primero con el hecho de su situación geohistórica, pero, en mi opinión, no se podría suscribir sin grandes matices otra afirmación, según la cual todos ellos lo regían «solidariamente». En todo caso, la solidaridad les venía impuesta, a ciertos niveles, pero no fue un ideal político buscado habitualmente por los monarcas en los siglos XIV y XV, salvo que se consideren como tales las relaciones familiares y la política dinástica, en especial la de los Trastámara castellanos y aragoneses en el siglo XV.

1. Reyes y reinos

Porque, desde luego, su resultado final fue la unión de las Coronas mediante el matrimonio de Isabel y Fernando –los Reyes Católicos– y su reinado conjunto a partir de 1475 en Castilla y de 1479 en Aragón. Fue aquello un primer paso hacia la formación de España como Estado, a partir de su propia realidad histórica anterior, y parece cierto que si la unión dinástica pudo perdurar, a través de diversos avatares, fue, ante todo, porque se cimentaba en sentimientos suficientes de coherencia entre las partes afectadas que, sobre fundamentos más remotos, se irían incrementando. Allí tuvo comienzo el Estado moderno español, pero no ocurrió la aparición súbita de un Estado nacional unitario, como tantas veces se ha escrito con notorio anacronismo. Ante todo, porque quedaron fuera de él dos reinos de la España histórica medieval: Navarra, por poco tiempo, y Portugal ya siempre, pues concluiría por configurarse a sí mismo como Estado-nación. En segundo lugar, porque continuaron vigentes diversidades legales y político-administrativas, lo que hizo más complejo el nacimiento de una conciencia nacional unitaria tal como se ha concebido en tiempos contemporáneos, y este hecho se acentuaría más aún debido al desajuste y diversidad de los ritmos de evolución política de los reinos encuadrados en la Monarquía de España así unificada dinásticamente.

En suma, a finales del siglo XV comenzaba solamente un largo y laborioso proceso para transformar a España en un Estado-nación. ¿Tuvieron los Reyes Católicos intuiciones geniales sobre el futuro? Parece más bien que no, aunque nadie pueda negar sensatamente su gran categoría política y su papel como creadores del Estado monárquico, origen del español actual. Pero interesa mucho destacar, una vez más, que hay una existencia histórica de España muy anterior a la del Estado español, que éste sólo paulatinamente acabó cubriéndola, con la excepción portuguesa, y que en el nacimiento de la nación española, según el significado contemporáneo del término, a la vez político e histórico, jugaron un papel muy relevante las realidades diversas que antecedieron a la formación del Estado moderno y continuaron interviniendo largo tiempo en su seno.

Antes de entrar en la exposición de estas cuestiones, hay que mencionar algunas otras tocantes también a la realidad española del siglo XV. Ante todo, una de tipo lingüístico. A finales del siglo, cuando se produce la unión dinástica, hablaban castellano las cuatro quintas partes de quienes habitaban en los reinos de Isabel y Fernando, incluyendo en este concepto formas dialectales minoritarias que no impedían una inteligibilidad mutua total. El castellano se aceptaba, además, como lengua más común de relación interpeninsular y tenía ya un desarrollo literario de primera línea dentro de las lenguas europeas, de modo que su prestigio impulsaba al bilingüismo incluso a escritores lusitanos de la época.

El «Estado moderno» que llega a su madurez bajo los Reyes Católicos utilizó esta realidad anterior; no la impuso aunque, desde luego, la potenció. El castellano comienza así la etapa final de su camino para convertirse en lengua de todos los españoles –salvo, por supuesto, en el caso portugués, que se distanciará radicalmente de los demás en los siglos modernos–, y se convierte en principal elemento de comunicación del Estado monárquico. El castellano, además, sería, en virtud de la propia fuerza de su difusión, transmisor y testigo de la cultura española en otras partes del mundo. Desde este punto de vista, la equiparación entre lengua castellana e idioma español, que entonces da comienzo, no pareció desmesurada ni pretendió ser vejatoria para otras realidades lingüísticas de España, puesto que se trataba de un fenómeno profundo, con desarrollo autónomo, no de una imposición política.

Precisamente en 1492, la casualidad no sabría ser aquí más significativa, se editaba el *Arte de la lengua castellana*. Su autor era el humanista sevillano Elio Antonio de Nebrija, que enseñó en las universidades de Salamanca y Alcalá de Henares. Gran filólogo y latinista, supo aplicar por primera vez una normativa gramatical al castellano, que fue así, también, la primera lengua europea en contar con este tipo de texto para su estudio. En el prólogo, dedicado a la reina Isabel, el autor resalta la función de la lengua como «compañera del imperio»; es decir, hablando a un político, Nebrija subraya la necesidad inexcusable que todo poder tiene de inteligibilidad lingüística para ejercerse y transmitirse: como el latín en Roma, así el castellano en la monarquía isabelina. El argumento no podía ser ni más simple ni menos imperialista en el sentido que hoy algunos atribuyen a esta palabra.

Era aquélla, por último, una época en que las comunidades locales y territoriales vivían todavía muy replegadas sobre sí mismas, aun participando de estos cauces de convergencia y, por lo tanto, había formas de vida cotidiana, costumbres y usos, folclore y «psicologías de grupo» relativamente diversos: en este terreno es donde más pervivieron las realidades diferenciales de cada pueblo de España, casi hasta nuestra época, a pesar de los cambios en otros niveles históricos, hasta que la cultura de masas contemporánea ha venido a arrasarlo casi todo en las últimas generaciones: valdría la pena investigar adecuadamente estos sustratos profundos con los métodos combinados de la Antropología y de la Historia, para estimar sus formas de influencia y difusión, y, en la medida de lo posible, cuál era su estado hace ahora quinientos años.

2. Reinos y regiones históricas

Es conveniente, pensando sobre todo en lectores no españoles, describir ahora con brevedad cuáles eran las grandes áreas territoriales que la geografía, y especialmente la historia, habían delimitado en lo que fueron dominios de los Reyes Católicos, puesto que las divisiones políticas entre Coronas y reinos no dan idea completa de unas realidades que serían el punto de partida obligado para todos los proyectos de regionalización de España en los últimos siglos.

1. La Corona de Castilla

La Corona de Castilla se extendía sobre 385.000 km², en cuyo interior, debido a la evolución política castellana, los diversos reinos eran casi únicamente referencias históricas, pues prevalecía la unidad institucional y administrativa en torno a la monarquía y la comunidad de *naturaleza* entre todos sus habitantes. La población había aumentado a lo largo del siglo XV, como en toda la península, aunque con variedades regionales, y alcanzaba entre cuatro y cuatro millones trescientos mil seres, al menos, en 1492, lo que significa un 68,5% de la población de la península sobre un 64,3% del territorio y señala ya uno de los motivos del predominio castellano.

1. Reyes y reinos

Los hechos regionales tenían, desde luego, mucho peso en la configuración de la Corona. Las tierras del norte, que fueron cuna de la expansión hispano-cristiana medieval, conservaban mayores peculiaridades y una diversidad más arraigada, como fruto de una historia que había discurrido a través de épocas heterogéneas pero sin rupturas ni conquistas militares. Galicia, en el noroeste, tuvo siempre la consideración de reino, e incluso alguna institución específica, como fue el Adelantamiento Mayor, distinto del leonés. Poseía además lengua propia que sólo cedió ante la castellana en los campos literario y administrativo a finales de la Edad Media. Tenía un 7% de la población de la Corona y era tierra de profundo predominio e influencia eclesiásticos, simbolizados en Santiago de Compostela, gran centro de peregrinación, en las sedes episcopales y monasterios dotados de amplios señoríos feudales. En la sociedad gallega, tan profundamente rural como señorializada, perdurarían formas de relación humana, usos y derechos en el ámbito privado sumamente tradicionales y conservadores, pero la dedicación a las actividades marítimas permitió también a los gallegos disponer siempre del medio más eficaz en aquella época para su relación con el exterior, y la región experimentó, por lo que parece, un notable crecimiento económico en algunos aspectos durante la época de los Reyes Católicos.

Asturias, con un 2,2% de la población de la Corona, había sido declarada Principado a finales del siglo XIV, en 1388, y su señorío correspondía al heredero del trono castellano, que lo ejerció a veces desde 1444. Se observa en esta región el mismo contraste entre un mundo rural, algo menos señorializado que el gallego, y escasos centros urbanos o portuarios –Oviedo, Avilés–, cuya actividad mercantil es relativamente menor que la galaica. Cierto arcaísmo, aislamiento y escasas relaciones de verdadero peso colectivo con las tierras de la meseta interior leonesa serían otros tantos rasgos de estas *Asturias de Oviedo*. Más al este, la *Marina de Castilla*, que integraba las Asturias de Santillana, Liébana y Trasmiera, carecía de aquel principio de unidad, pues el realengo estaba representado por las *cuatro villas* de la costa (San Vicente de la Barquera, Santander, Laredo y Castro Urdiales). Pero en aquella *Montaña de Burgos* –como también se la llamaba–, en aquella zona cantábrica perteneciente al reino estricto de Castilla, era mucho mayor la comunicación con el interior meseteño, y a través de sus vinculaciones con el centro urbano y mercantil de Burgos, los puertos costeros participaban activamente en el gran comercio exterior. No es probable que la región superara el 1,5% de la población de la Corona en sus 5.300 km².

En las tierras de etnia vasca o vasconizadas que se integraban en la Corona de Castilla, la diversificación institucional y administrativa no era sustancialmente distinta entonces a la de otras partes del ámbito político castellano, aunque sus peculiares formas de permanencia posterior así lo hayan hecho pensar a algunos. *Álava* y *Guipúzcoa* formaban parte del reino castellano, mientras que en *Vizcaya* los reyes actuaban como «señores», aunque las diferencias prácticas que esto suponía para su dominio político eran poco relevantes. Dentro de cada una de las tres áreas había, como en otras partes de la Corona, coexistencia de jurisdicciones *realengas* con realidades señoriales, *villas* con sus propios *fueros* y zonas rurales que podían a veces tener sus cartas de privilegio (las *Encartaciones* de Vizcaya, por ejemplo). Por lo demás, la presencia de *corregidores* reales aseguraba la coordinación del conjunto en cada territorio, e incluso servía para regular y poner por escrito su foralidad respectiva. La mayor peculiaridad, a finales del siglo XV, es la existencia de *hermandades* de villas en Álava, Vizcaya y Guipúzcoa, con juntas diferentes de la general castellana, y el pago de *pedidos* específicos por parte de Vizcaya y de los sectores de Álava y Guipúzcoa encuadrados en la llamada Merindad de Allendebro, lo que significa que no contribuían a los *servicios* generales otorgados por las Cortes, pero no que estuvieran exentos del pago de las rentas reales ordinarias. La relación de los puertos vascos –especialmente Bilbao– con Burgos, su gran capacidad de construcción naval y las propias producciones minera –hierro– y pesquera abrieron amplias zonas vascongadas al mundo exterior e impulsaron un predominio urbano y, hasta cierto punto, burgués, sobre una población que seguía siendo mayoritariamente agraria, de hidalgos y campesinos libres. En aquel mundo rural, iletrado y fuertemente localista, donde las luchas de *bandos* eran más agudas que en otras partes, el vascuence debía alcanzar un uso mucho más extendido que el de tiempos posteriores, pero la inexistencia de manifestaciones escritas impide precisar más.

Vizcaya, Álava y Guipúzcoa, aunque muy pobladas en comparación con otras zonas norteñas, contaban con un 3,9% de la población de la Corona. Una característica común a todo el Norte era el predominio rural, del que sólo emergían algunas decenas de villas de en torno a un millar de habitantes, y algunos núcleos mayores, de unos 3.000 (Oviedo, Laredo, San Vicente de la Barquera), e incluso 5.000 (Santiago de Compostela, Bilbao, Vitoria).

La cuenca del Duero, así como La Rioja del obispado de Calahorra, fueron las primeras grandes áreas de colonización y repoblación leonesa y castellana, entre los siglos IX y XII. Su sector occidental componía el *reino de León* (obispados de León, Astorga, Salamanca y Ciudad Rodrigo) y el oriental formaba el *reino de Castilla,* primero en la intitulación regia, por lo que da nombre también a toda la Corona (obispados de Burgos, Palencia, Osma, Calahorra, Segovia y Ávila). Las formas de organización eran las mismas y, por lo tanto, la mención a los reinos sólo tenía ya un valor retrospectivo, así como también había sido total la mezcla entre los descendientes de los repobladores, procedentes en su mayoría de toda la orla cantábrica, Galicia y Navarra. Aquello era ya la España de los conquistadores y colonos, un «país nuevo» antaño pero con muchos siglos de historia y transformaciones a sus espaldas a finales del XV, en el que se discernía, como en todo país de colonización, una mayor simplicidad de sus formas organizativas.

Pero hay que distinguir entre las tierras situadas al norte del Duero, de más antigua y compleja ocupación, y las *extremaduras* situadas al sur del río, repobladas en el siglo XII de manera algo más homogénea por los *concejos* de realengo, aunque en toda la región había aumentado muchísimo el número de señoríos de jurisdicción nobiliaria en el siglo de la dinastía Trastámara (1369-1474). Por su población, riqueza agraria e intensidad de la vida urbana, las tierras castellanas y leonesas eran entonces el corazón de la Corona, lugar de residencia más habitual de los reyes, de los órganos de gobierno, de buena parte de la alta aristocracia. En su sector central, en torno al eje Burgos-Valladolid-Medina del Campo-Segovia y Ávila, que se prolongaba hasta Toledo y el valle medio del Tajo, se acentuaban estos caracteres de vital prosperidad, mientras que es posible observar cierta marginalidad tanto en la franja occidental leonesa, en especial al norte del Duero, como en algunos sectores orientales del obispado de Osma.

1. Reyes y reinos

Al sur del Sistema Central, hablando siempre en términos generales, el proceso colonizador subsecuente a la *reconquista* había comenzado también en el tránsito de los siglos XI al XII, en torno a la ciudad de Toledo y las tierras de su reino situadas en el valle medio del Tajo. Es una *Castilla la Nueva* que se consolidó en los ciento cincuenta años siguientes a la conquista de Toledo (1085), extendiendo su modelo organizativo hasta las serranías ibéricas de Cuenca, por el este, y por el oeste hasta las actuales zonas extremeñas de Plasencia y Trujillo, e incluso de Coria y Cáceres, aunque estas últimas entraban en el dominio de los reyes leoneses hasta la definitiva fusión de los reinos de León y Castilla en 1230. En el reino de Toledo y sus zonas aledañas, como en la mitad sur de la cuenca del Duero, se dio una importancia primordial a los grandes municipios de *realengo* y se instauró una potente organización eclesiástica, en torno a la sede primada toledana. En ambas zonas, durante los siglos XIV y XV, hubo una gran expansión de los señoríos jurisdiccionales de la alta nobleza.

Pero ya mucho antes, en las tierras de la cuenca del Tajo, frontera con el Islam por entonces, aparecieron y tuvieron señoríos en la segunda mitad del siglo XII las *órdenes militares* (Calatrava, Santiago, Alcántara, y también las de San Juan y del Templo de Jerusalén), poderosos institutos a la vez religiosos y guerreros, que organizarían en su propio beneficio señorial buena parte de la colonización de la cuenca del Guadiana, manchego y extremeño, realizada en la primera mitad del siglo XIII: hubo allí pocos municipios reales –Badajoz, Ciudad Real, Alcaraz–; la presencia de las órdenes dominó durante muchos siglos aquellas tierras y estableció una duradera solución de continuidad entre las áreas neocastellana y de la actual Extremadura, en las que, en definitiva, se integran, y las del sur murciano y andaluz, aunque también en ellos estuvieron presentes las órdenes, sobre todo en el gran nudo montañoso del nordeste andaluz, y en la frontera con el emirato de Granada.

En los siglos XII y primera mitad del XIII se plantearon problemas en la delimitación de la frontera norte-sur que separaba Aragón de Castilla. Surgieron así algunas realidades territoriales peculiares que perdurarían durante siglos. Molina de Aragón quedó del lado castellano, en el obispado de Sigüenza, y junto con Vizcaya, era el único señorío que formaba parte de la titulación de los reyes de Castilla. El de Albarracín, constituido sobre un antiguo reino *taifa* musulmán, se integró en el dominio de los aragoneses ya en el siglo XIII. Más al sur, los tratados de límites –el de Almizra, en 1244, fue el último– dieron lugar a la fundación y colonización por Castilla de plazas como Requena o Áyora, que la división provincial del siglo XIX acabaría integrando en Valencia. Por último, el señorío también castellano de Villena vino a ser una marca fronteriza entre ambas Coronas, sobre todo cuando, en 1304, las tierras norteñas del reino de Murcia pasaron a formar parte del reino de Valencia, en la actual provincia de Alicante.

En general, aquellas tierras de las dos submesetas estaban llegando a un óptimo de población, que alcanzarían a mediados del siglo XVI. En ellas destacaba la importancia y capacidad de dirección de los núcleos urbanos, con dos capitales principales, Toledo (cerca de 30.000 habitantes) y Valladolid (unos 25.000), un centro ferial que se aproximaba a los 20.000 (Medina del Campo), varias plazas de primera importancia que oscilaban entre los 10.000 y los 15.000, como Burgos, Salamanca o Segovia, y otras de gran peso urbano que superarían, por término medio, los 6.000 a 8.000: Ávila, Trujillo, Cuenca; Guadalajara o Madrid en un escalón algo más bajo.

Después de la batalla de Las Navas de Tolosa (1212), la gran conquista y expansión hispano-cristiana de los cincuenta años siguientes permitió incorporar a la Corona castellano-leonesa, aparte de la Extremadura actual al sur del Tajo y la cuenca manchega del Guadiana, Murcia y la Andalucía del Guadalquivir, en donde se establecieron formalmente tres reinos –Sevilla, Córdoba y Jaén– que como tales carecían de significación institucional y administrativa. Pero Andalucía era la frontera, contaba con un Adelantamiento propio, y pronto maduraron allí peculiaridades regionales, propias de una tierra nueva, de gran riqueza potencial y crecimiento poblacional y económico intenso en el siglo XV: cuando llegaba a su término, contaba con el 20,3 % de la población de la Corona. Murcia, con un 2 %, también con título de reino, reproducía, en escala menor, algunas características andaluzas. Naturalmente, se incluye en Andalucía el reino de Granada, conquistado por los Reyes Católicos, aunque la fecha muy posterior de su colonización, la presencia morisca durante varios decenios, y la misma geografía, siguieron marcando diferencias entre las dos partes de la región andaluza.

En ella, la metrópoli era Sevilla, la mayor ciudad de la Corona, con 45.000 habitantes, centro de la Baja Andalucía, pero acaso la Granada conquistada en 1492 superaba aquella cifra de habitantes. Córdoba, con 30.000, tal vez, Jaén, con más de 20.000, Baeza, Úbeda, Jerez, Écija y Murcia, con 12.000 a 15.000, y más de una docena de plazas con 6.000 a 8.000 habitantes, entre ellas Mérida, en Extremadura, dan idea del volumen que el fenómeno urbano alcanzaba en aquellas tierras, subrayado por formas de poblamiento rural muy concentrado.

Andalucía, por lo tanto, fue una especie de nuevo mundo para los castellanos del siglo XIII y continuó siéndolo en los siguientes, a medida que maduraba al lado de los otros grandes conjuntos regionales que hemos descrito. A través de estas colonizaciones sureñas, se establece el nexo histórico entre las propias de la España medieval y las que tendrán lugar más allá del Océano, en los tiempos modernos. Los criterios de racionalidad se acentúan en las repoblaciones del siglo XIII, mucho más que en las anteriores, y su experiencia sirvió, ya sin grandes cambios, para la del reino de Granada dos siglos y medio después. Sin embargo, la rápida consolidación de oligarquías sociales en tierras andaluzas y murcianas, y el peligro continuo de la frontera islámica con Granada y con el Magreb, desde el último cuarto del siglo XIII, matizarían la realización de posibilidades y promoverían en Andalucía un conservadurismo de la estructura social y económica tal vez mayor, en algunos aspectos, que en otras tierras, aunque combinado con un fuerte desarrollo urbano y mercantil: Sevilla fue uno de los grandes centros de tal desarrollo en la Baja Edad Media, y por eso Andalucía pudo ocupar la vanguardia en la hora de los grandes descubrimientos geográficos transoceánicos.

Llegamos así al fin de la descripción dedicada a la Corona de Castilla tal como estaba formada a finales del siglo XV. La unión política, la amplia difusión de unos módulos de poder semejantes, no estorbaba la vigencia de diversidades regionales enriquecedoras, y servía al mismo tiempo para el desarrollo de un Estado, innovador en las circunstancias europeas de la época, organizado en torno a la fuerte concentración de poder en la institución monárquica.

2. El reino de Navarra

Entre los Pirineos y la ribera del Ebro, el reino de Navarra (11.700 km², 120.000 habitantes) era una realidad nacida y sólidamente arraigada durante el Medievo hispánico. Su proyección reconquistadora se había visto frustrada desde comienzos del siglo XII, cuando los acontecimientos políticos le hicieron recuperar reyes propios pero también forjaron las fronteras que, con alguna excepción, conservaba todavía en 1512, cuando la conquista ordenada por Fernando el Católico lo integró en unión dinástica definitiva con la Corona de Castilla.

Navarra era tierra de vascones a la que habían inmigrado muchos otros que no lo eran, sobre todo en los territorios de su mitad sur. Su división en *merindades* y las mismas luchas del siglo XV entre *agramonteses* y *beamonteses* reflejan, de diversa manera, estas complejidades históricas. La conquista de 1512 desgajaría del reino un sector, la actual Navarra francesa, de diferente evolución política posterior: son los 1.250 km² de la llamada entonces *tierra de Ultrapuertos*. El mayoritario sector español conservaría, por el contrario, sus instituciones vernáculas sin interrupción durante los tres siglos y medio siguientes: hubo unión política pero no tabla rasa de una historia peculiar anterior, en la que se incluían modos de organización social y económica muy semejantes a los de las tierras norteñas y riojanas de la Corona de Castilla. Como en ellas, también en Navarra predominaban los pequeños núcleos rurales y eran escasas las ciudades, aunque de rancio abolengo, mayores y más numerosas en su mitad sur, según el mismo modelo que otras del valle medio del Ebro. Pamplona, la capital, no pasaba de 5.000 habitantes; Tudela, al sur, era algo mayor, y no se puede olvidar, por su posición en el antiguo Camino de Santiago, a Estella y Sangüesa.

3. La Corona de Aragón

La población de la Corona de Aragón alcanzaba los 865.000 habitantes sobre 110.000 km^2; esto es, 13,7% de los habitantes y 18,4% del territorio peninsular más Baleares. Contamos con diversos padrones de *fuegos* y otras estimaciones de diversa fiabilidad, por las que parece que el reino de Aragón propiamente dicho contaría con 250.000 habitantes en 1495 (51.540 *fuegos,* frente a sólo 42.683 en el padrón del año 1404). El principado de Cataluña había descendido de población, puesto que en un *fogatge* de 1378 se contabilizan 78.104 *fuegos,* y en el de 1497, 60.570, que vienen a ser 300.000 habitantes. Pero estos conceptos y documentos fiscales no se pueden traducir a datos demográficos sin tomar precauciones ante el resultado. Lo mismo sucede en el reino de Valencia: la capital pasa de 8.000 *fuegos* en 1418 a 15.000 en 1483, lo que supondría unos 75.000 habitantes y evidencia el gran florecimiento de la ciudad, aunque otros testimonios documentales reducen la cifra de población a unos 45.000 a 50.000 habitantes, mientras que en zonas rurales y núcleos menores los datos son muy diversos y en ocasiones parecen indicar un descenso o al menos estancamiento de población. En conjunto, el reino tendría 250.000 habitantes y, por último, en Mallorca había en torno a 55.000, más de la mitad en la ciudad.

Los tres reinos y el principado de la Corona de Aragón conservaban cada uno sus instituciones y organización privativas, en unión perpetua dentro de la misma Corona, con un mismo rey, lo que conllevaba una actitud común en muchas empresas políticas, sobre todo en las exteriores, pero también la conservación de la plena identidad de cada miembro en sus leyes e instituciones propias, e incluso su desarrollo, puesto que esta realidad se consolidó desde fines del siglo XIII, durante la Edad Media tardía.

El reino de *Aragón,* que daba nombre al conjunto, fue en su origen, como Castilla misma, un condado transformado en reino a partir de 1035. Había en él tres ámbitos territoriales diferentes. Al norte, los macizos pirenaicos y prepirenaicos, donde había nacido y que tenía como centros, algo disminuidos, a Jaca, la primera capital (143 *fuegos),* y Huesca (616, siempre en 1495). Más al sur, las tierras del valle medio del Ebro –vegas, somontanos, estepas–, conquistadas desde fines del siglo XI a mediados del XII, que conservaban numerosa población mudéjar, y se repartían entre el realengo y amplios señoríos, como los de las órdenes militares, especialmente la de San Juan. El realengo, por lo demás, estaba organizado en municipios que tenían gran autonomía: Zaragoza, capital del reino, superaba los 20.000 habitantes y era un importante polo de atracción debido a su auge económico, así como, en grado menor, Calatayud (1.129 *fuegos),* Tarazona (736), Borja o Daroca. Los macizos y serranías ibéricas constituían el tercer y más reciente sector de Aragón, en torno a Albarracín y Teruel (392 *fuegos),* vinculado tanto al vecino reino de Valencia como al Bajo Aragón, donde Alcañiz, con 705 *fuegos,* era un floreciente centro de comercialización de productos agrarios.

Los condados de la *Cataluña Vieja,* situados entre los Pirineos, el Mediterráneo, el Noguera Ribagorzana y el Segre medio, y los cursos medio y bajo del Llobregat, eran una realidad plenamente constituida en el siglo X, a partir de la descomposición del Imperio carolingio, cuando se organizó por completo un régimen feudo-vasallático cuya cabeza o *princeps* era el conde de Barcelona, rey de Aragón desde la unión dinástica de ambos países a mediados del siglo XII. Sus peculiaridades seguían presentes, en parte, a finales del siglo XV, entre ellas las de relación entre señores y campesinos –el problema de los *payeses de remensa,* por ejemplo–, pero no había diferencias sustanciales con lo que sucedía en otras partes del norte peninsular. En la *Cataluña Nueva,* conquistada y colonizada en el siglo XII, en torno a Tortosa, Lérida y Tarragona, se había procedido con otros criterios: municipios dependientes del conde-rey, campesinado libre, señoríos de la sede episcopal tarraconense, de algunos monasterios, como Poblet, y de las órdenes militares de San Juan, el Templo y, después, Montesa: era una organización más simple, con presencia de bloques de poder mayores y más homogéneos, similar a la que se daba durante el mismo siglo en otros procesos colonizadores de la España cristiana.

Ya en el siglo XIII había en Barcelona y otras plazas una notable burguesía mercantil: de la confluencia entre sus actividades e intereses, los del rey y los de la nobleza feudal surgiría una brillante expansión mediterránea en los siglos XIII y XIV, a través de la cual se consolidó un firme sentimiento colectivo de identidad catalana, que permanecía en todos sus aspectos a finales de la Edad Media. Superada la crisis política y económica que había tenido sus peores momentos desde mediados del siglo XV, en la época de los Reyes Católicos se estaba produciendo una restauración tanto del «tejido del poblamiento rural», fundamental en un país agrario con multitud de aldeas, masías y centros campesinos, como en el nivel de la población y, hasta cierto punto, en la actividad mercantil de las ciudades: Barcelona pasó de 4.000 *focs* u hogares en 1477 a 5.749 veinte años después –tal vez unos 30.000 habitantes–, mientras que Perpiñán, en el Rosellón, tenía 12.000, y otras cuatro ciudades oscilaban entre 6.000 y 8.000 habitantes (Gerona, Lérida, Tarragona y Tortosa).

El reino de *Valencia* se formó mediante conquista y repoblación conjuntas de catalanes y aragoneses en el siglo XIII. En su parte norte se establecieron algunos núcleos señoriales de órdenes militares y dos municipios reales de importancia: Morella y Burriana. En el sector central, entre los ríos Mijares, Turia y Júcar, permaneció mucha población musulmana, pero la capital, Valencia, se repobló íntegramente y fue cabeza urbana indiscutible y casi única de todo el reino, si se exceptúan, además de los núcleos ya citados, los de Játiva, Alcira y Gandía. Más al sur, las zonas de Alicante, Elche y Orihuela completaron su repoblación a partir de 1304, después de su cesión por Castilla, y en ellas, como en las anteriores, destaca también la permanencia de población musulmana, sometida a menudo a jurisdicciones feudo-señoriales. Valencia fue para la Corona de Aragón algo similar a lo que Andalucía significó para la de Castilla, pero, a pesar de su menor extensión, la limitada capacidad repobladora catalano-aragonesa y la presencia de numerosos musulmanes produjeron diferentes resultados y prolongaron los fenómenos colonizadores hasta bien entrado el siglo XVII. La riqueza potencial del país, su atractivo como tierra nueva, de colonización y negocios prometedores, su apertura al comercio mediterráneo, explican la magnífica expansión de la ciudad de Valencia en el siglo XV.

En las islas Baleares o reino de *Mallorca* hubo, por lo que sabemos, una repoblación total después de su conquista, con expulsión o cautiverio de los habitantes musulmanes

(Mallorca, 1229; Ibiza, 1235; Menorca, 1287). Los nuevos pobladores fueron mayoritariamente catalanes. Sin embargo, el archipiélago obtuvo una identidad peculiar, al constituirse como reino, independiente entre 1276 y 1343, con un asombroso despliegue mercantil y marítimo; posteriormente, el control del comercio y las finanzas por acreedores catalanes, la crisis de las relaciones entre ciudad y campo, y los cambios en las circunstancias generales del Mediterráneo occidental, mantuvieron a las islas en un estado de cierta marginalidad, pero la ciudad de Mallorca siguió siendo un puerto de gran valor mercantil y estratégico, como se demostró durante las campañas norteafricanas de la regencia fernandina. Permanecerían, además, otros rasgos originales como tierra nueva, organizada en breves plazos y singularizada por su propia insularidad.

Formaban parte también de los dominios de los reyes de Aragón las islas de Cerdeña y Sicilia, y a comienzos del siglo XVI se integraría también el reino de Nápoles en la monarquía de los Reyes Católicos, pero no es nuestra intención prolongar esta breve reseña a aquellos países italianos, sino concluirla aquí.

Retengamos, en resumen, la imagen de unos reinos hispánicos unidos dinásticamente a partir de la dualidad Corona de Castilla/Corona de Aragón, con diversidades internas, o bien por peculiaridades históricas y regionales —caso castellano— o bien, además, por su heterogeneidad político-institucional —caso aragonés—. En proceso, todos ellos, de crecimiento poblacional y económico, aunque muy diverso según ámbitos y más intenso en grandes zonas de la Corona de Castilla. Se aprecia, igualmente, un auge urbano que consolida el papel de las ciudades como centros organizadores del territorio y convierte a algunas en auténticos emporios mercantiles. Hay, en fin, unos repartos territoriales de población muy distintos a los de la actualidad, que permiten explicar mejor las causas del apogeo castellano y andaluz entonces y en el siglo XVI: se han establecido los porcentajes generales de cada Corona sobre el total peninsular y los particulares de cada reino o región a partir de datos de principios de aquel siglo, en especial los *padrones* castellanos de en torno a 1530, teniendo en cuenta también, naturalmente, a Portugal, con un millón de habitantes en sus 89.000 km² (15,9% de la población, 15,2 del territorio). He aquí un resumen final:

Territorio	Poblac.	% poblac.	Extensión en km²	% exten.
Corona de Castilla	4.300.000	68,5	385.000	64,3
Portugal	1.000.000	15,9	89.000	15,2
Corona de Aragón				
Aragón	257.000			<18,4
Cataluña	303.000			2
Valencia	250.000			
Mallorca	55.000			
Total	865.000	13,7	110.000	
Navarra	120.000	1,9	11.700	
Total	6.285.000		595.700	

3. La época de los Reyes Católicos

La mayor parte de los acontecimientos que mencionaremos a partir de aquí tuvieron lugar en tiempo de los Reyes Católicos, una época especialmente intensa de la vida española que ellos dirigieron prácticamente desde su matrimonio en

1469, cuando ambos eran ya herederos de los tronos de Castilla –Isabel– y de Aragón –Fernando, hasta 1516, año en que fallece este último, que era el cónyuge superviviente–. Este libro no pretende ser una historia del reinado construida al hilo de la cronología, pero las páginas que siguen no pueden entenderse sin advertir sobre la importancia que su acción de gobierno tuvo en muchos casos y sobre la trascendencia de numerosas decisiones que ellos tomaron.

Ningún historiador niega hoy, sea cual sea su punto de vista, la casi excepcional significación de aquellos monarcas, como tampoco lo pusieron en duda sus propios contemporáneos ni la historiografía tradicional que desde entonces ha crecido frondosa en torno a Isabel I de Castilla y Fernando II de Aragón. El gran avance de las investigaciones históricas sobre la Baja Edad Media ocurrido desde los años cincuenta del siglo XX –aunque todavía falte mucho por hacer– y la definitiva adopción de métodos de trabajo y criterios explicativos propios de la profesionalidad de los historiadores han servido para renovar profundamente nuestros conocimientos y nuestra comprensión de la época. Pero la importancia singular que tuvo aquel reinado ha producido un continuo flujo de mitificación, o bien de «actualización» política en torno a los Reyes Católicos, del que conviene tomar conciencia porque ha creado las imágenes –casi se podría decir los clichés mentales– que todavía manejan buena parte de nuestros contemporáneos. Y aunque la labor de los historiadores sea también fruto de su época, hay que afirmar que en la actualidad posee el suficiente aparato metodológico y crítico, y maneja unas fuentes de conocimiento muy superiores, tanto en cantidad como en calidad, a las de tiempos pasados, de manera que sería absurdo empeñarse en girar en torno a los tópicos creados en ellos, muchos falsos y casi todos caducos: la cuestión de la forma de gobierno dio lugar, por ejemplo, a ensalzamientos o descalificaciones sobre el autoritarismo regio y sobre el supuesto centralismo. La relativa a la unión dinástica se desbordó en interpretaciones nacionalistas de diverso signo desde el siglo XIX. Las decisiones de los reyes en materia religiosa y confesional les han situado con frecuencia o bien en el centro de la «leyenda negra», o bien al borde de los altares. ¿Para qué seguir?: es preciso conocerlo pero, sobre todo, lo es escribir una historia que sea, a la vez, mejor en sí misma, más cercana a la verdad, y mejor también para la sociedad española de nuestro tiempo. Acaso así pongamos las bases necesarias para que los historiadores del futuro puedan cumplir con su obligación de superarla.

Fin de una época, comienzo de otra, o charnela entre dos edades: la España de los Reyes Católicos puede ser vista de muchas maneras. Una consideración crítica de sus realidades acaso inhibirá en muchos lectores el deseo inicial de juzgarlas, pero mejorará su capacidad para comprenderlas en sí mismas, en su valor y en sus efectivas consecuencias, y de eso se trata. Sin buscar significados de futuro inexistentes, ni precedentes ni justificaciones para un porvenir que ella no podía prever, tampoco cabe ignorar que España comenzaba a vivir entonces un tiempo en el que su presencia tendría especial relieve para el conjunto de la Historia humana, e iniciaba también una época distinta de la suya propia como país bien definido en el conjunto europeo: he aquí, desde luego, motivos suficientes para explicar el empeño con que se sigue buscando el conocimiento de aquella hora española.

* * *

Como los capítulos siguientes tienen un contenido en el que predomina la exposición temática, será útil incluir ahora un anticipo de los principales hechos y momentos de aquellos decenios, que el lector podrá ampliar a voluntad más adelante.

- 1469-1474. A mediados de 1468 ha concluido la guerra civil castellana que enfrentó a Enrique IV con buena parte de la alta nobleza. Los problemas y posturas manifestados en ella continúan vigentes; sin embargo, Isabel, hermana del rey, es reconocida princesa heredera y, contra lo que esperaban el marqués de Villena y otros aristócratas, se erige en defensora del principio de fuerte autoridad monárquica e independencia de su acción política. Su matrimonio con Fernando, hijo de Juan II de Aragón y primo segundo suyo (octubre de 1469), se encamina a defender aquella actitud abierta a su propio futuro como gobernante. Enrique IV, o mejor, los nobles que dominan el gobierno, pretenden entonces restaurar los derechos sucesorios de la princesa Juana, hija del rey, y apoyarlos concertando su matrimonio con Alfonso V de Portugal, pero al morir el monarca castellano, en diciembre de 1474, Isabel se proclama reina, sin resistencias en un primer momento.

Por aquellos mismos años, Juan II de Aragón ha conseguido poner fin a la guerra civil catalana (1462-1472). El matrimonio de su hijo Fernando con la heredera de Castilla es, desde su punto de vista, una baza formidable a utilizar en su política exterior, que le enfrenta a Luis XI de Francia, quien amenaza con la ocupación de los condados catalanes de Rosellón y Cerdaña. Además, por aquella vía se reanudaba, a una generación de distancia, la intervención en la vida política castellana de los Trastámara pertenecientes a la rama aragonesa; recuérdese el papel ejercido por los *Infantes de Aragón,* entre ellos el propio Juan, desde 1416 a 1445. Juan II se apresurará a incrementar el respaldo exterior del nuevo matrimonio, que tuvo desde el comienzo el título de reyes de Sicilia.

• 1475-1480. Los sectores de la nobleza contrarios a Isabel I inician una guerra en el interior de Castilla, contando con respaldo portugués, puesto que Alfonso V pretende defender los derechos de su sobrina Juana y con ello evitar el relativo aislamiento ibérico al que Portugal se vería sometido con una posible unión castellano-aragonesa. Los rebeldes cuentan también con Luis XI de Francia, que ve en la guerra castellana un medio de perturbar a su adversario, el rey de Aragón.

Isabel y Fernando, que han llegado ya a un acuerdo de gobierno conjunto, logran desbaratar militarmente a sus adversarios y sentar las bases para la pacificación de Castilla, la reorganización de las instituciones de gobierno, las relaciones monarquía-nobleza, en un sentido plenamente favorable a la libertad de acción política de los reyes, extendida por igual a toda la Corona; destacan las medidas tomadas en las Cortes de 1476 y 1480. Rompen también los reyes la actitud distante que hasta entonces había mostrado hacia ellos la Santa Sede y, a partir de 1478, inician las grandes líneas de su política eclesiástica. Aquel mismo año se llega a una paz con Francia que, sin embargo, ha ocupado ya Rosellón y Cerdaña. A comienzos de 1479 muere Juan II y Fernando accede al trono aragonés: la unión dinástica es ya un hecho. Unos meses después, se firma la paz con Portugal y se abre una época de buenas relaciones; en el tratado de paz se reconoce, entre otras cosas, la plena incorporación de las islas Canarias a la Corona de Castilla.

- 1480-1492. Son años dominados por empresas de ámbito peninsular, castellano sobre todo. La principal es, sin duda, la conquista del emirato musulmán de Granada (1482-1491). Paralelamente, se desarrolla una primera época de reforma eclesiástica, se difunde la Inquisición y se encadenan los acontecimientos que concluirán con la expulsión de los judíos (1492). Culmina prácticamente la reforma de las instituciones político-administrativas castellanas, puestas al servicio de una autoridad monárquica renovada. Por el contrario, se observa la imposibilidad de un cambio similar en la Corona de Aragón (Cortes de 1484 y 1488, por ejemplo). En Cataluña, tras una segunda «guerra remensa», el rey consigue imponer una solución legal al problema, en 1486.

Por los mismos años se plantea una nueva estrategia de relaciones exteriores basada en el mantenimiento del equilibrio italiano (estrechas relaciones con la Santa Sede, protectorado sobre Nápoles) y en la formación de una alianza atlántica con Flandes, Inglaterra y Bretaña que contrapese la política exterior francesa.

- 1492-1503. En este periodo pasan a primer plano las empresas internacionales de ámbito europeo. Crece el protagonismo político de Fernando y hay cierto ensombrecimiento del de Isabel subrayado, sobre todo desde 1494-1495, por el relevo de personas en muchos altos puestos de poder político y eclesiástico. Cisneros se convierte en arzobispo de Toledo y principal ejecutor de la reforma eclesiástica, que se realiza con mayor rapidez gracias a la actitud favorable de Alejandro VI, papa de origen valenciano.

Parece haber sido un momento de especial prosperidad económica en Castilla, sobre todo en su mitad sur, y de recuperación en Cataluña, y así lo demuestra, también, el mayor número de disposiciones tocantes a política económica. Hay, en el ámbito castellano, algunos intentos de nuevo ajuste entre los poderes monárquico y municipal (*encabezamiento* de rentas reales a partir de 1495, proyecto de servicio militar en 1496, disolución parcial de la Hermandad en 1498). Se completa la conquista y repoblación de las islas Canarias, al mismo tiempo que se abre un mundo nuevo con los primeros viajes transatlánticos. Se inician, por último, diversos proyectos políticos y militares en la costa norteafricana que culminan con la ocupación de Melilla, en 1497, y se produce un giro importante en la actitud hacia los musulmanes granadinos que llevará a su conversión obligada al cristianismo, así como la de los restantes *mudéjares* de Castilla, en 1502.

Mientras tanto, se desarrolla la intervención en Nápoles (guerras franco-españolas de 1495 y 1503), precedida por la recuperación pacífica de Rosellón y Cerdaña y acompañada por una política pirenaica que acentúa el protectorado castellano en Navarra. Culmina la política de alianzas atlánticas con la celebración de matrimonios de los hijos de los reyes, para asegurar enlaces dinásticos (Portugal, Flandes, Inglaterra), que tendrán grandes consecuencias en el orden político europeo. El rey Fernando reorganiza, en fin, algunos aspectos del reparto de poder en sus reinos patrimoniales sin alterar su estructura institucional: creación del Consejo de Aragón; nuevos procedimientos para la elección de cargos municipales.

- 1503-1515. Desde los últimos meses del año 1500, la sucesión correspondía a la princesa Juana, una de las hijas de Isabel y Fernando, que no estuvo en condiciones mentales de gobernar, y a su marido Felipe, archiduque de Austria, claramente profranceses en cuestiones de política exterior. La muerte de Isabel I (noviembre de 1504) planteó así la difícil cuestión sucesoria en una mala coyuntura económica para Castilla iniciada a partir de la crisis cerealista de 1503. Fernando y Felipe no se avinieron sobre el gobierno castellano; el primero no tenía ya derecho a él y el segundo se encontraba, además, respaldado por algunos altos nobles que pretendían intervenir en el ejercicio del poder a la manera anterior a 1475. Fernando defendió sus posiciones contrayendo nuevo matrimonio con Germana de Foix (primavera de 1506), para asegurarse la benevolencia de su tío, el rey Luis XII de Francia, en las cuestiones pirenaica y napolitana. En el verano de 1506 hubo de marchar hacia sus reinos aragoneses, aunque conservando grandes rentas en Castilla, entre ellas la administración de los maestrazgos de órdenes militares y la mitad de lo que rindiesen las Indias. Entre el otoño de 1506 y la primavera de 1507 viajó a Italia y procedió a consolidar su dominio en Nápoles.

La muerte de Felipe I de Castilla (otoño de 1506) le permitió regresar como gobernador de la Corona, en nombre de su hija Juana, y recuperar el ejercicio del poder real. Después de la gran epidemia de 1507, la crisis concluye. Fernando vence con facilidad las revueltas nobiliarias en Andalucía y reanuda las líneas anteriores de la política monárquica, al tiempo que la falta de sucesión en su segundo matrimonio viene a asegurar la unión dinástica de Castilla y Aragón. Se reemprenden las empresas norteafricanas (conquista de Orán en 1509), mientras que el ámbito americano conocido se ensancha considerablemente y su organización, incluso la eclesiástica, queda por entero en manos de la Corona.

La actividad diplomática fernandina, sobre todo en Italia, le permite aprovechar una coyuntura internacional favorable y ocupar Navarra (1512), con lo que culminan casi cuarenta años de protectorado político e intervenciones castellanas. En aquel decenio, no suficientemente conocido (1507-1515), concluye la realización de todo un programa de gobierno del que el mismo monarca se sentirá orgulloso:

> Ha más de setecientos años –escribe en 1514– que nunca la Corona de España estuvo tan acrecentada ni tan grande como agora, así en Poniente como en Levante, y todo, después de Dios, por mi obra y trabajo.

Al lado de Fernando en aquellos años hay que mencionar siempre la figura de Cisneros, que funda la Universidad de Alcalá de Henares (1499-1508) y se convierte en regente de Castilla cuando muere el monarca (enero de 1516), cuyo hijo natural, Don Alfonso de Aragón, arzobispo de Zaragoza, toma la regencia de los reinos patrimoniales del difunto.

4. El acceso al poder (1468-1480)

La última parte de este capítulo introductorio tiene que dedicarse necesariamente a exponer con mayor detalle los sucesos de los primeros periodos cronológicos que mencionábamos en el apartado anterior, pues sólo a través de ellos se comprenden las circunstancias, a menudo difíciles, en que se inició el reinado conjunto de Isabel y Fernando. Fue un tiempo de lucha y de génesis, en el que se fraguaron muchos de los proyectos realizados en los treinta y cinco años siguientes, e incluso buena parte de la forma y estilo con que se llevaron a cabo. Nuestro relato toma ahora un aspecto mucho más detallado y camina sobre los hechos concretos sucedidos en pocos años, pero merece la pena conocerlos. Después, regresaremos a criterios predominantemente temáticos, para recoger de nuevo el hilo de la cronología en los capítulos finales.

1. LA CRISIS SUCESORIA

El reinado conjunto de Isabel y Fernando comenzó en Castilla a finales de 1474 y en Aragón a comienzos de 1479, pero, para comprender sus puntos de partida, es preciso remontarse en el tiempo hasta la década de los sesenta y tener presentes las circunstancias políticas vivas entonces[1], sobre todo porque nuestros protagonistas hubieron de enfrentarse a ellas desde unos puntos de partida excepcionales, ya que ni una ni otro eran, al nacer, herederos de los tronos que vinieron a ocupar más adelante. Isabel (Madrigal, 22 de abril de 1451) era hija del segundo matrimonio de Juan II con Isabel de Portugal cuando era heredero de Castilla su hermanastro Enrique, cuarto de este nombre en la serie de los reyes castellanos. Fernando también fue fruto de otras segundas nupcias, las de Juan II de Aragón y Juana Enríquez, hija del almirante de Castilla (Sos, 10 de marzo de 1452), y la herencia correspondía a Carlos, llamado «Príncipe de Viana» porque también era heredero en Navarra.

El futuro político de Fernando, como varón, era más claro que el de Isabel, desde un comienzo. Su padre le fue otorgando títulos catalanes (duque de Montblanc, señor

---

[1]. Sobre las relaciones entre los diversos poderes político-sociales en su génesis y desarrollo durante la tardía Edad Media, véanse los capítulos tercero y cuarto de este libro.

de Balaguer), aragoneses (conde de Ribagorza) y sicilianos (señor de Piazza-Caltagirone, conde de Augusta, duque de Noto) cuando aún era niño, y se preveía su educación en Cataluña, acaso para hacerse cargo de la Lugartenencia del Principado, cuando Carlos murió (20 de septiembre de 1461) y Fernando pasó a ser heredero de Aragón y Sicilia. Durante los años turbulentos de la guerra civil en Cataluña tuvo ocasiones para formarse política y militarmente, en especial al lado de su madre, que falleció en 1468. Juan II tenía en aquel momento setenta años y Fernando había alcanzado ya la mayoría de edad –los catorce años–, de modo que el anciano monarca procuró afianzar la posición de su hijo y comenzar la transferencia de responsabilidades nombrándole *rex coregnans* en Sicilia y lugarteniente general en la Corona de Aragón. Pero Juan II había sido hasta 1445 uno de los principales políticos castellanos, uno de los «Infantes de Aragón», como hijo de Fernando «el de Antequera». Era, pues, un Trastámara y no olvidaba ni su pasado en aquel reino ni la importancia central de Castilla en todos los juegos de equilibrio, alianza y enlaces dinásticos que se esbozaban en la península desde hacía tiempo y que podían cristalizar bajo la forma de unión de reinos. Por eso apoyó sin dudarlo el matrimonio castellano de su hijo, y, en aquel punto, comenzaron a correr juntos los destinos de Isabel y Fernando.

La infancia de Isabel había transcurrido lejos de la política desde que Juan II de Castilla murió en 1454. Residió en Madrigal y Arévalo, bajo la tutela de su madre y junto a su hermano menor, Alfonso, hasta que ambos fueron llamados a la Corte por Enrique IV, poco antes del nacimiento de Juana, hija de su segundo matrimonio con Juana de Portugal. Isabel fue la madrina de bautismo de aquella niña, heredera entonces del trono. Corría el año 1462. A decir verdad, el porvenir político de Isabel no se decidió hasta 1467, después de haber sido objeto de varias combinaciones matrimoniales fallidas todas ellas, cuando siguió a su hermano Alfonso en la revuelta contra Enrique IV. La guerra había comenzado en la primavera de 1465, a pesar de que Enrique IV había ofrecido incluso casar a Alfonso con su hija Juana y reconocerlo heredero del trono. Los nobles sublevados –Juan Pacheco, marqués de Villena, y el arzobispo de Toledo, Alfonso Carrillo de Acuña, al frente– alzaron rey a Alfonso, y cuando murió en el verano de 1468 intentaron hacer lo propio con Isabel.

Ésta conocía ya entonces suficientemente bien la vida política castellana como para aceptar ser juguete de ambiciones ajenas y contribuir al deterioro de una Corona a la que, efectivamente, aspiraba. Se negó a ser proclamada reina entonces, acaso tras algunas vacilaciones, y se limitó a reclamar su condición de «princesa... legítima heredera», pues se entendía que los derechos que Juana pudiera tener habían decaído o no eran ciertos, y a buscar una concordia con Enrique IV, cosa que también procuraba Juan Pacheco, a cuyas ambiciones resultaba más conveniente la reconciliación con el débil monarca, del que había sido principal privado hasta 1462, aunque la situación castellana siguiera siendo caótica. El acuerdo se hizo público en las *vistas* que Enrique e Isabel celebraron en Guisando (19 de septiembre de 1468). Allí el legado pontificio Antonio de Veneris absolvió a todos del juramento que antaño hubieran prestado a Juana como heredera, el rey reconoció no estar legítimamente casado con la madre de ésta y, a la vez que comunicaba al reino que Isabel era su heredera, ordenaba que se la jurase como tal.

1. Reyes y reinos

Guisando supuso la ruptura con el pasado y el reconocimiento pleno de la legitimidad sucesoria de Isabel, como prenda de la paz alcanzada y garantía de futuro, pero la cuestión no quedaba zanjada: la herencia del trono castellano dependía del resultado de las luchas por el poder, en las que seguían dominando Juan Pacheco y sus seguidores, dueños, en buena medida, de la voluntad de Enrique IV, una vez concluida la contienda. Para entender la actitud de Isabel en los años siguientes no hay que acudir sólo a los argumentos y explicaciones jurídicos sino también, al mismo tiempo, al conocimiento de las fortísimas presiones y cambiantes circunstancias de aquella dramática situación política.

Pacheco contaba con el apoyo del arzobispo Carrillo, del conde de Plasencia, cabeza del linaje de los Zúñiga, del de Alba, que lo era de los Álvarez de Toledo, y del arzobispo de Sevilla, Alfonso de Fonseca. Entre lo pactado se contaba que Isabel contraería matrimonio, aunque no contra su voluntad, de acuerdo con el rey y con los anteriormente citados, excepto el de Alba. El poderoso linaje de los Mendoza, a cuyo frente estaba el marqués de Santillana, disponía entonces de la custodia de Juana y se mostró hostil a la concordia lograda en Guisando y, por consiguiente, a la sucesión de Isabel.

El deseo de ésta era no ser mediatizada por Juan Pacheco, ni subordinar su herencia al trono a la voluntad de una facción nobiliaria, sino adquirir margen de maniobra política suficiente, para lo que la clave era, sin duda, disponer de sí misma en lo referente a su matrimonio, considerado como asunto de capital importancia pública, pues dependía mucho del cónyuge varón aunque ella actuara como reina «propietaria». Ahora bien, el proyecto pachequista –con el que el marqués contaba para seguir dominando– consistía en un doble enlace entre Isabel y su tío materno Alfonso V de Portugal, y entre el hijo de éste, Juan futuro rey en Portugal, y Juana, reconociendo al segundo matrimonio plenos derechos de sucesión respecto al primero. Otra opción considerada era el matrimonio de Isabel con Carlos de Guyena, hermano de Luis XI de Francia y entonces heredero del trono. En uno u otro caso, la princesa quedaría de hecho privada de capacidad efectiva en el ejercicio del poder. Isabel no aceptó aquella mediatización y trató secretamente su matrimonio con Fernando, hijo de Juan II de Aragón y heredero de esta Corona, su primo segundo, que le resultaba además mucho más aceptable personalmente por razones de edad: era, sobre todo, la única manera de contar con un apoyo exterior sólido, el del muy experimentado rey aragonés, y con otros interiores, pues permanecían vivas en Castilla antiguas fidelidades y recuerdos anudados en torno a los «Infantes de Aragón», de los que Juan II era único superviviente. La princesa, al mostrar su independencia, conseguía, también, la simpatía de los partidarios de una Corona fuerte: no hay que olvidar que la rodeaban algunos hombres de confianza del condestable Álvaro de Luna, que había defendido aquella postura en tiempos de Juan II.

Conseguía, sobre todo, evitar las maniobras de Juan Pacheco, y formar, frente a su poder, otro que también podría influir sobre la débil voluntad política de Enrique IV, aunque comenzaba la partida en peor posición, porque corría el riesgo de que el rey considerase roto lo acordado en Guisando, ya que el matrimonio se trataba sin su conocimiento y permiso. Isabel siempre consideró que su propia legitimidad sucesoria era el dato previo que había hecho posible el pacto publicado en Guisando, por lo que constituía una premisa irreversible que no podía ser alterada por el hipotético incumplimiento de cualquiera de los términos del acuerdo de septiembre de 1468, máxime cuando su voluntad no era ir contra la de Enrique IV en aquel asunto, sino buscar su aquiescencia al margen de las presiones y del dominio a que sujetaba al rey la presencia del marqués de Villena, y así lo procuró en los meses que siguieron al matrimonio.

Éste fue precedido por unas capitulaciones (Cervera, 7 de marzo de 1469) que garantizaban a la princesa el libre y pleno ejercicio de su futuro poder, y ayuda para acceder al trono en su momento y salvaguardar sus derechos de herencia. La boda tuvo lugar unos meses después, el 19 de octubre en Valladolid, adonde Fernando llegó de incógnito, bajo la protección del arzobispo toledano Carrillo, que se había convertido en el más firme patrocinador del proyecto —como ya lo había sido de que Isabel fuera proclamada reina en 1468–, de los Enríquez, parientes de Fernando por vía materna, y del potente linaje de los Manrique. Carrillo aportó una bula de dispensa, que falsificó en connivencia con el legado pontificio Veneris, quien, tal vez, añadiría una dispensa apostólica verbal. La bula auténtica llegaría más adelante (la expidió Sixto IV en diciembre de 1471), aunque no hay que exagerar la escasa importancia que aquel hecho —seguramente ignorado entonces por Isabel— tenía en el contexto político y eclesiástico del momento: lo cierto es que el papa Pablo II, que pocos meses antes había concedido bula de dispensa de consanguinidad para el posible matrimonio entre Isabel y su tío carnal Alfonso V de Portugal, se negaría a emitir esta otra —que se refería al mismo impedimento aunque en un grado menor, pues los contrayentes eran primos segundos—, por motivos políticos: tal vez no quería causar daño al prestigio del rey Enrique IV, ni comprometer la política de Roma en Castilla.

Inmediatamente se entabló una pugna entre los príncipes, que eran también reyes de Sicilia, y el bando del marqués de Villena, con objeto de atraer nobles a la respectiva posición y, en lo que se refería a Isabel y Fernando, para ganarse la voluntad de un Enrique IV desairado por la manera en que se había producido el matrimonio. Sin embargo, la tardanza en reaccionar demuestra que el rey vaciló mucho antes de ir contra la legitimidad sucesoria reconocida en Guisando, y lo hizo sólo cuando Pacheco consideró que tenía ganada aquella batalla política: en octubre de 1470, en Val de Lozoya, volvió Enrique a reconocer a Juana como heredera del trono y así lo juraron los nobles presentes y la diputación permanente de Cortes –siete procuradores de cinco ciudades–, todos ellos afectos al marqués de Villena.

Enrique IV no se atrevió a convocar una reunión general de Cortes para que su hija recibiese el juramento. No cabe mayor confesión de inseguridad. Se preocupó, eso sí, de escribir a las ciudades restantes ordenando que se jurara a Juana en los concejos respectivos (C. Olivera Serrano).

De todos modos, el juramento de Cortes no daba la legitimidad, sino que se limitaba a reconocerla, y aunque conveniente políticamente –ahí radica la «inseguridad» enriqueña, que era parte de la general del momento–, no era imprescindible. Isabel, por supuesto, se negó a aceptar la validez de aquella decisión, pues consideraba que lo pactado en 1468 era inmutable en su esencia, la sucesión del trono, por los motivos que ya hemos indicado. Entonces comenzó a darse publicidad al rumor de que Juana no era hija del rey, además, sino sólo «la hija de la reina»: la conducta desordenada de ésta en los años anteriores y la extraña vida conyugal de Enrique IV en sus dos matrimonios –el primero se disolvió después de trece años, declarándose como causa de nulidad la no consumación– daban argumentos supletorios a los propagadores, aunque el historiador no puede considerarlos válidos sin otras pruebas que probablemente nunca se conocerán, caso de haberlas. Lo cierto es que el futuro de Juana dependía del apoyo que pudiera encontrar en la nobleza castellana, pues los exteriores, provenientes de algún enlace matrimonial, fallaron por entonces: el proyecto de casarla con Carlos de Guyena –como antaño se intentó con Isabel– terminó con la muerte del francés, y Alfonso V de Portugal se negó por entonces a la propuesta de contraer matrimonio con aquella su sobrina-nieta.

Aún así, la pugna entre los príncipes y el partido del marqués de Villena por ganar el futuro político fue muy dura, e incierta a menudo, sobre todo en 1471, cuando los primeros contaban ya no sólo con el apoyo de sus iniciales valedores y el renovado del arzobispo Carrillo, cuyo afán de predominio era a veces poco soportable, sino también con los del duque de Medina Sidonia y el conde de Cabra en Andalucía, y con la adhesión del señorío de Vizcaya. La baza fundamental se jugó, posiblemente, entre 1472 y 1473, durante la legación del cardenal Rodrigo de Borja, un valenciano al que Juan II de Aragón contribuyó a agasajar y, hasta cierto punto, a atraer hacia los príncipes, con lo que se inició una relación política fundamental y prolongadísima: anticipemos que Borja llegaría a ser papa con el nombre de Alejandro VI. El legado trató con todos y de todo, pero aportaba el capelo cardenalicio para Pedro González de Mendoza, obispo de

Sigüenza, cuya aproximación a Isabel y Fernando fue decisiva, porque implicó, a medio plazo, el cambio de actitud de los Mendoza en su conjunto, que se adhirieron a la causa isabelina sin reservas desde mediados de 1474.

Lo que Isabel y Fernando ofrecían era atractivo para los miembros más inteligentes de la alta nobleza: el fin de los bandos, la restauración plena de la autoridad monárquica como garante de una estabilidad que respetaría la situación y los intereses económicos, sociales y de poder aristocráticos sin las peripecias, a veces humillantes y a menudo violentas, de las pugnas por ganar la privanza del rey o por combatir el excesivo y oprimente dominio de otros sectores de la nobleza. En contra, el viejo programa nobiliario del marqués de Villena –gobierno de la alta nobleza con «la menor cantidad de rey posible»– había demostrado suficientemente su fracaso y un resultado indeseable para muchos con nuevos desequilibrios entre los mismos nobles; la política de Pacheco, que monopolizaba la voluntad regia entonces, lo demostraba, al provocar un flujo continuo de mercedes a favor de sus seguidores –nobles o concejos– que derruía el mismo edificio del poder monárquico, sin consideración alguna hacia lo que esto suponía para el futuro de Castilla.

Cuando el marqués –ya duque de Escalona– murió el 4 de octubre de 1474, comenzó un relevo generacional, pues las personalidades surgidas a la vida política en los años cuarenta del siglo habían desaparecido o iban a desaparecer en los años inmediatos. Parece que los príncipes y el rey habían dado pasos en el camino de su reconciliación, después de sus *vistas* en Segovia durante la Navidad de 1473 y enero de 1474, al amparo del alcaide de su alcázar, que era el isabelino Andrés Cabrera. Y las adhesiones de nobles seguían produciéndose: aparte de la fundamental de los Mendoza, la del conde de Haro, Pedro de Velasco –luego condestable–, había tenido lugar en 1473, e incluso el conde de Benavente –Pimentel– reconocería a Isabel en cuanto falleciera Enrique IV. No obstante, el bando del marqués de Villena tenía gran poder aún: aparte del propio Pacheco, y de los Zúñiga, contaban los yernos del marqués en Andalucía, que eran el marqués de Cádiz y Alonso Fernández de Córdoba, señor de Aguilar. Además, la situación exterior era incierta: Juan II había conseguido un gran triunfo al poner fin a la guerra de Cataluña en 1472, pero a finales de 1474 se cernía una ofensiva francesa sobre el Rosellón, que era prenda del pago que el rey aragonés debía hacer al francés Luis XI a trueque de sus auxilios en la anterior contienda.

Enrique IV falleció sin testar el 11 de diciembre de 1474 y dos días después Isabel era alzada reina en Segovia mientras que Juana, entonces bajo custodia del nuevo marqués de Villena, tardó meses en tomar iniciativas. Antes de fin de año, Mendoza, Velasco, Enríquez y Pimentel habían acordado una confederación para apoyar incondicionalmente a Isabel y Fernando, que establecieron la forma de gobierno conjunto y superaron diferencias en la llamada Sentencia Arbitral de Segovia (enero de 1475), preparada por los prelados Carrillo y Mendoza, a pesar de las crecientes reticencias del primero de ellos ante el hecho cierto de que ya no jugaba el papel de «hacedor de reyes». Incluso se dieron los pasos precisos para una convocatoria de Cortes, pero el alejamiento definitivo de Carrillo, que se pasó al partido de Juana a finales de febrero, contribuyó a que los nobles adversarios de la solución isabelina, hasta entonces en tensa espera, entraran en acción.

2. La guerra civil en Castilla

En marzo de 1475, Luis XI de Francia había concluido la conquista del Rosellón, tras la capitulación de Perpiñán, y era previsible que continuaría sus acciones contra Juan II y, en consecuencia, contra sus hijos. Mientras tanto, en el mismo mes, Alfonso V de Portugal declaró su apoyo a la sucesión de Juana al trono de Castilla y anunció que contraería matrimonio con ella y defendería sus derechos, en un gesto que tenía tanto de motivaciones familiares e incluso personales, pues implicaba cierto sentido caballeresco del deber, como políticas: el rey portugués veía con inquietud la inminente unión dinástica entre Castilla y Aragón.

Sin embargo, si se exceptúa el alzamiento proisabelino y adverso al marqués de Villena ocurrido en Alcaraz, en marzo, los enfrentamientos no comenzaron hasta finales de mayo, siempre en términos muy limitados, pues se trataba de ganar tiempo y posiciones mientras se pulsaba la fuerza efectiva del adversario. Isabel entró en Toledo y puso en estado de defensa Badajoz y Ciudad Rodrigo, dos plazas principales en la frontera con Portugal, mientras Alfonso V, al amparo de las tropas y de los señoríos de Álvaro de Zúñiga, duque de Arévalo y conde de Plasencia, contraía esponsales con Juana, a la que se alzaba como reina de Castilla, en la misma Plasencia, y pasaba luego a Arévalo, con objeto de afianzar sus posiciones en el valle del Duero, por donde pretendía efectuar la entrada del grueso de sus tropas –unos 5.000 de a caballo y 10.000 a 15.000 peones–, y asegurar el enlace con el posible aliado francés, a la vista de la situación estacionaria –casi expectante– que se vivía en buena parte de Castilla la Nueva, Murcia y Andalucía, donde la nobleza, aun habiendo expresado cuál era su opción y fidelidad, no se movía, acaso, como escribe un cronista, al haber adoptado muchos la actitud de «viva quien vence». El portugués se apoderó de Toro, y contaba con el castillo de Burgos –cuya tenencia poseían los Zúñiga– aunque no con la ciudad. El rey Fernando, con un heterogéneo ejército de 2.000 *hombres de armas,* 6.000 jinetes y unos 20.000 peones, no consiguió rescatar Toro, pero estableció un estrecho asedio de la fortaleza burgalesa.

La falta de decisiones se debió también a que hasta fines de septiembre no se concluyó el acuerdo entre Luis XI y Alfonso V. El rey francés deseaba, sobre todo, consolidar su conquista de Rosellón y Cerdaña, y replicar a la alianza con Inglaterra y Borgoña que había tejido Juan II de Aragón, así como evitar en lo posible la formación de un bloque hegemónico en la península Ibérica, pero no tenía, seguramente, intenciones de lanzar una guerra a gran escala en Castilla, y menos en invierno, de manera que siguieron meses de escasa actividad militar, tanto en la cuenca del Duero como en otras regiones donde los juanistas tenían seguidores de importancia (el conde de Camiña en Galicia, donde los portugueses habían conquistado Tuy, los Zúñiga en Extremadura, el marqués de Villena y sus primos los Téllez-Girón, que tenían el condado de Urueña, el señorío de Osuna y el maestrazgo de Calatrava, el señor de Aguilar y el marqués de Cádiz en Andalucía). Aún así, el tiempo jugaba a favor de Isabel y Fernando: el castillo de Burgos cayó en enero de 1476, mientras que Zamora y, en parte, Trujillo entraron en su obediencia.

Sólo una victoria clara podía resolver la situación a favor de Alfonso V, pero, en aquel terreno, la guerra se zanjó en contra suya entre marzo y junio de 1476. El primero de marzo Fernando derrotó al ejército lusitano en una batalla poco cruenta, cerca de Toro, y en los meses siguientes, hasta junio, se rechazaron los ataques franceses contra Fuenterrabía, los únicos de importancia promovidos por Luis XI, pues las acciones navales de corso que lanzó no podían por sí solas decidir el curso de la guerra. Toro caería, en fin, a finales de septiembre. Mientras tanto, Isabel y Fernando habían dado grandes pasos para ganar la batalla política, mediante diversos actos de gobierno.

El más importante fue la convocatoria de Cortes, celebradas en Segovia y Madrigal durante el mes de abril, con ciertas dificultades, pues no todas las ciudades con voto estuvieron presentes, pero con completo control de los procuradores por los reyes. Allí se juró heredera a la princesa Isabel, se otorgó un abultado servicio de 162 millones de maravedíes (mrs.) y se tomaron medidas sobre la gestión hacendística, el apartamiento de los judíos y mudéjares, y la creación de la Hermandad cuyo detalle se estudia más adelante (véase cap. 4). De todas ellas, el establecimiento de la Hermandad era la más importante porque suponía un fuerte apoyo militar y financiero a los reyes, así como la mayor vinculación de las ciudades a su poder, aunque este establecimiento no siempre fue inmediato ni fácil. Pero, por los mismos meses, más altos aristócratas aceptaban expresamente la autoridad de los reyes en acuerdos que aseguraban el respeto regio a sus patrimonios, rentas y jurisdicciones señoriales: así lo hicieron los hijos del duque de Arévalo, y él mismo algo más adelante, los Téllez-Girón, el marqués de Cádiz, e incluso el marqués de Villena y el arzobispo Carrillo, ya en septiembre, aunque en algunos casos la sumisión no fue completa hasta 1477 o 1478.

En tercer lugar, entre junio y agosto tuvo lugar el importante viaje de Fernando a tierras vascongadas, en el que Vitoria fue su residencia principal. En julio visitó Vizcaya, consolidó la victoria de Fuenterrabía y organizó una armada para combatir con mayor eficacia al corsario francés Casenove Coulon, que operaba en el Cantábrico y Galicia, y sobre la ruta Andalucía-Flandes. Coulon había intentado un asalto a La Coruña en 1475 y otro a Ribadeo en 1476, pero encontró contrincantes adecuados tanto en el norte como, según veremos, en Andalucía. El rey se entrevistó, además, con su padre, lo que permitió coordinar mejor las acciones diplomáticas futuras, e intervino en la pacificación de los bandos navarros de «agramonteses» y «beamonteses»: este último, cuya cabeza era el conde de Lerín, mantenía una actitud procastellana y el rey aceptó su alianza, a pesar de que era hostil a Juan II de Aragón. Además, se consiguió que la reina de Navarra, Leonor –hermanastra de Fernando–, asegurase que no pasarían tropas francesas por su territorio y consintiera la presencia de guarniciones castellanas en las fortalezas que tenían los beamonteses, todo ello a trueque de que se reconociera como futuro rey navarro a su nieto Francisco Febo o de Foix. Comenzaba así una acción política tendente a la neutralización y el protectorado sobre Navarra que desembocaría, tras múltiples e imprevisibles vicisitudes, en la incorporación del año 1512. Pero lo que más importaba a la política castellana, desde mucho tiempo atrás, era no consentir «que Navarra se convirtiese en plataforma militar para el rey de Francia, que se situaría de este modo sobre el Ebro, comunicación cardinal» (L. Suárez Fernández).

Recordemos, porque es significativo, que por los mismos meses Alfonso V había viajado a Francia por vía marítima, sin conseguir que su aliado Luis XI se comprometiera a ninguna acción de mayor importancia. Así, pues, desde el otoño de 1476 el objetivo principal era ya consolidar la victoria y la concordia en el interior de Castilla mediante viajes y acciones personales de los reyes. A finales de año, por ejemplo, la Corona retuvo el maestrazgo de Santiago cuando murió Rodrigo Manrique, antes de permitir, once meses después, que fuera elegido Alonso de Cárdenas, un hombre fiel, al tiempo que dejaba en el aire la idea de una futura administración regia de los maestrazgos a modo de aspiración que, efectivamente, acabó cumpliéndose.

El viaje de los reyes a Extremadura en el verano de 1477, y su estancia en Andalucía, entre julio de 1477 y diciembre de 1478, fueron decisivos para asegurar la fidelidad de la nobleza regional, tanto de la que ya seguía a los monarcas –el duque de Medina Sidonia en Sevilla, el conde de Cabra en Córdoba– como de la que les era hostil hasta poco antes –el marqués de Cádiz, afincado en Jerez, el señor de Aguilar, dueño entonces de Córdoba–. Se actuó con un sentido del equilibrio que pudo molestar incluso a los leales de la primera hora, pero lo que importaba, sobre todo, era separar a aquellos aristócratas de cualquier intervención en el gobierno de las grandes ciudades de *realengo,* al tiempo que se restauraba en ellas la autoridad regia, primero directamente –son famosas las sesiones isabelinas de justicia en el alcázar de Sevilla–, y luego mediante la instalación definitiva de corregidores, y en otro orden de cosas, de la Inquisición, pues los reyes tomaron entonces la medida a las dimensiones que alcanzaba el problema social y religioso de los conversos.

Sevilla era también el mejor observatorio para apreciar la importancia que tenía el Atlántico medio, sus islas y la ruta hacia Guinea, un ámbito en el que la rivalidad luso-castellana había sido tradicional. La guerra con Portugal había movido a Isabel y Fernando a autorizar e incluso organizar expediciones hacia Guinea y Cabo Verde –hasta entonces monopolio del reino vecino–, y hubo varias entre 1475 y 1478, con diverso éxito, como las que dirigió Charles de Valera, hijo del cronista Diego. Participaban en ellas barcos andaluces, cántabros y vizcaínos, y contribuían también a perturbar el comercio portugués en el Atlántico y a contrarrestar la acción de los corsarios franceses y lusitanos. Sin embargo, el resultado más notable del interés de la Corona en aquellos mares sería la decisión tomada en 1477 sobre la incorporación a *realengo* de las islas Canarias no conquistadas (Gran Canaria, La Palma y Tenerife), porque aquello decidiría la definitiva incorporación de las islas a Castilla.

La contienda se extinguía paulatinamente. En enero de 1477 había muerto Carlos el Temerario, duque de Borgoña, y Luis XI de Francia, mucho más interesado en obtener parte de su herencia y en la desintegración del Estado borgoñón, abandonaba definitivamente la lucha en el sur, tras obtener un compromiso de que no se alteraría la situación en los condados pirenaicos de Rosellón y Cerdaña, ocupados por él, mientras no se reuniese una comisión dictaminadora, y así se refrendó en el tratado de San Juan de Luz (octubre de 1478). Alfonso V, por su parte, había obtenido en febrero de 1477 dispensa pontificia para contraer matrimonio con Juana, pero el mismo papa Sixto IV la revocó en diciembre de 1478, mientras crecía en Lisboa una fuerte corriente de opinión, encabezada por Juan, el heredero del trono, que consideraba aquella guerra nada conveniente a los intereses de Portugal.

En Castilla, dejando aparte las turbulencias gallegas, que tardarían más tiempo en concluir, sólo había ya un foco partidario de Juana en Extremadura, a cuyo frente estaban la condesa de Medellín y Alonso de Monroy, un prototipo de noble-bandolero que había visto frustradas sus aspiraciones al maestrazgo de Alcántara frente a los Zúñiga, al ocupar el cargo Juan, uno de los hijos del conde de Plasencia. Trujillo, ya totalmente isabelino, fue el cuartel general del rey Fernando en los meses finales de 1478. La última batalla se riñó en La Albuera (febrero de 1479) y allí fueron derrotados los juanistas extremeños y las tropas portuguesas enviadas en su auxilio. En enero había muerto Juan II de Aragón y la unión dinástica era ya un hecho, reforzado por el nacimiento del príncipe Juan en 1477. Llegaba la hora de la paz, que se iría gestando a lo largo de 1479, mientras Fernando viajaba a Aragón y Cataluña para recoger la herencia de su padre.

3. El restablecimiento de la paz

La entrevista que celebraron en Alcántara, durante el mes de marzo, la reina Isabel y su tía Beatriz, duquesa de Braganza, fue el comienzo de una prolija negociación que desembocaría en los tratados de paz de Alcaçovas (4 de septiembre de 1479), en los que se restableció la buena relación entre Castilla y Portugal, así como la tendencia a fuertes relaciones dinásticas que había caracterizado a los tiempos anteriores, desde el tratado de Almeirim (1432). Alfonso V renunció por completo a sus pretensiones al trono castellano. Portugal vio reconocido su derecho a navegar en exclusiva al sur del cabo Bojador y Castilla el suyo a las islas Canarias. Hubo perdón y restitución de bienes para todos los rebeldes y huidos. Se previno, en fin, el matrimonio de la infanta castellana Isabel con el infante portugués Alfonso, hijo mayor del príncipe heredero Juan. Respecto a Juana, la hija de Enrique IV, habría de optar entre comprometerse a casarla en el futuro con Juan, el hijo de Fernando e Isabel, o profesar como monja en un convento portugués, pero siempre sin tomar «título de reina, ni de princesa, ni de infanta». La «excelente señora», como se la conocería en el futuro, prefirió la profesión religiosa, pero seguiría siendo una posible baza política –aunque nunca llegara a utilizarse como tal–; en Portugal, aun manteniendo su estado monjil, se la trató a menudo como princesa, y ella nunca renunció, a título personal, a sus pretensiones o posibles derechos regios, hasta su muerte en 1530.

Entre octubre de 1479 y mayo de 1480 se celebraron Cortes de Castilla en Toledo, con objeto de jurar heredero al príncipe Juan. Estaban convocadas desde noviembre de 1478, pero su aplazamiento hasta la consecución de la paz permitió convertirlas en plataforma desde la que los reyes establecieron las grandes líneas de su acción política interior. Además, a ellas acudieron ya la totalidad de los procuradores de las 17 ciudades con voto, aunque no muchos nobles, pues la alta nobleza disponía de otros medios de relación con la Corona. Las decisiones adoptadas en Toledo se promulgaron bajo la forma de *ordenamiento* regio, no de *peticiones* de procuradores, para indicar el carácter ejecutivo que tendrían. De todas maneras, aunque las Cortes de Toledo fueron un momento estelar del reinado, en el umbral de la paz recién estrenada, no es conveniente pensar que ante ellas se expusiera un programa completo de gobierno, ni que fueran el único o principal instrumento para la restauración de la autoridad monárquica. En Toledo hubo algunos aspectos nuevos pero otros muchos eran el desarrollo o la culminación de los tratados en Cortes de los dos reinados anteriores, o bien correspondían a marcos institucionales ya creados. Lo que importa es la eficacia con que se aplicaron.

He aquí un breve apunte sobre el contenido del *ordenamiento,* relativo a cuestiones que encuentran su desarrollo en otros capítulos: se tomaron medidas, de apariencia tradicional, para reajustar las equivalencias monetarias y asegurar la estabilidad de su curso legal, para prohibir la *saca* de oro y plata del reino, para recuperar efectivamente la regalía o monopolio regio de fundación de mercados y ferias. Se ordenó una reducción de las mercedes situadas sobre las rentas reales, mediante unas investigaciones o *declaratorias* que partían del supuesto carácter abusivo de muchas obtenidas en los «tiempos rotos», desde septiembre de 1464, y aquí radicó la novedad, se efectuaron con rapidez y rigor. Se pusieron los medios para acabar con las abusivas privatizaciones de tierras y usos comunales, tan a menudo denunciados, al ordenarse el envío *de jueces de términos,* y se dio realidad a las viejas normas que ordenaban el apartamiento de vivienda en barrios especiales para judíos y mudéjares. En un ámbito muy distinto, se expresó claramente la tradicional oposición a que Roma otorgara *beneficios* eclesiásticos a extranjeros. Además, se reorganizó profundamente el funcionamiento del Consejo Real, el de la Audiencia, de manera menos completa, y el de otros oficios de justicia y gobernación, en especial los corregidores. En resumen, las Cortes de Toledo fueron ya buena muestra de aquel estilo de gobierno que combinaba el uso y el respeto de realidades y aspiraciones tradicionales con su inserción en el ejercicio eficaz y continuo de un poder regio restaurado sobre las bases que ofrecía la misma organización política de Castilla.

A decir verdad, la única parte de la Corona donde existían obstáculos a la pacificación en 1480 era Galicia, no sólo como consecuencia de la guerra anterior sino también por el rescoldo que habían dejado la revuelta *hermandiña* de 1467-1469 y la prepotencia alcanzada por la media y baja nobleza tras su victoria, que incluía nuevos títulos condales –Ribadavia, Monterrey, Altamira, Camiña– y de mariscal –Gómez de Sotomayor, Pardo de Cela–. Durante la guerra, los reyes habían contado con la fidelidad del arzobispo de Santiago, Alfonso de Fonseca, y con el apoyo de los condes de Lemos y Monterrey, aunque los restantes nobles –salvo el conde de Camiña– no fueron rebeldes. Pero estaba por resolver el problema de los abusos nobiliarios, de la anarquía, de las tensiones entre concejos y señores. En octubre de 1480 los reyes enviaron a Fernando de Acuña como gobernador y a Garci de Chinchilla como alcalde mayor, con una tropa de 300 *lanzas* de a caballo que pagaría en el futuro la Hermandad gallega. Al arzobispo Fonseca se le neutralizó elevándolo a la presidencia del Consejo Real, mientras que Acuña restablecía la paz en 1482 y 1483 mediante el asedio de algunas fortalezas nobiliarias, la imposición de destierros y penas, e incluso una ejecución ejemplar, la del mariscal Pedro Pardo de Cela en diciembre de 1483.

Cuando Acuña fue sucedido por Diego López de Haro, la situación gallega, aunque tensa, era pacífica en general, si se exceptúa la insumisión contumaz del conde de Camiña en el sur o, en el norte, el problema que comenzaba a esbozarse en torno a la sucesión del condado de Lemos, pues, muerto en 1483 su titular, Pedro Álvarez Osorio, le sucedió un nieto bastardo, Rodrigo Enríquez Osorio, contra las pretensiones de los condes de Benavente y de Treviño. Rodrigo Enríquez recibió la herencia, excepto Ponferrada, que quedó a resultas de decisión judicial posterior, pero se atrevió a ocuparla en marzo de 1485, y se mantuvo en ella durante un año, a pesar del envío de tropas por los reyes. En marzo de 1486 depuso su actitud, Ponferrada quedó para la Corona y tanto él como las otras partes recibieron compensaciones. Los reyes viajaron al Bierzo y Galicia en septiembre y octubre, para consolidar con su presencia la pacificación y nuevo orden del reino.

* * *

Las Cortes de Calatayud, Barcelona y Valencia, celebradas a lo largo de 1481, y en las que se juró heredero de la Corona de Aragón al príncipe Juan, son, en gran medida, un encuentro entre reyes y reinos comparable al ocurrido en Toledo. Las catalanas sirvieron, además, para restañar heridas de la pasada guerra y restablecer un grado mayor de confianza, pues promulgaron la llamada *constitución de la observancia,* o *poch valríe,* que sujetaba tanto al rey como al país al cumplimiento de las leyes, garantizado por la vigilancia de la Audiencia, y Fernando ofreció su arbitraje para la restitución general de bienes raíces confiscados durante la guerra y el pago de intereses de *censals* (títulos de deuda pública), emitidos por la Generalidad, que había estado en suspenso durante aquellos años.

2. La sociedad

Favorescidos deven ser los fijos de algo por los reyes, pues con ellos facen sus conquistas e dellos se sirven en tienpo de paz e de guerra, e por esta consideración les fueron dados los dichos previllegios e libertades, e especialmente por las leys de nuestros reynos, por las quales está ordenado que los fijos de algo no sean puestos a quistión de tormento ni les sean tomadas por deudas sus armas ni cavallos, ni sean presos por deudas, salvo en ciertos casos. (Cortes de Toledo de 1480.)

1. Las jerarquías sociales

En la época de los Reyes Católicos no hubo modificaciones sustanciales de la organización social, cuyos rasgos generales indicaremos en este capítulo, aunque algunos aspectos particulares se exponen con mayor detalle en otros. En el plano de las concepciones sociales continuaban vigentes y predominaban las de tipo funcionalista propias del pensamiento estamental, que vinculaban incluso el orden social a la voluntad divina, pues ésta se valdría de él para facilitar la preparación y tránsito a la perfección del otro mundo, más allá de la Historia. No existía, por lo tanto, ningún tipo de visión evolutiva o dialéctica de la sociedad, aunque se percibían las diferencias económicas, las tensiones entre grupos, las injusticias funcionales, pero, en su conjunto, prevalecía una imagen estática de la sociedad, basada en el respeto a la posición y el derecho de cada grupo, en el reconocimiento de unas jerarquías –de diversas *calidades*– en cuya cima estaba la nobleza, y arraigada, igualmente, en la convicción de una común ciudadanía religiosa, que permitía relativizar y restar importancia a otros aspectos de la realidad social, pero que impedía, también, la plena entrada en el cuerpo social de los grupos no cristianos.

No obstante, la Baja Edad Media europea se caracterizó por la abundancia de tensiones y pugnas sociales que se apaciguan precisamente en estos decenios de tránsito a lo que hoy llamamos Tiempos Modernos. Las causas de fondo: superación de la depresión económica, mayor estabilidad política de las monarquías occidentales bajo la forma incipiente de «Estado moderno», auge demográfico, renovación del sistema económico gracias a fenómenos de capitalismo mercantil y agrario... y todo ello al servicio no de la sustitución, sino de la permanencia del sistema social vigente, de raíces feudales, que, así modernizado y fortalecido, con alguna mayor flexibilidad y movilidad internas, seguiría vivo varios siglos más.

Los Reyes Católicos supieron navegar a favor de estas corrientes de fondo mediante una política que tuvo las virtudes de la oportunidad, la eficacia y, en general, la buena fortuna, para establecer un clima de paz social bien venido después de las turbulencias y guerras anteriores. En él aseguraron la autoridad monárquica, los fundamentos de su acción política, pero también el predominio del modelo social aristocrático; y el orden interno de la sociedad cristiana fue compatible con la exclusión o la guerra contra infieles y disidentes.

El hilo conductor de nuestra exposición serán las jerarquías sociales, pues a lo largo de su descripción pueden mencionarse otras cuestiones diversas, a las que dedicaremos espacios muy diversos. Lo habitual es que hayan llamado más la atención, y dejado más testimonios, las situaciones o de privilegio o de marginalidad, a las que era ajena al menos el 80% de la población, y que conozcamos mucho mejor a los grupos sociales aristocráticos, como dirigentes del conjunto social y principales creadores de modelos culturales y pautas a seguir. También sucede que las ciudades –centro de la cultura escrita– proporcionan muchos más testimonios sobre sus sociedades que no los ámbitos rurales.

1. LA NOBLEZA

Las características del grupo social aristocrático permiten integrar en él no sólo a la nobleza propiamente dicha en sus varios niveles habituales, sino también a personas que pertenecen a él en condiciones más limitadas, al compartir algunas de tales características, aunque no hayan dado lugar aún a linajes nobiliarios. ¿Cuáles son estas características?: ante todo, el dominio de la renta de origen agrario –junto con las instituciones eclesiásticas, la aristocracia es el sector social propietario por excelencia–, a lo que se unen, a veces, los beneficios de la actividad guerrera, y, casi siempre, la renta procedente del ejercicio del gobierno y la administración, tanto en realengo como, en especial para la alta nobleza, en señoríos; no es desdeñable, por último, la participación, con frecuencia indirecta, en los negocios de ganadería y comercio, ni la obtención de ingresos a partir de fuentes de renta de la Corona o de la Iglesia. Esto nos encamina hacia la definición de otra característica del grupo: su protagonismo político, unas veces ejerciendo cargos de la administración regia, otras en sus propios señoríos jurisdiccionales, o bien en oficios concejiles, e incluso cabe incluir en este ámbito el desempeño de encomiendas de órdenes militares y ciertas facetas de altos cargos eclesiásticos.

Los privilegios de exención fiscal de impuestos directos, los de tipo penal y procesal, y las preeminencias de honor, que singularizan al grupo dentro de aquella sociedad basada en los principios de desigualdad y jerarquía, se justifican por lo primordial de su función como defensores o *bellatores* que amparan con tal oficio a todo el conjunto social. Las «honras, franquezas, libertades y exenciones» no eran idénticas para todo el grupo: en Castilla, los caballeros no nobles estaban sólo exentos de *monedas* –una parte de los *servicios* de Cortes– pero no del resto de los tributos directos. La competencia de las *Salas de Fijosdalgo* de la Audiencia Real se limitaba a los nobles de sangre o hidalgos. También había diferencias en los permisos regios, expresados en *leyes suntuarias* (años 1490, 1493, 1499 y 1500), para utilizar determinadas calidades de tejidos, paños, vestidos, joyas y adornos, o para la celebración de fiestas diversas, aunque en este aspecto, como en los referentes a organización familiar e ideales de vida, la homogeneidad del grupo aristocrático es mucho mayor.

2. La sociedad

Su identidad se manifestaba, en efecto, a través de unas mentalidades y pautas de comportamiento, de expresiones e ideales específicos de religiosidad, que eran el producto de la *caballería* como forma de vida, elaborado en toda Europa occidental desde la Alta Edad Media, paulatinamente, y que encuentra en la España del siglo XV un lugar de arraigo y desarrollo tal vez algo tardío pero también muy completo. Ahora bien, su práctica no es sólo cuestión de individuos aislados, sino que se comprende dentro de una red de relaciones sociales, comenzando por las internas del grupo, que asigna funciones y actitudes a través de la organización en linajes o familias amplias, porque éste era, además, el mejor medio conocido para asegurar la solidaridad social, ejercer el poder político y perpetuar la unión del patrimonio, las rentas y los privilegios.

El linaje y la clientela en torno suyo son un marco de solidaridad que engloba a los miembros de la misma sangre –a veces formando familias *cortas* diferentes–, a sus criados, paniaguados, vasallos y allegados, en torno a la jefatura del *pariente mayor* y a los símbolos comunes –casa solar, escudo de armas–. Los bandos, ligas y parcialidades solían fundamentarse en alianzas y tensiones de base familiar. Isabel y Fernando aceptaron aquel estado de cosas, cuyos ideales compartían, y lo fortalecieron en sus estructuras, aunque combatieran sus abusos o los malos efectos que podía producir con relación a la autoridad regia. Tal es el sentido de sus intervenciones, como primeros nobles del reino más que como soberanos, en asuntos matrimoniales, disputas sucesorias, conservación e incremento de patrimonios transmitidos por vía de *mayorazgo,* cuestiones todas ellas de indudable importancia política.

La relación de la Corona con las pequeñas aristocracias urbanas es ya más distante pero igualmente protectora, pues consolidan el monopolio del grupo en los oficios del poder y la administración local, y en Castilla se generaliza desde 1505 –Leyes de Toro– la posibilidad de establecer vínculos de mayorazgo, que favorecía específicamente los intereses sociales de aquellos patriciados urbanos.

a) Los grandes linajes de la nobleza castellana

Los *ricos hombres* o *grandes* de Castilla dirigían linajes cuyo encumbramiento, aunque no su origen, se había producido frecuentemente a partir de 1369, durante las varias oleadas de promoción nobiliaria que conoció la época Trastámara y que, en este nivel, se tradujeron en una enorme expansión de los señoríos jurisdiccionales y de los títulos de duque, marqués y conde, disfrutados en 1480 por unos 40 nobles. Los Reyes Católicos crearon 41 títulos más, aunque incrementaron poco el número y extensión de los señoríos, de modo que la actitud regia no fue antinobiliaria aunque procuró estabilizar las dimensiones y características del poder señorial, si exceptuamos la rápida promoción del matrimonio Andrés Cabrera-Beatriz de Bobadilla, estrechos colaboradores regios, a la condición de marqueses de Moya y «señores de vasallos» en *tierra* de Segovia. En 1504 había 11 títulos de duque, 15 de marqués, 54 de conde y de 3 a 5 de vizconde: en total, de 80 a 85 títulos, aunque sucedía que, a veces, una misma persona podía ostentar varios. De ellos, 25 tenían la consideración de *grandes* y el tratamiento de *primos* del rey: 11 duques –el más antiguo era el de Medina Sidonia, creado en 1455–, 8 marqueses y 6 condes.

Es preciso hacer un análisis regional, pues éste era el marco en que cada gran casa noble tendía a concentrar lo más importante de su poder y sus señoríos, aunque no siempre, y mostrar cómo los principales linajes se habían diversificado o fragmentado en diversas líneas familiares.

Comencemos por el linaje de los condes de Haro y condestables de Castilla, del que era titular entonces don Pedro Fernández de *Velasco,* cuyo enterramiento en la capilla principal de la girola de la catedral de Burgos es un testimonio inapreciable de su fuerza y mecenazgo, aunque otras capillas funerarias de la alta nobleza no le van a la zaga. También tenía cierto peso en aquellas tierras norteñas el condado de Oñate, de los *Guevara*. Pero mucho mayor era el de los *Manrique,* que contaban con varias ramas en el linaje: aparte de altos eclesiásticos como Íñigo Manrique, obispo sucesivamente de Jaén, León y Coria, y arzobispo de Sevilla, hay que señalar la importancia de Gabriel Fernández Manrique, conde de Osorno, Pedro Manrique, conde de Treviño y duque de Nájera, adelantado mayor de Castilla, Juan Manrique, conde de Castañeda, o los familiares del antaño poderoso Rodrigo Manrique, conde de Paredes, cuya memoria grabó en un poema imperecedero su hijo Jorge.

Por entonces consolidaban su dominio en tierras a caballo entre León, Asturias y Galicia los *Quiñones,* condes de Luna, merinos mayores de Asturias, siendo titular Diego Fernández de Quiñones. Los *Enríquez,* almirantes de Castilla –Alfonso, tío del rey Fernando, y luego Fadrique, su primo–, y los *Pimentel,* condes de Benavente –Rodrigo Alfonso Pimentel–, tenían sus principales señoríos en el valle medio del Duero, en torno a Valladolid, aunque otra rama, la de los condes de Alba de Liste –Enrique Enríquez–, vivían más al oeste, y diversos Enríquez sirvieron a la Corona en cargos de confianza personal: Enrique Enríquez fue mayordomo mayor del rey, heredado en Baza; Pedro Enríquez alcanzó, por vía matrimonial, el adelantamiento mayor de Andalucía; Francisco Enríquez fue capitán real en Vélez-Málaga, y un segundón de otro linaje, Garci Fernández Manrique, fue alcaide de Málaga y antes corregidor real en Córdoba.

A la cabeza de la nobleza gallega estaban los *Osorio:* Pedro Álvarez de Osorio, conde de Lemos, y su homónimo, marqués de Astorga, son los nombres principales de la época, así como los *Sotomayor,* condes de Camiña, de origen portugués. Hay también linajes con asentamiento en varias regiones, como el de los Stúniga o *Zúñiga,* duques de Béjar desde 1490, en época de don Álvaro de Zúñiga, pero señores también de Monterrey, en Galicia, de Capilla y Burguillos, en la Baja Extremadura, de Gibraleón, en la zona onubense, y con otra rama asentada entre Miranda del Castañar y Peñaranda de Duero, en Castilla. Los *Álvarez de Toledo,* en cambio, tenían su fuerza principal en los señoríos de Alba de Tormes, Piedrahíta y Barco de Ávila, mientras que otra rama se consolidó como condes de Oropesa: además, en la Corte, García Álvarez de Toledo, conde y luego primer duque de Alba, fue un colaborador destacado de su primo hermano Fernando el Católico; a él y a su hijo se debe la fortuna política de la casa.

Mucho mayor era entonces la de los *Mendoza,* cuya asistencia a Isabel la Católica desde 1474 fue decisiva: la rama principal, asentada en Hita, Guadalajara, Manzanares el Real y, al norte del reino, en Santillana, eran ya marqueses de Santillana y duques del Infantado (Diego Hurtado de Mendoza), pero crecen además las ramas cadetes, engendradas por el cardenal don Pedro González de Mendoza, arzobispo de Toledo y principal eclesiástico de la época hasta

1495, y por el conde de Tendilla, don Íñigo López de Mendoza, embajador de los reyes en Roma y capitán general de Granada hasta su muerte, ocurrida en 1515. El linaje de los *La Cerda,* condes de Medinaceli, tenía a su frente a don Luis, un anciano alejado de la vida cortesana y casado en últimas nupcias con Catalina de Vique, de familia judeoconversa; los reyes le otorgaron el título de duque, sin aumentar su dominio señorial, que abarcaba la villa y tierra del título y El Puerto de Santa María, principalmente.

A las promociones habidas en los reinados de Juan II y Enrique IV correspondía la grandeza de los *Pacheco,* marqueses de Villena y duques de Escalona (Diego López Pacheco); los *La Cueva,* duques de Alburquerque a partir de don Beltrán de la Cueva; los *Téllez-Girón,* herederos del maestre de Calatrava, Pedro Girón, que eran condes de Urueña, al norte del Duero, y señores de Osuna, en el reino de Sevilla; los condes de Belalcázar (Gutierre de *Sotomayor)* y los de Feria (Lorenzo y Gómez Suárez de *Figueroa),* bien afincados todos ellos en tierras neocastellanas y extremeñas, donde también se instaló una rama de los *Portocarrero,* condes de Medellín, y obtuvieron señoríos y títulos las familias toledanas de los *Silva* (condes de Cifuentes), los *Acuña* (condes de Buendía) y los *Ayala* (condes de Fuensalida).

Los grandes linajes andaluces tenían un origen y desarrollo más antiguos y, en ocasiones, menos sujetos a los favores políticos inmediatos de la realeza. Los reyes contaron con la fidelidad de los duques de Medina Sidonia y condes de Niebla desde el primer momento (don Enrique y, desde 1492, don Juan de *Guzmán)* y consiguieron que se reconciliaran con el linaje rival de los *Ponce de León,* señores de Marchena, marqueses de Cádiz hasta 1492, condes y luego duques de Arcos de la Frontera (don Rodrigo Ponce de

León, muerto en 1492, fue uno de los grandes caudillos de la conquista de Granada). En tierras cordobesas, las varias ramas de los *Fernández de Córdoba* dominaban amplios señoríos y, antes del reinado, también la vida política de la ciudad: don Alonso era señor de la casa de Aguilar y de Priego, que tuvo título marquesal ya en época de su sucesor don Pedro; Gonzalo Fernández de Córdoba, el Gran Capitán, era hermano menor de don Alonso y creció, como él, en la frontera y la guerra de Granada. Otras ramas principales eran las de los condes de Cabra (don Diego Fernández de Córdoba) y los Alcaides de los Donceles, luego marqueses de Comares (otro Diego Fernández de Córdoba), cuyo parentesco no implicaba, necesariamente, identidad de pareceres y concordia. En tierras de Jaén, destacaba el condado de Santisteban del Puerto, de los *Benavides*. El reino de Murcia era territorio de los *Fajardo,* que ejercían el cargo de adelantado mayor: los reyes se aseguraron la fidelidad de aquella familia casando a la heredera de don Pedro Fajardo con Juan Chacón, hijo de un fiel cortesano, y atribuyendo a su heredero el título de marqués de los Vélez.

Mucho más se puede escribir sobre la alta nobleza, cuyos títulos principales disponían ya de un nivel de rentas situado entre 25.000 y 40.000 ducados por año, según las estimaciones de Lucio Marineo Sículo a comienzos del siglo XVI, aunque había al menos tres que alcanzaban los 50.000-60.000 y otros pocos que no pasaban de 15-20.000, pero todavía era mucho si se considera que la renta de los nobles de nivel medio no solía superar los 2.000-4.000. Eran ingresos obtenidos en sus señoríos jurisdiccionales, en sus propiedades, en la actividad política, mediante mercedes, sueldos y prebendas diversas con cargo a la Hacienda regia, que actuaba así, como en otras monarquías occidentales, a modo de redistribuidor de renta entre la clase dirigente, después de haber realizado su centralización y recaudación con procedimientos renovados en la Edad Media tardía.

b) Los niveles medios y bajos de la aristocracia en Castilla

La media y baja nobleza, junto con los grupos aristocráticos aún no nobles, formaba el nervio político de la Corona y sus regiones, la base sobre la que actuaban, en los niveles superiores, alta nobleza y reyes, puesto que dominaba el poder local y aceptaba y difundía los ideales de vida y organización que ya hemos mencionado. Era muy numerosa: se ha estimado que formaría en torno al 10% de la población –en Cataluña no pasaba del 1,5%–, lo que contribuye a explicar su potencia, e incluso su carácter abierto y relativamente heterogéneo y móvil. Junto a los hidalgos o nobles de sangre, aunque algunos lo habían sido por concesión regia o por promociones ocurridas durante las frecuentes guerras del siglo XV, había caballeros *de privilegio* y otros *de cuantía,* que disfrutaban exenciones y privilegios a título personal, pues no eran nobles, aunque intentaban hacerlos hereditarios, y acceder así a la nobleza, mediante la práctica de la caballería y la formación de vínculos patrimoniales a favor de alguno de sus sucesores. Los Reyes Católicos procuraron delimitar con claridad las condiciones de reconocimiento de hidalguía (Leyes de Córdoba, 1492), pero no cerraron en modo alguno las posibilidades de promoción y consolidación de los «caballeros y hombres principales» en su conjunto, fueran o no nobles de origen.

Los hidalgos eran muy abundantes en el Norte, desde Asturias hasta Guipúzcoa, pero su modo de vida solía ser rural y de poco vuelo económico, de modo que la fortuna de muchos hidalgos y de otros hombres norteños creció a través de la emigración a otras regiones, o en el mar. En las dos Castillas es donde el grupo hidalgo se diferencia más rígidamente de los que no lo son, aunque cuenten con poder económico y político: acaso la presencia de muchos linajes de alta nobleza y la mayor dificultad para defender sus ámbitos específicos de poder agudizaban la conciencia de grupo. En Andalucía y Murcia había pocos hidalgos, pero muchos caballeros que se integraban en los diversos patriciados urbanos y que, con el paso de las generaciones, alcanzaban nobleza, riqueza e incluso pequeños señoríos: el proceso estaba ya muy avanzado en tiempo de los Reyes Católicos.

c) La nobleza en los reinos de la Corona de Aragón

La diferencia más visible entre la baja nobleza aragonesa, catalana o navarra y la castellana era la menor integración de aquélla en la vida urbana, dominada por unos patriciados cuya diferenciación jurídica y de intereses era muy clara. Así, pues, los *infanzones* navarros y aragoneses mantenían un modo de vida rural, muy afectado por la crisis bajomedieval. Lo mismo les ocurría a los *cavallers* de Cataluña, cuyas fuentes de riqueza, que eran la renta de la tierra y el dominio feudal sobre los campesinos, también se habían visto dañadas, sobre todo por la guerra civil y, después, por la solución dada al problema de los *payeses de remensa*.

Por el contrario, la alta nobleza se había renovado y conservaba su preeminencia social y económica, aunque la política fuera diversa. En Cataluña, los *ric hòmens* habían perdido bastante tras la guerra de 1462. Destacaban los *casales* surgidos paulatinamente desde mediados del siglo XIV: Montcada, Cabrera, Cardona, y la tercera línea de condes de Ampurias, iniciada por el infante Enrique «Fortuna», sobrino bastardo de Juan II. En Valencia, la nobleza gobernaba estados señoriales muy sólidos: destacan los Centelles, condes de Oliva, y la concesión del ducado de Gandía por Fernando el Católico a los Borja, hijos del papa Alejandro VI.

En Navarra y, especialmente, en Aragón, la jurisdicción señorial de los grandes nobles no tenía el contrapeso de una autoridad monárquica fuerte, y llegaba al máximo de su poder sobre los campesinos sujetos a ella. Recordemos algunos nombres de linajes principales: los Urrea, a los que el Rey Católico concedió el título de condes de Aranda; los Luna, Lanuza, Bardají, Liñán, Abarca, Heredia y Urríes –destacan los dos Hugo de Urríes, abuelo y nieto, colaboradores del rey–, en Aragón, además, don Alfonso de Aragón, hermano bastardo del monarca, duque de Villahermosa y conde de Ribagorza. Y en Navarra, el gran linaje beamontés del condestable y conde de Lerín, o el de Pierres de Peralta.

2. LAS SOCIEDADES URBANAS

La distinción entre ciudad y campo, que tan a menudo se establece a la hora de organizar explicaciones históricas, es válida siempre que se tenga en cuenta que la mayoría de las ciudades tenían un ámbito jurisdiccional de dominio rural –*términos, tierras, alfoces*– y que en ellas vivían grupos dedicados al sector agropecuario, y aristócratas que percibían renta de origen mayoritariamente agrario. No obstante, es cierto que las sociedades urbanas tenían cada vez más elementos específicos, debidos a la misma concentración en un pequeño espacio, a la dedicación a actividades de comercio, servicios y artesanía, y disponían de criterios propios de estratificación, movilidad y conflicto social en los que jugaban un papel mayor los niveles de riqueza mobiliaria y la situación profesional; por último, al disponer de un derecho propio, cada ciudad establecía una distinción entre sus vecinos y los que no lo eran y, además, en el medio urbano ocurrían con mayor facilidad y frecuencia hechos de marginación social. Son, todos ellos, aspectos a los que se debe prestar alguna atención.

Los padrones de vecindario hechos para facilitar la recaudación de impuestos directos, a la vez que agudizaban la conciencia de las diferencias económicas evaluadas en dinero –al margen, por tanto, de otras consideraciones sociales–, nos permiten hoy reconstruir la pirámide de riquezas o «cuantías» en bastantes ciudades a finales del siglo XV, a pesar de las ocultaciones que habría y de la valoración defectuosa o escasa, a efectos fiscales, de los bienes, en los que no se incluían la ropa de vestido y cama habitual ni tampoco los instrumentos de trabajo imprescindibles (un arado con sus bueyes, un caballo con el armamento complementario, las herramientas del oficio, en otros casos). Se llega con frecuencia a la conclusión de que sólo en torno al 3% de los vecinos superaban el nivel de riqueza preciso para ser caballeros. En Castilla se fijaba en 40.000-50.000 maravedíes y les obligaba a mantener caballo y armas, a cambio de disfrutar de ciertas preeminencias y privilegios de la aristocracia: tales son los caballeros de *premia* o *cuantía*. Otro 20-25% se situaría en niveles intermedios, por encima de los 5.000 maravedíes en Castilla, y el resto, un 70%, a veces en niveles bajos, sin capacidad apenas de ahorro, lo que les incorporaba a la «pobreza fiscal» a menudo, que no ha de confundirse con la pobreza total, pues en su mayoría serían pequeños comerciantes, asalariados con jornales de media de un *real* diario; gentes, en suma, capaces de obtener lo preciso con su trabajo o bien, si se quiere, pobres en el sentido que daba entonces a la palabra Alfonso de Palencia: el que «manda poco y tiene poco, pero algo».

«Mandar poco» era lo propio de todos los grupos urbanos medios y modestos, tanto si la organización gremial o corporativa estaba al margen de toda participación en el gobierno local, que es lo más corriente en Castilla, como si se dividía al vecindario en *manos* según su riqueza y profesión, tal como sucedía en buena parte de las ciudades de la Corona de Aragón. Así, en Barcelona, la elite de los *ciutadans honrats* constituía la mano *mayor;* los mercaderes, artesanos más ricos, médicos y letrados, la *mediana,* y el resto de los oficios, la *menor;* eso sin contar los muchos asalariados o gente sin solvencia económica que permanecerían por debajo y fuera de tal clasificación, e incluso del avecindamiento. En Zaragoza se establecieron 20 *manos* en 1414, según riqueza, para intervenir en el sorteo de los oficios municipales. De modo que, en resumen, los criterios de riqueza y situación profesional eran básicos para describir el sistema social, junto con el de avecindamiento, que servía no sólo para excluir a forasteros pobres, sino para marcar también distancias –al menos jurídicas– con respecto al clero, a la nobleza en Aragón y Cataluña, y a los grupos de mercaderes de otros países.

a) Los patriciados

Constituyen la cúspide de las sociedades urbanas, dueños de casi todo el poder local, privilegiados a veces con exenciones fiscales y títulos jurídicos que los aproximan, y a veces los integran, a las aristocracias. Sucedía esto más en la Corona de Castilla, debido al origen social y a la composición de aquellos grupos de «omes principales» o «poderosos», como les llaman sin rodeos muchos textos de la época. En ellas, el patriciado u oligarquía estaba formado por baja nobleza, caballeros, descendientes de oficiales de la Corona, grandes mercaderes y, a veces, judeoconversos, pero se observa siempre el afán del grupo por incorporarse a las formas de vida nobles y, en la medida de lo posible, a la nobleza misma o, dicho de otro modo, la ausencia de una alternativa burguesa fuerte y en auge frente al modelo aristocrático. Ni siquiera en Burgos, cuyas familias de caballeros-mercaderes, aunque dedicadas al negocio del comercio exterior sobre todo, tampoco renuncian a tales comportamientos y aspiraciones, según muestran los estudios que se han hecho sobre algunos linajes y su evolución, o sobre figuras destacadas como Diego de Soria, que era la más conocida en tiempo de los Reyes Católicos.

En Cataluña, Aragón y Valencia, las formas eran distintas porque la nobleza solía permanecer fuera del gobierno local, e incluso del avecindamiento, aunque viviese en el medio urbano, lo que permitía una mejor diferenciación «burguesa» de los patriciados. Pero la tendencia de fondo –modos de vida propios de la aristocracia, equiparación con los nobles– era semejante. Así, en las ciudades aragonesas, sus patriciados –mercaderes, letrados, prestamistas a veces– se equiparaban a la pequeña nobleza de *infanzones* e invertían, como sus contemporáneos castellanos, en casas y palacios urbanos, y en tierras. Los *ciudadanos honrados* de Barcelona eran un centenar de familias y su padrón o *matrícula* se revisaba una vez al año, desde 1479. Lo mismo sucedió en Perpiñán desde 1480. En Gerona eran medio centenar de familias sobre las mil, aproximadamente, del vecindario. Cabría añadir, casi siempre, a los mercaderes (7% del vecindario en Barcelona, 4,6 en Mallorca, 4,8 en Valencia) para completar la composición del grupo, pues también entre ellos se daban tendencias a adoptar formas de vida aristocráticas o a modificar sus fuentes de ingresos, prefiriendo las rentas de *censals* a los riesgos del comercio, aunque fuera aquello «destrucción del reino», como denuncian dos autores mallorquines de la época. En efecto, tanto en Valencia como en Mallorca, el peso de la deuda pública era enorme, en el primer caso debido a los préstamos de la ciudad al rey; los beneficiarios de sus intereses eran la aristocracia valenciana y, en el caso mallorquín, la barcelonesa, pero la situación privaba de capitales necesarios a diversos sectores y actividades económicas, agravaba las desigualdades fiscales e inducía a mantener gobiernos municipales muy cerrados a cualquier cambio y una actitud social de los grupos dominantes excesivamente conservadora y mucho más próxima a los ideales sociales nobiliarios que a los «burgueses», que supuestamente deberían haber producido alternativas o renovaciones.

Así, la equiparación entre ciudadanos y caballeros se consolidó en Barcelona a partir de 1499, cuando los *cavallers* que vivían en la ciudad pudieron integrarse en su asamblea o Consell de Cent; en 1509, los ciudadanos honrados obtenían la misma consideración jurídica que los caballeros. En Mallorca éstos participaban en el gobierno urbano desde 1391; en Lérida se les integró en la *mà major* desde 1499. No hubo, en cambio, integración jurídica en Gerona, Perpiñán o Tortosa, mientras que en Valencia las barreras fueron menos rígidas, pues ciudadanos y mercaderes podían acceder a la caballería. La tendencia social era similar en todos los casos, como ya observaban diversos textos de la época. He aquí dos, relativo el primero a los caballeros de Sevilla (1463), y el segundo a los ciudadanos honrados de Barcelona (1476):

> Los dichos... son omes que viven como escuderos e omes fijosdalgo, e su trato es de escuderos e tener cavallos e armas e jaeses e plata en que ellos comen... ataviados como omes de pro, con escuderos, e cavallos e asémilas, e un esclavo negro continuamente a sus espuelas... Los dichos Diego de Santillán e Gomes de Santillán biven linpios como cavalleros e escuderos, e con cavallos e armas e otros que los acompañan.

> D'aquests ciutadans de Barcelona es l'estament tal, que algun rei no el té; car és de gent honrada, rica e vivint honrosament, ab cavalls e armes, pomposament vestits e aconpanyats... Tenen les grans cases moblades, e tinells d'argent en llur viure, e coses de magnificència... Aquestos no son solament ciutadans, mas cavallers en lo viure, e representen los senats de Roma...

b) El resto de la ciudadanía

Alguna parte del vecindario, surgida especialmente de los grupos medios o «medianos», podía alcanzar ciertas franquezas y exenciones fiscales que suponían una mejora con respecto a los demás vecinos. Son los *francos* de diversas ciudades castellanas: oficiales de «casas de moneda» regias, monteros del rey, oficiales reales, habitantes de alcázares urbanos de la Corona; y también nuevos vecinos que recibían exenciones temporales de impuestos, generalmente por diez años, o residentes en castillos de la frontera de Granada, especialmente peligrosos. El resto de los habitantes formaban el *común,* así llamado en Castilla, o según leemos en algunos textos, eran «omes de pequeña manera», «poble menut», atenidos a sus salarios y a pequeños ingresos extras, peones en la guerra, *pecheros* en la paz, cuya suerte no se modificó en aquellos decenios, aunque la situación de mayor orden y el crecimiento económico también los favorecía en un momento que aún no experimentaba fuertes presiones demográficas.

Dentro del *común* había, acabamos de indicarlo, un sector más destacado de *medianos* en todas las sociedades urbanas –maestros artesanos, pequeños comerciantes, profesiones liberales–, apartados casi por completo del poder municipal que dominaban caballeros, ciudadanos honrados y mercaderes principales; podían ser hasta un 15-20% de la población urbana. Disponían de un cierto nivel económico y cultural y bastantes de sus miembros soportaban mal aquella situación de marginación política y, a la vez, de dependencia respecto a las directrices e intereses económicos de los dueños de la tierra y de los negocios. Cuando la situación económica empeoró o pasó por momentos de crisis, en los primeros años del XVI, al mismo tiempo que se inestabilizaba la política (1505-1508, 1516-1520), maduraron en el seno de aquel grupo las condiciones y muchos de los protagonistas, de las propuestas y de los apoyos tanto al movimiento de las *Comunidades* en Castilla como a las *Germanías* de Valencia y Mallorca: ambas revueltas estallaron en 1520, con independencia mutua y reivindicaciones específicas en cada caso, pero a partir de malestares sociales que tenían muchos puntos en común.

Por debajo de la gran masa de habitantes se entra ya en el mundo de la marginalidad social, y en la descripción de los medios de alivio y, a la vez, de control, que habían ido sistematizándose durante la Baja Edad Media para hacerle frente. Eran los hospitales, en el caso de enfermos y pobres, sostenidos por cofradías y municipios, muy abundantes, aunque pequeños –no solían atender a más de 6-15 personas–: había más de 50 en Sevilla, 30 en Córdoba y más de 20 en Burgos. La nueva tendencia era la concentración de esfuerzos, suprimiendo centros pequeños, y así se hizo antes en las grandes ciudades de la Corona de Aragón: es el hospital de Santa Creu en Barcelona, desde 1401, o el de Santa María de Gracia en Zaragoza, desde 1425. En Castilla, los Reyes Católicos procuraron dar ejemplo al fundar grandes hospitales en Toledo, Granada o Santiago, pero los procesos de concentración suelen ocurrir ya entrado el siglo XVI.

Las luchas y alteraciones de la época anterior habían dado lugar a la presencia en las ciudades de «vagamundos», rufianes y malhechores diversos, que formaban ligas y «monipodios», alteraban el orden y, en ocasiones, eran utilizados por los bandos políticos en pugna. Aquella realidad remitió mucho durante el reinado conjunto gracias a la mayor eficacia y rigor de la justicia real y municipal, tanto en los medios urbanos como en los rurales, pero no llegó a desaparecer, pues los medios de represión eran insuficientes, y el nivel de violencia habitual en aquellas sociedades, alto. Recordemos, a título de ejemplo, cómo de Galicia y las tierras norteñas provenían muchos peones para las guerras, cosa habitual porque así obtenían una fuente de ingresos indispensable para las economías domésticas de aquellas zonas montañosas y entonces pobres, pero también acudían muchos *homicianos* a redimir sus delitos mediante la prestación de servicios en

2. La sociedad

la frontera o en la guerra de Granada. O cómo, en las cuentas de la Santa Hermandad relativas a persecución de delincuentes, hay siempre un aumento muy significativo en las que se refieren a los ámbitos cordobés y sevillano de Sierra Morena, zonas despobladas aptas para el bandolerismo, que también continuó vivo algún tiempo en la Cataluña Vieja después del final de la guerra civil. El uso mismo de una violencia ritual y simbólica en la ejecución de algunas penas de justicia era, a la vez, un reconocimiento de aquella realidad social, que impregnaba las mentalidades, y un intento de utilizarla para ejemplarizar. He aquí la descripción de cómo murió el frustrado regicida que acuchilló a Fernando el Católico en Barcelona a fines de 1492; el caso es singular, y también la concentración de crueldad, pero no el espíritu simbólico de la pena sentenciada por la justicia barcelonesa:

> Fue puesto en un carro e traído por toda la cibdad; e primeramente le cortaron la mano con que dio al rey, e luego con las tenazas de fierro ardiendo le sacaron una teta, e luego un ojo, e después le cortaron la otra mano, e luego le sacaron el otro ojo, e luego la otra teta, e luego las narizes; e todo el cuerpo e vientre le abocadaron los herreros con tenazas ardiendo, e fuéronle cortados los pies; e después que todos los miembros le fueron cortados, sacáronle el coraçón por las espaldas. E echáronlo fuera de la cibdad, donde los moços e mochachos de la cibdad lo apedrearon e lo quemaron con fuego, e aventaron la ceniza al viento. (Andrés Bernáldez.) Porque, leemos en otro texto, «fuera penado en todos los miembros en que erró».

La prostitución y la esclavitud eran otros dos aspectos de la marginalidad urbana que merece la pena evocar. El primero para señalar la mayor fuerza del control que ejercieron a partir de entonces los poderes municipales, y detrás de ellos el de la Corona, sobre aquella arraigada realidad social. El segundo porque en las ciudades andaluzas y levantinas había llegado a alcanzar, ya entonces, cierto desarrollo, debido a la importación y mercado de esclavos, sobre todo en Valencia y Sevilla, ciudades que contarían con un millar cada una, musulmanes, negros y, en ocasiones, canarios, dedicados más a tareas de servicio doméstico, como fuerza laboral y elemento de prestigio social, que no a trabajos rurales, pues sólo algunos grandes nobles disponían de muchos (unos 200 tenía el duque de Medina Sidonia a comienzos del siglo XVI).

* * *

También formaban parte de la población urbana individuos y grupos de otros reinos de la Corona, o bien de otros países europeos, casi siempre dedicados al comercio y las finanzas. Destacan las colonias de genoveses en Sevilla –donde contaban con privilegios fiscales y de residencia desde 1251– y en otras ciudades del sur e incluso del centro, como Toledo o Cuenca, pues su penetración en el comercio castellano era grande, y también en Valencia. No eran muchos en número, y con frecuencia sus estancias fueron breves, pero algunos arraigaron, y diversos apellidos de los *alberghi* ligures se integraron en la sociedad andaluza, como Pinelo, Cataño, Boccanegra, Zaccaria, Riberol, Sopranis, Rey, Espínola, Centurión, Grimaldo y otros. Desde Sevilla, los genoveses sabrían participar muy activamente en las primeras fases de las exploraciones y conquistas en el Atlántico.

3. Aspectos del mundo rural

El silencio de la sociedad campesina, en torno al 80% de la población, produce siempre en los historiadores una engañosa sensación de estabilidad, rota sólo por sacudidas, revueltas o crisis de diversa violencia. Es cierto que durante siglos no se modificaron los fundamentos generales del sistema social, pero también lo es que cada época aporta matices y cambios. A fines de la Edad Media los había, y de cierta importancia. Por ejemplo, la promoción de algunas capas de campesinos, dueños de tierras y ganados, que toman en arriendo o censo otros predios, utilizan, más que sus convecinos, los recursos de los bienes comunales –bosque, pasto– y dominan el poder local: son los *labradores hacendados* y los *villanos ricos* que se encuentran en tantos pueblos de la Meseta o, en otras condiciones, los grupos más acomodados e incluso con algunos privilegios del campesinado navarro *(infanzones labradores).* No es dudoso que las mejores condiciones de capitalización de la economía rural, y las posibilidades que abría un comercio cada vez más fluido, han beneficiado sobre todo a este sector de campesinos, pero tampoco lo es que tomó mayor conciencia, y procuró combatir la situación habitual de mayor presión fiscal sobre el campo que sobre la ciudad, que lo dominaba, y más en una época en que las inversiones de capital urbano en compra de fincas y en explotaciones agrarias aumentaron aún más esa dependencia económica sin aliviar la desigualdad fiscal.

La realidad era distinta y peor para la gran masa de campesinos no propietarios, a pesar de que, sobre todo en el tercio norte de la península, el usufructo o tenencia de las tierras era por plazos muy prolongados. Pero también podía acarrear situaciones de merma de libertades personales, de movimiento o de disposición de bienes: todavía en 1480, por ejemplo, debieron los Reyes Católicos recordar que los *solariegos* tenían la misma libertad de domiciliación y desplazamiento que los demás naturales de Castilla y, por los mismos años, reafirmaban la condición de plena libertad jurídica que correspondía a los *hombres de behetría,* y declaraban la condición realenga de muchos de los lugares habitados por ellos.

Peor era la situación en el reino de Aragón, donde se reafirmaron entonces las formas tradicionales del régimen señorial en toda su dureza, cuando en otros países tendían más bien a remozarse y hacerse más flexibles. El fracaso de algunas revueltas campesinas (Ariza, 1497; Monclús, 1507-1517), la impotencia regia para modificar la situación jurídica y el gran poder de la alta nobleza, que consigue consolidarla (Cortes de 1510), son hechos que pondremos más adelante en relación con la peculiar organización política aragonesa.

Mallorca vivía un estado muy característico de tensión entre la ciudad y el campo de la isla, sujeto a ella. La población avecindada en la ciudad era mucha menos, y crecía más despacio, aunque hubiera en ella habitantes de otras partes: 2.684 *fuegos* urbanos frente a 11.740 rurales o de *forans,* mientras que en 1482 éstos eran sólo 9.198. Las revueltas de *forans* habían concluido con el fracaso en 1450 y 1463, pero las reivindicaciones continuaban, en especial las relativas a un reparto más equitativo de las contribuciones según la riqueza de cada *fuego,* y aunque obtuvieron una sentencia favorable en 1512, la tensión estallaría en unas *Germanías* mallorquinas, paralelas a las de Valencia, en 1521, con fuerte componente rural, contrario al mantenimiento de la aplastante deuda pública que ponía en manos de rentistas de la ciudad y de Barcelona una parte excesiva del producto económico isleño.

La situación de los *payeses de remensa* en la Cataluña Vieja, unos 50.000, combinaba la falta de libertad personal con una posición económica en general bastante desahogada. Lo primero, porque estaban sujetos a una *redimentia* o *remensa* a voluntad de su señor para poder abandonar el predio que cultivaban, e incluso a *malos usos* que iban más allá de las habituales prestaciones campesinas. Lo segundo, porque muchos de aquellos payeses habían conseguido acumular explotaciones considerables en usufructo o tenencia que, de hecho, era perpetua, durante la larga fase de depresión demográfica por la que atravesó el principado.

Los pleitos y revueltas de los *payeses de remensa* habían comenzado a fines del siglo XIV, y consiguieron la suspensión de aquella prestación y de los *malos usos* en 1455 y 1472, pero en 1481 las Cortes los renovaron como parte de los planes de devolución de rentas y deudas dejadas sin pagar durante la guerra civil. Hubo una nueva sublevación campesina y, por fin, en 1486 la sentencia regia dada en Guadalupe (21 de abril) arbitró un compromiso que resultó satisfactorio, aunque de aplicación lenta en sus aspectos económicos: se abolieron los *malos usos* y cualquier forma de *ius maletractandi,* se fijó la *remensa* en 60 sueldos por predio familiar campesino o *capmas,* o bien en una renta anual de tres sueldos, de manera que, con una u otra prestación, el campesino tendría plena libertad de movimiento y podría vender y comprar bienes muebles. Se mantuvieron las otras prestaciones, censos, *tasques* y demás derechos que percibían los nobles como propietarios de la tierra y señores y, además, los payeses hubieron de pagar indemnizaciones por valor de 56.000 libras a cambio de los sobreseimientos de causas y en compensación por daños y perjuicios a lo largo de los quince años siguientes. Pero casi todos permanecieron en sus tierras una vez conseguidas aquellas condiciones mejores, y, al trasmitirlas por herencia, se integraron en la extensa «clase media rural» catalana de campesinos con cierto acomodo, mientras que los pequeños nobles, con sus capacidades jurisdiccionales y sus rentas definitivamente limitadas, vieron cómo se alejaba la posibilidad de recuperar antiguas posiciones y preeminencias; aquello acentuó para muchos la crisis de sus fuentes tradicionales de renta y estimuló desarraigos y emigraciones a las ciudades.

* * *

La presencia de grupos de *gitanos,* preferentemente en las áreas rurales, estaba ya consolidada en tiempo de los Reyes Católicos. Habían comenzado a entrar en la península desde 1425 –fecha del primer salvoconducto conocido–, y su número creció desde la invasión completa de los Balcanes por los turcos, en los años sesenta, que les obligó a abandonar aquellas regiones, aunque tampoco eran las suyas de origen: de ellas viene el nombre de *griegos* con que a veces se les conocía. Otros hacían alusión a su supuesto origen –*egipcianos* de Egipto la Menor– o a países centroeuropeos de los que procedían más directamente –*bohemianos*–. El pretexto de su entrada era siempre la peregrinación a Compostela, en penitencia, «según que todo dicen que más largamente se contiene en ciertas bulas apostólicas que sobre ello Su Santidad les dio e concedió», leemos en uno de los salvoconductos del año 1491.

Sin embargo, los gitanos conservaban su organización tribal, bajo el mando de *condes,* impermeable a cualquier proceso de fusión, permanecían en el país indefinidamente, nomadizando y sin profesión conocida, y comenzaron a surgir roces con la población sedentaria y con las autoridades, que explican el porqué de la pragmática real de marzo de 1499 en que se daba plazo de sesenta días para que tomaran vecindad y oficio, o bien abandonasen los reinos, bajo pena de diversos castigos que incluían el cautiverio en caso de reincidencia. Sobra añadir que aquélla fue la primera de una serie de disposiciones regias incumplidas y, lo que es más importante, el primero de los intentos de integración que no se llevó a cabo. La toma de conciencia del fenómeno gitano por parte de la sociedad fue lenta pero suficiente para que en su *Farsa de las Gitanas* (hacia 1521), Gil Vicente dibujara ya muchas de las características del grupo, que llegarían a convertirse en tópico.

2. La situación económica

Expondremos con brevedad algunas características fundamentales de las estructuras económicas vigentes en las diversas regiones peninsulares durante la época de los Reyes Católicos, así como cuáles eran las tendencias principales y las realidades que, con su presencia, más podían influir en las relaciones sociales y políticas. No cabe hablar, por el contrario, de políticas económicas, salvo en aspectos elementales y poco desarrollados, tanto por parte del poder regio como de los urbanos y señoriales, ni de un ámbito económico homogéneo para todos los reinos de Fernando e Isabel, aunque la unión dinástica facilitara algunas aproximaciones.

En general, el crecimiento económico en la Corona de Castilla que había comenzado en los decenios anteriores continuó durante el reinado, aunque las actividades bélicas y político-religiosas de la década de los ochenta –Granada, Inquisición, expulsión de los judíos en 1492– pudieron perturbarlo algo. Sólo se quebró la tendencia durante los años 1503 a 1507, azotados por la carestía cerealista, y al final, por una epidemia general de peste. La ciudad de Valencia, por su parte, alcanza en los últimos decenios del siglo XV su mejor momento mercantil y financiero, después de una expansión que arrancó –como la de algunas plazas castellanas– a finales del XIV, pero en una situación frágil ante coyunturas adversas, trabada por el peso creciente de la deuda pública, la relativa falta de capitales para otras actividades y el peso de una mentalidad «rentista» de los dirigentes políticos y económicos, poco abierta a innovaciones que podían poner en peligro su dominio, aunque esto es un fenómeno casi general en la época. El reino de Aragón experimenta también un crecimiento, aunque menor, acaso debido a su falta de salidas marítimas, mientras que el comercio catalán y, en general, la economía del principado, vivían cierto grado de restauración, después de las quiebras causadas por la guerra civil, sobre todo desde la última década del siglo XV. No lo hubo, en cambio, en Mallorca, donde la tensión entre ciudad y campo era mayor, debido al muy desigual reparto de las cargas fiscales y del producto económico, a la necesidad de hacer frente al pago de intereses de una abrumadora deuda pública, casi toda ella en manos de forasteros, y, en la misma ciudad, al dominio de la oligarquía política y económica de los mercaderes sobre todos los aspectos y condiciones de la producción manufacturera, en detrimento de los intereses específicos de los artesanos: fenómeno también muy común entonces, pero especialmente agudo en el caso mallorquín.

Apenas se conoció la incidencia de catástrofes epidémicas generales, si exceptuamos la de 1507, pero el número de pestes de alcance más limitado era notable, aunque ignoremos hasta qué punto perturbaron la actividad económica. Hay epidemias locales en muchas ocasiones, algunas con efectos graves –por ejemplo en los puertos castellanos del Cantábrico–, otras, en cambio, episódicas. Acaso las incidencias epidémicas más fuertes hayan ocurrido en 1483-85, 1489-90 y 1493-94, pero las fechas varían de unos lugares a otros y son muy abundantes, lo que impide generalizar.

1. La producción

La disponibilidad de algunos productos alimenticios básicos, en especial los cereales, era muy diferente de unas regiones a otras y constituía un índice principal para medir su riqueza, con criterios tradicionales, aunque la fluidez de las relaciones mercantiles permitía otros medios de enriquecimiento y ocurría que, a veces, las zonas productoras se veían mediatizadas por una actividad comercial que no controlaban. Trigo y cebada hacían la riqueza de las cuencas medias del Duero y Tajo, de las campiñas cordobesas, sevillanas y jerezanas, de la Baja Extremadura y del valle medio del Ebro. En cambio eran *países de acarreo,* que necesitaban importaciones habituales, toda la cornisa cantábrica, Cataluña –pues había desarrollado más otros cultivos para el comercio, en detrimento de su producción triguera–, Valencia y Mallorca. En especial, la política municipal de abasto de cereales era indispensable en Barcelona –que se proveía de Aragón y Sicilia en especial– y Valencia, que incluye también entre sus proveedores a Andalucía y Castilla la Nueva, regiones en las que hubo un notable incremento de la producción cerealista desde el último tercio del siglo XV. Las frecuentes *licencias de saca* otorgadas por los Reyes en Castilla facilitaron la exportación, antes muy limitada, a veces hasta extremos peligrosos, como sucedió en 1502-1503, al comienzo de la gran carestía que padeció el país en los años siguientes.

Se observa también el auge de la producción vitícola, estimulada por los mismos o parecidos motivos que la cerealista: aumento de la población, mejor comercialización, demanda de los mercados urbanos y de regiones de escasa o deficiente producción. Todos aquellos factores atacaban, aunque sin destruirlo, el fuerte localismo que protegía a los productores en cada ciudad. El cultivo de la vid creció mucho en Castilla la Nueva, en la Tierra de Barros extremeña y, sobre todo, en el reino de Sevilla, debido a las magníficas posibilidades de exportación por vía marítima. En otras regiones, sin llegar a tanto, hubo también un incremento para atender mejor al consumo propio (Baja Galicia, valle medio del Duero, Rioja) o aprovechar las posibilidades que ofrecía el comercio atlántico y, en algunos casos, el tráfico con los reinos vecinos.

La promoción de otros cultivos se explica también a partir de la demanda por vía mercantil. El aceite de oliva, por ejemplo, no era todavía de uso frecuente en la alimentación humana y, en consecuencia, el mantenimiento y alta rentabilidad de los olivares del Aljarafe sevillano se explican por el uso de aquel producto en las jabonerías y por su exportación a Flandes e Inglaterra como detergente indispensable en la industria textil. Lo mismo sucedía con el cultivo u obtención de fibras como el algodón, lino o cáñamo, y productos colorantes o mordientes: pastel, rubia, grana o cochinilla, orchilla canaria, zumaque para las curtidurías; añadiremos ahora un producto mineral, el alumbre de las minas de Mazarrón –en Murcia– descubierto entonces.

En otro terreno, igualmente fertilizado por la actividad comercial, hay que situar el florecimiento de las zonas de huerta próximas a las ciudades, el auge de las huertas valenciana y murciana, el cultivo del azafrán, llamado a veces «la especia de Occidente», en Cataluña y Murcia, el del arroz, el de los agrios y, sobre todo, la expansión de la caña de azúcar en Valencia, Granada y especialmente en las islas Canarias, donde dio lugar a un cultivo destinado al gran comercio que estimuló la economía isleña aunque sin destruir la importancia de los practicados para el autoconsumo.

* * *

Las normas contenidas en las *ordenanzas municipales,* y la mayor parte de las que emitió la Corona en Castilla referentes al sector agrario por aquellos años, se refieren a la regulación del pasto, tanto en zonas de uso temporal por los ganados como en *montes* y terrenos habitualmente baldíos. No es para menos, puesto que la cabaña ganadera era una de las grandes riquezas del país, y el crecimiento de población hacía más preciso que antaño delimitar las relaciones entre agricultura y ganadería, pues eran partes de un equilibrio agrario que convenía no romper.

La ganadería estante constituía en Castilla un factor sustancial de la economía. Se calcula que había al menos 2.000.000 de cabezas de ganado ovino en aquella situación, e ignoramos cuántas de bovino y de porcino, aunque debían de ser muchas a tenor de la demanda de los mercados y de la importancia de las rentas de carnicerías y *de los cueros* en numerosas plazas. Es evidente que Castilla exportaba mucho ganado, con frecuencia de manera fraudulenta, a los reinos comarcanos, y esto incidió también en el desarrollo de la trashumancia, cuyo símbolo es una institución, la *Mesta de los serranos,* que con frecuencia oscurece otra realidad: la de las numerosísimas mestas locales que hubo. La Mesta regulaba desde tiempos de Alfonso X el tránsito por las *cañadas* leonesa, segoviana, soriana y conquense, que recorrían la Meseta en sentido meridiano, y defendía a sus miembros frente a los abusos o exacciones de autoridades locales, además de regular los derechos de pasto y otros servicios durante el tránsito. Aparte, cada cual arrendaba o pactaba las condiciones en que sus ganados pastaban en los *invernaderos* –al sur– o los *agostaderos,* al norte: a fines del siglo XV, los asociados en la mesta poseían al menos 2.700.000 cabezas de ganado ovino. Eran unos 3.000 socios o *hermanos,* grandes propietarios unos, pequeños o medianos la mayoría.

El negocio ganadero no sólo interesaba a los propietarios, sino también a la Corona, que percibía *alcabala* por la venta de los productos, y *servicio y montazgo* sobre los ganados trashumantes, a los mercaderes, que contaban así con productos principales –lanas, cueros– para el comercio interior y, sobre todo, exterior, y a muchos grandes propietarios de tierra –órdenes militares, monasterios, nobleza– que, además de disponer de sus propios ganados, arrendaban pastos a los ajenos. Aquel cúmulo de intereses incidió en la actitud política de la monarquía, a veces con preferencia a otros: un punto de inflexión en el camino de la Mesta hacia situaciones predominantes se produce, precisamente, en tiempo de los Reyes Católicos: ordenanzas nuevas de la institución en 1492 y 1511, designación del alcalde *entregador* por la Corona, control por el Consejo Real, que prohíbe los acotamientos o *adehesamientos* de pastos si no tenían el respaldo del uso tradicional, y en 1501 dispone la continuidad de uso de pastos en aquellos términos arrendados por *hermanos* mesteños durante diez años seguidos sin contradicción: es el llamado «derecho de posesión», que no siempre causó conflictos o dio lugar a abusos. Hay que recordar cómo el poder efectivo de las autoridades locales era muy grande y cómo, también, había muchos dueños de ganado estante o trashumantes de corto radio, llamados *travesíos,* dispuestos a hacer valer sus derechos: los perjuicios que la gran trashumancia pudiera causar a la agricultura o a la ganadería sedentaria son posteriores, aunque hayan podido tener su raíz jurídica en tiempo de los Reyes Católicos. Sin embargo, es evidente que la facilidad de ganancia representada por la exportación de lanas –sobre todo merinas– y por la imposición que recaía sobre ella estimulaba a muchos poderes a dar preferencia a aquella realidad económica antes que a otras también existentes o posibles en Castilla, y a reforzar un tipo de organización agraria basado en la explotación extensiva, con pocos recursos humanos, que serviría de ejemplo en regiones del Nuevo Mundo.

El auge de la ganadería y sus productos fue un incentivo para el desarrollo de algunos ramos de la manufactura, a pesar de la preferencia dada a la exportación. No podía ser de otra manera, dada la gran importancia de un mercado interior en crecimiento, de modo que había un notable desarrollo de las manufacturas del cuero en Valencia, Toledo, Córdoba y Sevilla. Sobre todo, creció a lo largo del siglo XV la artesanía textil: las Cortes de 1438 y 1462 habían ordenado que se reservara al menos la tercera parte de la producción lanera para los talleres castellanos, que fabricaban calidades medias y bajas de paños para el amplio consumo interno e incluso para su exportación a Portugal y Granada, aunque se importaban más de 20.000 piezas al año, sobre todo inglesas y flamencas. Los talleres de mayor calidad estaban en Cuenca, Córdoba, Úbeda y Baeza, pero había muchos más, diseminados por ambas mesetas, especialmente en Segovia, Toledo, Zamora y Palencia. Las ordenanzas reales de 1500 y 1511 procuraron homogeneizar las calidades, pero es dudoso que hayan servido para estimular su mejora ni tampoco la producción, sino que tenían por objetivo superponerse a los ordenamientos locales dados por los diversos concejos a las corporaciones o gremios del textil.

Abundaban en esta manufactura los pequeños talleres de tipo familiar, pero su dominio correspondía a mercaderes, los llamados *hacedores* o *señores de los paños,* que a menudo eran dueños de los instrumentos de producción, proveían de materia prima, encargaban las calidades y comercializaban el producto. Como, además, solían formar parte de los grupos que dominaban la vida política en las ciudades, se explica por qué el artesanado del textil y sus gremios, aun existiendo, han tenido poco peso político. La tendencia a la expansión de la manufactura textil vino a unirse a las circunstancias que se dieron durante la regencia de Fernando el Católico –que necesitó más el apoyo de los poderes urbanos– para reclamar una mayor protección regia a aquella actividad, que culmina en 1514, cuando el rey dispone la actualización y cumplimiento de la reserva del tercio de la producción lanera para la manufactura castellana. Pero terminaron prevaleciendo los intereses de los grandes propietarios de ganado y de los mercaderes, encabezados por la Mesta y por Burgos, de modo que Carlos I volvería a la política anterior a 1504, que daba prioridad a los intereses de los exportadores de lana a Flandes sobre los de los mercaderes y artesanos del textil fabricado en Castilla. No era sólo una opción económica sino también social y política que consolidó, a lo largo del siglo XVI, algunos aspectos y limitaciones de las estructuras económicas de Castilla.

La situación era peculiar en Cataluña, donde la manufactura de paños de lana estaba muy reglamentada desde fines del siglo XIV y había llegado a producir, hacia 1450, entre 28.500 y 39.500 piezas por año, con vistas a la exportación a los mercados mediterráneos dominados por los catalanes. La restauración de aquella manufactura después de 1480 fue parcial, lo mismo que la de otras –coral, cueros, metalurgia, cera–, a compás de la que experimentó el comercio catalán. En los demás países de la Corona de Aragón, al igual que en Castilla, los otros ramos de la actividad artesana, aparte del textil, alcanzaban un desarrollo suficiente para atender a los mercados interiores en muchos aspectos –derivados del cuero, cerámicas, jabón, lino, sederías, armas– aunque a veces, sobre todo en Valencia, fueran objeto de exportación. La conquista de Granada incrementó, además, las posibilidades de exportar seda en madejas a los centros textiles italianos, e incluso de desarrollar una manufactura propia que vino a regular en Castilla una pragmática de 1515.

Pero el grueso de las exportaciones lo formaban productos agrarios y materias primas, lo que entonces no era signo de subdesarrollo ni de condición colonial: recordemos que los países ricos eran los que, precisamente, disponían de superávit habitual en estos aspectos, dentro de un contexto económico de base agraria, como era aquél. Añadamos la importancia que llegaron a alcanzar los yacimientos de hierro norteños, en especial en Vizcaya y Guipúzcoa: el mineral se exportaba en bruto, a pesar de las prohibiciones, o también después de una primera transformación en las numerosas forjas o *ferrerías* del país cuya producción –se han calculado 9.000-11.000 Tm hacia 1500– era muy superior a la de centros locales en los Pirineos catalanes o en diversos puntos de Castilla (sur de Ávila, Sierra norte sevillana, etcétera). La sal, por último, fue también una oferta importante en Ibiza, Cartagena y Cádiz, aunque tropezaba con fuertes competencias en los mercados atlánticos norteños a los que solía encaminarse. Hay que mencionar, por su carácter singular, la producción de mercurio y bermellón en Almadén, aunque estaba lejos de alcanzar los niveles que tuvo ya entrado el siglo XVI cuando se utilizaba el producto para la amalgama de la plata: hacia 1500 no rebasaba los 100 *quintales* año (menos de 5 Tm).

2. Intercambios y centros mercantiles

La unión dinástica no trajo consigo la unificación del mercado interior ni la de las relaciones económicas exteriores, no sólo por sus propias características, que respetaban las fronteras fiscales entre los reinos –aunque las de Castilla con Valencia se suavizaron mucho–, sino porque las condiciones de la época no lo habrían permitido. En Castilla, dada su gran extensión, predominaba el comercio por grandes ámbitos regionales, aunque las ferias de Medina del Campo, en mayo y octubre, ejercían un papel importante en la regulación general de precios e intercambios. En Navarra y en los países de la Corona de Aragón, dada su extensión más reducida, era también más sencillo lograr cierta homogeneidad mercantil en cada uno de ellos.

Lo más característico del periodo es la promoción de los núcleos urbanos como centros de actividad mercantil y de regulación del sistema económico en su conjunto. Así lo demuestra, en la Corona de Castilla, la multiplicación de mercados diarios o semanales, a menudo francos de *alcabala,* el crecimiento de numerosos arrabales extramuros, desde tiempos de Juan II, dedicados especialmente a actividades de comercio, servicios y artesanía, o el mismo auge de nuevas y antiguas ferias: las de Medina del Campo habían nacido en torno a 1407 y tardaron poco en ser el punto principal de contratación de lana, cereales, paños y otros muchos productos, así como de pago de letras de cambio y deudas contraídas tanto en tráficos interiores como en el comercio exterior, sobre todo en las rutas atlánticas. En las principales ciudades de la Corona de Aragón, el mayor refinamiento de las técnicas de contratación había dado lugar a la aparición de lonjas (Barcelona, Mallorca, Valencia, Zaragoza). En todas partes, la figura del *corredor de oreja* o intermediario profesional era obligada para las transacciones al por mayor.

Los datos sobre comercio interior son escasos y se refieren más bien a aspectos de reglamentación, que corrían a cargo de las autoridades locales, preocupadas por asegurar el abasto de trigo: de ahí el cuidado en mantener el monopolio de venta en las *alhóndigas,* llamadas tambien *almodíes* y *bladerías* en Aragón y Valencia, o el establecimiento de *pósitos,* ya a fines de siglo, con reservas obligatorias. Los Reyes por su parte, al menos en Castilla, reiteraron la orden de libre tráfico cerealista interior, no siempre con éxito, debido a la fuerza de las restricciones locales. Otros productos cuyas condiciones de comercio solían fijar los municipios eran la carne, el vino, el pescado, la sal, a veces la leña y las verduras.

Los dos grandes centros del comercio exterior por vía marítima de Castilla estaban situados en la costa norte vasco-cántabra, con capital mercantil en Burgos, y en la Andalucía atlántica, donde jugaba aquel papel Sevilla. Tenían características diferentes, aunque existía una interrelación entre ellos, y también con plazas mediterráneas, asegurada por barcos cantábricos, cuyo número en actividad habitual superaba los 500 a fines de siglo. Las materias principales del comercio norteño eran la lana castellana y el hierro vascongado, más los cueros, colorantes, vinos, frutos y semillas, e incluso sal tomada en Bourgneuf, contra importaciones de paños, tapices y lienzos, cobre y estaño, manufacturas de vidrio o metal, y a veces trigo del Báltico, tomados en los puertos flamencos, franceses e ingleses. Los mercaderes de Burgos –los más numerosos y potentes económicamente de toda Castilla– dominaban aquellos tráficos, para los que solían formar flotas en marzo y septiembre en los puertos cantábricos, desde San Vicente de la Barquera hasta San Sebastián, y había importantes colonias de comerciantes y marinos en todas las plazas de llegada, que a menudo alcanzan su apogeo entre finales del siglo XV y el tercer decenio del XVI.

Brujas era, sin duda, la principal, aunque estaba siendo desplazada por Amberes. En la costa normanda destacaban Harfleur, Dieppe y Rouen, Nantes en la de Bretaña, la Rochela, Burdeos y Bayona, más al sur, y, en el interior, los burgaleses se interesaban por el mercado de *pastel* del Languedoc, organizado en Toulouse. La mejora de las relaciones con Inglaterra había permitido el rápido desarrollo del comercio, en términos y con productos similares, realizado en Londres y en los *cinco puertos* de la costa sur. Los marinos y mercaderes asturianos y gallegos tenían menor presencia en aquellos tráficos, aunque Avilés y La Coruña jugaron un papel notable: productos gallegos como la madera, la piedra, los cueros y carnes saladas eran de venta segura en los mercados andaluces. Y no se puede olvidar el auge que habían alcanzado las pesquerías, tanto costeras como *a mar lontana,* en los bancos de Irlanda y otros caladeros del Atlántico, donde predominaban los marinos del norte, aunque también había muchos andaluces trabajando junto a ellos en la zona canario-sahariana. Así, el pescado llegó a ser producto de consumo muy frecuente incluso en plazas del interior, una vez seco o salado.

El gran centro mercantil de la Andalucía atlántica surgió en los años que siguieron a la incorporación a Castilla, en la segunda mitad del siglo XIII, pero llegaba a su apogeo dos siglos después –precisamente en la época que ahora estudiamos– gracias a varios factores: el auge de la población y de las producciones agrarias andaluzas, la conquista de Granada, que permitió abrir una nueva ruta de salida Córdoba-Málaga, el aumento del comercio con el norte de África, que ofrecía, además de oro y esclavos, otros productos complementarios de los andaluces. También, el desplazamiento de los intereses mercantiles genoveses hacia el oeste, y la intensificación del tráfico en la gran ruta mercantil europea entre Italia y el mar del Norte, en la que Sevilla y sus antepuertos –Cádiz, Sanlúcar de Barrameda, Puerto de Santa María– eran escala obligada. No es raro que aquella acumulación de práctica mercantil, capitales, medios y hombres haya sido el precedente inmediato del protagonismo andaluz en las rutas hacia el Nuevo Mundo.

La oferta andaluza era, de nuevo, un conjunto de productos agrarios y materias primas: trigo, vino, aceite, lanas y cueros, sal, grana, cera y miel, atún de las *almadrabas* costeras, además del oro africano, que convirtió a la ceca de Sevilla en la principal de la monarquía castellana, contra importaciones de pañería y otras manufacturas. Pero el ámbito sevillano ofrecía también su posición geográfica, muy favorable para la instalación de agentes y *factores* de mercaderes y compañías extranjeras o de otras partes de Castilla, pues hay burgaleses en Sevilla y Córdoba, y marinos del norte en los puertos. Por eso, sin duda, las actividades mercantiles de la Baja Andalucía muestran un aspecto más variado y rico en matices que las del norte, aunque estén menos en poder o bajo el control de comerciantes y capitales autóctonos. Por el contrario, es mucho más importante la actividad de extranjeros, en especial genoveses, cuya presencia en Sevilla aumenta desde mediados de siglo y más aún después de la conquista de Canarias, del descubrimiento de las Indias y de la fijación en Sevilla de la Casa de Contratación en 1503.

Aquel crecimiento del comercio fue favorable para la economía andaluza, estimuló la producción agraria, creó trabajo, sirvió para afirmar la estabilidad de aquella «sociedad feudal avanzada» en una época de fuerte crecimiento poblacional y de retos producidos por el desarrollo de un primer capitalismo mercantil que, sin embargo, no ponía en peligro las bases de una economía agraria especialmente fecunda.

* * *

Aunque en áreas y a escalas diferentes, las características del comercio aragonés y valenciano apenas difieren de las que hemos descrito para Castilla. Aragón exportaba trigo, aceite, ganado y lana, en especial a través de Tortosa, hacia Cataluña y Valencia, y recibía buena parte de las manufacturas que precisaba del mercado catalán, mientras que Valencia, además de ofrecer productos agrarios mediterráneos muy variados, y de gran valor especulativo, era un puerto magnífico para la redistribución y reexportación de mercancías, y atrajo a comerciantes y capitales lombardos, florentinos, genoveses, alemanes y catalanes, aunque no surgió ninguna actividad manufacturera de importancia comparable a la de Barcelona, ni tampoco una marina propia o financieros indígenas, por más que algunos ramos artesanos –seda, cerámica, cueros, papel– tuvieran interés para la exportación. La aproximación a los intereses mercantiles castellanos –hay toledanos, burgaleses y vizcaínos en la Valencia de los Reyes Católicos– y la flexibilización de las aduanas de Castilla con Valencia contribuyeron a mejorar las condiciones de la economía valenciana a finales del siglo XV.

La situación era distinta en Cataluña, donde la guerra civil colapsó el «imperio de los mercaderes catalanes» en el Mediterráneo, cuya decadencia se había iniciado décadas atrás. La restauración, desde 1480, recogía proyectos trazados ya por Alfonso V, y tuvo apreciables resultados en los mercados donde las manufacturas catalanas contaban con protección especial: Cerdeña, Sicilia, Nápoles. Se reanudó el tráfico con el Levante mediterráneo, pues hay viajes catalanes a Alejandría desde 1495, completado con otras escalas en el norte de África y en puertos del Mediterráneo occidental, pero el comercio catalán no pudo recuperarse en la *ruta de Poniente* que, si había sido secundaria tiempo atrás, era la más prometedora a principios del siglo XVI. Esto explica, sin necesidad de argumentar con prohibiciones que entonces no existieron, la escasez de mercaderes catalanes en el incipiente comercio indiano, centralizado en Sevilla. El *redreç* barcelonés en los planos manufacturero y mercantil fue cierto pero muy limitado e insuficiente para conseguir una capitalización adecuada y hacer frente a la nueva época, a pesar de la gran experiencia técnica de los mercaderes catalanes. Mucho peor era, no obstante, la situación de Mallorca, aunque ofrecía aún apreciables manufacturas de pañería, vidrio y sal, y el puerto era una escala magníficamente situada y, por lo tanto, concurrida por quienes seguían ruta hacia o desde los puertos mediterráneos peninsulares y del Magreb.

3. Política y economía

La política económica de la Corona, cuando existía, se refería más a aspectos de circulación mercantil que no a los de producción, donde los ordenamientos legales que fijaban algunos términos o condiciones provenían más a menudo de las autoridades locales: así ocurre en el sector agrario, y también en la regulación de los gremios u *oficios,* que se generalizó y homogeneizó bastante en la última parte del siglo XV.

Los reyes tomaron de sus antecesores, sin innovar nada, elementos de mercantilismo empírico relacionados con el saldo favorable de la balanza comercial y con la seguridad de abastecimiento del reino. Ya hemos comprobado algunas de sus manifestaciones en la promoción de mercados y ferias y del libre comercio interior en Castilla, cosa que les interesaba, además, porque la clave de bóveda del sistema tributario eran las *alcabalas* sobre el tráfico y consumo de bienes por vía mercantil. El interés fiscal y el de protección a las producciones propias inciden, igualmente, sobre la política aduanera: estaba prohibido exportar oro y plata, aunque es evidente que había un flujo de ambos metales desde Castilla a otros países donde valían más, en especial italianos, directamente o por la vía de Valencia. También se prohibía la *saca* de otras *cosas vedadas* (cereales, ganado, armas, hierro, madera) sin licencia, aunque a menudo ésta era ya frecuente e incluso implícita. De hecho, no hubo aduanas regias con Portugal, al menos de cierta importancia, y los *diezmos* aduaneros dejan de cobrarse durante el reinado en la frontera con Valencia, aunque en ninguno de los dos casos había reciprocidad.

La mayor preocupación regia parece haber sido evitar la fuga de moneda de oro y plata: una disposición de 1491 recuerda en Castilla que los comerciantes de otros países deben tomar en mercancías el contravalor de las que importen, y no sacar moneda, e incluso en 1495 se pretendió que los pagos a mercaderes castellanos que estuvieran fuera del reino se girasen sobre banqueros en las ferias de Medina del Campo.

Los Reyes Católicos sanearon y estabilizaron la situación monetaria en sus reinos, no sólo por motivos económicos sino también como parte de su política de restauración de la autoridad monárquica que, en este caso, se refería a una *regalía*. En la Corona de Aragón se utilizaba el sistema de cuenta de origen carolingio (libra, sueldo y dinero), y a él se refiere el valor de las principales monedas, que eran el florín de oro de 18 quilates y 3,5 g (16 sueldos) y el *croat* de plata de ley de 11 dineros y 5 granos y 3,2 g (1,5 sueldos). En Castilla se estabilizó el valor tanto de la moneda de oro, que era la *dobla* o *castellano* (4,6 g, 23,75 quilates), como de plata (el *real,* de 3,4 g y ley de 11 dineros y 4 granos), y sobre todo de las *blancas* de vellón; en todos los casos se utilizaba como unidad de cuenta el *maravedí:* el castellano valía 485, el real 31 –34 desde 1497– y la blanca un tercio y, desde 1483, un cuarto.

La acuñación del *ducado* de oro (3,5 g, ley de 23,75 quilates) tuvo por objeto lograr cierta homogeneización monetaria en la cúspide del sistema, y contar con una moneda que era la más empleada en el gran comercio europeo. Comenzó en Valencia a partir de 1477, continuó en Cataluña (los *principats,* 1493) y alcanzó a Castilla en 1497 (ducados o *excelentes de la granada).*

Se sabe relativamente poco sobre dos aspectos de la vida económica en los que las intervenciones políticas eran frecuentes aunque poco eficaces. Uno es el de los precios y salarios, que parecen haber permanecido estables, e incluso pudo haber un pequeño descenso por término medio, ya que las variaciones estacionales o entre años solían ser fuertes, al depender casi todo del mercado agrario. Otro se refiere a las actividades financieras y bancarias, sobre todo porque en Castilla había libertad para el establecimiento de *cambios,* previa licencia de la autoridad local, y la Corona sólo establecía los márgenes generales de beneficio en operaciones de cambio de moneda –entre un 0,75 y un 0,85%–. En torno a 1500 había ya muchos bancos instalados en las principales plazas mercantiles del reino –Sevilla, Córdoba y Jerez, en el sur; Toledo, Madrid y Segovia, en el centro; Medina del Campo, Valladolid, Burgos y Aranda de Duero–, además de bancos temporales o *de feria* que instalaban en éstas algunos mercaderes. La mayor liberalización del tráfico monetario y la incidencia del comercio de Indias provocaron un nuevo auge durante la regencia de Fernando, cuando se establecen ya grandes bancas en Sevilla, como la que fundaron en 1508 los genoveses Gaspar Centurión y Agustín Grimaldo. Da la sensación de que, hasta entonces, el principal centro bancario había estado situado en Valencia.

Los diversos procedimientos de crédito y préstamo habían alcanzado ya madurez e incidían sobre aspectos muy variados de la actividad económica. Por una parte, el poder obtenía capitales, empeñando en el pago de intereses sus propias rentas aunque casi nunca fuera para invertirlos, sino para consumirlos: en los países de la Corona de Aragón controlaban la emisión de «deuda pública» o *censales* los ayuntamientos y las generalidades, mientras que en Castilla eran los reyes, que autorizaron la venta de *juros* en el último decenio del siglo XV. Por otra parte, había una importante capitalización del mundo rural por la vía de inversión de dinero, con frecuencia de entidades o individuos de las ciudades, contra una renta que estaba garantizada por el valor y la producción del predio correspondiente: tales son los *censos consignativos*.

* * *

La regulación y protección de la actividad mercantil tomaron también otras formas a las que apenas si haremos alusión. Los Reyes Católicos mantuvieron la legislación mercantil y marítima vigente: el *Llibre del Consulat,* siempre en uso en el ámbito catalán y valenciano, se imprimió por vez primera en 1483. Procuraron, igualmente, proteger la identidad corporativa de los mercaderes, y este sentido tiene la creación del Consulado de Burgos en 1494 y del de Bilbao en 1511, pues en Castilla, a diferencia de lo que sucedía en Cataluña, había alcanzado menor desarrollo. E incluso pretendieron, pero sin éxito, restablecer en Castilla el «acta de navegación», que obligaba a fletar con preferencia barcos del país, si los había surtos en puerto y disponibles al mismo precio que los extranjeros (1499 y 1500).

Las acciones regias se produjeron, en conclusión, sobre un sistema económico en expansión, cuyo crecimiento –sobre todo en Castilla– había comenzado a principios del siglo XV y continuaría hasta la segunda mitad del XVI. Sistema, no hay que olvidarlo, precapitalista, de base agraria, pero muy abierto a la actividad mercantil, plenamente monetizado, sujeto al dominio y centralidad de núcleos urbanos, y que podía obtener gran beneficio en aquellas primeras fases de la expansión atlántica. No era, por tanto, un sistema arcaico, sino el más conveniente para sostener los intereses sociales y políticos de los grupos dirigentes, sin generar, dadas las buenas circunstancias, grandes tensiones sociales. Así, pues, los Reyes Católicos actuaron, en general, dentro de un tiempo de bonanza económica, aunque desigualmente repartida entre sus reinos y señoríos: Castilla caminaba hacia una situación de apogeo, en especial en las tierras situadas en torno al gran eje entre Burgos y Sevilla; Valencia proseguiría su buen momento hasta los años anteriores a las *Germanías* (1519-1523), y Aragón se beneficiaba también, aunque más limitadamente, de aquel periodo de prosperidad, que permitió cierto restablecimiento del comercio catalán y probablemente uno mucho mayor de las estructuras agrarias del principado.

3. Ideas, proyectos y realidades políticas

> Por ende, doy poder al dicho rey, mi señor, para que donde quiera que fuese en los dichos reynos e señoríos, pueda por sí e en su cabo, aunque yo no sea ende, proveer, mandar, fazer e ordenar todo lo que fuera visto e lo que por bien toviere e lo que le paresciere cumplir al servicio suyo e mio, e al bien, guarda e defensión de los dichos reynos e señoríos nuestros. (Poder de Isabel a Fernando, abril 1475. Ed. Dormer, *Discursos varios,* 302-305)

1. Perspectiva general

Para definir qué era la monarquía a finales de la Edad Media, hay que comenzar explicando cómo se habían elaborado, acumulado y combinado diversas ideas sobre aquella institución a lo largo de los siglos anteriores, y es indispensable analizar cuáles eran y cómo funcionaban los modelos de relación entre monarquía y otros poderes políticos del reino mediante el reconocimiento de jerarquías y el reparto, pactado o de hecho, de ámbitos de actuación. A continuación, hay que mostrar cómo aquellas doctrinas y modelos políticos se conocían y estaban en uso en la época y en la acción de los Reyes Católicos, cuya política combinó tradición e innovación y produjo un avance sustancial en el ejercicio efectivo del poder monárquico.

La monarquía es la principal institución que ha definido y vertebrado políticamente a muchos países de la Europa occidental a lo largo de su historia, desde el siglo VI al XIX y, en algunos casos, hasta la actualidad. La monarquía no era sólo una forma de gobierno (ya Aristóteles en su *Política* distinguía tres formas: monarquía, aristocracia y comunidad del pueblo) sino que llegó a ser un régimen político completo, que podía englobar elementos de las otras dos formas de gobierno, y, en definitiva, constituyó una forma de Estado cuyas potencialidades y recursos fueron apareciendo a lo largo de la historia europea y se superpusieron unos a otros tanto en la teoría política como en la justificación de las prácticas de gobierno.

A finales del siglo XV, las monarquías del Occidente europeo se sustentaban en una experiencia doctrinal y práctica muy extensa elaborada a lo largo de la Edad Media, en la que se fundían elementos de origen diverso. El más antiguo procedía de la concepción de la realeza entre los pueblos germanos que invadieron el Imperio romano en los siglos V y VI: el rey era elegido, casi siempre, de entre los miembros de una estirpe considerada sagrada o carismática, y lo era de un pueblo –representado por los hombres con capacidad guerrera–. La organización jurídica y política se concebía como un medio de mantener la paz en el seno de la comunidad, de modo que el rey ejercía dos funciones principales:

la de ser jefe militar supremo (dirección de la guerra, seguridad colectiva) y la de ser «hacedor de justicia» (mantenimiento de la paz social, aplicación de la ley consuetudinaria asistido por la asamblea). Así comenzó la realeza visigoda en Hispania.

Otros elementos, de expresión escrita mucho más rica, procedían del pensamiento religioso cristiano altomedieval: ya la patrística, aun afirmando que la desigualdad social y la existencia misma del poder son consecuencia del pecado original, reconoce a aquél la función necesaria de promover justicia y paz, en evitación de males mayores, y la capacidad coactiva para conseguirlo. Una originalidad muy importante del pensamiento occidental fue la distinción, cada vez más neta, entre *auctoritas* religioso-sacerdotal y *potestas* político-secular, lo que impidió formas integradas de poder basadas en doctrinas teocráticas y permitió tanto el pleno reconocimiento del *officium* regio como el paulatino desgajamiento del ámbito de lo político con respecto al de lo sagrado-religioso, aunque fueran estrechísimas las relaciones entre poderes eclesiásticos y seculares.

Desde que los pueblos germanos se convirtieron al catolicismo –siglos VI al VIII– tomó cada vez mayor importancia el elemento religioso como fundamento y legitimación de la monarquía: la realeza era un *officium* o *ministerium,* cabeza del «cuerpo místico» que es la comunidad política. Los reyes lo eran por la gracia de Dios y tenían la obligación de regir rectamente, con el consejo de los obispos y de los magnates o aristócratas del reino. Así se desarrolló la monarquía visigoda en el siglo VII, con el apoyo de los concilios reunidos en Toledo, y promulgando un código legal territorial de validez general *(Liber Iudiciorum,* 654).

La monarquía astur-leonesa heredó estos principios en los siglos IX al XI.

Durante la Edad Media central, la monarquía se desarrolló en los distintos reinos de España, cuya diversificación se consolidó en los siglos XII y XIII, aunque se conservó la noción de que la península era un ámbito político singular o *imperium* por sí mismo, y que esta autoridad superior y coordinadora podía ser ejercida por los reyes de León y Castilla, que se consideraban herederos de la legitimidad visigoda: Alfonso VI y Alfonso VII llevaron a su culminación práctica esta idea imperial a fines del XI y en el segundo tercio del XII. En aquella época se articuló mejor la relación entre poder real y poder eclesiástico, al reconocerse un campo propio de *libertas* para éste mediante la reforma promovida por el papa Gregorio VII, que entró en los reinos españoles desde 1080 (Alfonso VI de León y Castilla), y al tiempo, la autonomía del poder *temporal* de los reyes respecto al *espiritual* de los papas, aun reconociendo la superior naturaleza de este último.

La legitimación del poder continuó basándose siempre en el argumento de derecho divino propio de lo que W. Ullmann denominó «teoría descendente»: no sólo porque los reyes se consideraban vicarios o lugartenientes de Dios en el ejercicio de su función sino, más aún, «porque se tenía por divino su derecho mismo a reinar, en definitiva, su poder», en expresión de J. A. Maravall. Este elemento doctrinal no se debilitaría a fines de la Edad Media; por el contrario, se reforzó como soporte de la soberanía regia. Lo mismo sucede, en algunos casos, con las corrientes de carácter mesiánico y escatológico que recorrieron tantas veces la realidad política medieval y suscitaron en torno a ellas movimientos de emoción, entusiasmo o justificación –es el caso de las Cruzadas– que hoy es difícil, a veces, imaginar y comprender.

En suma, las imágenes religiosas del poder real eran un eficaz instrumento de propaganda política en aquel tiempo, y en los posteriores, y tenían más importancia que la presencia o ausencia de elementos religiosos rituales en momentos solemnes de la vida del rey. «El pensamiento religioso hace más comprensible al modelo político que se quiere imponer, en un contexto en que el lenguaje político es metafísico, jurídico o teológico, pero aún no propiamente político» (J. M. Nieto): rodea al monarca de atributos morales de perfección, casi sacros, y consolida, al tiempo, las concepciones organicistas de la sociedad y su gobierno, en torno a una cúspide, al imaginarla como cuerpo cuya cabeza es el rey, así como Cristo es cabeza del cuerpo místico de la Iglesia. Se estableció, de aquel modo, un campo amplísimo para la interacción entre poder eclesiástico y poder regio, de la que obtuvieron gran provecho las monarquías medievales.

***

Hay que considerar, al mismo tiempo, otra característica propia en mayor medida de los siglos centrales de la Edad Media, entre el X y el XIII –la llamada por algunos autores «edad feudal clásica»–, pero cuya herencia era muy perceptible aún a finales del siglo XV: me refiero a la falta de diferenciación conceptual clara entre Estado y sociedad, entre formas de poder político y otras formas de poder. En la «edad feudal», lo político nunca se diferencia por completo en el seno de un conjunto más amplio de relaciones sociales y formulaciones ideológicas: por una parte, poder político y formas de dominio socioeconómico están ligados entre sí directa y visiblemente, lo que justifica la naturalidad con que, en aquel sistema, se acepta y aplica el principio de desigualdad jurídica y de *calidad* diversa de los individuos –muy ajustado, por otra parte, a las teorías funcionalistas sobre el orden y las jerarquías sociales–, y así se explica también la realidad primitiva o, al menos, la tendencia a una adaptación del campo de ejercicio del poder político a los mismos espacios y agentes que ejercen el socioeconómico. A estos principios de fragmentación vienen a unirse el de no división de poderes, y también las nociones de superposición, multiplicidad y pacto para el ejercicio de varios sobre los mismos espacios y poblaciones, lo que a menudo genera complejidad e incluso confusión administrativa, aunque casi siempre sea posible observar que existen criterios de jerarquización y de relativa especialización de funciones. La defensa y conservación del «cuerpo social» así imaginado es, desde luego, un supuesto previo e indiscutible de la acción política.

A estos principios responden, en los reinos hispanocristianos la estabilización de las relaciones entre poder real y poderes aristocráticos mediante la generalización de pactos de vasallaje que situaban al rey en la cúspide de la pirámide de poder y regulaban los derechos y deberes mutuos de reyes, nobles y, desde el siglo XIII, aristocracias dirigentes de los concejos o municipios. Las reuniones de Cortes significaron la plenitud de este régimen de pacto rey/estamentos: se generalizan desde mediados del XIII en los reinos españoles, aunque hay precedentes más antiguos (León, 1188; Benavente, 1202).

***

A partir de mediados del siglo XIII se asiste al paulatino renacimiento de la noción y la realidad del Estado como forma más compleja y perfecta de organización del poder político en los diversos ámbitos territoriales europeos. Hoy lo concebimos como una organización «jurídicamente establecida, objetiva y duradera, con un poder supremo independiente en su esfera de cualquier otro, ejerciéndose sobre un grupo humano determinado y diferenciado de los demás, para la consecución de unos fines de orden natural» (Maravall). Claro está que todo esto no se logró de una sola vez ni en todas partes al mismo tiempo, sino que la realización se desarrolló a lo largo de varios siglos, tuvo momentos centrales –precisamente la época de los Reyes Católicos es uno de ellos en nuestro país–, se consiguió mejor en el ámbito de las monarquías occidentales y no destruyó, sino que a menudo se apoyó en los elementos de origen anterior, basados en el principio de agregación jerarquizada de poderes en torno a cúspides que ordenan el conjunto, en este caso la monarquía.

La noción de Estado dispuso de sus propios argumentos, que se basaban en la recuperación y estudio del Derecho romano y en la de la *Política* de Aristóteles. En efecto, la monarquía contó con nuevos apoyos doctrinales desde que se recobró el conocimiento del Derecho romano tardío (segunda mitad del siglo XII, siglo XIII) y se difundieron sus principios en Europa como fundamento del *derecho común,* puesto que exaltaba la autoridad superior del *princeps,* su *regia maiestas,* su condición de legislador exclusivo o fuente de ley *(lex animata),* lo que hacía que, si era preciso, estuviera por encima de la ley ordinaria a la hora de tomar graves decisiones de gobierno *(a legibus solutus, potentia absoluta),* y su *plenitudo potestatis* en lo temporal (concepto del que derivaría el de *soberanía).* Además, se recuperaba el concepto de *regalia,* esto es, los poderes y funciones políticas inherentes y exclusivas del rey: los *regalia* han definido desde entonces el ámbito de poder al que el Estado no puede renunciar. Los reyes de la segunda mitad del siglo XIII se apoyaron en estos principios políticos: Alfonso X en Castilla, Jaime I y Pedro III en Aragón.

El conocimiento de la *Politica* de Aristóteles desde el último tercio del siglo XIII puso de relieve el carácter natural de la organización política de la sociedad, al margen de cualquier justificación o connotación externa a ella misma, y reforzó la concepción del reino como *universitas* o *communitas,* entidad estable de naturaleza política de la que el rey no es propietario sino defensor, administrador y acrecentador (Álvaro Pelayo, *Speculum regum,* 1344, época de Alfonso XI de Castilla). En esta época se suele declarar la inalienabilidad del o de los reinos que forman la «corona real» (Jaime II en Aragón, 1317. María de Molina, Fernando IV y Alfonso XI en Castilla, 1304. 1325).

Ambas corrientes doctrinales –romanismo y aristotelismo– confluían en el apoyo a la recuperación del carácter público del poder político, considerado como «espacio autónomo y diferenciado, dotado de una legitimidad propia» (J. Strayer), frente a otras fuentes y formas de poder, y potenciaban la relación de *naturaleza* entre rey y súbditos, dentro de un espacio o territorio bien definido, como base para su ejercicio y para el desarrollo del concepto de soberanía. La glosa cristiana de estos principios, desde Santo Tomás y Egidio Romano, insitió en la noción de *bien común,* e insertó la *ley positiva* –que era resultado del poder político, y, al mismo tiempo, su límite habitual y su campo de acción– en una necesaria armonía con la *ley natural* y la *ley divina,* como fundamentos más profundos, manteniendo así la vinculación religiosa y moral del poder político.

***

A partir de estas bases doctrinales, ¿de qué manera se concebía el orden político?:

> Las sociedades de Antiguo Régimen –escribe A. M. Espanha– se representaban como políticamente plurales, dotadas de una serie de polos políticos, cada uno autónomo en su ámbito, buscando intereses particulares que debían ser compatibilizados en función de la armonía del conjunto o *bien común,* pero nunca podían ser sacrificados a un interés público absolutamente hegemónico.

Ahora bien, la armonización exigía una jerarquización interna, y en la cúspide estaba la institución monárquica, que concentraba cada vez más poder, lo redistribuía y era el núcleo en torno al que se estaba construyendo el Estado como nueva forma política, al menos desde el siglo XIII.

Pero, para el desarrollo de la organización política estatal, desde sus orígenes bajomedievales, hubo dos posibilidades que desembocaron en resultados relativamente distintos, y poco compatibles entre sí: la de predominio o tendencia absolutista y la expresamente pactista. Claro está que una y otra, en estado puro, son modelos teóricos, pero los contemporáneos observaron que reinos como Francia, Portugal o Castilla se gobernaban más bien por la primera, mientras que otros como Inglaterra, Navarra o Aragón se atenían más bien a la segunda, aunque el camino recorrido en cada caso entre los siglos XIII y XVIII sea complejo y esté salpicado de episodios e intentos contradictorios con respecto al modelo que parece dominante, en especial durante los tiempos bajomedievales.

La primera posibilidad o modelo concentra mucho más poder en la institución monárquica y acepta expresamente los principios de soberanía y absolutismo regios. En ella, el poder político tiende a concentrarse en la monarquía, que es el único «polo constitucional» y ejerce su poder sin limitaciones jurídicas apreciables aunque las tenga fácticas –y muchas con frecuencia–, lo que lleva a convenios, pactos y acuerdos concretos, además de estar sujeto al derecho divino y al natural y, por lo tanto, a los principios de bien común, buen gobierno, conservación y aumento del reino: a esto se refiere, me parece, la noción de «contrato callado» entre el rey y el reino que acuñaron algunos autores de aquellos siglos.

En el modelo de tendencia absolutista, el rey puede actuar con mayor autoridad (de ahí la denominación «monarquía autoritaria», que se emplea a menudo en este sentido), desarrolla la posibilidad de un Estado más fuerte, compacto y dinámico en el que el aparente *subyugamiento* de los súbditos es, sin embargo, compatible con una efectiva supremacía social y política de los grupos poderosos de la sociedad, que la ejercen o bien integrados en el poder del rey, mediante el ejercicio de los oficios correspondientes al ámbito monárquico, o bien desarrollando funciones políticas y administraciones de carácter subordinado dentro del marco del Estado monárquico, unas veces en sus propios dominios señoriales –es el caso de muchos nobles–, otras en el gobierno y administración municipal de ciudades y villas del ámbito *realengo*. Las Cortes no consiguen articular de manera estable un poder estamental capaz de «pactar» en nombre del *reino* un marco de legislación positiva limitador de los poderes regios y, así, la monarquía conserva en sus manos algunos resortes de cambio de las relaciones de poder en la medida de lo que sus titulares consideren conveniente o posible, o de lo que exijan las mismas transformaciones sociales. Este es el modelo de la Corona de Castilla.

Frente a este modelo que, en definitiva, permanece más abierto desde el punto de vista de la capacidad de acción y los intereses políticos de la monarquía, se alza la posibilidad «pactista», basada en la existencia de dos «polos constitucionales» expresamente constituidos como tales por las leyes, el rey y el *reino* o «sociedad política», compartimentada ésta en varios estamentos con gamas de derechos e intereses no coincidentes o específicos: eclesiásticos, nobiliario-señoriales, ciudadano-municipales. Tales derechos e intereses, en todo caso, los defienden, administran y disfrutan grupos sociales minoritarios, con la práctica exclusión del resto de los habitantes del país. Su órgano de expresión habitual son las Cortes y su resultado son unas leyes que limitan los poderes del monarca y los vinculan a la letra misma de la ley, al consentimiento o mediación de los estamentos representados en las Cortes y a la existencia de instituciones surgidas de ellas –caso de las Diputaciones del General en los países de la Corona de Aragón–, o de otras que garantizan el ejercicio de tales leyes limitadoras del poder real –caso del Justicia Mayor en Aragón–, porque, como escribía el franciscano catalán Frances Eiximenis hacia 1400, «jamas les comunitats no donaren la potestat absolutament a nengun sobre si mateixes sino ab certs pactes e lleis».

En el modelo pactista, la monarquía está inserta en unas estructuras sociopolíticas poco flexibles y de escasa movilidad como tales, a no ser que los grupos sociales dominantes tengan el dinamismo adecuado para promoverla porque, por su parte, la monarquía apenas puede construir un Estado que emerja más allá de los intereses estamentales, a menudo enraizados en la anterior etapa política de la feudalidad, en el caso de la nobleza, y tiene muy poca capacidad de transformación de las instituciones políticas, o de adaptación a los cambios sociales. Se suele dar, además, la tendencia a mantener o acentuar compartimentos estancos dentro de un Estado débil como tal, poco compacto y con tendencia al inmovilismo, pero en el que sus súbditos con capacidad política tienen instrumentos jurídicos e institucionales muy desarrollados para la defensa de sus propios privilegios y libertades. Tal es el modelo de la Corona de Aragón, dentro de una diversidad que exige en cada caso tratamiento particular, a partir de la misma singularidad de cada componente de la Corona: Aragón, Cataluña, Valencia y Mallorca. Y es, también, el modelo de Navarra.

Ambos modelos poseían, además, dimensiones distintas en sus manifestaciones hispánicas, en lo tocante al territorio y a la población, de modo que en este terreno también el significado de la unión de reinos fue necesariamente distinto para Fernando y para Isabel. La concentración de medios institucionales se mostró eficaz en Castilla para la construcción de un Estado monárquico fuerte, y así lo vino a demostrar la acción, a la vez restauradora y dinamizadora, de los Reyes Católicos. En la Corona de Aragón, sin embargo, las circunstancias eran distintas, y también lo fue el resultado de su obra política.

Así, bajo la cúpula de una monarquía única, continuaron dos regímenes distintos de relaciones entre poderes y de prácticas administrativas. El castellano, concentrado en torno al poder real, al que se subordinaban los poderes estamentales, tenía un carácter unitario y una notable capacidad de cambio interno, y ponía en manos de los reyes muchos recursos que manejaban con libertad de acción. El aragonés presentaba una situación fragmentada según los miembros de la Corona, así como una tendencia al bloqueo caracterizada por la dualidad *pactista* poder real/poderes estamentales de las diversas ramas de la «sociedad política», con la consecuencia de que los reyes sólo podían obtener recursos muy limitados y controlados para el desarrollo de su propia acción política.

***

Pero importa señalar también que los dos modelos –el pactista y el absolutista– tuvieron rasgos y problemas comunes en el proceso de modernización del poder político. La monarquía encarnó siempre «la idea emergente de Estado», como lo demuestra la pronta aplicación del principio de inalienabilidad del poder unido en la Corona, de tal forma que no pudieran enajenarse o menguarse reinos, derechos y poderes reales salvo por «grandes e justas cabsas», según leemos en las actas de las Cortes castellanas de 1476. La institución real era la fuente de poder, aunque éste residiera en última instancia en el «pueblo», era la clave de bóveda de la constitución política como centro y cúspide del entramado jurisdiccional e institucional de gobierno y administración en el que se jerarquizaban e interrelacionaban los diversos «polos de poder», esto es, las jurisdicciones sectoriales (municipios, señoríos) y las fuerzas o elementos de la «sociedad política» (alta nobleza, dirigentes eclesiásticos, aristocracias locales).

La monarquía era, por lo tanto, la cúspide constitucional, la única institución con alcance global y visión de conjunto, reguladora y armonizadora del edificio político gracias a la concentración de poder de que disponía (*regalia,* capacidad legislativa, superioridad jurisdiccional, instituciones, fiscalidad, ejército), al monopolio cada vez más perfecto del ejercicio de las relaciones exteriores, a la atribución de soberanía, que se efectúa exclusivamente a su favor, y al no reconocimiento de «superior en lo temporal» que los reyes hacen.

Por una parte, fue un gran reto conseguir la renovación y modernización de los medios de acción política y administrativa, y de los recursos financieros y militares, así como la constitución de un sistema nuevo de relaciones exteriores: las soluciones más eficaces permiten el triunfo en bastantes casos del modelo absolutista, pero también en algunos del pactista: tal es lo que sucede en Inglaterra, porque los cambios no dependían sólo de los aspectos político-institucionales, sino de la dinámica social, de las raíces históricas propias de cada reino y del mismo desarrollo de los acontecimientos en que se veía implicado. Sea como fuere, así se consolidó la maduración del Estado en las monarquías occidentales, mientras que no ocurrió lo mismo, o en menor medida, en otras partes de Europa, donde la mezcla de doctrina y práctica políticas, a partir de las experiencias y realidades medievales, llevó a resultados relativamente diferentes: así sucede en los ámbitos italiano, alemán o centroeuropeo, por ejemplo.

Por otra parte, en ambos casos –el pactista y el absolutista– aunque por vías distintas, fue preciso renovar el sistema de relaciones entre la monarquía, los poderes ejercidos por los diversos sectores de la «sociedad política» y el reino en su conjunto; hallar, en suma, un nuevo equilibrio, tanto doctrinal como institucional, en cuyo seno se consigue la articulación estable y el reparto de poder entre la monarquía y una «sociedad política» cada vez más compleja porque, sean cuales sean los términos en que se planteen las relaciones de poder entre la monarquía y otras fuerzas políticas, todas ellas parten del respeto a la noción de *res publica* y a lo que se ha denominado «agregación jerarquizada de poderes», derivada de una concepción corporativa de la sociedad en la que están concordes todos sus dirigentes. El rey es la cabeza del reino y es, por lo tanto, indispensable, pero ni aun en el culmen del ejercicio absoluto del poder se le ocurriría prescindir de los otros miembros del organismo o arrebatarles las funciones políticas que habitualmente deben cumplir, o los espacios jurisdiccionales y las peculiaridades normativas que les corresponden, además de que no tendría medios o instrumentos de gobierno suficientes y eficaces para conseguirlo.

En suma, no hay «centralización» de todos los poderes sino relación jerarquizada pero complementaria entre órganos que, con sus funciones específicas, hacen posible la función global. El papel de la dinastía Trastámara en la elaboración de este nuevo equilibrio fue fundamental, tanto en Castilla como en Aragón, aunque el proceso ya había comenzado antes. Los Reyes Católicos protagonizaron su culminación, a finales del siglo XV, y articularon sus resultados, bastante distintos en Castilla y en Aragón, mediante la unión dinástica de los reinos.

Ahora bien, a la hora de definir la sociedad de la época, hay que tener en cuenta siempre que prevalecía entonces una imagen estática, fija, del orden social, basado en el respeto a la posición y derechos propios de cada grupo o estamento, en el reconocimiento de unas jerarquías –de diversas *calidades*– en cuya cima estaba la nobleza. Además, es preciso recordar que la identidad social y política de cada persona se obtenía sobre la base de sus vinculaciones inmediatas y sólo a través y a partir de ellas se integraba en planos más amplios, en una especie de proceso de agregación o superposición. La dualidad individuo/súbdito/ciudadano, de una parte, y Estado, de otra, no existía con la nitidez que hoy ha llegado a alcanzar, después de las revoluciones liberales; lo que importaba era la inserción y el amparo en diversos tipos de grupos, cuyo ámbito de personalidad jurídica, privada o pública, era mucho más amplio que hoy, hasta el extremo de ser, con frecuencia, protagonistas de la vida social y política en mucho mayor grado que los individuos, integrados y sujetos a ellos, y a través de ellos identificados políticamente.

Cualquier estudio sobre la participación social en el poder político debe centrarse, ante todo, en ese 5% –como máximo– de la población que podemos denominar con el título amplio de «sociedad política» porque dispone de capacidades para participar activa y continuadamente en el poder. No era una clase dirigente única sino que, dentro de ella, hay que distinguir tres grupos: la Iglesia, representada en los obispos, como poder superior, dotado de leyes, jurisdicción y fiscalidad propios, que ha de adaptarse al marco del reino a través del acuerdo entre sus dirigentes –el papa, los obispos– y la monarquía. La alta nobleza, en segundo lugar, que interviene ampliamente en el ejercicio y disfrute del mismo poder real, además de tener el suyo propio en sus señoríos. Las aristocracias locales, por último, que controlan poderes de ámbito municipal, en una posición más subordinada y fragmentada pero igualmente indispensable para el buen orden y funcionamiento del sistema. Porque, aunque no se discutía ni la traza general ni el mantenimiento del sistema mismo, las relaciones entre las partes eran cambiantes, ya que no obedecían sólo a intereses comunes sino también a los peculiares de cada una de ellas, a menudo enfrentados entre sí o sujetos a proyectos de cambio que podían ser importantes, coyunturales unas veces pero también, otras, relativos a la misma organización del sistema y a los repartos de poder en su seno, de modo que era habitual la realidad dual consenso/conflicto en las relaciones políticas.

En líneas generales, las clases aristocráticas vieron respetado y fortalecido lo fundamental de sus preeminencias sociales y de sus ámbitos de poder, dentro de las características políticas propias de cada reino, y correspondieron con la adhesión y, a menudo, con la colaboración expresas al proyecto monárquico, que, además, abría la posibilidad de que mezclaran o ampliaran sus campos de intereses y las liberaba de la peor carga que habían debido soportar en tiempos pasados: la de las guerras y enfrentamientos entre los diversos reinos. No sé si se ha valorado suficientemente, en términos políticos, lo que significó pasar de una situación de guerras y enfrentamientos frecuentes entre los reinos peninsulares a otra de paz interior casi sin interrupción en la que, durante más de tres siglos, entre 1480 y 1808, sólo hubo dos momentos críticos en los años que siguieron a 1640 y 1700, lo que es un caso bastante insólito en la Europa moderna.

2. Doctrinas políticas e imágenes del poder regio en tiempo de los Reyes Católicos

1. Autores y textos

El conjunto de ideas, prácticas y tendencias que acabamos de exponer muy sintéticamente está presente de diversas formas tanto en los tratados doctrinales y otros escritos como en la acción de gobierno durante el tiempo de los Reyes Católicos. Comencemos por aquellos: *Las Partidas* de Alfonso X, consideradas como texto doctrinal, habían ejercido gran influencia y fueron objeto de diversas glosas en los siglos XIV y XV, y la *Segunda Partida,* dedicada a la figura y poder del rey, tuvo gran influencia en la vida política castellana desde tiempos de Juan II. También se glosó la obra de otros juristas eminentes en el ámbito catalán y aragonés (Pere Albert, Ramón de Penyafort). Se conocía, igualmente, a los clásicos altomedievales, entre los que se contaba San Isidoro de Sevilla, y a los teóricos de los siglos XII al XIV: Juan de Salisbury, Pietro della Vigna, Santo Tomás de Aquino, Egidio Romano o Gil de Roma, del que el franciscano Juan García de Castrojeriz había traducido y glosado hacia 1340 el *Regimiento de Príncipes,* impreso en Sevilla en 1494; además había otra traducción al catalán que fue impresa en 1480 y 1498. También se conocía la obra de otros comentaristas de la *Politica* aristotélica; incluso a Marsilio de Padua en traducción catalana.

Entre los autores peninsulares dignos de mención por la audiencia o lectores que tuvieron, aunque no siempre por su originalidad, se cuentan los «espejos de príncipes» escritos durante los últimos siglos medievales, entre ellos los *Castigos y documentos del rey don Sancho IV,* Juan Gil de Zamora, preceptor de Sancho IV *(De preconiis Hispaniae),* el portugués Álvaro Pelayo *(Speculum Regum,* 1344) y Juan García de Castrojeriz. También, don Juan Manuel *(Libro de los Estados),* Ramon Llull, Arnau de Vilanova, el infante Pedro de Aragón *(Tractatus de vita, moribus et regimine principum)* y Francesc Eiximenis *(Regiment de princeps e de comunitats).* En el siglo XV, entre otros, Alfonso de Cartagena, autor de dos discursos ante el Concilio de Basilea *(De pree-*

minentia. Allegationes) cargados de interpretación del pasado, y de una extensa e influyente *Anacephaleosis* o *Genealogia Regum Hispanorum;* Rodrigo Sánchez de Arévalo, cuya obra fue muy conocida en tiempo de Isabel y Fernando *(Vergel de Príncipes,* 1455; *Suma de la Política, Historia Hispana,* 1469), y en el ámbito catalán, Joan Margarit, obispo de Gerona y cardenal.

Hay una verdadera generación de escritores políticos durante el reinado conjunto: cronistas, clérigos, universitarios, humanistas. Entre los escritos para educación o «regimiento de príncipes» destaca la influencia de Diego de Valera *(Espejo de verdadera nobleza,* 1441; *Epístolas. Doctrinal de Príncipes,* escrito en 1476 para su lectura por Fernando), fray Martín de Córdoba, que escribió su *Jardín de las nobles doncellas* para Isabel cuando ya era princesa heredera, Gómez Manrique *(Regimiento de Príncipes,* escrito en 1478 e impreso en 1482, dedicado también a los reyes) o el franciscano Íñigo de Mendoza, proisabelino tanto en sus poemas políticos como en el *Dechado a la muy excelente reina doña Isabel,* escrito en 1475 e impreso en 1483. Pero hay que referirse también a los escritos del bachiller Palma *(Divina retribución de la caída de España en el tiempo del noble Rey don Juan el primero,* 1479), al *Razonamiento de las reales armas* de Antonio de Villalpando, al protonotario Juan de Lucena, al jurista Alonso Díaz de Montalvo, a Diego Ramírez de Villaescusa y Alonso Ramírez de Villaescusa *(Directorio de príncipes para el buen gobierno de España,* 1493), al canónigo toledano Alonso Ortiz, del que conviene recordar el tratado que dedicó a la educación de don Juan, príncipe heredero, o, años antes, su notable *Dialogus de regimini regni (seu potius de regni et regis institutione) inter Reginam Elizabeth et cardinalem Mendoza,* donde trata cuestiones sobre la legitimidad regia de Isabel. También se hallan elementos de doctrina política que fueron moneda corriente en su época en autores como el humanista Antonio de Nebrija, el letrado Juan López de Palacios Rubios o el literato Diego de San Pedro, entre otros.

Y no hay que olvidar a los cronistas, difusores de nociones elementales pero de fácil arraigo colectivo, por lo que juegan un papel notable en la configuración de la opinión pública, de las ideas políticas y de los sentimientos patrióticos y promonárquicos, aunque los historiadores deben precisar siempre cuáles fueron la difusión y el conocimiento de sus obras cuando se escribieron. La época es especialmente rica en nombres y obras, promovidos a veces por los propios monarcas: Diego de Valera de nuevo, Hernando del Pulgar, que fue cronista oficial, Alfonso de Palencia, Diego Rodríguez de Almela, Andrés Bernáldez, y en los comienzos del reinado, el autor de la *Crónica incompleta...*, Antonio de Nebrija y el doctor Lorenzo Galíndez de Carvajal, más adelante. Fabricio de Vagad, en Aragón *(Crónica de Aragón,* 1499) y Gonzalo García de Santa María, que escribe en latín y en castellano, o, en verso, Pedro Marcuello y Juan Barba. El mismo Lucio Marineo Sículo como historiador de la Corte y autor de un primer tratado que tuvo amplia difusión sobre las «cosas de España» más notables y dignas de conocerse *(De rebus Hispaniae memorabilibus,* 1497. 1530), y Pedro Mártir de Anglería en sus epístolas. Son autores que no sólo deben ser utilizados –con las reservas precisas– como informadores, sino también como portavoces de opiniones, ideas e imágenes sobre el poder y su concreción en los reyes, como también lo fueron los memorialistas que escribieron años después: Gonzalo Fernández de Oviedo o, incluso, Prudencio de Sandoval, Lorenzo de Padilla y Alonso de Santa Cruz.

2. Tradición e innovación

Al repasar estos y otros textos es fácil concluir que en los proyectos de los Reyes Católicos pesaron mucho más las ideas tradicionales que las de nuevo cuño. Sin embargo, su época es un momento clave en la génesis del «Estado moderno» español, tanto por la unión dinástica que ellos produjeron como por su capacidad para llevar a su mejor funcionamiento las instituciones y medios del poder, y para expresar bien los fundamentos de la autoridad real, el alcance de la soberanía monárquica o lo que implicaba el concepto de monarquía como núcleo en torno al cual se desarrollaba el poder estatal; todo ello sin perder de vista las limitaciones y realidades del tiempo, que respetaron sobre todo en el orden social, más conscientes de su función de restauradores que de la de innovadores.

Protagonistas políticos en un paisaje histórico muchas de cuyas líneas maestras no podían ni acaso querían alterar, demostraron, a través de la buena práctica del oficio regio, hasta qué punto un mismo sistema puede funcionar de diversas formas según la capacidad de los dirigentes, y supieron, gracias a la claridad de sus objetivos políticos, contribuir a su modificación y hacerlo mucho más eficaz.

La idea de la necesaria restauración de paz, justicia y orden social interiores, de su logro en los primeros años del reinado, y después del desastroso decenio que discurrió entre 1464 y 1474, se plasma en textos castellanos de muy diverso tipo, de los que seleccionamos tres: uno anterior al comienzo del reinado, otro de hacia 1475, y un tercero que recuerda el éxito de los reyes:

Reverendo señor: incrépame vuestra merced porque no escribo nuevas de la tierra. Ya, señor, estoy cansado de os escribir generalmente algunas veces, pero me he asentado con propósito de escrebir particularmente las muertes, robos, quemas, injurias, asonadas, desafíos, fuerzas, juntamientos de gentes, roturas, que cada día se facen *abundanter* en diversas partes del reino, e son por nuestros pecados de tan mala calidad, e tantas en cantidad que Trogo Pompeo tenía asaz que facer en recontar solamente las acaescidas en un mes... (H. del Pulgar, carta a don Francisco de Toledo, obispo de Coria, otoño de 1473.)

Recibisteis de las manos del muy alto Dios el ceptro real, en tiempos tan turbados, cuando con peligrosas tempestades toda España se subvertía, cuando más el ardor de las guerras civiles era encendido, cuando ya los derechos de la república acostados iban en total perdición. No había ya lugar su reparo. No había quien sin peligro de su vida, sus propios bienes sin miedo poseyese: todos estaban los estados en aflición e con justo temor en las cibdades recogidos; los escondrijos de los campos con ladronicios manaban sangre. No se acecalaban las armas de los nuestros para la defensa de los límites cristianos, mas para que las entrañas de nuestra patria nuestro cruel fierro penetrase. El enemigo doméstico, sediento, bebía la sangre de sus cibdadanos: el mayor en fuerza e más ingenioso para engañar era ya más temido e alabado entre los nuestros: y así estaban todas las cosas fuera del traste de la justicia, confusas e sin alguna tranquilidad turbadas. E allende de aquesto, la ley e medida de las contrataciones de los reinos, que es la pecunia, con infinitos engaños cada día recebía nuevas formas e valor diverso en su materia, según la cobdicia del más cobdicioso, habiendo todos igual facultad para la acuñar e desfacer en total perdición de la república. (Canónigo Ortiz.)

Lo certero de su obra produjo que, en su época se llegase a

la mayor empinación triunfo y honra y prosperidad que nunca España tuvo en el mundo, después de convertirse a la fe católica, ni antes... Fueron infinitamente poderosos y floreció por ellos España infinitamente en su tiempo... Ansí, de esta noble y bienaventurada reina vivirá su fama para siempre en España. (Andrés Bernáldez.)

Es notable la insistencia con que se representa a los monarcas ejerciendo las dos funciones tradicionales de la realeza, según la raíz germánica: justicia interior, que asegura el orden y la paz, y guerra contra los enemigos externos:

Liberal se debe mostrar el rey en oír peticiones e querellas a todos los que a su Corte viniesen a pedir justicia. Por ende ordenamos de nos sentar a juicio público dos días en la semana con los del nuestro Consejo e con los alcaldes de nuestra Corte; e estos días serán lunes e viernes. El lunes a oír las peticiones, e el viernes a oír los presos, según que antiguamente está ordenado por los reyes nuestros predecesores. (Ordenanzas de Montalvo.)

Acuérdome verla en aquel alcázar de Madrid con el católico rey don Fernando, su marido, sentados publicamente por tribunal, todos los viernes, dando audiencia a chicos e grandes, cuantos querían pedir justicia... En fin, aquel tiempo fue áureo e de justicia, e el que la tenía, valíale. He visto que después que Dios llevó esa sancta reina, es más trabajoso negociar con un mozo de secretario que entonces era con ella e su Consejo, e más cuesta. (Gonzalo Fernández de Oviedo.)

Vos encargamos que no consintáis que por favor o intercesión de criados vuestros la justicia sea administrada, ca nos, que no tenemos otro superior sino Dios, así lo hacemos. (El rey a su lugarteniente en Cataluña.)

> Pues si no quereys perder
> y ver caher
> más de cuanto es recaydo
> vuestro reyno dolorido
> tan perdido
> que es dolor de lo veer
> empread vuestro poder
> en hazer
> justiçias mucho conplidas
> que matando pocas vidas
> corronpidas,
> todo el reyno, a mi creer,
> salvareys de pereçer.
>
> (Fr. Íñigo de Mendoza.)

Respecto a la guerra, se concibe como medio de defensa frente a adversarios, y como forma de canalizar las energías colectivas en empresas externas:

> Que pues vos sois heredera
> de Castilla y su pilar,
> vuestra mano verdadera
> conviene que sea guerrera
> en sofrir y defensar.
>
> (Fr. Íñigo de Mendoza.)

Entonces la república augmenta, quando busca de fuera justo enemigo; entonces disminuye, quando en casa lo tiene... Quando las armas no soprimen los enemigos, que los amigos sopriman es necesario. (Protonotario Juan de Lucena.)

La mala condición española, inquieta de su natura, levanta guerra dentro si no la tiene fuera. (Hernando del Pulgar.)

3. LOS ARGUMENTOS RELIGIOSOS

Posiblemente, los principios religiosos tuvieron un peso principal en la conciencia de los reyes, imbuidos de su condición de lugartenientes de Dios («los reyes... que tenéis su lugar en la tierra», escribía Diego de Valera, y en 1480, los reyes hablan de sí mismos ante las Cortes castellanas como «los que tenemos sus veces en la tierra»). El lugar común lo repiten también, entre otros autores, Vagad en Aragón y fray Íñigo de Mendoza en Castilla, en diversas estrofas que merece la pena recordar:

> Con armas, en guerra; en paz, con las leyes,
> se quieren los reynos, senyor, conservar,
> mas ¡guay! de la tierra do todos son reyes,
> do todos presumen regir e mandar.
> Un Dios en el cielo, un rey en la tierra,
> se debe por todas las gentes temer,
> quien esto no teme comete gran yerra,
> por quanto do tanta malicia se encierra,
> no pueden los reynos, senyor, florescer.
> ... ...

> Tú, que en tus sanctas alturas
> soldaste las quebraduras
> de nuestros reinos de España,
> tenlos siempre con tus manos,
> sus estados, sus honores;
> hazlos, Dios, ser tan humanos,
> que siendo más soberanos,
> más conserven los menores
> ... ...
> Y pues en Ti confiamos
> ser esta ley sacramento,
> gran razón es que creamos
> que los reyes que cobramos
> fueron por tu mandamiento.

Diego de Valera se atreve, incluso, a ir más lejos en su interpretación providencialista, dirigida a la reina:

> Bien se puede con verdad desir que así como Nuestro Señor quiso en este mundo nasciese la gloriosa Señora Nuestra e della procediese el universal redentor del linage humano, así determinó vos, señora, nasciésedes para reformar e restaurar estos reinos e sacarlos de la tiránica governación en que tan luengamente han estado.

Los argumentos religiosos propios del poder monárquico se cimentaban, además, en una concepción global de la sociedad donde cada hombre, más allá de su pertenencia a diversos grupos sociales y políticos, podía identificarse también como parte de un cuerpo entero, que era la cristiandad latina u occidental.

Esta era la ciudadanía plena y suprema por cuanto la Iglesia anticipaba en el mundo a la Ciudad de Dios celestial, además de que la conciencia de Europa como comunidad cultural se desarrolló en la Edad Media a partir de este presupuesto religioso. Y por eso algunos habitantes de la península eran, como escribió el cronista Andrés Bernáldez refiriéndose a los musulmanes malagueños, «gente de España», pero no llegaban a ser ciudadanos por completo, aunque estatutos jurídicos y prácticas de tolerancia les hubieran asignado un lugar en la sociedad. Me refiero a los judíos y a los musulmanes *mudéjares:* las consecuencias que esto tuvo sobre su situación y sobre el punto de vista adoptado respecto al proyecto político de los Reyes Católicos fueron grandes y graves durante aquel reinado.

La relación entre cohesión social y legitimidad de las empresas políticas, por una parte, y fundamento religioso, por otra, era común a todo Occidente pero acaso se extremaba en los reinos españoles, donde la ideología de cruzada seguía vigente, así como la tensión frente a minorías interiores judías o musulmanas, y donde el problema judeoconverso llegaba entonces a su apogeo. De modo que, bajo el razonamiento religioso, existían motivos políticos y sociales de otros géneros. ¿Era esto una utilización política de lo religioso o una aceptación implícita del carácter intraeclesial que todavía tenía lo político? Seguramente ambas posibilidades no se veían entonces separadas o distinta la una de la otra, aunque algunos comentaristas italianos de la política fernandina, en especial Maquiavelo, con un criterio más moderno, señalaron, sobre todo, la importancia política que tuvo esta cobertura religiosa:

> Cubrió casi todas sus ambiciones con el color de un celo honesto de la religión y de santa intención por el bien común. (Guicciardini.)

Alegando siempre el pretexto de la religión para poder llevar a cabo mayores hazañas, recurrió al expediente de una crueldad devota. (Maquiavelo.)

En cualquier caso, los castellanos, aragoneses, catalanes, navarros, etc., de la época sabían que, en definitiva, lo que les separaba entre sí y de los otros cristianos europeos eran límites internos, mientras que entre ellos y el mundo islámico había auténticas fronteras exteriores. Ahora bien, en la medida en que los Reyes Católicos llevaron a cabo empresas que implicaban la expansión y fortalecimiento de la cristiandad –primero en la península, mediante la conquista o, para ellos, recuperación de Granada, y luego en el norte de África–, todos los habitantes de España se sentían afectados igualmente, recibían la misma propaganda a través de la predicación de la cruzada, y se tejía entre ellos otro vínculo de identidad común que había funcionado ya muchas veces a lo largo de los siglos anteriores.

Por otra parte, hubo entonces un reverdecimiento en el viejo tronco del profetismo y espiritualismo mesiánico y apocalíptico. La «politización del mesianismo –escribe A. Vauchez– es un rasgo característico de la Edad Media final y del Renacimiento», y Fernando el Católico lo tuvo en cuenta, como también sus contemporáneos franceses: «las maniobras políticas, a veces maquiavélicas, y las creencias religiosas, a veces profundas, podían entremezclarse de manera indisociable» (A. Milhou).

Es cierto, sin embargo, que el profetismo bajomedieval enraizaba en la casa real aragonesa desde la conquista de Sicilia en 1282, que la hizo heredar los proyectos de los Staufen en Tierra Santa, y no cabe olvidar otras manifestaciones bajomedievales de los lazos entre lo escatológico y lo político, como, por ejemplo, las profecías de Arnau de Vilanova o las del franciscano Juan de Rocatallada, a mediados del siglo XIV, pero el Renacimiento fue el tiempo dorado de los «profetas cortesanos»: alrededor del rey Fernando se acentuó la propaganda en torno al «monarca carismático», llamado a dirigir la «república cristiana», a aniquilar al Islam y recuperar la «Casa Santa» de Jerusalén, una vez concluida la cruzada granadina y comenzadas las conquistas en el norte de África, preparando así el cumplimiento de las profecías sobre el fin de los tiempos. Recientemente se han estudiado textos de algunos autores contemporáneos del Rey Católico que coinciden en asignarle este papel mesiánico-político tras unir los reinos de España: entre otros, el catalán Pere Azamar, a comienzos del reinado, el valenciano Joan Alemany, y el morisco, de posible origen granadino, Alonso de Jaén.

Los testimonios crecen en el primer decenio del siglo XVI, en un ambiente de profetismo que tuvo otras diversas manifestaciones. Aunque en Castilla no había, al parecer, una tradición mesiánica similar, cuando comenzaba el reinado, el bachiller Palma llegó a considerar el triunfo de Isabel I y el nacimiento del príncipe Juan como «divina retribución» por la «caída de España», ocurrida un siglo atrás, en tiempo de Juan I, durante sus empresas en Portugal.

Cabe preguntarse hasta qué punto son estas manifestaciones un arma propagandística o, por el contrario, llegan a introducirse en la creencia y el concepto que el Rey Católico tenía de su misión, como parece si atendemos al testimonio de Galíndez de Carvajal relativo a su muerte:

> Estando el rey en Madrigalejo, antes que fallesciese, le fue dado a entender que estaba muy cercano a la muerte, lo cual

con gran dificultad lo pudo creer, porque la verdad le tentó mucho el enemigo, con incredulidad que le ponía de no morir tan presto, para que ni se confesase ni rescibiese los sacramentos; a lo cual dio causa que estando el rey en Plasencia, uno del Consejo que venía de la Beata del Barco de Ávila, le dijo que la Beata le hacía saber, de parte de Dios, que no había de morir hasta que ganase a Jerusalén.

Eran, en todo caso, viejas profecías que también entonces hacían su papel en Francia durante los decenios iniciales del siglo XVI: «los mitos y leyendas del pasado, las perspectivas escatológicas y la representación emblemática del presente conciernen a la vez al mundo, al reino y al rey» (A. M. Lecoq), de modo que se combinan estrechamente las ideas sobre unidad de la cristiandad, los sentimientos nacionales y la convicción de que el rey de Francia habría de dirigir aquel proceso de unidad. No es difícil imaginar la intensidad que aquellas creencias añadirían a los enfrentamientos entre las monarquías francesa y española durante el Renacimiento.

En resumen, aun limitando su efectividad o generalidad, lo indudable es que tales creencias tenían un papel importante en la propaganda política y enardecían un orgullo colectivo basado en ese protagonismo, por lo que nadie relacionado de una u otra forma con los poderes de la época las contradecía sino que tenían muchos difusores, bajo diversas formas.

4. Soberanía y forma de gobierno regio

Pero, aun reconociendo la gran importancia de los principios religiosos, tampoco cabe duda de que los de carácter romanista, tendentes a la afirmación y despliegue de la soberanía regia, tuvieron un peso especial en el reinado de Isabel y Fernando, sobre todo en la Corona de Castilla. La conciencia que tenían los reyes de su «preeminencia e señorío real absoluto» era muy clara, así como su intención de practicarla, como se observa en la bien equilibrada mezcla entre cortesía y afabilidad hacia sus colaboradores, nobles y prelados, y el rechazo al exceso de familiaridad. Pulgar manifiesta ambos aspectos en sus escritos cuando afirma que «la Sacra Escritura manda que no fable ninguno con su rey papo a papo, ni ande con él a dirme e dirte he», mientras que en otro lugar apunta, refiriéndose a Fernando: «había una gracia singular, que qualquier que con él fablase, luego le amaba e deseava servir, porque tenía la comunicación amigable... era hombre muy tratable con todos, especialmente con sus servidores continuos». No obstante, un autor moderno escribe sobre la «sensación de frío alejamiento» que sabía imponer cuando quería, consecuencia de haber sacrificado todo «a las virtudes de la prudencia y a las necesidades del cálculo» (J. Vicens Vives).

Algo parecido podría afirmarse de Isabel, en cuyo porte señalan los escritores contemporáneos mayor majestad aún: supo evitar la privanza de los Enríquez, parientes próximos de su marido el rey, pero también escribir durante la guerra de Granada «cartas graciosas» (léase, surgidas de su real voluntad, no de obligación política o administrativa alguna) a grandes nobles y caballeros, para estimular su servicio. Se indignó a veces con la manera aragonesa de relación entre rey y reino, tan opuesta a los designios de la plena soberanía real («Aragón no es nuestro, es necesario que vayamos de nuevo a conquistarlo», diría en 1498 ante la actitud de sus Cortes, según Guicciardini), aunque lo cierto es que también Fernando, como escribió un siglo más tarde el conde de Luna en Aragón, «después que comenzó a gustar de la grandeza y anchura de gobierno de Castilla ya propuso y procuró en todas las cosas encaminarse hacia aquella forma de gobierno». Sobre las posibilidades y límites de aquella intención escribiremos más adelante.

Los reyes se negaron a admitir que nadie más empleara signos externos que consideraban exclusivos de su soberanía, y así lo advirtieron a algunas cancillerías señoriales que empleaban el formulario de los albalaes de merced reales sustituyendo la intitulación regia por la del noble correspondiente, y prohibieron, en las Cortes de Toledo de 1480, que los grandes nobles tuvieran *ballesteros de maza* ante sí en actos públicos y pusieran *coroneles* en sus escudos de armas, por considerar que aquellos guardas y signos eran exclusivos de la condición y preeminencia regias. En otra ocasión, por ejemplo, advirtieron a Gonzalo Fernández de Córdoba, que era ya su virrey en Nápoles:

Acá habemos visto en una provisión dada por vos el sello con que ahí se sellan las provisiones, dentro del cual están vuestras armas y la forma de vuestro sello junto con las nuestras; y también en las letras no está puesto el nombre de mí el rey; y como quiera que dejar de poner el nombre parece yerro del que hizo el sello, pero débese mirar que en tal cosa no haya yerro; y así creemos que lo otro será porque por ventura lo hayan hecho así los franceses, pero porque acá no se acostumbra, debéis mandar hacer luego un sello en que solamente haya nuestras armas reales, y en las letras haya las letras de nos ambos, como se acostumbra, y en esto ni en otra cosa no consintáis introducir semejante cosa nueva, mayormente que perjudique a nuestra preeminencia real.

Sin embargo, los reyes apenas crearon una nueva simbología política acorde con sus tendencias soberanas y unionistas: conservaron los signos y tratamientos tradicionales, pues mantuvieron el de Alteza y la corona real abierta, sin adoptar el de Majestad y la corona cerrada imperial, que serían introducidos por Carlos I. Tampoco hubo innovaciones, aunque sí un uso más frecuente a veces de otros signos y ceremonias propios de la calidad regia o destinados a ensalzarla, que se mostraban tanto en actos de Corte y justicia –trono, estrado, cetro– como en las fiestas cortesanas y entradas solemnes en ciudades. También en las actividades de promoción arquitectónica y artística, y entre ellas, en los enterramientos de personas reales que promovieron en Burgos, Guadalupe, Ávila, y el suyo mismo, previsto en San Juan de los Reyes, de Toledo, aunque al cabo fue en Granada, puesto que respondían al deseo, también antiguo, de exaltar tanto la memoria de los difuntos como la imagen misma de la monarquía.

Las señales externas y actitudes personales eran parte de los esfuerzos que los reyes realizaron para restaurar en su régimen monárquico una amplia y efectiva autoridad, sobre la base de la legislación e instituciones que ya existían. Las innovaciones en ambos aspectos fueron más abundantes en la Corona de Castilla que en la de Aragón, pero las concepciones políticas y las mismas posibilidades de los reyes no imaginaban la construcción de un Estado centralizado y omnipresente, sino el desarrollo y el ejercicio de la soberanía y poderes regios dentro de un orden que ya existía, en el que los poderes intermedios, ejercidos por nobles y ciudades, tenían amplia capacidad de gestión, y en el que la jurisdicción eclesiástica conservaba la suya. Aquella «sociedad política» mantenía, pues, unas posiciones y niveles de poder y administración que la monarquía respetaba, aunque afirmando la prevalencia de los suyos propios mediante la utilización de las prerrogativas soberanas, de la superioridad jurisdiccional (ya expresada en la *mayoría de justicia* de los reyes castellanos anteriores), del hecho mismo de ser el único poder que actuaba unitariamente en todo el territorio del reino, y también de las posibilidades prácticas de acción que se dieron desde 1475 en Castilla o desde 1479 en Aragón, y que permitían a los reyes evitar cualquier alianza o confluencia entre las otras fuerzas políticas. Los progresos del poder monárquico fueron, así, grandes y en muchos casos irreversibles.

Un elemento importante para conseguirlo fue el frecuente acierto en la elección de colaboradores y agentes del poder real. Isabel y Fernando habían aprendido bien la amarga lección de los reinados anteriores en Castilla: no tuvieron *privados* y basaron sus nombramientos en criterios de eficacia, como lo demuestra el aumento de calidad con respecto a tiempos pasados, aunque no por ello dejaron de disponer de cortesanos íntimos e influyentes. Castiglione destaca, en la reina, «el maravilloso juicio que ella tuvo en conocer y elegir los agentes más aptos para aquellos cargos que les confiaba», y otros autores inciden en aspectos semejantes:

> Al presente ningunas nuevas hay que os escriva, porque en tiempo de buenos reyes adminístrase la justicia, y la justicia engendra miedo, y el miedo excusa excesos, y do no hay excesos hay sosiego, y do hay sosiego no hay escándalos, que

3. Ideas, proyectos y realidades políticas

crían la guerra... Demos gracias a Dios que tenemos un rey y una reina que no queráis saber dellos, sino que ambos ni cada uno por sí tiene privado, que es la cosa y aun la causa de la desobediencia y escándalos en los reinos. El privado del rey sabed que es la reina, y el privado de la reina sabed que es el rey, y éstos oyen y juzgan y quieren derecho, que son cosas que estorvan escándalos y los matan. (Hernando del Pulgar.)

E una de las cosas en que los reyes más deben mirar en los consejos es que los deben recibir de cada uno en lo que más sabe: en las cosas de conciencia, de los prelados y religiosos; en las cosas de justicia, de los doctores y letrados; en las cosas de la guerra, de los caballeros, que en ella son más experimentados. (Diego de Valera.)

E insiste Hernando del Pulgar sobre el rey: «Era remitido a consejo, en especial de la reina, su mujer, porque conocía su gran suficiencia». Y sobre la reina: «Placíale la conversación de personas religiosas e de vida honesta, con las cuales muchas veces había sus consejos particulares, e como quier que oía el parecer de aquellos e de los otros letrados que cerca della eran, pero por la mayor parte seguía las cosas por su arbitrio».

Se ha puesto de relieve el papel que las gentes letradas y, en general, de condición social media jugaron durante aquella época en puestos de la administración monárquica, y es cierto, aunque no se debe hacer de ello regla general. Lo más notable fue que los reyes, mientras potenciaban el aparato institucional, limitaban con su actitud el efecto de la inevitable formación de clientelas y facciones en las ciudades, entre los nobles, y en la misma Corte, para fortalecer su libertad de acción política.

5. La noción de Estado

Los reyes tuvieron, en conclusión, un concepto claro de lo que la monarquía significaba como núcleo y elemento principal de una construcción política unida, pero compleja, y organizada como Estado aunque entonces todavía no se utilizara esta palabra y el concepto no tenga, como ya hemos señalado, las mismas características que son propias del Estado liberal-constitucional contemporáneo. Todos los autores actuales están de acuerdo en señalar el carácter decisivo, crucial, que tuvo la época de los Reyes Católicos en este aspecto. En ella tomó perfiles más nítidos el ejercicio del poder monárquico, para alcanzar lo que hoy llamamos «fines del Estado»: la promulgación y aplicación de la ley, el ejercicio de la justicia, la salvaguardia de la paz y seguridad interiores, la protección del orden social sobre la base del «bien común», el fortalecimiento de la fiscalidad y el monopolio o *regalía* de minas, salinas, tierras baldías y acuñación de moneda, el desarrollo de algunas formas primitivas de política económica, e incluso asistencial –sanitaria, educativa, de obras públicas–, la dirección de la guerra y de las relaciones exteriores, en fin, valiéndose para ello de un ejército y una diplomacia propios.

Porque, a cuanto llevamos expuesto, es preciso añadir la novedad de la gran política exterior hispánica diseñada y desarrollada por ambos reyes, en especial por Fernando. Se cuenta que Felipe II, al contemplar su retrato, solía comentar: «A éste lo debemos todo». Fue precisamente en el campo exterior donde primero se percibió la unión de los diversos proyectos y realidades políticas hispanas, y donde tuvieron ocasión de manifestarse con preferencia las novedades de moral política que comportaba la construcción de lo que A. Ferrari denomina ese

> aparato de poder coercitivo y benefactor que, por oposición al poder redentor medieval, se ha llamado Estado moderno... La seguridad nacional ha sido la expresión secular de la fortaleza, se ha afirmado siempre por una política de lucha tenaz y firme contra los peligros externos, más o menos fronterizos más o menos complicados, según la constelación de potencias en que los mismos se apoyaran.

Razón de Estado, por una parte, secularización, por otra, según explica Ferrari, de las virtudes cardinales y teologales cristianas, tal como se expresa ya en *Las Partidas,* hasta alcanzarse un «esquema aretológico quíntuple» en el que Diego de Valera cifraba la perfección regia: templanza, prudencia, fortaleza o disciplina militar, justicia, «bondad o virtud continuada y creadora», todo ello amparado por la fe religiosa. Perfección que, con criterios más políticos aún, reconocería Maquiavelo en Fernando el Católico: ecuanimidad, seguridad, cálculo, uso del argumento religioso, justicia y lealtad no exentas de matizaciones si la acción parecía exigirlo. También Pulgar y Guicciardini, con total independencia mutua, señalaron que la guarda de la palabra regia a veces se vio menoscabada por razones políticas de peso:

> Home era de verdad, comoquiera que las necesidades grandes en que le pusieron las guerras le fazían alguna vez variar.

> De excelentísimo consejo y virtud, al cual, si hubiese sido más constante en las promesas, no se le podría reprender fácilmente cosa alguna.

Pero la admiración de Guicciardini es total hacia el resultado político de la unión: «la potencia de estos reinos de España, una vez reunidos»:

> Ordenadas las cosas de sus propios estados, y reunida España en una sola fuerza y en un buen gobierno, y librada de su servidumbre e infamia antigua... se ha ensanchado la gloria de esta nación.

3. España y sus reinos: de la realidad histórica a la política

La importancia política máxima del reinado conjunto, aun considerando la que tuvo su proyección exterior, se refiere al ámbito hispánico, puesto que a través de la unión dinástica se puso en pie una forma de unidad llamada a perdurar y perfeccionarse, a partir de las concepciones de España y de sus diversos reinos vigentes en el siglo XV. Es inevitable, por lo tanto, preguntarse acerca del concepto de España en aquel momento histórico y en sus precedentes medievales y, al mismo tiempo, sobre su compatibilidad política con la existencia de reinos diversos.

Que tales conceptos existían no es dudoso: la España medieval fue uno de los ámbitos geohistóricos del Occidente europeo bien caracterizados, dotado de matices culturales, con algunas finalidades específicas, como eran las que producía la lucha contra el Islam peninsular, y en el que existían elementos ideológicos de memoria histórica «goticista», referidos al recuerdo de la monarquía hispano-visigoda, aunque no haya que generalizar su alcance y convenga siempre medir su importancia efectiva en cada situación.

3. Ideas, proyectos y realidades políticas

Es un error reducir el concepto histórico de España a su dimensión política estatal, relativamente reciente, pero también lo es negar su existencia en los siglos medievales y suponer que España era sólo un concepto geográfico, lo que puede dar lugar a interpretaciones tanto o más excesivas que algunas decimonónico-nacionalistas que tendieron a producir en muchos la imagen de una «España eterna», igualmente ahistórica. Lo más prudente es valorar los elementos de juicio a nuestro alcance sin ánimo de utilizarlos para otra cosa que no sea explicar lo mejor posible aquel tiempo de los Reyes Católicos. Y así, cabe afirmar que las ideas sobre la realidad hispánica que se tenían a fines de la Edad Media no producían una traducción política unitaria inmediata, sino que muchas nociones de patria, naturaleza y extranjería se reducían al ámbito de cada reino, como respaldo de su propia organización político-administrativa y resultado de su historia específica. La situación de Portugal es muy clara a este respecto, y no cabe duda de que era un reino nacido de la historia hispánica medieval, por lo que su situación no es sustancialmente distinta a la de los otros, aunque la guerra de 1383-1386 contra Castilla y el cambio de dinastía hayan agudizado su conciencia protonacional.

En muchos terrenos, pues, lo particular de cada reino prevalecía sobre las nociones de solidaridad y tendencia a la unión, tanto en el interior de la península como en el exterior, aunque la idea de *nación española* coexista con la de naciones referidas a los diversos reinos y comunidades, y se suela referir con cierta frecuencia en el siglo XV al mayor de todos ellos, esto es, a la Corona de Castilla: así, por ejemplo, en Brujas, la «nación española» era la de los mercaderes castellanos y vizcaínos –aunque estos últimos a veces, por motivos de rivalidad comercial, constituyeran la suya propia ante las autoridades flamencas–, pero los catalanes formaban otra. En Roma, la iglesia y cofradía de Santiago de los Españoles aglutinaba sobre todo a los castellanos, mientras que los naturales de la Corona de Aragón disponían de la de Santa María de Montserrat. Todavía en 1516, muerto Fernando el Católico, opiniones particulares diversas valoraban la identidad e independencia propias por encima de la unión dinástica ya consumada: el regente castellano, que era el cardenal Jiménez de Cisneros, no veía con simpatía el envío del aragonés don Pedro de Urrea como embajador a Roma diciendo «que más valdría y mejor sería para el reino encomendar los negocios al más puro francés del mundo que no a aragonés ninguno», mientras que el regente de Aragón, el arzobispo de Zaragoza don Alfonso, afirmaba que algunos «han un deseo muy grand de ver separados estos reynos de la Corona de Aragón, de los reynos de Castilla», pero ambas expresiones tienen mucho de coyuntural.

La idea de nación hispánica se aceptaba, desde tiempos muy anteriores, en el sentido medieval del término, como conjunto peculiar dentro de Europa, con unas raíces comunes. Diego de Valera no exponía nada nuevo en su *Crónica Abreviada* al enumerar las «naciones» del continente: Germania, Grecia, Italia, Francia, España, y afirmar que

> so la nasción de España se cuentan la Francia gótica, que es Lenguadoque, Narbona, Tolosa e toda su provincia, e los reynos de Castilla, de León, de Aragón, de Navarra, de Granada e de Portugal.

Era, una vez más, la reconstrucción del mapa de época visigoda. Ahora bien, ¿cómo se pudo recorrer el camino entre aquella conciencia histórica y la realidad política unida a partir de la singular acción de los Reyes Católicos? Aquí interesa solamente tener en cuenta los aspectos en presencia durante el siglo XV, aun contando con algunos antecedentes. Por una parte, diversos desarrollos ideológicos de la época, enraizados en las tesis neogoticistas de tan antigua aparición en el ámbito leonés y castellano. Por otra, la acción de la monarquía, pues, en lo que toca a los aspectos políticos, la aproximación entre elementos históricos comunes a las Españas de la época, la unidad de acción y la creación de unos sentimientos de patria común sobrepuestos a los peculiares de cada reino tenían que ser promovidos necesariamente por la monarquía, como cúspide del cuerpo social y político, utilizando la vía dinástica, tantas veces practicada en el Medievo hispánico.

En el siglo XV hay numerosos autores y textos –más que en los siglos anteriores– que imaginan o preconizan la unión bajo una sola Corona, dando un sentido nuevo a las antiguas concepciones historiográficas que consideran como conjunto al ámbito hispánico y a sus habitantes todos, cuyo representante más eximio había sido Alfonso X el Sabio en la *Primera Crónica General*. Otros autores se mantienen en posiciones que valoran perfectamente la identidad de algún reino o territorio, pero ambas corrientes no aparecen como contrapuestas o incompatibles.

La primera se manifiesta en la historiografía castellana desde el segundo tercio del siglo XV: Alfonso de Cartagena en su *Anacephaleosis* reelabora la *Historia Gothica* del arzobispo Jiménez de Rada (primera mitad del siglo XIII) y, con ella,

el mito, largo tiempo establecido, de que Castilla fue el único heredero legítimo del reino visigodo y que el título de *Rex*

Hispaniae empleado frecuentemente por poderes extranjeros para designar al rey de Castilla tenía validez histórica» (R. B. Tate).

Aquella «apología de la función rectora de Castilla en los asuntos peninsulares» se correspondía, claramente, con el auge del país en su tiempo e influyó en autores muy leídos durante la siguiente generación, como Fernán Pérez de Guzmán, Rodrigo Sánchez de Arévalo, Diego de Valera y Rodríguez de Almela.

Sánchez de Arévalo, que vivió en Roma al servicio del papado desde 1455 hasta 1470, concibió su *Compendiosa Historia Hispánica* como un «espejo de príncipes» –ya había escrito su *Vergel de Príncipes* hacia 1455– a la vez que como una historia exaltadora de la preeminencia providencial de Castilla: «se la identifica con el poder que va a forjar el destino futuro de España en virtud del papel que se le atribuye en la Reconquista, desde los tiempos más antiguos, por historiadores y panfletistas políticos» (Tate). El autor, que escribe entre 1462 y 1469, ensalza lo español frente a la idea de centralidad italiana defendida por los humanistas a quienes conoció: preludia ya la comparación entre la monarquía de España y la antigua Roma. Hay que tener presente que la *Compendiosa* se imprimió en 1470 y fue muy conocida durante la época de los Reyes Católicos.

Prácticamente al mismo tiempo, el *Paralipomenon Hispaniae* del obispo de Gerona y cardenal Joan Margarit, que murió en Roma en 1484, abría otra dimensión de aprecio y estudio humanistas al estudio de los orígenes españoles, exaltando el papel de Roma en la formación de Hispania. Dedica su obra a Fernando e Isabel, «qui succedentes paternis et avitis regnis, ipsa coniugali copula, utriusque citerioris et ulterioris unionem fecisti». En época de los Reyes Católicos, cuando la unión era ya una esperanza próxima o una realidad que había obtenido sus primeros resultados, culmina aquella línea interpretativa en la historiografía humanista, generalmente en latín (Lucio Marineo Sículo, Antonio de Nebrija): era lo que Tate ha denominado «interpretación culminativa o apocalíptica de la historiografía castellana», bien resumida por Nebrija cuando declara: «Hispania tota sibi restituta est» o, en castellano,

> Los miembros y pedazos de España, que estaban por muchas partes derramados, se redujeron y ajuntaron en un cuerpo y unidad de reino, la forma y trabazón del cual así está ordenada que muchos siglos, injuria y tiempos no la podrán romper ni desatar.

Pero también hay buenos ejemplos en textos de otros autores, como el aragonés Vagad al escribir sobre Fernando, «al que están esperando los reynos de España», o el bachiller Palma, que cifra su esperanza en el futuro reinado del príncipe Juan, nacido en 1478, cuando «todos los reynos d'España en un reyno venerán».

Es cierto que otras historiografías peninsulares no vinculan la justificación de la existencia del reino a la tarea de integración del fondo y patrimonio históricos hispanos en un proyecto político común, pero no por ello tenían menos conciencia de que aquél existía. Así, Vagad, sin dejar de expresar un aragonesismo hostil a la preponderancia castellana, se irritaba ante el menosprecio de los escritores extranjeros, en especial italianos, «que siempre por invidia nos fueron tan enemigos que disimularon cuanto pudieron, mas escondieron a más no poder las excelencias de nuestra España». En Navarra, los continuadores de la *Crónica de los Reyes de Navarra*, de Carlos de Aragón, Príncipe de Viana, que fueron Sancho de Alvear y Diego Ramírez Ávalos de la Piscina, tanto se ocupan de mostrar la mayor dignidad y antigüedad de los reyes navarros sobre los de los otros reinos hispánicos como de recoger las tesis comunes de carácter neogoticista sobre la «destruycion d'España» por la invasión islámica, y su lenta reconstrucción medieval.

Sería posible acumular otros ejemplos similares que muestran cómo, al menos entre los grupos con mayor capacidad literaria, había una noción de España –de las Españas–, cultural e histórica, no sólo geográfica, compatible por lo demás con la pluralidad de organizaciones y *naturalezas* políticas, y con la conciencia de peculiaridad de cada parte. Otro autor que incide en este último aspecto es Gabriel Turell, que extracta las *Histories e conquestes dels reys d'Aragó e dels comtes de Barcelona*, escritas por Pere Tomic en 1438: sus temas son el pactismo, el respeto al *estament reial*, el «reconocimiento justo de los distintos reinos, pero ni siquiera se enuncia una fórmula de existencia política conjunta». En cambio, Pere Miquel Carbonell escribe con un sentido global sus *Cròniques d'Espanya*.

La imagen que de sí mismos tenían los reyes se vinculaba a la concepción global de España y a la actuación de la Monarquía sobre todo el conjunto. Una carta de Fernando el Católico, enviada a su embajador ante Maximiliano de Austria en enero de 1514, es buen ejemplo:

Ha más de setecientos años que nunca la Corona de España estuvo tan acrecentada ni tan grande como agora, así en Poniente como en Levante, y todo, después de Dios, por mi obra y trabajo.

También parece que aquellas ideas habían calado con rapidez en los ambientes políticos, al menos en los castellanos; recordemos las frases con que los procuradores de las Cortes de 1510 pretendían disuadir a Fernando de encabezar personalmente una gran expedición antiislámica que no llegó a realizarse:

> En Vuestra Alteza está nuestro consuelo, paz y sosiego y vida nuestra y de toda España... En sus bienaventurados días han ganado estos reynos y la nación de España tanto renombre que en grand reputación son estimados...

No era sólo una mera expresión cortesana o laudatoria. Diversas circunstancias propiciaron que la obra del último monarca efectivo de la casa de Trastámara fuese la culminación de una aventura histórica protagonizada por la dinastía, no sabemos con qué grado de conciencia, cuyo término había sido la unión de las Coronas, a partir de jalones puestos mucho tiempo atrás: las crisis dinásticas que ocurrieron en 1369 en Castilla, 1383 en Portugal y 1410 en Aragón se resolvieron de distintas maneras, mientras que la situación derivaba en Navarra por derroteros muy complejos desde 1425. Al término de todos los caminos estuvieron Isabel y Fernando, promotores o herederos de unos concretos resultados, creadores de la unión dinástica y política de la monarquía de España sobre la variedad de sus reinos: construcción compleja que Díez del Corral ha contrapuesto al monolitismo del *royaume* de Francia, aglutinado ya entonces en torno al concepto de Corona-Nación, al tiempo que ha señalado los caracteres comunes o similares que ambas entidades políticas presentaban a comienzos del siglo XVI frente a la fragmentación italiana.

***

La monarquía unida de los Reyes Católicos se fundamentó, sin embargo, en el mantenimiento de los vínculos de *naturaleza* específicos de cada uno de sus componentes. Este vínculo, que es el antepasado del actual concepto de ciudadanía, había adquirido fuerza gracias a la recuperación de principios de Derecho romano, tenía vigencia en el interior de cada reino –por ejemplo a efectos de aplicación de derecho, o de cumplimiento de deberes fiscales y militares– y podía extenderse, como es lógico, a espacios más amplios, como eran las Coronas que integraban varios reinos en su seno.

Así había sucedido en la Corona de Castilla, donde, además, los reinos, salvo León y Castilla en algunos periodos ya remotos, no habían tenido realidad política independiente o incluso habían sido creados en el propio proceso de expansión territorial de la Corona, como ocurrió con los tres andaluces –Sevilla, Córdoba, Jaén–, con Murcia o con Canarias. Por eso, los castellanos todos –unos 4.500.000– tenían el mismo vínculo de naturaleza, las mismas leyes reales y el mismo sistema fiscal –salvo alguna excepción parcial, como era la del señorío real de Vizcaya– en los 385.000 km² de su territorio. Los reinos eran referencias históricas o administrativas aunque las diversidades regionales, que también cambian históricamente, no lo olvidemos, se correspondían a menudo con ellos y se tenía conciencia de que así era.

Pero la situación era distinta en la Corona de Aragón, donde los habitantes del reino de Aragón (250.000), los del

3. Ideas, proyectos y realidades políticas

Principado de Cataluña (300.000), los del reino de Valencia (250.000), los del de Mallorca (50.000) y, por supuesto, los de Sicilia y Cerdeña conservaban la *naturaleza* respectiva y eran extranjeros recíprocamente. Lo mismo sucedió con Navarra después de su incorporación a la Corona de Castilla en 1515, pues Fernando el Católico utilizó a estos efectos el procedimiento aragonés, aunque prefirió la vinculación a Castilla porque sólo así se aseguraba la defensa contra la previsible reacción de Francia y del rey navarro depuesto.

Aun después de la unión dinástica, la capacidad regia para introducir oficiales o funcionarios «extranjeros» en cada parte estaba muy limitada. Menos en la Corona de Castilla, donde el rey Fernando actuó con un séquito de secretarios y tesoreros aragoneses, pero mucho más en Aragón, o en Navarra, donde, según el Fuero General, no más de cinco altos cargos de la Corte podían ser ejercidos por «extranjeros». En sus respectivos testamentos, Isabel, en 1504, y Fernando, en 1515, insisten en que los oficios públicos estén en manos de «naturales» de los respectivos reinos.

Ahora bien, aunque la monarquía de los Reyes Católicos no alteró la anterior situación de las *naturalezas* vigentes, éstas tenían ya un alcance distinto. La castellana estaba mucho más abierta a ampliaciones y cambios y afectaba al 80% de la población y del territorio; por su parte, los países de la Corona de Aragón conservaron sus identidades en el plano jurídico-institucional y administrativo. Pero la unión dinástica produjo efectos nuevos de gran importancia en el plano político y potenció la realidad histórico-cultural de España existente desde épocas anteriores.

En los aspectos políticos, se desarrolla una sola línea de gobierno a partir de una Corte o instancia central común; el monarca ejerce sus *regalías* por igual en lo que se refiere a relaciones exteriores, paz y guerra y política eclesiástica, genera una legislación común en algunos aspectos y tiende a homogeneizar –aunque esto no fue posible a menudo– sus recursos financieros y militares. Hay un proyecto político único y sus súbditos, en tanto en cuanto él es llamado ya habitualmente rey de España, son todos españoles, tienen un deber de obediencia al mismo Estado monárquico y participan, aunque desigualmente, en empresas cuyos resultados afectan a todos como, por ejemplo, lo fueron las de Granada, norte de África, Rosellón o Nápoles en tiempo de los Reyes Católicos.

La idea de pertenencia común todavía no se plasma en una *naturaleza* única y en una homogeneización institucional: esto sólo ocurrirá a partir del siglo XVIII, después de doscientos años en los que el carácter complejo de la monarquía de los Habsburgo bloqueó cualquier iniciativa que pudiera haberse dado en ese sentido. Pero no tenía sólo fundamentos en la incipiente unión política sino también otros, más profundos e importantes, en la realidad histórico-cultural de España que se había desarrollado en los siglos medievales; sobre ella se apoyaron los Reyes Católicos, en especial Fernando, para presentar su proyecto político no como innovación sino como culminación restauradora de la España política y religiosa destruida por la invasión musulmana del siglo VIII.

Me parece que la denominación «rey y reina de España» aplicada a Fernando e Isabel corrientemente en toda Europa –véanse por ejemplo los escritos de Guicciardini y Maquiavelo– no se refiere sólo al ámbito de su poder, pues también eran reyes de Sicilia y Cerdeña, y Fernando llegó a serlo de Nápoles sin que se aluda a ello, sino que es sobre todo un reconocimiento de la identidad o realidad histórico-cultural a la que pertenecían, y en la que no culminaron su proyecto político porque Portugal y Navarra eran parte de ella pero no de sus dominios.

4. Los caracteres de la unión dinástica y del gobierno conjunto

Conocer los términos en que se produjo y desarrolló la unión dinástica y el gobierno conjunto de los reinos tiene una importancia especial, por tanto, no sólo para la buena comprensión de la época, sino también de muchos rasgos que continuarían vigentes después.

No cabe duda de que los reyes concibieron su matrimonio como el principio de la unión política permanente entre sus reinos, y así lo expresa Fernando, todavía heredero en Aragón, al declarar a su vez heredera en dicha Corona a su hija promogénita –única entonces– Isabel, en su testamento de 1475, escrito al parecer por fray Hernando de Talavera:

> por ser hija de reyna y madre tan excellente, más quiérolo y ordénolo assy por el gran provecho que a los dichos reynos resulta y se sigue de ser assy unidos con estos de Castilla y de León, que sea un príncipe rey, señor y gobernador de todos ellos...

Cierto que aquello era entonces una declaración de intenciones, sujeta a su propia sucesión y al derecho aragonés, pero en 1480, ante las Cortes castellanas de Toledo, la unión era ya un hecho, y su continuidad un programa político:

Pues, por la gracia de Dios, los nuestros reinos de Castilla e de León e de Aragón son unidos, e tenemos esperanza que, por su piedad, de aquí adelante estarán en unión...

Y lo mismo declaran los monarcas en Aragón, el año 1483:

Ca como quiera sean unidos a Dios gracias todos junctos los reynos de nuestra real Corona de Aragón con estos nuestros reynos de Castilla, e todos debaxo de un señorío...

Desgracias imprevistas y crisis políticas hicieron peligrar más de una vez el proyecto a partir de octubre de 1497, cuando falleció Juan, el príncipe heredero, sin sucesión. Pero, antes, uno de los motivos que consolidó la unión fue la armonía y concordia de Isabel y Fernando, clave del éxito de su reinado conjunto. No obstante, hay que conocer también los términos concretos en que se producía el ejercicio del poder y lo que cada cónyuge obtenía o cedía, en términos políticos.

Pocos meses antes de la celebración del matrimonio, las Capitulaciones de Cervera (7 de marzo de 1469), otorgadas por Fernando, habían asegurado ya un proyecto de gobierno conjunto, respetando la titularidad regia de Isabel. A ellas se atuvo la fórmula con que fue proclamada reina en Segovia, el 13 de diciembre de 1474: «Castilla, Castilla, Castilla... por la reina e señora nuestra la reina doña Isabel, e por el... rey don Fernando como su legítimo marido». Pero, inmediatamente, fue preciso concretar numerosos aspectos en la llamada Concordia de Segovia (15 de enero de 1475), que sirvió para desvanecer recelos y, acaso, para atajar alguna idea fernandina de actuar como único rey efectivo, pues el derecho castellano reconocía la plena capacidad a las mujeres para reinar –no así el aragonés– y, además, Isabel haría ver a su marido lo inconveniente de aquella actitud, si es que existió, puesto que la heredera de ambos era entonces otra mujer, la princesa Isabel.

El equilibrio alcanzado en Segovia fue duradero en muchos aspectos pero dejaba bien claro que la reina *propietaria* era Isabel:

> La intitulación –resume J. Vicens Vives– sería común a los dos reyes en las cartas patentes, pregones, monedas y sellos. El nombre del rey precedería al de la reina, pero las armas de Castilla y León a las de Sicilia y Aragón.

Ambos cónyuges ejercerían justicia juntos o por separado, cada cual en la *provincia* donde estuviera, pero los casos generales o de otras partes serían vistos por aquel que estuviera asistido por «el Consejo formado» –se refiere al Consejo Real–. Con las rentas de Castilla, como con las de Aragón o Sicilia, se atendería primero a los gastos propios de cada reino, y del sobrante dispondrían los cónyuges de común acuerdo, además de hacerse libramientos en Castilla para su disposición por Fernando. Los nombramientos de cargos y oficios, así como las mercedes, corresponderían a la reina, y la suplicación al papa de nombramientos de dignidades eclesiásticas y maestrazgos de órdenes militares, a ambos conjuntamente, pero «a voluntad suya, de ella». A pesar de las apariencias, Fernando adquiriría todas las prerrogativas de rey efectivo, pues podía recibir procuración general de su mujer para ejercer los mismos poderes que ella, y en efecto, la primera fue expedida el 28 de abril de 1475, con carácter indefinido, de modo que, respetándose los usos de gobierno castellanos, la diarquía era una realidad, y la práctica del reinado conjunto la perfeccionó paulatinamente; además, Fernando, desde el primer momento, se hizo cargo de la dirección de todas las operaciones militares, con lo que adquiría una imagen caballeresca de paladín de su dama, tan cara a la mentalidad del tiempo.

¿Hubo también esta igualdad en la Corona de Aragón, a la que accedieron los cónyuges en enero de 1480? A menudo se recuerda el documento fernandino de 14 de abril de 1481, en que nombra a Isabel

> conregentem, gubernatricem, administratricem generalis et alteram nos in regnis nostris... coronas regni Aragonum, nobis presentibus vel absentibus ab eisdem et in nostris presentia vel absentia,

o la designación de Isabel en 1488 como lugarteniente general, pero en ambos casos se trata de delegaciones circunstanciales de poder regio, no muy diferentes a las que habían tenido anteriores lugartenientes generales –por ejemplo, pocos decenios antes, la reina María de Castilla, mujer de Alfonso V el Magnánimo–, de modo que no parece haber existido una novedad semejante a la que tenía lugar en Castilla, aunque Isabel ejerciera ciertos poderes regios en los reinos aragoneses.

Pero hay que tener en cuenta la diversa realidad política que había en Castilla y en la Corona de Aragón. Fernando, ya lo hemos indicado, recibía unas capacidades de gobierno y de acción muy superiores comparativamente, habida cuenta de la magnitud mucho mayor de los recursos castellanos y de la libertad de actuación que tenían en Castilla los reyes, de la que carecían en Aragón, puesto que cada parte conservó sus principios e instituciones de gobierno específicas, de modo que el rey ganaba mucho más y era «el único miembro del matrimonio auténticamente omnipresente en el gobierno de la monarquía» (E. Salvador).

Realizaba, en resumen, el viejo sueño de los Trastámara aragoneses, iniciado con Fernando I, de evitar peligros procedentes de Castilla y sustentar su política sobre la vasta plataforma castellana, como rey a la vez efectivo y consorte, aunque desarrollando también líneas de acción nacidas de sus intereses catalano-aragoneses, en total cooperación con su prima y mujer Isabel, una de las figuras políticas más lúcidas y eficaces que ha conocido la historia española. Ya su mismo padre, Juan II de Aragón, le situaba en aquel plano de predominio a la vez familiar y político, al reconocerle, por su rango regio en Castilla y de heredero en Aragón, como auténtico *pariente mayor* del linaje Trastámara, llamado a dirigirlo y, con él, a todos sus reinos y dominios, en 1476:

> Vos, fijo, que sois señor principal de la Casa de Castilla, donde yo vengo, sois aquel a quien todos los que venimos de aquella casa somos obligados de acatar e servir como a nuestro señor e pariente mayor, e las honras que yo os debo en este caso, han mayor lugar que la obediencia filial que vos me debéis como a padre...

El gobierno conjunto se plasmó en intitulaciones, signos y emblemas que es preciso conocer, sobre todo porque algunos de ellos permanecerían después. Así sucedió con la enumeración de reinos y señoríos en las cartas reales, pues los Reyes Católicos, y sus sucesores de la Casa de Austria, prefirieron este procedimiento a la denominación más simple de reyes de España, con la que eran conocidos frecuentemente en otros países, bien sea porque no lo eran de todos los reinos peninsulares, bien para mostrar que su monarquía tenía dominios y componentes más variados. Antes de la conquista de Granada la intitulación era:

> Don Fernando e Doña Ysabel, por la gracia de Dios, Rey e Reyna de Castilla, de León, de Aragón, de Sicilia, de Toledo, de Valencia, de Galicia, de Mallorca, de Sevilla, de Cerdeña, de Córdoba, de Córcega, de Murcia, de Jaén, de los Algarbes, de Algeciras e de Gibraltar e de Guipúzcoa, conde e condesa de Barcelona, e señores de Vizcaya e de Molina, duques de Atenas e de Neopatria, condes de Rosellón e de Cerdanya, marqueses de Oristán e de Gociano.

La efectividad política y la fuerza de cada título eran diversas. A veces –Atenas, Neopatria– eran ya honoríficos o de pretensión. Otras –Rosellón y Cerdaña hasta 1493– servían para sustentar un derecho que se reclamaba. Los reinos aragoneses lo eran efectivamente, cada uno con su propio cuadro institucional, pero los del ámbito castellano no, puesto que lo tenían conjunto desde mucho tiempo atrás. Por otra parte, en las intitulaciones de documentos de las cancillerías catalano-aragonesas es muy frecuente que aparezca el «nombre de Fernando exclusivamente, y en ninguna oportunidad se expiden a nombre sólo de Isabel». Un desequilibrio semejante se observa en los tipos monetarios, pues en las monedas de Castilla figuran los cónyuges afrontados, con una leyenda en torno de carácter religioso o relativa al reinado («Ferdinandus et Elisabeth Dei Gracia Rex et Regina Castelle Legionis»), o bien, en los reales de plata, el escudo regio, el yugo y las flechas, mientras que en la mayoría de las del ámbito catalán y aragonés figura el busto de

Fernando, aunque puedan tener referencia, a veces, a la totalidad de sus reinos. Pero en los *carlines* acuñados en Nápoles, en 1504, se dio un paso adelante: el busto de Fernando figura en el anverso y el de Isabel en el reverso, con la leyenda «Fernandus et Elisabet Dei gratia reges Hispanie et utriusque Sicilie».

El escudo de armas de los reyes es el origen del actual de la nación, al disponer en sus cuarteles las armas de cada reino. El tipo más conocido está «soportado por el águila de San Juan y timbrado con la Corona abierta... es el cuartelado a la manera castellana: 1,4, contracuartelado de Castilla y León; 2,3, partido de Aragón y Aragón-Sicilia» (F. Menéndez-Pidal de Navascués). El águila nimbada, símbolo de San Juan Evangelista, era la divisa de la reina antes de casarse incluso, y no aparece en los sellos de documentos aragoneses expedidos a nombre sólo de Fernando.

El escudo incluía en su parte inferior otras dos divisas, el yugo y las flechas, con el lema «Tanto Monta» sugerido por Nebrija, al parecer: el yugo, con el nudo gordiano cortado en clara alusión a la primacia de la acción política *(tanto monta,* o da igual, cortar que desatar), es divisa de Fernando y alude a la inicial del nombre de la reina (Y), mientras que el haz de flechas («once flechas atadas por medio», con las puntas hacia abajo) es divisa de Isabel, simboliza la unión de fuerzas y hace referencia a la letra inicial del nombre del rey. Las incorporaciones de nuevos reinos tuvieron, casi siempre, reflejo en el escudo: la granada de oro en campo verde en un «entado en punta» por Granada. Nápoles y Navarra se incorporaron al cuartel número dos, que se cambió «por un partido: 1, Aragón cortado de Navarra. 2, Jerusalén partido de Hungría». Complejo escudo que sugiere a la vez la idea de diversidad y la de un proyecto integrador, pero no uniformador, de varias tradiciones en un solo modo de gobierno y organización del poder regio. Así comenzó el «Estado moderno» o Monarquía de España.

5. Los reyes, sus hijos y su entorno humano

Al escribir esta breve semblanza de los reyes en su personalidad, entorno familiar y humano, no pretendo volver por los caminos antiguos de la exaltación o la mitificación de su figura, pero parece indispensable prestar atención a un aspecto que, además de enriquecer el contenido de esta obra, nos aproxima a realidades importantes, pues hay múltiples y continuos lazos entre la manera de ser y las capacidades y actitudes de los protagonistas políticos y su manera de gobernar, así como una influencia de su entorno privado, más importante en tiempos de gobierno personal como eran los propios de la monarquía entonces.

El mayor obstáculo para tratar estas cuestiones estriba en lo fragmentario y heterogéneo de los testimonios, y en el carácter parcial y cortesano de muchos de ellos, así como en la dificultad para distinguir lo cierto de lo laudatorio y apócrifo, y la parte de la propaganda o la idealización, a medida que los textos corresponden a autores más lejanos a la época de los reyes. También hay que tener en cuenta la tendencia de los cronistas de la época a definirlos con relación a los arquetipos de virtud personal y política del «rey ideal», lo que produce inevitablemente deformaciones y crea zonas oscuras en la descripción. No obstante, es posible conceder un margen de confianza a muchos de aquellos autores sin caer en excesos apologéticos o de credulidad a la hora de valorar su información.

3. Ideas, proyectos y realidades políticas

1. LOS REYES

La reina Isabel fue bien definida en su aspecto físico por el cronista Hernando del Pulgar:

> Era de comunal estatura, bien compuesta en su persona e en la proporción de sus miembros, muy blanca e rubia; los ojos entre verdes e azules, el mirar gracioso e honesto, las facciones del rostro bien puestas, la cara toda muy hermosa y alegre.

Su caracterización moral viene dada por la mesura «en la continencia e movimiento de su persona», por la capacidad de trabajo y firmeza de propósitos:

> Era muy inclinada de fazer justicia, tanto que le era imputado seguir más la vía del rigor que de la piedad y esto fazía para remediar a la gran corrupción de crímenes que falló en el reino cuando sucedió.

«Por su natural inclinación era verdadera e quería mantener su palabra», aunque con los mismos límites y salvedades que indicamos del rey. «Muy cortés en sus hablas», pero, igualmente, «encubría la ira e disimulaba, e por esto, que de ella se conocía, ansí los grandes del reino como todos los otros temían de caer en su indinación». Tuvo, desde luego, carácter enérgico y exigente en la consecución del triunfo como le recordaba su propio marido en 1475:

> Siempre las mujeres, aunque los hombres sean dispuestos, esforzados, hacedores y graciosos, son de mal contentamiento, especialmente vos, señora, que por nacer está quien contentar os pueda.

Y fue celosa en su vida conyugal, aunque no sin causa: «amaba mucho al rey su marido e celábale fuera de toda medida» (Pulgar), de modo que:

> Si sentía que miraba alguna dama o doncella de su casa con señal de amores, con mucha prudencia buscaba medio y maneras con que despedir aquella tal persona de su casa con mucha honra y provecho. (L. Marineo Sículo.)

«Gran amadora de virtudes, deseosa de grandes loores y clara fama» la define el mismo Marineo Sículo, abundando en la observación de Pulgar, que las cuentas de la Casa Real refrendan, sobre ser la reina:

> Mujer ceremoniosa en sus vestidos e arreos y en el servicio de su persona, e quería servirse de homes grandes e nobles e con grande acatamiento e humillación... e comoquiera que por esta condición le era imputado algún vicio, diciendo tener pompa demasiada, pero entendemos que ninguna cerimonia en esta vida se puede fazer por extremo a los Reyes que mucho más no requiera el estado real.

Parte de aquel afán por tener un entorno cortesano lucido, que enalteciera la figura regia al tiempo que complaciera su necesidad de compañía, se manifiesta en haber sido «franca e liberal... en la distribución de los gastos continuos e mercedes de grandes cuantías que fazía» y en el uso de tener en su entorno «muchas damas nobles de linaje, señaladas en virtud, y gran número de doncellas a las cuales trataba con mucha humanidad y hacía muchas mercedes» (L. Marineo Sículo). Añadamos el testimonio del embajador veneciano Marino Sanudo, que la halla en la Corte, ya en 1498, «vestita molto richamente in habito quasi a la francese con molte gioie de non picol valuta».

Sobre sus inquietudes religiosas y culturales, habrá ocasión de apuntar algo más adelante. Cabe añadir, siguiendo de nuevo a Pulgar, que «era muger muy aguda e discreta, lo qual vemos raras veces concurrir en una persona». En efecto, el anecdotario de la reina es copiosísimo, aunque no se puede asegurar que todo sea auténtico, y su lectura, una fuente siempre renovada de reflexiones sobre diversos rasgos de su mentalidad, convicciones y carácter: conciencia y aceptación del orden estamental, desdén hacia lo que no era auténtico con respecto a la función que se admitía como suya, rigor moral, apreciaciones realistas y a veces acerbas sobre ciudades y grupos sociales del reino, que sirven de contrapunto, aunque no las contradicen, a sus actitudes públicas tantas veces manifestadas, como fueron el usar en ocasiones vestidos y joyas según la costumbre local, en el norte, escribir «cartas graciosas» a nobles y caballeros durante las campañas de la guerra de Granada, honrar a sus colaboradores y guardar luto por su fallecimiento, incluso, como sucedió cuando murió el marqués de Cádiz, Rodrigo Ponce de León, en 1492. Un par de dichos bien conocidos sintetizan algunas de sus valoraciones sobre el orden social, y las fuentes de renta o poder:

> Holgárame mucho que Dios me diera tres hijos: que el uno fuera heredero de mis reinos; otro, Arzobispo de Toledo, y el otro, escribano de Medina del Campo.

> Decía... que cuatro cosas holgaba ella de ver: hombre de armas en el campo, obispo vestido de pontifical, dama en estrado... y ladrón en la horca.

En la reina Isabel se produjo una rara mezcla de cualidades humanas y políticas –«muy justa, muy piadosa, muy liberal, muy hermosa», la definiría Gracia Dei en un supuesto diálogo con Julio II–, hasta el extremo de que algunos contemporáneos buscaron ensalzarla atribuyéndola una fortaleza de varón bajo su condición femenina, lo que no cabe suponer que la agradase, pues tenía a ésta en mucho, a pesar de que los tiempos no fueran propicios a ello y tropezara por tal motivo con más de una dificultad en su gobierno. De nuevo apelamos a fray Íñigo de Mendoza como versificador del concepto:

> O alta fama viril
> de dueña maravillosa
> que el estado feminil
> hiso fuerça varonil
> con cabtela virtuosa.

Posiblemente tuvo la reina *in mente* más de un ejemplo femenino de gobierno o, más bien, de actuación política salvadora, si admitimos que la crónica de *La Poncela,* impresa a comienzos del siglo XVI, fue escrita hacia 1470 por Gonzalo Chacón, su preceptor y hombre de confianza o por otra persona próxima a Isabel para mostrarle la imagen mitificada de una Juana de Arco salvadora de su reino en los momentos de máxima ruina y disolución: ¿acaso no cabía esperar de la providencia divina que una princesa heredera llevase a cabo en Castilla algo semejante a lo que la *pucela* había conseguido en Francia?

Sea como fuere, en conclusión, se puede admitir con Castiglione cuando escribe hacia 1525 que su figura política fue excepcional, y capaz de «una tan divina manera de gobernar, que parecía casi bastase solamente su voluntad para que, sin más ruidos, cada uno hiciese lo que debía», tal como se recuerda en uno de los diálogos de *Il Cortegiano*:

> JULIÁN: ¿Qué rey o príncipe... hay que merezca ser comparado a la reina Isabel de España?
> GASPAR: El rey Fernando.
> JULIÁN: No lo negaré, porque la reina lo juzgó digno de ser su marido, y tanto lo amó y respetó que no se puede decir que él no mereció serla comparado. Creo que la reputación que ella recibió de él fue una dote no menor que el reino de Castilla.
> GASPAR: Pienso yo que por muchas de las obras del rey Fernando fue alabada la reina Isabel.
> JULIÁN: Si los pueblos de España, es decir, los señores, los privados, los hombres, las mujeres, los pobres y ricos no se han puesto todos de acuerdo en querer mentir en alabanza de ella, no ha existido en nuestro tiempo en el mundo más claro ejemplo de verdadera bondad, de grandeza de ánimo, de prudencia, de religión, de honestidad, de cortesía, de liberalidad, en suma, de todas las virtudes, que la reina Isabel, y aunque la fama de esta señora en todo lugar y en todas las naciones sea grandísima, esas excelsas virtudes las afirman los que con ella vivieron y vieron por sus mismos ojos las acciones de ella.

Algo semejante afirmaba el embajador veneciano Andrea Navagero en 1526:

> Fue rara y virtuosísima mujer, de la cual en toda España universalmente se habla mucho más que del rey, aunque él también fue prudentísimo y raro en su tiempo.

* * *

Del rey Fernando cabe hacer un retrato semejante, aunque no tan rico en matices. Pulgar lo describe como «home de mediana estatura, bien proporcionado en sus miembros, con las facciones de su rostro bien compuestas, los ojos rientes, los cabellos prietos e llanos, e hombre bien complisionado». Era, según el cronista, de «habla igual, ni presurosa ni mucho espasiosa ... de buen entendimiento, e muy templado en su comer y beber y en los movimientos de su persona», lo que sugiere un control sobre sí mismo muy grande, aunque compatible con momentos de violencia, con otros de especial inexpresividad –«ni la ira ni el placer facían en él alteración»– y también con muchos de mayor franqueza o cordialidad –«tenía la comunicación amigable»–. «Era también piadoso e compadecíase de los miserables que veía en alguna angustia», pero tenía igualmente en alto aprecio su propio criterio, como ya señalaba su maestresala Pedro Vaca, siendo todavía príncipe: «Es tanto fecho a su guisa que le parece ninguna cosa le viene bien ni puede aprovechar sino lo que a él le parece bien o se le antoja».

«La lujuria –escribe Giménez Soler– fue su vicio», y lo explica apelando no tanto a los hijos naturales anteriores al matrimonio, cuanto al testimonio de cronistas y eclesiásticos:

Como quiera que amaba mucho a la reina su mujer, pero dábase a otras mujeres. (Pulgar.)

Nuestro rey, si no se despoja de los apetitos, dará pronto su alma a su creador y su cuerpo a la tierra; está ya en el sesenta y tres años de su vida y no consiente que su mujer se aparte de él, y no le basta con ella, al menos en el deseo. (P. Mártir de Anglería.)

3. Ideas, proyectos y realidades políticas

Más significativa, incluso, fue la consideración moral que le enderezó fray Hernando de Talavera en 1475 sobre diversos aspectos, para que fuese:

> Muy más umill de dentro el coraçon y en el pensamiento, y mucho más autoriçado y más ponposo en todas las obras de fuera, muy más devoto y obediente a nuestro Señor y a la sancta yglesia y a los ministros y cossas della, muy más soliçito en la execuçion de la justicia çivil y criminal, mucho más llegado al consejo, mucho más entero en el amor y acatamiento que a la exçelente y muy digna conpañera es debido, mucho más constante y más çierto y verdadero en toda contrataçion y promesa, mucho más proveído y circunspecto en dar qualquiera palabra y confirmar qualquier carta... más clemente en pugnir los culpados y delincuentes, y más mansueto contra los adversarios christianos, más feroz y más animoso y esforçado contra todos los ynfieles, muy tentado y muy medido en todos los deportes y pasatiempos y muy quito de todos juegos... que desta manera los bienes serán luengos.

Entre sus características de político y gobernante destacan algunas que corresponden sin duda al personaje y no pueden ser entendidas sólo como lugares comunes: diestro en el cabalgar, «gran cazador de aves», aficionado a los juegos propios del caballero (ajedrez, tablas, pelota), «home de buen esfuerzo e gran trabajador en las guerras», características que eran compatibles con la prudencia, paciencia y reserva con que le describe años después Guicciardini («vive con mucho orden»). «No podemos decir que era franco», añade Pulgar, refiriéndose a su escasa proclividad al gasto o a hacer mercedes, en lo que convienen otros autores, pero es que el patrimonio regio aragonés no estaba para prodigalidades, y en el ámbito castellano tenía Fernando capacidades limitadas y necesidades cada vez mayores, a causa de las guerras, como él mismo afirma en una carta del año 1514: «Yo no tengo tesoro porque siempre he tenido guerra». Mártir de Anglería señala cómo «murió en una miserable casa rústica y, contra la opinión de las gentes, pobre. Apenas se encontró dinero ni en su comitiva ni en parte alguna para el funeral ni para el luto de sus servidores», pero la apreciación responde más a las circunstancias concretas del fallecimiento, durante un viaje, que no a una situación efectiva de penuria continuada.

Las virtudes de justicia, religiosidad y otras varias se le reconocen sin regateo, pero en grado menor que a su mujer la reina Isabel, y así lo recuerda Marineo Sículo: «A juicio de muchos la reina era de aspecto más majestuoso, de ingenio más vivo, de alma más grande y de conducta más grave». Una y otro poseían un sentido de la majestad que les llevó a ser muy duros con quienes cometían delito de traición, como se observa en algunas ocasiones singulares del reinado.

La infancia de Fernando, agitada y en medio de guerras, proporciona a diversos autores motivo para explicar como:

> Criado así entre caballeros y hombres de guerra, siendo ya grande y no pudiendo darse a las letras, caresció de ellas. Mas ayudándole las grandes fuerzas de su ingenio y la conversación que tuvo de hombres sabios, así salió prudente y sabio como si fuera enseñado de muy doctos maestros. (L. Marineo Sículo.)

En lo que concuerda Guicciardini: «Es iliterato pero muy urbano». Claro está que ambos se refieren a las letras latinas y a la formación humanística, no a las letras castellanas y a la educación tradicional de corte aristocrático-caballeresco, que Fernando sí tuvo. Sentía además admiración por las bellas artes, sobre todo por las menores, y coleccionó monedas y joyas, a veces de altísimo precio: en 1507, los mercaderes genoveses Tadeo y Agustín Espínola le vendieron un rubí de 433 quilates, llamado «La Roca», con una perla engastada, por 13.500 ducados, aunque también es verdad que el hecho tiene algo de inversión en un bien de valor seguro.

Al rey Fernando se le atribuyó ya en vida la clara concepción de una monarquía unida y renovada, la habilidad para conseguir sus designios políticos y la tenacidad en defender sus resultados. Fue, así, ejemplo predilecto para muchos teorizadores sobre la noción y los fines del Estado, comenzando por Maquiavelo, que escribía en 1513:

> Fernando de Aragón, actual rey de España, puede ser llamado cuasi príncipe nuevo, porque de rey débil que era ha venido a ser, en la fama y en la gloria, el primer rey de los cristianos, y, si consideráis sus acciones, las hallaréis todas grandísimas, y algunas extraordinarias [las describe]... y así siempre ha hecho y tramado cosas grandes, las cuales en todo momento han tenido suspenso y admirado el ánimo de los súbditos que, ocupados en el resultado de ellas, y viendo seguir la una inmediatamente a la otra, nunca se encontraron tranquilos, con tiempo para obrar contra él.

Aunque el rey no tuvo cronistas oficiales en Aragón, dispuso de los años de su regencia para desarrollar una actividad política en solitario que acrecentó su fama anterior, lo que, unido al «antifeminismo político» propio de aquellos siglos, propició la paulatina mitificación de su figura, que culmina durante el siglo XVII en la obra del aragonés Baltasar Gracián, sobre todo en su *El político don Fernando el Católico*.

Fundó Fernando la mayor monarquía hasta hoy en religión, gobierno, valor, estados y riquezas; luego fue el mayor rey hasta hoy...
Pero lo que más le ayudó a Fernando para ser príncipe consumado de felicidad y de valor, fueron las esclarecidas y heroicas prendas de la nunca bastantemente alabada reina doña Isabel, su católica consorte, aquella gran princesa que, siendo mujer, excedió los límites de varón.

Aquella valoración de los cónyuges, en la que Isabel aparecía como «colaboradora y subordinada a Fernando» (Ferrari), aunque ensalzada en sus dotes personales y políticas, permaneció en autores posteriores, pero desde el siglo XVIII creció la de Isabel al par que se oscurecía la de Fernando, por diversos motivos, entre los que cuentan los políticos: no hay que olvidar que la Casa de Borbón llegó al trono español por vía de descendencia femenina, con el apoyo principal castellano, ni que el recuerdo historiográfico de Fernando era en Francia mucho más fuerte y negativo que el de Isabel. La exaltación de la reina comienza con Ferreras (*Historia de España,* 1722), Feijoo y Flórez, y continúa durante la Ilustración, que ve ya en la reina una «heroína... especie española émula de Juana de Arco» y en Fernando al «técnico de la administración y de la política secularizadoras, o también de la milicia» (Ferrari). La biografía de la reina por Diego Clemencín (publicada en 1821) dio un paso más, al excluir del protagonismo político a Fernando.

La historiografía liberal vio en Isabel y en Castilla la raíz de la unidad nacional, de la lucha contra los privilegios «feudales», y añadió ciertas «extrapolaciones historiográficas [al mitificar] el papel de la mujer al frente de la monarquía para avalar históricamente la sucesión de Isabel II frente a las aspiraciones de su tío Carlos» (P. Cirujano), y establecer en ocasiones paralelismos entre Isabel I e Isabel II. Mientras tanto, la figura de Fernando, más bien relegada por los historiadores liberales, sufría con la creación de tópicos generados por la historiografía de la *Renaixença* catalana, que veía en él un introductor del «centralismo», un elemento causante de la decadencia de Cataluña. Ambas posturas de los historiadores de la época romántica –la que podemos denominar liberal-nacionalista y la regionalista– ejercieron una influencia dominante sobre las imágenes colectivas que se han tenido y aún se tienen de los Reyes Católicos, así como la visión del reinado basada exclusivamente en las crónicas, difundida por obra del norteamericano W. Prescott y, en tercer lugar, las valoraciones sobre su política religiosa (judíos, Inquisición, cruzada), siempre apasionadas en pro o en contra y cargadas de anacronismo.

Todavía en los estudios biográficos de cierta solvencia escritos entre 1936 y 1940 se toma como argumento central la exaltación de uno u otro cónyuge (Llanos y Torriglia, y Silió, isabelinos; Giménez Soler y Del Arco, fernandinos), y no he de referirme a nociones más simples, extendidas y vulgarizadas por razones de propaganda política, y por eso mismo rechazadas por otros, con la frecuente creación de nociones contrarias.

Sólo la profunda revisión y renovación de los estudios sobre aquel reinado y la época, cuyos resultados comienzan a publicarse desde los años cincuenta –con las excepciones de algunas obras anteriores de A. de la Torre, J. Vicens Vives, J. M. Doussinague y A. Ferrari–, han permitido cambiar la sustancia y la forma de nuestros conocimientos, pero pasará tiempo todavía antes de que tales transformaciones afecten a la conciencia histórica común de los españoles, les permitan aproximarse mejor a la realidad de entonces, tal como hoy la presenta nuestro trabajo, y superar los obstáculos que ha alzado una labor especialmente compleja y prolongada de mitificación que puede continuar, no hay que olvidarlo; pero su existencia misma y su fuerza son, por otra parte, la mejor demostración de la importancia singular que siempre se ha atribuido a aquellos monarcas.

2. El entorno cortesano

Regresemos de nuevo a su tiempo, a su entorno familiar y cortesano. De sus padres y hermanos pudieron recibir Isabel y Fernando influencias muy diversas. Isabel residió desde la muerte de su padre, Juan II, en Arévalo, junto con su madre, Isabel de Portugal, que fallecería en 1496, al parecer con el juicio perdido. De su infancia sabemos muy poco, salvo el importante papel que jugó en su educación, y en la de su hermano Alfonso, Gonzalo Chacón (aprox. 1428-1507), comendador santiaguista de Montiel, antiguo hombre de confianza de don Álvaro de Luna: Chacón sería desde julio de 1468 mayordomo y contador mayor de la Casa de Isabel, ya princesa. Al menos desde los once años residió Isabel en la Corte y, a partir de 1465, cuando comenzó la guerra civil castellana, continuó en ella, por orden de Enrique IV, pero pudo reunirse con su hermano Alfonso en 1467, tras la entrega de Segovia a los seguidores del príncipe-rey. Ambos celebraron, junto con su madre, el cumpleaños de Alfonso y la Navidad de 1467 en Arévalo, «en un ambiente de calor familiar desconocido desde hacía muchos años» (Azcona), ilustrado por los juegos o *momos* escénicos que preparó para el caso Gómez Manrique, pero que no volvería a repetirse, pues la muerte imprevista de Alfonso provocaría la inexcusable entrada de Isabel en la edad adulta y la vida pública a mediados de 1468.

La vida infantil de Fernando, aunque resuelta la incertidumbre sobre la herencia del trono desde 1461, fue todavía más agitada, pero pudo contar con la enseñanza y la compañía de sus padres: Juan II de Aragón, «frío, reservado, calculador», paciente, aficionado a la caza, y su segunda mujer, Juana Enríquez, de carácter enérgico, muy emocional a veces, firme apoyo de su anciano marido durante los años difíciles que comenzaron en torno a 1460: aprendió entonces precozmente el príncipe, en medio de la guerra, de la crisis política catalana y del trauma familiar provocado por el anterior enfrentamiento entre Juan II y su hijo Carlos, el Príncipe de Viana. De aquella época data la formación de su Casa como heredero, y la presencia de sus colaboradores más antiguos: Luis Sánchez, tesorero general desde 1465, y, paulatinamente, sus hermanos, Llorenç Badoç, su médico judeoconverso, desde 1462... Entonces se ejerce también sobre el príncipe la influencia de diversos preceptores catalanes como Francesc Vidal de Noya o el obispo de Gerona, Joan Margarit.

El entorno cortesano inmediato de Isabel y Fernando se consolidó, como es lógico, en la década que comienza en 1468, cuando ella es declarada princesa heredera en Castilla y él alcanza la mayoría de edad en Aragón. Su matrimonio en 1469 no impidió que cada cual tuviera su propia Casa, aunque algunos de sus hombres de confianza, a la vez personal y política, llegaron a ser comunes. Fernando jugaba con la ventaja de disponer de su Casa y Corte aragonesa, además de la que le correspondía en Castilla: de allí procedieron los secretarios Juan de Coloma, Gaspar de Ariño, Bernardo Boyl o Felipe Clemente; los hermanos del tesorero Luis Sánchez (Gabriel, Alfonso y su pariente Francisco), el escribano de ración Luis de Santángel, desde 1481; el maestresala Pedro Vaca, desde 1470, hombre de confianza de Juan II; los Espés, mayordomos de la Casa Real; el futuro bayle general de Valencia, Diego de Torres, entre otros hombres del rey. De entre sus servidores castellanos más continuos cabe señalar a su pariente Enrique Enríquez, mayordomo mayor.

Isabel, por su parte, cuidó mucho la selección de personas que habían de estar en su entorno inmediato, y les otorgó una confianza grande y duradera. Junto a Gonzalo Chacón aparecen, a lo largo de 1469, su sobrino materno, Gutierre de Cárdenas, futuro contador mayor, casado con Teresa Enríquez, prima de Fernando, por ser hija bastarda del almirante Alfonso, hermano de la madre del rey, y el contador mayor de cuentas y secretario regio Alfonso de Quintanilla. Al mismo tiempo o poco después, en 1473, el mayordomo privado de Enrique IV, Andrés Cabrera, alcaide del alcázar de Segovia, casado con una dama de la mayor confianza de Isabel, Beatriz de Bobadilla: ambos serían elevados más adelante al rango de marqueses de Moya y dotados con amplios señoríos. Otras mujeres que gozaron de la confianza inmediata de Isabel fueron la ya mencionada Teresa Enríquez, Clara Alvarnaes –mujer de Gonzalo Chacón y camarera mayor de la reina– y, más adelante, Beatriz Galindo «la Latina», Juana de Mendoza, Mencía de la Torre y algunas más de las que formaron el grupo de damas de la reina.

3. Ideas, proyectos y realidades políticas

De la influencia que algunos eclesiásticos tuvieron sobre los reyes nos ocupamos en otros lugares: Alonso de Burgos, Hernando de Talavera, el cardenal Mendoza, Cisneros, Torquemada, Deza, son personas indispensables para comprender muchos aspectos del gobierno e incluso del comportamiento personal de Isabel. Baste recordar aquí la antigua coplilla de los comienzos del reinado que involucraba a dos de ellos en los manejos del poder, a Alonso de Burgos —«fray Mortero»— y al cardenal Mendoza:

> Cárdenas y el cardenal
> y Chacón y fray Mortero
> traen la Corte al retortero.

Por entonces, en los comienzos de 1478, escribía fray Tomás de Torquemada un memorial decisivo para el establecimiento de la Inquisición, y era ya desde hacía algunos años confesor de la reina y consejero de ella y de su marido el jerónimo fray Hernando de Talavera, una de las personas que más influyó en la política del reinado, al menos hasta 1493: Talavera redactó para Isabel una *tabla* o programa de reparto de su tiempo público y privado, en 1475 seguramente, que muestra hasta qué punto el fraile tenía influencia moral sobre la reina y aun sobre su marido.

Más adelante habrá ocasión de mencionar a otros personajes o añadir nuevas noticias sobre éstos, al tratar del gobierno y los hechos del reinado, pero ahora nos limitaremos a completar un esbozo sobre las Casas reales y la vida cortesana de los monarcas. Conocemos con cierto detalle las partidas de dinero destinadas cada año al mantenimiento de los reyes y de los *oficios* de sus Casas, así como otras con las que los tesoreros reales pagaban a personas y servicios que también estaban integrados en las casas regias. Así, los servicios de despensa, iluminación o *cera,* caballeriza, acemilería, aposentadores, mariscales, maestresalas y reposteros, *físicos* o médicos y cirujanos, boticarios, monteros, correos, cantores y músicos (ministriles, trompetas, chirimías, capilla real), damas de la reina, dueñas, amos y amas, ayos, pajes y mozos, nobles y cortesanos, en fin, que recibían *ayuda de costa* o *mantenimientos* por estar al servicio inmediato de los monarcas.

Los primeros años fueron de austeridad, pues la Casa del rey, con cargo al presupuesto castellano, recibía dos millones de maravedíes en 1480, y la de la reina otros dos, aunque el duque de Villahermosa, hermano bastardo de Fernando, percibía otro tanto, y en 1482, aparece ya una libranza de 1.600.000 para los *oficios* de la infanta Isabel. Pero desde finales de aquella década los gastos aumentaron, incrementados con los de la Casa del príncipe Juan: en líneas generales superaban los 26 millones en 1489, los 35 millones en 1494, y alcanzaron los 39 en torno a fin de siglo, si bien la muerte del príncipe y los matrimonios de las infantas produjeron algún descenso.

Aunque los ingresos de la Hacienda regia castellana se hayan duplicado entre 1480 y 1504, los gastos de las casas reales aumentaron mucho más, lo que se debe tanto a la complejidad creciente de los servicios a que atendían como el aumento del boato en la Corte, del personal –que en la Casa de la reina llegó a superar las mil personas–, de los gastos suntuarios en ropajes, joyas y fiestas, en especial desde que se incrementaron las relaciones exteriores y fue preciso mantener casa y *oficios* para el príncipe Juan y, a veces, las infantas. También gravitaron sobre el presupuesto los numerosos *mantenimientos, ayudas de costa* y limosnas entregados a diversas personas e instituciones con cargo a los dineros de las casas reales. No obstante, la vida cotidiana de los reyes no debió de ser ostentosa, ni su Corte castellana sede de fiestas y lujos como los que se habían presenciado en los reinados de Juan II y Enrique IV, salvo en algún momento, como en la fiesta dada en Barcelona a los embajadores franceses, a finales de 1492, tan criticada por fray Hernando de Talavera que la reina hubo de responderle «que mi voluntad no solamente está cansada en las demasías, mas en todas fiestas, por muy justas que ellas sean», lo que no resultó del todo cierto. Pero no hay comparación entre el nivel de gastos cotidianos en las casas de los Reyes Católicos y el que se desencadenó desde 1508, siendo ya reina consorte Germana de Foix, y, sobre todo, a partir del reinado de Carlos I, al que los procuradores de la Junta de Tordesillas, en 1520, recordaban cómo:

Los Catholicos Reyes don Fernando y doña Ysabel, seyendo tan excelentes y tan poderosos, en su plato y en el plato del príncipe don Johan, que aya gloria, e de las señoras infantas, con gran número y multitud de damas, no se gastar cada día, seyendo muy abastados, como de tales reyes, más de doce a quince mil maravedís. [Carlos I tenía entonces un gasto diario de 150.000.]

La carta de Hernando de Talavera a que antes aludía manifiesta el rigor moral con que el fraile confesor consideraba la vida cortesana:

No reprehendo las dádivas y mercedes, aunque también aquellas para ser buenas y meritorias deben ser moderadas; no las honras de cenar y hacer collación a vuestra mesa y con vuestras altezas, no la alegría de los exercicios militares, no el gasto de las ropas y nuevas vestiduras, aunque no carezca de culpa lo que en ello ovo demasido. Mas lo que a mi ver ofendió a Dios multiphariam multisque modis, fue las danzas, especialmente de quien no debía danzar, las cuales por maravilla se pueden hacer sin que en ellas intervengan pecados. Y más la licencia de mezclar los caballeros franceses con las damas castellanas en la cena, y que cada uno llevase a la que quisiesse de rienda. ¡O nephas et non fas, O licentia tan illicita, O mezcla y soltura no catholica ni honesta, mas gentílica y dissoluta!...

Una buena manera de aproximarse a las formas y el nivel de vida de la reina es la lectura de los amplios inventarios de vestidos, ropas, telas, vajilla, joyas y otros objetos contenidos en su testamentaría, que corrió a cargo de Juan Velázquez, así como el conocimiento de las cuentas del camarero regio Sancho de Paredes y del tesorero Gonzalo de Baeza. Otras, también de importancia, se refieren a la casa del príncipe Juan, o a los ajuares y dotes de las infantas, pero este relato, a la vez menudo y apasionante por su interés, ha de quedar para otra ocasión. En general, como observa T. de Azcona, se introdujeron en la Corte «rasgos de creciente superación moral y espiritual, de cierto temido ordenancismo en el cumplimiento de lo que hoy llamaríamos obligación profesional, y de una benéfica entrega al cultivo de las letras y de las artes».

3. LOS INFANTES

Las cuentas de palacio indican muchos detalles sobre la vida y educación de los hijos de Isabel y Fernando. Él había tenido antes de su matrimonio un hijo y una hija. El primero, Alfonso, fue arzobispo de Zaragoza a partir de 1478, y eficaz auxiliar político de su padre en Aragón, hasta ocupar la regencia del reino en 1516. Falleció en 1520. Por lo que se sabe, el rey tuvo otras dos hijas naturales posteriormente; ambas ingresaron en el convento de Santa Clara de Madrigal. La primogénita del matrimonio fue la infanta Isabel (1 de octubre de 1470) y el único varón, Juan (30 de junio de 1478). Siguieron Juana (5 de noviembre de 1479) –tan parecida físicamente a la madre de Fernando que Isabel la llamaba a veces «mi suegra»–, María (20 de junio de 1482) y Catalina (16 de diciembre de 1485), la predilecta de su padre.

La educación del príncipe Juan, como heredero, se cuidó muy especialmente, así como su salud, que fue siempre frágil, lo que posiblemente acentuó la gran protección que se le dispensaba: todavía a los quince años le atendía su ama, Juana de la Torre. Fueron sus ayos el madrileño Juan Zapata y, más adelante, Sancho de Castilla –de la estirpe real, como descendiente de Pedro I–, y su maestro de letras el dominico y obispo fray Diego de Deza. Intervinieron también en diversos momentos de su enseñanza fray Alonso de Burgos, obispo de Palencia, Pedro Mártir de Anglería y el obispo de Málaga, Pedro de Toledo. Destacó el príncipe en latín y retórica, fue muy aficionado a la caza y, en especial, a la música y canto, pero se le educó especialmente para el trono, y pronto se ejercitó en el ceremonial político. Así, en 1490 fue armado caballero por su padre el rey en la Vega de Granada, y a su vez armó caballeros «aquel día a fijos de señores», según una tradición propia de la Corte castellana y de otras europeas. La reina le hizo acudir posteriormente, en ocasiones, al Consejo Real:

Porque decía la reyna que para que el príncipe entendiese mejor la presidencia y tal oficio, que él mismo le había de ejercitar primero y aprender a hacer justicia, que es la causa por que Dios pone los reyes y príncipes en la tierra, y que entendido esto podría dar después la presidencia a quien le pareciese.

A medida que fue creciendo, se le rodeó de un grupo de personas que fueran sus compañeros en los estudios y en la vida, cinco de ellos de su edad, y otros cinco mayores, de cuya experiencia pudieran tomar ejemplo. En fin, al llegar a los dieciséis años, en 1496, los reyes le otorgaron el Principado de Asturias, con sus rentas, y le pusieron casa propia en Almazán, donde, al lado de antiguos servidores o de otros puestos por los monarcas, pudieran formarse los que iban a ser sus colaboradores políticos en el futuro.

El Principado estaba formado por Asturias, Cáceres y Trujillo, Salamanca y Toro, Logroño, Alcaraz, Écija, Baeza y Úbeda, Ronda y Loja, plazas repartidas por casi todos los reinos y muchas de ellas con tradición anterior en tal situación, que no suponía merma alguna de su pertenencia al realengo. En Cataluña recibió el señorío sobre Gerona. Almazán, donde residiría desde mediados de 1496, era señorío de Antonio Hurtado de Mendoza, conde de Monteagudo, lo que le situaba en contacto con otra realidad jurisdiccional. Allí le rodeó una corte de oficiales y servidores que conocemos con detalle gracias a los recuerdos de Gonzalo Fernández de Oviedo, escritos muchos años más tarde en su *Libro de la Cámara real del príncipe don Juan e ofiçios de su Casa e serviçio ordinario*. Algunos de ellos continuarían después su carrera política, como el tesorero Juan Velázquez, el ayo Sancho de Castilla, el secretario Gaspar de Gricio –hermano de Beatriz Galindo– o varios miembros de su Consejo, como el comendador fray Nicolás de Ovando.

Pero todos los proyectos y esperanzas de futuro que los reyes tenían depositados en el príncipe Juan se derrumbaron un año después. El príncipe se casó en abril de 1497 con Margarita de Austria y murió el 6 de octubre, víctima de una enfermedad que consumió su salud de forma rápida e irreversible; los cronistas de la época la achacaron a su incontinencia sexual en el matrimonio, lo que puede ser cierto pero no causa necesaria del desenlace fatal y prematuro del «príncipe que murió de amor», como lo denominaba todavía en 1944 su biógrafo más solvente. Su muerte fue el eslabón primero y principal de una cadena de desgracias familiares que ensombrecieron los últimos años de la reina:

> El primero cuchillo de dolor que traspasó el ánima de la reina doña Isabel fue la muerte del príncipe. El segundo fue la muerte de doña Isabel, su primera hija, reina de Portugal. El tercero cuchillo de dolor fue la muerte de don Miguel, su nieto, que ya con él se consolaban. E desde estos tiempos bivió sin plazer la dicha reina doña Isabel, muy nescesaria en Castilla, e se acortó su vida e salut. (Bernáldez.)

Cabe añadir a este cuadro la desgracia y corta duración del primer matrimonio de la infanta Isabel con Alfonso de Portugal, en 1490-1491, y, más todavía, la demencia manifestada en la princesa Juana, heredera del trono desde 1500. De los aspectos y consecuencias políticas de estos y otros hechos familiares hemos de ocuparnos más adelante, pues ahora sólo cumple señalar las tragedias que llegaron a la vida de los reyes.

La educación de las infantas también fue esmerada, ya que estaban llamadas a representar a la nueva Monarquía Hispánica, por vía matrimonial, en otras Cortes principales de Europa. Fray Pascual de Ampudia, luego obispo de Burgos, fue preceptor de la infanta Isabel, y el también dominico Andrés de Miranda, de Juana. En la formación de las dos infantas menores, María y Catalina, intervino también el humanista Alejandro Geraldini a partir de 1493.

> Recibieron –escribe Azcona– la educación que se estilaba en aquel tiempo en las casas reales: educación bajo el signo específico de la sabiduría sagrada procedente de la Biblia y de los textos litúrgicos. Para eso se imponía el aprendizaje del latín, que todos los infantes estudiaron a fondo.

Su nivel cultural y su capacidad para expresarse en esta lengua fueron admirados en los años siguientes, tanto en Flandes, a la llegada de Juana, como en Inglaterra, donde Catalina sería reina; Luis Vives y Erasmo de Rotterdam se hacen eco de ello.

La suerte de las infantas en su vida pública casi nunca fue buena. Isabel casó en noviembre de 1490 con Alfonso, heredero de Juan II de Portugal, y enviudó siete meses después. Volvió a casar, a pesar de que no era su deseo personal, con Manuel I, rey de Portugal, en octubre de 1497, y murió en agosto de 1498 al dar a luz a su hijo Miguel, que fallecería dos años más tarde.

La demencia de su hermana Juana es más conocida, por las consecuencias políticas que trajo consigo desde 1505, cuando accedió al trono; Juana I, reina propietaria de Castilla, sería una sombra trágica y enigmática desde su retiro en Tordesillas hasta que falleció en 1555.

María, la hija tercera, casó en 1500 con Manuel I de Portugal, viudo de su hermana, y consiguió, al menos, una vida conyugal fecunda, pues tuvo diez hijos, pero murió a los treinta y cinco años.

Y Catalina, la menor, «la que más pareció a la madre de todas las hermanas» (Zurita), encontró su destino en Inglaterra, donde casó en 1501 con Arturo, heredero del rey Enrique VII; la muerte prematura de su marido la puso en situación de difícil aislamiento, hasta que casó con el nuevo heredero, Enrique, sin que Fernando el Católico pudiera ayudarla, y bien lo sentiría, pues escribe en una carta de 1508: «De todas mis hijas sois vos la que más entrañablemente amo». Muy lejos estaban padre e hija de imaginar el final dramático de Catalina tras su repudio por Enrique VIII.

Al comenzar el siglo XVI habían pasado ya los años en que la familia real pudo tener una vida afectiva más plena, de la que a veces surgen huellas en la correspondencia de los monarcas con sus colaboradores de confianza. Así, con el bayle general valenciano, Diego de Torres, encargado de aprovisionar la mesa regia con conservas de dulces, membrillo, «marzipanes, citronat, carabasat, melrosada, sucre rosat, cor de junch», dátiles... Por la Navidad de 1494 le escribía el rey: «El ilustrísimo príncipe y las ilustres infantas, nuestras muy caras y muy amadas hijas, se han mucho holgado en las conservas, y vos han echado mil bendiciones». Dos años atrás, para celebrar tanto la Navidad como el restablecimiento del rey después del atentado que sufrió en Barcelona, las autoridades valencianas enviaban 145 cajas de dulces, y el bayle seis muñecas, pintadas por Martín Girbés y con ajuares completos hechos por un sastre, también valenciano, para regalo de las tres infantas, que todavía estaban en edad de jugar.

La Corte de Isabel y Fernando fue más rica y fastuosa en la última parte del reinado, pero ambos gozaron de mayor alegría familiar en la primera, y esto de alguna forma hubo de reflejarse en la vida pública de los monarcas. La de su afecto mutuo privado permanece casi oculta a nuestros ojos aunque pueda traslucirse algo en las cartas autógrafas, tan escasas hoy, a que las frecuentes separaciones daban lugar. He aquí fragmentos de dos del rey, en ambos extremos del reinado, donde alienta un sentimiento común y evidente de aprecio por Isabel:

Mayo de 1475: Mi señora: A lo menos agora bien se pareze quien se adolesce mas dell'otro quanto segun vuestra señoría me escribe y aze saberme como está de alegre, no puedo dormir, tantos son los mensajeros que allá tenemos que sin cartas se vienen no por mengua de papel ni de no saber escrebir, salvo de mengua de amor y de altiva, pues estais en Toledo y nosotros por aldeas. Pues algún día tornaremos en el amor primero, si por no lo yziese vuestra señoría, por no ser omecida me debe escrebir y azerme saber cómo se halla...

Agosto de 1502: Mi señora: Beso mil veces las manos a vuestra señoría por la merced que me yzo con las cartas de viii y de x que me escribió, y en ver que algo estaba mejor, que sin duda estaba con mucha pena... Suplico a vuestra señoría que por azerme muy señalada merced que no se trabaje tanto en estas cosas que se an de proveer, ni se congoxe, cosa que le pueda azer mal por no verlas tan bien proveidas como querría, que con la salud de vuestra señoría, plaziendo a Nuestro Señor, todo abra buen remedio. (A. Prieto Cantero, «Cartas autógrafas de los Reyes Católicos», en V. Rodríguez Valencia, *Isabel la Católica en la opinión de españoles y extranjeros,* Valladolid, 1971.)

4. Los medios de gobierno

> Muy poderosos prínçipes y esclareçidos rey e reyna, señores: este otro día açotaron un moço de espuelas porque hurtó un petral, y lo bien fecho bien pareçe, que quien uno castiga çiento hostiga. Bien sería, a mi ver, que Vuestras Altezas mandasen castigar unos veynte contadores y veedores de las capitanías de la Hermandad, que syn ningund temor han mal llevado quanto han podido della. (Memorial anónimo. Archivo de Simancas. Contaduría del Sueldo, leg. 53, fol. 16.)

El aumento, complejidad y madurez crecientes de una administración pública que actúa en nombre y al servicio del poder real, y el aumento también de los recursos de que dispone, son fenómenos comunes a todas las monarquías occidentales y se desarrollan contemporáneamente en todas ellas durante la Baja Edad Media, pero son peculiares cada una en sus rasgos y manifestaciones concretas. En todos los casos, las novedades bajomedievales fueron de gran importancia y dieron su perfil a la organización político-administrativa de los reinos europeos durante siglos. Su estudio es el campo propio de la clásica «historia institucional», cada vez más próxima en algunos de sus aspectos a una historia social del poder, aunque el análisis detallado de las instituciones en su génesis y evolución temporal sigue siendo su objeto central.

Los principios que inspiraban aquel modelo de administración han sido expuestos claramente por J. M. Pérez-Prendes, y hay que conocerlos para no aplicar anacrónicamente los propios de modelos más recientes: primero, interrelación de poderes, de modo que un mismo órgano institucional puede ejercer funciones que son «de suyo diferentes, como "gobernar" y "juzgar", sin que ello implique confusión en la percepción de la distinta naturaleza jurídica de las funciones». Segundo, «flexibilidad» de las instituciones, que no tienen «estatutos delimitadores de sus abanicos competenciales en forma que pudiesen resultar un obstáculo para la libre y rápida adjudicación de nuevas tareas, o modificación de las antiguas... según la conveniencia política libremente estimada por la Corona», y cierta discrecionalidad en la aplicación de las normas, aunque hubo un esfuerzo muy notable para dotar a cada oficio o institución de ordenanzas para regular claramente sus actividades. Tercero, «doble comunicación entre súbditos y Corona»: ordinaria, a través de las instituciones servidas por los oficiales públicos, y extrordinaria o directa, mediante la presentación de memoriales, cartas, *arbitrios,* o incluso actuando en *servicio regio,* «prescindiendo de las estructuras administrativas», aunque ésta fue una situación insólita y, casi siempre, condenable.

4. Los medios de gobierno

La Corona de Castilla

1. Poder monárquico y «sociedad política»

Los Reyes Católicos apenas establecieron en Castilla nuevas instituciones de gobierno y administración, sino que se limitaron a emplear las que ya existían, o a inspirarse en proyectos nacidos en los dos siglos anteriores, pero supieron utilizarlos de una manera eficaz para sustentar la autoridad regia, renovada tras la crisis sucesoria que siguió a la muerte de Enrique IV, y para disminuir, al mismo tiempo, las limitaciones que pudieran coartarla procedentes de los ámbitos de poder y jurisdicción eclesiástico, nobiliario y ciudadano. La mayor libertad de acción política de que gozaron los monarcas en Castilla les permitió avanzar mucho en la construcción del llamado «Estado moderno», en unas condiciones legales que apenas limitaban –en el plano doctrinal– el absolutismo regio: el aumento de los recursos hacendísticos y militares y su utilización libre son dos muestras muy claras de ello.

Sin embargo, el tiempo de Isabel y Fernando es todavía un periodo de tránsito entre dos épocas: la unión dinástica acababa de nacer, el pasado próximo turbulento de Castilla aún dejaba sentir su peso, y el empleo de recursos castellanos en empresas propias de una política común de la monarquía unida no había hecho más que comenzar hacia 1500. Pero el camino quedaba abierto para utilizar a Castilla como base principal de la política monárquica, porque no tropezaba allí con obstáculos a su libertad de acción, o a la obtención de recursos, como los que existían en la Corona de Aragón.

Los efectos de aquella tendencia, que no nos corresponde estudiar aquí, serían dos en especial: de una parte, cierta castellanización de la monarquía y de la concepción del primer Estado español. De otra, la desviación de anteriores líneas políticas castellanas, subsumidas o desbordadas por otras más ambiciosas, y la identificación de los pobladores de Castilla con proyectos políticos de ámbito hispánico, e incluso más amplios, en medida tal vez mayor que la aplicable en otros reinos españoles, identificación que comportaba, además, mayores gravámenes hacendísticos y militares. Veremos a continuación sobre qué bases normativas e institucionales desarrollaron los Reyes Católicos este peculiar despegue castellano hacia la modernidad política.

2. Derecho y ley, en la base del ejercicio del poder

La monarquía castellana caminaba, según hemos indicado, hacia fórmulas absolutistas en el ejercicio del poder ya desde los tiempos de Alfonso X. La aragonesa, en cambio, había llegado a crear una fórmula pactista peculiar. Aquella diversidad de modelos había sido percibida por los contemporáneos, pero quien expresó mejor la dualidad, en otro ámbito europeo, al comparar los regímenes francés e inglés, fue John Fortescue (m. 1476) en su *De laudibus legum Angliae,* al contraponer la «monarquía absoluta o real» francesa a la «monarquía política» inglesa, y teorizar sobre ambos tipos con argumentos que la realidad histórica contradice pues, según Fortescue, el primero procedería de la conquista, que habría generado el poder absoluto del rey y su plena capacidad legislativa, mientras que el segundo nacería del contrato entre rey y reino, lo que implicaba la participación y el consentimiento de éste en el gobierno y en la elaboración de leyes, pues la monarquía política habría «sido instituida por el pueblo y para ventaja del pueblo»; en realidad, el feudalismo inglés fue más bien fruto de la conquista, y la monarquía absoluta francesa, de los pactos y de una lenta construcción.

La belleza de esta elaboración teórica no puede ocultar la fragilidad de sus argumentos, pero es evidente que se refería a dos situaciones realmente existentes y bastante diversas entre sí. Ambas, sin embargo, fundaban en el derecho y la ley el ejercicio del poder, aunque de manera también algo distinta.

Consideremos ahora la situación castellana como ejemplo del tipo absolutista:

> coincidiendo efectivamente con la concentración del poder y con las primeras y vacilantes formulaciones de su carácter absoluto, surge la conciencia de su limitación, o tal vez mejor, de su inscripción en una medida (Maravall).

Y así lo expresaba en 1395 Enrique III al disponer según una fórmula de insuperable expresividad: «Yo por esta mi carta, así como rey e señor, de mi poderío real ordenado, e aun si menester es absoluto...». ¿A qué se refiere esta *ordenación* que se reconoce como marco ordinario del poder, incluso aludiendo a la posibilidad de su ejercicio absoluto? Sánchez de Arévalo, en su *Suma de la Política,* señalaba como elementos habituales de limitación la existencia respetada de jurisdicciones exentas –eclesiástica, señoriales y municipales hasta cierto nivel– y la necesidad de sujetarse a procedimientos procesales atenidos al derecho escrito y de respetar las penas impuestas. Además, todo el ámbito del derecho privado, basado en la noción de contrato, permanecía fuera del ejercicio del poder regio, que debía limitarse a «garantizar las relaciones contraídas por las partes en esa esfera, al margen del *imperium* gubernativo» (M. Weber). Pero esto implicaba también la posibilidad habitual que los súbditos podían tener de tratar en un plano jurídico de igualdad al poder regio en lo que se refería a numerosas actuaciones administrativas de éste.

Existe, por otra parte, la convicción mil veces repetida de que el rey ha de gestionar, ante todo, el patrimonio inalienable que son la Corona y el reino:

> Al rey le está solamente confiada la administración del reino, pero no el dominio de las cosas, porque los bienes y derechos del reino son públicos y no pueden ser patrimonio particular de nadie (Palacios Rubios, *De donationibus...*).

Y esa administración había de sujetarse a las «leyes del reino» como criterio de ordenación y marco de ejercicio del poder. Aunque «en el ámbito de la monarquía absoluta no representaron un límite objetivo y positivamente exigible, fueron un último fundamento, tan insuperable como imposible de definir, del orden político» (Maravall). Los reyes lo sabían –«lex facit regem», escribía Bracton– y los súbditos también: por eso los reyes, aun proclamándose absolutos, acatan la ley mientras está vigente, y los súbditos basan su genérico derecho de resistencia en la capacidad de réplica a la tiranía, entendida como ruptura grave y continua del derecho divino y natural expresado en las leyes positivas del reino. Y más todavía, su búsqueda de representación corporativa –que eso son las Cortes– y de control del poder regio se refiere más al ámbito de creación de derecho y de su aplicación judicial que no al gubernativo y administrativo cotidianos, aunque también implique a éste.

4. Los medios de gobierno

En Castilla, la monarquía consiguió eludir el control de las Cortes e incluso desdibujar su carácter de institución corporativa, pero tuvo el mayor interés en manifestarse sujeta a derecho, acaso para mostrar que la soberanía absoluta del rey no producía arbitrariedad, sino todo lo contrario. Así se explica mejor la intensa actividad legislativa y compiladora a que se libran Isabel y Fernando. Sabían o intuían al menos que «el Estado hace el derecho, crea su derecho, porque a fin de cuentas lo necesita más que nunca para poder contener en un campo de normas sus propias actividades» (Maravall) y otras áreas de la realidad social que entran a la vez bajo su control y en el «área del derecho». Un derecho positivo, «emanación de la voluntad soberana», que permite una vía de actuación política muy superior a la «vía de hecho» y que, en consecuencia, debe ser compilado y corregido con la mayor precisión posible, al tiempo que se garantiza la equidad y claridad de su aplicación judicial, pues según ya escribió San Agustín, «remota justitia, quid sunt regna nisi magna latrocinia?».

La compilación de las *Ordenanzas Reales de Castilla,* compuesta por Alonso Díaz de Montalvo con textos legales procedentes de las actas de Cortes, *Las Partidas,* el *Ordenamiento de Alcalá* (1348) y diversas pragmáticas de reyes anteriores, era el resultado de un proyecto cuya ejecución habían solicitado las Cortes de 1433, 1458 y 1480, al menos. Conocieron una grande y rápida difusión a través de las ediciones de 1485, 1488, 1495, 1500 y 1513 porque, aunque se presentaban como iniciativa privada, los reyes ordenaron que tuviesen ejemplares todas las poblaciones con más de 200 vecinos, para «determinar todas las cosas de justicia». En 1503, Juan Ramírez, escribano del Consejo Real, imprimió una colección de las pragmáticas promulgadas durante el reinado, que volvió a editarse otras cinco veces entre 1528 y 1550. No obstante, *Ordenanzas y Pragmáticas* eran aún compilaciones muy imperfectas, y la reina, en su codicilo, se refiere a un proyecto de compilación oficial más ambicioso, «lo cual por mis enfermedades y otras ocupaciones no se ha puesto por obra», mandando su realización de modo que las leyes «las pongan y reduzcan todas en un cuerpo, donde estén más breves y compendiosamente compiladas» y parece que, en efecto, durante la regencia de Fernando V trabajó en aquella tarea el doctor Lorenzo Galíndez de Carvajal, aunque sin concluirla.

El mismo Díaz de Montalvo editó con comentarios *Las Siete Partidas* (Sevilla, 1491) y el *Fuero Real*, en 1500, también glosado. En los *capítulos* sobre actuación de corregidores del año 1500 se ordenaba que dispusieran en las ciudades sede de su actuación de ejemplares de *Las Partidas, Fuero Real* y *Ordenanzas,* a lo que se añadirían al poco tiempo las *Pragmáticas,* y las *Leyes de Toro* promulgadas en las Cortes de 1505, que se referían a diversos aspectos de derecho civil. De aquella manera la acción regia, apoyada en los mejores medios de difusión que permitía la imprenta, homogeneizaba el uso tanto de las leyes contenidas en pragmáticas y ordenamientos como del derecho supletorio, y no cabe olvidar que también se imprimieron otros textos normativos –ordenanzas de Hermandad, privilegios reales, *cuadernos* de arrendamientos de alcabalas, etc.–, de menor categoría a veces pero igualmente necesarios, ni tampoco que los corregidores reales promovían la compilación de derecho y ordenanzas de ámbito local o territorial en las ciudades donde actuaban, de modo que se perfeccionaba la relación y sustento de la acción gubernativa sobre la norma legal, en claro reconocimiento de que «lo jurídico, tanto normativo como institucional, son perspectivas inseparables» (Pérez Prendes), razón también por la que hemos precedido nuestro estudio sobre los órganos de gobierno y administración con estas menciones a su fundamentación normativa.

3. La Corte, centro de gobierno y administración

1. CASA Y CORTE

Al describir la organización de las Casas reales indicamos ya la presencia de cargos que desempeñaban funciones administrativas, pues aunque los ámbitos privado y público del entorno regio estaban bastante bien diferenciados, no era raro que los hombres de confianza de los reyes estuvieran presentes a la vez en ambos, o que, desde cargos de la Casa, ejercieran funciones de gobierno. Muchas *ayudas de costa y mantenimientos* a diversas personas, en especial nobles, implicaban la prestación de ese tipo de servicios. Además, a la Casa Real se vinculaba el grupo de unos 200 *continos* o continuos, destinado a los más diversos servicios de la confianza regia: provenían con frecuencia de familias letradas o de la pequeña y media aristocracia, y no fue raro que miembros del grupo pasaran a ocupar responsabilidades y cargos más elevados, de modo que venían a estar a medio camino entre las antiguas situaciones de colaborador personal del rey, *criado* en su Corte, y las nuevas propias de un auténtico cuerpo de funcionarios.

Los altos cargos de oficiales regios en la Casa y Corte estaban desempeñados por grandes nobles o eclesiásticos, con carácter honorífico, aunque de su titularidad se dedujera el cobro de sustanciosos derechos fijados por arancel y también un grado importante de participación en el poder político. El cargo de condestable y el de camarero mayor estaban vinculados a los Velasco, y el de almirante, a los Enríquez; el de justicia mayor, a los Zúñiga, duques de Béjar, y el de mayordomo mayor, a los Pacheco, marqueses de Villena, pero fueron mayordomos reales Enrique Enríquez y Gonzalo Chacón, que ejercieron sus cargos efectivamente ocupándose de múltiples cuestiones gubernativas y hacendísticas. El de canciller mayor correspondía al arzobispo de Toledo y las cuatro Notarías Mayores (de León, Castilla, Toledo y Andalucía) estaban también en manos de altos nobles. El repostero mayor era, en 1492, Diego Sarmiento, conde de Salinas. De los diversos cargos político-administrativos con funciones efectivas y residentes en la Corte nos iremos ocupando en páginas sucesivas.

Ahora bien, la Corte castellana era itinerante, de modo que concentraba funciones políticas, pero no puede decirse que las centralizara en un lugar, sino que se consideraba preferible, dadas la extensión y características de la Corona de Castilla, mantener el antiguo sistema de desplazamientos regios para asegurar una relación mejor entre Corona y súbditos en todo el territorio. No obstante, aunque no eran capitales políticas, Toledo gozaba de ciertas preeminencias como primera ciudad del reino, sede de la antigua monarquía gótica, y Valladolid –donde radicaba la Audiencia Real– era una villa en la que los monarcas residían con cierta frecuencia. La falta de sedentarización era especialmente dañina para algunas funciones, en especial las de archivo de documentos, que solía efectuarse en fortalezas reales, como parte del tesoro de la Corona: el alcázar de Segovia y La Mota de Medina del Campo conservaron así documentos que fueron trasladados ya en tiempos de Carlos I a Simancas y han llegado a nuestros días, pero en Burgos se quemó el archivo real durante las Comunidades, y allí, según escribe Fernández de Oviedo,

> estaban muchos libros y escripturas originales e importantes a la casa e corona de Castilla e a su hacienda e patrimonio real, e tenía cargo de las guardar e con buen salario Alonso Ruiz de la Mota.

Fue el último de los destrozos sufridos por los archivos reales castellanos a lo largo de la baja Edad Media, que causaron su desaparición casi completa.

La condición nómada de la Corte agudizaba el interés y preocupación de los reyes por el buen estado de la red viaria y por el servicio de correos, aspectos ambos indispensables, por otra parte, para atender necesidades del Estado en auge, de modo que el cargo de *correo mayor* en cada reino de la Corona de Aragón, o el presupuesto para correos en Castilla, absorbían partidas de dinero importantes, y la política de construcción o reparación de caminos, aunque muy insuficiente, recibió cierta atención: en 1497 mandaban los reyes a cada concejo que proveyera en su término la traza y cuidado de caminos carreteros. No obstante, las primeras descripciones generales de itinerarios en toda la península son de mediados del siglo XVI (Juan de Villuga, 1547).

Trasladar a la Corte de un lugar a otro, con sus miles de personas y bagaje, producía fuertes dificultades de transporte –de ahí la importancia presupuestaria que tienen también los servicios de acemilería–, avituallamiento y alojamiento a cargo estos últimos de *aposentadores* (había 15 en 1504). El alojamiento, en parte, se veía facilitado porque la Corona disponía de residencias propias en las principales ciudades y en otros lugares: las cuentas de la época señalan la gran importancia que tuvieron obras y restauraciones en los alcázares o palacios de Sevilla, Córdoba, la Alhambra granadina después de 1492, Toledo, Madrid, Segovia y Medina del Campo, así como la construcción o acondicionamiento de residencias regias en conventos: Santo Tomás de Ávila, Santa Clara de Tordesillas, San Juan de los Reyes de Toledo y, en especial, Guadalupe, donde se construyó un palacio u hospedería completo; aquella mezcla entre funciones religiosas y conventuales, de una parte, y políticas y residenciales, de otra, fue el antecedente sobre el que desarrollaría Felipe II el proyecto de El Escorial.

2. Secretarios y Consejo

Los *secretarios* reales tenían a su cargo la expedición de los documentos firmados por los reyes y refrendados por ellos mismos, para lo que disponían del sello secreto o de Corte. Los orígenes del cargo no son claros, pues, en épocas anteriores, se confunden con los de refrendario, relator o escribano de cámara, pero su necesidad es evidente en cualquier régimen de gobierno personal. Sus funciones cancillerescas fueron reguladas de nuevo en unas ordenanzas del año 1476, pero no se refleja en ellas la gran importancia política de este cargo discrecional y de confianza, que es el antecedente remoto de los secretarios de Estado y de Despacho borbónicos, pues, al vivir en el entorno inmediato del monarca, eran a la vez sus consejeros habituales y los encargados de organizar y llevar a la práctica las más diversas iniciativas políticas, de tal manera que algunos de ellos actúan al frente de auténticos equipos de gobierno, como el que rodeó a Fernán Álvarez de Toledo hasta su desplazamiento en 1497, o el que tuvo en torno suyo el secretario Hernando de Zafra durante los años en que organizó la nueva planta administrativa y la repoblación del reino de Granada y coordinó recursos militares y navales para las guerras que se sucedieron entre 1495 y 1505. Otros nombres que conviene recordar aquí son los de Alonso de Ávila, Francisco Ramírez de Madrid, que se ocupó más de asuntos de carácter militar hasta 1501, Gaspar de Gricio, Juan Ruiz de Calcena o, del lado aragonés, como secretarios del rey, el citado Juan de Coloma, Lope de Conchillos, Pedro de Quintana y, en especial, por la confianza que en él depositó el rey durante su regencia, Miguel Pérez de Almazán. Sólo se puede comparar el influjo de los secretarios principales al de algunos otros oficiales de la Corte como tesoreros (Ruy López de Toledo, Martín de Salinas, Alonso de Morales desde 1495), algún camarero o despensero y, junto a Fernando, el de su *escribano de ración,* el valenciano Luis de Santángel (m. 1498).

El despacho personal con el rey convertía a menudo a los secretarios en intermediarios entre monarca y *Consejo Real,* sobre todo cuando tenían gran ascendiente político, como fue el caso de Álvarez de Toledo o, posteriormente, de Conchillos. El Consejo era un órgano colegiado de consulta, gobierno y justicia que había llegado a su madurez mucho antes del tiempo de los Reyes Católicos, en especial a partir de las fundamentales ordenanzas de 1385, pero estos monarcas reformaron su composición y funcionamiento y delimitaron sus competencias, convirtiéndolo en la pieza clave de la alta administración castellana. Las disposiciones tomadas sobre él en las Cortes de 1476 y 1480 repetían en muchos aspectos a las ordenanzas de 1459, que fueron sustituidas por otras nuevas en 1489: se acentuó «el carácter predominantemente técnico» (S. de Dios) del Consejo, cuyos miembros ordinarios fueron un prelado-presidente, tres caballeros y ocho o nueve letrados con título universitario, expertos en derecho, aunque se admitía la existencia de consejeros honoríficos «por razón de su título» o dignidad, que podían entrar en Consejo mientras se despachaban asuntos que les concerniesen, pero no intervenir en las decisiones: así se podía dar cabida a individuos de la alta nobleza, con honra para ellos y sin menoscabo del poder regio.

El Consejo Real tenía capacidad plena en la resolución de muchísimos asuntos del gobierno y administración de Castilla, todos los que se libraban «por expediente», y emitía *provisiones reales,* a nombre de los reyes y con el mismo formulario de las *cartas reales,* aunque refrendadas no por un secretario sino por un escribano. Así, el Consejo tenía bajo su mando a los corregidores y pesquisidores, gobernadores y jueces especiales, no sólo en su designación, en la que intervenía, y en las instrucciones para el ejercicio del cargo, sino también en la toma de cuentas o *residencia* con que concluía.

El Consejo conservó también funciones de tribunal superior de justicia del reino, sólo superado por el rey mismo y, a veces, por los virreyes o los gobernadores generales, lo que produjo zonas de indeterminación o de competencia compartida con la Audiencia Real, a la que se atribuyeron mayor número de asuntos en 1485 y, de nuevo, en 1498, aunque no se puso fin por completo a aquella situación: era siempre posible, por ejemplo, la apelación al Consejo en ciertos casos, mediando una fianza de 1.500 doblas. Por el contrario, no intervino en cuestiones relativas a la Hacienda regia, donde la competencia correspondía exclusivamente a los contadores mayores. Es notable señalar que los asuntos de justicia más graves solían despacharse los viernes, con la presidencia del rey o de la reina si era posible –los viernes eran, al comienzo del reinado, día de «audiencias reales públicas»–, lo que indica la larga tradición que tiene en Castilla ese día de la semana como momento para el despacho de asuntos principales.

Además, el Consejo podía ser consultado por el rey en los asuntos que éste despachaba *por cámara,* mediante la emisión de cartas reales, que eran los relativos a gracia, merced y patronato real. La Cámara –futuro Consejo de la Cámara– solía estar integrada por un secretario, varios miembros del Consejo y, a veces, algún otro cargo cortesano.

Lo mismo que la diversidad y complejidad de funciones había provocado especializaciones entre los secretarios reales, dio también lugar a divisiones en el seno del Consejo, que fueron el punto de partida a veces para futuros Consejos especializados, pero que en aquel tiempo eran sólo secciones más o menos estables en el seno del Consejo Real, para asuntos de Hermandad, Inquisición u órdenes militares, por ejemplo. Por otra parte, la separación de los reyes producía que una parte del Consejo fuera con cada uno de ellos, y se dio en ocasiones la circunstancia, que no era nueva, de que durante los viajes regios a Andalucía permaneciera un sector del Consejo al norte del Sistema Central, con sede más frecuente en Valladolid o Burgos, bajo la presidencia de algún alto noble: en los años de la guerra de Granada la ejercieron con frecuencia, como virreyes, el condestable y el almirante.

De aquella forma, sin crearse delegaciones territoriales estables del poder regio, se conseguía el mismo efecto, gracias a la plasticidad de aquella institución, capaz de las funciones más variadas e incluso, en situación de crisis, protagonista de la «gobernación» del reino, como sucedió en 1506-1507 y, de nuevo, en 1516-1517, encabezado por fray Francisco Jiménez de Cisneros: en la primera de ambas ocasiones intentó promover, incluso, una convocatoria de Cortes. Su presencia, estabilidad y tecnificación aseguraban, por lo tanto, que no habría vacíos de poder en el ejercicio del gobierno, incluso en momentos de especial dificultad. Al glosar su evolución bajomedieval, B. González Alonso resalta la importancia del Consejo en la génesis del Estado, que culmina en tiempo de los Reyes Católicos:

> El Consejo fue un islote estatal enclavado en un océano estamental, permanentemente azotado por los embates del poder nobiliario. Así se explican sus altibajos, el laborioso proceso de su consolidación en el cuadro institucional castellano, la sorda pugna por lograr su control y convertirlo en bastión central de la supremacía política... El triunfo del Consejo como órgano técnico es el correlato en los planos administrativo y jurisdiccional de la victoria del Estado frente a las pretensiones políticas de los estamentos, y lo es porque materializa el predominio de la burocracia regia y de la racionalización.

No era el Consejo la única institución colectiva que ejercía en la Corte funciones de justicia en nombre del rey, aunque sí la más elevada. La Audiencia Real también fue, en su origen, una institución cortesana, aunque su sedentarización en Valladolid la hiciera permanecer alejada y al margen de una Corte que seguía sin capitalidad fija. Al estar depositados en ella los sellos mayores de la Corona, se la denominaba habitualmente *Real Chancillería*. La institución estaba ya plenamente formalizada en 1371, y según las ordenanzas de 24 de marzo de 1489, contaba con un presidente, una sala de lo criminal con tres alcaldes, cuatro salas de lo civil con 16 oidores, una sala de hijosdalgo con dos alcaldes, para litigios tocantes a la nobleza, y una sala de Vizcaya cuyo juez mayor atendía en alzada los litigios procedentes de este señorío de la Corona. En 1494 se creó una segunda Audiencia en Ciudad Real, que pasó a residir en Granada desde 1505, con objeto de atender los casos ocurridos al sur del río Tajo, pero lo cierto es que, al menos en los años inmediatos, el límite no siempre se respetó y la de Valladolid atendió a más de los que teóricamente le corresponderían. El mayor defecto era siempre la lentitud del procedimiento, que prolongaba los pleitos uno dos o más años frecuentemente, aunque es cierto que la Audiencia funcionó mejor que otros tribunales.

A ella llegaban, sobre todo, litigios en grado de apelación, pero podía ver también otros en primera instancia, en especial los llamados *casos de Corte,* fijados desde 1274. Distinta era la misión de los tres o cuatro *alcaldes de Corte,* que entendían en los litigios ocurridos en la propia Corte o en su *rastro,* con el auxilio de unos 15 alguaciles, abogados y un procurador de pobres pagado por la Corona.

4. Los cargos territoriales

Las demarcaciones territoriales donde había cargos unipersonales que ejercían poderes por delegación de la Corona eran variadas y heterogéneas, e importa distinguir aquellas que son mero nombre y herencia del pasado de las que tienen funciones efectivas. A decir verdad, las más importantes eran los corregimientos, que abarcaban una o varias ciudades y sus territorios o, en ocasiones, ámbitos territoriales sin un centro urbano dominante, como sucedía en Vizcaya o Guipúzcoa y Álava, pero de ellos nos ocuparemos más adelante. Cargos equiparables en más de un aspecto al de corregidor son algunos esporádicos: *jueces de residencia* y *alcaldes del rey* enviados a diversos territorios y más aún los gobernadores, que comienzan a aparecer en los últimos años de Enrique IV con carácter excepcional. Isabel I los nombró en diversos momentos para Ciudad Rodrigo y el marquesado de Villena, y hubo gobernadores fijos en Gran Canaria y en Galicia, con funciones administrativas, judiciales y militares en algunos casos. La gobernación de Galicia fue encomendada en 1480 a Fernando de Acuña, y en 1484 a Diego López de Haro; la pacificación del país obligó a que el gobernador, también *corregidor mayor* de Galicia, a la par que mandaba las tropas de la Hermandad gallega y efectuaba numerosos actos de gobierno, estableciera su tribunal en La Coruña, germen de la futura Audiencia (llamada a veces *Consejo de Galicia* a comienzos del XVI), con tres oidores.

En el reino de Granada prefirieron los Reyes separar las funciones civiles y judiciales, en manos de los corregidores y, desde 1505, de la Audiencia Real, de las militares, que se encomendaron a un capitán general, con residencia en la Alhambra. El título no había sido frecuente hasta entonces en Castilla: sí que lo era, en cambio, el de adelantado mayor, pero el único que conservaba poderes activos, de carácter militar y judicial era el del reino de Murcia, cargo vinculado al linaje de los Fajardo, cuyo titular, Luisa, casó con un cortesano de confianza regia, Juan Chacón. El Adelantamiento Mayor de Andalucía, en manos de los Enríquez de Ribera, no era ya efectivo en las funciones de mando militar en la frontera con los granadinos, y las atribuciones judiciales del cargo eran ejercidas en la práctica por un tribunal con diversos grados de apelación –son los *Grados* de Sevilla o *Tribunal de la Cuadra*– cuyo funcionamiento era muy similar al de la Audiencia Real. Los Adelantamientos Mayores de León, Galicia y Castilla, vinculados antaño también a familias nobles –los Manrique, por ejemplo–, habían perdido toda vigencia: los reyes designaban directamente jueces de adelantamiento y, teniendo en cuenta además la presencia de corregidores y otros delegados regios, habían recuperado plenamente la función de «hacer justicia» por medio de oficiales de libre designación. Mientras tanto, en el otro extremo de la Corona, en las islas de Tenerife y La Palma, su conquistador Alonso Fernández de Lugo conseguía en 1503 a título vitalicio los cargos de adelantado y gobernador, y los ejercía efectivamente.

El abanico de posibilidades y la heterogeneidad de los cargos territoriales eran bastante amplios. Añadamos, para concluir, la atribución del título de virrey a los nobles –el condestable y el almirante– que presidieron el Consejo Real, al norte del Sistema Central, durante los años de la guerra granadina: el título era también nuevo en Castilla, porque apenas había algún antecedente de tiempos de Enrique IV, pero no llegó a alcanzar fijeza en la organización política del territorio castellano.

5. El papel de los letrados en la administración

Hagamos una breve pausa en nuestra descripción y análisis de las instituciones para preguntarnos sobre el alcance de una realidad señalada en múltiples ocasiones, como era la presencia de numerosos letrados, especialistas en derecho y política, dentro de los engranajes de la administración, que ha sido considerada siempre como rasgo de modernidad, de sustitución de las antiguas formas «feudales» de administración por las nuevas, en manos de una burocracia profesional donde cuenta la valía del individuo, y no su origen, según la frase atribuida a Gómez Manrique: «Dios fizo omes e non fizo linages». Hay, sin duda, mucho de exageración en estas afirmaciones tajantes: los letrados, es cierto, constituían un elemento de apoyo muy importante para la política de la Corona, y sustentaban a la perfección sus tesis sobre la soberanía regia, pero los monarcas eligieron a sus colaboradores entre grupos y situaciones muy diversas, sin limitarse al ámbito de los graduados universitarios.

Más numerosos, por ejemplo, fueron los procedentes de la mediana y pequeña nobleza, de modo que la versión de los hechos dada por Galíndez de Carvajal, contemporáneo de los reyes, es más mesurada y cierta que la de Diego Hurtado de Mendoza que escribía tres cuartos de siglo después, cuando el avance de los letrados en los cargos de la Administración era mucho mayor:

> Tuvieron más atención de poner personas prudentes y de habilidad para servir, aunque fuesen medianas, que no personas grandes y de casas principales. (Galíndez de Carvajal.)

> Pusieron los Reyes Católicos el gobierno de la justicia y cosa pública en manos de letrados, gente media entre los grandes y pequeños, sin ofensa de los unos ni de los otros cuya profesión eran letras legales, comedimiento, secreto, verdad, vida llana y sin corrupción de costumbres; no visitar, no re-

cibir dones, no profesar estrechura de amistades, no vestir ni gastar suntuosamente, blandura y humanidad en su trato, juntarse a horas señaladas para oír causas o para determinarlas y tratar del bien público. (Hurtado de Mendoza.)

Un estudio sobre 1.499 cargos de la época muestra que sólo el 11,7% fueron desempeñados por letrados universitarios; el porcentaje aumenta el 59,3% en cargos judiciales y de práctica legal, pero desciende a 5,2% para cargos militares y gubernativos, y apenas hay letrados entre los oficios de la Casa Real. Sobre los 600-700 corregidores que hubo a lo largo del reinado, no más de un 40% fueron titulados universitarios, mientras que el resto procedía de las filas de los caballeros o los hidalgos.

Algunas carreras administrativas de letrados muestran la importancia creciente y central que podían alcanzar en la justicia y el gobierno del reino. Las más conocidas se refieren a miembros del Consejo Real, como los doctores Maldonado de Talavera, Alcocer, Rodríguez de Lillo, el licenciado de Illescas o Pedro de Oropesa.

Es muy notable, por ejemplo, la de Juan López de Vivero o de Palacios Rubios, nacido en una familia campesina hacia 1450. Después de estudiar leyes en Salamanca y permanecer largos años en el Colegio de San Bartolomé, fue nombrado oidor de la Audiencia de Valladolid en 1491, pasó a la recién creada de Ciudad Real en 1494, para regresar dos años después a Valladolid como catedrático de Cánones de su universidad, donde se doctoró, y volver a su Audiencia en 1497, en calidad de juez mayor de Vizcaya, para lo que previamente había recibido título de hidalguía. Al mismo tiempo que se especializaba en cuestiones sobre provisión de beneficios y real patronato eclesiástico, llegó a ser miembro efectivo del Consejo Real en 1505 y como tal participó en la elaboración de las Leyes de Toro, y en los años siguientes intervino en las disposiciones legislativas que se dieron sobre la brevedad y orden en los pleitos, la fabricación de paños de lana, la Mesta –de cuyo Honrado Concejo fue presidente entre 1510 y 1522–, el trato a los indios, y tomó parte en la fundamentación de decisiones políticas de la máxima importancia, como fue la incorporación de Navarra en 1512. Aún tuvo tiempo de promover la edición de obras de fray Alonso de Madrigal, «el Tostado», de proteger al dominico Francisco de Castillejos, que preparaba en 1515 una nueva historia de España por la que se interesó el mismo rey –una vez más la historiografía jugaba un papel de apoyo político–, e incluso de elaborar una original reflexión sobre la ética del valor militar, tan oportuna en aquel tiempo de conflictos y de promoción del ejército permanente. El libro, dedicado a su hijo y titulado *Tratado del esfuerzo bélico heroico,* se publicó en 1524, el mismo año en que murió el doctor Palacios Rubios sin dejar tras de sí ni riquezas ni herederos políticos, sino sólo el recuerdo de una carrera al servicio de la Corona.

6. Los recursos hacendísticos

Una de las claves principales para comprender la génesis del Estado monárquico de tipo absolutista en Castilla es el conocimiento de cómo evolucionó el sistema fiscal desde el último tercio del siglo XIII, y de qué modo la Corona consiguió una amplia libertad tanto de imposición como de gestión y empleo de los recursos financieros generados, sin que los poderes estamentales, en especial a través de las

Cortes, alcanzaran nunca una capacidad estable de control o intervención, al contrario de lo que había sucedido en la Corona de Aragón, donde el nuevo sistema hacendístico quedó mucho más en manos del reino, a través de Cortes y Diputaciones, que del rey. En tiempo de los Reyes Católicos, todos aquellos eran ya hechos consumados y difícilmente modificables, lo que explica en gran medida que la política de la monarquía se basara sobre los recursos financieros castellanos, más abundantes y, sobre todo, de más libre disposición. Veremos, a continuación, de dónde procedían estos recursos y con qué medios institucionales se contaba para su administración.

Los Reyes Católicos apenas innovaron en el sistema impositivo heredado de sus antecesores, que puede considerarse completo ya a comienzos del siglo XV, pero lo sanearon y aumentaron muchas de sus posibilidades. La base de los ingresos ordinarios estaba formada por gravámenes sobre el comercio, circulación y consumo de bienes: las *alcabalas*, que eran en teoría un 10% sobre las compraventas, se habían generalizado desde 1342 y suponían a fines del siglo XV entre el 70 y el 80% de los ingresos ordinarios, junto con las *tercias*, mientras que las aduanas, organizadas desde Alfonso X a Pedro I con un tipo general del 10%, rendían otro 10-12% (son los *almojarifazgos* en el sur, los *diezmos de la mar* en la costa norte, los *diezmos y aduanas* de las fronteras terrestres). *El servicio y montazgo* que se cobraba a los ganados trashumantes suponía otro 5%, y había sido establecido en parte por Alfonso X y en parte por Alfonso XI. La regalía de *salinas,* vigente en las dos mesetas, aportaba acaso un 3% más. Era habitual también la percepción de las llamadas *tercias reales* (dos novenas partes del diezmo eclesiástico), arrendadas casi siempre junto con las alcabalas. Aquellos ingresos ordinarios pasaron de tener un importe global de en torno a 150 millones de maravedíes en 1480, a 314 millones en 1504, lo que implica tanto notables mejoras en la gestión como el aumento de la presión fiscal, aunque muchas veces no se logró un cobro continuado y efectivo en las tierras sujetas al señorío de la alta nobleza, cuya población alcanzaría a ser acaso la tercera parte de la total de Castilla.

De modo que la percepción de aquellos recursos dependía, por una parte, de la situación y la actividad económica de cada región, en especial la mercantil, y de otra, de la capacidad para el ejercicio del poder regio, y así se observa al repasar la geografía tributaria de la época con referencia a los ingresos ordinarios: los dos tercios procedían de los territorios centrales de la Corona de Castilla, donde se hallaban las grandes plazas mercantiles: de norte a sur, Burgos, Valladolid y Medina del Campo, Segovia, Toledo, con sus villas próximas, Córdoba, Sevilla y el conjunto de la Baja Andalucía. Las zonas cercanas a las fronteras de Portugal, Navarra, Aragón y Valencia, a veces al margen de grandes rutas comerciales –caso portugués–, con mayor cantidad de señoríos en otras, o bien beneficiarias de exenciones fiscales, también tributaban menos tanto en términos relativos como absolutos. La reorganización del poder regio en Galicia tuvo como consecuencia un fuerte aumento en las sumas recaudadas mientras que, por el contrario, permanecieron los motivos históricos y legales que explican la baja tributación de Vizcaya y Guipúzcoa a la Corona.

Pero en tiempo de los Reyes Católicos se potenció también el recurso a diversos ingresos extraordinarios que, aunque a veces eran casi habituales, requerían para su existencia el consentimiento expreso en cada ocasión de las partes afectadas. Me refiero a la percepción de *pechos* directos a través de los *servicios* que las Cortes otorgaban y que se cobraban en parte como *pedidos* y en parte como *monedas:* pero sólo se otorgaron por las de 1476 y, de nuevo, a partir de 1498, porque, entre tanto, fueron sustituidos por las *contribuciones* anuales pagadas por todo el reino a través de la Hermandad, tanto las ordinarias, para pago de tropas y otras actividades de los hermanados, que la Corona controlaba a su servicio, como las extraordinarias, con las que se sufragó parte de la conquista de Granada.

En otro orden de cosas, los reyes obtuvieron también muchos ingresos procedentes del ámbito de la fiscalidad eclesiástica mediante la apelación a procedimientos preexistentes: ya se ha indicado la importancia que tuvieron las *tercias reales*. Además, desde 1482, las circunstancias de la guerra contra el Islam granadino motivaron las autorizaciones pontificias, repetidas en varias ocasiones, para que los monarcas pudieran cobrar un fuerte *subsidio* al clero de todos sus reinos, y la práctica no desapareció después de finalizada aquella guerra, así como tampoco la de predicación de indulgencia de cruzada, que permitió reunir grandes sumas procedentes de las limosnas, sumas administradas en su mayor parte por la Hacienda regia, primero para sufragar gastos de la conquista granadina, y después para otros fines comparables a aquél, hasta cierto punto. No olvidemos, además, que los judíos y musulmanes mudéjares de Castilla, además de pagar su *servicio* y *medio servicio* ordinario –que era el pecho específico de aquellas minorías confesionales– estuvieron obligados desde el comienzo de la guerra granadina al pago de una contribución especial, que recibió el nombre de pecho de *los castellanos de oro,* porque gravaba con una moneda de esta denominación a cada varón mayor de dieciséis años con *hacienda apartada,* o sea, propia.

La obtención por los reyes de la administración de los maestrazgos de las órdenes militares de Santiago, Calatrava y Alcántara les llevó a disponer de las rentas de sus *mesas maestrales,* y muy a menudo de la distribución de las correspondientes a las encomiendas y otros cargos, lo que les permitía favorecer a personas afectas a la política monárquica y evitar que aquellos recursos –casi siempre vinculados a fines de las propias órdenes– pudieran emplearse en un sentido inconveniente para los intereses de la Corona.

También es preferible ver un beneficio político más que económico en la gestión de las confiscaciones derivadas de la acción de la Inquisición o de la expulsión de los judíos: si no añadieron cantidades importantes a la Hacienda real, sí que evitaron gastos que de otro modo habría tenido que sufragar. Por último, el *quinto real* sobre los beneficios conseguidos en el comercio de las Indias empezaba a tener algún valor, ya durante la regencia de Fernando el Católico.

En aquellas condiciones los ingresos extraordinarios pudieron llegar a ser un 60-70% con respecto a los ordinarios, cuando en los reinados anteriores no superaban la cuantía de un 30 a un 50% en el mejor de los casos; la suma total de ingresos creció con rapidez de los 500.000 ducados al año en 1481 a más de un millón desde 1495 y, sin embargo, fue preciso apelar en ocasiones al préstamo de diversas instituciones y personas. Además, a partir de 1490 no siempre se pudo asegurar su devolución a corto plazo, por lo que se procedió a emitir *juros,* versión primitiva de deuda pública que adoptaba la forma documental y jurídica de merced real, aunque en verdad no lo era, y que situaba sobre una renta o ingreso concreto el pago de intereses del capital prestado a la Corona; la mayor parte de los *juros* eran *al quitar,* esto es, la Hacienda regia podía devolver su importe en cualquier momento, aunque también los hubo vitalicios y *de heredad,* y sus intereses solían oscilar entre el 10% de los más antiguos *(diez mil al millar)* y el 7,14% *(catorce mil al millar).* Aunque los Reyes Católicos no utilizaron mucho el procedimiento, abrieron un camino que recorrerían más frecuentemente los monarcas de la Casa de Austria.

No hay que desdeñar, por lo tanto, el peso que tuvo el incremento de la presión fiscal durante el reinado, paralelo al aumento de obligaciones y campos de acción política, diplomática y militar de la Corona, aunque hay pocos testimonios del descontento que pudo producirse. Uno de ellos fueron ciertas coplas, difundidas por Jerez de la Frontera en 1490, cuando mayor era el agobio tributario y militar de la guerra granadina, a las que pertenecen los versos siguientes, cuyo autor fue perseguido por delito de traición:

> Abre, abre las orejas,
> escucha, escucha pastor
> porque no oyes el clamor
> que te daban tus ovejas.
> Sus voces suben al cielo
> quexando con desconsuelo
> que las trasquilas a engaño
> tantas veces en el año
> que ya no les cubre el pelo.
> ... ...
> Si dices que fue tu empresa
> por servicio de tu grey
> y por ensalzar tu ley
> y crecer más tu dehesa,

y que lo que has trasquilado
ha sido bien empleado
pues allanaste las sierras,
¿para qué quieres las tierras
pues que matas al ganado?

Tan importante como la cifra absoluta de ingresos fue la capacidad para disponer de ellos, cosa que no siempre era posible, porque una parte estaba *situada* en mercedes, juros y otros gastos fijos contraídos permanentemente. En 1480 se procedió a una fuerte reducción del *situado* –son las *declaratorias* de juros y otras mercedes dispuestas ante las Cortes de Toledo– que permitió liberar más de 35 millones de maravedíes, pero en los años siguientes volvió a aumentar el *situado* hasta suponer entre un 30-35% del total de los ingresos, a pesar del fuerte incremento de éstos. En general, no más del 60% de los ingresos ordinarios se gastaban mediante *libranzas* u órdenes de pago emitidas cada año, que se referían habitualmente a los gastos de las Casas y Cámara reales –fijados en un 10% del total de ingresos ordinarios–, a las cantidades entregadas a los diversos tesoreros reales, a los mantenimientos y ayudas de costa, y a las partidas para el sostenimiento de la administración civil y militar (raciones, quitaciones, sueldos, tierras y acostamientos, tenencias), amén de diversas limosnas, obras públicas o pago de deudas especiales.

Los ingresos extraordinarios, por su parte, eran objeto de una administración especial –desde 1495 fue *tesorero de lo extraordinario* Alonso de Morales, al que emplearon los reyes después de comprobar lo bien y fielmente que había servido al cardenal Mendoza–, que afectaba sobre todo a las empresas militares y diplomáticas, resultado de una política monárquica que comenzaba a ser demasiado ambiciosa, a veces, en relación con los recursos hacendísticos, lo que hacía más importante aún no enajenarlos ni gravarlos con mercedes o deudas consolidadas, como bien recordaba Cisneros a Carlos I, al recomendarle que «cuando quisiera hacer mercedes las hiciera de dineros, de oficios, de virreinatos y de obispados, pero no de posesiones y rentas reales, por ser en perjuicio de su patrimonio». La gestión mejoró notablemente durante el reinado mediante la aplicación o la renovación de normas procedentes de épocas anteriores y el funcionamiento más adecuado de las instituciones.

Los Reyes Católicos sanearon así un sistema de Hacienda que sirvió sin muchos cambios a los monarcas de la Casa de Austria. El control de los ingresos y gastos, la intervención y la toma de cuentas corrían a cargo de las dos Contadurías Mayores, de Hacienda y de Cuentas. Los contadores mayores de Hacienda fueron hombres de la máxima confianza de la reina; no en vano lo denominaba Fernández de Oviedo «cuarto oficio» del reino, tras los de rey, príncipe heredero y arzobispo de Toledo «primado de las Españas», pues «los contadores mayores mandan e gobiernan las rentas reales de la Casa Real de Castilla». Ejercieron el cargo Gonzalo Chacón y su hijo Juan Chacón –adelantado mayor del reino de Murcia–, Gutierre de Cárdenas y Rodrigo de Ulloa hasta que, a la muerte de éste, el número volvió a reducirse a dos, como era habitual. Antonio de Fonseca ejerció también el cargo en 1504, a la muerte de Cárdenas. Sus ingresos eran también los más elevados de la Corte, con mucho: mientras que los secretarios reales percibían 60.000 maravedíes, salvo Hernando de Zafra, que alcanzaba los 100.000, y Fernán Álvarez de Toledo, con 200.000, y la *quitación* de un miembro del Consejo Real era en 1492 de 100.000 maravedíes, por lo que la libranza para el Consejo en su conjunto no superaba los 2.369.000, la efectuada a los contadores, sus lugartenientes y oficiales era algo mayor, y la *quitación* de cada uno de ellos oscilaba entre 400.000 y 500.000.

La Contaduría Mayor de Hacienda actuaba dividida en contadurías menores que controlaban el régimen de ingresos –*oficios* de rentas, relaciones y extraordinarios– y gastos –*oficios* de sueldo, tierras y tenencias, quitaciones, mercedes–. La Contaduría Mayor de Cuentas tenía funciones de control a posteriori de las cuentas de todos los que habían tenido a su cargo la gestión de dineros públicos; en torno a sus dos contadores mayores había otros menores y diverso personal cuyo modo de actuar permaneció estable durante siglos: a destacar la figura del contador mayor Alfonso de Quintanilla, uno de los grandes hacendistas del reinado, que ya antes había sido contador del príncipe Alfonso. Diversas *Ordenanzas* de 1476, 1478 y 1488 regularon de nuevo el funcionamiento de las Contadurías, que eran el centro de la administración financiera de la Corona.

Las rentas y derechos diversos siguieron cobrándose, en general, mediante arrendamiento a personas y compañías privadas, realizados en subastas que presidían los contadores mayores de Hacienda o sus delegados, y de cuyas incidencias daban fe los *escribanos de rentas*. El dinero debido por los arrendadores a la Corona lo percibían diversos recaudadores y tesoreros, especializados por tipos de ingresos o bien por ámbitos geográficos. Como muchos arrendadores eran de origen judeoconverso y había también algunas decenas de judíos, la expulsión de éstos en 1492 y, desde 1481, las acciones inquisitoriales contra muchos de los primeros debieron de causar dificultades: después de la quiebra de la principal compañía de financieros arrendadores, los reyes comenzaron a sustituir desde 1495 el arrendamiento de las alcabalas por un régimen de *encabezamiento* que implicaba la recaudación directa por las autoridades municipales y la entrega a la Hacienda regia de una cantidad global, previamente pactada. Sin embargo, este régimen no se generalizó hasta bien entrado el reinado de Carlos I, aunque podía favorecer a los grupos dirigentes urbanos.

Sin duda, los abusos, malos hábitos y corruptelas no desaparecerían súbitamente, y parece ser que crecieron de nuevo después de 1504. La actitud de la reina fue de gran firmeza a la hora de defender los derechos de la Corona, pero también a la de averiguar su fundamento o justicia. En 1503 se realizó una importante pesquisa para determinar el origen y naturaleza de las principales rentas, y hubo una notable mejora de las referencias contables sobre ingresos y gastos, aunque ya antes, desde 1478-1480, la masa de documentación hacendística se incrementa muchísimo, alimentada por pesquisas, sumarios y resúmenes, y por la conservación cuidadosa de los testimonios de todas las actuaciones.

Los escrúpulos regios se manifiestan, al cabo, en el testamento y codicilo de Isabel I: por una parte, reclama el derecho imprescriptible de la Corona sobre las alcabalas, tercias y diversos pechos y derechos reales que por costumbre o abuso percibían diversos nobles en sus señoríos, y recomienda el desempeño de los *juros* emitidos en los años anteriores, para evitar que graven permanentemente al patrimonio real, mientras que, por otra parte, se preocupa de ordenar una pesquisa sobre el origen de las alcabalas, su justicia y su carácter temporal o permanente, con objeto de precisar si es legítima la continuación de su cobro y, en tal caso, recomienda que se haga por *encabezamiento*. Dispone, en fin, semejantes precauciones para saber «si se pueden justamente llevar» el servicio y montazgo y los diezmos de la mar en los puertos de la costa cantábrica. Hay que ver en estas postreras órdenes algo más que cuitas de moribundo si, como parece, la reina se preocupó a lo largo de su vida por evitar que el poder de la monarquía se desbordara sobre los súbditos en el aspecto en que tan a menudo ha parecido más agresivo, que es el hacendístico. Pero la voluntad de la reina no tuvo cumplimiento, aunque tampoco sabemos si en 1505 se procedió al arrendamiento de *albaquías* o deudas pendientes con la Hacienda regia, como solía suceder a cada cambio de reinado, lo que no contribuía precisamente a mejorar el recuerdo del que había terminado.

7. Los medios militares y diplomáticos

Se ha considerado a menudo a los reinos y sociedades hispanocristianas de la Edad Media como especialmente organizados para la guerra, pero no hay que olvidar que los procedimientos de defensa del territorio y de las fronteras, de movilización y actuación de fuerzas militares, eran sustancialmente iguales que en el resto de Occidente, aunque sí hay una especial polarización de la actividad bélica frente al islam andalusí y, por lo tanto, una necesidad mayor de unidad en el mando. Durante la Baja Edad Media, la capacidad militar de los reinos españoles evolucionó de distinta manera a partir de una situación institucional heredada que, formalmente, se modificó poco. Los monarcas castellanos, al disponer de mayores recursos económicos, gobernar sobre poblaciones y territorios más amplios y organizados de manera más homogénea, y sufrir el peligro de una frontera islámica viva –la granadina–, tuvieron también mayores posibilidades de mantener un aparato militar más efectivo que sus contemporáneos de otros reinos peninsulares.

Con él realizaron los Reyes Católicos la conquista de Granada y elaboraron diversos proyectos para disponer de una milicia territorial fija, pero, además, la difusión del empleo de armas de fuego y la necesidad de mantener flotas de guerra y tropas profesionales que operasen fuera del territorio castellano, desde 1495, abrieron el camino a la construcción de un ejército permanente al servicio de la Corona y de su acción estatal, que atendía objetivos propios de la nueva política exterior conjunta. Con ello surgió, también, una fuente de gasto gravosísima para la Hacienda real y, por lo tanto, para Castilla, pues hasta entonces los monarcas sólo habían necesitado mantener en tiempo de paz fortalezas –y muchas corrían a cargo de nobles, órdenes militares y municipios–, pagar a un cierto número de vasallos reales y hombres de *acostamiento* para que estuvieran prestos al combate, sostener una reducida guardia o escolta a caballo de varios cientos de personas, y asegurar la eficacia de los procedimientos de convocatoria, formación y mando de las huestes en caso de guerra, obteniendo para sostenerla los correspondientes recursos extraordinarios.

Los medios tradicionales de defensa del territorio y disposición de tropas reales seguían vigentes al comenzar el reinado de Isabel y Fernando en Castilla y posiblemente se incrementaron desde los primeros años. La Corona mantenía unas 70 fortalezas, con un costo que evolucionó entre los 3,2 millones y los 4,9 anuales, a las que se añadieron casi un centenar más tras la conquista de Granada, en el territorio del antiguo emirato (de 7,7 a 4,5 millones, después de sucesivas reducciones). Disponía además de 1.000 *hom-*

bres de armas y otros 1.000 jinetes de *acostamiento* en muchas ciudades y villas, cuyo pago en tiempo de paz suponían otros 10 millones; hacia 1480, se pagaba sueldo fijo a unos 1.200 jinetes que componían las *capitanías* de las Guardas Reales (en torno a 20 millones al año), y se contaba ya además con otros tantos o acaso algo más, unos 1.400, pagados con cargo a la contribución ordinaria de la Hermandad y organizados igualmente en *capitanías*.

La conquista de Granada fue la última ocasión para poner en pie un ejército de tradición medieval. A los reyes, además de aportar sus propias tropas, les correspondió el pago y despliegue de la artillería (llegó a haber más de 200 piezas en las últimas campañas de la guerra) y la iniciativa de movilizar, organizar y poner bajo su mando las aportaciones militares de otros poderes políticos: tropas de nobles, de órdenes militares, huestes concejiles, caballeros e hidalgos que acudían a servir en persona, peones, hombres y medios auxiliares contratados con las *contribuciones extraordinarias* de la Hermandad. Durante la guerra fueron precisas complejas actuaciones de tipo logístico y organizativo; se formó un buen grupo de especialistas en tareas de mando, de encuadramiento de tropas en batallas, capitanías y cuadrillas, de manejo de armas nuevas –cañones, espingardas– o de los costosos medios de apoyo naval. De modo que aquella guerra, cuyo desarrollo se estudia más adelante, sirvió a la vez para remozar los antiguos dispositivos militares de carácter territorial e imaginar un uso más eficaz de ellos o más acorde con los intereses de la política monárquica, y para dar el impulso decisivo a la formación del ejército real permanente, cuyo núcleo existía ya.

Ambos aspectos tuvieron diverso desarrollo después de 1492. En lo que se refiere a las obligaciones militares propias del conjunto de la población, se procuró evitar que el final de la conquista de Granada produjera un desarme masivo, al no haber ya en la península enemigo al que combatir; asi, en julio de 1492 se recordó a los vecinos *cuantiosos* —con más de 50.000 maravedíes de bienes— la obligación que tenían de mantener caballo y armas adecuadas, y en mayo de 1493 se prohibió deshacer las armas que hubiera en el reino.

Pero las disposiciones más importantes datan de septiembre de 1495 y febrero de 1496, durante el primer enfrentamiento bélico con Francia. En la primera se recordaba el tipo de armamento que había de mantener cada vecino, según fuera cuantioso («de la cuantía mayor»), o peón de la cuantía mediana (espingardero o ballestero), o de la menor (lancero), y en la segunda se disponía la creación de una milicia territorial, organizada por la Hermandad, de modo que uno de cada doce vecinos, de entre veinte y cuarenta y cinco años de edad, estuviera armado como peón, a costa de los otros once, y dispuesto siempre para entrar en campaña, a cambio de ciertas exenciones de pechos. Sin embargo, esta medida, que preveía la movilización de 83.000 hombres, no se llevó a la práctica tanto por su dificultad como por los peligros potenciales que para el mismo poder regio podría llegar a suponer aquella primitiva forma de ejército popular.

Por el contrario, se promovió al ejército real de carácter permanente, a pesar de su alto coste, porque podía ser operativo tanto dentro como fuera de Castilla. Unos decenios más tarde, Fernández de Oviedo afirmaba que un buen ejército había de estar compuesto por caballería «a la guisa» o pesada, y ligera o de jinetes, infantería de ordenanza y artillería menuda y gruesa. Todos aquellos puntos habían sido efectivamente atendidos: las *capitanías* de caballería de las Guardas Reales aumentaron su número desde 1502 y comprendían poco después 1.817 «hombres de armas» *a la guisa* y 3.266 jinetes, encuadrados en unas 65 capitanías. En 1495 y, de nuevo, en 1503, aquel cuerpo recibió sus primeras ordenanzas, que por extensión se aplicaron también al resto de las tropas de tierra. La artillería contó con parques en Baza –luego en Málaga– y Medina del Campo, y disponía de un grupo de 146 especialistas hacia 1504: unos años después, en 1515, el *general* de la artillería regia –el título anterior era el de *maestre mayor,* que ya existía en 1475–, Diego de Vera, preconizaría una importante reforma que encontró el apoyo de Cisneros. A comienzos del siglo XVI contaba el ejército real también con un grupo de 152 espingarderos fijos y 2.797 peones, además de algunos especialistas en escaramuzas de frontera (adalides, rastreadores, etc.), pero las reformas de la infantería y de sus modos de combatir, iniciadas en Nápoles por Gonzalo Fernández de Córdoba desde 1502, modificarían la situación en los años siguientes, de modo que a partir de 1504 y, en especial, durante la regencia de Fernando, se organizó la primera infantería *de ordenanza,* que combatía en formación, adoptando el modelo suizo, aunque muy perfeccionado, y combinaba picas y espingardas. Su primer *coronel* fue Gonzalo de Ayora, caído en desgracia posteriormente, y en 1516, durante la regencia de Cisneros, se llegó a pensar en elevar su número a 10.000 infantes, y se dictaron las primeras ordenanzas.

Antes de aquellas innovaciones, que revolucionaron el llamado arte militar, al combinar de forma nueva las fuerzas de infantería, caballería y artillería, el ejército real era ya una fuente de gastos muy notable: poco antes de morir Isabel I costaba 120 millones de maravedíes anuales, lo que suponía el 40% de los ingresos ordinarios totales de la Hacienda en tiempos de paz, y, además, en los de guerra consumía casi todos los ingresos extraordinarios. Pero su eficacia compensaba, y sobre todo la libertad de que disponía la Corona para utilizar aquellas tropas en empresas exteriores, ajenas al ámbito castellano en sus comienzos: en 1504 estaban situadas en el Rosellón 31 capitanías y otras 18 en Nápoles, con la mayoría de los artilleros y peones. Otras 4 radicaban en Navarra, para garantizar el cumplimiento de los tratados con este reino, y sólo 13 en Castilla y Galicia, mientras que en Granada prestaban servicio tropas a caballo de las órdenes militares.

No se pudo consolidar, por el contrario, una flota de guerra permanente porque su coste habría sido elevadísimo, pero se organizaron armadas alquilando *naos* y carabelas de propiedad privada en los puertos del Cantábrico y de Andalucía, galeras y *fustas* catalanas y valencianas y *carracas* genovesas. La marina tuvo funciones complementarias durante la guerra de Granada pero, a su término, los reyes contrataron una escuadra de seis unidades al mando de Íñigo de Artieta –es la llamada *armada de Vizcaya*– con el proyecto de que fuera casi permanente. En la primera guerra de Nápoles, entre 1495 y 1497, intervinieron 3 armadas reales con un total de 58 barcos y 3.600 tripulantes. Para el viaje de la infanta Juana a Flandes, para casarse con el archiduque Felipe de Habsburgo, se movilizó una armada de 22 grandes *naos,* bien artilladas, con 3.500 marineros. En la segunda guerra de Nápoles, entre 1500 y 1504, estuvieron al servicio de los reyes más de 70 barcos con una tripulación de 4.500 hombres, aunque algunas unidades fueran reemplazadas o actuaran en régimen de rotación o sustitución. A los marineros hay que sumar los soldados embarcados habitualmente y muchos cientos de cañones a bordo. Mientras tanto, entre 1495 y 1504, otros muchos barcos hicieron un total de 285 viajes de ida y vuelta entre Andalucía y Cataluña para proveer de trigo y cebada a las tropas estacionadas en el Rosellón. Todo ello corría a cargo de la Hacienda real castellana: los reyes no tenían medios para sostener una armada permanente pero sí para organizar flotas temporales bajo el mando de los oficiales reales que pusieron en práctica las primeras ordenanzas navales y aseguraron la movilización rápida, armamento, equipamiento y mando de los barcos. La Capitanía General correspondió con frecuencia a personas afectas al rey Fernando: así, por ejemplo, Galcerán de Requesens, conde de Palamós y de Trevento, en 1486 y de nuevo en 1495; Bernat de Vilamarí, capitán de las galeras reales, en 1502. Destacó también la presencia de capitanes vascos y andaluces: entre ellos, Garci López de Arriarán, Juan de Lezcano o Lorenzo de Zafra.

* * *

Si el desarrollo del ejército moderno es un suceso de gran importancia durante el reinado, no lo es menos el establecimiento de una diplomacia permanente de la nueva monarquía unida. Los primeros embajadores fijos se envían a Roma, aunque no por ello cesan embajadas extraordinarias como las del conde de Tendilla en 1486 o la de Diego López de Haro en 1493, sucedida por la gestión ordinaria del toledano Garcilaso de la Vega. En el ámbito inglés destaca la figura del doctor Rodrigo de la Puebla durante doce años, desde 1488, acompañado en 1498 por Sancho de Londoño y sucedido poco después por otro toledano, Gutierre Gómez de Fuensalida, que ya había actuado ante el emperador Maximiliano y que sería sucedido, a su vez, entre 1509 y 1515 por el valenciano Luis Carroz de Vilaragut. Ante los reyes franceses las figuras principales fueron Alonso de Silva, también de Toledo, fray Bernardo Boyl en 1492 y Juan de Albión, ambos catalanes, desde 1492 hasta 1509, en que le sustituyó otro valenciano, Jerónimo de Cabanillas, y, antes, Juan Gralla. Un personaje que acaso merece especial atención es el toledano Francisco de Rojas, embajador en Roma desde 1488 a 1491, en Bretaña en 1492, en Flandes y ante Maximiliano en 1495, cuando se llevaron a cabo las bodas de príncipes e infantas borgoñones y castellanos; allí le sucedió otro gran embajador, Juan Rodríguez de Fonseca, mientras que él regresaba de nuevo a Roma durante la conflictiva etapa que transcurre desde 1501 hasta 1507, año en que le sucedió Jerónimo de Vich, también de Valencia. Rojas fue un prototipo de diplomático de los Reyes Católicos, a lo largo de todo el reinado, y su biografía es hoy la mejor conocida de todas. Otras embajadas se establecen desde el último decenio del siglo XV ante Milán, Venecia y Roma (Lorenzo Suárez de Figueroa), de tal manera que al acabar el siglo la red de embajadores y enviados fijos de Isabel y Fernando cubría todo el Occidente como muestra clara del despliegue de una política exterior basada en el principio moderno de «pluralidad de Estados» que los Reyes Católicos aceptaron como dato fundamental de su política europea. Procedían aquellos hombres de confianza de los diversos reinos, sin especiales preferencias, aunque predominan los valencianos durante la regencia fernandina.

8. Las ciudades y la Corona

1. LOS GOBIERNOS LOCALES

El *realengo* o parte del territorio castellano directamente sujeto a la jurisdicción de la Corona estaba, a su vez, dividido entre numerosas ciudades y villas que disponían de su propia capacidad jurisdiccional y de gestión administrativa, aunque siempre subordinadas a la de la Corona, y la ejercían no sólo sobre cada espacio urbano, sino también sobre territorios rurales de diversa extensión, en los que había aldeas, lugares y castillos –a veces con sus propios municipios rurales de rango jurisdiccional inferior–. Así, aquellas ciudades eran, a decir verdad, poderes de ámbito territorial, dotados de autonomía en numerosos aspectos judiciales, administrativos, de organización militar y hacendísticos.

Para comprender bien la situación a finales del siglo XV sería preciso remontarse al periodo de formación de gobiernos municipales, en los siglos XII y XIII, durante el que ciudades y villas obtuvieron sus *fueros* de la Corona, y a la época de crisis y transformación de las relaciones sociales y del gobierno local que transcurrió entre 1265 y 1340, caracterizada por las pugnas entre caballeros, *hombres buenos* y *común* de los vecinos por el reparto y ejercicio del poder, que desembocaron en su plena conquista por las oligarquías o «patriciados caballerescos», al sustituir Alfonso XI, en los años treinta y cuarenta del siglo XIV, las antiguas asambleas o concejos abiertos de vecinos por cuerpos reducidos de *regidores* que, en un principio, designó la Corona, aunque más adelante se limitó, a menudo, a refrendar la elección que los mismos regidores hacían para cubrir vacantes. Solían ser 13 o 24 en las ciudades principales, aunque su número se acrecentó abusivamente en el siglo XV para dar cabida a más personas, pues lo cierto era que muchos miembros de las aristocracias urbanas permanecían fuera del ejercicio del poder con aquel procedimiento.

Los miembros de aquellos *cabildos* o regimientos gobernaban sobre la base del fuero, de los ordenamientos y privilegios reales posteriores y de las propias ordenanzas que ellos mismos emitían. El regimiento elegía anualmente a los alcaldes, encargados de administrar justicia, aunque en algunas ciudades los alcaldes mayores, de superior importancia, eran de designación real. También designaba el regimiento al alguacil, que organizaba las funciones de defensa y milicia, con la participación de los regidores, que solían tener a su cargo la alcaidía de castillos, puertas de muralla y otras defensas urbanas. Él o los mayordomos también eran cargo de designación por el cabildo, ante el que rendían cuentas: administraban los *propios* y rentas de la ciudad y supervisaban la actuación de otros oficios inferiores de la administración que, en bastantes casos, eran sorteados anualmente entre diversas categorías de vecinos (almotacén, alamines, guardas, etc.). Los *jurados,* por el contrario, no dependían del *regimiento,* sino que habían de ser elegidos por el vecindario de cada collación o parroquia precisamente para representarlo ante él, vigilar su actuación y denunciarla si era preciso, incluso ante el rey.

Pero ocurrió en el siglo XV que la procedencia social de muchos jurados era la misma que la de los regidores, por lo que su independencia política cesaba, al mismo tiempo que muchos puestos de jurado se convertían en vitalicios o se patrimonializaban en el seno de una misma familia. En Sevilla y en alguna otra localidad se había establecido, desde tiempos de Enrique III, una comisión mixta de regidores, jurados y ciudadanos, los denominados *Fieles Ejecutores,* con amplias atribuciones de inspección, que tampoco fue eficaz para combatir los abusos inherentes al sistema.

Podían proceder éstos del monopolio que los patriciados urbanos ejercían sobre el gobierno de las ciudades, y más todavía del hecho de estar divididos, en el seno de cada ciudad, en *bandos* o *parcialidades* que agrupaban a los diversos linajes de la aristocracia ciudadana y causaban numerosos desórdenes, aunque manteniendo en su seno el control y el reparto de las regidurías y demás oficios principales. Además, el auge de la alta nobleza durante la época Trastámara (1369-1474), y sus luchas internas o con los monarcas por controlar el poder en el reino, habían repercutido negativamente tanto en la autonomía de las ciudades como en su normal relación con la Corona, a cuyo *realengo* pertenecían. Padecieron usurpaciones de rentas, tierras y poder, amén de numerosos desórdenes porque las oligarquías urbanas solían estar mediatizadas o al servicio de grandes linajes nobles, mediante procedimientos de clientela tales como el *acostamiento,* o incluso por vínculos familiares. La presión fiscal de la Corona, que no podía imponerse igual en las zonas de señorío, recaía con mayor fuerza en el realengo, e incluso algunas villas y ciudades fueron cedidas a la jurisdicción de altos nobles.

El promonarquismo de muchas ciudades y villas, favorables a Isabel y Fernando durante la guerra de 1475 a 1480, obedecía también a la convicción de que «la potencia e unión de la Corona real» garantizaría la recuperación de sus propios ámbitos de poder. Por su parte, la Corona necesitaba restaurar su autoridad y control sobre las ciudades, que había sido muy imperfecto en los reinados anteriores, como elemento fundamental de una política que procuraba el enaltecimiento de la soberanía regia y la aplicación efectiva de su superior poder. Su triunfo en la guerra de sucesión permitió a los reyes, ante todo, liberar a la vida política de las ciudades de la intervención de la alta aristocracia, al menos en sus aspectos más llamativos, al prohibir los lazos de clientela entre caballeros de las ciudades y grandes nobles con señoríos próximos. No obstante, la alta nobleza, que residía frecuentemente en ciudades, siguió teniendo un fuerte predicamento e influencia, pero, salvo en algunas situaciones excepcionales durante los años que siguieron a la muerte de Isabel I, perdió el protagonismo político en la vida urbana. Por el contrario, las oligarquías locales lo afianzaron, con apoyo de la Corona: muchos cargos de regidor y jurado, nombrados directamente por los reyes, fueron vitalicios e incluso transmisibles a hijos u otros herederos inmediatos, con permiso regio.

En otras ocasiones, los reyes acabaron con los desórdenes de bandos y parcialidades al generalizar el sistema de sorteo de los oficios entre los miembros de cada bando o facción, y el de «rueda», de tal modo que un individuo no pudiera volver a ejercer uno mientras no hubiera rotado por todos los posibles candidatos; procuraron también la paulatina amortización de oficios acrecentados, aunque no siempre tuvieron éxito inmediato. En Trujillo, por ejemplo, dominó el linaje de Altamirano y su jefe, Luis de Chaves, firme partidario de los reyes, de modo que hasta su muerte en 1491 no se introdujo el régimen de sorteo, que daba su parte a los linajes de Bejarano y Añasco. En Salamanca, la concordia de 1493 entre los bandos de San Benito y Santo Tomé tropezó con dificultades en su aplicación. En Vizcaya se aceptó el ordenamiento del corregidor Chinchilla en 1487, y en todo el norte las luchas de *bandos* fueron prohibidas en 1501, pero continuaron existiendo: Bilbao no adoptó el reparto por mitad de los oficios entre dos bandos, y su sorteo en el interior de cada uno de ellos, hasta mediados del siglo XVI.

No obstante, el triunfo de los reyes fue bastante general, y permitió no sólo la pacificación de la vida política urbana, sino también la desaparición de protagonistas demasiado poderosos o capaces de ejercer liderazgos indeseables desde el punto de vista monárquico. Los regímenes municipales se encauzaban así en la tranquilidad e incluso en la rutina.

Restaba, sin embargo, un asunto pendiente de gran importancia, como era la marginación del poder urbano que padecía el *común,* esto es, la inmensa mayoría del vecindario. Confiar en la recta intención del patriciado de «caballeros y hombres principales» era excesivo, aunque su predominio correspondía al orden social establecido en aquella época, de modo que la exhortación de Gómez Manrique al regimiento toledano refleja más sus dotes de poeta moralizador que no el cumplimiento efectivo de sus deseos. Bien lo sabía él, que era corregidor real en la ciudad y había sido antes muchos años asistente real de Burgos, pero, aun así, merece la pena recordar estas quintillas, inscritas todavía hoy en el Ayuntamiento, pues entre líneas dejan ver los abusos más frecuentes:

> Nobles, discretos varones
> que governays a Toledo
> en aquestos escalones:
> desechad las afysiones,
> cobdicias, amor y myedos.
>
> Por los comunes provechos
> dexad los particulares.

4. Los medios de gobierno

Pues vos fiso Dios pilares
de tan riquísimos techos,
estad firmes y derechos.

El *común* existía, y era reconocido dentro de las concepciones estamentales de la sociedad, aunque a modo de sujeto pasivo del poder al que se atribuía, como máximo, la capacidad de denuncia contra los abusos. Pero en su seno había distintos grupos sociales, pues los documentos de la época distinguen claramente entre los «medianos» y los de «pequeña manera».

Entre los primeros, sobre todo, había gentes capaces de alcanzar conciencia política suficiente para reflexionar sobre los orígenes y la condición de la ciudad como *universitas* o, según el lenguaje de la época, *comunidad,* y demandar una participación en el gobierno urbano al lado del cabildo de regidores formado por miembros de las oligarquías y considerado, incluso, como delegación del poder regio en la ciudad, ya que alcaldías y regimientos eran, a menudo, de nombramiento real, y sólo en este sentido puede aceptarse la fundamentación divina de su poder, a que aludía tan complacientemente Gómez Manrique. No ha de verse en estos hechos una resurrección de los enfrentamientos entre *común* y caballeros propios del último tercio del siglo XIII y primero del XIV, cuando aquél llegó a denominarse en Valladolid, por ejemplo, «la voz del pueblo», sino más bien una toma de postura política ante las insuficiencias del gobierno por regimientos y la marginación a que se sometía al conjunto de la población.

Los resultados prácticos habían sido nulos, debido al aplastante predominio aristocrático que se consolidó con los Trastámara, de modo que son escasos los ejemplos de éxitos en el intento de participación: en Vitoria, desde 1423, los *cabildos* de artesanos habían nombrado procuradores ante el regimiento, pero a pesar de que apoyaban al bando de Ayala frente al de Calleja, el triunfo total del primero, desde 1476, parece que puso fin a aquel ensayo. En Burgos se observa el peso político de la *comunidad,* en especial entre 1465 y 1475, pues llega a establecer una forma de gobierno municipal que desbordaba las antiguas costumbres y prácticas del regimiento, pero los reyes las restauraron por completo en 1475 y aquella experiencia produciría, tal vez, motivos para el rechazo del patriciado urbano burgalés a los comuneros en 1520. En Valladolid, «el espíritu colectivo de los habitantes se manifiesta claramente a partir de la segunda mitad del siglo XV» (A Rucquoi), utilizando como vehículo las *cuadrillas* de organización militar del vecindario, y da lugar a movimientos de la comunidad urbana tan importantes como los de 1464 y 1469, contra las pretensiones de Juan de Vivero, partidario del príncipe Alfonso y, luego, de Isabel, aunque es probable que las cuadrillas estuvieran dominadas, como en Segovia o Soria, por miembros de la caballería urbana.

En las ciudades de las *extremaduras* y otras próximas parece que la situación política del común, e incluso la de los vecinos de la tierra frente a la ciudad, estaba institucionalizada desde tiempos más antiguos, aunque en términos de escasa participación: en Zamora, por ejemplo, el común se encuadraba en cuadrillas, con diputados al frente y dos *procuradores del común* dotados de capacidad de representación ante el regimiento, y lo mismo ocurría en Soria, y en otras ciudades de las *extremaduras* u organizadas según su modelo, al menos desde mediados del siglo XIV, pues Alfonso XI estableció aquella figura institucional en 1346, pero su presencia no fue continua en todos los casos y momentos: en Segovia, los *procuradores del común* actuaron desde 1497; en Baeza y Úbeda hubo siempre dos «hombres buenos pecheros» que eran procuradores, pero también es cierto que en otras muchas localidades los reintrodujeron los Reyes Católicos, como medio de dar alguna forma de expresión y control a los vecinos, aunque sólo fuera para garantizar mejor el equilibrio de fuerzas que se pretendía estabilizar tanto en favor de la autoridad monárquica como de los intereses aristocráticos. En bastantes poblaciones, especialmente en Toledo y en las del sur organizadas según su derecho –Sevilla, Córdoba, Murcia–, había jurados, como ya se ha indicado, que a veces formaban asamblea o *cabildo*, para vigilar las actuaciones del regimiento y denunciar abusos o malas iniciativas, pero su falta de representatividad popular, su inmersión en las filas e intereses del patriciado eran tan evidentes, que fue en aquellas ciudades donde la introducción de procuradores o *personeros del común* supuso una novedad mayor y acarreó también resistencias más fuertes, que acabarían triunfando sobre aquella modestísima conquista del común, al anularla o hacer que desapareciera más adelante.

Así, en conclusión, se consolidaban en las ciudades de la Corona de Castilla, en la época de los Reyes Católicos y a partir de circunstancias muy anteriores, las condiciones de un gobierno de sus aristocracias urbanas estable y no compartido, al mismo tiempo que la constitución política general caminaba hacia formas absolutas –al menos en la doctrina– de la monarquía. Pero a ésta le interesaba, tanto o más que aquella estabilidad, su propia capacidad para intervenir en el ámbito de poder urbano, mostrar la supremacía de su autoridad y jurisdicción, y encauzar sus acciones según los fines políticos propios de la Corona; en este terreno es donde tuvieron mayor importancia las iniciativas de los Reyes Católicos.

2. LA INTERVENCIÓN DE LA CORONA. LOS CORREGIDORES

En algunas ocasiones fueron actuaciones específicas y sujetas a las circunstancias de cada momento. Así, las Cortes de Toledo habían decidido en 1480 la necesidad de que se restablecieran muchos derechos comunales al uso y la propiedad de la tierra usurpados en los decenios anteriores, y los reyes enviaron a numerosas ciudades jueces de *términos* que investigaran cada caso y lo fallaran, pero no lo hicieron en general, antes del último decenio del siglo, después de la conquista de Granada, con el fin de no irritar a las autoridades locales, porque la tarea de los jueces era delicada: los causantes de numerosos abusos eran grandes propietarios de tierra y personas de los grupos dominantes. Es más, después de la muerte de la reina y, sobre todo, después de 1515, aquellas pesquisas casi desaparecieron. Fueron, no obstante, útiles y efectivas en muchos casos.

En los aspectos generales, el control de los poderes urbanos se hacía mientras tanto continuo y efectivo a través del Consejo Real, del que dependían los corregidores, y que emitía disposiciones y normas comunes a todas las ciudades. La figura y oficio del corregidor es muy anterior, pues se origina en disposiciones de Alfonso XI y tiene sus primeras manifestaciones prácticas bajo Enrique III (1390-1406), pero su envío a las ciudades durante los reinados de Juan II y Enrique IV había sido desigual y esporádico, incluso bajo la forma más limitada de *asistente real* que aparece a veces desde 1447 en Sevilla, Toledo, Madrid, Murcia o Burgos, debido a la resistencia de los gobiernos locales frente a cualquier limitación de su autonomía, por lo que pidieron que sólo se enviaran a instancia suya, y debido también a las mismas circunstancias de inestabilidad y lucha política en toda Castilla.

De modo que los Reyes Católicos fueron los verdaderos instauradores del corregimiento, de manera sistemática y definitiva. Recientemente se ha trazado un buen perfil de este grupo de servidores de la Corona, a partir de más de 400 ejemplos –de las 600 a 700 personas que ejercerían el cargo entre 1475 y 1515–, y esto nos permite conocer mucho mejor tanto las funciones que desempeñaban como la evolución misma de los corregimientos durante el reinado. Durante el decenio 1475-1484, el envío de corregidores expresaba tanto la voluntad de poder de la Corona como, en las resistencias y protestas, la de las ciudades y villas, que sólo habrían querido admitirlos provisionalmente y a petición propia. Pero la pacificación de *bandos* exigía la medida, lo mismo que otra paralela muy frecuente en el decenio, como fue el otorgamiento de regidurías vitalicias o de permisos para su transmisión y patrimonialización: así, en realidad, los reyes consolidaban el apoyo de una parte notable del patriciado urbano, que podría secundar sus iniciativas desde el corazón mismo del gobierno municipal, que era el cabildo de regidores. La hostilidad se superó, en definitiva, pues se trataba de un descenso de la autonomía contra un aumento de la seguridad de poder y dominio social de los patriciados urbanos, y la veintena de corregimientos que entonces se establecieron, que englobaban a unas 45 jurisdicciones urbanas, permanecerían sin cambios, a pesar de los recelos iniciales.

Entre 1485 y 1494 corre la «época áurea del acuerdo entre corregidores y oligarquía urbana» (Lunenfeld), al mismo tiempo que la institución se generalizaba: 63 corregidores y dos asistentes en 1494, que actuaban en unas 80 localidades y sus territorios. Parece, en fin, que desde 1495 hubo en ocasiones ciertas dificultades, bien por negligencias o rutinas en el ejercicio del cargo, bien por la recuperación de la influencia de miembros de la alta aristocracia en la vida urbana, que acaso ocurrió en los últimos años del reinado, pero la situación estaba consolidada y superó igualmente las crisis de 1506-1507 y 1520-1521.

Las competencias y forma de actuación de los corregidores fueron bien definidas ante las Cortes de 1480 y en los *capítulos* promulgados por la Corona en 1493 y 1500. El corregidor no venía a alterar el régimen institucional de las ciudades, pero sí a evitar abusos y, en especial, a asegurar que funcionase según los intereses políticos regios. Habitualmente, su presencia dejaba en suspenso el ejercicio de sus funciones por los alcaldes mayores y el alguacil, ya que el corregidor mismo las asumía en sus atribuciones judiciales, militares y de orden público. Las reuniones del *regimiento* habían de ser presididas por él, con voto de calidad, y tenía capacidad para promover cualquier tipo de acción gubernativa o administrativa. El cargo era, en principio, anual, aunque podía prorrogarse otro año y en muchos casos se prolongó durante algunos más, pero pocas personas ejercieron más de una vez el cargo en el reinado: en concreto, 35 desempeñaron un segundo corregimiento y sólo 9 más de dos. A su término podía procederse a una *residencia,* mediante la que el Consejo Real comprobaba la rectitud o abusos del corregidor, aunque el juez de residencia contaba sólo con plazo de un mes para realizarla.

4. Los medios de gobierno

A decir verdad, la Corona podía temer que una aplicación excesiva del procedimiento pudiera menoscabar la figura de los residenciados, pero, salvo excepciones, los corregidores «fueron servidores honrados», y los gajes añadidos a su salario pocas veces permitieron su enriquecimiento. Salario que era pagado por la ciudad correspondiente: el más bajo era de 73.000 maravedíes anuales (200 maravedíes diarios), pero en las plazas importantes se duplicaba e incluso triplicaba, como sucedía en Sevilla, que pagaba a su corregidor 420.000; Toledo pasó a finales del reinado de 187.000 a 330.000; Burgos, de 154.000 a 270.500, y otra decena de ciudades pagaba también salarios superiores a 200.000 en aquel momento.

Bajo la inspiración del Consejo Real y de los corregidores se promovió la ordenación de la vida ciudadana en muchos aspectos sobre todo desde el último decenio del siglo XV: las ordenanzas municipales fueron completadas y sistematizadas, e incluso se procedería a la redacción de algunos *fueros* nuevos (Encartaciones en 1503, Vizcaya en 1526). Se generalizó la redacción continua de libros de actas de las sesiones de cabildo, y la mejor conservación de los archivos, que habían de incluir libros de copia de los privilegios y cartas reales, aunque muchas ciudades no lo cumplieron en plazo breve, como tampoco la orden, dada en las Cortes de Toledo, para que se hicieran casas de ayuntamiento allí donde no existiera una sede adecuada para las reuniones del cabildo de regidores, porque, leemos en las actas de las Cortes:

> ennoblescense las cibdades e villas en tener casas grandes e bien fechas en que fagan sus ayuntamientos e concejos, e en que se ayunten las justicias e regidores e oficiales a entender en las cosas conplideras a las repúblicas que han de gobernar.

La política de obras comprendía también la reparación de murallas, que era un gasto grande y continuo, de puentes y caminos, así como el pavimentado de las calles con piedra o ladrillo, que se acometió en muchas ciudades desde comienzos del XVI como medio de asegurar una mejor limpieza. Fueron también, en unas u otras ciudades, años de mejora en los sistemas de traída de aguas, de construcción de otros edificios públicos –alhóndigas, pósitos–, de diversas iniciativas urbanísticas –instalación de relojes, alineación de calles, apertura de plazas– y de reordenación de los *oficios* o corporaciones de artesanos, y de los mercados y ferias.

Aunque las haciendas locales se movían dentro de límites muy estrechos y las ciudades castellanas, al contrario que las catalanas o aragonesas, no emitían *censales* ni otras formas de títulos de deuda, la situación mejoró algo debido a los permisos que la Corona otorgó de manera más habitual para imponer *sisas* sobre la compra de productos básicos –vino, carne, etcétera– o establecer derramas y contribuciones extraordinarias entre el vecindario. Así, Sevilla o Burgos, por ejemplo, pudieron duplicar e incluso triplicar a veces sus ingresos ordinarios, que oscilaban entre 1.341.500 maravedíes y 3.100.000, en el caso sevillano, y 372.000 y 652.000, en el burgalés, tomando cifras del comienzo y del final del reinado. Esto era inevitable, puesto que el pago de los nuevos oficios y servicios públicos, aunque promovidos por la política monárquica, había de atenderse con cargo a las arcas municipales.

9. Hermandades y Cortes

Cortes y Hermandades actúan en tiempo de los Reyes Católicos como órganos de representación y coordinación de las ciudades en su relación política con la monarquía. Una y otra institución prácticamente se alternan en tales funciones, pues sólo hubo Cortes al comienzo del reinado, en 1476 y 1480, y de nuevo a partir de 1498, mientras que la Hermandad de ciudades funcionó, en sus aspectos más efectivos, entre 1476 –1480 en algunos casos- y 1498.

La escasez de convocatoria de Cortes antes de 1498 se debe sobre todo a que los reyes disponían de otros medios de comunicación bien establecidos y más cómodos, además, con los diversos sectores de la «sociedad política» castellana. Conviene recordar que en las Cortes no se reunían ya los tres «estados» por brazos –alto clero, nobleza y ciudades–, sino que eran la reunión de procuradores de 17 ciudades[1], a las que se unió Granada después de su conquista, designados a menudo por los mismos reyes, de modo que el grado de representatividad que tenían no era grande. Por otra parte, la monarquía podía gobernar sin su concurso, no tenía obligación legal de someterles ni los proyectos o consecuencias de su gobierno ni tampoco la legislación que elaboraba y, además, durante buena parte del reinado pudo obtener por otros medios los recursos financieros extraordinarios que antaño procedían de los *servicios* de Cortes.

Pero no hay que desdeñar la enorme importancia política que tuvieron las de Madrigal, en 1476, y Toledo, en 1480, como foros en los que se definieron grandes líneas de actuación y se consolidó la posición de Isabel y Fernando como reyes de Castilla. Las de 1476, en plena guerra de sucesión, después de la victoria de Toro, concedieron un servicio ele-

---

1. Burgos, Valladolid, Ávila, Segovia, Soria, León, Zamora, Toro, Salamanca, Toledo, Madrid, Guadalajara, Cuenca, Jaén, Córdoba, Sevilla y Murcia.

vadísimo, de 162 millones de maravedíes, además de proyectar la reforma de las Contadurías y la reducción de mercedes situadas sobre la Hacienda real, y de tocar otros puntos relativos a la administración de justicia y a las relaciones con la jurisdicción eclesiástica. Su principal acto político fue la jura como heredera del trono de la princesa Isabel. No pudieron tener, sin embargo, la trascendencia que se atribuyó, ya en la época, a las Cortes de Toledo de 1480, ocasión para delinear un gran «proceso de reajuste interno» (Suárez Fernández) tras el final de la guerra sucesoria, además de jurar solemnemente por heredero al príncipe Juan. Para entonces ya existía la Hermandad, que facilitaba un «cauce fiscal sustitutorio del servicio de Cortes» (Carretero), lo que permitió seguramente a los reyes actuar con más libertad en la orientación de quienes debían ser procuradores, siempre «miembros destacados de las oligarquías urbanas... oficios y cargos de la máxima confianza de los monarcas», entre ellos siete corregidores o asistentes. Uno de éstos, Gómez Manrique, actuaría como «presidente de los procuradores», a los que los reyes pagaron salarios por valor global de 3.815.000 maravedíes, además de agradecer su cooperación con un permiso extraordinario para que transmitieran sus oficios concejiles a sus hijos o parientes próximos.

En aquellas condiciones, las Cortes de 1480 fueron un momento de apoteosis del poder regio y ante ellas se elaboró un programa de acciones de gobierno cuyo desarrollo ocupó muchos años, pero no fue preciso volver a construir tan magno escenario en dos decenios. Las Cortes dieron fe de la voluntad regia de reformar el Consejo Real, generalizar el régimen de corregidores, estabilizar el valor de la moneda y sanear la Hacienda. Ante ellas se expuso también la aspiración de la monarquía a que los beneficios eclesiásticos no se proveyeran en absentistas, y se reguló con efectividad el apartamiento en barrios o calles propios de judíos y mudéjares. Son otros tantos aspectos del reinado que ya hemos estudiado o que mencionaremos más adelante.

* * *

Mientras tanto, desde 1476 se había procedido a establecer de nuevo la Hermandad de ciudades castellanas, respondiendo a tradiciones de los dos siglos anteriores que habían culminado de nuevo en la Hermandad general de los años 1467 y 1473, pero con modificaciones fundamentales, tanto en su significado político como en su funcionamiento, aunque los reyes prefirieron que la iniciativa partiera en 1475 de Burgos y de algunos colaboradores regios en la Corte (Juan de Ortega y Alfonso de Quintanilla), so color de la necesidad de reclutar tropas. Al año siguiente, las Cortes de Madrigal aprobaban la constitución de la Hermandad, a la que habían de pertenecer todas las ciudades, villas, lugares y merindades de Castilla, aunque algunas se resistieron a ello hasta comienzos de 1480, cuando el triunfo definitivo de los reyes hizo inevitable la aceptación.

Desde el primer momento –Junta General de Dueñas, julio de 1476– la Hermandad asumió funciones en dos planos, uno policial y judicial, el otro militar. En el primero, determinados casos fueron reservados a la persecución y juicio por sus agentes: fueron *casos de Hermandad* los crímenes cometidos en los caminos reales, muertes, heridas, forzamientos de mujeres, prisiones, robo de bienes, quemas de casas, viñas o campos, todo ello en despoblado o en aldeas de menos de 50 vecinos que nunca tenían jueces propios, esto es, *jurisdicción por sí,* ni siquiera en el nivel más modesto; también, falsificación o contrabando de moneda, y persecución de huidos de la justicia. En el plano militar, la Hermandad mantuvo una fuerza a caballo de unos 1.400 jinetes y fue el instrumento adecuado para proyectar movilizaciones masivas de peones. Se estimó que cada 100 vecinos debían contribuir para sostener un jinete, o 150 un «hombre de armas».

La Hermandad jugaba así dos papeles muy característicos del «Estado moderno» desde sus primeros tiempos porque, de una parte, buscaba erradicar la violencia social, incluyendo la que podía proceder de grupos con gran poder –la alta nobleza señorial se opuso a menudo a su instauración–, y de otra, facilitaba el monopolio de esa violencia, al servicio del orden, por parte del Estado mismo, que se manifestaba, en este caso, a través de una alianza desigual entre la monarquía y sus ciudades y villas de *realengo,* utilizando una institución, como era la Hermandad, de orígenes muy anteriores. Desigual porque el control de los reyes era completo, a través del Consejo Real, en sección especialmente dedicada a aquellos asuntos. Lope de Ribas, obispo de Cartagena, y, desde 1480, Alonso de Burgos, entonces obispo de Córdoba, presidieron el *Consejo de las cosas de la Hermandad.* Alfonso de Aragón, duque de Villahermosa, hermano bastardo del rey y experto militar, fue el primer capitán general, de sus tropas de caballería; Juan de Ortega, diputado general y Alfonso de Quintanilla, contador mayor de cuentas, fue también contador de la Hermandad, y verdadero organizador de la institución. Hubo además un abogado general y un procurador en aquellos servicios centrales de la institución.

La Hermandad se rigió por unas *ordenanzas* elaboradas en 1476, modificadas en 1477, 1480 y, sobre todo, en 1485:

en ellas –y en las Juntas anuales de diputados de las ciudades, celebradas en torno al 15 de agosto– se tomaron las medidas que permitieron su funcionamiento. Es posible que muchos gobiernos municipales se sintieran integrados de forma más activa en aquellas Juntas que no en unas Cortes a las que ni siquiera podían enviar procuradores. Claro está que la Hermandad sólo recogía, y en otro plano institucional, algunas de las grandes líneas de actuación de las Cortes, pero acaso eran las de mayor interés práctico para las ciudades: el orden y la seguridad, la rapidez de la justicia, el empleo de contribuciones extraordinarias en gastos, sobre todo de carácter militar, previamente delimitados y conocidos por los contribuyentes. Además, la Hermandad debía ser renovada o *prorrogada* cada tres años, desde 1478, lo que permitía un margen mayor para las propuestas de cambio y para la negociación política en el seno de las Juntas.

Junto a los órganos centrales y las *capitanías* de gente de a caballo, la Hermandad disponía de una organización territorial, en la que el equilibrio de poderes entre la Corte y los municipios podía derivar más bien a favor de estos últimos. El reino se dividió en distritos o *provincias* a efectos del pago de contribuciones y del ejercicio de la jurisdicción de la Hermandad: había 36 en 1494 si se incluyen algunas ciudades, señoríos y distritos no integrados, de muy desigual importancia. Al frente de cada una de ellas, un juez *ejecutor,* nombrado por el Consejo, con escribano y otros oficiales a su servicio, y dependiendo de él, los alcaldes y cuadrilleros locales en poblaciones con más de 40 vecinos, únicos cargos que subsistirían después de la reforma de 1498, como procedentes de y mantenidos por los poderes municipales: desde 1496, al menos, uno de los alcaldes había de pertenecer al estamento noble del vecindario, lo que aumentaba la posibilidad de control por parte de la aristocracia local.

La *contribución ordinaria* anual era el nervio financiero de la Hermandad. La pagaban sólo los *pecheros,* igual que ocurría con los *servicios* de Cortes, y su importe se estabilizó a partir de 1485 en torno a los 32-34 millones de maravedíes, calculando a razón de 180 maravedíes por vecino, aunque con anterioridad sólo se habían cobrado 100. A esto se unió una *contribución extraordinaria* que pagaron desde 1483 por vía de Hermandad todas las ciudades y villas que no enviaban directamente tropas a la guerra de Granada, y que sumó unos 12,5 millones al año entre 1483 y 1485, para elevarse a casi 25 en 1486, 1488 y 1490, más de 48 en 1487 y 1491, y 72 en 1489. Aunque es evidente que aquellas sumas habrían sido exigidas en otro caso por vía de *servicios* de Cortes, crearon una presión muy fuerte y descontento en las ciudades, lo que, unido a ciertos cambios en los criterios políticos, llevaría a proyectar la desaparición del aparato militar y financiero de la Hermandad después de la *prorrogación* de 1496.

Añadamos un par de datos más sobre ambos: las *capitanías* de la Hermandad llegaron a ser 23 en 1493 y su pago suponía 29 millones (24.000 maravedíes al año el «hombre de armas», 18.000 el jinete, más de 100.000 por término medio cada capitán). El aparato administrativo civil (Consejo, contadores, oficiales, jueces ejecutores y escribanos provinciales) absorbía otros 3 millones: todo esto fue lo que se suprimió en 1498, así como, lógicamente, el cargo de tesorero de la Hermandad encargado de cobros y pagos, que se renovaba cada trienio, y su salario de *quince al millar* sobre las cantidades que manejaba.

4. Los medios de gobierno

Las Hermandades de Vizcaya, Guipúzcoa y Álava, que ya existían anteriormente, siguieron funcionando con independencia y a tenor de sus ordenanzas: las de Álava y Guipúzcoa se renovaron en 1488, y la de Vizcaya, en 1500. En cambio en Galicia, donde había habido movimientos de Hermandad en los reinados anteriores, se estableció una nueva en agosto de 1482 sobre el modelo de la castellana y dependiente también del Consejo de Hermandad. Su contribución anual, repartida en cinco «provincias», rondaba los 6 millones, y con ella se pagaba, leemos en un documento, «al gobernador de Galicia por su cargo y por su capitanía, a los del Consejo Real, jueces ejecutores y otros oficiales de la Hermandad que residen en Galicia, alcaides de iglesias y fortalezas, caballeros y escuderos que tienen acostamiento regio», por lo que cabe suponer que siguió vigente después de 1498.

La Hermandad podía ejercer funciones muy importantes e incluso introducir un equilibrio nuevo en las relaciones entre Corona y ciudades al facilitar un cauce habitual a la representación conjunta de los poderes urbanos, una plataforma para su organización militar unificada y unos medios para el cobro y gestión de contribuciones específicas. Es cierto que, en aquellos años, la Hermandad estaba al servicio de la autoridad suprema regia, e incluso la servía para limitar más a los poderes urbanos y señoriales, pero, en otras circunstancias, ¿por qué no imaginar que las fuerzas políticas de las ciudades unidas en Hermandad y contando con procedimientos de convocatoria, financieros y militares ya establecidos hubieran podido alterar el equilibrio establecido en un primer momento?; así lo demuestra la inspiración que en muchos aspectos tomaron las Comunidades de 1520 de la antigua Hermandad.

Acaso desde 1496 se tomó conciencia en la Corte del peligro que podían entrañar aquellas novedades, coincidiendo con otras, como eran la estabilidad de los gobiernos urbanos, en manos de los correspondientes grupos oligárquicos, libres de intervenciones de la alta nobleza y también de los problemas causados en decenios anteriores por la hostilidad contra los judeoconversos; también la misma introducción en 1495 del régimen de *encabezamiento* para el cobro de alcabalas, que beneficiaba a los dirigentes urbanos, y cierta reactivación de las resistencias ante el envío de corregidores, fomentadas por el deterioro de su actividad en algunos casos.

Mientras tanto, las necesidades financieras de la Corona aumentaban, debido a empresas exteriores al ámbito castellano, por lo que no se podía contar con la Hermandad para obtener recursos extraordinarios, a lo que se vino a añadir cierto malestar por la reforma monetaria de junio de 1497, y sobre todo, por la muerte del príncipe Juan, que acentúa la pérdida de protagonismo de la reina, gran partidaria antaño de la Hermandad, y el aumento del poder en manos de los más afectos a Fernando (el tesorero Alonso de Morales, los secretarios Miguel Pérez de Almazán y Lope de Conchillos), así como el desplazamiento del secretario Fernán Álvarez de Toledo y sus colaboradores. La convocatoria de Cortes era inexcusable, además, para jurar al nuevo heredero de la Corona. Tales fueron las circunstancias y los posibles motivos que pusieron fin a la Hermandad en lo que había tenido de gran innovación y singular experimento político del reinado. Sus *capitanías* se disolvieron, y las Cortes volvieron al otorgar *servicios* al modo tradicional.

* * *

Las Cortes de Toledo de abril de 1498 juraron por heredera a la princesa Isabel, y las de Ocaña, a comienzos de 1499, a su hijo Miguel, pues la princesa había fallecido. Las de 1500, en Sevilla, reintrodujeron el pago de *servicios* con ocasión del pago de la dote de las infantas María y Catalina, y las de Toledo de 1502 llevaron a efecto la jura como heredera de la princesa Juana, que sería definitiva. Hubo después reuniones de Cortes en 1503, 1505, 1506, 1510, 1512 y 1515, cuya importancia y contexto señalaremos más adelante. Ahora interesa destacar tan sólo la mayor vitalidad política que muestran las ciudades en las Cortes de la regencia fernandina en apoyo del rey y del realengo, pero también sus quejas contra los abusos de corregidores y la escasez o ineficacia de los juicios de residencia: los procuradores son siempre miembros destacados de las oligarquías urbanas, a menudo muy próximos a la Corona en sus intereses y compromisos. Desde 1500, por otra parte, otorgaban las Cortes *servicios* que solían cobrarse en el transcurso de dos o tres años a un promedio de 50 millones anuales. He aquí su importe global en números redondos:

Año de las Cortes	Cuantía del servicio
1500	150.000.000*
1503	200.000.000
1505	100.000.000
1510	100.000.000
1512	150.000.000
1515	150.000.000

* Cifras redondeadas y sin salarios de procuradores.

10. Los reyes y la alta nobleza

1. Evolución bajomedieval

Para comprender bien las relaciones entre nobleza y monarquía dentro de la constitución política de la Corona de Castilla bajo los Reyes Católicos, sería menester remontarse en el tiempo al menos hasta el último tercio del siglo XIII, cuando comenzaron a surgir las primeras revueltas contra los proyectos regios de concentración del poder, ideados por Alfonso X, y se fue produciendo al cabo la integración de la alta nobleza en él, para compartirlo y dominarlo, bajo pabellón monárquico, dividida ella misma en bandos y facciones de diversa estabilidad acaudillados con frecuencia por miembros de la misma familia real. El acceso al trono de la casa de Trastámara y el gobierno de sus primeros reyes, entre Enrique II y Enrique III (1369-1406), fue un momento decisivo, porque permitió la renovación de la alta nobleza y la consolidación de nuevos linajes, y también porque entonces se sistematizó un amplio programa de reivindicaciones nobiliarias y se buscaron formas más equilibradas de participación en el poder que dieran satisfacción a los nobles sin alterar el fortalecimiento institucional de la Corona.

Al comenzar el siglo XV la «nobleza nueva» trastamarista está consolidada y presentes la mayoría de sus linajes, cuyo número se completará durante los reinados de Juan II y Enrique IV (1406-1474). También han alcanzado madurez los procedimientos de bando y clientela que unen a unos linajes con otros, permitiéndoles presentar frentes más amplios y estables en sus proyectos políticos, y al tiempo, consolidar las formas de intervención en las ciudades y villas de realengo, ya lo hemos indicado, aumentando así su fuerza para conseguir parcelas del poder y de la renta cuyo titular es la monarquía. Por eso, el gran proyecto político de Fernando de Antequera, regente de Castilla desde 1407 y rey de Aragón en 1412, fue la formación de un partido en torno a sus hijos, los «infantes de Aragón», que integraría a toda la nobleza y cuyo «pariente mayor» sería su primogénito, Alfonso, capaz de imponer así su voluntad política tanto en Aragón como en Castilla, e incluso en Navarra y Portugal por vías matrimoniales. Aquel proyecto, que alcanza su culminación en 1415, fue seguramente ejemplo para Isabel y, sobre todo, para Fernando en los comienzos de su reinado castellano.

No perduró debido a las disputas entre los «infantes» y al ascenso de don Álvaro de Luna, *privado* de Juan II, que pretendió desarrollar, desde 1425-1429, un programa de gobierno monárquico, sin partido nobiliario, aunque para ello hubo de promover a ciertos linajes, rebajar a otros, compensar continuamente la oferta política que representaban los «infantes» Juan y Enrique, hasta que éstos consiguieron reconstruir una *liga* común que, aliada al partido formado por varios linajes de la nobleza promovida por don Álvaro, causaron la derrota de éste en 1439. La eliminación de los «infantes» de la vida política castellana en 1445 no significó un nuevo triunfo del *privado,* pues los diversos partidos nobiliarios tenían ya suficiente fuerza para imponer sus criterios de gobierno e impedir el crecimiento de un poder monárquico fuerte, lo que permitía a la alta nobleza incrementar sus señoríos y rentas pero no generaba un proyecto político propio viable a largo plazo, como se demostró durante el reinado de Enrique IV (1454-1474), «la menor cantidad de rey posible», según se le ha denominado en algunas ocasiones.

Al comienzo del reinado, la liga nobiliaria encabezada por Juan Pacheco, marqués de Villena, parecía dueña de la situación. El poder se ejercía cada vez más a través de un Consejo Real dominado por la alta nobleza, pero desde 1462 los partidos se multiplican, se enfrentan y se desemboca en la guerra civil de 1465, que es, en muchos aspectos, el pórtico del reinado isabelino: en su transcurso se perfilaron tres grupos, el de los Mendoza-La Cueva, el de los Enríquez y otros partidarios de la alianza con Juan II de Aragón, uno de los antiguos «infantes», y el de Juan Pacheco y otros nobles, favorables desde 1469 a una solución matrimonial portuguesa para resolver la sucesión de Enrique IV, a los que se uniría el arzobispo Alfonso Carrillo desde 1475.

La política de Isabel y Fernando, secundada por los Mendoza desde 1472, buscó tenazmente la restauración de un partido común de toda la nobleza o, lo que es lo mismo, la disolución de los existentes, sustentado en acuerdos y *capitulaciones* con la Corona que aparecería, en lo sucesivo, como única cabeza visible de los intereses nobiliarios en su conjunto y sería capaz de desarrollar una política de amplia autoridad monárquica como la habían imaginado ya en muchos aspectos Enrique III (1391-1406) y don Álvaro de Luna. Aquello sucedió entre 1468 y 1480, pero relatarlo ha sido objeto de otro capítulo: volveremos ahora al análisis de los componentes del poder nobiliario y a sus protagonistas.

2. EL PODER NOBILIARIO

Los componentes del poder nobiliario eran semejantes para todos los linajes y regiones de Castilla. Ante todo, la alta nobleza concentraba en sus manos la propiedad de gran cantidad de tierra, y muchos nobles eran también dueños de rebaños numerosos. Las producciones agrícolas y ganaderas vinculaban indirectamente a la alta nobleza al comercio, en auge durante el siglo XV, y le permitían beneficiarse de aquellas nuevas fuerzas mercantiles para consolidar –he aquí una aparente paradoja– un modelo de sociedad feudoseñorial. Pero las principales fuentes de renta y poder de los nobles procedían de otras partes. Se situaban, sobre todo, en el desarrollo de un tipo peculiar de poder señorial: en la Castilla de la Baja Edad Media, las palabras *realengo* y *señorío* designan dos formas de gobierno y administración del territorio y de los hombres que lo habitan.

El rey es plenamente titular del primero y actúa a través de los oficiales que mantiene en ellos o en la Corte, o bien por medio de los municipios, establecidos por la misma Corona y dotados de amplia autonomía de gestión en diversos aspectos.

En el señorío, en cambio, el rey conserva un poder eminente, especie de soberanía, una «mayoría de justicia», pero confía casi todo el ejercicio del gobierno y la administración a un aristócrata, el señor, que ejerce su jurisdicción principalmente en cuatro campos: militar, judicial, administrativo y fiscal o financiero. Esto permite al noble sostener en sus «estados» señoriales tropas y fortalezas, juzgar en una instancia superior a la de los tribunales municipales, nombrar a los titulares de muchos *oficios* concejiles, percibir derechos y rentas.

Por lo demás, *realengo* y *señorío* son simplemente dos maneras de organizar y administrar áreas territoriales de la Corona de Castilla, consecuentes con un mismo sistema social, y, aunque cada una de ellas tuvo efectos diversos tanto si nos referimos al ámbito económico y social como al de los usos y mentalidades, sería erróneo pensar que una de ellas, el *señorío,* representó un nivel político residual, heredado del pasado, mientras que otro, el *realengo,* prefiguraba una primera fase del «Estado moderno». Este «Estado» toma forma a partir de la Baja Edad Media y *realengo* y *señorío* son dos aspectos de un mismo proceso: el de organización de una sociedad feudal avanzada que se enfrentaba a cambios económicos y sociales y a nuevas ideas políticas.

El *señorío* nobiliario no era, por lo tanto, un anacronismo, y los aristócratas dueños de derechos señoriales fueron los primeros colaboradores y beneficiarios del ejercicio del poder de la Corona, que siempre intentaron controlar, además de sujetar a su jurisdicción directa en torno a un 35% del territorio y la población.

Pero el régimen señorial tenía también otros protagonistas, como eran algunas sedes episcopales y otras instituciones eclesiásticas, los monasterios y las órdenes militares, de modo que el porcentaje de población que vivía en el ámbito de algún tipo de señorío era mucho más elevado. He aquí un resumen tomado del padrón general de los años 1528 a 1534, según J. M. Carretero Zamora: vivía en el *realengo,* que incluía casi todos los núcleos urbanos de importancia, el 37,24% de los vecinos *pecheros,* y en señoríos, el 62,76, pero el reparto regional y los tipos de señoríos eran diferentes:

Región	Porcentaje de población pechera en señoríos. Año 1528
Reino de Galicia	95,55 (predominio de señorío episcopal y monástico)
Reino de León	72,56 (predominio de señorío nobiliario, en especial al norte del Duero)
Reino de Castilla	49,55 (predominio de señorío nobiliario, en especial al norte del Duero)

4. Los medios de gobierno

Región	Porcentaje de población pechera en señoríos. Año 1528
Reino de Toledo	75,93 (predominio de órdenes militares. Mesa arzobispal de Toledo)
Extremadura	74,52 (predomino de órdenes militares)
Reino de Murcia	48,53 (predominio de órdenes militares)
Sevilla, Córdoba, Jaén	46,40 (predominio de señorío nobiliario. Órdenes militares)

Porcentajes por tipos de señorío (salvo Galicia, donde no se especifica en los padrones)	
Señoríos de la nobleza	39,01
Órdenes militares	13,06
Sedes episcopales y cabildos catedralicios	6,52
Monasterios	3,91

Nota: Si fuera posible incluir Galicia, los porcentajes de los señoríos episcopales y monásticos crecerían, puesto que eran los más numerosos e importantes en aquel reino.

Pero las rentas de la alta nobleza no procedían sólo de sus propiedades y derechos señoriales. Mucho más importante, a veces, era la posesión, legal o no, de rentas de la Corona o de la Iglesia: las cobraban en el ámbito de sus señoríos y, por medio de mercedes y acuerdos, también fuera de ellos; a esto hay que añadir que gran parte de la fiscalidad municipal en zonas de señorío había sido absorbida también por el noble correspondiente. Los nobles se preocupaban, por lo tanto, de diversificar sus fuentes de renta, aprovechando incluso las que legalmente no pertenecían al ámbito específico de la fiscalidad señorial, y así, en el siglo XV la renta de la alta nobleza no experimentó un anquilosamiento ni un descenso, sino todo lo contrario: aumentó en el transcurso de una transformación compleja, paralela a la que experimentaron entonces las relaciones sociales y el ejercicio del poder.

Poder en el que la alta nobleza está siempre presente: sus miembros ocupan la mayoría de los altos cargos de la Corona; los linajes aristocráticos dominan y mediatizan la vida política en las principales ciudades de realengo; las encomiendas y los maestrazgos de las órdenes militares están en manos de nobles principales, y también muchos cargos del alto clero. Esta presencia tentacular impedía, de hecho, la libertad de acción política de la Corona en tiempos de Juan II y Enrique IV. Pero, incluso cuando dicha libertad se obtenga, quedará en pie un tipo de organización social de fuerte predominio nobiliario, basado en elementos de mentalidad colectiva –formas de religiosidad, ideales caballerescos–, en la estructura interna de los linajes y de sus clientelas, en las formas de transmisión patrimonial de sus bienes mediante mayorazgo y en el señorío mismo, como magna realidad institucional, porque la obra política de los Reyes Católicos vino a dar, en realidad, mayor solidez y estabilidad a todos estos fundamentos del poder aristocrático.

Aquella nobleza trastamarista estaba compuesta por dos docenas de linajes, diversificados a veces en varias familias. Sus titulares eran los *ricos hombres* de Castilla, y serían sus descendientes quienes se beneficiarían de la denominación de *Grandes de España,* que fue creada por Carlos I en 1520, junto con algunos linajes mayores de Aragón. Antes, en el siglo XV, eran ya frecuentes denominaciones tales como *grandes, ilustres y muy magníficos señores,* para dirigirse a aquel reducido grupo de nobles, a los que se atribuye siempre el tratamiento de *Don.*

3. La política nobiliaria de los Reyes Católicos

Las circunstancias de la acción política de los Reyes Católicos en relación con la nobleza castellana son muy numerosas y diversas, y en parte se describen en otros capítulos, por lo que aquí nos limitaremos a conocer las épocas y los tipos principales. Entre 1475 y 1480 se resolvió la disputa sobre el modelo de gobierno, con el triunfo monárquico aceptado por la alta nobleza: los reyes buscaron siempre el pacto y la concordia, pero con una actitud muy firme, sin entrar en el juego de las facciones nobiliarias, con las que querían terminar. Cuando fue preciso se regularon diversas situaciones señoriales mediante capitulación –como la establecida, por ejemplo, con el marqués de Villena, Diego López Pacheco, que había sido el principal rebelde–. En otros casos, la fidelidad del linaje, desde un comienzo, no lo hizo necesario.

Los reyes procuraron que, en estos aspectos, la guerra concluyese sin vencedores ni vencidos, aun favoreciendo a sus partidarios más firmes, pero también al conjunto de la alta nobleza: en las *declaratorias* de 1480 para reducir el *situado* de mercedes que gravaba a las *rentas reales,* en especial las otorgadas desde septiembre de 1464, cuando había comenzado la guerra civil, se observa que las mercedes de la alta nobleza, que eran un 35% del total, sólo descendieron en un 41,8%, mientras que las de la baja aristocracia, que sólo tenía la quinta parte del total, lo hicieron en un 58%

por término medio. No sólo sucedió esto sino que la Corona toleró que bastantes grandes nobles continuaran percibiendo alcabalas en sus señoríos, aunque este impuesto era una *regalía* inalienable, según las teorías políticas al uso.

Al mismo tiempo, los reyes procuraban desvincular a la alta nobleza de intervenciones políticas perturbadoras en las ciudades de realengo, con éxito notable, según ya se indicó, que fue percibido tanto por los cronistas de la época como por historiadores posteriores. Así, por ejemplo, se expresaba Diego Ortiz de Zúñiga a finales del siglo XVII sobre lo sucedido en Sevilla desde 1477:

> Desde este tiempo, tomando el gobierno de Sevilla otra forma en lo más, y creciendo cada día la autoridad de sus Asistentes, estas dos casas –Niebla y Arcos–, cuyas emulaciones causó antes principalmente el deseo de mandarla sin igual, retiradas a vivir más de asiento en sus estados... se redujeron a dar menos celos a la quietud pública.

El mismo deseo de evitar antiguos peligros se vio satisfecho también cuando los reyes se hicieron cargo de la administración de los maestrazgos de las órdenes militares, titulares de inmensos señoríos, con lo que se evitó que volviesen a manos de algún alto aristócrata o incluso pariente regio, que pudiera utilizar su gran fuerza política de manera no acorde con los intereses monárquicos. Hay que señalar además el valor que los maestrazgos tenían para intervenir en el mundo de la baja nobleza, de donde procedían comendadores y *caballeros*.

Es muy importante recordar siempre que el rey actúa *como pariente mayor* de toda la alta nobleza, lo que le sitúa por encima y al mismo tiempo al frente de todos los lazos de afinidad y clientela que daban oculta pero intensa cohesión al grupo noble en su conjunto; en algunos tipos de documentos oficiales los reyes se dirigen a duques, marqueses y condes con el tratamiento de *tíos* o *primos,* lo que no sólo es una fórmula de cortesía, porque, aparte de que muchas veces había vínculo de sangre, se expresaba así que la alta nobleza colaboraba con la Corona en la administración de un patrimonio común, que era el reino, o bien en sus propios señoríos, o bien mediante el ejercicio de cargos en la Casa y Corte del rey, o en su ejército y servicio diplomático. No se puede desdeñar el peso que tenía esta idea, aunque paradójicamente estuviera al servicio de la afirmación de la figura pública del rey y de su soberanía.

Así se explican mejor las intervenciones de los Reyes Católicos para regular cuestiones sucesorias o litigios entre diversos linajes. A menudo obtenía con ello la Corona ventajas políticas, y siempre mejoraba su imagen como árbitro y garante del equilibrio. He aquí algunos ejemplos: la disputa entre los linajes de Mendoza y Pacheco en torno a varios señoríos herencia de Álvaro de Luna fue resuelta poco antes de 1480; en 1486 la lucha que mantenían los Álvarez de Toledo y los Zúñiga en torno al señorío de Miranda del Castañar; los reyes decidieron la herencia del condado de Lemos entre 1483 y 1486 a favor de los Osorio, en una rama bastarda, y contra las apetencias de los Pimentel, condes de Benavente, los Manrique, duques de Nájera, y los Quiñones, condes de Luna, pero tres años después, en 1489, evitaban la fragmentación del patrimonio señorial del mismo duque Pedro Manrique.

Aquellas intervenciones y otras tenían como objetivo principal no romper el equilibrio de poderes entre los diversos linajes o de alguno de ellos con respecto a la Corona. Además, los reyes evitaron otorgar nuevos señoríos de importancia: los que concedieron en el reino de Granada, después de la conquista, eran pequeños y pobres. Y, en ocasiones, utilizaron su capacidad de intervención para recuperar derechos, rentas o poblaciones que habían pasado a manos señoriales a veces de manera abusiva. Así sucedió que los Zúñiga, futuros duques de Béjar, hubieron de devolver Arévalo en 1479 y Plasencia en 1488; los Pacheco, una parte del marquesado de Villena y la villa de Riaza, en 1480; los Osorio, la plaza de Ponferrada, en 1486; los Quiñones, Cangas y Tineo, en 1490; los Ponce de León, Cádiz, en 1493, y los Guzmán, duques de Medina Sidonia, Gibraltar, en 1502. De todas maneras, no había por parte de la Corona una voluntad de expropiación sistemática, ni de debilitamiento de las posiciones señoriales alcanzadas a lo largo de los cien años precedentes. Tan sólo se trataba de evitar que volvieran a producirse actos de prepotencia nobiliaria a costa de la Corona y de vincular más el régimen señorial a los fines del Estado monárquico.

La primera razón de existir de la nobleza era el actuar como brazo armado del reino, según la teoría estamental que hacía de sus miembros los *bellatores* o defensores de la sociedad, y los reyes no descuidaron proteger y estimular todo el conjunto de imágenes y usos que dicha función comportaba, porque era un factor de estabilidad política y social; sin embargo, el ejército monárquico debía ya relativamente poco a la alta nobleza, tanto en su composición tradicional, manifestada aún durante la conquista de Granada, como en la nueva, que nace durante las guerras de Italia, aunque la potencia militar de la aristocracia era grande, y aunque el mando del ejército real estuviera a menudo en manos de algún alto noble, nombrado por los reyes.

4. Los medios de gobierno

En la guerra de Granada, por ejemplo, se observó claramente lo tradicional en el modo aristocrático de actuar: la alta nobleza proporciona en campañas principales entre el 30-45% de la caballería del ejército, pero sólo un 3-5% de la infantería. En aquellos años actuaron grandes jefes militares procedentes de la nobleza andaluza que, en 1475, era hostil a los reyes, con lo que se saldaron anteriores actitudes de resquemor o alejamiento; así, el marqués de Cádiz, Rodrigo Ponce de León, o el señor de Aguilar, Alonso Fernández de Córdoba.

El empleo de miembros de la alta nobleza en las principales responsabilidades militares continuó después de 1492; con ello se mantenía el honor del grupo y se favorecía la promoción de individuos de fidelidad bien probada a los reyes. Así, ya en 1489, el conde de Salinas, Pedro Gómez Sarmiento, había mandado las tropas castellanas enviadas al ducado de Bretaña. Íñigo López de Mendoza, conde de Tendilla, fue capitán general del reino de Granada desde 1492 hasta su muerte en 1515, y su hijo, el primer marqués de Mondéjar, le sucedió. Enrique Enríquez estuvo al frente de las Guardas Reales en el Rosellón (1495-1497). Gonzalo Fernández de Córdoba, hermano del señor de Aguilar, se hizo famoso dirigiendo las tropas españolas en Nápoles. Fadrique de Toledo, duque de Alba, su hijo García y el Alcaide de los Donceles, Diego Fernández de Córdoba, dirigieron importantes operaciones en Navarra y en la costa norte de África entre 1508 y 1515.

Es evidente, en cuanto se abandona el terreno militar, que la Corona procuró rodearse de una gama de colaboradores mucho más amplia para las tareas de gobierno. Pero no es cierto, como a veces se ha escrito, que la alta nobleza se retirase a sus señoríos. Hubo al menos un sector que participó activamente en la vida de la Corte y de la administración. Hubo también canales habituales de integración de la nobleza en la práctica del poder monárquico.

Los grandes nobles eran miembros del Consejo Real por «razón de su título», lo que les daba acceso no a las decisiones, pero sí al conocimiento de asuntos políticos importantes. Conservaban, más que nadie, la posibilidad de comunicación directa con los reyes. Algunos seguían enviando hijos o parientes a la Corte para su educación, e incluso para que se integraran en el grupo de *continuos* reales, con lo que aceptaban mejor la adaptación de los intereses políticos nobiliarios a los de la Corona.

Aunque los Reyes Católicos no tuvieran *privados,* se apoyaron en hombres de mayor confianza, que formaron el núcleo de la nobleza cortesana o ejecutaron misiones de especial dificultad. Así, por ejemplo, el gobierno de Galicia por Fernando de Acuña, hijo del conde de Buendía, en 1480, o la gobernación de las tierras al norte del Sistema Central, que ejercen nobles al frente del Consejo Real, mientras duran las campañas de la guerra granadina: el almirante, Alfonso Enríquez, primo del rey, y el condestable, Pedro Fernández de Velasco. O también embajadas, como la famosa del conde de Tendilla en Roma, a lo largo de 1486 y 1487. A veces, personajes de aquel entorno cortesano consiguieron promociones importantes, aunque los reyes no fueron pródigos en la elevación de nuevos linajes: Andrés Cabrera y Beatriz de Bobadilla obtuvieron señoríos en la *tierra* de Segovia y el título de marqueses de Moya. Juan Chacón, según ya se indicó, enlazó con los Fajardo murcianos y su hijo fue marqués de los Vélez. Los del cardenal Pedro González de Mendoza recibieron también señoríos y títulos nobiliarios, entre ellos el marquesado del Cenete, en Granada. Los procedimientos matrimoniales fueron utilizados también en alguna ocasión para vincular más a determinados linajes: todavía a fines de 1515, poco antes de su muerte, el rey Fernando asistía al matrimonio de su nieta Ana de Aragón con el duque de Medina Sidonia, el primer noble de Andalucía.

No obstante, los rescoldos de pasadas maneras de actuar no se apagaron de la noche a la mañana, aunque durante el reinado conjunto las resistencias nobiliarias fueran más bien sordas y discontinuas, como, por ejemplo, las que se produjeron ante la implantación de la Hermandad, o la acogida de judeoconversos en señoríos, aunque al cabo también en ellos actuase la Inquisición, o bien la posible «ofensiva aristocrática» sobre algunas ciudades de realengo en los últimos años de Isabel I.

El momento más peligroso ocurrió entre 1505 y 1508, cuando algunos nobles intentaron realizar una política de rebeldía, mediante hechos consumados o de cerco a la Corona, aprovechando primero las disensiones entre Felipe I y Fernando el Católico, y después, la ausencia de éste durante un año; pero el rey triunfó sin grandes dificultades, según veremos, ante la pasividad o con el apoyo de la restante nobleza. Hubo todavía algunos recalcitrantes durante la regencia de Cisneros, pero las Comunidades y sus peligros acabaron de convencer a toda la alta nobleza de que su futuro político y social estaba ya en la defensa completa de la autoridad monárquica.

La Corona de Aragón. Navarra

Las instituciones de gobierno y administración eran a menudo similares a las castellanas en la Corona de Aragón y en

Navarra, puesto que también lo eran las sociedades correspondientes, pero el reparto de poder efectivo entre Corona y sectores de la «sociedad política» fue diferente, al predominar las doctrinas y prácticas *pactistas* propias del «Estado estamental», lo que producía un bloqueo del crecimiento del poder regio, a pesar de los esfuerzos e intentos de los reyes, que sólo en algunas ocasiones triunfaron. Posiblemente, este bloqueo o rechazo tendió a acentuarse después de las uniones dinásticas en unos reinos que sentían, a la vez, la necesidad de mantener su identidad y los efectos de cierta marginación política frente a Castilla, donde solían residir los monarcas y de donde obtenían la mayor parte de sus recursos para utilizarlos con total libertad. Es cierto, no obstante, que los efectos de estos desequilibrios internos apenas se sintieron aún en la época de los Reyes Católicos; se olvida con frecuencia que Fernando era, ante todo, rey privativo de la Corona de Aragón, y que, dentro de las corrientes pactistas, había partidarios de reforzar la autoridad regia, como el jurista catalán Joan de Socarrats en sus *Commentaria* (1476), a pesar de que defienda la pervivencia del orden jurídico feudovasallático, y sus libertades, pues «llibertat es bé de dret natural».

1. Las instituciones reales

El ejercicio del poder real estaba rodeado de mayores precauciones que en Castilla, tanto en su comienzo como en su desarrollo. En el primer aspecto, por el juramento real ante las Cortes, previo a la proclamación, que garantizaba el respeto a los fueros y demás leyes del país e incluso, en Navarra, la promesa de mejorarlos. Además, las mujeres no podían reinar en persona, sino a través de su marido como rey consorte, así como transmitir derechos al trono, lo que podía provocar situaciones poco previsibles de crisis o debilidad del poder monárquico.

La diversidad institucional de los reinos y el principado integrados en la Corona de Aragón hacía inevitable que el monarca estuviera siempre fuera de unos u otros, de modo que las ausencias regias y los cargos de delegación del poder real son algo propiamente aragonés –y también navarro, por otros motivos– y existen mucho antes de la unión dinástica con Castilla. La antigua figura del gobernador general de cada reino o del principado había perdido funciones, salvo algunas judiciales, en caso de sustitución, ante la extensión en el siglo XV de los lugartenientes generales, también uno por reino, aunque la misma persona pudiera ocupar eventualmente varias lugartenencias: eran miembros de la familia real o grandes nobles y ejercían su oficio sólo cuando el rey no estaba en el reino correspondiente. Fernando II, ante las nuevas circunstancias, dio el paso decisivo de establecer lugartenientes generales fijos en cada reino y en el principado.

Diversos primogénitos, herederos del trono, parientes del rey y reinas consortes habían ejercido estos cargos en el siglo XV. Isabel la Católica recibiría la lugartenencia de todos los reinos y principado en 1488, y, en 1501, Juana de Aragón, hermana del rey y viuda de Ferrante de Nápoles. De una manera más efectiva ejercieron el cargo en Cataluña Enrique de Aragón, llamado «el infante Fortuna», conde de Ampurias y duque de Segorbe, sobrino de Juan II, entre 1479 y 1493 (antes lo había sido en Valencia, adonde regresaría con el mismo cargo en 1496); Juan Fernández de Heredia, entre 1493 y 1496; Juan de Aragón, conde de Ribagorza, de 1496 a 1506;

Jaime de Luna, hasta 1513, y luego el arzobispo de Zaragoza e hijo del rey, Alfonso de Aragón, que lo fue de Aragón durante casi todo el reinado de su padre.

En Valencia, el lugarteniente adoptó ya en ocasiones título de *virrey*, a pesar de la resistencia del reino ante aquella institución, cuyas prerrogativas extraordinarias se sumaban a las habituales de la lugartenencia, que eran la jurisdicción superior delegada del rey y la capacidad para convocar Cortes y «parlamentos». Virreyes los había en Sicilia y Cerdeña con frecuencia desde finales del siglo XIV. También los reyes de Navarra utilizaron la institución virreinal, dadas sus frecuentes ausencias, de modo que tras la unión con Castilla en 1512 sólo fue preciso consolidarla con carácter permanente.

Los reinos de la Corona de Aragón tenían una *cancillería* común, con un alto eclesiástico al frente como canciller honorífico, de modo que el vicecanciller y los regentes de cancillería –uno por reino– eran los oficiales más encumbrados de la Corona, generalmente juristas de prestigio, aunque las tareas cancillerescas habituales estaban en manos del protonotario, sus lugartenientes y los escribanos. En cambio, las funciones judiciales del Consejo del Rey permanecían diversificadas: Fernando II procedió a una profunda reorganización de la justicia de Corte en Aragón y Cataluña, sobre fundamentos anteriores, al regular en 1493 la *Audiencia Real:* la catalana tuvo 8 doctores –12 desde 1512– en dos salas, y la aragonesa, en principio, 5 doctores. En ambos casos presidían los regentes de cancillería y se unía, cuando era preciso, el voto del lugarteniente real. La de Valencia alcanzó su organización completa en 1506. Estos cambios eran consecuencia de la pretensión del rey de dar forma sólida a las Audiencias, al tiempo que generalizaba con carácter permanente el régimen de lugartenientes-virreyes, pues iban a ser su auxilio y contrapeso más eficaz.

La mayor innovación fue, no obstante, la creación del *Consejo de Aragón* en 1494, que residía en la Corte, junto al rey, y venía a ser el eslabón general entre el monarca y sus reinos de la Corona de Aragón. La pragmática de 18 de noviembre de 1494 que lo establecía recogía la práctica de los años anteriores: lo presidía el vicecanciller, Alfonso de la Caballería, y acabó formado por dos *regentes* catalanes, dos aragoneses y dos valencianos, un abogado, varios secretarios y el tesorero general para asuntos del real patrimonio. El Consejo era ante todo un tribunal supremo de justicia, pero también ejercía funciones de alto gobierno en la misma medida en que el rey podía desempeñarlas sin convocar a las instituciones de cada reino o del principado. Por lo demás, el Consejo ejerció sus altas funciones judiciales más en lo relativo a Valencia y Mallorca que a Cataluña y Aragón, cuyos respectivos regímenes de privilegio limitaban mucho la apelación al Consejo y detenían los procedimientos en el nivel de la respectiva Audiencia.

En Navarra también se había formado un Consejo Real, que permaneció en Pamplona después de 1512. Las reformas de 1496 y 1500 le otorgaron su aspecto definitivo, con nueve miembros, casi todos letrados, cuatro o cinco secretarios y un *regente* o presidente de nombramiento real, que podía ser extranjero al reino.

Los distritos territoriales en los que actuaban representantes gubernativos y judiciales del rey no se modificaron con respecto a tiempos anteriores. Eran las *veguerías* en Cataluña –donde había 18– y Mallorca, los *justiciazgos* valencianos –11– y las 4 *gobernaciones* en que se dividía el reino, las juntas aragonesas con sus sobrejunteros al frente y las *merindades* de Navarra, en número de 5, más la tierra de Ultrapuertos, al norte de los Pirineos.

La administración del patrimonio real y el cobro de las rentas y derechos que le pertenecían eran tareas de los *bayles* o *batlles* en Cataluña y Valencia, y de seis *merinos* territoriales en Aragón. A su frente había bayles generales en cada país de la Corona salvo en Mallorca, donde ejercía aquella función un procurador real. Su rango administrativo los situaba a continuación de los gobernadores generales, lo que puede dar idea de su importancia política: el bayle general de Valencia, Diego de Torres, fue el hombre de máxima confianza del rey Fernando en aquel reino durante muchos años. La mayor parte de los dineros regios pasaba a manos del *tesorero general,* cargo que ocupó Gabriel Sánchez –miembro de una conocida familia judeoconversa– desde 1481. Recordemos también que entre los cargos de la Casa del rey había uno, el de *escribano de ración,* dependiente de la tesorería, que podía tener gran influencia en la política financiera, como así fue: lo desempeñó durante dos decenios Luis de Santángel (m. 1498). Los *maestres racionales* de cada reino y del principado intervenían el gasto y tomaban cuenta a todos aquellos oficiales, lo mismo que hacía, en Navarra, la Cámara de Comptos.

Pero el patrimonio real aragonés o navarro correspondía a niveles mucho más tradicionales que la Hacienda real de Castilla, pues no parece que obtuviera recursos de grandes rentas o contribuciones cobradas en el conjunto del país, sino que éstas dependían más bien de las Cortes. La carencia de base hacendística era una limitación formidable para el ejercicio del poder real, y situaba en manos de las instituciones del reino la capacidad –que apenas desarrollaron– de construir cualquier tipo de «Estado moderno», pues sólo ellas controlaban los medios para atender a nuevos fines políticos o mantener ejércitos, por ejemplo, y el rey no podía disponer de tales fuerzas sin su concurso y autorización. Aunque la fiscalidad real aragonesa o navarra ha de ser todavía mejor estudiada, parece que no puede llamar a engaño la miríada de nombres con que se designa a los derechos, pechos y contribuciones propios del patrimonio real. En Navarra son las *pechas,* tasadas o no, diversos monopolios o «banalidades» señoriales de molino, horno, etc., peajes, fonsaderas, regalías, derechos sobre moros y judíos, escribanías, multas, mostrencos y abintestatos, montazgos, uso de pesos y medidas, y lo mismo en Aragón, aparte del rendimiento de propiedades urbanas o rústicas. Parece, en conclusión, que muchos de ellos son resto de épocas antiguas, preestatales, de la fiscalidad regia. Las instituciones del reino, con las Cortes a la cabeza, controlaban los recursos verdaderamente importantes, pero, antes de llegar a su estudio, hay que saber algo sobre los poderes urbanos y señoriales.

Además, la enajenación o disminución del Real Patrimonio había llegado a grandes extremos en la segunda mitad del siglo XV, sobre todo en Cataluña y Aragón: el viejo ideal de que el rey pudiera «vivir de lo suyo» era ya impracticable, y uno de los problemas de Fernando el Católico fue que, probablemente, no habría podido mantener el tren de vida y actividades que le correspondía sin apelar a los recursos de su Casa como rey de Castilla: en el acuerdo a que llegó con su yerno Felipe I en junio de 1506, antes de abandonar este reino, se le reconocía un respaldo financiero que le resultaba imprescindible, consistente en el cobro vitalicio de diez millones de maravedíes anuales –que equivalían al presupuesto de su Casa castellana–, más la administración de los maestrazgos de las órdenes militares de Santiago, Calatrava y Alcántara y la mitad de los ingresos procedentes de las Indias.

Más allá de los recursos del Real Patrimonio, el rey podía encontrar esporádicamente algunos otros en las rentas o en el apoyo eclesiásticos, si obtenía la concesión pontificia de la décima sobre las rentas de las instituciones eclesiásticas radicadas en la Corona de Aragón, y la disposición de los recursos generados por la predicación de la indulgencia de cruzada. A ambos elementos recurrió Fernando el Católico, de modo que la contribución financiera de los habitantes de la Corona de Aragón a la conquista de Granada se realizó casi exclusivamente por esta vía, que dependía del poder eclesiástico, y no por las correspondientes a la fiscalidad del rey o de las Cortes y ciudades: en este último caso, los préstamos hechos por Valencia se devolvieron en su mayoría con dinero de cruzada.

Así pues, la fuente de recursos extraordinarios más continua eran los mismos países de la Corona convocados a proveerlos por la petición del rey en Cortes ante situaciones de necesidad. Las ayudas habían sido muy fuertes y continuas desde el siglo XIV, y se recaudaban por los procedimientos combinados de reparto o impuesto directo sobre los contribuyentes *(compartiment)* y de cobro de impuestos sobre el consumo de algunos productos y de aduanas *(generalidades)*. Pero las Cortes controlaban tanto el cobro como la gestión y el gasto a través de comisiones permanentes que se consolidaron en el primer tercio del siglo XV: Diputación del General de Cataluña (1413), Generalidad de Valencia (1419), Diputación del reino de Aragón (1436). El dominio por las Cortes de los medios financieros completa la limitación o acuerdo a que someten la potestad del rey en otros aspectos, en especial el legislativo, pero, por eso mismo, en aquella forma de Estado pactista o estamental, tendría que haber sido la «sociedad política» de cada país la que tuviera un sentido de Estado común, como lo tenía la monarquía, y no fue así.

Fernando el Católico no pudo modificar este estado de cosas; por el contrario, las Diputaciones tenían ya muy consolidados sus respectivos aparatos administrativos, pero, al encontrar solución a muchas de sus demandas y proyectos políticos fuera de la Corona de Aragón y de su sistema, el rey renunció a renovarlo. En todo caso, lo reformó algo: reorganizó la cúpula del poder real tanto en la Corte como en cada país de la Corona para adaptarla a las nuevas circunstancias de la unión dinástica. Intentó además, y a menudo lo consiguió, utilizar los procedimientos que permitían aumentar el poder o la influencia efectiva del rey a través de las mismas instituciones regnícolas o municipales, y utilizó mucho más que sus antecesores al poder eclesiástico para que apoyara sus propios fines. Como buen estadista, dejó puertas abiertas al cambio y procuró flexibilizar algunas situaciones, pero con frecuencia no encontró apoyo sino más bien incomprensión, y no parece que ni las otras fuerzas políticas de la Corona ni sus mismos sucesores le siguieran por aquel camino. Pero, en definitiva, sólo el rey podía hacerlo, pues era el poder superior y un fundamento indispensable para la legitimación de los demás poderes; eso nadie lo ponía entonces en duda, y así ocurrió que muchas veces Fernando el Católico hizo virtud de su necesidad política, no para romper el espíritu pactista, pero sí para utilizarlo según sus criterios hasta alcanzar el límite, a veces muy cercano pero también variable según las circunstancias, más allá del cual no podía ir.

Añadamos una nota final: los cargos de la administración regia, salvo alguna excepción, habían de estar en manos de naturales de cada reino o del principado. El rey Fernando, para prevenir posibles resistencias si su sucesor, Carlos, intentaba alterar esta norma, le recomendaba en su testamento:

> Que no haga mudanza alguna para el gobierno y regimiento de los dichos reinos, de las personas del Real Consejo y de los oficiales y otros que nos sirven en las cosas de las pecunias y cancillería, y se hallaren tener los dichos oficios al tiempo de nuestra muerte, y de los otros oficiales que se hallaren proveídos por Nos en todos los reinos de la Corona de Aragón.

Bien es verdad que aquella voluntad de rechazo a los «extranjeros» en los puestos de la administración real se daba en todos los reinos europeos. También en Castilla, aunque las barreras legales para protegerla no eran tan fuertes y contaba más la voluntad del rey, Isabel I lo había recordado en su testamento al mandar a sus hijos y herederos Juana y Felipe:

> que no se den alcaidías y tenencias de alcázares, ni castillos, ni fortalezas, ni cargo ni oficio que tenga en cualquier manera aneja jurisdicción alguna, ni oficio de justicia ni oficios de ciudades ni villas ni lugares de estos mis reinos e señoríos, ni los oficios mayores de los dichos reinos e señoríos, ni los oficios de la Hacienda de ellos, ni de la Casa e Corte, a persona ni personas algunas de cualquier estado o condición que sean, que no sean naturales de ellos.

2. Los gobiernos urbanos. El poder señorial

«Los señoríos y, en menor medida, los concejos de realengo, constituían entidades autónomas respecto al poder central... compartimentos estancos que, encerrados en sí mismos, formaban células autónomas en la dirección de sus asuntos» (Colas/Salas). Esta breve afirmación resalta el aspecto más significativo de municipios y señoríos, no sólo en la Corona de Aragón, a fines del siglo XV. Cabe añadir que autonomía y jerarquización de poderes no son términos incompatibles sino complementarios a menudo, y que el poder real, que solía estar en el origen de señoríos y municipios, o bien conservaba o bien obtuvo algunos medios para intervenir en aquellos ámbitos de poder sin romper por ello su autonomía funcional pero vinculándolos a las grandes líneas de actuación política trazadas por el monarca. Eso, sin mencionar la capacidad suprema del poder regio en situaciones excepcionales que combinaban el interés político y el apoyo eclesiástico: los reyes no tenían, tal vez, la pretensión principal de intervenir en aquellos ámbitos de poder cuando promovieron en la Corona de Aragón, como en la de Castilla, las actuaciones de la Inquisición, o cuando expulsaron a los judíos en 1492 o a los moriscos en 1608, pero es evidente que las condiciones sociales en que se ejercían los poderes municipales o señoriales se vieron afectadas, y con ellas los poderes mismos.

El régimen municipal había llegado a su madurez en las principales ciudades de la Corona de Aragón a lo largo del reinado de Jaime I (1214-1276). En su base hay siempre una asamblea integrada por vecinos de diversas categorías socioprofesionales o de las diversas parroquias, con capacidad normativa y de elección de los diversos oficios urbanos de carácter ejecutivo. Es el *Consell de Cent* barcelonés, que desde 1455 estaba formado por 36 ciudadanos, 32 mercaderes, 32 artistas y 32 menestrales, lo que implica, lógicamente, una mayoría muy fuerte de los grupos sociales más poderosos de la ciudad —ciudadanos honrados y mercaderes—, de los que se formó relación de miembros en un censo o «matrícula» reformado en 1479; en ambos estamentos se entraba o bien por votación de quienes ya eran miembros o «por haber participado sus padres y abuelos en la administración pública» (Vicens Vives). En el Consejo de Mallorca había, desde 1391, 12 caballeros y 24 miembros de cada uno de los estamentos de ciudadanos, mercaderes y menestrales. El *Consell de Cent* de Valencia tenía una composición relativamente distinta: 6 caballeros y 4 ciudadanos honrados que hubieran sido antes jurados de la ciudad, 4 juristas, 2 notarios, 48 representantes de las 12 parroquias de la ciudad y 2 representantes de cada gremio, lo que suponía otras 60-80 personas; no obstante, la composición social era comparable a la barcelonesa. Lo mismo sucedía en Zaragoza, aunque aquí la falta de representación gremial aumentaba el peso relativo de los grupos de caballeros y mercaderes, pues el *Capitoll y Consello* estaba formado por los jurados, y desde la reforma de 1414, por 24 consejeros designados por las parroquias y otros 7 por todo el «común» del vecindario.

El poder ejecutivo estaba en manos de un colegio reducido de personas elegido cada año por las asambleas ya citadas: son los 5 *consellers* de Barcelona (dos ciudadanos, un mercader, un artista y un menestral desde 1453), los 6 *jurados* de Valencia (dos caballeros y cuatro ciudadanos honrados) y los *jurados* de Zaragoza (5 desde 1414, aunque llegaron a ser 12 entre 1430 y 1442). En Valencia formaban parte también de aquel núcleo ejecutivo o *Consell Secret* el *racional* de la ciudad, responsable de la administración financiera, el síndico y los tres abogados de la ciudad, y lo presidía *el justicia* civil o, en su defecto, el criminal.

Los demás oficios de la administración urbana solían ser también de elección anual por el *Consell* o *Capitoll*, y debía cumplirse, aunque no siempre se hizo, la norma de que una persona no ejerciera el mismo cargo dos años seguidos. Entre los principales cabe recordar a los diversos jueces, al *mustaçaf* valenciano o *almutazaf* zaragozano, al mayordomo y los contadores en Zaragoza, y los tres *clavaris* dependientes del *racional*, en Valencia, más escribanos y guardas.

Dado que en este esquema de gobierno no había lugar para intervenciones de la Corona comparables a la ejercida en Castilla a través de los corregidores, la política fernandina actuó de tal manera que se pacificaran bandos y divisiones internas y se consolidase el poder de las oligarquías urbanas como grupo, sin protagonistas permanentes de la vida ciudadana, aunque el rey tuviera siempre personas de mayor confianza capaces de intervenir a su servicio. Así, cada ciudad es un caso distinto, aunque en casi todas ellas es común la generalización del régimen de *sort i sach* o insaculación, que había comenzado a imponerse en los decenios anteriores y que un autor ha definido como «cooptación suavizada por el azar» porque en él lo más importante no era el sorteo sino

> los pasos previos: la confección de listas con el nombre de las personas... que solían ser vitalicias para los que entraban en nómina... candidatos reiterativamente elegibles, que si no salían un año, podían salir otro... la insaculación se reveló como un sistema ideal para aplacar los bandos políticos ciudadanos (Belenguer Cebrià).

Los reyes, al promoverlo, no pretendían tanto la «sumisión política municipal» como su relativa neutralización, ya que la insaculación no disminuía la autonomía municipal en sí ni permitía como tal mayor intervención regia, salvo por la vía indirecta de las influencias sobre los elegidos, aunque sí consolidaba algo que, como en Castilla, era objetivo político del rey: la permanencia y pacificación del gobierno local oligárquico.

Por lo demás, Fernando II ejerció el derecho regio de intervención excepcional contra situaciones de menosprecio de la dignidad real, abuso o alteración de la paz. En Zaragoza, donde el viejo cargo de *zalmedina,* de nombramiento regio, carecía de efectividad como representante de la Corona, el rey aprovechó la frecuencia de alborotos y alteraciones para imponer castigos ejemplares a cabecillas urbanos (ejecuciones sumarias del influyente ciudadano Jimeno Gordo en 1474 y del jurado Martín de Pertusa en 1485), y después para conseguir la *sumisión* por cinco años del municipio, en 1487, aunque se prolongó hasta 1506, con el apoyo de los mismos jurados, el primero de los cuales era el vicecanciller real Alfonso de la Caballería; así pudo reformar las *ordinaciones* zaragozanas y designar los cargos de la administración urbana. Cuando se volvió al tradicional procedimiento de *insaculación* o sorteo –que en Zaragoza había comenzado a utilizarse en 1412, y de forma más completa desde 1441–, el rey se reservó la selección previa de los participantes en él, de lo que protestaría la ciudad ante las Cortes de 1515. El procedimiento insaculatorio se extendió durante el reinado a otras poblaciones aragonesas: a Calatayud en 1481 y a Cariñena en 1491, siempre con objeto de pacificar los procesos electorales y evitar las influencias *por parcelitat y por parentesco.* Teruel también, debido a diversas alteraciones, hubo de aceptar la presencia de delegados extraordinarios: un *capitán* real en 1483 y 1496 y un *comisario* en 1510.

La actitud del rey frente a Barcelona no fue, según Vicens Vives, resultado de una «política cesarista y absorbente», sino más bien respuesta a la crisis interna del municipio y a la corrupción y escasa capacidad política de muchos miembros del patriciado, la antigua *Biga,* que dominaba el poder urbano. Sin embargo, las medidas de Fernando II tendieron a favorecer a los *ciutadans honrats* y a fortalecer su gobierno local, acaso «para contrapesar el poder de la Generalidad, coto habitual de la indómita aristocracia rural» (García Cárcel). Después de la crisis de la Hacienda barcelonesa entre 1484 y 1487, y en coincidencia con medidas extraordinarias similares en la Generalidad (1488), se suspendió la elección de *consellers* entre 1490 y 1493, y el rey procedió a su nombramiento directo, apoyado en uno de ellos, hombre de su confianza completa: Jaime Destorrents. En 1493 el número de *consellers ciudadanos honrados* subió a 3, mientras que artistas y menestrales se alternaban en una sola consellería; en el Consejo de Ciento el número de *ciudadanos honrados* pasó de 32 a 48. Por fin, en diciembre de 1498 se estableció definitivamente el procedimiento de sorteo o *insaculación* para la elección de cargos, y se admitió la presencia de 16 caballeros con residencia en Barcelona dentro del *Consell,* e incluso que uno de los puestos de *conseller* fuera para ellos, detrayendo en ambos casos tales puestos de los atribuidos a los *ciudadanos honrados,* pero de aquella manera se integraba al brazo *militar* en la vida barcelonesa, lo que la beneficiaba, y los *ciudadanos* obtenían una equiparación de hecho con la baja nobleza que se tradujo en privilegios concretos a partir de 1510. Aquel estado de cosas no se alteraría en el siglo XVI.

En Valencia la capacidad habitual de intervención regia era algo mayor, porque la Corona nombraba al *racional:* el puesto duraba un trienio, pero entre 1456 y 1477 lo había ejercido Guillem Çaera, cuya actuación da idea de lo mucho que podía hacerse desde aquel cargo. Entre otras cosas, elegir por mitad de entre una lista o *ceda* a los seis *jurados,* pues la «insaculación» no se establecería en Valencia hasta 1633. La reacción contra la época de mayor intervención real ocurrió desde 1515 y culminó durante las Germanías, en 1521. En la primera de ambas fechas se publicaba la recopilación de privilegios reales otorgados a Valencia, formada por Luis Alanya con ánimo de actualizar su vigencia (*Aureum opus regalium privilegiorum civitatis et Regni Valentiae*). Además, la ciudad había soportado una cantidad considerable de préstamos a la monarquía sin parangón con otras ciudades de la Corona de Aragón: entre 1484 y 1515 prestó casi 8,5 millones de sueldos (562.283 florines), especialmente en 1489 (900.000), 1499-1503 (2.855.000) y 1506-1515 (4.154.250). La ciudad emitía deuda, en forma de *censales,* para acumular con rapidez el dinero de los préstamos, y pagaba sus intereses con las devoluciones efectuadas por la Corona con cargo al patrimonio real, lo que creaba una interconexión entre ambas finanzas, las regias y las ciudadanas, y estimulaba tanto los intentos reales como el interés de los rentistas para controlar indirectamente el gobierno urbano.

Lo más notable es que no procurase el rey obtener recursos por el mismo procedimiento en otras ciudades: ¿crisis de las haciendas locales y de su capacidad de crédito o mayor dificultad para conseguir aquella cooperación? Posiblemente lo primero, al menos en Mallorca, donde la deuda pública municipal era enorme, y los esfuerzos del gobernador general Joan Aimeric, en 1499, tendentes a reducirla bajando los intereses y devolviendo principal, perjudicaron tanto a los poseedores de *censals* como, sobre todo, a los menestrales y *forans,* que eran la masa de contribuyentes directos.

En un orden de cosas muy diferente hubo otro ensayo de coordinación entre autoridad real y poderes urbanos, esta vez en el reino de Aragón, cuando se estableció una Hermandad que respondía tanto a las tradiciones propias como al modelo castellano: la *Junta de Universidades* creada a petición de Huesca pero encabezada por Zaragoza actuó desde el otoño de 1487, fue suprimida por diez años en las Cortes de 1495 y de nuevo, definitivamente, en 1510, debido a la presión que ejerció la nobleza, cuyos señoríos estaban en las zonas rurales más afectadas por la acción de la Hermandad contra el bandolerismo, por lo que su actuación afectaba mucho a la jurisdicción señorial y suspendía su amparo en los fueros del reino, sustituyéndola por otra en manos de hombres del rey, pues el juez mayor de la Hermandad –elegido por el monarca entre una terna– era el vicecanciller Alfonso de la Caballería.

* * *

No disponemos de todos los estudios que serían necesarios para conocer adecuadamente las características del poder señorial ejercido por la nobleza en la Corona de Aragón. Desde luego, la extensión del régimen señorial era muy grande en Aragón y en la Cataluña Vieja, pero, en contrapartida, la intervención nobiliaria en las ciudades o no existía o era muy escasa: se calcula que a fines del siglo XV sólo el 35% de los *hogares* aragoneses pertenecían al realengo, y el 31% en Cataluña; el resto vivía en señoríos de la nobleza seglar o de la Iglesia. El régimen señorial aragonés era durísimo y los campesinos sujetos a él apenas podían esperar modificaciones o, siquiera, intervenciones de la Corona, pues la nobleza consiguió por sí misma y a través de las Cortes la consolidación de todos sus privilegios y prerrogativas; las de 1441 condenaban cualquier forma de *ius resistendi* y excluían a los campesinos de señorío de la posibilidad de apelar al justicia de Aragón. Las de 1381 habían confirmado por su parte el *ius maletractandi* al declarar que:

> Qualquier noble, cavallero e otro qualquier senyor de vasallos del dito regno podía tratar bien o mal a sus vasallos, e encara si menester era matar aquellos a fanbre o a set o a presones.

Fernando II se vio impotente para actuar frente a este estado de cosas: la nobleza señorial aragonesa se negó a aceptar el funcionamiento de la Hermandad de ciudades creada en 1486 con una limitada fuerza de 150 *lanzas* para perseguir malhechores en descampado. Los señoríos eran con frecuencia refugio de delincuentes pero los señores no admitían ver postergada o limitada su jurisdicción por los jueces de la Hermandad. Tampoco podía hacer casi nada la jurisdicción regia en los señoríos: así, cuando Guillén de Palafox, señor de Ariza, ahorcó a algunos campesinos sin proceso previo y se produjo una revuelta general en sus dominios. Sin embargo, la sentencia regia de Celada en 1497 dio la razón al señor. O en el caso de la revuelta de los campesinos de Monclús, entre 1507 y 1517, agravada por la mala coyuntura agraria de los años anteriores. Es más, las Cortes de 1510 ratificaron todas las prerrogativas señoriales, que se mantuvieron incólumes hasta 1707. Sólo ante las de 1515, en las que los nobles pretendían que se prohibiera a los vasallos de señorío llevar ante los tribunales reales los pocos recursos que cabía admitir en ellos, y amenazaban con negar, en caso contrario, el servicio financiero pedido por el rey, Fernando el Catolico se negó:

> No quiso por ningún interesse perder tan gran preeminencia, porque era perder la justicia y hacer a sus súbditos vasallos de los barones, y constituirlos que fuesen señores absolutos.

Sin embargo, esta declaración no apuntaba un hipotético peligro sino que se limitaba a describir la realidad dominante en aquel momento. Según ella, los habitantes de los señoríos quedaban al margen de las garantías, libertades y privilegios que, en mayor o menor medida, reconocían los Fueros de Aragón a los otros habitantes del reino.

Frecuentemente se ha descrito al Estado moderno como absoluto-señorial; en el caso aragonés, es necesario disminuir el alcance del primer adjetivo, que se refiere a la potestad regia, y aumentar la importancia del segundo, relativo a los poderes de la alta nobleza, para obtener una imagen más próxima a la realidad. La contraposición de criterios políticos –soberanía regia frente a feudalismo nobiliario, en definitiva– no puede ser más clara, pero el rey apenas podía hacer nada, en especial frente a los grandes linajes organizados en una veintena de familias de alta nobleza con diversas ramificaciones.

La situación en Cataluña, después de los fuertes quebrantos nobiliarios debidos a la guerra civil y al relativo triunfo de los *payeses de remensa,* que ya hemos estudiado, era algo distinta, pero sustancialmente igual el predominio social y político de alta y baja nobleza en las zonas rurales, y también el apoyo que encontraban en las Cortes para impedir cualquier posibilidad de modificación. La clave explicativa está, por lo tanto, en las Cortes y en las otras instituciones surgidas del reino que mantenían una situación pactista, limitadora de la autoridad regia y favorable a los intereses de los grupos sociales dominantes.

3. Cortes y Diputaciones

Las Cortes eran la institución por excelencia de enlace entre el poder real y los de la «sociedad política» en su conjunto. Nunca dejaron de ser «un órgano del rey, que es quien las convoca y el que tiene derecho a que los súbditos le presten consejo» (Lalinde), pero la potencia que habían alcanzado en materia de control de la potestad legislativa regia, y de cumplimiento de las leyes, y en las de gestión financiera y tributaria las convertía en garante del sistema de pacto entre rey y reino –en el caso de Cortes particulares– o Corona en su conjunto –en el de las generales–, bien directamente, bien a través de su Diputación respectiva.

Había Cortes propias en Cataluña, Valencia y Aragón, pero no en Mallorca. Su organización institucional y la manera de estar representados y de actuar en ellas los *brazos* o estamentos (alta y baja nobleza, clero, ciudades) no se modificaron en tiempos de Fernando II, que las convocó con frecuencia, aunque sin respetar siempre –como tampoco lo habían hecho sus antepasados– la periodicidad de convocatoria cada dos o tres años, según los casos. Las principales reuniones, a veces conjuntas, de las Cortes de los tres países tuvieron lugar en Barcelona (1481), Tarazona-Orihuela

(1484-1488) y Monzón (1510), aunque sabemos que sólo en el reino de Aragón hubo once convocatorias durante el reinado, incluyendo las tres para Cortes generales de la Corona, en Monzón.

La función de las Cortes como garantes del sistema legislativo y del pacto entre rey y reino continuó en toda su plenitud. Así, en las de Barcelona de 1481 se restableció la vigencia y obligado cumplimiento de todas las leyes y *constituciones* catalanas, y se dispuso que en plazo de diez días la Real Audiencia habría de pronunciarse sobre cualquier queja *(greuges)* que presentara la Diputación permanente de las Cortes o *Generalidad,* «sistema de garantías que dio nuevo impulso al régimen pactista... y que le permitiría durar hasta el siglo XVIII» (J. M. Salrach).

En el reino de Aragón, más incluso que en Cataluña, las Cortes fueron una plataforma de defensa de las estructuras señoriales, por lo que representan más que al reino en su conjunto, a «los anacrónicos feudalismos y las ambiciones de las oligarquías burguesas dueñas de las ciudades» (Canellas), por lo que el «acomodamiento de la realeza a la situación legal de Aragón, desfasada ya de su realidad social, fue fatal a la larga para el reino aragonés» (Solano). Pero ¿cómo podría haber sido de otra manera?:

> En realidad, la monarquía comparece ante las Cortes, salvo en unos pocos momentos excepcionales, desde posiciones de inferioridad; sin recursos suficientes, sin una estructura administrativa adecuada y con unas capacidades militares siempre mínimas. Sufre incluso el rey un aislamiento físico; sus consejeros más íntimos y hasta sus simples ujieres y servidores no son admitidos en el aula de sesiones si no son naturales de Aragón (González Antón).

Semejante era la situación en Navarra, donde

> la autoridad real no llegó a hacer grandes progresos; no sólo estaba a merced de los nobles y de las villas, que a su vez se hallaban repartidas en parcialidades, sino que las frecuentes reuniones de las Cortes reducían a estrechos límites la autoridad de los reyes: las Cortes votaban las «ayudas», vigilaban el gobierno interior y la política exterior hasta en los menores asuntos, se mezclaban en la designación de los miembros del Consejo, en sus sueldos, o reglamentaban los gastos de la Casa Real (Lacarra).

En suma, las Cortes navarras, o las de cada uno de los países de la Corona de Aragón, poseían un poder político mucho mayor que el de sus contemporáneas castellanas, pues lo tenían para asegurar, por medio de sus peticiones y quejas, el cumplimiento de fueros y privilegios. Impedían, además, que el monarca legislase sin su iniciativa y participación, aunque no compartieron con él la capacidad de promulgar la ley. Y dispusieron, además, del sistema fiscal en su parte más viva y cuantiosa, pues controlaban la recaudación y el gasto de los *servicios* que conjuntamente, o cada *brazo* por sí, otorgaban a la Corona.

Para asegurar el cumplimiento de estas funciones, en especial la hacendística, las Cortes contaban con un instrumento fundamental, que no dejó de crecer en importancia, como era su comisión permanente o *Diputación*. «Alma del cuerpo místico del Principado» llamó en una ocasión Fernando II a la catalana, aunque bajo esta definición se escondía el dominio más completo de su población por las oligarquías eclesiásticas, nobles y ciudadanas representadas en Cortes. Fernando II no alteró aquel estado de cosas, plenamente consolidado ya, pero intentó medidas correctoras que asegurasen un mejor entendimiento entre el poder de la Corona y el de las Cortes, combinando la vía de las influencias a través de relaciones personales y clientelares con la institucional.

La *Diputación del General* catalana surgió a partir de 1359 y alcanzó su forma definitiva en 1413, con tres diputados –uno por brazo–, tres oidores de cuentas y tres abogados. La valenciana también alcanzó su madurez a comienzos del siglo XV, en 1419, y la de Aragón, cuyo proceso de formación se inició en la década de 1360 a 1370, obtuvo su plenitud gracias a las disposiciones de las Cortes de Alcañiz de 1436: ocho diputados –dos por brazo–, notario, abogados y otros oficiales inferiores, elegidos cada tres años, por sorteo desde 1446. En Navarra hubo a veces una institución semejante desde mediados de siglo, mientras que en Castilla sólo se esbozó de modo efímero algún tímido intento de establecer un órgano fijo en 1469.

Las relaciones de Fernando II con las Diputaciones le impulsaron, en Cataluña, a suspender en 1488 la elección de los diputados, que fueron nombrados por el lugarteniente regio, con objeto de sanear el procedimiento insaculatorio, establecido en 1455. Se volvería a él desde 1493. En Valencia y Aragón, el rey se limita a situar hombres fieles entre los diputados, utilizando el «brazo militar», donde podía incluir a sus cortesanos y altos oficiales, y en Aragón también la presencia de su hijo y lugarteniente, el arzobispo de Zaragoza, cuya fuerza política aumentó mucho desde 1496.

Pero la monarquía continuó al margen de la actividad habitual de las Diputaciones, cuyo principal aspecto era la recaudación de contribuciones, en nombre de las Cortes, mediante la elaboración de padrones de *fuegos* o vecindades para el cobro de los que se obtenían por impuesto directo (pechos, *fochs*), y mediante el establecimiento de la red de perceptores y de los arrendamientos necesarios para cobrar impuestos aduaneros (son las *Generalidades de Aragón*) o sobre la compraventa de productos (la *Almoina* valenciana). Estos últimos se percibían ya con carácter habitual, y las Cortes sólo expresaban su otorgamiento en el caso de otros ingresos extraordinarios, como en la *sisa* en Aragón, que, de hecho, se cobró anualmente desde 1484. El rey se preocupó de promover una mejora en la gestión y el saneamiento de la deuda de la Diputación aragonesa, que emitía *censales* y estaba gravada en sus presupuestos por el pago de los intereses, pero aquel «reparo del General», elaborado en las Cortes de 1488, no significaba una mayor intervención regia; los ingresos y gastos habituales más importantes de la Hacienda aragonesa seguían en manos del *reino* y no del rey. También ocurría esto en Navarra, donde las Cortes habían de autorizar en cada caso el cobro de *alcabalas* y *veintenas* sobre el tráfico de mercancías, *imposiciones* ambas vigentes desde tiempos de Carlos II, y los *cuarteres* o servicios repartidos por contribución directa.

La transformación paulatina de la Diputación en centro gubernativo del reino, con gran independencia en sus actuaciones incluso respecto a las Cortes, se observa con claridad en el reino de Aragón desde mediados del siglo XV; participan en los actos de juramento del rey, de su heredero y de su lugarteniente, intervienen en la elección de los lugartenientes del Justicia de Aragón, en la vigilancia del orden público, en la defensa del reino mediante la convocatoria de tropas, proponen a veces la acuñación de moneda e incluso convocan *parlamentos* de los diversos *brazos* del reino en ocasiones extraordinarias, por ejemplo en 1472, «vistas las ocupaciones del señor rey». La Casa de la Diputación, terminada en 1450, venía a ser, así, «sede y centro neurálgico de la vida política del reino» (Sesma), mucho más que el palacio real de la Aljafería: en ella había salas para audiencias del rey y de sus lugartenientes, para el gobernador real y el zalmedina de Zaragoza, para las sesiones de Cortes y también para el Justicia de Aragón.

Este cargo vitalicio fue ejercido desde 1479 por Juan de Lanuza, cuya relación con Fernando II siempre fue buena. Su misma existencia, no obstante, que arranca de 1265 y se consolida en 1348, era la mejor muestra de cómo las capacidades superiores del rey estaban limitadas institucionalmente en el ámbito judicial donde más inmediato y antiguo era su ejercicio. Las competencias y forma de actuar del Justicia y de sus lugartenientes habían sido definidas por leyes dadas en las Cortes, que también vigilaban su actuación para evitar abusos, pues sus prerrogativas eran amplísimas al incluir la suspensión de procesos en curso ante cualquier juez o tribunal si se denunciaba que había actuado o se sospechaba que podía actuar contra los fueros y libertades de los procesados, siendo éstos nobles u hombres libres naturales del reino. Pero no es posible detallar aquí cómo se desarrollaban estos procedimientos, denominados *firma de derecho* y *causa de manifestación*. Baste con señalar la vigencia de esta institución peculiar, que simboliza la culminación del edificio estamental y *pactista* en el reino aragonés.

* * *

«Jamás les comunitats no donaren la potestat absolutament e a nengun sobre si mateixes sino ab certs pactes e lleis», escribía a finales del siglo XIV el catalán Francesc Eiximenis en *Lo Crestià,* expresando el aspecto esencial y permanente de aquel «pactismo» que ponía en manos de las Cortes el control de la capacidad legislativa de la monarquía en sus aspectos principales, pues, aunque «los estamentos sin el rey no tienen poder legislativo, sin embargo, el rey sin los estamentos dispone de un poder legislativo residual y reglamentario» (T. de Montagut). Así, la compilación de la legislación regia hecha en Cortes (Capítulos y Actos de Corte) era el tesoro de aquellos reinos: los *Fueros de Aragón* se imprimieron en 1476, 1496 y 1517 por orden cronológico, y por orden alfabético en 1513, pero la gran recopilación sistemática, promovida por el futuro Felipe II, se publicaría en 1552. Las *Observancias* o usos según los que se aplicaban los Fueros fueron recopiladas por los Justicias de Aragón, y la compilación hecha por Martín Díez de Aux en 1437 se utilizó con carácter general. En Cataluña, acordaron la compilación las Cortes de 1413 y, a partir de la versión manuscrita ampliada, se hizo en 1495 la primera edición de las *Constitucions i altres drets de Catalunya,* ya articulada por materias en Libros y Títulos. Es importante observar, además, cómo tanto en Aragón como en Cataluña se sitúa en primer lugar, en el orden de prelación de fuentes legales para su uso judicial, la costumbre y los derechos locales, al revés que en Castilla, donde la primacía corresponde –según el Ordenamiento de Alcalá de 1348– al derecho territorial promulgado por la monarquía; en este aspecto, como en otros, se pone de manifiesto la diferencia entre dos planteamientos sobre la manera de atribuir y ejercer el poder.

La primera edición de los *Furs* de Valencia, por iniciativa privada, apareció en 1482, pero el paso a una edición sistematizada, a la que se otorgó validez oficial, no se daría hasta 1547. En Mallorca, cuando concluye el siglo XV, sólo había algunas compilaciones parciales debidas también a particulares. En Navarra, el *Fuero General,* compilado en la segunda mitad del siglo XIII, siguió siendo núcleo de la legislación territorial vigente, más sus sucesivos *amejoramientos,* a partir del promulgado por Felipe III en 1330, pero se aplican primero, en orden de prelación, las numerosas leyes dadas en Cortes durante la Baja Edad Media, y se utiliza también, como normativa supletoria, el derecho común, al igual que en los otros reinos.

Conclusiones

En las páginas anteriores quedan descritos los rasgos principales de dos modos relativamente distintos de organización política y administración del poder. El castellano, donde éste se concentra en la institución monárquica de manera homogénea sobre todo el territorio; en dependencia estrecha respecto a ella se hallan los poderes municipales y, en grado algo menor, los señoriales –entre los que se incluye el caso único del señorío de Vizcaya, cuyo titular es el rey–, mientras que las Cortes no consiguen articular de manera estable un poder interestamental. Y el aragonés, donde el poder real tiene límites mejor marcados, es mucho más fuerte el poder de las Cortes, en especial a través de las Diputaciones, y gozan de mayor autonomía municipios y señoríos, todo ello dentro de una diversidad que exige en cada caso un tratamiento particular, a partir de la misma singularidad de cada componente de la Corona: Aragón, Cataluña, Valencia y Mallorca.

Ambos modos poseen, también, dimensiones distintas en lo tocante al territorio y la población, tres veces y media mayor el primero y cinco veces mayor la segunda en Castilla. En tales circunstancias, el significado de la «diarquía» era nesariamente distinto para Fernando y para Isabel. La concentración de medios institucionales se mostró eficaz en Castilla para la construcción de un Estado monárquico potente, y así lo vino a demostrar la acción, a la vez restauradora y dinamizadora, de los Reyes Católicos. En la Corona de Aragón las circunstancias eran distintas, y también lo fue el resultado de su obra política. Resumiré, para concluir, los aspectos principales.

1. La intensa tarea de compilación legal que ocurrió en Castilla, como apoyo al poder regio, promovida por él y relacionada con su concepto absolutista, no tuvo paralelo en los territorios de la Corona de Aragón, donde la realizaron, desde tiempos anteriores, Cortes y ciudades; es cierto que el rey era quien tenía la potestad de crear derecho, pero limitaba el ejercicio de sus principales aspectos al hacerlo ante y con el asentimiento de las Cortes, de modo que se entendía que no podía actuar *a legibus solutus,* es decir, que no se le atribuía, o en medida muy escasa, la facultad absolutista como componente de su *plenitudo potestatis.*

2. La Casa del rey y sus oficios fueron en Castilla el núcleo principal de organización y acción administrativa, de modo que el poder real legitimaba directamente a toda ella. Es anacrónico contraponer oficios «domésticos» y oficios «públicos», así como Casa y Corte, aunque de hecho fueron diferenciándose las dos esferas, a menudo a partir del principio de carencia o presencia de jurisdicción en el oficio correspondiente, tal como se señala ya en el ordena-

miento de 1371. Más importante es distinguir entre actos administrativos despachados *por expediente,* de acuerdo con procedimientos habituales y, en general, reglamentados, y asuntos despachados *por cámara,* según merced y gracia regias.

En aquel ambiente, crece la importancia política de los *secretarios* reales, que en principio son oficios domésticos, y la del *Consejo Real,* que pasa de ser un órgano asesor o el escenario de pugnas entre bandos, a poseer una jurisdicción y un poder de gobierno ordinarios y tecnificados, aunque conservando gran plasticidad de acción. La reglamentación de la *Cancillería* y de las *Contadurías Mayores* llegó a su culminación también en aquel reinado, al tiempo que se articulaba de manera más clara el conjunto de delegaciones sedentarias o territoriales del poder real, diferenciando a veces entre planos o ámbitos funcionales –judicial, gubernativo, hacendístico, militar– aunque no se sentía entonces una especial necesidad de hacerlo por motivos doctrinales sino, en todo caso, por conseguir una mayor sencillez de actuación: la *Audiencia* –las dos Reales Chancillerías– era sobre todo un órgano judicial; las *Gobernaciones* y los *Adelantamientos* –cuando eran efectivos– atendían a cuestiones militares, pero también a veces judiciales; los *Corregimientos* tocaban a las gubernativas, judiciales y militares. Los oficios de *recaudador* eran de ámbito hacendístico, aunque los *contadores mayores de Hacienda* tenían jurisdicción superior para este tipo de asuntos.

En la Corona de Aragón perfeccionó Fernando II un aparato administrativo más eficaz, pero sujeto a condiciones políticas distintas. Lo basó en las relaciones establecidas a partir de la Casa Real, y en la potenciación de jurisdicciones regias delegadas distintas para Aragón, Cataluña y

Valencia –*Lugartenencias, Audiencias Reales*–, y en su articulación con un nuevo *Consejo Real* de carácter político y judicial, pero no técnico-administrativo.

3. En Castilla, los Reyes Católicos restauraron o mejoraron el funcionamiento del régimen tributario que se había puesto a punto desde tiempos de Alfonso X, y lo sujetaron bien a los fines políticos de la monarquía, lo mismo que hicieron con toda la gama de recursos y medios de movilización militar. En la Corona de Aragón, por lo que sabemos, no se dieron ambos aspectos: la nueva fiscalidad bajomedieval quedó bajo control de las Cortes en su gran mayoría, y en ellas radicaba también la capacidad para movilizar y financiar tropas. El margen de maniobra de Fernando el Católico fue, en ambos casos, pequeño, o bien indirecto a través de personas fieles situadas a la cabeza de aquellas instituciones.

4. Tanto en Castilla como en Aragón, municipios y señoríos tuvieron amplias capacidades administrativas –aunque mayores en muchos casos en la Corona de Aragón– y fueron expresión y plataforma del predominio social aristocrático. Sin embargo, su subordinación política a la monarquía fue más intensa y efectiva en Castilla, como lo muestra la institución de los *corregidores*, la *Hermandad*, el papel de los procuradores en Cortes o la capacidad de intervención regia en los señoríos. Lo fue menos en Aragón, aunque cada reino, e incluso cada caso, son peculiares y no se puede generalizar, por ejemplo, lo que sucede en los señoríos aragoneses a Valencia o a Mallorca.

Así, bajo la cúpula de una monarquía única, continuaron dos regímenes distintos de relaciones entre poderes y de prácticas de administración. El castellano, concentrado en

4. Los medios de gobierno

torno al poder real, al que se subordinaban los poderes estamentales, tenía un carácter unitario y una cierta capacidad de cambio interno. El aragonés presentaba una situación fragmentada según los miembros de la Corona, así como una tendencia al bloqueo caracterizada por la dualidad *pactista* poder real/poderes estamentales de las diversas ramas de la «sociedad política».

5. Organización eclesiástica y reforma religiosa

> Primeramente, que la Iglesia nunca stuvo en tal perdición ni tan mal regida y governada como agora está, e que todas las rentas eclesiásticas que avían de servir a los pobres y obras pías, las gastan los clérigos en cosas profanas. Item, que al fin sobredicho se fazen todas las cosas con simonías y por intereses, y que el servicio de Dios y la honestad de la Iglesia se pierden del todo, de manera que no ay memoria de temor de Dios ni de virtud ni de obras algunas de aquella. (Carta de los reyes a sus embajadores en Roma, 15 diciembre 1488. T. de Azcona, *La elección y reforma del episcopado español en tiempo de los Reyes Católicos,* 1960.)

1. Clero y sociedad

En 1492, Europa se encuentra a sólo veinticinco años, el tiempo escaso de una generación, de las grandes convulsiones religiosas desencadenadas a partir de 1517 por la Reforma protestante. Es muy conocido que aquellos fenómenos se fundamentaron en las crisis eclesiásticas y los cambios de religiosidad que ocurrieron en los siglos XIV y XV. En los reinos de Fernando e Isabel, las décadas finales del siglo XV y la primera del XVI fueron un momento decisivo en tales cuestiones: hubo, sin lugar a dudas, una política eclesiástica muy activa y se produjo una versión peculiar de reforma que intentó asumir los cambios y demandas de la religiosidad tal como entonces se vivía. Es preciso conocer aquellos hechos para explicar la actitud que la monarquía adoptará ante los acontecimientos religiosos del siglo XVI y, todavía más, para saber cómo eran la Iglesia y la religiosidad que protagonizaron la primera gran expansión del cristianismo europeo en América.

En esta faceta de su gobierno, los Reyes Católicos actuaron tanto por móviles de personal convicción religiosa como por razones de Estado. Aunque es difícil deslindar lo que atañe a cada uno, parece que fue Isabel quien promovió la mayor parte de las iniciativas, rodeada siempre por consejeros eclesiásticos de fuerte personalidad y gran categoría profesional.

Para comprender las líneas de su política eclesiástica no hay que perder nunca de vista las especiales relaciones entre religiosidad cristiana, Iglesia y poder real que se dieron en los reinos españoles medievales. Pero es difícil trazar líneas divisorias dentro de la historia eclesiástica que permitan distinguir sus aspectos sociales de los políticos y a ambos de los específicamente religiosos. Intentaremos ahora escribir especialmente de los dos primeros aun advirtiendo que, sin tener en cuenta su enraizamiento en el último, el conjunto resulta ininteligible. Sobre todo si se piensa que, en aquel tiempo de cristiandad medieval, cuando la fe proporcionaba los elementos básicos de la ideología explicativa tanto del ser como del funcionamiento de la sociedad, y el bautismo era la común carta de ciudadanía de los europeos, la influencia social y política del clero fue mucho mayor que en épocas más recientes. Hay una relación muy especial entre religión, alto clero y poder real en todos los países europeos, y más incluso en los españoles, pues su identidad incluía un componente de cruzada, debido a la secular lucha contra el Islam, al que se añadía la imagen de sus monarcas como protectores y restauradores de la Iglesia. A pesar de la crisis bajomedieval del pontificado, el fundamento de la cohesión social sobre aquella forma de cristianismo no se había debilitado, ni tampoco habían disminuido la necesidad y conveniencia de la Corona en orden a desarrollar una política específica de relaciones con Roma, con el alto clero de sus reinos y con el estamento eclesiástico en conjunto.

No se puede olvidar, en efecto, que el clero es un estamento con jurisdicción propia y con unas jerarquías y diversidades internas autónomas con respecto a las comunes de la sociedad de su tiempo, de las que también participan los clérigos. La manifestación más clara de esta realidad diferencial es la necesaria aceptación del primado de Roma en muchos asuntos tocantes a nombramientos y rentas eclesiásticas; también lo es el ejercicio habitual de la jurisdicción episcopal sobre los clérigos, no sólo sobre los de órdenes mayores o «de misa», sino también sobre los de órdenes menores, cuyo modo de vida era por lo demás laico. Los roces cotidianos entre jurisdicciones eclesiásticas y jurisdicciones seglares fueron frecuentes, en especial con las municipales, por causa de litigios mixtos o de la reserva de competencias a una u otra e incluso por la mera exhibición pública de signos de jurisdicción como la *vara* de justicia, que lo era de los alguaciles regios y concejiles, aunque parece que se practicó menos que en épocas anteriores el empleo por la autoridad eclesiástica de interdictos, excomuniones y otras censuras espirituales. En 1493, la bula *Romanorum decet* autorizaba a los reyes a proceder con su justicia contra los clérigos *facinerosos* que no llevaran hábito ni tonsura.

Otros aspectos que singularizan al clero son sus exenciones del deber militar directo –aunque algunos obispos lo practicaron como señores de «vasallos»–, sus privilegios fiscales, al no estar sujetos a contribuciones directas, y las formas de obtención de patrimonio y renta, pues, aunque la crisis del siglo XIV afectó a muchos de sus aspectos, algunas entidades eclesiásticas continuaban siendo las mayores propietarias de bienes raíces rurales y urbanos, tenían dominios señoriales y disponían de fuentes de renta propias, en especial el diezmo sobre la producción agraria, aunque casi todo ello se emplease en mantener los numerosos y diversos servicios eclesiásticos que requería la sociedad.

Del reparto del diezmo estaban excluidos buena parte del clero secular y todos los monjes y frailes de cada diócesis, pues su importe se dividía en tres tercios: uno para las *mesas* del obispo y del cabildo catedralicio, aproximadamente por mitad; otro para los *beneficios* y *prestameras* de la diócesis, que iban a manos de una minoría de eclesiásticos, y el tercero, para la obra y conservación *(fábrica)* de templos y ornamentos de culto, aunque, a su vez, las dos terceras partes de él –esto es, los dos novenos del diezmo– las tomaba habitualmente la monarquía. Muchos curas y frailes dependían estrechamente de limosnas, ofrendas y primicias, mientras que los monasterios y bastantes conventos de frailes, aunque excluidos del diezmo, contaban con rentas de sus propiedades y, a veces, del ejercicio de jurisdicción señorial. De manera que estos desiguales repartos de renta, junto con otros factores, han de ser tenidos en cuenta tanto para conocer los aspectos internos del estamento como los vínculos de cada uno de sus grupos con la sociedad seglar.

En general, los clérigos combinaban la defensa de sus intereses y su misión como administradores del Evangelio con una concepción estática de la sociedad, pues su orden interno les parecía suficiente para asegurar los fines religiosos del hombre, aunque tuvieran conciencia de sus defectos. Difícilmente podía haber sido de otra manera después de mil años de historia común y compartida entre cristianismo latino y sociedades feudales. En la España de los Reyes Católicos se añadían, además, otros factores específicos de conservadurismo: la renovación del espíritu de reconquista; el empeño en fundamentar la homogeneidad social y el ejercicio del poder en la unidad de fe, en ese «máximo religioso» que ha definido Suárez Fernández, con la exclusión de los no cristianos; el mismo deseo regio de llevar adelante una reforma eclesiástica que restaurase los valores tradicionales del orden cristiano, tal como los entendían las corrientes religiosas bajomedievales, en lo que no se contó con la colaboración de todo el clero, ni mucho menos, del mismo modo que las situaciones de confrontación y de insolidaridad menudearon. Veamos un par de ejemplos, durante la gran carestía cerealista de los años 1503 a 1506, en los que algunos cabildos catedralicios y otros eclesiásticos se negaron a vender trigo a precio de tasa e incluso lo exportaron valiéndose de sus privilegios, a pesar de la necesidad general:

5. Organización eclesiástica y reforma religiosa

1. La protesta de la reina en abril de 1504 ante las exportaciones trigueras o *sacas de pan,* en carta a su embajador en Roma para que el papa las prohíba:

Ya el desorden es tal que no sufre que podamos alargar más el remedio. Que hogaño, contra las leyes e defendimientos que están hechos para que ninguno saque del pan, han sacado tanto los clérigos que han puesto en todo el reino tanta hambre y necesidad de pan, que nunca se vio mayor, y es tan grande piedad de ver lo que los pobres padecen que ya la conciencia no nos sufre que dilatemos más el remedio. E por eso, o luego nos enviad la dicha comisión despachada, como la demandamos, o nos escribid claramente que Su Santidad la niega. Porque esto nos bastará para estar descargados, para que así como los clérigos hacen de fecho, lo remediemos de fecho, como lo hacen los otros reyes en sus reinos, sin facer semejantes justificaciones.

2. Bien es verdad que, en algunas partes, el pueblo mismo había obligado al reparto de trigo eclesiástico. Así en Aznalcóllar, cerca de Sevilla, en abril de 1503, donde habría estallado un motín,

sy no fuera porque el mayordomo de la iglesia de este lugar tenía cierto trigo de la fábrica, en cantidad de cient fanegas, poco más o menos, e para esto todo el pueblo se juntó e le requirieron que les diese el dicho trigo pues que el pueblo muría de hanbre, sy no, que de hecho entrarían e lo tomarían por no ver morir sus hijos delante de si, e visto esto el dicho mayordomo, aviendo lástima de ellos, les dio las llaves de la casa donde estaba el dicho trigo, e lo repartieron.

Aunque no en condiciones tan extremas, veremos en las próximas páginas la frecuencia con que chocaban ideales evangélicos, designios y prácticas políticas, e intereses económicos en las complejas relaciones entre los reyes y las diversas jerarquías eclesiásticas.

2. Las relaciones con Roma

Los pontífices de la segunda mitad del siglo XV se enfrentaban a una tarea específica: «el desarrollo del nuevo modelo monárquico del papado después de la conclusión de la crisis conciliarista, y del ejercicio concreto del poder sobre la Iglesia universal, durante el otoño de la *Respublica Christiana* y el ascenso irresistible del sistema político de los Estados modernos y de la nueva economía» (P. Prodi). La soberanía del papa tenía un «carácter bidimensional... sobre la Iglesia universal y sobre su propio dominio, el Estado pontificio». Su condición de príncipe italiano incide sobre la de pontífice universal: por una parte, porque facilita modelos de acción estatal, y por otra, porque pretende el papa ejercer su irrenunciable función de pastor universal y primado haciéndola compatible tanto con su gobierno temporal en Roma, y con los intereses que derivan de él, como con la necesaria adaptación a la soberanía de los reyes, al «fraccionamiento estatal moderno», que parecía irreversible. Por parte de los reyes, su mayor esfuerzo consiste en respetar la autoridad espiritual del papa y afirmar a la vez la plena soberanía propia «no reconociendo superior temporal sino a Dios Todopoderoso e dando la obediencia espiritual que se debe al Sumo Pontífice e Iglesia apostólica de Roma», como escribiría años después Fernández de Oviedo, pero el límite entre ambas esferas era muy difícil de definir a efectos prácticos, y más aún si la relación con el papa incluía su condición de príncipe italiano. Además, el «Estado moderno», suponiendo que esto sea la monarquía de los Reyes Católicos, seguía perteneciendo a una comunidad más amplia, cuya definición era, ante todo, religiosa. El resultado será «una tensión en el plano político-administrativo, no dogmático» (Maravall), y el triunfo, en casi todas las ocasiones, de las tesis regias, aunque con concesiones sustanciales a los intereses de los papas, más como príncipes que como vicarios de Cristo: en este último aspecto, la opinión de los reyes, en especial la de Isabel, no pudo ser más crítica, a veces, según veremos.

Los papas contemporáneos del reinado fueron Sixto IV (1471-1484), Inocencio VIII (1484-1492), Alejandro VI (1492-1503), Julio II (1503-1513) y León X (1513-1522). De la relación con todos ellos aparecen datos en diversos lugares de este libro. Señalemos ahora la importancia de las negociaciones con Sixto IV e Inocencio VIII para la concesión de bulas de indulgencia de cruzada y décimas eclesiásticas durante la guerra de Granada; el punto de partida fue la bula *Orthodoxae fidei* de agosto de 1482, pero cada renovación, en 1485, 1487, 1490 y 1491, fue precedida de duras negociaciones sobre la parte de lo recaudado a enviar a Roma para otras atenciones, en especial la proyectada cruzada contra los turcos: el papa reclamaba la tercera parte, pero desde 1485 hubo de conformarse con un donativo de 10.000 ducados por cada prórroga. En un plano más general, la Corona se opuso siempre que pudo a que los *expolios* o bienes dejados por los obispos difuntos fueran a Roma, o a que ésta percibiera *annatas* sobre los beneficios eclesiásticos que se proveían en los reinos españoles.

Aun dejando para otros lugares diversos aspectos de la relación con los papas, éste es el adecuado para hablar de una prolongada y especial, la que sostuvieron los reyes, en especial Fernando, con el valenciano Rodrigo de Borja, cardenal vicecanciller de cinco papas a partir de Calixto III, durante casi cuatro decenios, lo que hizo de él el personaje más influyente de la Curia, como bien ha señalado Batllori. Como legado *a latere* de Sixto IV en Aragón y Castilla en 1472, trajo la bula de dispensa matrimonial de Fernando e Isabel, y aportó el capelo cardenalicio a Pedro González de Mendoza. Más adelante, ya rey, Fernando lo llama a veces en sus cartas «padre y señor, amigo y compadre nuestro», y crece el apoyo recíproco en el plano político y en el familiar, pues Fernando, después del rechazo a Rodrigo de Borja como arzobispo de Sevilla, protege a su hijo Pedro Luis, nombrándole duque de Gandía y proyectando su enlace con María Enríquez, prima hermana del propio rey. Muerto aquel hijo de Rodrigo de Borja y siendo ya éste papa, la alianza se reanuda en torno a los intereses napolitanos de Fernando, a la expedición de las famosas Bulas Alejandrinas sobre el dominio de las nuevas tierras descubiertas y la navegación en el Océano, y al futuro de Juan, otro hijo del ya papa Alejandro VI, al que se concedió también el ducado de Gandía. Los escrúpulos de la reina respecto a estas y otras cuestiones relativas al proceder de Alejandro VI eran muchos –según escribía al papa su nuncio Francisco Desprats–, a fines de 1493, pero no por ello cesaron los tratos mutuos, hasta la aproximación a Francia del papa en 1498, después de la primera guerra de Nápoles, y fruto de ellos, entre otros, fue la concesión por el papa del título de «Reyes Católicos» en 1496. Más adelante, en 1501 otorgó la bula por la que se confería a Fernando la administración perpetua de los maestrazgos de las tres órdenes militares de Santiago, Calatrava y Alcántara. Cuando murió, dejó tras de sí tan pésima fama, aunque no fuera sustancialmente peor que otros papas de su tiempo, que escribiría de él el veterano embajador de los Reyes en Roma, Francisco de Rojas:

> Dejó extragadas y fuera de orden las cosas de la Iglesia romana y muchas de la Iglesia universal... no quedó de él en esta vida sino mucha infamia y en la otra es de creer que mucha pena si Nuestro Señor no usó con él de grandísima misericordia.

Así pues, aun dando por buenas las críticas, lo cierto era que en las relaciones con Roma se mezclaban los afanes religiosos con las conveniencias políticas, y que Alejandro VI fue un personaje decisivo en momentos importantes del reinado. No era ajeno a ello su condición hispánica, y así lo esperaban los reyes de él y de otros eclesiásticos españoles en Roma, pues no en vano pretendía Fernando el Católico en 1507 el nombramiento de tres cardenales españoles y, pocos años antes, su embajador Rojas había protagonizado un sonoro incidente al anteponer sus sentimientos patrióticos a la mesura propia del cargo, todo ello a vueltas de la condición hispánica de un cardenal:

> Hallose en el consistorio, donde el papa y los cardenales estavan, que fue llamado para negocios gravísimos. Uno de los cardenales, inconsideradamente, sin respeto de sus naturales obligaciones y de la que debía a esta Corona, dicen que habló con desacato y atrevimiento de los Reyes Católicos. El embajador, colérico, provocado, pareciéndole que le tocaba responder como quien allí representaba las personas de sus

reyes y hacía sus veces, se llegó a él y le dio una bofetada, allí en público, porque siendo español daba tan manifiestas muestras de su deslealtad y de su ingratitud ultrajando a sus príncipes y notando a su nación ante los extranjeros. (Fernández de Oviedo.)

Dada la intensidad de las relaciones, lo mismo que la embajada española en Roma se hizo permanente, también llegó a serlo la nunciatura pontificia ante los reyes, después del envío casi continuo de legados, colectores y nuncios, a partir de la época de Julio II: Giovanni Rufo de Theodoli ejerció el cargo entre 1506 y 1520.

Los aspectos generales en que más se mostró la voluntad de los reyes para limitar las intervenciones pontificias se refieren a negar el ejercicio de soberanía temporal en sus reinos: a esto se refiere la exigencia de previa licencia para la difusión de bulas, expresada en 1485, o la situación excepcional que se produjo en Nápoles, en 1508-1509, cuando Fernando mandó que se ahorcase a un mensajero o *cursor* del papa que pretendía difundir una, por ser contrario a «nuestras preheminencias reales», y añadió, más adelante:

> Estamos muy determinados, si Su Santidad no revoca los autos luego... de le quitar la obediencia de todos los reinos de la Corona de Castilla y Aragón.

Pero, sobre todo, los Reyes Católicos recogen reivindicaciones ya antiguas, expresadas muchas veces en Cortes, tendentes a limitar las actuaciones pontificias en dos campos: la provisión de beneficios eclesiásticos a favor de extranjeros absentistas y, relacionado en parte con el anterior, la salida de moneda de oro y plata fuera de Castilla, en especial hacia Roma.

Las primeras quejas contra las provisiones pontificias de beneficios eclesiásticos castellanos en personas extranjeras se hallan en las Cortes de 1328 y 1329, en coincidencia con las medidas centralizadoras que adoptó el papa Juan XXII. Se reiteran en las del último cuarto del siglo XIV, a partir de 1377, hasta que, en las de 1396, se expone una amplia argumentación contra aquella práctica: no en vano hay amplios extractos de ella en las Ordenanzas de Montalvo. De nuevo reaparecen en las de 1419 y 1447, hasta alcanzar su máxima expresión en las Cortes de 1473.

Los reyes compartían aquella postura, sin duda, pero las necesidades de su política con el pontificado les llevaban a tomar actitudes más conciliadoras, lo mismo que en la cuestión de la saca de moneda por *collectores* pontificios, aunque ya hemos visto con qué dureza defendieron los Reyes Católicos que fuera lo menos posible con ocasión de las bulas de cruzada para la conquista de Granada. No obstante, es indudable que siguieron una línea de actuación tendente a contar con un alto clero natural del país que, además de tener calidad moral, fuera próximo a sus intereses, y a evitar la salida de rentas eclesiásticas con el mismo o mayor empeño que ponían en participar de ellas.

El argumento de la reforma eclesiástica se emplea a menudo como justificante, y llega a haber momentos difíciles, aunque nunca hubo visos de secesión «nacional» frente a Roma. Si acaso, hubo dos tendencias, una más favorable a la vinculación de la Iglesia al patronato regio y otra más firme en la dependencia última con respecto a Roma, que algún autor personifica respectivamente en los arzobispos Talavera y Cisneros. Sólo un estudio pormenorizado de la política eclesiástica a lo largo del reinado permitiría comprobarlo, pero por ahora hay que limitarse a exponer algunos aspectos mejor conocidos.

3. La provisión de sedes episcopales

Había 7 sedes arzobispales y 43 episcopales en las Coronas de Castilla (33), Aragón (16) y Navarra (1). La adecuada selección de los prelados era un asunto fundamental tanto para el equilibrio y los proyectos políticos como para los intentos de reforma eclesiástica, porque el episcopado, al ser la cúspide del estamento clerical, se integraba de hecho en la alta aristocracia, con la que sus miembros estaban unidos a veces por lazos de sangre. Aunque es cierto que los obispos tenían campos específicos de acción, también lo es que su poder abarcaba otros enteramente temporales, debido al gran valor del patrimonio y rentas de las sedes principales, a la capacidad para intervenir en la distribución de muchas otras, en especial las procedentes del diezmo eclesiástico, y a la presencia y actividad de algunos prelados en la Corte o cerca de los reyes.

El arzobispo de Toledo, «primado de las Españas» —«no prelado sino papa pareçe», según escribía en 1455 Rodrigo de la Torre, pues disponía de una renta anual superior a los 35.000 ducados—, era señor de unos 19.000 «vasallos» debido a la extensión de sus señoríos temporales (Alcalá de Henares, Talavera de la Reina, el Adelantamiento de Cazorla, etc.) y mantenía 21 castillos y una tropa fija de 2.000 hombres; no es difícil comprender que a la muerte del cardenal Pedro González de Mendoza, en 1495, los reyes hayan pensado en la posibilidad de fragmentar la sede para evitar los peligros potenciales que provocaba aquella concentración de poder, recordando tal vez los que habían padecido desde 1475, cuando el anterior arzobispo, Alfonso Carrillo, dejó su partido para luchar contra ellos en la guerra de sucesión. Otras sedes tenían también señorío temporal sobre diversos lugares, aunque sin la magnitud de la toledana, e incluso sobre la ciudad cabecera del obispado, como sucedía en Lugo, Santiago, Tuy y Mondoñedo, en Palencia, Burgo de Osma y Sigüenza, o en Tarragona. Algunos prelados, gracias a estos medios y debido tal vez a vínculos de especial relación con la monarquía, enviaron directamente tropas a las campañas de la guerra de Granada: los casos mejor conocidos atañen a los de Sevilla, Jaén, Plasencia y Coria.

Al término del Concilio de Constanza, el papa Martín V había establecido concordatos con las diversas *naciones* presentes en él. Con la española acordó, entre otras cosas, que la elección de obispos se realizaría según el procedimiento tradicional, esto es, por los cabildos catedralicios, y que la Santa Sede se limitaría a confirmar el nombramiento, aunque podría proveer directamente las vacantes ocurridas estando el obispo de que se tratara en Curia, lo que correspondía también a una práctica anterior. Sin embargo, ambos procedimientos contaban con la concurrencia de otro en auge, debido a las actuaciones regias, que proponían candidatos a los cabildos *(pro quibus reges instarent),* exigían su derecho a investir a los nuevos obispos con los señoríos temporales que pertenecían a sus iglesias y ejercían la práctica de la *suplicación* ante los papas a favor de las personas a las que deseaban ver nombradas, y es probable que la súplica fuera, en muchos casos, algo más. Así, en 1456 Calixto III prometió a Enrique IV que se atendría a proveer las sedes episcopales en individuos capacitados y «gratos al rey».

En aquellas circunstancias, el elemento menos importante solía ser la elección por el cabildo de canónigos, que no siempre tenía lugar. Los Reyes Católicos quisieron ejercer de forma constante la práctica de *suplicación* para proveer «arzobispados, maestrazgos, obispados, priorazgos, abadías y beneficios» (T. de Azcona), con lo que desarrollaron una «tendencia compleja hacia una Iglesia marcadamente nacionalista, en la que los derechos de la Corona ocupaban un lugar no despreciable». La culminación sería el logro del Real Patronato, que permitía la *presentación* de candidatos a Roma, que había de aceptarlos, pero a esto no se llegó con carácter general hasta 1523. Mientras tanto, la fórmula de *suplicación* bastó casi siempre a las finalidades regias.

No obstante, las pugnas diplomáticas entre reyes y papas fueron frecuentes y en ocasiones muy duras. La Corona se basaba para su actuación en apelaciones a la costumbre inmemorial, siempre discutible, al patronazgo regio –no hay que confundirlo con el futuro Real Patronato– derivado de la dotación de templos y servicios eclesiásticos por los reyes de la *reconquista* y a la defensa misma del bien público. Se apoyaba igualmente en la gran desconfianza del clero de sus reinos frente a la Curia romana, puesta de manifiesto en actitudes episcopalistas como las que se observaron en las asambleas del clero desde 1478, de que luego se hará mención. Contaban, también, con el apoyo de los canonistas castellanos, como Juan de Castilla, que escribía en 1487 una *selección* sobre el derecho regio de *presentación* al papa de candidatos para la provisión de *beneficios.* Eran bazas suficientes para asegurar el triunfo si se jugaban en una política hábil que ofreciera, a la vez, compensaciones a la Santa Sede en aquella relación que tenía tanto de política como de eclesiástica.

5. Organización eclesiástica y reforma religiosa

Así, Alfonso de Aragón, hijo natural del rey, ocupó la sede de Zaragoza en 1478, cuando sólo tenía diez años, y desde ella fue el primer colaborador de su padre en aquel reino, del que llegaría a ser gobernador en 1516. Sobre la provisión de la sede de Cuenca se disputó entre 1479 y 1484: Sixto IV quería proveer con ella a un sobrino suyo, el cardenal Riario, pero los reyes consiguieron que fuera para su colaborador fray Alonso de Burgos, que luego ocuparía otros obispados, aunque consintiendo en que el cardenal ocupara la de Salamanca o, por mejor decir, sus rentas, pues no compareció en ella.

El enfrentamiento más fuerte ocurrió en torno a la sede arzobispal de Sevilla, tal vez la segunda en valor económico después de Toledo, aparte de su enorme importancia eclesiástica. Inocencio VIII pretendió otorgarla al cardenal Rodrigo de Borja, pero los reyes, a pesar de la amistad que les unía a éste —o acaso porque le conocían muy bien—, se negaron con toda energía, retuvieron las rentas de la sede durante dos años y consiguieron al cabo el nombramiento de Diego Hurtado de Mendoza, sobrino del cardenal Mendoza. Los argumentos de Fernando e Isabel habían sido sobre todo de tipo religioso, aunque los hubiese también políticos, como se expresa en una de sus instrucciones al embajador en Roma:

> Sería inestimable danyo e inconveniente que esta Yglesia, que ha menester presencia de prelado, fuese regida y gobernada por absentes... lo qual aun sería grandissimo cargo de consciencia a Su Sanctidat fazer y a Sus Altezas comportarlo, atendido que es primaria e casi unica dignidad en esta tierra e provincia del Andaluzía, toda frontera por tierra y por mar cercada de moros y aun no del todo limpia de apóstatas y heréticos cristianos, e asimesmo porque es grand mengua de la honra de Sus Majestades que el segundo arzobispa-

do de todos estos reynos se permita ser dado no solo sin su voto, suplicación e consentimiento, mas aun contra su voluntad y espreso defendimiento, lo que nunca se consentió en otros tiempos de discordias, guerras e turbaciones de los dichos reynos.

En los años siguientes conseguirían los reyes el Real Patronato sobre las iglesias de Granada y Canarias, pero no sobre las de sus otros reinos, a pesar de los esfuerzos que desplegaron. No obstante, las tensiones cesaron durante el pontificado de Alejandro VI, aunque hubo que aceptar la provisión de la sede de Valencia en su hijo César Borja. Más adelante se recrudecerían: Julio II proveía beneficios vacantes por muerte estando su titular en la Curia romana sin esperar la *suplicación* de los reyes. Éstos prepararon una embajada, que no partiría hasta 1505, para cuyo uso redactó el doctor Palacios Rubios su conocido opúsculo *De beneficiis in Curia vacantibus,* que es un fuerte alegato contra el ejercicio de aquella prerrogativa por el papa, por considerar que la provisión en extranjeros era un claro supuesto de uso abusivo de la plena autoridad papal, pues provocaba perjuicio de terceros –los clérigos naturales del país que estaban capacitados– y menoscabo del derecho regio de presentación, y la reina, en su testamento, volvía a insistir en que se proveyeran las sedes en personas naturales de los reinos, pues «que los obispados son mejor regidos e gobernados por los naturales».

La actitud pontificia, al proveer los de León y Zamora, vacantes por fallecimiento de sus titulares en Curia, coincidió con la crisis de los años 1505 a 1507. Al mismo tiempo, los cabildos catedralicios de Barcelona y Vich elegían a sus obispos sin intervenciones externas, lo que era ya entonces extraordinario. Cuando Fernando regresó a Castilla, la postura regia volvió a ser más fuerte, como se demostró en la intervención para salvaguardar la «preheminencia y superioridad de la Corona real», durante la disputa entre el obispo-señor de Sigüenza y el concejo de la ciudad. Julio II protestó, pero en 1508 concedía el Real Patronato sobre las iglesias de Indias, y aceptó de hecho la prerrogativa regia de presentación, aunque nunca le concedió carácter legal y perpetuo, al contrario de lo que obtuvo Francisco I de León X en 1516 después, todo hay que recordarlo, de su triunfo en Italia y de la conquista de Milán.

Es cierto, no obstante, que los Reyes Católicos consiguieron cumplir su voluntad en casi todas las ocasiones de mayor importancia. Tenían unas aspiraciones políticas y también unos ideales religiosos a los que procuraron sujetar su práctica en aquellos asuntos, y es importante conocer tanto unas como otros.

Sus criterios principales para proponer candidatos fueron, según Azcona, el que fueran naturales de sus reinos, residentes en su sede, de vida honesta y cumplidora del celibato clerical, «de la clase media, ni nobles ni burgueses», y letrados, a ser posible: de 132 provisiones de obispados hechas durante el reinado, 32 correspondieron a miembros de la alta nobleza y 74 a gentes de pequeña nobleza y clases medias. La procedencia judeoconversa no fue obstáculo ni menos impedimento, desde el punto de vista regio, como lo demuestra el papel que dos prelados de este origen –Alonso de Burgos y Juan de Ortega– jugaron en la Corte, o más aún, el de fray Hernando de Talavera, además de que Burgos y Talavera fueron confesores de la reina. La gran mayoría de los prelados de su tiempo respondieron a estas características, lo que parece dar la razón a Galíndez de Carvajal cuando afirmaba que «para estar más prevenidos en las elecciones tenían los reyes un libro y en él memoria de los hombres de más habilidad y méritos para cargos que vacaren, y lo mismo para provisión de obispados y dignidades eclesiásticas». Se trataba de conseguir un «episcopalismo claro» (Azcona), y acorde con la voluntad regia para la dirección de la Iglesia hispana y para su reforma.

* * *

Algunas casas de prelados principales fueron el lugar donde se educaron otros futuros obispos: así sucede en la del cardenal Pedro González de Mendoza y, en especial, en la de fray Hernando de Talavera. Es también cierto que en un número apreciable de casos se produjeron situaciones ajenas a los ideales que hemos señalado: 20 provisiones episcopales recayeron todavía en cardenales o altos dignatarios romanos e italianos. Entre los prelados promovidos por Fernando el Católico se cuentan, aparte de su hijo Alfonso –al que intentó elevar incluso a la sede toledana infructuosamente–, su sobrino del mismo nombre, obispo de Tortosa y luego de Tarragona, y otro sobrino, Juan de Aragón, que lo fue de Jaca-Huesca; parece que al rey le pesaría la conciencia más de una vez por haber apoyado a un hijo bastardo del almirante de Castilla para que alcanzara la sede de Osma, en 1505, aunque no era persona adecuada, y sobre todo, por consentir en 1507 que el arzobispo de Santiago, Alfonso de Fonseca, cediera esta sede a su propio hijo, del mismo nombre. El comentario del arzobispo de Toledo, Francisco Jiménez de Cisneros, al respecto fue muy cáustico, pues decía que el compostelano «había hecho mayorazgo del arzobispado con cláusula o vínculo de restituciones; que se mirase si había excluido a las hembras».

5. Organización eclesiástica y reforma religiosa

Abundaron mucho más, sin embargo, los obispos dignos de su cargo. Junto a prelados concubinarios como Alfonso Carrillo, Alfonso de Fonseca, o incluso Pedro González de Mendoza, preocupados a menudo más de su condición política que de la pastoral, hay otros grandes nombres que son también a veces primeras figuras en la política del reinado y grandes eclesiásticos: el agustino Tomás de Villanueva, arzobispo de Valencia; Pascual de Ampudia, obispo de Burgos; Hernando de Talavera, Diego de Deza o Francisco Jiménez de Cisneros. Merece la pena el conocimiento algo más detallado de sus biografías para comprender mejor cuanto llevamos escrito sobre la relación entre Corona y episcopado.

La sede de Burgos estuvo ocupada por dos prelados brillantes pero de escasa actuación cortesana. Primero, Luis Vázquez de Acuña, entre 1456 y 1495, hermano de Alvar Pérez de Osorio, primer marqués de Astorga, pariente del arzobispo de Toledo, Alfonso Carrillo de Acuña, que fue el primer eclesiástico del país entre 1446 y 1482, y también de los Girón, condes de Urueña. Aspiró al cardenalato en 1472, pero el puesto fue para Pedro González de Mendoza. Su sucesor, el dominico Pascual de Ampudia, fue un prelado reformador y dedicado a la pastoral, muy alejado de los medios nobiliarios propios de su antecesor. Llegó a intervenir en el V Concilio de Letrán (1512).

En Santiago llena todo aquel tiempo la figura de Alfonso de Fonseca, sobrino de otro prelado del mismo nombre que ocupó la sede de Sevilla y fue gran privado de Enrique IV. Fonseca fue firme partidario de los reyes desde 1475 y éstos le premiaron con un cargo de máxima confianza, la presidencia del Consejo Real, en 1482, aunque también es cierto que de aquel modo consiguieron que estuviera fuera de Galicia durante los años en que se implantó la autoridad regia, pues Fonseca, por su condición de arzobispo y de señor de la extensa «tierra» de Santiago, habría sido un motivo de perturbación; vuelto a Galicia, se enfrenta con los alcaldes mayores del rey, que pretenden entrar en Santiago alegando que «la suprema juredición de Sus Alteças no se puede negar», y en virtud de este principio, obliga el monarca a regular por arancel diversos derechos y pechos que el prelado cobraba, al ser «demasyados y exorbitantes». Pero la concordia prevaleció, porque el argumento a que apeló Fernando el Católico al pedir a Roma que suceda en la sede un «pariente» de Fonseca –que era su propio hijo– fue la «situación en extremo grave e insegura del reino gallego... poblado de gentes feroces y recias», donde Fonseca era pieza clave para la estabilidad. Otro pariente de Fonseca, su sobrino Juan Rodríguez de Fonseca, sería sucesivamente obispo de Badajoz, Córdoba, Palencia y Burgos.

Pedro González de Mendoza (1428-1495), hijo del marqués de Santillana, sucesivamente obispo de Calahorra y Sigüenza, cardenal desde 1473 y arzobispo de Sevilla, lo fue de Toledo a partir de 1482; llamado, por su poder, el «tercer rey de España», actuó como firme puntal de la monarquía isabelina, al igual que el resto del linaje Mendoza, y combinó su carrera eclesiástica y una efectiva preocupación por la pastoral y la organización de sus diócesis, con iniciativas de reforma eclesiástica general, y con el tren de vida personal, el mecenazgo cultural y la intervención política propias de un gran aristócrata.

La biografía de Hernando de Talavera (aprox. 1430-1507) es muy distinta: estudió y fue profesor de Filosofía Moral en Salamanca, ingresó en la orden de San Jerónimo en 1466, al amparo acaso de su pariente Alonso de Oropesa, que era general de la orden, fue prior del monasterio vallisoletano de Santa María del Prado desde 1470, confesor de la reina en 1476 y su principal guía espiritual y consejero político en todos los asuntos de gobierno y hacienda hasta que, en 1492, fue primer arzobispo de Granada –antes, en 1485, había tenido que aceptar el obispado de Ávila– y dedicó todo su esfuerzo a la organización eclesiástica del nuevo reino y a la promoción del Real Patronato. Talavera fue un ejemplo de vida santa según los ideales de la religiosidad cristiana de la época, lo que le granjeó mucha fama a través de su actividad pastoral y como confesor, además de sus escritos: la *Breve doctrina y enseñanza que ha de saber y poner en obra todo cristiano,* los opúsculos sobre la misa, la confesión, la comunión, las reflexiones sobre la manera de distribuir el tiempo, destinadas a la condesa de Benavente, o sobre el vestir y el calzar). En Granada desarrolló una acción misionera, con empleo del árabe y adaptación de rezos, que se adelantó en mucho a las ideas comunes en su tiempo, como se demostró en 1500. A aquel empeño, que le granjeó entre los musulmanes el nombre de *alfaquí santo,* correspondió la impresión en 1505 del *Arte para ligeramente saber la lengua arábiga* y del *Vocabulista arábigo en lengua castellana,* ambos de fray Pedro de Alcalá. Y, en fin, el intento de proceso a que le sometió la Inquisición, regida entonces por Diego de Deza, a través del inquisidor Lucero, sólo muestra la incomprensión y recelos a que la magnitud de su obra y el ejemplo de su persona daban lugar en algunos medios eclesiásticos. Murió totalmente libre de aquellas acusaciones en 1507.

Diego de Deza (1443-1523) protagonizó, por su parte, otra prolongadísima carrera eclesiástica de perfiles igualmente interesantes. Dominico, formado en el convento de

San Esteban y en la Universidad de Salamanca, fue en ella catedrático de Teología entre 1477, cuando sucedió en el cargo al famoso Pedro Martínez de Osma, hasta 1486, en que comenzó su carrera cortesana introducido ante los reyes por su tío, el contador mayor Rodrigo de Ulloa. Fue, así, preceptor del príncipe Juan, y obispo sucesivamente de Zamora (1494) y Salamanca (1496). Cuando el príncipe murió, los reyes le mantuvieron vinculado a la Corte como su confesor y capellán mayor, le encomendaron el cargo de inquisidor general en diciembre de 1498 y pasó, un año después, a ser también obispo de Palencia, como sucesor de Alonso de Burgos. En Palencia continuó las obras de la catedral e hizo imprimir las *constituciones* del sínodo que celebró en 1500, pero la culminación de su carrera llegó en 1504, cuando actuó como albacea de la reina Isabel y fue nombrado arzobispo de Sevilla. Mientras tanto, la dureza de su acción inquisitorial y su fidelidad a Fernando el Católico le ganaron la inquina de Felipe I en el breve tiempo que fue rey, y causaron, en definitiva, su apartamiento de la vida política y del cargo de inquisidor general en 1507. Cuando murió estaba a punto de ser promovido a cardenal y arzobispo de Toledo, puestos ambos que ocuparía andando el tiempo su sobrino Juan de Tavera.

El ascendiente político y eclesiástico de Gonzalo Jiménez de Cisneros (1436-1517) comenzó en época avanzada de su vida y probablemente sin expreso deseo de aquel fraile franciscano que llegaría a ser considerado como el ejemplo más completo de prelado reformador, a la par que gran político y protector de la cultura, aspectos ambos que consideraba como apoyo de su obra eclesiástica principal. Cisneros comenzó su carrera clerical tardíamente, hacia 1464; era arcediano de Uceda en 1471, profesó como franciscano observante en 1484 —entonces cambió su nombre por el de Francisco— y vivía plenamente dedicado a su vida religiosa cuando su designación como confesor de la reina (1492) y provincial de los franciscanos observantes de Castilla (1494) vino a cambiar su vida y a abrirle posibilidades inmensas de acción que se consolidaron al ser promovido arzobispo de Toledo en 1495 y cardenal en 1507. La obra reformadora cisneriana fue amplísima y variada en el campo eclesiástico, como también su protagonismo político en Castilla durante el tiempo de cambios e inestabilidad que se abrió a partir de 1505, cuando apoyó a Fernando el Católico; llegó a ser inquisidor general (1507), financió conquistas en el norte de África, en especial la de Orán, y fue regente del reino en 1516. Como prelado toledano celebró sínodos de gran importancia, en 1497 y 1498, que reorganizaron la vida del clero secular; publicó el misal y breviario de rito mozárabe, revisados por el canónigo Alonso Ortiz (1499-1500), y a su condición episcopal se debe, ante todo, el empeño puesto en la creación de la Universidad de Alcalá de Henares.

4. El clero secular

Las sedes episcopales eran la cabeza del amplio y complejo cuerpo de beneficios eclesiásticos dotados. En la Corona de Castilla —sin Canarias y Granada— eran entre 10.000 y 15.000, incluyendo capellanías, y de su renta vivía el alto y medio clero, especie de aristocracia dentro de la sociedad eclesiástica de cada diócesis, aunque los niveles de ingresos fueran muy variados. Lo formaban los canónigos y racioneros de cabildos catedralicios y de colegiatas, los arcedianos, arciprestes, vicarios y beneficiados, cargos que no siempre existían en cada diócesis ni representaban lo mismo en cada una de ellas, pero que solían tener su parte en el diezmo eclesiástico. Los niveles eran, en efecto, diversos: un canónigo de Toledo o Sevilla, y más si era dignidad (deán, arcediano, chantre, maestrescuela, etc.), llegaba a percibir entre 150.000 y 200.000 maravedíes anuales, pero los beneficios sencillos no superaban los 20.000 a 25.000 en algunas diócesis. Las anécdotas sobre situaciones personales son abundantes: el canónigo de Toledo y conocido escritor Francisco Ortiz tenía acumulados beneficios, aparte de la canonjía, que rentaban 474.500 maravedíes al año. Juan de Tavera, al amparo de su tío el arzobispo Deza, había llegado a ser chantre en la iglesia de Sevilla y a disfrutar de otras prebendas, de modo que, cuando fue promovido a la sede episcopal de Ciudad Rodrigo en 1514, «pasó de clérigo rico en obispo pobre».

Los orígenes sociales de los beneficiados eran muy diversos, aun sin tener en cuenta a los extranjeros absentistas, pero abundaban los miembros de familias de los patriciados urbanos y, entre los capellanes, los clérigos de confianza de los fundadores de la capellanía, que eran a veces familiares suyos también. Desde luego, los beneficios mejores solían estar en los cabildos catedralicios, cuyos clérigos no siempre eran de orden sacra: una *visita* efectuada en Palencia en 1481 señala que sólo la quinta parte eran presbíteros, pero la proporción sería mayor en otros casos. Los cabildos fueron con frecuencia un reducto de conservadurismo, hostil a las *visitas* pastorales de sus respectivos prelados e incluso a las disposiciones de sínodos diocesanos: un buen ejemplo lo ofrece el enfrentamiento entre Cisneros y el cabildo toledano, que produjo el fracaso de los intentos reformadores del prelado e incluso de una visita pastoral en 1504. Posiblemente una razón de tales actitudes era la riqueza de

5. Organización eclesiástica y reforma religiosa

aquellas instituciones, pues no sólo participaban en el diezmo –aproximadamente su sexta parte–, sino que poseían corporativamente bienes raíces rústicos y urbanos, e incluso en algunos casos señoríos jurisdiccionales. Una relación de mediados del siglo XVI, por ejemplo, relativa a las diócesis de León, Astorga, Palencia, Zamora, Salamanca, Segovia, Sigüenza, Toledo, Cartagena y Sevilla señala que

> en total dependían de ellas 31 *lugares,* entre los que no se cuenta ninguna ciudad, sí alguna villa, y los demás pueblos y aldeas, en los que vivían 2.301 vecinos, vasallos de dichas iglesias (Azcona).

El mejor medio para evaluar la cantidad y calidad de los *beneficios* y sus formas de enraizamiento en las realidades locales es reconstruir la geografía administrativa de las diócesis. Tomemos los ejemplos de Toledo y Sevilla: en la primera había 209 beneficios entre dignidades, canonjías y otros del cabildo de la catedral y de las colegiatas de Alcalá de Henares y Talavera; el territorio de la archidiócesis «estaba dividido en 20 arciprestazgos y cuatro vicarías, en los que estaban situados 275 beneficios curados o parroquias, 386 beneficios simples, 345 préstamos y 448 capellanías: en total, 1.754 beneficios». En Sevilla, el cabildo catedralicio tenía 8 dignidades, 40 canonjías y 40 raciones, a lo que se añadían 20 beneficios en las colegiatas de Sevilla y Jerez, y otros 362 beneficios en la ciudad y su archidiócesis, con un total de 154 templos, más 96 capellanías en la catedral y 106 dotadas en otras colegiatas y parroquias.

La Corona procuraba que la mayor cantidad de beneficios recayera en naturales de cada uno de sus reinos, lo mismo que hacía con las sedes episcopales, y utilizaba para ello procedimientos de presentación y súplica, aunque siempre a la busca de lograr el Real Patronato pleno, pero un número considerable de prebendas, sobre todo *prestameras,* siguieron en manos de extranjeros a través de provisiones directas por la Curia romana. La cuestión era de gran importancia porque implicaba no sólo aspectos religiosos y políticos en general, sino también económicos, pues la renta de instituciones eclesiásticas superaba el 1.500.000 ducados a finales del siglo XV y los 2.000.000 treinta años después, cuando Lucio Mario Sículo recoge los datos que utiliza en su *De rebus Hispaniae memorabilibus;* eso sin contar las *tercias reales,* que consideramos como parte de la renta eclesiástica definitivamente enajenada a favor de la Corona. Toledo, con 141.000 ducados; Sevilla (112.000), Burgos (107.000), Santiago (85.000) y Palencia (80.000) eran las diócesis más ricas de Castilla. En la Corona de Aragón, Zaragoza tenía unas rentas comparables a las de Santiago, Valencia a Córdoba (unos 54.000 ducados) y Tarragona a Ávila (61.000).

La sede episcopal acumulaba, en todas las diócesis, la mayor cantidad de renta: de 30.000 a 38.000 ducados el arzobispo de Toledo, de 17.000 a 20.000 los de Sevilla y Santiago, 13.000 el de Córdoba..., pero las rentas de los cabildos catedralicios solían ser equivalentes o ligeramente superiores a las del respectivo obispo. Estas cifras son aún más notables si se las compara con las rentas de los monasterios más poderosos, que no superaban por entonces los 2.500 a 3.000 ducados anuales. Es comprensible, ya lo hemos estudiado, que la Hacienda regia quisiera contar con recursos procedentes de la fiscalidad eclesiástica, y lo consiguiera: tercias reales, subsidio eclesiástico, dinero procedente de las predicaciones de la indulgencia de cruzada. Incluso apeló a su patrimonio en situaciones extraordinarias: en 1475, los reyes tomaron la mitad de «la plata de las iglesias»; esto es, los objetos de culto o de sus tesoros, y la mitad de las rentas de la «fábrica» de cada templo para necesidades de la guerra, a modo de empréstito extraordinario cuyo importe ascendió a unos 3 millones de maravedíes.

Por debajo del alto y medio clero, que participaba de las porciones mayores de renta eclesiástica, se situaban numerosos curas, capellanes y otros sacerdotes con medios de vida mucho más modestos, y también los clérigos *de corona* o de órdenes menores, cuya forma de vida era seglar, pues ni guardaban celibato ni ejercían ministerio sacerdotal. Aquel bajo clero, sujeto a ingresos anuales escasos, semejantes a los de un oficial artesano –3.000 a 5.000 maravedíes–, estaba también más cerca en usos y maneras de pensar al pueblo seglar, pero se sabe poco de él, salvo informaciones particulares contenidas en *visitas* o generales, procedentes de *sínodos* que, además, inciden en los defectos y lacras –ignorancia, concubinato– más que en los aspectos normales o cotidianos, aunque hay pocas dudas de que el papel principal en la renovación o estímulo de la religiosidad colectiva correspondía a frailes y monjes: las numerosísimas fundaciones de capellanías y *aniversarios,* y también los patronazgos de familias de la aristocracia sobre algunos convento son un buen medio para conocer su influencia social.

5. El Real Patronato

Una manera de dar continuidad a las aspiraciones de política eclesiástica que surgían del propio clero en apoyo de la actitud regia era la reunión de asambleas eclesiásticas a las que acudían representantes de los cabildos catedralicios y también acaso de *universidades* de clérigos beneficiados. Las convocaba un prelado en la capital de su diócesis y se celebraban contando con la protección regia; entre sus actividades destacaban dos: la presentación de proyectos y agravios a la Corona «en cuestiones de jurisdicción y beneficiales» (Azcona) y el reparto de los *subsidios* que percibían a veces los monarcas sobre las rentas eclesiásticas por concesión del papa. Además trataban sobre diversas cuestiones de disciplina y forma de vida eclesiástica, aunque su finalidad y composición eran muy distintas a las de los concilios y sínodos, pues venían a ser más bien la manifestación de una cierta Hermandad clerical. Hubo asambleas del clero castellano en 1462 y 1463, en Aranda de nuevo en 1473, en Sevilla (1478), en Valladolid (1479) y en Córdoba (1482); también en 1485, 1488 y 1491, aunque no conocemos las actas de todas ellas. Acabada la guerra de Granada y suspendido el *subsidio,* dejaron de celebrarse hasta 1505. Tal vez su consolidación habría sido contraria al interés mayor de la Corona, que era el control de la jurisdicción, organización y dotación de las iglesias y la propuesta de sacerdotes para proveer los beneficios. Su consecución exigía lograr el pleno *ius patronatus* o Real Patronato, y los Reyes Católicos lo buscaron con ahínco, aunque sólo lo obtendría Carlos I en 1523 por gracia de Adriano VI, su antiguo preceptor, y a ejemplo de lo que había obtenido Francisco I en 1516.

No obstante, Isabel y Fernando obtuvieron victorias parciales que pueden considerarse a la vez como el «resultado histórico» de una tendencia y el comienzo de una época nueva en la que se conjugarían los intereses de una «Iglesia nacional» y un nuevo equilibrio en las relaciones con Roma. La bula *Orthodoxae fidei* (13 diciembre de 1486) establecía *plenum ius patronatus et praesentandi* en el reino de Granada, Canarias y Puerto Real, población esta última recién fundada cerca de Cádiz. Esto significaba que los reyes podían fijar la división territorial de las diócesis y resolver sobre la dotación de catedrales, colegiatas, parroquias, monasterios y conventos, además de hacerse cargo de su asignación económica y mantenimiento, pues controlaban el cobro de todo el diezmo eclesiástico. Los reyes, además, tendrían derecho de presentación de los candidatos a las sedes episcopales y otros *beneficios* mayores ante el papa, que los nombraría, y de los beneficios *menores* ante los obispos respectivos sujetos al régimen de Real Patronato.

Naturalmente, los encargados de poner en práctica aquellas disposiciones y atribuciones fueron altos eclesiásticos y otras personas de confianza regia: el cardenal Mendoza, el arzobispo de Sevilla, Hernando de Talavera –que sería luego arzobispo de Granada–, los doctores Talavera y Alcocer, del Consejo Real, el contador mayor Rodrigo de Ulloa y el secretario real Fernán Álvarez de Toledo. Durante unos años Granada se convirtió en campo de experiencia para el establecimiento de un tipo de Iglesia especialmente vinculado a la Corona. Es posible que el predominio, después de 1495-1497, de Cisneros y Deza, ambos miembros de órdenes mendicantes, haya introducido un rumbo nuevo, más favorable al interés del primado romano que el seguido por el equipo anterior, en el que predominaban el clero secular y los letrados de la Corte. No obstante, lo conseguido era mucho e irreversible: la dotación económica de los obispados granadinos se efectuó por medio *de juros* y libranzas contra la Hacienda regia (4.000.000 para Granada, 2.192.000 para Málaga, 1.140.000 para Almería y otro tanto para Guadix), y la selección de obispos y sacerdotes se efectuó según criterios de titulación universitaria, eficacia organizativa y servicio a la Corona: recordemos, además de la presencia sobresaliente de Hernando de Talavera en Granada, que el primer obispo de Málaga fue Pedro de Toledo, hijo del influyente *relator,* secretario y miembro del Consejo Real de Juan II, Fernán Díaz de Toledo, también de linaje judeoconverso y pariente próximo de otros miembros de la Corte real, que se definió a sí mismo en su testamento como «hechura e criado» de los reyes.

En el futuro, la cuestión era extender aquellas atribuciones a los demás territorios de la monarquía. Fue más sencillo conseguirlo en los nuevos dominios de las Indias, donde, ya en 1493, otorgó Alejandro VI a la Corona el derecho a promover la evangelización sin competencia de otras intervenciones, y en 1508, Julio II, el Real Patronato universal, con lo que se fijaría una característica básica de las Iglesias indianas durante tres siglos.

6. Los maestrazgos de las órdenes militares

La incorporación a la Corona de los maestrazgos de las tres grandes órdenes militares de Santiago, Calatrava y Alcántara ocurrió al margen de la política y los argumentos desarrollados para conseguir el Real Patronato, aunque hay ciertas semejanzas entre ambas cuestiones, en especial el deseo regio de sujetar instituciones y rentas de fundamento eclesiástico para evitar que pudieran ser obstáculo al ejercicio de su poder, como se había comprobado más de una vez en lo que se refería a las órdenes militares, debido a las intervenciones políticas de sus maestres y a la gran potencia militar, económica y señorial de que disponían.

5. Organización eclesiástica y reforma religiosa

Aparte de las tres órdenes mencionadas, que nacieron en la segunda mitad del siglo XII, tenían señoríos la Orden de Montesa en la Corona de Aragón y la de San Juan del Hospital, de ámbito europeo, en los diversos reinos españoles, aunque sus *prioratos* solían estar gobernados por miembros de la orden nacidos en el propio país. Todos aquellos institutos se regían por una regla monástica y disponían de una doble jerarquía, religiosa y militar. Calatrava, Alcántara y Montesa eran filiales del Císter y estaban sujetas a sus *visitas* y *definiciones* en lo tocante a los aspectos monásticos y religiosos, que dependían de un prior y sus auxiliares.

En el aspecto militar gobernaba cada orden un *maestre* vitalicio con ayuda de uno o varios *comendadores mayores,* un *clavero* y otros cargos de su Corte. *Los freires* o caballeros habitaban en las fortalezas y señoríos de la orden aunque en los siglos XIV y XV fueron con frecuencia absentistas. Las rentas procedentes de los señoríos de cada orden estaban divididas en dos grandes sectores: por una parte, la *mesa maestral* y, por otra, las *encomiendas,* que eran un fragmento del territorio y de las rentas señoriales de los que vivía un caballero comendador y, a veces, los *freires* sujetos a su mando. Conviene recordar también la existencia del *Capítulo General,* formado por los altos cargos de la orden y por sus comendadores, al que competía la elección de maestre y la elaboración de los Estatutos de gobierno. En el siglo XV fue frecuente el envío por el Capítulo de *visitadores* que recorrían las encomiendas, iglesias y otras dependencias para asegurar su correcto funcionamiento tanto en lo eclesiástico como en lo señorial y, al menos en la Orden de Santiago, el maestre se rodeó de un Consejo reducido que vino a ser el germen del Consejo de las órdenes militares formado en el seno del Consejo Real después de la incorporación a la Corona.

A lo largo de las luchas políticas castellanas de la Baja Edad Media había jugado un papel notable el dominio de los maestrazgos. El de Santiago, por ejemplo, lo desempeñaron, entre otros, Fadrique, hijo bastardo de Alfonso XI, desde 1350; Lorenzo Suárez de Figueroa, cabeza del linaje de los señores de Feria, en tiempos de Enrique III; el infante Enrique, hijo de Fernando de Antequera y primo de Juan II; posteriormente, Álvaro de Luna, *privado* de aquel rey, y más adelante Beltrán de la Cueva, origen de los duques de Alburquerque, y Juan Pacheco, marqués de Villena, que lo fueron de Enrique IV. Estos dos últimos monarcas intentaron ya conseguir la administración del maestrazgo de Santiago: Juan II la obtuvo del papa Nicolás V por siete años en 1453, y Enrique IV por diez años, de Calixto III. La pretensión de los Reyes Católicos contaba, pues, con antecedentes que ellos recogieron, como en otros casos, para llegar a las últimas consecuencias en el plazo más corto posible.

Una brevísima descripción de los señoríos y rentas de las órdenes permitirá comprender mejor el porqué de su importancia en el escenario político castellano. La Orden de Santiago tenía dotadas más de 90 encomiendas a finales del siglo XV, la de Calatrava, más de 50, y casi 40 la de Alcántara. Los dominios más vastos e importantes se extendían por Castilla la Nueva, Andalucía, Murcia y Extremadura (esta última era casi la única radicación de Alcántara, mientras que Calatrava tenía sus señoríos en las tres primeras regiones y Santiago en las cuatro); pues bien, en aquellos territorios contaban los santiaguistas con dominios señoriales extendidos sobre 23.000 km^2, 200 localidades y cerca de

200.000 personas, y los calatravos con 15.000 km², 90 localidades y unas 80.000 personas, sin contar los bienes y rentas de que disponían en las principales ciudades de *realengo*. El nivel de rentas obtenido era muy alto y tentador para los miembros de la aristocracia, que podían aspirar al maestrazgo o a alguna encomienda: la rentabilidad media de éstas se situaba entre 70.000 y 150.000 maravedíes por año, aunque había grandes diferencias. En conjunto, las encomiendas santiaguistas rentaban 60.000 ducados anuales, 35.000 las calatravas y en torno a 30.000 las de Alcántara, mientras que las *mesas maestrales* disponían respectivamente de entre 40.000 y 60.000 la de Santiago, 35.000 a 40.000 la de Calatrava y unos 35.000 la de Alcántara. Es cierto que una buena parte de tales ingresos estaban vinculados a gastos fijos, pero eran gastos destinados a mantener la potencia militar y, en definitiva, política: de ahí el interés de Isabel y Fernando, que se manifestó desde los comienzos del reinado.

Las últimas batallas entre nobles por los maestrazgos se produjeron en los años de la crisis sucesoria. El de Santiago lo disputaron Rodrigo Manrique, conde de Paredes, y Alonso de Cárdenas, comendador mayor de la «provincia de León» de la orden: cuando murió Manrique, Isabel I pretendió que el maestrazgo fuera para Fernando; pero, al cabo, aceptaron en noviembre de 1477 la libre elección por el Capítulo General, que recayó sobre Cárdenas. Mientras tanto, los monarcas habían aceptado también que el maestrazgo de Alcántara fuera para Juan de Zúñiga –con lo que ganaron para su causa una parte de aquel importantísimo linaje–, pero su rival Alonso de Monroy, clavero de la orden, pasó a luchar en el bando portugués como consecuencia de aquellos hechos.

La administración de los maestrazgos fue recayendo en los reyes o, para ser más exactos, en Fernando, de la manera siguiente: el de Calatrava en 1486, a la muerte del maestre García López de Padilla, al conseguir que Inocencio VIII se reservara la provisión del cargo y la dejara en suspenso. Una bula de 23 de marzo de 1493 confería a ambos reyes la administración de los maestrazgos de Santiago y Alcántara: de hecho, el rey ejerció la del primero desde aquel año, tras el fallecimiento de Alonso de Cárdenas, y la del segundo a partir de 1498, cuando renunció a su cargo el maestre Juan de Zúñiga. La bula *Dum ad illos* de 12 de junio de 1501, solicitada como confirmación de la «perdida» de 1493, otorgaba la administración de los tres maestrazgos a los cónyuges, o al que sobreviviera, aunque se suscitó gran resistencia en la Curia ante la idea de que una mujer pudiera administrar los maestrazgos, «cosa monstrua» y «contra todo derecho», si Isabel era el cónyuge supérstite. Por fin, en 1509 Julio II prorrogaría aquel estado de cosas y en mayo de 1523 –bula *Dum intra nostrae*– Adriano VI otorgaba a Carlos I la administración perpetua: de aquella manera se adhería al realengo, aunque sin confundirse con él, un amplísimo territorio procedente del ámbito señorial, así como el poder, a la vez eclesiástico y político, anexo a él.

La Orden de Montesa, cuyos señoríos estaban en Valencia, no planteó problemas ni apetencias semejantes, tanto por ser menor su potencia como diferente la organización institucional en aquella Corona, de modo que conservó su propio maestre hasta 1587. Y, por supuesto, también continuaron como en tiempos anteriores los señoríos de la Orden de San Juan, extendidos por Cataluña, Aragón, Navarra y Castilla.

7. Las propuestas de reforma religiosa y sus medios de difusión

La actitud de Fernando e Isabel hacia la Iglesia no sólo ha de entenderse en términos políticos. Contaba mucho el deseo personal de los monarcas –en especial de la reina– por impulsar los proyectos e iniciativas de reforma que preocupaban a los eclesiásticos y seglares más activos. Contaba, también, la vigencia de unas formas de religiosidad y devoción que entonces llegan a su madurez y plenitud de expresión después de siglo y medio de crecimiento, aunque no las vivían de igual manera los grupos minoritarios más atentos a la práctica de su fe que el común de la población. Parece que el título de «Reyes Católicos», otorgado por el papa Alejandro VI en diciembre de 1496, tuvo un significado más bien coyuntural, al ser consecuencia de los triunfos y designios regios en Italia y el Mediterráneo, que se contraponían a los del rival francés, el «Rey Cristianísimo»; los sucesores de Isabel y Fernando lo conservaron, pero lo cierto es que la posteridad lo entendió en su significado religioso, vinculándolo a la actitud personal y política de los monarcas, que contribuyeron a situar a la Iglesia española en un estado de peculiar preparación, precisamente en la generación anterior a las grandes reformas religiosas del siglo XVI.

* * *

El uso de la imprenta sirvió para difundir mejor los «fermentos de espiritualidad» (L. Sala Balust) que inspiraban a los reformadores. Hay una «vulgarización de la Escritura, de los Padres y de los místicos» que, según M. Bataillon, permite a muchas personas familiarizarse con el Evangelio: tuvo gran influencia durante más de medio siglo la recopilación hecha por Ludolfo de Sajonia con el título *Vita Christi*, traducida y editada en castellano por el franciscano Ambrosio de Montesinos (Alcalá de Henares, 1502-1503) y en catalán por Roiç de Corella, así como otra del mismo tema escrita por Francesc Eiximenis un siglo atrás, traducida y hecha imprimir por Hernando de Talavera (Granada, 1496). El ejemplo de Ludolfo de Sajonia es patente en obras anteriores y también posteriores a su traducción, tales como las de fray Íñigo de Mendoza *(Coplas de vita Christi,* 1482), el cartujo Juan de Padilla *(Retablo del cartuxo sobre la vida de nuestro redentor Jesu Christo,* Sevilla, 1513), o el mismo Montesinos *(Cancionero,* Toledo, 1508). La tradición valenciana concluye con la *Vita Christi* de sor Isabel de Villena, escrita en catalán e impresa en 1496 y de nuevo en 1513. Eran obras que, según ocurría también en otros países de Occidente, excitaban la imaginación y la piedad a través de la consideración de Cristo en su condición a la vez humana y salvadora. Pero el creyente seglar tenía acceso también a traducciones de los fragmentos de Evangelios y Epístolas empleados en la liturgia, aunque no al texto completo de la Biblia en castellano o catalán; hay dos traducciones de aquellos fragmentos, al menos: la del zaragozano Gonzalo de Santa María, impresa en 1485, y la de fray Ambrosio de Montesinos (Toledo, 1512), que fue reeditada hasta la total prohibición de las traducciones de la Biblia en 1559. Una traducción catalana de la Biblia hecha en 1478 por Bonifacio Ferrer, cuyo alcance ignoramos, fue destruida por las autoridades inquisitoriales a finales del siglo XV, y parece que las prohibiciones o, al menos, la prevención contra las biblias en romance se acentuaría en torno a 1492, pues se veía en ellas un posible instrumento para la permanencia del criptojudaísmo.

Otros textos litúrgicos contenidos en las *Hores de la Setmana Sancta* (Valencia, 1494) y, sobre todo, en las *Horas de Nuestra Señora* conocieron también amplia difusión. Las traducciones o refundiciones versaron igualmente sobre textos filosóficos de la Antigüedad y del Medievo a los que se concedía un valor preparatorio para el mejor entendimiento de la moral cristiana: la *Ética* de Aristoteles, *De officiis* y *De senectute* de Cicerón, obras de Séneca y Boecio, o compilaciones como el *Diálogo de Vita Beata,* traducido por el protonotario Juan de Lucena (Zamora, 1483), el *Speculum humanae vitae* de Rodrigo Sánchez de Arévalo, impreso en castellano en 1491, y la traducción que el arcediano del Alcor hizo de Petrarca *(De los remedios contra próspera y adversa Fortuna,* Valladolid, 1510). Pero fueron más importantes, aunque muy desiguales, las que se hicieron e imprimieron en aquellos decenios de escritos de los Padres de la Iglesia: San Jerónimo, San Gregorio Magno y, en especial, las *Meditaciones* atribuidas a San Agustín. A ellos hemos de añadir los principales clásicos de la espiritualidad cristiana medieval, sobre todo desde el siglo XIII: San Anselmo, San Buenaventura, Hugo de Balma, Dionisio el Cartujano, Ubertino de Casale *(Árbol de la vida crucificada,* fines del siglo XIII), San Juan Clímaco, Santa Catalina de Siena, Santa Matilde, San Vicente Ferrer, e incluso algunos escritos de Savonarola. Es de destacar la labor que los arzobispos Talavera en Granada y Cisneros en Alcalá de Henares realizaron para promover la impresión de algunas de estas obras. No hay traducciones de los místicos de la Europa renana, pero sí de la *Imitación de Cristo* de Tomás de Kempis, llamada entonces *Contemptus Mundi* (al catalán en 1482 y al castellano desde 1490; en 1516 tenía ya seis ediciones), lo que aseguraba el conocimiento de los principales puntos de meditación característicos de la *Devotio Moderna*. Estos libros y otros de divulgación, como manuales de confesores, tratados y sumas o colecciones de predicación, vidas de santos, etc., eran conocidos en los medios eclesiásticos y conventuales e inspiraban, a su vez, la producción de obras originales de autores peninsulares, no muy abundantes todavía, pero suficientes para que hoy pueda comprenderse el influjo de aquellas novedades en el plazo de una generación, la primera que conoció los efectos de la obra impresa.

Destacaremos la importante difusión alcanzada por algunas, como el *Lucero de la vida cristiana,* de Pedro Ximénez de Préxamo (Salamanca, 1493), que alcanzó ocho ediciones antes de 1500 y fue traducido al catalán en 1496; el *Vergel de consolación,* de Jacobo de Benavente (Sevilla, 1497); las *Contemplaciones sobre el rosario de la Virgen,* del cartujo Gaspar Gorricio de Novara (Sevilla, 1495); el *Carro de las dos vidas, es a saber, de vida activa y vida contemplativa,* de Gómez García (Sevilla, 1500), y, sobre todo, la del abad de Montserrat, García Jiménez de Cisneros, primo del cardenal, que editó en 1500 su *Exercitatorio de la vida espiritual* y un *Directorio de las horas canónicas,* fundamentales para comprender la difusión de los ideales de la *Devotio Moderna* entre los reformadores conventuales y también entre los creadores de nuevas órdenes, como San Ignacio de Loyola. La palabra *exercitatorium* fue utilizada por diversos autores espirituales de la Baja Edad Media; García de Cisneros la recoge en el título de su obra, para la que utilizó y en la que compendió múltiples fuentes bíblicas, patrísticas y medievales con sencillez y en castellano, lo que explica el éxito del libro tanto como su oportunidad: «El abad de Montserrat –escribe García Colombás– logró lo

5. Organización eclesiástica y reforma religiosa

que pretendía: un manual de iniciación que, a la vez, introdujera a sus monjes en el conocimiento de la vida interior, de trato con Dios, y les enseñara cómo practicar la oración metódica y el examen de conciencia cotidiano». Según declara él mismo:

> En este libro, hermanos muy amados, tractaremos cómo el exercitador y varón devoto se ha de exercitar según las tres vías que son dichas Purgativa, Iluminativa, Unitiva, y cómo por ciertos y determinados exerciçios, según los días de la semana, Meditando, Orando, Contenplando, ordenadamente podrá subir e alcançar el fin desseado, que es ayuntar el ánima con Dios, lo qual es dicho de los sanctos verdaderos y no cognoscida sabiduría.

Para subir a esa «altura del monte, que es el amor divinal» cada vía tiene su momento, su método y su virtud simbólica. La vía purgativa es el principio, basado en la fe y con la meditación como método. La vía iluminativa es el escalón intermedio, fundado en la esperanza y desarrollado mediante la oración. La vía unitiva se sitúa en la cúspide, desarrolla la contemplación y se cimenta en la caridad. La obra de García de Cisneros es, en conclusión, el pórtico al misticismo hispánico del siglo XVI.

* * *

Entre los medios para difundir aquellos incentivos de espiritualidad, el principal era conseguir un clero mejor formado, y es cierto que se consiguieron avances, aunque no es posible medir su influencia en tan corto plazo. Las fundaciones de colegios universitarios proliferaron entre 1476 y

1517: San Antonio de Portaceli, en Sigüenza (1476); Santa Cruz, en Valladolid, fundado en 1484 por el cardenal Mendoza; San Cecilio, en Granada (1492); en Salamanca los de Cuenca, Monte Olivete, Santo Tomás, Trilingüe y de Oviedo; el dominico de San Gregorio, en Valladolid; el de Santa María de Jesús, en Sevilla, establecido en 1506 por Rodrigo de Santaella, o el dominico de Santo Tomás, también en Sevilla, fundado por el arzobispo Deza en 1517, y los que creó el cardenal Cisneros en 1513 en Alcalá de Henares (de teólogos, artistas, lógicos, gramáticos). Exceptuando los dominicos, en aquellos colegios podían desarrollar su vida en común y sus devociones sacerdotes seculares y algunos laicos durante el tiempo de sus estudios universitarios, de manera que se convirtieron más adelante en difusores de los ideales reformistas.

Pero el instrumento principal para su triunfo era la labor pastoral de los obispos y la regulación que otros ejercían en sus diócesis mediante la celebración de concilios y sínodos, cuyas disposiciones, o cánones, eran conocidas y cumplidas por sacerdotes y seglares. Los concilios se referían a toda una provincia eclesiástica, mientras que los sínodos se limitaban al ámbito de una diócesis. La celebración de unos y otros fue por aquel tiempo mucho más frecuente en Castilla que en Aragón, en concordancia con la mayor fuerza que tenían en la primera los reformadores: 44 sínodos frente a 5 entre 1473 y 1511. Hubo dos importantes concilios provinciales, el de Aranda de Duero, en 1473, relativo a la de Toledo y presidido por el arzobispo Carrillo, y el de Sevilla, en 1512, que se debió a la iniciativa de Diego de Deza, pero acaso fueron más efectivos, por su número, los sínodos, pues prácticamente ninguna diócesis castellana permaneció al margen de su acción, y a veces tuvieron especial importancia, como los celebrados por Carrillo y Cisneros en Toledo (1480, 1481, 1497, 1498).

En sus cánones se tocan los aspectos más diversos: la vida, el oficio y el beneficio eclesiásticos, el concubinato clerical, la *fábrica* o soporte material de los templos, el diezmo, la enseñanza de la doctrina, las cofradías, las costumbres y la moral, la práctica de los sacramentos, el castigo de los pecados públicos, la vida conventual, etc., de modo que las colecciones sinodales son fuente muy notable de conocimientos tanto para la historia eclesiástica y religiosa como para la de las mentalidades y costumbres sociales.

Otro tipo de acción pastoral muy utilizado por bastantes prelados entonces fueron las *visitas* a las instituciones eclesiásticas de sus diócesis, que a veces despertaban fuerte resistencia y sacaban a relucir abusos en la vida y costumbres de los visitados, pero, acaso más a menudo, consolidaban la normalidad en los usos y prácticas del clero, y permitían una difusión más amplia de elementos reformadores que llegaban aun con gran dificultad a las capas más bajas del estamento eclesiástico.

8. La observancia conventual

Los ideales de reforma religiosa entre monjes y frailes y su paulatina realización fueron un aspecto importante de las transformaciones eclesiásticas desde la segunda mitad del siglo XIV. Una vez más, las innovaciones en la vida monástica y conventual precedían o acompañaban a las generales, cosa comprensible, pues los monjes y en especial los frailes eran instrumentos principales de evangelización y misión, y debían proporcionar ejemplo de vida y costumbres cristianas. Entre ellos se difundieron *Congregaciones de Regular Observancia,* dispuestas al cumplimiento «literal de la Regla y de las primitivas costumbres de su instituto, renunciando firmemente a los privilegios que posee la orden propia, los cuales, aunque perfectamente legalizados, son considerados contrarios al espíritu de la Regla» (García Oro). Los *observantes* –que tropiezan en su acción reformadora con los *conventuales,* atenidos a las prácticas y situaciones ya establecidas– ponen de nuevo el acento en la vida comunitaria, la pobreza individual, la clausura, la temporalidad en los cargos de gobierno, la recta administración de los bienes monásticos y el rigor en la selección de frailes de acuerdo con criterios vocacionales. La observancia alcanzó total autonomía en las órdenes monásticas, pero no así en las religiosas de mendicantes, donde los superiores generales mantenían un lazo de unión, aunque las escisiones, al menos temporales, fueron un hecho.

La importancia de estos fenómenos se comprende mejor al conocer la que tenían monjes y frailes en los reinos españoles: unos 150 monasterios benedictinos, 50 cistercienses, 6 premonstratenses y 7 casas de canónigos regulares de San Agustín, bastantes de ellos con dominios rurales e incluso con jurisdicción señorial sobre pueblos y aldeas ya desde los siglos X y XI en Cataluña, zonas pirenaicas, Castilla y León al norte del río Duero, montañas cántabras y Galicia. A fines de la Edad Media, su crisis se dejaba sentir tanto en el empobrecimiento de muchos de ellos como en la escasez de monjes: los 33 monasterios benedictinos catalanes tendrían como máximo 112 monjes, mientras que en Galicia únicamente los de Celanova, Samos, Lorenzana y Ribas de Sil superaban la cifra de 12. Entre los monasterios cistercienses gallegos esta misma cantidad de monjes por casa era habitual.

Las órdenes mendicantes y redentoristas, nacidas en el siglo XIII, tenían también una implantación muy densa que abarcaba todo el ámbito peninsular, en especial, los núcleos urbanos. La expansión del franciscanismo fue enorme: 156 conventos en Castilla y 34 en Aragón, repartidos en las *provincias* de Santiago, Aragón y Castilla, que reunían casi la tercera parte de los franciscanos de toda Europa. Los dominicos contaban con menos conventos, aunque mayores, en sus *provincias* de España, Andalucía y Aragón, mientras que los agustinos, con menor arraigo, tenían una treintena.

* * *

Los observantes iban a favor de las corrientes de religiosidad nuevas, y consiguieron a menudo el apoyo popular y regio: muchas de sus mejores realizaciones ocurrieron en la época de los Reyes Católicos, pero como culminación de movimientos iniciados desde finales del siglo XIV que se desarrollaban, en gran medida, al margen de la acción política inmediata de la Corona. Ésta existió, sin embargo: parece que fue Hernando de Talavera el primero en proponer los medios para la generalización de la reforma y, ya en 1487, el papa encomendó a los obispos de Ávila –lo era el mismo fray Hernando–, Córdoba, Segovia y León que promoviesen la reforma de benedictinos y cistercienses. En 1493 otra disposición pontificia daba poderes generales al arzobispo de Mesina y a los obispos de Coria y Catania, pero más eficaz fue la bula que, a finales de 1494, autorizaba a los reyes para promover todas las medidas de reforma, porque sirvió de base a las acciones de Cisneros. Será cuestión de conocer ahora, caso por caso, el alcance y los logros del movimiento reformador.

El movimiento de reforma benedictino se inició en San Benito de Valladolid (fundado por Juan I en 1390) y se fue extendiendo a los monasterios que se integraban en su *congregación* hasta llegar a su apogeo a finales del siglo XV. Los priores de San Benito eran trienales desde 1466, y también los de las abadías afiliadas, entre las que destacaron San Martín Pinario, de Santiago, cabeza de la reforma gallega, Sahagún (1464) y Montserrat (1493). Los monasterios de la *congregación* rechazaban cualquier encomienda laica y cumplían la regla benedictina en su integridad, añadiendo el empleo de las *consuetudines cluniacenses,* de las normas complementarias dadas por diversos pontífices y de sus propias *constituciones,* reformadas en 1489. Fray Pedro de Nájera, que fue prior de San Benito entre 1499 y 1518, incorporó a la *observancia,* con ayuda regia, los monasterios de Nájera y San Millán de la Cogolla y llevó el movimiento reformador a su mejor momento.

Los cistercienses recogían, entre tanto, los frutos de la reforma iniciada por Martín de Vargas desde 1426 en el monasterio de Santa María de Monte Sión; fue en la época de los abades Juan de Cifuentes y Sebastián de Padilla, entre 1477 y 1515, cuando la reforma alcanzó también a Galicia, cuyos monasterios recibieron visitadores de Poblet y de Claraval. Sólo el de Osera permanecería al margen.

Pero tuvo, sin duda, más trascendencia en el conjunto de la sociedad la reimplantación de los cartujos desde 1390: El Paular, cerca de Segovia (fundado en 1390 por Juan I); Valldemosa, en Mallorca (1399); Las Cuevas, en Sevilla (1400); Montealegre, junto a Barcelona (1415); Miraflores, en Burgos (1442); Jerez (1478), Cazalla (1479) y Granada (1506) fueron las principales fundaciones de aquella orden monástica, que no se prodigaba mucho, pero que alcanzó gran prestigio entonces. Consecuencia de aquella expansión fue el nacimiento de una *provincia* cartuja de Castilla separada de la de Cataluña.

Uno de los acontecimientos más notables en la renovación de la vida monástica y del culto litúrgico fue la expansión de la orden de San Jerónimo, que era casi exclusivamente hispánica. La época fundacional se extendió entre 1373 y 1419, y en ella surgieron 32 monasterios, entre los que destacan los de Lupiana, La Sisla, Guisando, Valdehebrón, La Mejorada, y la incorporación de Guadalupe, que se convertiría en el principal de la orden, pero a lo largo del siglo XV continuaron las fundaciones hasta alcanzar la cifra de 57 en 1515. De ellas corresponden 17 a la época de los Reyes Católicos, cuya protección benefició sobre todo a Guadalupe –donde residieron en diversas ocasiones–, Valdehebrón, cerca de Barcelona, y Nuestra Señora del Prado, en Valladolid, de donde fuera prior Hernando de Talavera. Fundaron, además, el de Santa María de la Concepción, en Granada, a raíz de la conquista, que llegaría a ser el más suntuoso de la orden, gracias a la memoria del Gran Capitán, allí enterrado, salvando, por supuesto, al de El Escorial, cuya fundación corresponde a Felipe II.

Los jerónimos combinaron la práctica de sus ideales eremíticos con unas formas de culto y coro opulentas, supieron dar respuesta a la demanda religiosa de reyes y altos nobles, con lo que disfrutaron ampliamente de su protección, mecenazgo e incluso compañía, pues ya Enrique IV dispuso de hospedería o aposentos en los monasterios de El Parral (Segovia) y San Jerónimo (Madrid), y los Reyes Católicos se hicieron construir una hospedería en Guadalupe. Pero la orden integró también otros elementos sociales: hubo, por ejemplo, bastantes personas de estirpe judeoconversa en sus filas hasta que la Inquisición, el descubrimiento de algunos criptojudíos en Guadalupe y la puesta en vigor de estatutos de *limpieza de sangre* desde 1496 lo impidieron.

No cabe desdeñar las razones económicas en el éxito de la nueva orden: muy favorecida por reyes y nobles, supo diversificar sus fuentes de renta sobre valores más seguros que la tierra y la explotación agrícola, aunque ésta no faltara: la ganadería, a veces la custodia de dinero y la participación indirecta en el comercio completaron a las formas tradicionales del dominio monástico. La habilidad de su gestión pareció incluso excesiva a veces a los mismos reyes, aunque no les apartó de su amparo. Se cuenta que Fernando dijo de ellos en una ocasión «que eran muy granjeros y ponían mucha solicitud en las cosas temporales y que trataban con demasía los aprovechamientos de la Hacienda» (E. Tormo), y al ingenio isabelino se atribuye una frase según la cual quienes «quisiesen cercar a Castilla, que la diessen a los frayles gerónimos». Es posible que aquellas observaciones tuvieran por fundamento la situación de Guadalupe, cuyas rentas alcanzaron los 20.000 ducados anuales en 1524, pero la tercera parte procedía de limosnas y ofrendas, lo que muestra cómo, en aquel caso y en otros, la riqueza del monasterio no causaba el desvío de los fieles mientras existiera concordancia en la sensibilidad religiosa.

La reforma franciscana había sido impulsada sucesivamente desde finales del siglo XIV por las iniciativas de Pedro de Villacreces, Pedro Regalado, Pedro Santoyo y Lope de Salazar, entre otros, en Castilla, y Luis de Saja en Galicia, que desembocaron en el crecimiento de la *Regular Obser-*

vancia. Lo mismo sucedía en Aragón, donde había una *Custodia* observante desde 1424, al margen de la *provincia*. La reforma de la orden tuvo especial importancia en época de los Reyes Católicos, debido al gran número de franciscanos y a la virulencia de los choques entre conventuales y observantes. Hubo alguna iniciativa personal ajena a la observancia, aunque en su misma dirección, como la de fray Juan de la Puebla y fray Juan de Guadalupe, que establecieron entre 1487 y 1497, con el apoyo de los condes de Belalcázar, la Custodia de Santa María de los Ángeles, cuyo centro era Hornachuelos, en la Baja Extremadura.

El impulso principal a la observancia provino, no obstante, de la iniciativa regia al solicitar bulas pontificias en las que se nombrasen visitadores y reformadores. Desde 1493 las recibieron los conventos de clarisas –prácticamente la única rama femenina afectada por aquellas novedades–, aunque las resistencias fueron a veces grandes, como sucedió en Pedralbes (Barcelona), pues comportaba algún riesgo de castellanización de los conventos, a los que se incorporaban religiosas procedentes de otros ya reformados.

La de los *conventuales* franciscanos corrió a cargo del provincial castellano, que era Jiménez de Cisneros, siempre con auxilio de los reyes, hasta el punto de que antiguamente se le consideró como el gran protagonista de una reforma conventual que tuvo, según sabemos hoy, características y formas de realización mucho más amplias. Cisneros impulsó la observancia franciscana desde mediados de 1497 y consiguió establecerla durante el quinquenio siguiente en la mayoría de los conventos de su provincia, aunque en medio de grandes resistencias e incluso reclamaciones de los *conventuales* a Roma, a las que el reformador respondía utilizando también sus poderes como arzobispo de Toledo, cuando le era posible: el proceso consistía en establecer la irreversibilidad de los avances *observantes* en cuanto a los frailes y los conventos que se adherían a ellos, de modo que los conventuales veían cada vez más disminuido su ámbito de influencia y cercenada cualquier posibilidad de crecimiento; así lo confirmó Roma en bulas de los años 1499, 1506 y 1517. En Aragón el cambio fue más lento y subsistieron casas *conventuales* hasta la época del Concilio de Trento.

La reforma de otras órdenes ocurrió en circunstancias semejantes aunque sin protagonismos tan dramáticos. Así, la *observancia* dominica en Castilla había comenzado con las iniciativas de Álvaro de Zamora (m. 1430) y ganó terreno gracias a las del cardenal Juan de Torquemada, que se inspiró en el modelo de la congregación de Lombardía, a la que pertenecía el famoso predicador Jerónimo de Savonarola, de modo que en los años de los Reyes Católicos la tarea estaba ya muy avanzada en torno a grandes conventos, como San Pablo de Valladolid, o a nuevas fundaciones, como las establecidas entonces en Ávila o Granada, aunque había fuertes reductos *conventuales,* en especial San Esteban de Salamanca. Desde 1493 fue Diego de Deza el principal agente de la reforma e incluso la extendió a Aragón. En los dos primeros decenios del XVI se consolidó por completo al fundirse *congregación* observante y *provincia* entre 1500 y 1506 bajo el gobierno de fray Diego Magdaleno, mientras que la influencia del savonarolismo se percibía en los reformadores más famosos, como fray Juan Hurtado de Mendoza.

Los agustinos tenían una Congregación de Regular Observancia castellana ya en 1438, promovida por fray Juan de Alarcón, y siguieron el mismo camino que las otras órdenes,

5. Organización eclesiástica y reforma religiosa

al recibir visitadores y reformadores apoyados por el papa y por los reyes, en 1497, 1502 y, sobre todo, en 1511, cuando la *provincia* de Toledo se incorporó al movimiento reformador, lo que no fue ajeno a la gran expansión del agustinismo en Andalucía desde comienzos del siglo XVI. También la *observancia* carmelita comenzó en Andalucía y se extendió poco a poco por el resto de Castilla desde 1499: Cisneros intervenía como «juez comisario apostólico» o reformador general, pero esto no era suficiente en órdenes distintas a la suya. Del mismo modo, la reforma se introdujo más tarde entre trinitarios y mercedarios, que comenzaron a conocer sus primeros efectos en 1500 y 1512, respectivamente.

La reforma conventual estaba en marcha a comienzos del siglo XVI, a veces muy avanzada, pero nunca completa, aunque apoyada por reyes, prelados y frailes que veían en la *observancia* una solución adecuada a los defectos que se trataba de extirpar. En aquella corriente de hechos se promovieron formas de conventualismo femenino, muy bien adaptadas a las nuevas tendencias: nacen algunos monasterios de jerónimas, como Santa Paula de Sevilla (1475), San Matías de Barcelona, Santa Isabel de Mallorca, la Concepción Jerónima de Madrid, fundado en 1509 por Beatriz Galindo. Se extiende, también, el espíritu de la congregación de Santa Clara de Tordesillas, y surge una nueva rama del franciscanismo femenino a partir de la iniciativa de Beatriz de Silva, instalada en Toledo desde 1484 con protección de la reina. Son las concepcionistas, que se consolidaron tras la muerte de la fundadora al tiempo que adquirían su condición franciscana, entre 1494 y 1505: en 1511, el papa Julio II completó su definición atendiendo al especial empeño que tenían en exaltar la Inmaculada Concepción, empeño que compartían con muchos otros en la Castilla de la época.

9. Aspectos de la religiosidad de los seglares

Nos hemos limitado hasta ahora a describir las realidades más aparentes de la historia religiosa: las instituciones eclesiásticas, sus relaciones con otros poderes, las grandes líneas de su reforma, la religiosidad de los grupos más instruidos en materias de fe y moral cristianas. Pero, ¿cómo era la religión que creían y practicaban los demás habitantes del país?

Es muy difícil rastrear huellas y manifestaciones de la religiosidad tal como la vivieron los sectores laicos de la sociedad sin apelar a testimonios en los que predomina la descripción y directrices del clero pastor sobre la grey seglar. Hay, ante todo, unos aspectos de sociología religiosa comunes a todos aquellos creyentes, un cristianismo institucional cuya fe se acepta como parte del patrimonio que todo individuo recibe de su entorno social, y se practica a través de los cauces eclesiásticos; un cristianismo promovido por el estamento clerical cuyo enraizamiento, según hemos visto, en la riqueza y el poder era tal que toda misión evangélica debía pasar por la aceptación del sistema social vigente, aunque se reconocieran sus defectos, que parecían siempre extirpables sin modificarlo, o males obligados con que se ponían a prueba la fe, la buena voluntad y el espíritu fraterno de los cristianos.

Pero los eclesiásticos, al actuar así, lo hacían como hombres de su tiempo que eran, para los que la religión no fue sólo la fe en un misterio y la realización práctica, personal y comunitaria, de ciertos principios éticos, sino también una ideología básica para explicar la razón de ser histórica y la forma de estar organizados los pueblos europeos, especialmente los españoles, que habían nacido y crecido en lucha

5. Organización eclesiástica y reforma religiosa

contra *los moros, enemigos de nuestra santa fe católica,* como puede leerse miles de veces en los documentos de la época. En tales condiciones, la desviación más peligrosa que podía producirse no era tanto la herejía, mientras fuera tolerable o absorbible por el cuerpo social, como la apostasía: de ahí la importancia especial que se concede a los problemas de relación con judíos y musulmanes y la fuerte reacción a que dan lugar, antes o después, los problemas de islamización (son los *helches* o *renegados)* o los más numerosos provocados por los judaizantes.

Estas cuestiones serán objeto de otros capítulos. Ahora nos limitaremos a la gran masa del pueblo fiel cristiano, aunque apenas pondremos algunos ejemplos al margen de las prácticas sacramentales, litúrgicas y de devoción habituales, sobre las que tampoco hay una información completa y sistemática. Un conocimiento mayor de todos estos aspectos y de las prácticas religiosas a escala local permitiría comprender mejor la mentalidad colectiva religiosa y apreciar la inmensa confianza que aquella fe llegó a tener en sí misma para no temer que la dañasen ni los abusos, tantas veces institucionalizados, ni las irreverencias de sus propios creyentes, ni su continuo manejo como ideología justificadora y sancionadora de determinadas realidades históricas.

* * *

La mejora del nivel y el aumento de la demanda religiosa de los seglares son un fenómeno propio del Medievo tardío, aunque no afectó por igual a todos los grupos. Una de sus manifestaciones es el incremento de la predicación y los medios de catequesis que, en la península Ibérica, respondían además a la necesidad de alejar los peligros de apostasía generados por conversos judaizantes y de afianzar la actitud favorable a las propuestas de cruzada contra el Islam. La predicación había sido practicada a comienzos de siglo por hombres tan ejemplares como el dominico Vicente Ferrer, y tuvo en la época que nos atañe cultivadores y teóricos numerosos, como fray Juan López de Salamanca, un dominico que compuso ciclos de tema mariano y otros para la predicación durante todos los domingos del año.

La mayor parte de los catecismos se contenían en colecciones sinodales, pero se añadieron otros en aquellos años. El cardenal Mendoza, como arzobispo de Sevilla, buscaba con uno de ellos adoctrinar a los judeoconversos, hacia 1478, y Hernando de Talavera escribió otro para guiar a los moriscos granadinos a raíz de su bautismo en 1500, además de componer, en 1496, una *Breve y muy provechosa doctrina de lo que deve saber todo cristiano.* Conviene recordar el ya mencionado *Lucero de la vida cristiana,* de Ximénez de Préxamo, y el *Flosculus sacramentorum,* de Pedro Fernández de Villegas, o los tratados de confesión que recogen normas genéricas pero también casos y datos sobre las preocupaciones religiosas y el nivel moral común de la época, como el *Confesional,* de Alonso de Madrigal, «el Tostado», que se imprimió en 1498, o, en 1502, el *Tractatus de poenitentiis,* del catedrático salmantino Juan Alfonso de Benavente, más sistemático. Muy sencillo y breve era el de autor anónimo benedictino titulado *Arte de confesión breve e mucho provechosa así para el confesor como para el penitente.*

A partir de 1480 hubo un empeño mayor en la enseñanza de la doctrina cristiana, pues se mostró en las parroquias una *tabla* o cuaderno de doctrina, y se practicó más la tradicional enseñanza que combinaba los procesos de aprendizaje e inserción en la sociedad con el adoctrinamiento religioso, de manera que se asegurase una forma de fe colectiva que tenía acaso un fundamento más social que personal pero cuya solidez no se solía poner en duda. Hacia 1500 se imprimió una sucinta *Cartilla para mostrar a leer a los mozos, con la doctrina christiana que se canta amados hermanos,* buen ejemplo de lo que afirmamos. Los laicos de cierta cultura contaban también con la posibilidad de leer pasajes evangélicos y bíblicos, como ya se ha indicado, y, además, diversas creaciones literarias aportaban una contribución nada desdeñable.

Así, las que tienen por tema el sentimiento de la muerte y la fugacidad de la vida, por cuanto inducen a reflexión religiosa: la *Danza de la Muerte* tuvo al menos dos versiones castellanas en la segunda mitad del siglo XV, pero la creación más famosa son las *Coplas por la muerte de su padre,* de Jorge Manrique (1476). El uso de la poesía y el teatro como medios de enseñanza religiosa se comprueba en el valenciano Joan Roiç de Corella, que trató sobre aspectos de las vidas de María, José, Santa Ana, la Magdalena y el mismo Cristo, y entre los castellanos, en los ya citados fray Íñigo de Mendoza *(Gozos de Nuestra Señora)* y fray Ambrosio de Montesinos, compositor de villancicos populares. En cuanto a los autores teatrales, cabe recordar las piezas escritas por Gómez Manrique para ser representadas en Navidad y Semana Santa, y los temas religiosos de los pioneros del teatro moderno, Lucas Fernández *(Auto de la Pasión)* y Juan del Encina.

Las artes plásticas se utilizaban con el mismo fin didáctico, y no sólo devocional: basta contemplar los cuadros de la capilla de la reina Isabel, que se guardan hoy en la Capilla Real de la catedral granadina, para comprender la intensidad con que se difundieron determinadas devociones gracias a la obra pictórica de los *primitivos* flamencos y sus imitadores hispánicos. Estaban en auge las relativas al culto a Cristo en sus aspectos humanos y salvíficos, así como su adoración en el misterio de la eucaristía: la difusión de la procesión del *Corpus Christi* es un hecho propio del siglo XV, pues en su transcurso va apareciendo en muchas ciudades, organizada por ambos cabildos, el de canónigos y el municipal. También la devoción a María como madre de Dios, mediadora, auxiliadora y ejemplo de perfección humana creció mucho en el Bajo Medievo: el culto a su Inmaculada Concepción era muy característico del ámbito español a fines del siglo XV, mucho antes de que fuera declarado dogma de fe, así como las peregrinaciones y ofrendas a santuarios marianos, entre los que destacaba Guadalupe; numerosas iglesias nuevas en el reino de Granada fueron dedicadas a la Encarnación.

La predicación y obtención de indulgencias conocieron el mismo incremento que en el resto de Occidente, lo que explica tanto el éxito que tuvieron las predicaciones de bula de cruzada durante la guerra granadina como la capacidad para soportar los abusos que a veces ocurrieron, porque la forma de ofrecer la indulgencia, mediante equipos itinerantes formados por predicador, buldero y tesorero, con tarifa de limosnas según la riqueza del donante, y la misma presión social hacían obligatoria su toma en la práctica. Al menos, los reyes prohibieron la predicación y difusión de otras indulgencias que no hubieran autorizado ellos antes con consejo de prelados, y así evitaron bastantes engaños a la gente sencilla.

Porque las iniciativas piadosas y las formas de religiosidad seglar se mantenían a menudo dentro de cauces muy tradicionales, a pesar de las innovaciones que hemos descrito y del mayor esfuerzo catequético. Para la inmensa mayoría del pueblo la parroquia era el lugar habitual donde ejercitarlas: parece que la práctica sacramental era todavía irregular y escasa, y no faltaban elementos de superstición anexos al culto, como sucedía con los «ciclos de misas» tenidos por milagrosos: los de San Amador y San Gregorio eran los más populares. O en la «pacífica convivencia entre santoral y mitología» que se observa en diversas devociones populares de la época. En el otro extremo de la escala social, muchas familias nobles fundaban enterramientos, capillas funerarias e incluso conventos y monasterios donde se asegurase el culto por sus difuntos y se perpetuara la memoria del linaje: es difícil discernir dónde concluye la expresión de religiosidad y comienza la de ostentación de poder y el empleo de aquellas prácticas funerarias como medio para afirmar aún más las jerarquías sociales.

Hay algunos casos individuales mejor conocidos de práctica religiosa intensa y sincera, dentro de las maneras de hacer propias de entonces. Por ejemplo, el de la misma reina Isabel, protectora o fundadora de conventos y hospitales, gran limosnera, que practicaba ayunos y oraciones –leía a diario las horas canónicas–, y solía vincular al plano religioso y providencialista todas sus iniciativas políticas. En el testamento declara sus ángeles y santos de mayor devoción y muestra una cultura religiosa en la línea de la *Devotio Moderna:* los arcángeles Miguel y Gabriel, San Juan Evangelista, –«mi abogado especial en esta presente vida»–, San Francisco de Asís –«patriarca de los pobres, el alférez maravilloso de Nuestro Señor Jesu Christo»–, el apóstol Santiago –«patrón de mis reinos»–, María Magdalena y San Jerónimo, modelos de perfección por la ascesis, entre otros.

Algunas aristócratas destacaron también por su actividad fundadora: al nombre de Beatriz de Silva, ya mencionado, hay que añadir el de Beatriz Galindo, «la Latina», dama de la reina, hermana del secretario Gaspar de Gricio y mujer del también secretario real y artillero Francisco Ramírez de Madrid, que fundó en esta villa, ya viuda, dos monasterios, uno de clarisas y otro de jerónimas, ambos dedicados a la Inmaculada Concepción, y un hospital protegido por una cofradía de 200 miembros. O también el de María Suárez de Toledo, mujer e hija de nobles, que como «María la pobre» recibió de la reina un palacio toledano donde instaló el convento de Santa Isabel de los Reyes. Y en especial, la figura de Teresa Enríquez, mujer del contador mayor Gutierre de Cárdenas, que gastó en la viudez gran parte de su fortuna en la villa de Torrijos, de la que era señora, y en otras partes, fundando siete conventos de franciscanos, concepcionistas y agustinos, dos hospitales y dos colegios en Torrijos, más la colegiata del Corpus Christi en la misma villa, dotada con 12 capellanías, y la Cofradía de la Sangre, en Toledo. Su mayor empeño fue la difusión del culto eucarístico mediante la fundación de cofradías del Santísimo Sacramento según el modelo establecido en Roma, en 1501, y el segundo, la redención de cautivos: a través de los mercedarios liberó al menos a 8.500.

Si de los ejemplos personales pasamos a las iniciativas anónimas o colectivas, hallamos algunas formas y vías de expresión de la religiosidad seglar que tienen un interés indudable. Así sucede con los casos numerosos de mujeres, con frecuencia de condición económica humilde, que convertían sus viviendas urbanas en *emparedamientos* donde vivían enclaustradas y sujetas a la dirección religiosa de alguna parroquia o convento: estas *beatas* son menos conocidas que sus contemporáneas, las beguinas de los Países Bajos, pero guardan cierto parecido con ellas por los ideales religiosos y formas de vida.

El número de *cofradías* era muy alto a finales del siglo XV, bajo diversas advocaciones y formas. Muchas lo fueron o bien de un determinado oficio o bien de un grupo social, como sucedía con las de hidalgos o clérigos, pero en otras ocasiones tenían finalidades piadosas y asistenciales y admitían a una gama mucho más variada de personas. Entre las asistenciales, son muchas las que sostienen hospitales, casi siempre de pequeña capacidad o simples hospederías, y las que atienden habitualmente a pobres. Las cofradías penitenciales tenían todavía menos desarrollo, aunque sus prácticas devocionales estaban ya maduras: el culto a la Vera Cruz, a la Sangre de Cristo, a la Inmaculada. Parece que la primera cofradía de la Vera Cruz se fundó en Sevilla hacia 1448. Eran cultos promovidos especialmente por los franciscanos, lo que explica también la difusión y aceptación que encontraron en los reinos de Isabel y Fernando.

* * *

Una veta de profetismo recorría las creencias religiosas de la época. Los componentes eran, en su mayoría, tradicionales, aunque cambien, como es lógico, las circunstancias y fechas indicadas en las predicciones y se mezcle a veces aquella práctica con elementos «iluministas» que anuncian aspectos característicos de los *alumbrados* del siglo XVI. Es difícil saber qué difusión y arraigo tuvieron aquellas especulaciones, pero no se pueden ignorar su existencia misma y las aplicaciones que encontraron en diversos ámbitos sociales y políticos.

La toma de Granada en 1492 proporcionó un caso de «cronología significante» que usaría el mismo Colón al recordar que en aquel año, además, los judíos fueron expulsados de los reinos de Castilla y Aragón y se produjo el descubrimiento de la ruta de Occidente hacia unas tierras donde él y muchos más creían que se hallaba otra cristiandad oculta. 1492 venía a ser «prefiguración, anuncio profético de la unificación del ecúmene bajo las banderas de la Cristiandad» (Milhou). Pero, además, coincidía aquello con profecías milenaristas, como las difundidas por Johan Alamany en *La venguda de Antichrist... ab una reprobació de la secta mahometica,* escrito en la primera mitad del siglo XV y traducido ya al castellano, que imaginaba a España como escenario del «combate escatológico» que tendría tres fases, la primera ya conseguida: «la gran purificación violenta de España ... la toma de Jerusalén ... la consecución de la monarquía universal, preludio al milenio». Exigía aquello la aparición de un «jefe carismático» o «nuevo David», papel que se asignaba al rey Fernando, añadiendo a sus responsabilidades conquistadoras y políticas las de reformar la Iglesia y promover la conversión de infieles y paganos.

Muchas de aquellas ideas no eran nuevas, como tampoco las contenidas en el *Libro del Anticristo* de Martín Martínez de Ampiés, concluido en 1493 e impreso en 1496: tenían sus raíces en la lectura e interpretación del Apocalipsis sobre las señales del fin de los tiempos, habían madurado, a menudo, en la época de las Cruzadas, durante los siglos XII y XIII, y las recogieron pensadores y predicadores bajomedievales, en especial franciscanos, como por ejemplo, Ramón Llull, Arnau de Vilanova, Juan de Rocatallada o Francesc Eiximenis. Habían tenido mayor presencia en Aragón que en Castilla, por lo que no es extraño que tales «profecías» afectaran más a Fernando que a Isabel (hay al menos 11 textos que aluden a ellas entre 1473 y 1515). El rey heredaba una línea de «mesianismo» que enlazaba, a través de Pedro III, con el de los emperadores de los siglos XII y XIII, y que se oponía a otra, igualmente viva en la persona de Carlos VIII de Francia, originada en la conquista de Nápoles por Carlos de Anjou: ambos, angevinos y aragoneses, se sentían llamados a protagonizar la conquista de la «Casa santa» de Jerusalén y a que su rey fuera el «nuevo David». Fernando el Católico hizo uso político de tales profecías, sobre todo en los años de su regencia (véase capítulo 3), pero lo que interesa ahora es preguntarse si creía en ellas: desde luego, dejó que se educara a su hijo el príncipe Juan en la creencia de que sería rey de Jerusalén, y aceptó la predicción de la dominica sor María de Santo Domingo, la «Beata de Piedrahíta», sobre su supervivencia hasta que conquistara aquella ciudad.

Algo de sincero había, pues, en la atención que se prestaba a aquellos augurios proféticos surgidos de potentes tradiciones medievales y renovados en el tránsito del siglo XV al XVI. No sólo entre los cristianos: también los judíos atraviesan por entonces una época de especial expectación mesiánica. En relación con estas situaciones de gran sensibilidad hay que entender la fama que alcanzaron algunas monjas y beatas místicas en los comienzos del XVI: además de María de Santo Domingo, la Madre Marta, benedictina en Santo Domingo el Antiguo de Toledo, sor Juana de la Cruz o sor María «la Pobre», también toledana. En 1506, el francés Charles de Bovelles anunciaba a Cisneros,

> en un plazo de doce años, la reconquista de Jerusalén, una renovación total de la cristiandad y su extensión hasta los confines de la tierra, y una maravillosa reforma de la Iglesia por hombres espirituales, apostólicos y admirables a quienes la omnipotencia de Dios iba, por fin, a suscitar (M. Bataillon).

Pero esta visión profética sobre la próxima reforma de la Iglesia no siempre era favorable a la jerarquía: un franciscano burgalés vaticinaba en 1512 para dentro de cinco años la reforma, con caída del papa y los obispos, muertes de reyes y otras desgracias purificadoras. Parece ser que entre los franciscanos se conservaron y difundieron mejor aquellos mitos de reforma, retorno a la pureza originaria y esperanza milenarista en el próximo fin de los tiempos. Algunos de ellos iniciarían la misión en Indias con aquel bagaje mental.

* * *

La gran variedad de temas tocados en este capítulo puede dar idea de la importancia que las cuestiones eclesiásticas y religiosas tenían en la vida española de aquella época. Ha sido frecuente o ignorarlas con exceso o estudiarlas, a veces un tanto encomiásticamente, aisladas de su marco lógico de referencias con respecto a otros aspectos de la realidad histórica, extremos ambos que hemos procurado evitar, indicando la estrecha relación entre poder político e instituciones eclesiásticas, entre contextura social y hechos de religiosidad, señalando la posición económica de los eclesiásticos y, también, el vigor e importancia de la reforma que culmina en tiempo de los Reyes Católicos, en parte debido a su actitud personal, y que sitúa a la cristiandad española en una posición peculiar dentro del conjunto europeo, como una Iglesia de fuerte ortodoxia, plenamente integrada en la sociedad y sujeta a un control político en el que la monarquía asumió el papel de filtro e hilo conductor de las inspiraciones, directrices y órdenes procedentes de Roma, y tomó por sí misma iniciativas numerosas y trascendentales.

5. Organización eclesiástica y reforma religiosa

Los contactos sociales, políticos y religiosos con hombres de las otras dos grandes religiones abrahámicas, la judía y la islámica, eran también muy peculiares en la España del siglo XV, y a ellos dedicaremos el capítulo siguiente por su importancia, aunque se trate siempre de hechos más particulares que los considerados hasta ahora.

6. De la tolerancia a la Inquisición

1. Los judíos

1. La situación de los judíos en la Baja Edad Media

La expulsión de los judíos de Castilla y Aragón en 1492 ha sido siempre una de las decisiones políticas de Fernando e Isabel que más polémicas ha despertado, tanto en su enjuiciamiento y en los paralelismos que se han hecho entre ella y otras actitudes antijudías como en la búsqueda de los posibles motivos y en la crítica a sus consecuencias de todo tipo. Hay que atender a varios aspectos sucesivamente: ante todo, no se puede aislar el suceso de la historia anterior de los judíos hispánicos, en especial a partir de los trágicos acontecimientos de la segunda mitad del siglo XIV –1348, 1391– o de los intentos de conversión masiva entre 1408 y 1415, pero también es cierto que el antijudaísmo, si bien no había desaparecido, disminuyó en los decenios posteriores, aunque derivó contra los conversos, de modo que la decisión de expulsarlos se tomó por motivos más próximos y específicos, y fue, hasta cierto punto, imprevisible para muchos de los que la padecieron.

La política de los Reyes Católicos buscó, en un principio, con respecto a los judíos, al igual que en otros asuntos, la restauración de un orden social, degradado en tiempos anteriores, y su funcionamiento según la ley. Por eso aceptaron la lógica tradicional de las relaciones entre Corona y judíos, y se limitaron a exigir que ocuparan su puesto en el sistema social vigente. Pero ¿cuál era este puesto y cuál fue la evolución de los acontecimientos?

> La sociedad cristiana medieval considera la unidad de fe como su signo distintivo. Sólo la fe da un sentido a la vida. Tolera a los judíos –que no forman parte de ella– por un acto gratuito de benevolencia, argumentándolo a menudo con la esperanza de que viendo a los cristianos se conviertan. Por tal tolerancia, los judíos pagan una capitación personal, pero la provisionalidad del hecho no se pierde nunca de vista, entre otras razones porque no hay más que un camino, el del bautismo, para ingresar en el cuerpo social (L. Suárez Fernández).

Esta argumentación define perfectamente la situación de los judíos en la doctrina social de la Baja Edad Media y el porqué de su especial dependencia con respecto a la Corona –«tesoro del rey» se les llamaría a ellos y a los mudéjares en Aragón– a cambio de la protección que ésta les deparaba. La realidad, sin embargo, era más compleja, tanto si se asumía conscientemente, cotejándola con la teoría anterior, como si se vivía al margen de todo intento de explicación o justificación. Realidad social del Medievo hispano-cristiano, que había heredado de la anterior época islámica un especial sentido de la tolerancia hacia el pueblo judío, a cuyo amparo crecieron y prosperaron las comunidades hebreas de la península durante los siglos XII y XIII, mientras que en otras partes de Europa crecía el antijudaísmo.

Pero también éste llegó a la España cristiana en el transcurso del siglo que siguió al final de la *reconquista* y presenció fuertes cambios y tensiones sociales en todos los órdenes. Antijudaísmo doctrinal que se expresa en la legislación eclesiástica –por ejemplo en el Concilio de Zamora de 1312– y poco a poco también en la seglar, y antijudaísmo popular, que derivaba del odio originado por los contactos a nivel económico, ya a través del problema de los préstamos, ya durante la gestión de los intereses de la Hacienda real y de otras rentas por algunos judíos que, conviene recordarlo, eran una pequeña minoría dentro de su comunidad. Los espantosos fenómenos epidémicos ocurridos a partir de 1348 y las graves crisis políticas y guerras civiles de la segunda mitad del siglo XIV agravaron mucho la situación; ya hubo persecuciones contra los judíos a raíz de la peste de 1348, sobre todo en la Corona de Aragón, pero la gran tragedia se desencadenó en 1391: las persecuciones, muertes, emigraciones y bautismos de aquel año son el verdadero punto de partida para comprender la realidad social de judíos y judeoconversos en el siglo XV.

Cuando se alcanzó aquel extremo, y ante el crecimiento del antijudaísmo, los reyes sólo tenían en sus manos dos posibilidades: primera, continuar o no con el régimen de tolerancia anterior, justificable legalmente pero ya muy desgastado por los hechos, y segunda, defender en cualquier caso el principio de autoridad, asegurando que sobre los judíos, como tesoro suyo que eran, sólo a la Corona tocaba decidir.

6. De la tolerancia a la Inquisición

Así lo escribía Juan I de Castilla un poco antes de 1391 al exaltado arcediano Ferrán Martínez, autor de predicaciones fanáticas: «Que si buen cristiano queredes ser, que lo seades en vuestra casa, mas que no andedes corriendo con nuestros judíos de esta guisa». Y lo repetiría, en otras circunstancias, Isabel I en 1477: «Todos los judíos de mis reinos son míos e están so mi protección e amparo, e a mí pertenece de los defender e amparar e mantener en justicia».

Fueron, pues, los cambios en la realidad social y no las transformaciones doctrinales los que actuaron sobre la situación judía en el siglo XV, y en relación con ella, también sobre la de los judeoconversos, cuyo número aumentó mucho en los decenios que siguieron a 1391. En las persecuciones de aquel año murieron bastantes judíos, aunque muchos menos de los que se ha supuesto a veces. Otros, más numerosos, emigraron a diversos lugares dentro o fuera de su reino originario: en la Corona de Castilla, por ejemplo, decayeron las grandes juderías urbanas del sur y se incrementaron las situadas en la mitad norte, en núcleos ciudadanos más pequeños o, en muchos casos, en poblaciones rurales. En la Corona de Aragón desaparecieron muchas juderías principales (Barcelona, Valencia): de las 35 aljamas que sobrevivieron, 22 estaban en el reino de Aragón, sólo 8 en Cataluña, 5 en Valencia y 1 en la ciudad de Mallorca. Más importante todavía: numerosos judíos aceptaron el bautismo, sinceramente o no, unos a raíz de la catástrofe de 1391, otros más durante las campañas de predicación de los años 1407 a 1415, en las que destacó el dominico Vicente Ferrer, que fueron acompañadas por medidas legales restrictivas hacia las actividades y formas de vida de las comunidades judías (Ordenamientos de 1412 en Castilla y 1414 en Aragón) e incluso de controversias públicas entre sacerdotes y rabinos, como la *Disputación de Tortosa* en 1413-1414, cuyo efecto proselitista tuvo gran importancia.

* * *

Las comunidades judías se recuperaron parcialmente después de las turbulencias que habían padecido entre 1391 y 1415. En la Corona de Castilla el número de sus miembros llegaría a alcanzar acaso unos 100.000 individuos en vísperas de 1492, distribuidos en unas 400 localidades, a menudo en grupos muy pequeños, tanto en el *realengo* como en los señoríos. Para estimar su importancia contamos con los repartos de impuestos directos que gravaban específicamente a los judíos: el *servicio y medio servicio* (450.000 maravedíes en 1480), y durante los años de la conquista de Granada, otro servicio especial llamado *de los castellanos de oro*, pues cada judío varón con bienes propios y mayor de dieciséis años había de pagar una moneda de este nombre. Son datos que indican la potencia económica más que la importancia poblacional, pero nos permiten saber que destacaban, entre otras, algunas juderías del valle del Duero (Medina del Campo, Almazán y Soria, Benavente, Mayorga, Zamora y Salamanca, Ávila y Barco de Ávila), otras en el reino de Toledo (Toledo, Huete, Ocaña, Escalona y Maqueda, Guadalajara y Alcalá de Henares) y en Extremadura (Plasencia, Cáceres, Badajoz, Llerena y Jerez de los Caballeros). La situación en la Corona de Aragón no permite suponer que hubiera más de 20.000 judíos en el momento de la expulsión.

La caracterización profesional de los judíos castellanos fue trazada con precisión y hostilidad por el cronista Andrés Bernáldez, que facilita un punto de vista acaso excesivamente agrario y válido para la mitad sur:

> Estaban heredados en Castilla e plantados en las mejores ciudades e villas e logares, e en las tierras más gruesas e de mejores extremos, e por la mayor parte moravan en las tierras de los señoríos. E todos eran mercaderes e vendedores e arrendadores de alcabalas e rentas de achaques, e fazedores de señores, e oficiales, tondidores, sastres, zapateros e cortidores, e zurradores, texedores, especieros, buhoneros, sederos, herreros, plateros e de otros semejantes oficios; que ninguno rompía la tierra ni era labrador ni carpintero ni albañil, sino todos buscaban oficios holgados, e modos de ganar con poco trabajo... E eran gente muy sotil, e gente que bivia comunmente de muchos logros e usuras con los cristianos, e en poco tiempo muchos pobres dellos eran ricos.

Se deduce, y así lo confirman muchos otros testimonios, que, junto a una minoría de judíos ricos, había muchos otros que no lo eran. Algunos eran propietarios de tierras y ganado, pero no trabajadores directos del sector agrario, salvo, a veces, en pequeñas huertas y viñedos. Predominaban los oficios artesanos relacionados sobre todo con el textil, el cuero y los metales. Abundaba el tipo de judío dedicado a negocios financieros (prestamista, arrendador de rentas) y el *fazedor* o gestor de diversos intereses de la administración realenga o señorial sin tener por ello la condición de oficial público. Bernáldez olvida reseñar al grupo entregado a profesiones liberales, la medicina en especial, del que saldrían los médicos judíos que atendían a cristianos –a pesar de las prohibiciones legales– e incluso a los propios reyes. Su afirmación sobre la abundancia de judíos en tierras de señorío apunta a otra faceta del problema: la protección del poder era más cierta y próxima en ellas durante aquellos tiempos difíciles. Pero hubo también muchas juderías en poblaciones de jurisdicción real. En unas y otras, el papel de los judíos en la gestión y arrendamiento de rentas y contribuciones había disminuido mucho con respecto a tiempos anteriores: su lugar lo ocuparon, sin embargo, como veremos, los judeoconversos.

No se había modificado, en cambio, la organización interna de las comunidades judías, basada en la cohesión de la familia, que era garantía del mantenimiento tanto de la fe religiosa como de las peculiaridades culturales. Las juderías, a partir de un cierto número de miembros o de riqueza, formaban *aljama* a menudo con otros grupos próximos anexos, para gestionar su organización interior de acuerdo con la ley mosaica, no sólo en los aspectos religiosos, sino también en los tocantes al derecho privado, al reparto de cargas fiscales e incluso, a veces, a la gestión mancomunada de algunos negocios. En las aljamas, al menos en las principales, hay alcaldes (*dayanim*) elegidos por la asamblea de sus convecinos, con competencia judicial en litigios internos. Hay, también, rabinos, maestros de la *Torah* o ley, repartidores de *pechos* y contribuciones. En conjunto, la aljama actúa como un concejo. Además, el monarca nombraba un rabí o juez mayor para todo el reino, juez de apelación y medio de enlace entre la Corona y sus judíos. En Castilla lo era en 1432 don Abraham Bienveniste, arrendador mayor de impuestos de Juan II y estrecho colaborador de don Álvaro de Luna, cuando se redactaron los estatutos o *takkanoth* de Valladolid que, además de restaurar normas anteriores a 1391, facilitaron el marco organizativo de las aljamas vigente todavía en 1492.

2. La expulsión. Causas y resultados

Las órdenes de discriminación y segregación contenidas en el Ordenamiento de 1412 y reiteradas en la Sentencia Arbitral de 1465 no se cumplían en el ámbito castellano. Cabe suponer que algo semejante sucedía en el aragonés. Los Reyes Católicos dispusieron su aplicación efectiva, de acuerdo con la lógica de gobierno a que se atenían. Así, ante las Cortes de 1476 y 1480 restablecieron la vigencia de la legislación que ordenaba el apartamiento de vivienda para judíos y mudéjares en barrios o calles aparte, la prohibición de ejercer determinados oficios, el deber de mostrar señales sobre el vestido, el prescindir de sedas y tejidos preciosos propios de los estamentos sociales privilegiados, y se normalizaron los tipos de interés. El apartamiento de las juderías se cumplió efectivamente en los años inmediatos a 1480, y también otras prohibiciones anteriores se aplicaron mejor en aquellos años finales, como las referentes a no tener criados cristianos –cosa que también vedaban los *takkanoth* de 1432–, a no adquirir bienes rústicos por valor superior a los 30.000 maravedíes (unos 80 ducados) o a no ostentar cargos públicos que implicaran el ejercicio de jurisdicción sobre cristianos.

No obstante, algunos centenares de judíos siguieron siendo arrendadores de rentas reales, eclesiásticas o señoriales, pues no había impedimento legal para ello, y la posición de los grupos próximos a la Corte no empeoró, en absoluto: era tradicional que los partidarios de un fuerte poder monárquico otorgasen confianza a consejeros judíos y judeoconversos, al menos desde la época de don Álvaro de Luna, pues su dependencia y necesidad del poder regio les hacían especialmente fieles y eficaces. Entre los judíos próximos al gobierno de los Reyes Católicos desde 1476 destacan don Abraham Señor, rabí mayor de las aljamas de Castilla, Rabi Mayr Melamed, Isaac Abravanel, Abraham y Vidal Bieneniste. La actitud regia no era antijudía, pero tampoco contribuyó a eliminar la hostilidad popular ni modificaba los argumentos doctrinales adversos a aquella minoría.

Sin embargo, aunque hubo vejaciones y choques limitados y locales en algunos momentos, por ejemplo al procederse a la constitución de barrios apartados, nada hacía prever que la tensión aumentara hasta límites tan insostenibles como los de 1391, que acaso habrían inspirado a los reyes la decisión de expulsarlos. Por el contrario, la calma era mayor que en decenios anteriores, y ni siquiera el proceso que se desarrolló en 1491 contra José Franco, Mosés Benamí y Benito García como supuestos autores de un crimen ritual —es el caso del «Santo Niño de La Guardia»—, con profanación de hostia consagrada, enrareció el ambiente contra los judíos en general, a pesar de que aquella falsedad actualizaba los motivos de la propaganda antisemita comunes en el Medievo europeo.

Otros argumentos manejados por diversos autores para explicar la expulsión tampoco parecen de suficiente peso, o son contradictorios: el que afirma la voluntad constante y antigua de los reyes, en especial Fernando, para llevarla a cabo no se sostiene, a la vista de la política que siguieron antes de 1492. Los que la atribuyen a presiones, ya de la alta nobleza ya del patriciado urbano, deseosos por diversas razones de bloquear el auge de una supuesta «burguesía» judía, no tienen en cuenta ni la ausencia de testimonios que avalen la existencia de tales presiones, ni la posible falta de eficacia que habrían tenido sobre la voluntad regia ni, sobre todo, la marginalidad social de los judíos y el quebranto que habían sufrido en las generaciones anteriores, por lo que malamente podrían acceder a aquellas posiciones de dominio social, lo que, en cambio, sí era más fácil para algunos conversos. Dicho de otro modo: al expulsar al judaísmo, pero no necesariamente a los judíos si se convertían, la Corona ni expresaba sentimientos antisemitas de tipo racista ni pretendía destruir posiciones socioeconómicas que la conversión habría permitido conservar e incluso aumentar. Tampoco se debió la expulsión a un afán de enriquecimiento regio, que no se dio, aunque hubo algunas confiscaciones de bienes dejados por los expulsos. Por el contrario, sí que lo habría habido si se hubiera suspendido la expulsión y aceptado las propuestas financieras que hizo Isaac Abravanel en nombre de su comunidad. En términos más amplios, la medida perturbaba diversos aspectos de la economía peninsular, de modo que hoy no se puede afirmar seriamente que la Corona actuase por móviles económicos en aquel triste suceso.

El verdadero motivo que provocó la decisión de 1492 fue el afán sin límites por desarraigar rápidamente el problema de los conversos judaizantes, que ya había provocado el establecimiento de la nueva Inquisición en 1478: se pensaba que los judíos, con su sola presencia y debido a los lazos de sangre o conocimiento que los ligaban con muchos conversos, contribuían a impedir tal propósito, además de estar al margen, al no ser cristianos, de la acción inquisitorial. Los inquisidores tenían, por tanto, aquella certeza y consiguieron que los reyes la compartiesen y rompieran bruscamente la línea tradicional seguida hasta entonces, aunque ya la expulsión de los judíos de Andalucía en 1483 –donde más agudo era el problema converso– y el intento de hacer lo mismo en Zaragoza y Teruel en 1486 pueden considerarse hechos premonitorios.

En 1492 se vivía, además, un momento de exaltación de la idea de cristiandad triunfante, restaurada y expansiva, tras la reciente conquista de Granada, y ganaba fuerza –en aquel ambiente de crecimiento del poder real– la idea de que sólo la homogeneidad de fe garantizaría la cohesión del cuerpo social, indispensable para el buen funcionamiento de la *res publica,* cuya cabeza era la Monarquía.

> Cuando una sociedad –escribe L. Suárez– llega a convencerse a sí misma de que es dueña absoluta de la verdad, corre el peligro de creer que es justa la mayor injusticia de todas, el desconocimiento de la dignidad ajena... la ignorancia de los deberes humanos hacia esa esencia del hombre mismo que es su religión.

Parece evidente que tal cosa ocurrió en 1492, aunque por debajo del elemento ideológico –la homogeneidad de fe– corrieran las aguas de una larguísima historia de tensiones y conflictos más o menos solapados. Pero la expulsión atañía al judaísmo como fe religiosa, no a las personas que renunciasen a practicarlo. Y si hoy resulta evidentemente abusiva y atentatoria contra un derecho humano básico como es el de libertad religiosa, tampoco cabe olvidar que este derecho, como otros muchos, es una conquista, por desgracia parcial, de la humanidad contemporánea, de modo que mal se podría aplicar su medida para juzgar a través de él a una época y una sociedad en cuyo horizonte aún no había aparecido y que entendían la misma fe cristiana en un nivel histórico que tampoco es el actual, el nivel que había permitido, durante la Edad Media, la contradicción tantas veces repetida entre coexistencia y persecuciones. Así, la alternativa entre conversión y expulsión vincula el suceso de 1492 a situaciones medievales, y lo distancia esencialmente de otras agresiones y persecuciones sufridas por los judíos en tiempos recientes.

* * *

La pragmática de 31 de marzo de 1492 obligaba a que, en el plazo de cuatro meses, quienes no renunciasen al judaísmo bautizándose abandonaran los reinos de Isabel y Fernando, y expresaba el ya mencionado argumento que achacaba a la presencia judía parte de la responsabilidad en la apostasía de muchos conversos. En Zaragoza y Barcelona se publicó un mes después, pero se mantuvo el término o fecha límite para fin de julio.

Que se procuró favorecer las conversiones parece hoy bastante claro, e incluso la pragmática establecía un plazo de seis meses, después de la salida, para que quienes quisieran regresar y bautizarse lo hicieran, recuperando sus bienes de manos de las personas o instituciones a quienes los hubieran vendido. Es imposible saber si hubo o no muchos conversos antes de la expulsión y después, cuando acaso el flujo de retornos debió de alcanzar cierta importancia, pues ha dejado huellas documentales hasta 1499. Los reyes intentaron convencer a sus colaboradores y hubo algún éxito: Abraham Señor y su yerno Rabí Mayr se convirtieron en Fernando Pérez y Fernando Núñez Coronel, respectivamente. Pero prevalece la idea de que, en general, «los judíos prefirieron el destierro, masivamente, aceptando de antemano toda la carga de previsibles molestias y extorsiones. La comunidad judía dio en aquella encrucijada de su historia un alto ejemplo de decisión, de fidelidad a su estructura político-religiosa, y de solidaridad fraterna» (Azcona). A una medida de fuerza dictada por motivos de identidad sociorreligiosa respondían, a pesar de la debilidad de sus medios, con una actitud contrapuesta pero idéntica en su significado profundo.

El éxodo obligó a la venta previa de todos los bienes raíces y deudas sin cobrar, en condiciones desventajosas y precipitadas que algunos compradores aprovecharían abusivamente: Isaac Abravanel estimaba que se vendieron por valor de treinta millones de ducados, pero la cantidad parece muy excesiva, aunque cabe incluir en el capítulo de quebrantos el hecho de que, al estar prohibido por las leyes sacar oro y plata de los reinos, hubo que hacerlo fraudulentamente o girar letras de cambio, o bien aceptar otros procedimientos onerosos. Lo que nunca se podrá contar ni medir, en fin, es el dolor y las tragedias humanas que produjeron aquellos sucesos. Y, si la principal razón de la medida expulsoria había sido facilitar la solución del problema converso, hay que convenir en que tampoco desde este punto de vista alcanzó su objetivo.

La cifra total de los judíos que emigraron definitivamente oscila entre las 80.000 personas, según cálculos recientes –que parten de una estimación más baja de la población hebrea en los reinos de Castilla y Aragón (70.000 y 10.000, respectivamente)–, y las 150.000 de los que se atienen a una lectura tal vez demasiado estricta del cronista Bernáldez cuando afirma que había en Castilla 30.000 hogares judíos y en Aragón 6.000, porque es imposible saber qué tipo de coeficiente cabe aplicar para transformar ese concepto en número de individuos. Buena parte de los emigrantes pasaron a Portugal, Navarra y Provenza, aunque de forma provisional, ya que la medida expulsoria del judaísmo fue tomada en 1497 por el rey portugués, en 1498 por los navarros y en 1500 en Provenza. Por otra parte, el permiso de estancia en Portugal era de seis a ocho meses, lo que forzó o a conversiones o a nueva emigración en breve plazo.

Los destinos finales de los emigrantes fueron bastante variados. Una buena porción pasaría a Italia, en especial los de Cerdeña y Sicilia, a quienes había afectado la medida expulsoria, a pesar de que hubo otras por aquellos años en Milán (1492) y Nápoles (1496 y 1504) que no parece hayan tenido eficacia. Bastantes fueron a Fez, sobre todo después de la expulsión portuguesa de 1497, pero aquellos inmigrantes *megorashim* tropezaron con dificultades no sólo con los musulmanes, sino también con sus correligionarios *toshabim,* que estaban muy arabizados, y algunos regresaron a Castilla o Aragón. El paso a Turquía tampoco fue masivo, al menos en aquellos primeros años, ni el éxodo a Jerusalén, en contra de lo que afirmaron antaño algunos autores. En general, los expulsados prefirieron permanecer en países más cercanos, mediterráneos o europeos –hay también menciones a Flandes e Inglaterra–, donde las distancias culturales o geográficas con su tierra de origen fuesen menores, pero la medida expulsoria del judaísmo era en sí misma irreversible, por lo que también lo fue el nacimiento de la diáspora sefardí.

2. Los conversos

1. ¿Un grupo social?

Sin conocer la situación de los judeoconversos no cabría explicarse satisfactoriamente cuanto hemos escrito hasta aquí sobre los judíos y su expulsión. Por eso este epígrafe es complementario del anterior, aunque se refiera a un grupo humano cuyas características y cuyo futuro en la historia hispánica tenían ya poco que ver con los de los judíos en el siglo XV. Sin embargo, las conversiones en los años que siguieron a 1391 acabaron desplazando en gran medida hacia los grupos de judeoconversos, sobre todo en Castilla, los problemas de convivencia con el grueso de la población cristiana que antes habían tenido los judíos. Es notable, sin embargo, que tales problemas sólo comenzaron a manifestarse agriamente desde mediados del siglo XV; en el rechazo se mezclaron factores complejos de tipo religioso, socioeconómico y, desde luego, de xenofobia, por lo que las medidas políticas y eclesiásticas, que sólo abordaban aspectos parciales, no pudieron resolver la cuestión en su totalidad.

Los conversos, como cristianos, deberían haber contado con mayor facilidad para integrarse, incluso si se considera importante el problema de los que judaizaban. Pero no fue así. En cambio, conservaron y acrecentaron el papel económico y profesional que antes habían tenido ellos o sus antepasados judíos. A fines del siglo XV, habría –según Domínguez Ortiz y otros autores– hasta 250.000 o 300.000 personas con algún o algunos antepasados judeoconversos, ya en segunda o tercera generación. La cifra ha de considerarse como un máximo posible, pero da idea de la magnitud de aquella realidad, que afectaba sobre todo a lo que el mismo autor llama «clases medias» urbanas, si se piensa que, entonces, no más de un millón de personas era población urbana en los reinos de Castilla y Aragón.

Las profesiones más frecuentes de los conversos fueron las de artesanos del textil, cuero y metal, escribanos públicos, mayordomos, administradores, arrendadores de rentas, banqueros, mercaderes, oficiales públicos de la Corona o de los municipios, médicos, sacerdotes y religiosos. Es decir, que la ausencia de distinción religiosa les permitió ocupar parcelas profesionales vedadas a los judíos, y también, en algunos casos, ascender en la escala social, enlazar por vía familiar con linajes poderosos de la política local o general, o bien crear los suyos propios. Parece que la solidaridad entre conversos fue grande, debido al mismo aislamiento en que vivían, así como su tendencia a apoyar y apoyarse en el poder y en su ley: monarquía y nobleza utilizaron sus servicios por motivos de eficacia administrativa, y no fue raro que los conversos apareciesen como correa de transmisión del mando que los poderosos ejercían sobre el resto de la sociedad. A menudo actuaron con ostentación, lo que concitó sobre ellos muchos males, como bien señala el cronista Valera al referir los sucesos cordobeses de 1473:

> Algunos que su servicio [del rey] no deseavan procuraron de meter gran çizaña entre los cristianos viejos e nuevos, espeçialmente en la çibdad de Córdoba donde entre ellos avía grandes enemistades e grande envidia, como los cristianos nuevos de aquella çibdad estoviesen muy ricos, y les viesen de contino conprar ofiçios, de los quales usaban soberbiosamente, de tal manera que los cristianos viejos no lo podían conportar.

O Bernáldez, claro ejemplo de cronista hostil a los conversos, tal vez porque fue capellán del inquisidor general Diego de Deza, cuando escribe sobre el problema de los judaizantes:

> Muchos dellos, en estos reinos, en pocos tienpos allegaron muy grandes caudales e haciendas, porque de logros e usura no hacían conciencia, diciendo que lo ganavan con sus enemigos...

... En cuanto podían adquirir honrra, oficios reales, favores de reyes e señores, eran muy diligentes. Algunos se mezclaron con fijos e fijas de cavalleros cristianos viejos, con la sobra de riquezas, e halláronse bienaventurados por ello, porque por los casamientos que asi fecieron quedaron en la Inquisición por buenos cristianos e con mucha honrra...

... E ovo su inpinación e lozanía de muy gran riqueza e vanagloria, de muchos sabios e doctos e obispos e canónigos e frailes e abades e mayordomos e contadores e secretarios e factores de reyes e de grandes señores...

... E así tenían presunción de soberbia, que en el mundo no avía mejor gente, ni más discreta ni aguda ni más honrrada que ellos, por ser del linage de las tribus e medio de Isrrael...

En efecto, la fortuna y el auge social de algunos conversos, además de la detestada ascendencia hebrea, concentraban sobre todos ellos el odio de un «proletariado ignorante» y orgulloso de su condición de *cristiano viejo*. Para el pueblo rural, además, su condición urbana, tenida siempre por rapaz y parasitaria, añadía otro rasgo antipático. «Aliada unas veces a los nobles de casta –escribe Domínguez Ortiz–, reducida otras a sus simples fuerzas, aislada siempre del pueblo (ésta fue su permanente debilidad), la burguesía conversa avanzaba por el camino que conducía a los cargos, el poder, la estimación y la riqueza. No pocos lo consiguieron; otros sólo encontraron al final la cuchilla y el quemadero... Los sangrientos sucesos en que se vieron mezclados los conversos tuvieron, pues, tanto de guerra de clases como de guerra de religión», pues las motivaciones económicas y sociales son, a menudo, claras, aunque ocultas tras el argumento religioso, «que dio al conflicto su peculiar agudeza», sobre todo en Castilla.

6. De la tolerancia a la Inquisición

Antes de desarrollarlo, hemos de mencionar la importancia del grupo de personas destacadas en la historia española del siglo XV que procedieron de medios judeoconversos:
Eclesiásticos como Pablo de Santa María, antiguo rabino mayor de Burgos, obispo de la ciudad, y su hijo Alfonso de Cartagena, brillante diplomático, que también ocupó la sede; de su familia eran también el cronista Alvar García de Santa María y el escritor fray Íñigo de Mendoza. También fue de linaje converso el cardenal Juan de Torquemada, y por lo tanto, su sobrino Tomás, el primer inquisidor general, así como tal vez el segundo, Diego de Deza. Lo eran igualmente el general de los jerónimos Alonso de Oropesa y su pariente Hernando de Talavera, confesor de Isabel I y primer arzobispo de Granada. Secretarios reales como el poderoso personaje de la Corte de Juan II, Fernán Díaz de Toledo, o, en época de los Reyes Católicos, Alonso de Ávila y Fernán Álvarez de Toledo, los cronistas Hernando del Pulgar y Diego de Valera, y el mayordomo Andrés Cabrera. Otro campo muy frecuentado por los conversos fue la administración hacendística y el arrendamiento de impuestos reales: recordemos la controvertida figura del contador mayor de Enrique IV, Diego Arias Dávila, padre de Juan, obispo de Segovia, y abuelo de Pedrarias Dávila y Cota, primer gobernador de Castilla del Oro, en América. O el papel del *escribano de ración* de Fernando el Católico, Luis de Santángel, que contribuyó con sus gestiones a financiar el primer viaje de Colón. Una sola familia aragonesa, los De la Caballería, según resume Cecil Roth, produjo clérigos destacados, «un vicecanciller, un almirante, un vicerrector de la Universidad de Zaragoza y un prominente escritor antisemita», y sus miembros, al igual que los Sánchez en la Tesorería General, gozaron de la confianza del Rey Católico. Algunos conver-

sos, en fin, accedieron –ellos o sus descendientes– a la nobleza mediante la práctica de cargos políticos o por enlaces familiares como los que se produjeron, en diversos momentos por vía femenina, en las casas de los Enríquez, almirantes de Castilla; los Pacheco, marqueses de Villena, o los La Cerda, duques de Medinaceli. El fenómeno debía de estar lo suficientemente extendido como para que diversos panfletos del siglo XVI rastreasen ascendientes conversos en casi todas las familias nobles con gran exageración: así en el *Libro Verde de Aragón,* o en el castellano *Tizón de la nobleza de España.*

Con los autores literarios de los siglos XVI y XVII se ha intentado una investigación semejante, aunque con métodos más modernos y con fines diferentes; los resultados han sido abundantes, lo que es natural, si se tienen en cuenta el carácter urbano y las principales ocupaciones laborales de la población de origen converso. ¿Es o no superior su participación en la actividad literaria a lo que proporcionalmente podía corresponderles? Sería fácil demostrar que son muchos si se les aísla del conjunto, pero la demostración resultaría más brillante que legítima. Otra cosa, también muy discutible, es afirmar que la condición conversa teñía con especiales matices y sensibilidades la literatura que hacían sus autores, pero esto nos encamina hacia el problema socio-religioso que padeció el grupo en su conjunto.

2. El criptojudaísmo como pretexto para la violencia

La acusación más grave y continua contra los conversos se refería a la falsedad de su conversión y a la práctica oculta del judaísmo. Bastantes autores, tanto judíos como cristianos, la han considerado cierta, bien para explicar la persecución, bien para reivindicar la pertenencia de los conversos a Israel –«Israel, aunque pecó, Israel es»–, justificar el proselitismo judío e integrar en la historia del judaísmo la de aquellos supuestos conversos falsos o forzados, los *anusim*, llamados a veces entonces *alboraiques* y *judaizantes*. Sin embargo, las investigaciones recientes tienden a demostrar que «la abrumadora mayoría de los *marranos*» (así se denominaba también a los *cristianos nuevos*) contemporáneos del establecimiento de la Inquisición no eran judíos, sino que procedían del judaísmo, o para decirlo más claramente, «eran verdaderos cristianos» (B. Netanyahu). Para este y para otros autores –C. Roth, E. Benito Ruano, A. Alcalá–, el grupo de los criptojudíos o judaizantes hacia 1480 era pequeño, «en constante y progresivo decrecimiento numérico y en el ocaso de su judaísmo, tanto vital como conceptual». De modo que

> no fue la existencia de un alto número de falsos cristianos lo que justificó la aparición del Santo Oficio, sino, a la inversa, el volumen hipertrófico alcanzado por éste quien precisó del pretexto de una imaginaria masa de criptojudaísmo para explicar su propia magnitud (E. Benito).

Sin embargo, los orígenes de la Inquisición se encuentran en la violenta polémica desarrollada desde 1449, durante la generación anterior a su nacimiento, aunque los motivos para su perpetuación fuesen mucho más complejos. En el seno de aquella polémica, y después, durante las actuaciones inquisitoriales, los conversos sinceros padecieron un drama de conciencia y, a menudo, una situación social difícilmente soportable como «otros cristianos», incluso en el seno de las propias familias, pues, como escribe Hernando del Pulgar refiriéndose a Toledo, «fallose dentro de una casa aver diversidad de creencias y encubrirse unos a otros». Así, «la tragedia íntima de los mejores conversos no estribaba en sentirse judíos en medio de una sociedad gentil, sino en el dolor de verse sometidos a injusticias y sospechas por parte de una religión y un mundo que no les parecen bastante cristianos ni racionales» (F. Márquez Villanueva), pero al que están plenamente unidos por la fe, a partir de su propia identidad como conversos o descendientes de quienes lo fueron.

La violencia y el afán de segregación, que habría obligado a recluir a los conversos en una especie de casta, comenzaron a manifestarse en la revuelta toledana de 1449, que fue seguida por una *sentencia-estatuto* municipal debida a Pedro Sarmiento en la que se les apartaba de los cargos concejiles, pronto revocada por la autoridad regia. Pero lo importante fue la amplitud de la polémica levantada en pro o en contra de la marginación de los conversos. En pro destaca el apasionado alegato de Marcos García de Mora, el «bachiller Marquillos», en su respuesta al *relator* y secretario real Fernán Díaz de Toledo, al que llama «Mose Hamomo», su antiguo nombre judío. El odio se palpa:

> El aborrecido, dañado e detestado quanto género e estado de judíos baptiçados e de los prozedientes de su línea dañada, adúlteros fixos de yncredulidad e infidelidad, padres de toda cobdiçia, sembradores de toda çizaña e diuisión, abundantes en toda malicia e peruersidad, yngratos siempre a su Dios, contrarios a sus mandamientos, apartados de sus caminos e carreras, según de esto da testimonio el psalmista Moysés en el Deuteronomio...

6. De la tolerancia a la Inquisición

En contra de cualquier marginación, con sólidas razones teológicas y jurídicas, escribieron entonces el obispo de Cuenca, Lope Barrientos; el de Burgos, Alfonso de Cartagena *(Defensorium unitatis christianae);* el cardenal Juan de Torquemada *(Tractatus contra madianitas et ismaelitas);* Alonso Díaz de Montalvo, que años después sería el jurista de confianza de los Reyes Católicos (tratado de *La causa conversa),* y los cronistas Diego de Valera y Fernán Pérez de Guzmán, que afirmaba:

> A mi ver no ansí preçisa e absolutamente se deve condenar toda una nación... condenar a todos e non acusar a ninguno más pareçe voluntad de dizir mal que no zelo.

Puede señalarse que muchos de aquellos autores eran de estirpe conversa, pero también lo eran los que por aquellos decenios escribían tratados de carácter proselitista para convertir a los judíos, como el *Scrutinium Scripturarum* (1432), de Pablo de Santa María, o los más virulentos *Hebraeomastix,* de Jerónimo de Santa Fe, y *Zelus Christi contra iudaeos* (1450), de Pedro de la Caballería. Unos años después, en 1458, componía su *Fortalitium fidei contra iudaeos* el franciscano Alonso de Espina, en términos mucho más violentos y calumniosos; es notable el éxito que tuvo la obra, impresa en 1487, frente a la falta de difusión de otra, contemporánea suya, que planteaba de nuevo la cuestión de manera mesurada, como era la de Alonso de Oropesa *(Lumen ad revelationem gentium).*

Poco a poco, desde los diversos puntos de vista, se abría paso la idea de que una pesquisa era necesaria para acabar con las acusaciones indiscriminadas o, según los detractores de los conversos, para castigar adecuadamente su criptojudaísmo. Ya entre 1449 y 1451 la Santa Sede, después de tomar partido a favor de los conversos toledanos, ordenó hacer *inquisición* contra aquellos que pudieran ser sospechosos de haber cometido delito religioso. Aquello agradaba a sus adversarios, pero tampoco era mal visto por los conversos sinceros, que pensaban librarse así definitivamente de todo baldón, de modo que textos de muy diversa procedencia ideológica vienen a coincidir, en cierto modo:

> Contra los hereges y enduresçidos malos cristianos e non creyentes a derechas de la fe cathólica se debe, segund se falla en la Sacra Escritura, fazer más cruda guerra que contra los notorios e manifiestos ynfieles. (*Crónica de Don Álvaro de Luna,* escrita probablemente en tiempo de los Reyes Católicos.)

> Que si algún christiano nuevo hay que mal use... que el tal sea punido e castigado cruelmente, y yo seré el primero que traeré la leña en que lo quemen y daré el fuego... (Fernán Díaz de Toledo, en A. de Cartagena, *Defensorium unitatis christianae.*)

> Yo creo que si se hiciera en este nuestro tiempo una verdadera inquisición, serían innumerables los entregados al fuego, de cuantos realmente se hallara que judaízan. Los cuales, si no fueren aquí más cruelmente castigados que los judíos públicos, habrán de ser quemados en el fuego eterno. (Alonso de Espina, *Fortalitium fidei...*)

Las iniciativas más antiguas para que se realizase *inquisición* sobre hereges y apóstatas partieron de los medios conventuales franciscanos y jerónimos, donde seguramente había bastantes conversos. En 1462, Enrique IV, a instancias del arzobispo de Toledo, Alfonso Carrillo, había pedido a Roma el nombramiento de inquisidores en las personas propuestas por el rey mismo, pero la Santa Sede designó inquisidor general al nuncio pontificio, con lo que vino a prolongar los procedimientos tradicionales e ineficaces y a negarse a la innovación enriqueña, que contenía ya las características de la Inquisición creada en 1478. En 1465 la *Sentencia compromisaria* para reformar el gobierno del reino, redactada entre otros por Alonso de Oropesa, insistía en la necesidad de establecer inquisición.

Además, la situación era muy peligrosa, porque podía desembocar en el triunfo de una concepción semirracista que exigiera la *limpieza de sangre* –esto es, el ser descendiente de *cristianos viejos*–, para ocupar cargos de relieve eclesiástico, político o económico. Y también, porque la cuestión conversa podía utilizarse como pretexto para disturbios banderizos en las ciudades, con grave riesgo para la vida, la honra y los bienes de los miembros del grupo. Ya la revuelta toledana de 1449 había sido una maniobra contra Álvaro de Luna. Un intento de algarada en Sevilla (1465) y otro consumado en Toledo y Ciudad Real (1467) coincidieron con las turbulencias de la guerra entre Enrique IV y su hermano Alfonso. Por fin, las persecuciones y muertes de conversos en Córdoba y Jaén, o en Segovia, en 1473, y el altercado ocurrido en Valladolid, al año siguiente, sólo se comprenden en el ambiente de tensión que precedió al ascenso al trono de Isabel I. Así que la Corona se veía impulsada a canalizar el problema judeoconverso en unos cauces de legalidad procesal, no sólo por motivos eclesiásticos y sociales, sino por otros de orden político y de respeto a su autoridad. Y eso quiso ser, al principio, la Inquisición.

3. La Inquisición

La urgencia por establecer inquisición revivió súbitamente durante el viaje de los reyes a Andalucía, en 1477 y 1478: «Nos dijeron tantas cosas del Andalucía –escribe el rey en 1507– que si nos las dijeran del príncipe, nuestro hijo, hiciéramos lo mismo». La jurisdicción episcopal ordinaria era claramente insuficiente y había, además, algunos obispos de linaje converso, a los que Sixto IV mandaría en 1483 que delegaran «su poder inquisitorial en sus vicarios» para no entender en casos de judaizantes. Los reyes obtuvieron del papa una bula que les facultaba para nombrar dos o tres «obispos o sacerdotes seculares o regulares teólogos o canonistas» que tendrían las mismas atribuciones que los tradicionales inquisidores de la «herética pravedad» para llevar a cabo causas contra judaizantes, en especial *(Exigit sincerae devotionis affectus,* 1 noviembre 1478).

La bula no se aplicó durante año y medio, el tiempo que duró una campaña de catequesis, predicación y persuasión llevada a cabo por el cardenal Mendoza, entonces arzobispo sevillano, y, en especial por fray Hernando de Talavera, que escribiría a raíz del fracaso de aquel intento su *Católica impugnación,* obra desconocida hasta hace pocos años, en la que aceptaba la necesidad de la Inquisición, no sin insistir en la defensa de los conversos sinceros. Lo mismo opinaba el secretario Hernando del Pulgar, en carta al cardenal Mendoza, que pone el acento en los problemas causados por la convivencia y los ejemplos familiares:

> Yo creo, señor, que allí hay algunos que pecan de malos y otros, y los más, porque se ban tras de aquellos malos, y se irían tras los otros buenos, si los obiese. Pero como los viejos

sean allí tan malos christianos, los nuevos son tan malos judíos. Sin duda, señor, creo que mozas doncellas de diez a veinte años hay en Andaluçía diez mill niñas, que dende que naçieron nunca de sus casas salieron ni oyeron ni supieron otra doctrina, sino la que vieron hazer a sus padres de sus puertas adentro. Quemar todos estos sería cosa crudelísima y aun difíçile de hazer, porque se ausentarían con desesperaçión a lugares donde no se esperase dellos coreptión jamás, lo qual sería gran peligro de los ministros, e gran pecado.

Sin duda, los últimos restos de judaísmo o, al menos, de prácticas religiosas y culturales que los inquisidores tuvieron por tales se darían más entre mujeres. Bernáldez indica un motivo, en el que posiblemente hace ley general de algunos casos, al afirmar que los conversos «tenían judíos que les predicasen en sus casas de secreto, especialmente a las mujeres».

Por fin, los reyes nombraron dos inquisidores dominicos que comenzaron sus actuaciones en noviembre de 1480. La acción inquisitorial resultó muy dura en los primeros tiempos: muchos conversos sevillanos huyeron a los señoríos próximos, otros se conjuraron para provocar una revuelta, pero los cabecillas (Pedro Fernández Benadeva, Diego de Susán y Juan Fernández Abolafia) fueron descubiertos y ejecutados en el primer *auto de fe,* tenido en febrero de 1481. Hubo acusaciones contra el proceder excesivo e incluso anticanónico de los inquisidores, hasta el extremo de que Sixto IV, a finales de 1481, les ordenó que actuaran de acuerdo con los obispos ordinarios, permitió la apelación a Roma e incluso la absolución, previa a cualquier proceso, si el converso la pedía con sinceridad. Aquellas medidas, que podrían haber privado de fuerza a la Inquisición, fueron retiradas a mediados de 1483, cuando el papa nombró inquisidor general al dominico Tomás de Torquemada, a presentación y propuesta de los reyes.

A partir de entonces la institución se consolidó con sus caracteres peculiares. Al tribunal de Sevilla se sumaron los de Córdoba (1482), Ciudad Real y Jaén (1483), Toledo (1485), Ávila, Segovia, Valladolid, Sigüenza y, durante algún tiempo, Guadalupe, en cuya *puebla* y monasterio hubo, en 1485, 52 condenas a muerte en hoguera efectivas, 2 en efigie y 46 difuntos desenterrados de lugar sagrado y quemados, lo que da idea de la importancia del foco.

La dureza de las actuaciones durante el primer decenio puede cuantificarse: Pulgar estima que en toda Castilla, entre 1481 y 1490, se condenó a muerte a 2.000 apóstatas y otros 15.000 conversos sufrieron penitencias para reconciliarse con la Iglesia. Sólo en Sevilla y su arzobispado hubo entre 1481 y 1488 700 *relajados* a la justicia o «brazo secular» para ser quemados en persona o, con frecuencia, en efigie, pues habían huido, y otros 5.000 reconciliados con penitencias diversas. En Ciudad Real, entre 1483 y 1485 hubo 52 quemados en presencia y 220 en ausencia; los reconciliados en Toledo y su arzobispado en 1486-1487 ascendieron a 5.200; el año más duro fue 1490, con 433 condenas de diversos tipos. En Cuenca hubo 376 condenas entre 1489 y 1500. Las cifras son mucho menores al norte del Sistema Central, donde el problema era menos virulento, por lo que parece: 103 condenas a muerte en Ávila, no obstante, hasta 1500; 56 en Valladolid, entre 1489 y 1492.

La Inquisición comenzó a actuar en la Corona de Aragón desde 1484, también bajo la dirección suprema de Torquemada. Tropezó con la defensa acérrima aunque poco organizada de los fueros y libertades tanto de reinos como de ciudades, y también con la existencia allí de la Inquisición tradicional desde 1283 –cosa que no sucedía en Castilla–, lo que daba argumentos a quienes consideraban suficiente una simple transformación o reactivación. Torquemada actuó con rapidez y venció la resistencia de Zaragoza en 1485 después del asesinato en la catedral del inquisidor Pedro de Arbués, acaso no impedido suficientemente por la autoridad, y en Teruel, cuyas autoridades locales –según Fuero– podían oponerse incluso a la actuación del Justicia de Aragón.

El argumento inicial era la huida de conversos andaluces a aquellos reinos, pero lo cierto es que la Inquisición desarboló en los años siguientes a la comunidad conversa zaragozana –65 autos de fe hasta 1502 con 156 condenas a muerte y 448 penitenciados–, al tiempo que el rey suspendía el funcionamiento normal del municipio. Los tribunales se extendieron a Tarazona, Huesca, Calatayud, Barbastro... En Barcelona hubo, al parecer, un éxodo previo de conversos, tal vez unas 500 *casas* según cálculos de las autoridades, pero la acción inquisitorial no fue tan dura, desde que comenzó en 1487: 38 condenas a muerte, 386 penitenciados y 590 condenados en ausencia hasta 1505. Mallorca, donde se cree que había de 1.200 a 1.500 conversos, hubo de acoger a los inquisidores desde 1488 y padeció 257 condenas diversas y 89 reconciliaciones entre 1488 y 1500, y, en fin, en Valencia la dureza fue mayor y se prolongó durante el primer decenio del siglo XVI: de los 900 reconciliados y 2.354 penitenciados que cita García Cárcel entre 1484 y 1530, un 90% son anteriores a 1517, y se supone que habría un centenar de ejecuciones hasta 1488, y un total de 754 hasta 1530, en persona o en efigie.

La organización inquisitorial se perfeccionó rápidamente desde el nombramiento de Torquemada como inquisidor general. El dominico, a quien se designaron adjuntos o coadjutores en 1489 y 1494, estableció su centro de operaciones en Santo Tomás de Ávila, donde se aplicó el estatuto de *limpieza de sangre* para los dominicos que formaran su comunidad. En los años inmediatos se formó el Consejo de Inquisición; se promulgaron las *Instrucciones* de funcionamiento de los tribunales y de gestión económica de bienes confiscados, en 1484, 1488 y 1498, y fueron tomando forma los diversos tribunales territoriales, aunque de manera algo desordenada, pues proliferaron hasta llegar a ser 23 en 1495. Después, en 1507, Cisneros, como inquisidor general, reduciría su número y reorganizaría los distritos con mayor racionalidad: norte y cuenca del Duero, en Valladolid, Toledo-Sigüenza, Llerena en la actual Extremadura, Sevilla, Córdoba, Jaén, Cuenca-Cartagena, Calahorra (incluyendo Guipúzcoa y Vizcaya), Canarias, más los situados en las capitales de la Corona de Aragón. Por entonces, la Inquisición contaba al menos con 110 oficiales para auxiliar al inquisidor general, al Consejo y a los inquisidores de distrito.

La Inquisición, hay que recordar, era un tipo de procedimiento y juicio de origen medieval, pues databa del siglo XIII, de modo que los «errores y excesos» que se le atribuyen se refieren a una realidad anterior a 1478 y universal en la Iglesia de aquellos tiempos. Errores: el olvido del principio fundamental de libertad de conciencia que implica la predicación como única forma legítima de evangelizar y la insuficiente diferenciación entre poder espiritual y poder secular, lo que comportaba el exceso de aceptar la «penalización física del desviante» por la jurisdicción seglar. Se ha querido presentar también a la Inquisición como una forma histórica concreta de los instrumentos de control social que siempre han existido, mediante los cuales, parafraseando una idea de Cl. Lévi-Strauss, «cada sociedad intenta proteger y perpetuar su originalidad... el modo específico que los hombres han elegido para resolver el problema de vivir juntos en comunidad». Pero también es evidente que dichos instrumentos pueden ser de muy diverso tipo, o estar basados en principios de respeto y diálogo diferentes: no cabe considerar a la Inquisición como algo necesario o inevitable precisamente en unas sociedades complejas, con variedad de recursos a los que apelar y con precedentes históricos de coexistencia interreligiosa tan amplios como los tenían las hispánicas a finales del siglo XV.

Así, pues, no eran nuevos los procedimientos procesales, que incluían la tortura y la *relajación* del reo a la justicia seglar, encargada de aplicar la pena prevista en los casos de apostasía contumaz, es decir, la muerte en hoguera, si tenemos en cuenta los usos de la Inquisición medieval. Tampoco lo eran los casos de inquisición: herejía, apostasía, brujería, superstición, blasfemia, usura... La novedad estriba en que, siendo la nueva Inquisición un tribunal eclesiástico, la Corona tenía la facultad exclusiva de proponer el nombramiento de los inquisidores, y las causas terminaban en España, salvo alguna excepción, lo que daba a la Corona unas posibilidades de intervención muy grandes en el funcionamiento y finalidades de la Inquisición, que venía a convertirse en el único tribunal con jurisdicción igual y homogénea en todos los reinos de Fernando e Isabel. Había también peculiaridades en el procedimiento procesal que, como ha señalado Domínguez Ortiz, eran «muy desfavorables a los acusados: el secreto absoluto de que se rodeaba y que se extendía incluso a los nombres de los acusadores, el secuestro de bienes que automáticamente seguía a la detención y la transmisión de la culpa a los descendientes que, además de arruinados por la confiscación, quedaban inhabilitados para cargos y honores».

Por todo ello la Inquisición era más temible que cualquier otro tribunal, y en sus actuaciones cabía más la arbitrariedad y el abuso, aunque, en líneas generales, no se puede atribuir a sus tribunales y cárceles situaciones y modos de obrar que no fuesen frecuentes en la práctica procesal y penal de la época. Pero sucedía que los tribunales debían autofinanciarse siempre que fuera posible con las confiscaciones de bienes secuestrados a los reos. ¿Produjo esto una «gran orgía de despojo y malversación» y «carnaval de pillaje», una «prostitución de la religión al servicio de la codicia», como en ocasiones se ha escrito? No lo parece, de modo habitual, aunque los inquisidores mostraron mucho celo en aquel aspecto económico –los bienes eran propiedad de la Corona–, y hubo acusaciones, de las que se hacen eco administradores inquisitoriales que extreman su cuidado «por no dar lugar a murmuraciones que se haze por les robar [a los acusados]». La solución habría sido dejarlos al margen de la gestión de los bienes confiscados, pero no se llegó a ello. Al menos, se prohibió todo tipo de dádivas y, desde 1500, que ejercieran cualquier actividad mercantil.

Es muy difícil, por no decir imposible, saber a cuánto ascendieron las confiscaciones inquisitoriales en aquellos primeros tiempos y en qué se emplearon aparte del pago de los jueces y oficiales de la Inquisición, cuya nómina en Castilla ascendía a 1.090.000 maravedíes en 1515. Hay que añadir el producto de penitencias, *composiciones* y *habilitaciones,* que fue seguramente superior al de las confiscaciones pasado el primer decenio de actuaciones. En Andalucía, entre 1488 y 1497 acaso haya alcanzado los 50 millones de maravedíes (133.000 ducados), y se obtendrían otros 145.000 ducados entre 1508 y 1512 en la misma Andalucía y en Extremadura. Se constata el empleo en gastos de guerra de cruzada contra Granada o en el Mediterráneo, así como en la *fábrica* –construcción y mantenimiento– de iglesias parroquiales, en obras pías y asistenciales, e incluso hubo privilegios reales de no confiscación y composiciones para evitar la confiscación total. La impresión general es que la Inquisición no fue una fuente de ingresos apreciable para la Hacienda regia y la Corona nunca incluyó su gestión en las competencias de sus órganos financieros especializados: una nota castellana de 1504 afirma que «de la Ynquisición dicen que monta más el gasto que la hacienda». No obstante, los tribunales se podrían autofinanciar en la mayoría de los casos.

4. LA CONSOLIDACIÓN INQUISITORIAL

A comienzos del siglo XVI parecía haber pasado ya la época peor para los conversos. Los años ochenta del siglo XV habían sido muy difíciles, incluso terroríficos, y los que se sentían más amenazados procuraron huir. A Roma lo hizo, por ejemplo, el obispo de Segovia, Juan Arias Dávila, en 1490, llevándose consigo los restos mortales de su padre, y en 1493 huyó también Pedro de Aranda, obispo de Calahorra que sería después, en 1498, condenado y preso en la misma Roma. Muchas sentencias a la pena máxima se efectuaban, por esta razón, en efigie, pues sus destinatarios efectivos habían puesto tierra de por medio.

Parece claro que la destrucción de los conversos no beneficiaba ni económica ni políticamente a la Corona, que habría actuado por motivos religiosos «y subsidiariamente por el político de lograr la unidad interna» de la sociedad, pero el golpe que se asestó fue definitivo para muchas familias conocidas. Sin embargo, después de transcurrido el primer decenio y de la salida de los judíos en 1492, se intentó combinar diversas medidas de gracia y *reconciliación* con las prohibiciones de ejercer algunos oficios, en especial el de arrendador de impuestos (1496, 1499, 1501), so color de que obstaculizaban el aprendizaje y práctica de la fe, pero, en realidad, para estimular la mezcla y dispersión de los conversos entre los *cristianos viejos* y dificultar nuevos brotes judaizantes. Este sentido tienen, a mi modo de ver, las masivas *habilitaciones* de conversos que ocurrieron en toda Castilla entre 1495 y 1497 para librarles de infamia y permitirles el ejercicio de cargos públicos, así como las numerosas *penitencias* y *conmutaciones* de pena, que implicaban habilitación, efectuadas en aquellos años. Sólo en la ciudad de Toledo afectaron a 1.640 personas adultas; en Sevilla y su arzobispado, a 6.204, y en la ciudad de Córdoba, a 1.519. Las *habilitaciones* siguieron cobrándose durante el primer decenio del siglo XVI –entre 1508 y 1512, siendo ya inquisidor general Cisneros– y permitieron a muchos parientes de antiguos procesados librarse de la infamia, recuperar su capacidad legal para ejercer cargos públicos u obtener títulos universitarios, y pasar a las Indias. Hubo también numerosas *composiciones* que evitaron o limitaron la ruina de familias de procesados.

Pero ni el problema se resolvió ni la Inquisición tocó así a su fin. Por una parte, desde comienzos del siglo XVI se van extendiendo los llamados *estatutos de limpieza de sangre,* que exigían la ausencia de antepasados judíos para el ejercicio de diversos cargos eclesiásticos y civiles, con lo que, cuando el problema converso remitía desde el punto de vista religioso o eclesiástico, se consolidaba como estigma social de mucho más difícil desarraigo. Por otra parte, la época del segundo inquisidor general, Diego de Deza (1500-1507), coincidió con turbulencias políticas y nuevos brotes de apostasía que enturbiaron mucho la acción inquisitorial y produjeron fortísimas tensiones.

Deza había ocupado el cargo como hombre de confianza del rey Fernando. Tropezó con un brote de criptojudaísmo en Córdoba, donde se descubrió una sinagoga en casa del jurado Juan de Córdoba y extrañas prácticas proféticas y mesianistas en el seno de la pequeña comunidad formada en torno suyo y de su sobrino el bachiller Martín Alonso Membreque. Paralelamente, se descubría otro caso similar en Valencia, que implicó a miembros de la familia de Luis Vives, y es muy posible que estas novedades inspirasen un proyecto de pragmática, en 1501, que preveía, aparte de las ya sabidas prohibiciones profesionales, la desestructuración de las relaciones y convivencia familiar de los conversos, como medio de resolver el problema definitivamente, pero no llegó a publicarse. En tercer lugar, la Inquisición intervino en Granada, desde noviembre de 1499, pues en su nombre actuó Cisneros, y se dio lugar a las conversiones y revueltas de que se hará mención más adelante y, también, a la promoción de Diego Rodríguez Lucero como inquisidor en Córdoba. La situación se agravó después de la muerte de la reina: los conversos esperaban que Felipe I suprimiera la Inquisición y actuaron a su favor, mientras que Lucero, con apoyo de Deza, hacía procesar y *relajar* al brazo secular a 120 personas en Córdoba, entre diciembre de 1504 y mayo de 1505, y otras 160 en junio de 1506, y se atrevió incluso a procesar a los familiares de Hernando de Talavera y a iniciar acciones contra el anciano arzobispo de Granada. La situación en Granada era, en general, muy mala, debido a la actitud de Lucero, como recuerdan los procuradores granadinos en 1510:

> Y la disfamia desta çibdad y vezinos della era tanta que, comunmente, el dicho licenciado Luzero y sus familiares y secaçes la llamavan Judea la Pequeña y dezían publicamente que no se havía de hazer otra cosa syno çerrar las puertas de la çibdad y pegar fuego a los que estavan dentro.

En Valladolid fue encarcelado incluso Gonzalo de Baeza, antiguo tesorero de Isabel I, en una acción que tenía ya todos los visos de ser una purga política en la que acaso culminaban enfrentamientos anteriores, desarrollados desde 1495-1497, aprovechando aquel momento de especial virulencia que, por lo demás, alcanzó a toda la península: en Lisboa se había producido una gran revuelta con persecución y matanzas de *cristianos nuevos* en el mes de abril de 1506.

Felipe I suspendió a Deza en el ejercicio de sus funciones, pero cuando el rey murió, las acciones del inquisidor general y de Lucero en Córdoba se exacerbaron, hasta provocar una revuelta en la ciudad. Fernando el Católico, cuandó regresó, hizo nombrar inquisidor general a Cisneros (la bula pontificia es de junio de 1507), escuchó la protesta de los cordobeses y promovió, entre junio y agosto de 1508, una *Congregación General* de obispos y letrados en Burgos que dictaminó sobre los excesos ocurridos en

Córdoba e hizo encarcelar a Lucero hasta mediados de 1511. Parece, en conclusión, que el rey «no se aprovechó de modo directo de la Inquisición como instrumento para su política. De manera indirecta aprovechó la ambivalencia que le brindaba el Tribunal para lograr determinados efectos políticos», lo que explica tanto su apoyo a Deza en 1505 como el giro apaciguador en 1507, que tal cosa era el nombramiento de Cisneros en Castilla, al tiempo que se creaba el puesto de inquisidor general específico de la Corona de Aragón.

Los sucesos de aquellos años están reflejados por el rey en una carta a su embajador en Roma:

9 de junio, 1506: ... E estad sobre aviso que agora estos días estando yo en Valladolid, por parte de los conversos me daban cien mil ducados porque fuese contento que se sobreseyese en la Inquisición, solamente fasta que el rey e la reyna mis fijos viniesen, e yo respondí que nunca pluguiese a Dios que por tal causa yo recibiese dinero, y no lo quise facer. Agora, en desembarcando el rey mi fijo, como no sabe bien las cosas de acá, ha escrito al arzobispo de Sevilla, como a Inquisidor general, que sobresea e faga que todos los inquisidores sobresean en la inquisición. Yo lo disimulo fasta que placiendo a Dios nos juntemos.

Y en otra del secretario Pérez de Almazán al mismo embajador:

1 de julio, 1506: [El oponerse al gobierno del rey Fernando] los Grandes lo facen por repartirse la Corona Real; los conversos por librarse de la Inquisición, que ya no la hay, e por gobernar.

Bajo Cisneros se aplacaron malestares, terminaron los excesos más graves y se reanudaron las *habilitaciones,* pero la Inquisición se consolidó, tanto en su aparato organizativo, ya lo hemos visto, como en su sentido de permanencia. «Cisneros —escribía Bataillon— se identifica con el espíritu de la institución en lo que ésta tiene de moderado y al mismo tiempo de tiránico»; sabe que, para el rey, de ella dependen «la paz de sus reinos y su autoridad misma». Por eso se opuso, siendo ya gobernador, a quienes intentaban influir cerca de Carlos I para que suprimiera la Inquisición: se dijo que los conversos ofrecieron 800.000 ducados a los cortesanos flamencos del nuevo rey si aquello se conseguía. Pero no ocurrió, sino que, desde marzo de 1518, Adriano de Utrecht, preceptor del rey y futuro papa, sería inquisidor general tanto en Castilla como en Aragón, donde también habían fracasado los intentos de regresar a la Inquisición medieval. El último intento de los conversos tuvo lugar durante la guerra de las Comunidades.

Así, la Inquisición, que había nacido para dar solución legal y rápida a un problema envenenado de lucha social y religiosa entre cristianos, para extirpar los brotes de apostasía y herejía, pasaba a ser necesariamente el tribunal fijo que garantizaba la unidad de fe, como premisa fundamental del orden, y vino a convertirse en una fuerza más política que estrictamente religiosa, en defensora de toda una estructura ideológica de las clases dominantes, aceptada e incluso aplaudida por el resto de la sociedad, que veía en ella una salvaguarda de su propia identidad y el testigo de su victoria sobre los enemigos seculares, o por tal tenidos, judíos e islámicos. El poder represivo que las fuerzas políticas dominantes pudieron ejercer a través de ella fue grande y duradero, de modo que actuó como «instrumento político-religioso encaminado a imponer la unidad religiosa y a garantizar, bajo el hermetismo ideológico, el inmovilismo social» (García Cárcel). Sin embargo,

> la Inquisición no fue la imposición de una siniestra tiranía sobre un pueblo reacio a admitirla. Fue una institución que nació de una situación socio-religiosa particular, impelida e inspirada por una decidida ideología cristiana vieja, y controlada por hombres cuyos puntos de vista reflejaban la mentalidad de una gran masa de españoles. Fue popular, como tantos conceptos erróneos lo son. Las excepciones estuvieron constituidas por algunos intelectuales aislados y otras personas cuya sola raza era ya suficiente para excluirlos del seno de una nueva sociedad erigida sobre la base de un conservadurismo triunfante y militante (H. Kamen).

Recordemos, como anécdota, la proclamación de Carlos I que hicieron los toledanos en 1516, cuando murió Fernando el Católico: «¡Castilla, Castilla, Castilla, por el príncipe nuestro señor y por la reina nuestra señora, y viva la santa Inquisición!».

¿Puede hablarse de conservadurismo, no obstante?: más bien al contrario, puesto que la Inquisición vino a subrayar el trágico fin de unas tradiciones multiseculares de coexistencia y a iniciar una época nueva en la historia de la religiosidad y la sociedad españolas. La ecuación religión-patria creada por la *reconquista* se consolidó, paradójicamente, cuando la lucha terminaba, en un marco de «hipersensibilidad religiosa» (Sánchez-Albornoz), en una especie de «cruzada interior» que algunos autores han querido explicar apelando a situaciones de «histeria colectiva» (Netanyahu) relativas exclusivamente al hecho converso. ¿Había que encontrar nuevos enemigos religiosos para cimentar la propia conciencia colectiva?; sea como fuere, la identidad de los españoles y los mismos cauces de su actividad resultarían marcados durante siglos por la Inquisición, tanto en Europa como en América. Tal fue la peculiar y prolongada versión hispánica de las «guerras de religión» que tanto perturbaron a la Europa de los siglos modernos. Es notable, como indica Bataillon, que

> la severidad misma de la represión inquisitorial es interpretada fuera de España como señal de que los españoles necesitan violencia para ser cristianos. La malignidad italiana bautiza como *peccadiglio di Spagna* la falta de fe en la Trinidad, dogma que tanto repugnaba a árabes y judíos.

Y es que, añade el mismo autor, hubo numerosos prelados, sacerdotes y seglares de origen judeoconverso en la Iglesia española:

> ¿No es natural que haya sufrido cierta influencia del genio judío, tan potente en la moral y en la religión? Es extraño que no se haya concedido todavía a este punto la atención que merece.

Acaso esto se deba a que la cuestión ha sido analizada con preferencia desde el punto de vista de la historia social. Para la época de los Reyes Católicos, la reflexión principal ha intentado tradicionalmente averiguar a quién beneficiaba la ruina de los conversos. No a la Corona como poder, desde luego, puesto que perdía un nutrido grupo de colaboradores muy eficaces, ni a la nobleza, contra lo que algunos han supuesto, porque utilizaba sus servicios y conocimientos sin que los conversos llegasen a formar una burguesía con intereses contrapuestos a los suyos. Tampoco al pueblo rural y urbano, que podía encontrar acaso un motivo de satisfacción en la ruina de los conversos, pero poco más desde el punto de vista de su propia mejora social. Los mayores beneficiados fueron, en realidad, los financieros y mercaderes, a menudo extranjeros, que vinieron a ocupar el hueco dejado por tantos conversos pudientes.

Atacados como grupo socio-religioso, paulatinamente borrada su condición de grupo social específico –a pesar de que la *limpieza de sangre* tendiese a reforzarlo–, hay que pensar, sin embargo, que la mayoría de los españoles con alguna sangre judeoconversa que había a finales del siglo XV, si es que eran ese cuarto de millón que se supone, no tuvieron que ver con la Inquisición, o muy poco, y ellos o sus descendientes acabaron por fundirse con el resto de la población, en los niveles medios y modestos sobre todo, para olvidar así los datos de su origen, cada vez más remoto y parcial, y con ello el recuerdo del drama.

3. Los mudéjares

Hacia 1275 concluye el gran periodo de guerras y conquistas a costa de Al Andalus, en el que crecieron y maduraron los diversos reinos españoles desde el último tercio del siglo XI. Aquella vasta y trascendental época de la historia peninsular dejó tras de sí una herencia muy prolongada y diversa. Ante todo, la misma conformación territorial de los reinos. También, una actitud especial, un espíritu de frontera que tardaría en extinguirse y reviviría bajo nuevas formas, apoyado por una ideología donde los ideales de cruzada tenían un gran peso y apoyaban un fuerte sentimiento antiislámico o, más ampliamente, contrario al infiel y vertido hacia la alternativa entre conversión o sojuzgamiento.

La época de la *reconquista* dejó, además, dos importantes cuestiones pendientes, que acabarían encontrando su fin precisamente en tiempo de los Reyes Católicos. La primera de ellas fue la permanencia en las tierras conquistadas de población musulmana: aquellos andalusíes sujetos al dominio político de los reyes cristianos reciben el nombre de *mudéjares* o, en la Corona de Aragón, el de *sarracenos/sarraïns*, y siempre el más común de *moros*. Y la segunda, un pequeño reino, el emirato nazarí de Granada, que mantuvo frontera con Castilla y prolongó durante dos siglos y medio la presencia de la civilización y el poder islámicos en la península Ibérica.

* * *

La vida de las comunidades musulmanas asentadas en Castilla y Aragón, cuyo estatuto jurídico era similar al de las hebreas, discurrió por derroteros tranquilos, en contraste con la convulsa historia de los judeoconversos y con la expulsión de los judíos.

Los grupos mudéjares habitaban en muchas localidades rurales, sobre todo de señorío, en el valle medio y bajo del Ebro y en el reino de Valencia. La mayor parte de sus miembros eran campesinos no propietarios, sujetos a menudo a la gleba, como los *exáricos* aragoneses, pero beneficiarios a veces de explotaciones extensas por la acumulación ocurrida durante los tiempos de depresión demográfica. Incluso podía ocurrir que las rentas, exacciones y presión fiscal a que estaban sujetos fueran menores que las de campesinos cristianos –así se denuncia en Benifallet, cerca de Tortosa, en 1512–, pero lo habitual era que pagasen más: en Valencia, por ejemplo, las *cartas de población* de finales del siglo XV aumentan cargas y prestaciones al par que disminuyen la libertad de movimiento.

El padrón de 1495 permite conocer mejor su número y reparto en el reino de Aragón, donde, sobre un total de 51.000 *fuegos,* eran de *moros* 5.674, lo que supone unas 30.000 personas. Muchas eran labradores y huertanos en la orilla izquierda del Ebro y en sus afluentes (Cinca, Flumen, Isuela, Jalón, Huerva...), donde formaban aldeas completas, pero también hubo potentes morerías urbanas en Borja, donde constituían la cuarta parte de la población, Tarazona, Teruel, Zaragoza, Huesca, Calatayud y Albarracín, aunque la mayor parte, un 84%, vivían en zonas de señorío nobiliario, eclesiástico o de órdenes militares. El padrón de 1495 permite fijar en 143 el número de núcleos de población donde habitaban.

También en la Ribera navarra vivían varios cientos de mudéjares, en condiciones muy similares a las de Aragón, mientras que en Cataluña serían de 5.000 a 10.000 en tierras de Lérida y, sobre todo, de Tortosa, y en las Baleares apenas habría, dadas las condiciones de la conquista y repoblación de las islas. Su importancia era, en cambio, muy grande en el medio rural valenciano, donde se estima que a finales del siglo XV eran más de 50.000: cultivadores de tierras de secano del interior, sobre todo entre los ríos Júcar y Mijares, a menudo en zonas de señorío, y más escasos en las huertas litorales, salvo en Gandía y Játiva; tampoco eran muchos en la capital del reino después del asalto a la morería en 1455: antes habría alcanzado ésta la cifra de un millar de habitantes.

La protección señorial, que se debía a la importancia de una mano de obra irremplazable, había librado a aquellos *moros* o *sarrains* aragoneses y valencianos de las presiones que obligaron a sus coetáneos castellanos a convertirse al cristianismo en 1502. Pero la situación de marginalidad era muy semejante y, además, la inseguridad crecía después de los sucesos de 1492: la caída de Granada privó a los valencianos de un contacto cultural exterior que había sido de cierta importancia, y estimuló incluso fugas o emigraciones al norte de África que denunciaron las Cortes de Orihuela en 1493. Pero tanto el rey como las Cortes confirmaron en 1503 y 1510 que se respetaría la situación de los mudéjares, y así fue, a pesar de las violencias de las Germanías valencianas, hasta la forzosa conversión de 1526 y el paso a la situación de *moriscos* o *cristianos nuevos*. Sobre ellos tenía competencia la Inquisición, pero actuó poco antes de la época de Felipe II, de modo que resultó bastante sencillo mantener la continuidad cultural y criptorreligiosa con respecto a la época mudéjar.

Los mudéjares eran mucho más escasos en la Corona de Castilla, tanto en cifras absolutas como en términos relativos, pues no serían hacia 1500 más de 25.000, dispersos en más de cien núcleos por todo el territorio, formando comunidades casi siempre muy pequeñas. Las morerías rurales de mayor importancia estaban en la cuenca del Guadiana, en los señoríos de las órdenes militares donde, según un documento coetáneo, «siempre los moros fueron bien tratados», y también en el norte del reino de Murcia, donde el mudejarismo guardaba puntos de relación con el valenciano, aunque a pequeña escala: Uclés, Hornachos –que era la mayor morería del reino–, Alcántara y, en el realengo, Plasencia y Trujillo eran ejemplos destacados, así como el murciano valle de Ricote. En la Andalucía del Guadalquivir, en cambio, había muy pocos mudéjares, no más de 2.000 a fines del siglo XV, concentrados en Sevilla, Córdoba, Palma del Río y algún otro enclave, cosa lógica si se tiene en cuenta la presencia de la frontera granadina y las formas que había tenido la repoblación andaluza en el siglo XIII. Las antiguas morerías del reino de Toledo, en la cuenca media del Tajo, estaban también muy disminuidas: destacaban las de Guadalajara, Madrid y, menos, la de Toledo. Es notable el que algunas de las morerías más florecientes, dentro de su modestia, estuvieran en ciudades de la cuenca del Duero, donde nunca hubo dominio musulmán estable, lo que obliga a suponer que se establecieron por emigrados sureños, en general desde la segunda mitad del siglo XIII: Ávila, sobre todo, y también Burgos, Valladolid, Arévalo y Segovia tenían *morerías* apreciables.

El régimen jurídico y las formas de vida de los mudéjares tenían muchos rasgos comunes en los diversos reinos. Aquellos musulmanes, como los judíos, formaban una minoría confesional tolerada en virtud de los pactos y acuerdos de capitulación que se establecieron a raíz de la conquista cristiana. Los mudéjares conservaban su libertad personal, aunque solían tener un régimen procesal y penal más duro que el de los cristianos. Por el mismo motivo, permanecían en su ley jurídico-religiosa, que afectaba a numerosos puntos de derecho civil y mercantil, por lo que disponían de sus propias autoridades judiciales para tales casos: *alcalde mayor, alcaldes de moros* en Castilla, *alcadí general* y *alcadíes* de aljama en Aragón.

La organización interna de cada grupo local mudéjar se conoce mejor en Aragón. Formaba cada *aljama* un pequeño concejo con su *alamín* al frente, asistido por varios *adelantados* y un mayordomo o *clavario*. Su principal misión consistiría en asegurar el cobro de los impuestos directos especiales a los que los mudéjares estaban sujetos como forma de reconocer la protección personal que la Corona les dispensaba. En Castilla fue el llamado *servicio y medio servicio,* que ascendía a unos 150.000 maravedíes por año a finales del siglo XV. También, como los judíos, hubieron de pagar un *pecho* especial durante los años de la conquista de Granada que se mantuvo después, hasta 1502.

La consideración de los mudéjares como cuerpo extraño dentro de la sociedad hispano-cristiana y las limitaciones de todo tipo que esto conllevaba se asemejan mucho, también, a las impuestas a los judíos. A menudo, las mismas disposiciones legales afectaban a ambos grupos. Pero los mudéjares despertaban mucho menos la hostilidad popular, debido a su condición económica y laboral más modesta. En las zonas de señorío, como mano de obra rural barata y eficiente, los propios aristócratas eran los más interesados en defenderlos.

Desde mediados del siglo XIII se suceden disposiciones prohibiéndoles el uso de tejidos preciosos o de calidad, ordenando la forma de tener cortado el cabello, o mandando que llevaran señales externas (Ordenamiento de 1412). Vivían, en las ciudades, mezclados con el resto de la población, aunque hubo siempre tendencia a la formación de barrios especiales y órdenes al respecto que comenzaron a cumplirse efectivamente a partir de 1480. Otras limitaciones se refieren tanto a su discriminación social como a tabúes de tipo religioso, y son también comunes para ellos y los judíos: uso de carnicerías especiales, prohibición, siempre incumplida, de que practicaran la medicina con cristianos, de tener servicio doméstico fijo cristiano y, desde luego, de cualquier relación sexual fuera de su grupo religioso.

Las restricciones de carácter profesional tenían posiblemente un efecto práctico más reducido entre los mudéjares que entre los judíos. Además de su incumplimiento –de nuevo el famoso Ordenamiento de 1412 sería una ley muy alejada de la realidad–, cuentan en este sentido las carencias de formación profesional de los mudéjares. Si no los hallamos ejerciendo determinados oficios, como los judíos y a pesar de las prohibiciones, es precisamente por esto. Los mudéjares trabajaron preferentemente en algunas actividades, a veces generación tras generación, lo que les permitió dejar una huella profunda, de origen andalusí, en determinadas técnicas agrarias, arquitectónicas y artísticas del bajo Medievo hispánico; destacaron como hortelanos, albañiles y *alarifes, cañeros,* carpinteros *de lo blanco* (techumbres y otros elementos de la construcción), yeseros, olleros y ceramistas, como por ejemplo los de Talavera y Sevilla, Paterna y Manises o, en Aragón, Muel: la cerámica dorada de Manises comenzaría a competir con la malagueña desde el siglo XIV. Otros fueron tejedores de alfombras, en Cuenca y Alcaraz.

El mudejarismo artístico fue uno de los fenómenos culturales más peculiares de la Baja Edad Media española, pero es preciso recordar que su éxito se debió a la aceptación por parte de los cristianos y a su práctica también por artífices de esta religión. Así, por ejemplo, todavía en 1620, al editar su *Carpintería de lo blanco,* Diego López de Arenas conserva la vieja nomenclatura árabe para designar las armaduras de madera de par y nudillo. De la misma forma, el uso de ropas y modas «moriscas» en los medios aristocráticos del siglo XV, o de la almalafa en plazas fronterizas de Andalucía, no significa en modo alguno origen o condición mudéjar de sus usuarios: Isabel la Católica, como tantas otras mujeres de su época, las utilizaba a veces. Algunos aspectos, por último, de la dulcería y turronería hispana derivan también de usos alimenticios mudéjares, así como recetas basadas en productos de huerta y en fritos vegetales con aceite de oliva, costumbre que compartían con judíos y conversos, pues los *cristianos viejos* castellanos utilizaban todavía manteca y tocino como grasas para cocinar.

Eran, en resumen, un grupo social y confesional humilde en lo económico, sin grandes posibilidades de ascenso social ni muchas pretensiones de conseguirlo. La conversión, o su alternativa de expulsión, llegó para los mudéjares castellanos a comienzos de 1502, como consecuencia de los sucesos ocurridos poco antes en Granada. Parece que prácticamente todos prefirieron el bautismo, aunque con ánimo insincero, como lo demuestra la historia posterior, y sin que ello implicara cambio alguno en sus hábitos culturales; pero tal vez hubieran podido conservar la tranquilidad de no haberse visto mezclados con los *moriscos* granadinos expulsados de su tierra mucho después, en 1571, pues las características de ambos grupos eran muy distintas.

En la Corona de Aragón la conversión, forzosa de hecho, no tuvo lugar hasta 1526, y tampoco incidió en cambios sustanciales de las formas de vida, cultura y trabajo que hemos descrito; pero el número mucho mayor y el fuerte crecimiento demográfico de los grupos mudéjares aragonés y valenciano plantearían de forma dramática, ya en la segunda mitad del siglo XVI, el debate sobre su misma presencia en España.

La reducción a la fe cristiana de los mudéjares se explica, en definitiva, dentro de las coordenadas ideológicas y políticas de la época. No produjo violencias ni traumatismos en el cuerpo social comparables a los ocurridos en Granada o con los judíos y judeoconversos, pero creó las condiciones para que sucedieran en el futuro. Primero, al colocar a los moriscos bajo la vigilancia de la Inquisición, como cristianos que eran; segundo, porque el bautismo no alteró en modo alguno la fuerte diferencia de culturas entre moriscos y *cristianos viejos*.

El morisco, al contrario que el judeoconverso, no se integró en la sociedad española del siglo XVI sino que permaneció como cuerpo ajeno y extraño incrustado en ella, de modo que las campañas de predicación y misión tuvieron un éxito limitado. Por eso, en Granada en 1571 y en toda la península entre 1609 y 1611, su expulsión masiva, su definitiva exclusión, no planteó grandes problemas de identificación. Una vez más, el tiempo se encargó de demostrar que, en aquellas circunstancias, los factores de irreductibilidad cultural superaban incólumes el paso de las generaciones.

7. Medievo y Renacimiento

> Porque los reyes deven ser amadores de la sciencia e son tenudos de honrar a los sabios e conservar en honra a los que por sus méritos e suficiencias reciben insinias e grados que se dan a los que con perseverancia alcanzan a los rescebir. (Cortes de Toledo, año 1480, p. 108.)

En este capítulo se dará cuenta de diversas realidades históricas tocantes a la creación intelectual, literaria y artística. Si todo el libro es un intento de exponer sintéticamente los rasgos principales de la época, en estas páginas tales caracteres han de acentuarse necesariamente: no se trata más que de poner al alcance del lector unos conocimientos sobre los que pueda formar opinión, y unas indicaciones para que los amplíe más adelante según su voluntad.

1. Los saberes científicos y técnicos

La herencia de tradiciones musulmanas en los campos de la astronomía, medicina y agronomía, y la intervención de judías en las actividades que hoy denominamos científicas y técnicas eran otros tantos «factores de particularismo», como los denomina G. de Beaujoan, que singularizaban el ámbito hispánico con respecto a otros europeos. No conviene exagerar su importancia y menos aún desde mediados del siglo XV, cuando se produjo en la Universidad de Salamanca una amplia renovación de saberes y tendencias que arrinconó las viejas prácticas astrológicas o alquímicas y la búsqueda de una «ciencia universal» tan características de los seguidores de Ramón Llull, Arnau de Vilanova o incluso de los lectores del *Tesoro,* que se atribuía a Alfonso X el Sabio, y de personajes tan singulares como Enrique de Villena (1386-1434) o Fernando de Córdoba (1423-1486). El primero fue una mente de curiosidad universal, interesado tanto por la gastronomía como por las «ciencias ocultas», traductor de la *Eneida* y de la *Divina Comedia,* petrarquista en sus *Los doze trabajos de Hércules*. El segundo, que vivió en Roma, fue un neoplatónico notable, influido por el cardenal griego Bessarión.

Las novedades fueron más importantes en los campos de la astronomía y la medicina:

> Aun sin evocar a los profesores de música, hebreo y filosofía natural, incluso sin hablar de las dos cátedras de medicina, al menos es necesario subrayar la existencia en Salamanca de una enseñanza oficial y regular de astrología, igual que en Bolonia o en Cracovia. Precisamente, el primer titular conocido de la cátedra de astrología de Salamanca se llama Nicolás Polono o Polonio (Beaujoan).

Los catedráticos salmantinos gozaban de gran prestigio: Diego Ortiz de Calzadilla, que había estudiado en el Colegio de San Bartolomé Viejo, pasó a Portugal después de la guerra de 1475 e intervino en el rechazo del proyecto colombino y en la preparación del viaje de Pedro de Covilhão al mar Rojo. Así, Salamanca como centro teórico y Lisboa, sede de la práctica marítima, consiguieron unos conocimientos astronómico-náuticos capaces de incidir sobre el desarrollo de las grandes navegaciones desde 1483-1485. La figura de Abraham Zacuto (c. 1452-c. 1522) ha de considerarse en parte al margen de aquellas corrientes, a pesar de su gran importancia, aunque fue en Salamanca donde compuso su famoso *Almanaque astronómico perpetuo* o *Tabulae tabularum coelestium motum,* y pasó luego a Lisboa, como astrónomo de Manuel I, lo que le permitió influir sobre los saberes y la práctica de la navegación, hasta que hubo de exiliarse en Túnez. Por lo demás, la cosmografía, tan unida a veces a los saberes astronómicos, dio lugar a obras de corte tradicional, así una de Antonio de Nebrija, y a otras nuevas, algo más tardías, que son fruto de los nuevos descubrimientos, como las de Martín Fernández de Enciso y Alonso de Santa Cruz.

La medicina era otro saber cultivado brillantemente con un interés empírico que no era común entre los escolásticos de otros países y que atenuaba en los hispánicos la diferencia entre *físicos* o médicos teóricos y cirujanos. Había tratados muy conocidos, a menudo obra de judíos o judeoconversos, como la *Sevillana Medicina,* de Moisés Samuel de Rocamora, luego Juan de Avignon, o el *De la visitación y conciliación de los médicos,* escritos ambos hacia 1380 en el entorno del arzobispo sevillano Pedro Gómez Barroso, y también los de Alonso Chirino, médico de Juan II, titulados *Menor daño de la medicina* y *Espejo de la medicina*. El monasterio de Guadalupe sostenía desde 1460 aproximadamente un hospital y una escuela de medicina que ganaron gran fama; de allí procedieron algunos médicos de los Reyes Católicos, como el doctor Juan de Guadalupe y su sobrino, el bachiller Fernando. ¿Tiene este hecho alguna relación con la abundancia de judeoconversos en aquel monasterio jerónimo? Que la confianza regia era grande lo demuestran las estancias frecuentes y la construcción de un palacio u *hospedería* llevada a cabo por el arquitecto real, Juan Guas, desde 1487. Cabe recordar también a otros dos médicos reales: Juan Gutiérrez de Toledo, que imprimió en Toledo, en 1498, un tratado de *Cura* de la piedra y de la ijada y cólico renal, y Francisco López de Villalobos, autor de un curioso poema didáctico titulado *Sumario* de medicina.

Utilizando a los médicos reales, estableció la Corona una especie de control sobre la práctica de la medicina y aun sobre la licencia para ejercerla. Una carta real de 30 de marzo de 1477 nombraba «alcaldes mayores y examinadores» a cuatro médicos reales, con funciones parecidas a las que tenían otros alcaldes gremiales. La primera, examinar y dar licencia para ejercer el oficio a médicos, cirujanos, boticarios, «ensalmadores» y especieros, aunque ésta sería automática para los graduados en Estudio General. La segunda función les facultaba para juzgar los excesos ocurridos en el ejercicio de la profesión. Aquéllos fueron los orígenes del llamado algo después *Protomedicato,* cuya actividad se limitó en la práctica a la Corte y sus aledaños. En otras partes –según unas ordenanzas de 1494– eran las autoridades concejiles las encargadas habitualmente de comprobar los títulos profesionales de médicos y boticarios, e incluso la actualización de sus conocimientos.

También seguía antiguas tradiciones la práctica de la hipiatría, en manos de *albéitares,* que estuvieron sujetos desde 1500 a un alcalde para comprobar los conocimientos de quienes aspiraban al oficio. La botánica contó con algunos cultivadores notables, por ejemplo Andrés de Laguna, pero fue en el campo de la agronomía donde nació una obra cumbre, que sería reeditada hasta el siglo XIX: me refiero al *Libro de Agricultura,* de Gabriel Alonso de Herrera, impreso en 1513 por iniciativa del cardenal Cisneros, en el que se recogía muchos de los saberes prácticos tanto de los agricultores toledanos como de los moriscos de Granada, donde Herrera había residido. Otra obra de carácter utilitario, en ámbito muy distinto, fue el tratado de aritmética escrito por Francesc Sant Climent (*Summa de la art de arismetica,* 1482), fruto de la práctica mercantil barcelonesa, a cuya enseñanza se destinaba.

No existió, por el contrario, espíritu innovador en el ámbito teológico y filosófico, donde predominaba la *via antigua* sobre la moderna o nominalista. Recordemos, al menos, la figura de Pedro de Osma, un notable teólogo que murió en 1480 después de muchos cursos de enseñanza en Salamanca y de haber sido condenadas dos años atrás algunas proposiciones contenidas en su tratado *De Confessione.* O también, la presencia de maestros nominalistas españoles en la Universidad de París, como el matemático Juan Martínez Silíceo, maestro de Pedro Ciruelo, que enseñaría la misma disciplina en Alcalá de Henares. El pensamiento judío vivía igualmente atenido a la tradición: en el *Pináculo de la fe,* de Isaac Abravanel (1437-1508), es patente el influjo de Maimónides; se trata de la mejor obra religiosa producida entre los sefardíes de la época.

2. El humanismo

Las corrientes humanistas de origen italiano habían entrado pronto en los reinos españoles, sobre todo en Aragón desde la época de Juan I (1387-1396). El humanismo catalano-aragonés ha sido objeto de numerosos estudios en los que se destaca, además de la influencia italiana, que produjo traducciones de Boccaccio en el tránsito del XIV al XV y de la *Divina Comedia* de Dante al catalán en 1428, el ejemplo griego, transmitido por los contactos con intelectuales bizantinos en Avignon, Roma y Rodas, sede de la Orden de San Juan, alguno de cuyos maestres fue aragonés, como Juan Fernández de Heredia, que hizo traducir a Tucídides y a Plutarco hacia 1370. Otros muchos autores latinos y alguno griego se conocían en catalán antes de que terminara el siglo XIV.

Sobre aquellas bases actuaron varias generaciones de humanistas, entre los que destacaron Bernat Metge (1340/46-1413), Antoni Canals (1350-1419), el cardenal Joan Margarit, obispo de Gerona (m. 1484), notable por «su visión humanística de una Hispania clásica –vinculada, con todo, no a la Corona de Castilla, sino a la de Aragón– a la cual consagra sus trabajos historiográficos» (Batllori); Francesc Vidal de Noya, preceptor de Fernando en su juventud, el historiador y archivero Pere Miquel Carbonell (1434-1517), autor de un *De viris illustribus catalanis* y de las *Chroniques de Hespanya*, o literatos del tiempo de los Reyes Católicos, como Joan Roiç de Corella o el valenciano Francesc Alegre. Las traducciones se referían a una treintena de autores clásicos e italianos, entre los que cabe retener, aparte de Dante, Petrarca y Boccaccio, a Alberti y Bruni entre los humanistas, a Ovidio, Virgilio y Lucano, a Cicerón, Séneca y

Valerio Máximo, o a historiadores como Josefo, Quinto Curcio, Salustio o Tito Livio, y a agrónomos como Palladio.

El primer humanismo castellano se fundamenta también en los contactos con Italia, favorecidos por la fundación del Colegio de San Clemente de los Españoles en Bolonia, obra del cardenal Juan Gil de Albornoz (1367), donde, además de Derecho, se estudiaban letras clásicas. Pero su primer hogar fue la Corte de Juan II, en los años veinte a cincuenta del siglo XV; allí hubo una primera introducción de las nuevas reglas poéticas por obra de Íñigo López de Mendoza, marqués de Santillana (m. 1458), y de Juan de Mena (m. 1456) y se incrementó el interés por las letras latinas gracias a estos mismos autores y a letrados como el doctor Pedro Díaz de Toledo, traductor de Aristóteles y Séneca por encargo del rey, y «familiar» más adelante del cardenal Mendoza. Otro patronazgo interesante fue el de Carlos de Navarra, príncipe de Viana, al que dedica el bachiller Alfonso de la Torre su *Visión delectable de la filosofía y artes liberales, metafísica y filosofía moral,* y es indispensable recordar también la influencia que ejercieron los contactos propiciados por los concilios universales de Constanza, Basilea y Ferrara-Florencia en eclesiásticos como Juan de Segovia, el cardenal Juan de Torquemada, Alonso de Madrigal o, en especial, Alfonso de Cartagena (m. 1456), latinista, obispo de Burgos, autor de numerosas obras, entre ellas una de importante contenido político *(Anacephaleosis Hispaniae),* y Rodrigo Sánchez de Arévalo, a cuyos escritos políticos, históricos y didácticos nos referimos en diversas ocasiones.

Alfonso de Cartagena fue el principal introductor del humanismo en Castilla, a través de sus obras y de la formación de discípulos. En la generación siguiente hubo más autores que conocían ya directamente el mundo de los humanistas florentinos: tal es el caso, sobre todo, del historiador Alfonso de Palencia, autor también de un *Vocabulista* o *Universal Vocabulario* en latín y en romance, editado en 1490 y muy utilizado en su tiempo, que era ya el de los Reyes Católicos, cuando las posibilidades que abría la imprenta, y también el patronazgo de los reyes y de algunos aristócratas, consolidaron las condiciones propicias para el arraigo de las letras humanistas.

El interés de los reyes tuvo mucho que ver en aquel hecho, y así lo afirmaba el protonotario Lucena en una carta muy conocida, dedicada al ensalzamiento de la reina:

Lo que los reyes fasen, bueno o malo, todos ensayamos de lo faser; si es bueno, por aplacer a nos mesmos, si es malo, por aplacer a ellos. Jugaba el rey, eran todos tahures. Estudia la reina, somos agora estudiantes. Y si vos me confesais lo cierto, es cierto que su estudio es causa del vuestro, o sea por agradarla, o sea porque os agrada, o por envidia de los que han comenzado a seguirla.

Las inquietudes intelectuales de Isabel I eran notables y estaban vinculadas a su idea del poder, cuya práctica debía someterse a los dictados de la fe y del saber. De su protección a cronistas e historiadores hablamos en otro lugar. Baste recordar ahora que Diego de Valera concluía en 1481 su *Crónica abreviada* de España, y que Hernando del Pulgar compuso por entonces una *Relación de los reyes de Granada* donde, en cierto modo, contribuía a dar razón del porqué de la guerra de conquista; ambas obras eran encargo regio, así como la de Nebrija titulada *Muestra de historia que dio a la reina Isabel sobre las antigüedades de España*. Isabel, en cuando tuvo tiempo para ello, comenzó el estudio del latín, ya en su madurez, y lo aprendió acaso con Beatriz Galindo, la mujer humanista más notable de su tiempo, aunque no la única, pues son también nombres a recordar los de Lucía Medrano, maestra en Salamanca, o Francisca de Lebrija, que lo fue en Alcalá.

Llamaron los reyes a humanistas italianos para que enseñaran en la Corte. Las infantas aprendieron bien latín con los hermanos Antonio y Alejandro Geraldini, que estaban al servicio del rey de Aragón al menos desde 1469, y el príncipe Juan, según atestigua Fernández de Oviedo, «salió buen latino e muy bien entendido en todo aquello que a su real persona convenía saber». Los humanistas italianos de mayor importancia que entonces vinieron a Castilla y a la Corte fueron Pedro Mártir de Anglería (1447-1526), un milanés al que trajo Íñigo de Mendoza, conde de Tendilla, cuando regresó en 1487 de su embajada en Roma. Anglería enseñó en la Corte desde 1492 y tuvo como discípulos a muchos nobles, entre los que apreciaba especialmente a Pedro Fajardo, futuro marqués de los Vélez:

> Mi casa está todo el día llena de jóvenes nobles que, apartados de las diversiones vulgares por el estudio, están ya convencidos de que las letras, lejos de ser un obstáculo, son una ayuda en la carrera de las armas. Ha complacido mucho a nuestra real señora, modelo de todas las virtudes, que su primo hermano, el duque de Guimarães, y el joven duque de Villahermosa, sobrino del rey, estén en mi casa todo el día, ejemplo que siguen ya los principales caballeros de la Corte.

Pedro Mártir participó en una embajada a Egipto, al «soldán de Babilonia» (1500), y a su regreso la reina le otorgaría el título de «maestro de los caballeros de mi Corte en las artes liberales». Era, sobre todo, un pedagogo, pero dejó también un notable testimonio sobre la Corte regia en sus cartas *(Opus epistolarum),* aunque excesivamente áulico a menudo, y escribió la primera visión humanista de las Indias en su *De Orbe Novo decades,* escrito a partir de 1493.

Lucio Marineo Sículo (apr. 1460-1533) era un siciliano que llegó a España al amparo del almirante Fadrique Enríquez. Hay que tener presente en su obra, como en la de Pedro Mártir, la condición cortesana, y por lo tanto laudatoria, de los autores. Ambos alaban sin recato alguno a los reyes «iustissimi, integerrimi, religiossisimi, rectores non tyranni», y su obra unificadora, que comparan con la división italiana («Italiam in diversa discerptam, Hispaniam in unum redactam. Italiae principes discordes, Hispanos unanimes intelligebam», escribe el primero), pero conviene considerar las facilidades que ofrecía para ello el modelo exaltado antes que las suspicacias inherentes a la crítica histórica, o junto con ellas. Lucio Marineo publicó un *De laudibus Hispaniae* y, ya en 1530, su *Opus de rebus Hispaniae memorabilibus,* «que es fruto de la labor madurada al calor de la corte» de Isabel I (N. Salvador). El *de rebus Hispaniae* es un libro valioso, tanto por las noticias que facilita como por la utilización de conceptos y nociones clásicos sobre la identidad patria que eran, entonces, nuevos e inspiraron a autores de la siguiente generación, como Pedro de Medina. Es notable esta aportación, procedente de la otra península latina, a la afirmación del sentimiento patrio hispánico en los inicios de la unidad política. Tuvo también gran importancia la promoción cultural que Cisneros llevó a cabo en Alcalá, según veremos: el cardenal estuvo interesado incluso en conseguir la venida de Erasmo de Rotterdam.

No obstante es indudable que la presencia de la Inquisición produjo la concentración de las corrientes humanistas en determinados campos, así como exclusiones muy sensibles que, sin duda, el mismo Erasmo conocía. Así, por ejemplo, en la generación que escribe en las primeras décadas del siglo XVI hay dos nombres de primera importancia que desarrollaron su trabajo fuera de la península: uno es el de León Hebreo (1461-1535), antes Judá Abravanel, posiblemente de origen portugués y emigrado a Nápoles, donde le protegería el Gran Capitán, autor de unos platónicos *Dialoghi d'amore* que traduciría al castellano en 1590 el Inca Garcilaso. El otro, más conocido todavía, es Juan Luis Vives (1492-1550), cuya familia de conversos valencianos fue perseguida por la Inquisición desde 1500, cuando se descubrió una sinagoga secreta en casa de su primo Miguel, y quemados en persona o efigie en 1524 sus padres y tíos. Vives estudió desde 1509 en el colegio parisino de Montaigu, residió en Brujas, enseñó en Lovaina y Oxford, fue amigo de Erasmo de Rotterdam y de Tomás Moro, que le proporcionó el puesto de preceptor de la princesa María Tudor entre 1522 y 1527, y nunca quiso volver a España, donde tenía recuerdos tan sumamente trágicos. Su obra se define por «la observación, la experiencia propia, la introspección, el razonamiento independiente y sin apriorismos» (Batllori), con un uso preferente de Aristóteles y de San Agustín; destaca en los campos filológico, pedagógico, de reflexión sobre el ser humano y los problemas religiosos, y se expresa en un latín excelente *(De anima et vita, De institutione feminae christianae, De ratione studii puerilis, De instituenda schola, Exercitatio linguae latinae, De communione rerum, Introductio ad sapientiam, Defensio fidei christianae).*

A la generación anterior pertenece el mejor exponente del humanismo castellano, Antonio de Nebrija (1441-1522), estudiante durante diez años en el Colegio de San

Clemente de Bolonia, corresponsal de Pico della Mirandola y seguidor de Lorenzo Valla. Nebrija fue a la vez un sabio enciclopédico, un gran latinista y el promotor del castellano a la condición de lengua madura, con reglas fijas y gramática, para que su uso resultara tan digno y general como el del latín, o más todavía al ser una lengua viva. Nebrija enseñó aquellos elementos primero en casa del arzobispo sevillano Alfonso de Fonseca, y a continuación en la Universidad de Salamanca (1475); también en casa del maestre de Alcántara, Juan de Zúñiga, a partir de 1487, y ya en su vejez, desde 1514, en Alcalá de Henares, donde Cisneros le atribuyó la cátedra de Retórica con los máximos privilegios:

> Leyese lo que él quisiese, y si no quisiese leer, que no leyese; y que esto no le mandaba dar porque trabajase, sino por pagarle lo que le debía España.

Deuda que se observa aún hoy a través de su obra escrita: sus *Introductiones latinae,* impresas por vez primera en 1481 y ampliadas en 1485, conocieron un gran éxito y Nebrija las tradujo al castellano en 1486 por encargo de Hernando de Talavera para uso de la misma reina. El *Dictionarium latino-hispanicum* (1492) y el *Dictionarium hispano-latinum* (1495) fueron complementos necesarios, pues apenas había otros anteriores, si se exceptúan los que compuso Alfonso de Palencia. La *Gramática de la lengua castellana* (Salamanca, 1492) tuvo, en cambio, menos difusión entonces, aunque Nebrija no abandonó su empeño por normalizar el uso del castellano *(Reglas de ortographia en la lengua castellana,* Alcalá, 1517), pues lo consideraba de la mayor importancia, según escribe en el prólogo de la *Gramática,* dedicado a la reina:

Reduzir en artificio este nuestro lenguaje castellano, para que lo que agora e de aquí adelante en él se escriviere pueda quedar en un tenor y extenderse en toda la duración de los tiempos que están por venir, como vemos que se ha hecho en la lengua griega y latina, las cuales por aver estado debaxo de arte, aunque sobre ellas an pasado muchos siglos, todavía quedan en una uniformidad.

A lo largo de su dilatada carrera tuvo Nebrija ocasión de componer muchos otros trabajos. Algunos, como el *De liberis educandis,* escrito a instancias del secretario Miguel Pérez de Almazán hacia 1509, es una síntesis de principios pedagógicos, y otros se refieren a cuestiones tan diversas como la cosmografía, el calendario o los pesos, medidas, números y sistemas de cálculo. Pero nuestro autor era fundamentalmente filólogo: todo su esfuerzo se vuelca en la composición de léxicos glosados de términos latinos, e incluso griegos, tanto en las obras citadas como en otras que dedicó a diversas especialidades: jurisprudencia, medicina y botánica médica son las más destacadas, así como las inéditas que dedicó al vocabulario de la Sagrada Escritura, en la misma línea de filología crítica que emplearía Erasmo de Rotterdam muy pocos años después.

3. Los medios de difusión del saber

1. Las Universidades

En diversos momentos del reinado se dieron disposiciones legales en Castilla sobre la colación de grados universitarios y las condiciones del ejercicio profesional de los titulados, que pueden ser tenidas por auténticas primicias de la intervención política regia en la vida de las antiguas Universidades de Salamanca y Valladolid. Así, en las Cortes de 1480 se estableció que sólo sus títulos tuvieran validez oficial en el reino, y varias pragmáticas de los años 1481, 1492, 1493, 1496 y 1497 añadieron algunas precisiones, como, por ejemplo, exigir diez años cursados en Estudio General y una edad de veintisiete para ejercer los letrados oficio de justicia, obligar a que los grados se tomaran en los Estudios Generales de Castilla –Salamanca o Valladolid–, prevenir la independencia de los jurados que votaban la provisión de cátedras, e incluso la moderación del gasto en festejos que ofreciera el electo, o asegurar la gratuidad de examen de grado para los que demostrasen carecer de medios.

Aunque aquellas medidas no siempre fuesen de fácil cumplimiento, mostraban una voluntad protectora que las universidades necesitaban en aquel periodo de expansión. La de Salamanca, que contaba con 25 cátedras y unos 7.000 estudiantes, se regía por unos estatutos de 1422 otorgados por el papa Martín V, y había ido renovando sus edificios a lo largo del siglo: Escuelas Mayores y Menores, Hospital del Estudio de Santo Tomás de Aquino, ampliación de la Biblioteca...; en la fachada de Poniente, concluida en la segunda década del XVI, permanece como testimonio material de aquella sintonía entre ambas instituciones el conocido medallón de los Reyes Católicos, con las armas reales y la leyenda, en griego: *Oi Basileis te Enkyklopaedia aute tois Basileisi,* que se suele traducir por «Los Reyes a la Universidad y ésta a los Reyes». El Estudio General de Valladolid venía creciendo desde mediados del siglo XIV, «en correlación con la llegada de la dinastía trastamarista y el desarrollo de la Audiencia» (A. Rucquoi): estaba dedicado, sobre todo, a la enseñanza del Derecho, aunque desde 1418 se añadan estudios de Teología.

Además, en tiempo de los Reyes Católicos proliferaron nuevas fundaciones de Estudios Generales de diversa importancia. En 1477 nació el de Sigüenza, y a partir de 1502 el de Sevilla, por empeño de Rodrigo de Santaella, además de los colegios dominicos de Santo Tomás de Ávila, San Gregorio de Valladolid, Santo Tomás de Sevilla, y del de Santa Cruz, establecido por el cardenal Mendoza en Valladolid. Añadamos la obra de Diego de Muros, obispo de Mondoñedo y después de Oviedo, que consiguió la creación pontificia del Estudio General Compostelano en 1504, aunque no comenzaría sus trabajos hasta 1525, y fundó el Colegio de San Salvador de Oviedo, en Salamanca, unos años más tarde. Similares inquietudes fundadoras se daban en la Corona de Aragón, también con resultados muy variados: la Universidad de Zaragoza fue fundada en 1474, pero sólo con Facultad de Artes. Valencia, que contaba con algunos precedentes, obtuvo también bula pontificia para otorgar grados en Artes desde 1474, y en 1500 establecía Alejandro VI el Estudio General. El de Barcelona, dedicado a Medicina, recibió unas amplias ordenaciones redactadas por el municipio en 1507-1508. En Mallorca se constituyó Estudio General desde 1483 y 1503, en torno a la obra y el recuerdo de Ramón Llull, cuya reivindicación era siempre un argumento en pro de la identidad isleña, pero no otorgaría grados hasta principios del siglo XVIII: de todos modos, la influencia de la doctrina luliana irradiaba mucho más allá de la isla, y contaba con la protección regia, según se comprueba en un privilegio del año 1503.

En resumen, hay una multiplicación de centros universitarios, como sucedió en el resto de Europa desde mediados del siglo XIV, pero la cantidad no debe llamar a engaño: las grandes Universidades siguieron siendo Salamanca, Valladolid y Lérida en menor grado; entre las nuevas fundaciones, sólo alcanzó rápidamente aquel rango la de Alcalá de Henares.

La Universidad de Alcalá fue la magna obra cultural del arzobispo Jiménez de Cisneros, que la proyectó como centro de formación intelectual y moral del clero, en torno a la enseñanza de la Teología. Sus características la aproximan al Colegio Trilingüe de Lovaina, al que precede en diez años, e incluso al Collège de France, posterior en veinte. Los orígenes fueron, sin embargo, modestos, pues se encuentran en el *estudio* que los franciscanos observantes establecieron en la villa desde 1473, con apoyo del arzobispo Carrillo. Cisneros comenzó por construir el Colegio de San Ildefonso para 33 estudiantes de Teología, con el fin de establecer sólidamente su régimen de vida, y obtuvo para ello la bula pontificia de creación (13 de abril de 1499), pero la totalidad de las enseñanzas comenzaron a impartirse en el otoño de 1509, y las *Constituciones* o estatutos de la Universidad, que se inspiraron parcialmente en las de París, son de 1510 y 1517.

Aunque la Teología era enseñanza y facultad principal, y no había Derecho –al contrario que en Salamanca y Valladolid– salvo una cátedra de Canónico, Alcalá conoció también un desarrollo notable de las artes e incluso de la medicina (dos cátedras, un hospital más adelante), pero, según se lee en los estatutos, siempre *Theologica disciplina ceteris scientiis et artibus pro ancillis utitur,* especialmente a la Retórica, cuya cátedra desempeñaron Hernando Alonso de Herrera y Nebrija, y a los estudios bíblicos y clásicos, para los que se dotó una cátedra de Griego y se previeron otras de Hebreo, Árabe y Siriaco. En torno al Colegio de San Ildefonso, que fue siempre el principal, surgieron otros capaces de albergar y dar enseñanza cada uno a varias decenas de estudiantes, verdadera elite de la Universidad: San Eugenio y San Isidoro, para Gramática; Santa Balbina y Santa Catalina, para Dialéctica, Filosofía, Física y Metafísica; San Pedro y San Pablo, para franciscanos; Madre de Dios, para teólogos y médicos, y, ya en 1530, el Colegio Trilingüe, destinado a estudiantes de Latín, Griego y Hebreo. Añadamos las transformaciones urbanas que Alcalá experimentó al mismo tiempo, y la construcción de la colegiata de los Santos Justo y Pastor como templo de la Universidad: en pocos años había nacido una nueva ciudad universitaria, la primera de que disponía Castilla al sur del Sistema Central.

Al mismo tiempo promovió Cisneros el proyecto de edición de la Biblia, presentando conjuntamente los textos hebreo, arameo, griego y latino. Aquel «monumento del arte tipográfico y de la ciencia escritural», como lo ha denominado Marcel Bataillon, se imprimió en seis volúmenes, entre 1514 y 1517, tuvo un coste de 50.000 ducados y mostró, a la vez, cuáles eran los límites y las condiciones en que Cisneros quería utilizar los modos de hacer del humanismo: durante un breve tiempo, hacia 1514, se contó con la colaboración de Nebrija, cuyos estudios sobre cuestiones de filología bíblica eran famosos aunque estaban inéditos. Pero Nebrija opinaba que las imperfecciones de la traducción latina con respecto a las versiones griega y hebrea debían ser corregidas, mientras que Cisneros prefirió evitar cualquier «intento de traducción nueva con un religioso respeto por la versión consagrada y por el texto», al extremo de que se modificaron algunos aspectos de la versión griega para adaptarla a la latina Vulgata. Es decir, de una parte el punto de vista crítico-filológico del humanista, que le impulsa, como haría Erasmo en 1514, a procurar una nueva traducción cuando le parecía preciso; de otra el del religioso y teólogo, para el que la labor filológica no es el centro del saber, sino un instrumento que ha de respetar «las lecturas comúnmente respaldadas por los manuscritos antiguos» y sacralizadas por su uso multisecular.

2. La imprenta

La Biblia Políglota Complutense, de la que se editaron 600 ejemplares, comenzó a difundirse en 1522, pero con poca fortuna, pues los ejemplares destinados a Italia se perdieron en un naufragio. Considerada como éxito técnico, fue una muestra de la rapidez con que había arraigado la imprenta en la España de los Reyes Católicos. Después de la activa intervención del cardenal Torquemada y de Rodrigo Sánchez de Arévalo para introducir la imprenta en Roma, desde 1465, el nuevo invento llegaría a nuestra península de la mano de maestros itinerantes alemanes y flamencos, a los que pronto se unirían impresores locales, que utilizaron con preferencia los tipos góticos, aunque los itálicos se difundieron mucho desde 1501. Hay unos 6.000 incunables –ediciones anteriores a 1500– conocidos en España, pero muchos procedían de otros países: así, hasta 1490 se conocen 197 de imprentas hispanas frente a 1.924 de origen italiano y 488 alemanes. Las proporciones cambiarían muy deprisa en los años siguientes: en Cataluña y Valencia se habían impreso al menos 258 libros al llegar el año 1500.

Tradicional empeño se ha puesto en descubrir dónde se imprimió el primer texto. Hoy por hoy, el incunable más antiguo que se conoce son las constituciones del sínodo segoviano de Aguilafuente, de 1472, seguidas de *Les obres o trobes en lahors de la Verge María* (Valencia, 1474), pero la cuestión no parece muy relevante desde el punto de vista histórico, aunque lo sea para los bibliófilos: hay testimonios de obras impresas en Segovia, en Burgos desde 1473, en Salamanca, Valladolid y Sevilla, donde trabajaron tipógrafos locales desde 1473-1474, en Zaragoza y Barcelona a partir de 1475 *(Fori Aragonum,* impresos en 1477).

La gran revolución que aportaba la imprenta tardó algo en ser comprendida, pues, en un principio, se apreciaba a los libros «de molde» menos que a los «de mano», al considerarlos desde el punto de vista del trabajo invertido y de la calidad artística. No obstante, los altos eclesiásticos y los reyes asimilaron muy pronto la importancia de la imprenta para difundir cultura religiosa y normas legales, así como su peligro si la multiplicación de obras literarias se efectuaba sin control.

La actitud primera fue muy favorable: ante las Cortes de Toledo de 1480 se eximió de impuestos la importación y comercio de libros, y en los años siguientes los reyes hicieron venir compañías de impresores de Europa central y de Venecia para imprimir textos legales. También los arzobispos Talavera y Cisneros se valieron de la nueva técnica en su acción pastoral, y este último patrocinó en Alcalá a los impresores Pedro Hagenbach y Arnaldo Guillén de Brocar para trazar un vasto plan de ediciones en latín y castellano. Pero, al mismo tiempo, el poder sintió la necesidad de controlar ciertos resultados: la censura inquisitorial eclesiástica comenzó a ejercerse para evitar la difusión de traducciones bíblicas y, sobre todo, de libros judíos o árabes, desde el último decenio del siglo XV. Una pragmática real castellana de

8 de julio de 1502 exigió ya la licencia regia para la impresión de cualquier libro o para la difusión de los importados, y señaló a quiénes competía concederla: en Valladolid y Ciudad Real, a los presidentes de la Real Audiencia, y en sus respectivas diócesis, a los prelados de Toledo, Sevilla, Granada, Burgos y Salamanca. Es notable que en la Corona de Aragón no parece haber ninguna disposición regia semejante hasta el siglo XVIII. Algo más adelante, un breve pontificio de 1515 ordenaba que no se imprimiera libro alguno sin su previo examen por los inquisidores de la zona, pero parece que la Inquisición española no lo cumplió entonces. Lo que importa en aquellas medidas legales es la tendencia hacia una generalización de la censura, y no tanto su cumplimiento inmediato y universal, que debió de ser por entonces algo deficiente.

En torno a la producción de libros, se anudaban unas relaciones económicas, profesionales y culturales cuyo conocimiento es del mayor interés, aunque todavía resulte tan escaso. El oficio de impresor requería una organización laboral relativamente compleja, pero en general tardaron en organizarse gremios y se trabajó en un mercado libre donde la búsqueda del cliente explica la condición itinerante de bastantes impresores en los primeros tiempos y la dificultad para acumular capital. En realidad, fueron los editores –aún sin este nombre– los que tomaron «las riendas de la organización naciente» (Ph. Berger), al actuar como intermediarios entre impresores y libreros, estudiar las posibilidades de mercado y las de clientela. Los libreros –a veces también editores– poco tienen que ver con los que se dedicaban a la copia e ilustración de manuscritos, aunque su trabajo suele comprender la encuadernación y, como complemento, la venta de material de escritura y papel en cuadernos, casi siempre de procedencia genovesa. La clave principal para descubrir la importancia que la imprenta tuvo entonces en la difusión de saberes y hábitos culturales radica en conocer quiénes y cuántos compraban los libros. En opinión de Berger,

> lo más claro es que el desarrollo de la imprenta no se acompañó con un paralelo crecimiento de la proporción de lectores en el cuerpo social; lo que aumentó fue la media de ejemplares adquiridos por los que sabían leer, y esta media aumentó tanto más cuanto que era más importante al principio en el medio social considerado... No hay más individuos que lean, pero éstos leen más.

Desde luego, no parece que el volumen de las bibliotecas aumentara súbitamente: por ejemplo, las de miembros de la alta nobleza castellana estudiadas en los últimos años oscilaban entre varias decenas y dos o tres centenares de obras. La del primer conde de Oropesa sólo tenía 43 en 1504, mientras que la del duque de Medina Sidonia alcanzaba las 230, en 1507, y la del conocido bibliófilo que fue el primer marqués de Priego ascendía a 309, en 1518, pero era excepcionalmente rica. En inventarios de los últimos años de la reina se anotan 201 libros conservados en el Alcázar de Segovia y otros 52 a cargo del camarero Sancho de Paredes.

Lo más importante de tales inventarios es que nos orientan acerca de los intereses y aficiones de los lectores, según grupos sociales y profesionales, y sobre la difusión y fama que entonces tenían diversas obras: libros de rezo, religión y moral, teología y filosofía, clásicos latinos, literatura italiana, castellana o catalana, crónicas, textos legales y otras obras de formación histórico-política, ciencias, medicina, hipiatría y caza, alquimia, astrología, cosmografía y libros de viajes, gramáticas, textos de humanistas italianos o de autores eclesiásticos, predominio a veces de obras de derecho canónico... En conclusión, la lectura de los inventarios de aquellas bibliotecas nos aproxima al ámbito de la cultura asumida personalmente, y sugiere mucho más que los referentes a instituciones universitarias o eclesiásticas.

3. LOS PROGRAMAS EDUCATIVOS

Otro medio de acercarse al conocimiento de los modelos culturales y a las propuestas educativas, más difuso que los indicados hasta ahora pero a menudo más rico en matices, consiste en leer los tratados de educación, comportamiento y usos, escritos en aquella época y dirigidos casi sin excepción a miembros de la clase aristocrática. En ellos se observa el grado de difusión de cada tipo de ideas y costumbres, fundadas en los modelos caballeresco o eclesiástico, aunque, en ocasiones, sean ya claras las influencias de la pedagogía humanista italiana.

Páginas atrás se hizo mención a nombres de autores y libros dedicados específicamente a la formación política del príncipe, y ahora no hemos de repetirlos. Pero, a su lado, ¿qué influencia ejercerían aún las obras de Ramón Llull como su *Doctrina Pueril, El Libro de Consejos, El Árbol de la Ciencia* o *El Libro de la Orden de Caballería?* Entre sus seguidores castellanos se cuenta Alfonso de la Torre *(Visión delectable de la filosofía y artes liberales).* Había autores de las generaciones inmediatamente anteriores cuyo influjo seguía muy vivo: Alfonso de Cartagena, cuyo *Doctrinal de Caballeros* se imprime en 1487; el marqués de Santillana *(Pro-*

verbios de gloriosa doctrina y fructuosa enseñanza compuestos para la educación del príncipe don Enrique); Rodrigo Sánchez de Arévalo, a cuyas obras ya mencionadas cabe añadir tanto el *Speculum Vitae Humanae* (Roma, 1468) como el *De arte, disciplina et modo alendi et erudiendi pueros,* o los mismos Diego de Valera y Gómez Manrique; fray Martín de Córdoba *(El jardín de las nobles doncellas,* escrito a finales de 1468 para la educación de Isabel e impreso en 1500). Isabel debió de leer también *Lo libre de les dones* de fray Francesc Eiximenis, cuya traducción al castellano se editó en 1542 con el título de *Carro de las Donas,* así como el *Tractado e respuesta a çiertas preguntas de algunas reynas y grandes señoras,* escrito por Diego Rodríguez de Almela en 1482, cuando era capellán de la reina, y el *Doctrinal de gentileza,* que le dedicó el comendador Hernando de Ludueña, los escritos de Antonio de Nebrija sobre educación e incluso las coplas de *Crianza y virtuosa doctrina* de Pedro Gracia Dei.

Es indudable que bastantes de estos autores tuvieron contacto con los procedimientos pedagógicos del humanismo creados o divulgados por Vittorino da Feltre, Eneas Silvio Piccolomini, Francesco Filelfo o Maffeo Vegio, y así se observa, por ejemplo, en el *Diálogo de la dignidad del hombre,* de Fernán Pérez de Oliva. Pero, en otros casos, encontramos formas de doctrina más tradicional, aunque también es cierto que su finalidad era distinta. Por ejemplo, en el conocido opúsculo de Hernando de Talavera *De cómo se ha de ordenar el tiempo para que sea bien expendido,* escrito para María Pacheco, condesa de Benavente, tal vez hacia 1476, que es un compendio destinado a mejorar la vida religiosa y familiar de una dama de la alta nobleza, y otros escritos breves del mismo autor sobre el comer, el vestir y el calzar. O bien el *Memorial de criança y vanquete virtuoso para criar hijos de grandes y otras cosas,* de Gaspar de Texeda, que, aunque impreso en 1508, recoge un texto de la época que ahora estudiamos, pensado según los cánones de la educación caballeresca y cortesana que debía darse a los hijos de la nobleza, comenzando por aquellos que estuvieran en la Corte a cargo del Alcaide de los Donceles. Modelo caballeresco que, sin duda, era el más extendido: Diego de Valera había sido su sistematizador en Castilla desde mediados del siglo XV (a su *Espejo de verdadera nobleza* hay que añadir la traducción del *Árbol de las batallas,* de Honoré de Bonet, el *Tratado de las armas o de los rieptos y desafíos,* el dedicado a las *Preheminencias y cargos de los oficiales de armas* y un perdido *Libro de los blasones y armas de muchos linajes del reino de Castilla y León).* La situación era, no obstante, común a todas las sociedades hispánicas, como lo muestran las obras de sus contemporáneos catalanes Bernabéu Assan *(Tractat de cavallería,* escrito hacia 1475-1479) y Gabriel Turell *(Tractat,* 1471-1472). Tampoco se puede olvidar la influencia sobre los comportamientos que hubo de tener la lectura de las biografías clásicas (las *Vidas Paralelas,* de Plutarco, traducidas por Alfonso de Cartagena, se imprimieron en 1491), o las de reyes, prelados, nobles y cortesanos, escritas a lo largo de varias épocas por Fernán Pérez de Guzmán *(Generaciones y semblanzas),* Hernando del Pulgar *(Claros varones de Castilla)* y Gonzalo Fernández de Oviedo *(Batallas y Quincuagenas),* por más que esta última es un testimonio del tiempo de los Reyes Católicos escrito decenios después e inédito hasta fecha reciente. O, también, el peso sobre los comportamientos de la nobleza, y sobre su idea del honor, de los tratraditos de Alfonso de Palencia *(Tratado de la perfeción del triunfo militar)* y Palacios Rubios *(Tratado del esfuerzo bélico heroico),* escritos respectivamente al comienzo y al final de aquella época.

El canónigo toledano Alonso Ortiz (m. 1507) es un buen ejemplo, poco conocido hasta ahora, de escritor didáctico y cortesano en el que se funden muchas de las tendencias descritas. Vivo aún, se imprimieron sus *Cinco Tratados* (Sevilla, 1493), dedicados a glosar diversos aspectos de la vida cortesana, pero permanecieron inéditas otras obras, entre ellas su *Liber de educatione Iohannis serenissimi principis et primogeniti regum potentissimorum Castelle Aragonum et Siciliae Fernandi et Helisabeth ynclita prosapia coniugum clarissimorum.* En esta obra, Ortiz quiso dedicar a la reina un tratado completo de pedagogía, tanto en los aspectos filosóficos y teóricos como en los prácticos, sobre todo para niños a partir de los siete años. Aunque Ortiz no llegó a ser preceptor del príncipe, había escrito la obra pedagógica más importante de su tiempo.

* * *

Todas aquellas iniciativas alcanzaban a un número reducido de personas. Dejando aparte a los clérigos, que, por su propia condición, podían tener más medios para instruirse y progresar en los estudios, la educación de los seglares sólo debía ser cuidada y ofrecer posibilidades en los medios aristocráticos y entre los patriciados urbanos, aunque no todos sus miembros, ni mucho menos, las aprovecharían. Los ejemplos de mujeres cultas –Beatriz Galindo, Francisca Medrano, algunas damas de la nobleza– destacan todavía más por su excepcionalidad. Ya era mucho que alguna parte de la población urbana aprendiera primeras letras y algunas reglas de cálculo elementales con los maestros de gramática que pagaban los municipios, o en las escuelas de conventos y cabildos catedralicios. No se trata de minusvalorar el importantísimo impulso cultural de la época, pero sí de situarlo en el ambiente minoritario que le es propio, lo mismo que sucedía, ya lo vimos, con las inquietudes e innovaciones reformadoras en el campo de la religiosidad. Lo más importante fue que llegaron a arraigar, en uno y otro caso, y abrieron así horizontes nuevos en nuestra historia cultural.

4. La creación literaria

Las creaciones literarias de la época de los Reyes Católicos se expresaron casi todas en un castellano pleno de madurez expresiva, que no sólo se utilizaba en Castilla y en el reino de Aragón sino que era apreciado por los escritores en toda la península Ibérica. La suerte de las otras lenguas literarias es, en cambio, declinante: el gusto por la lírica en gallego había decaído hacia ya mucho en los medios cortesanos de Castilla –que lo sostenían– y las últimas obras de cierto relieve escritas en catalán corresponden a las postrimerías del siglo XV y comienzos del XVI, aunque continuase la lectura de las antiguas y también el uso de la lengua en la administración y la vida cotidiana.

Se han expuesto diversas hipótesis sobre las causas de esta decadencia, entre las que cabe destacar el alejamiento de la Corte –hogar de cultura donde se crean y difunden modas literarias–, la escasa vitalidad de las universidades catalanas y el latinismo de sus humanistas, o la falta de uso internacional de la lengua, mientras que el castellano gozaba del prestigio de ser la «lengua del rey».

Y en el ámbito valenciano, aparte del empleo habitual del castellano en algunas zonas del reino, cuentan el peso de la inmigración y del activo comercio con Castilla y la castellanización de su aristocracia, que se acentúa entre 1500 y 1525. La acción inquisitorial contra algunos miembros de la burguesía y literatos valencianos, como Luis Alcañiz, además de tardía, no pudo ser causa directa ni principal de la decadencia y luego desaparición de la literatura valenciana en catalán, aunque haya contribuido a su deterioro, ni tampoco la «debilidad estructural del catalán en el reino de Valencia» (R. García Cárcel), que pudiera ser cierta, pues conviene recordar que su expresión literaria había concluido antes en la misma Cataluña, donde no tenían tanta fuerza aquellos factores.

Todavía estaba cercana, no obstante, la gran época en que Valencia había conocido la difusión de la poesía de Ausias March y la composición de dos grandes novelas caballerescas, como fueron *Curial e Güelfa* y *Tirant lo Blanch,* escrita ésta por Joanot Martorell (m. 1468) y ampliada por Joan Martí de Galba antes de su primera edición, en 1490. Eran todavía muy leídos el *Espill* o *Llibre de les dones,* de Jaume Roig (m. 1478), y la réplica que le enderezó la monja clarisa Isabel de Villena (m. 1490), piezas ambas muy significativas de la literatura pro o antifeminista del siglo XV peninsular, a la que también pertenecía el *Corbacho* castellano. Sin embargo, casi todo concluyó con la generación de Joan Roiç de Corella (m. 1497), notable poeta que además compuso algunas obras religiosas en prosa y tradujo autores clásicos. A su época, y a menudo a su círculo social, pertenecieron Joan Ram Escrivà, Miguel Pereç, que tradujo al catalán la *Imitación de Cristo* y la biografía de Santa Catalina de Siena; Joan Moreno, Bernat Fenollar, el médico Luis

Alcañiz, Narcis Vinyoles y algunos otros poetas que aún prolongaron la creación literaria en catalán durante los decenios de prosperidad que precedieron a la revuelta de las Germanías.

* * *

Uno de los grandes fenómenos culturales de Castilla en el siglo XV había sido el «renacimiento de los trovadores», así llamado por R. Boase para definir el elevado número de personas que compusieron poesía entonces –lo estima en unas 900–, a menudo en medios cortesanos, como expresión de los valores aristocráticos y caballerescos, pero abiertas también a los temas populares, aunque la antigua lírica oral castellana no se pudo recuperar. Es cierto que durante la época de los Reyes Católicos concluyó la vigencia de aquella realidad, y paulatinamente dejó de haber poetas vinculados a ella, del mismo modo que en la Corte cesaron las fiestas y justas caballerescas que tanto habían abundado en los reinados anteriores. Pero también lo es que entonces se compilaron los principales *Cancioneros* donde se conservan muchas de sus creaciones: el más conocido es el *Cancionero General,* de Hernando del Castillo (Valencia, 1511), en el que hay obras de dos centenares de autores, entre ellos Rodrigo Cota y Garci Sánchez de Badajoz. También tiene importancia el de Juan del Encina, poeta, músico y autor teatral, así como los repertorios con letra y polifonía contenidos en los cancioneros musicales de que más adelante se dará noticia. En el de Palacio hay muchas composiciones de Juan del Encina, cuyo *Arte de la poesía castellana* fue el primer tratado impreso sobre la cuestión. En 1513 publicaba su *Cancionero* el último de los poetas que podemos vincular al renacimiento trovadoresco del siglo XV: se trata del aragonés Pedro Manuel Ximénez de Urrea y Fernández de Híjar, miembro de la alta nobleza del reino como nieto que era del duque de Híjar, e hijo del conde de Aranda, títulos ambos concedidos por Fernando el Católico.

También en el tránsito entre los siglos XV y XVI dejaron de componerse lo que hoy llamamos «romances viejos», pero era muy grande ya el interés por su compilación –la misma reina Isabel la promovió–; así, a la tradición oral pronto se unió la edición de colecciones o *romanceros* cuya influencia sería grande en la moderna literatura española, de modo que el romancero vino a ser uno de los grandes legados a la posteridad hispana, tanto en Europa como en América, y una fuente muy abundante de inspiración temática: argumentos épicos de los cantares de gesta, de los ciclos carolingio y artúrico o bretón, de la historia medieval hispánica, junto a temas líricos o fantásticos, y a los recuerdos de la frontera y la conquista de Granada, en cuyo transcurso se compusieron los últimos, a menudo por encargo regio, como sucedió durante el cerco de Baza en 1489, lo que demuestra la influencia que el género tenía en la transmisión, y en la deformación, popular y colectiva, de noticias y valoraciones del pasado. Las primeras colecciones impresas se debieron a Ambrosio de Montesinos (1508) y al ya mencionado Hernando del Castillo (1511).

Los *libros de caballerías* eran otro género muy popular y vigoroso entonces, pues respondían a las demandas del mundo aristocrático y avalaban la vigencia del modelo social que en él se proponía, aunque vinieran a satisfacer los tópicos ideales y nostálgicos más que a retratar una realidad caracterizada por el peso creciente del precapitalismo mercantil y de las formas políticas estatales. Eran una vía de evasión hacia el país de la aventura, de la libertad del héroe individual que recrea los viejos valores feudales y caballerescos en cuya posibilidad aún se cree, a pesar de todo. Por eso sus propuestas –sus ensoñaciones más bien– tuvieron cierta importancia en el mundo ideal de los exploradores y conquistadores de Indias, del mismo modo que en América tuvo su última manifestación la expectativa milenarista –tan característica del Medievo europeo–, llevada allí por los misioneros franciscanos.

Es útil distinguir, como hace Martín de Riquer, entre «novelas caballerescas», más próximas a la realidad cotidiana, y «libros de caballerías», donde lo exótico y lo maravilloso brotan en un medio atemporal y legendario. Al primer tipo corresponde *Tirant lo Blanch,* y al segundo, el famoso *Amadís de Gaula,* cuya composición fue muy lenta y compleja, pues la obra, que se inspira en argumentos del ciclo artúrico, ya se conocía en el siglo XIV. Garci Rodríguez de Montalvo llevó a cabo la versión definitiva, lo editó tal vez en 1496 y, sin duda alguna, en 1508: la obra tuvo 18 ediciones hasta 1650 y fue el modelo seguido por muchas otras, a modo de expresión ideal de un mundo que se hundía en la noche del pasado lenta pero irremisiblemente: las *Sergas de Esplandián* (1510), el *Lisuarte de Grecia, Don Palmerín de Oliva,* y otros, ya en época de Carlos I, vendrían a enriquecer la oferta.

La *Cárcel de Amor* de Diego de San Pedro (1492), donde se relatan las desventuradas relaciones de Laureola y Leriano, fue ya un notable éxito en el tratamiento de los temas amorosos mediante la prosa literaria, pero en este campo se alcanzó el nivel de la genialidad con *La Celestina* o *Tragedia de Calixto y Melibea,* que es, sin duda alguna, la obra más importante nacida en la España de aquel tiempo. Hay que entenderla más bien como una «novela dialogada» que no como un drama, aunque así se presentó, pues su larguísima extensión impide escenificarlo completo. Acaso el primer acto lo escribió Rodrigo Cota, pero los veinte siguientes son obra de Fernando de Rojas (m. 1541), bachiller en leyes, al que se ha supuesto origen o ascendientes judeoconversos.

La Celestina se publicó en 1499, 1500, y ya completa, en 1501 y 1502. Tuvo 80 ediciones en el siglo XVI y ha sido una de las obras de la literatura española que mayor influencia universal ha tenido, además de dar excelente testimonio de la madurez de la lengua en todos sus registros, desde los poéticos hasta los realistas, irónicos o críticos.

El modelo de *La Celestina*, y muchos de sus temas, se hallan en las obras latinas de Petrarca y en la comedia humanística italiana, lo que no disminuye su originalidad, basada más bien en la capacidad expresiva y creativa del argumento concreto cuya acción se desarrolla en una ciudad castellana cualquiera, mezcla de Toledo, Salamanca y Sevilla, pues se reconoce en ella un tipo bien determinado de sociedad urbana contemporánea, sobre todo en sus dos extremos, aristocrático y marginal, pero no trata de ser una pintura de época o costumbres, ni tampoco de desarrollar una crítica social propia de la sensibilidad de judeoconversos marginados y prestos a mostrar un «ánimo subversivo» (A. Castro) por aquella vía de expresión. *La Celestina* utiliza más bien ese paisaje urbano para tocar, a la vez con delicadeza lírica y vigor dramático, aspectos permanentes y profundos de la condición humana cuando se ve sujeta a los efectos destructivos de sus propias pasiones: el perfil de los personajes se traza magistralmente en todos los casos –algunos han permanecido como tipos literarios insuperados–, con un criterio que es al mismo tiempo moralista y pesimista, ajeno tanto al didactismo religioso como a la esperanza en la capacidad de superar, en el caso de los amantes, el egoísmo de su relación; en el de los criados, la avaricia y la frustración originada por su condición dependiente; en el de Celestina, el miedo ante su vejez e inseguridad.

Se ha sugerido que en la obra de Rojas la naturaleza humana aparece más en sus aspectos de determinación y limitación que no en los de libertad, que crea un clima donde prevalece la soledad, rota sólo episódicamente por la comunicación amorosa, en el seno de fuerzas, a veces sociales, que desbordan a los individuos hasta provocar un desenlace fatal, absurdo y desesperanzado. ¿Es esta una lectura propia de nuestro tiempo, o es que realmente *La Celestina* contiene una narración paradigmática de «la historia de la infelicidad humana»? (J. Rodríguez Puértolas). Sea como fuere, va más allá de su propio argumento, presentado como pretexto para advertir contra las seducciones del amor, el exceso de confianza en los sirvientes o la falta de vigilancia sobre los hijos, y se convierte en la expresión magnífica de un amplio mundo interior de «sentimientos y problemas» abordados con un criterio moderno o, más bien, secularizado, al atribuir un valor cerrado en sí mismo al tiempo y a las actitudes morales de cada individuo. Por eso importa menos que muchos de sus temas e inspiraciones procedan de épocas anteriores.

El panorama literario del momento ha de cerrarse con una mención al nacimiento del teatro moderno en Castilla. Los primeros autores fueron Gómez Manrique, Lucas Fernández (1474-1542) y Juan del Encina (1469-1529): sólo este último comenzó a desarrollar argumentos profanos al lado de los tradicionales propios de las representaciones religiosas. Los pasos decisivos corrieron a cargo de Torres Naharro (m. 1531) y de Gil Vicente (m. 1536), cuyas obras se escriben o difunden después de 1517.

5. El esplendor de las artes

Entre 1475 y 1520 se produce el tránsito del gótico al Renacimiento, pero prevalece todavía la estética y el estilo gótico flamígero de origen noreuropeo, a menudo con elementos propios del mudejarismo peninsular, en un «frenesí naturalista y ornamental» (J. Camón Aznar) que define muy bien a la época. En ella se consolidó también un cambio notable en la demanda de bienes artísticos, caracterizado por la mayor variedad y riqueza de clientes, patronos y mecenas: son la monarquía, la nobleza, el alto clero, los patriciados urbanos, incluso los pueblos enriquecidos, que añaden a las tradicionales demandas de tipo religioso, todavía predominantes, otras destinadas a la satisfacción de finalidades terrenales, relativas al refinamiento de las condiciones de vida, a la mejor calidad funcional y estética de los palacios urbanos, e incluso de castillos y residencias rurales, todo ello sin romper aún con las tradiciones establecidas en el siglo y medio precedente.

Hubo una auténtica «eclosión monumental», como la ha denominado el mismo Camón, debida indudablemente a la mayor riqueza del reino: multitud de templos, torres, retablos, sillerías, obras de pintura y artes menores, de las que aquí sólo mencionaremos los ejemplos más significativos. Además, los Reyes estuvieron muy interesados en patrocinar y, con frecuencia, financiar obras arquitectónicas, en parte por motivos de prestigio político, en parte por razones derivadas de su patronazgo eclesiástico, pero también –en lo que se refiere a la pintura y artes menores– para su propia satisfacción religiosa y estética. Su acción se dejó sentir en todos los reinos, pero muy especialmente en el de Granada, donde lo exigía la fundación de numerosas iglesias y conventos, lo que no impidió que conservaran y restauraran también la Alhambra, a la que el rey admiraba por ser «tan excelente y suntuoso edificio». Aquella actividad regia, «restaurando las iglesias destruidas y fundando otras nuevas», según escribiría hacia 1494 el viajero alemán Münzer, complementa bien a otros aspectos de su mecenazgo sobre las letras, la música y las diversas artes, del que fue testimonio la capilla de la reina Isabel: en ella llegó a reunir 225 tablas de pintura, 370 tapices, libros de horas, ornamentos y joyas litúrgicas diversas que, en parte, legó a la Capilla Real de la catedral de Granada, junto con su cetro y corona y buena parte de la biblioteca.

Para definir bien las características y el alcance del «estilo Reyes Católicos» hay que conocer la actividad de los artistas y sus resultados monumentales por grandes ámbitos regionales. Burgos, Toledo y Sevilla eran, desde los decenios anteriores, centros principales en las tierras castellanas. En Burgos triunfaba un gótico flamígero nórdico puro, sin apenas elementos mudéjares, traído por artistas renanos y flamencos entre los que destacaron Juan de Colonia, autor de las agujas de las torres y del cimborrio de la catedral, y de la cartuja de Miraflores –que fue fundación de la reina–, y su hijo Simón, al que se debe la espléndida Capilla del Condestable, para enterramiento de los Velasco, en la girola de la catedral. Por aquellos años realizaban sus mejores obras escultóricas Gil de Siloé o de Amberes y Diego de la Cruz, también en la cartuja de Miraflores: el retablo del altar mayor, los sepulcros de Juan II, su segunda mujer, Isabel de Portugal, y su hijo el príncipe Alfonso, padres y hermano de Isabel la Católica. Es interesante añadir el retablo de la burgalesa parroquia de San Nicolás, por su temática relacionada con la actividad marítima y mercantil del patriciado urbano. También cabe incluir en el ámbito burgalés las grandes fachadas-retablo de Santa María la Real, en Aranda de Duero, San Pablo y San Gregorio, en Valladolid.

En Toledo se había producido desde mediados de siglo una peculiar simbiosis entre el gótico flamígero y las técnicas constructivas y decorativas propias del mudejarismo artístico bajomedieval. Sus mejores frutos se obtuvieron en época de los Reyes Católicos, pues entonces fue cuando Juan Guas, como *maestro mayor* o arquitecto regio, construyó el convento franciscano de San Juan de los Reyes en Toledo y el palacio u hospedería real de Guadalupe; por encargo de los duques del Infantado alzó su palacio, en Guadalajara, y su castillo de Manzanares el Real, próximo a Madrid; también fue obra suya la capilla del Colegio de San Gregorio, en Valladolid. Por su parte, a Enrique Egas, que fue también arquitecto regio y trabajó especialmente en la segunda parte del reinado, se deben las trazas de los impresionantes Hospitales Reales de Santiago, Santa Cruz de Toledo y Granada, que siguen el plano de cruz griega ideado años antes por Filarete para el de Milán, y es obra suya también la Capilla Real de Granada, destinada a enterramiento de Isabel y Fernando.

La influencia del núcleo toledano se difundió a muchas otras ciudades, como lo muestran excelentes ejemplos en Ávila (convento de Santo Tomás), Segovia (Santa Cruz, El Parral, e incluso parte del monasterio de El Paular, en la sierra cercana), Madrid (San Jerónimo el Real) e incluso Murcia (capilla de los Adelantados en la catedral, para enterramiento de los Fajardo). En el campo escultórico han de integrarse en este grupo el sepulcro de Martín Vázquez de Arce, el «Doncel de Sigüenza», muerto en la Vega granadina en 1486, y la serie de tallas con motivos de la conquista de Granada que realizó Rodrigo Duque o Alemán en la sillería del coro bajo de la catedral toledana, o también el mismo retablo mayor de la catedral, concluido entre 1498 y 1504.

La gran catedral de Sevilla, comenzada en 1402, llegaba a su terminación en 1506: habían trabajado en ella generaciones de arquitectos, escultores, canteros y tallistas flamencos, alemanes, bretones y castellanos. Corresponden a los decenios finales de la obra muchas esculturas de las portadas, casi siempre en barro cocido, obra de Lorenzo Mercadante de Bretaña y del francés Michel Perrin, y también el retablo del altar mayor, pues lo comenzó Pyeter Dancart en 1482 y lo concluyó Jorge Fernández, en puro estilo gótico flamenco. En cambio otra obra mucho más reducida pero de una calidad singular, el convento sevillano de Santa Paula, armoniza perfectamente los principios arquitectónicos góticos con la decoración y la carpintería mudéjares, lo mismo que ocurre en varias salas del Alcázar Real de la ciudad, construidas o restauradas por aquellos años.

No termina en Sevilla el ciclo de las catedrales góticas castellanas, pues todavía en ese estilo se alzarían la mayor parte de la de Palencia, las nuevas de Salamanca y Segovia, amplios sectores de las de Plasencia, Coria, Astorga y Calahorra, así como la de Córdoba, inserta en la antigua mezquita mayor. Todas ellas manifiestan la riqueza de que disfrutó Castilla en el siglo XVI y el espíritu que inspiró su construcción, más de patronazgo, al modo medieval, que no de mecenazgo.

El ambiente de renovación y mejora alcanzó también al urbanismo y a la arquitectura civil urbana: proliferó la construcción de casas-palacio en las que, sin romper con las tradiciones establecidas en el siglo y medio anterior, cede bastante la preocupación defensiva ante la sensibilidad, más civil, por la belleza y la decoración de las fachadas, o la apertura de ventanas a la vía pública. Todavía hoy se conservan buenos ejemplares: la Casa del Cordón, en Burgos; la de los Dávila, en Ávila; la de Juan Bravo, en Segovia; las de doña María la Brava y de las Conchas, en Salamanca; el palacio de los Golfines de Abajo, en Cáceres, el de Jabalquinto, en Baeza, y el de Juan de Contreras, en Ayllón.

Fuera de Castilla hay también muestras y tendencias destacadas del gótico final y de los primeros pasos del arte renacentista. En Portugal, se produce el desarrollo algo más tardío del arte *manuelino,* al que corresponden el monasterio de los Jerónimos, en Lisboa; la iglesia de la Orden de Cristo, en Tomar, y algunos sectores del monasterio de Batalha. En el reino de Aragón llega a su apogeo el gótico mudéjar, que se expresa en torres (Santa María de Calatayud) y cimborrios, como el de la catedral de Zaragoza, o en las magníficas techumbres del Salón del Trono y de otras habitaciones de la Aljafería zaragozana.

No obstante, aquélla no fue una época de especial actividad constructora en la Corona de Aragón, si se exceptúa la que se llevó a cabo en Valencia –no en vano era el centro económico más floreciente–, donde se alzó la Lonja de la Seda, el ala nueva del Consulado y la capilla de los Borja, en la catedral. Destacaremos, sin embargo, la calidad de las obras llevadas a cabo por el retablista Damián Forment en Huesca, Zaragoza y Poblet, entre 1509 y 1530, y por el escultor Gil de Morlanes en la fachada renacentista del monasterio jerónimo de Santa Engracia de Zaragoza, o la belleza de la capilla de los Corporales, en Daroca, cuyo retablo, alusivo al milagro eucarístico, incluye retratos de los reyes y escenas de batalla entre caballeros cristianos y musulmanes estrictamente contemporáneas de la conquista de Granada.

* * *

El Renacimiento se anuncia en Castilla desde la última década del siglo XV a través de la obra de Lorenzo Vázquez de Figueroa, que empleó ya sus técnicas decorativas en las obras efectuadas para los Mendoza, como la portada del colegio vallisoletano de Santa Cruz, y en el palacio de los duques de Medinaceli, en Cogolludo.

Sin embargo, el primer *plateresco,* que incorporaba todavía elementos decorativos y técnicas mudéjares, se implantó más adelante gracias al arquitecto del cardenal Cisneros, Pedro de Gumiel, en el paraninfo de la Universidad de Alcalá de Henares y en la antesala capitular de la catedral de Toledo. Al mismo círculo renacentista inicial pertenecen las decoraciones de algunas capillas en las catedrales de Sigüenza y Palencia, pero desde 1515, el centro más importante estuvo en Salamanca, donde se alzan fachadas en el estilo nuevo: la del convento de San Esteban y la de la Universidad, donde culminan las obras realizadas durante los decenios anteriores.

Las innovaciones se extendieron incluso antes a otros tipos de escultura y decoración. Un italiano, Domenico Alessandro Fancelli, labró los sepulcros de los Reyes Católicos, en Granada, y el del príncipe Juan, en Santo Tomás de Ávila, pero desde la segunda década del siglo XVI hubo ya escultores castellanos, como Vasco de la Zarza, autor del conocido monumento funerario a Alonso de Madrigal, «el Tostado», en la girola de la catedral de Ávila, o Bartolomé Ordóñez y Diego de Siloé: el primero es autor del sepulcro de Cisneros, en Alcalá, y de los de Felipe I y Juana I en la Capilla Real granadina, y el segundo construyó la Escalera Dorada de la catedral de Burgos. Entre tanto, Felipe Vigarny, otro de los grandes autores de la época, combinaba la tradición gótico-flamenca y las tendencias renacentistas en su obra repartida entre Burgos, Ávila, Toledo y Granada.

En la formación de gustos estéticos nuevos a la italiana jugó un papel notable la importación de piezas decorativas, e incluso monumentos enteros, traídos por mercaderes genoveses, lombardos y florentinos: piezas de mármol decoradas, fustes y capiteles de columnas, relieves de cerámica vidriada al estilo de los Della Robbia, retablos y pinturas sobre tabla que compiten o suceden a las obras de arte gótico flamenco predominantes hasta entonces. Así se introdujo, por ejemplo, el Renacimiento en Andalucía, tanto en palacios y monasterios de Sevilla y las villas atlánticas próximas como en el reino de Granada, donde tuvieron magníficos patios renacentistas el castillo de La Calahorra, cerca de Guadix, el de Vélez Blanco, obra del primer marqués de los Vélez, entre 1506 y 1515, y el de Canena, en tierras jienenses próximas a la antigua frontera.

* * *

La pintura cuenta siempre con su propio ritmo de cambio e innovación, pero las tendencias eran idénticas. Prevalecía la influencia flamenca desde mediados del siglo XV, expresada ya por grandes autores como Jaime Huguet o Nunho Gonçalves, a los que cabe añadir, en tiempo de los Reyes Católicos, los nombres del cordobés Bartolomé Bermejo, que trabajó en Cataluña; de Fernando Gallego y sus colaboradores, muy activos en Salamanca y Extremadura; de

Jorge Inglés, y del llamado «Maestro de San Ildefonso». Destaca también, por primera vez, un grupo de pintores de Corte: Juan de Flandes, el ruso Miguel Zittow y el «Maestro de los Reyes Católicos». Pero, por los mismos años, otros traían a Castilla el nuevo estilo italiano, en especial Pedro Berruguete –tal vez el mejor pintor en la Castilla de su tiempo–, formado en Urbino y otras plazas de Umbría y Toscana, al que se deben los retablos de la iglesia de Paredes de Nava, en Palencia, y los de la catedral y convento de Santo Tomás, en Ávila.

La variedad de los talleres urbanos es muy grande. En Valencia se introdujo muy pronto la influencia italiana por obra de Pablo de San Leocadio, los Osona y, en especial, de Fernando Yáñez de la Almedina y Fernando Llanos, dos pintores cuyo estilo imita al de Leonardo da Vinci, que compusieron el retablo de la catedral a comienzos del siglo XVI. Mientras tanto, en Toledo, Juan de Borgoña realizaba los grandes murales de la sala capitular y de la capilla mozárabe de la catedral, dedicado éste a la toma de Orán por el cardenal Cisneros. Y en Sevilla, Alejo Fernández, autor de numerosas obras, se inspiraba en la empresa de exploración y comercio atlántico andaluces para componer un cuadro, de tema muy clásico por lo demás: *La Virgen de los navegantes,* donde acaso incluyó un retrato de Cristóbal Colón.

* * *

Los objetos de arte menor –orfebrería, cerámica, tapicería– muestran también las mayores posibilidades de la clientela y el gusto por formas de refinamiento estético que son tanto tradicionales como nuevas. La orfebrería estaba dominada todavía por las técnicas y la sensibilidad gótica de la Alemania del Rin, y fue precisamente una familia de plateros de este origen, los Arfe, la autora de las mejores custodias de plata para el culto eucarístico en varias catedrales castellanas: las de Toledo y Córdoba, todavía góticas, se deben a Enrique de Arfe, en torno a 1515-1518.

La tapicería era francesa y flamenca, y de ella hicieron amplio uso los mismos reyes, pero gozaban de gran aprecio las alfombras de tipo *morisco* de los talleres de Cuenca y Alcaraz. Tampoco se abandonaron los motivos y técnicas de la cerámica mudéjar, pero, junto a ellos, triunfaron los italianos en la Sevilla de comienzos del XVI, como preludio de la gran época de la azulejería de Triana.

* * *

No hay que olvidar la música, pues los reyes le dedicaron una atención muy especial. Sus *capillas* fueron las mejores de aquel tiempo: en la de la reina había de 16 a 20 cantores y dos organistas, y en la del rey, ya viudo, se alcanzó la cifra de 41 en 1515. La riqueza y originalidad de su repertorio se conocen gracias a cinco colecciones, los llamados *Cancioneros de la Colombina,* de Palacio, de Uppsala, de la casa de Medinaceli y la *Recopilación,* de Juan Vázquez. Son más de un millar de composiciones que siguen las reglas polifónicas del *ars nova* franco-flamenca, pero con una fuerza propia que se muestra en las piezas de algunos de aquellos autores: Juan de Anchieta, Francisco de Peñalosa, Pedro de Escobar, Juan del Encina... Escribe S. Rubio:

> Bajo el reinado de los Reyes Católicos, con raíces bastante hincadas en la corte napolitana de Alfonso el Magnánimo adquiere España personalidad musical propia en el terreno

del arte polifónico; en el instrumental, por el contrario, pasarán todavía bastantes años antes de que dé el primer paso al frente.

Fue suficiente, sin embargo, para que aún hoy lleguen a nosotros no sólo los monumentos y las imágenes, sino también los sonidos de un tiempo tan rico en manifestaciones artísticas de todo género.

8. Las ganancias del reinado: Granada, Canarias, Indias

La Corona de Castilla heredada por los Reyes Católicos se engrandeció con dos nuevos reinos, Granada y Canarias, merced al esfuerzo de conquista, colonización y organización que ellos dirigieron, aunque de manera muy diferente en uno y otro caso.

Granada fue una empresa en la que la Corona y la sociedad castellanas se emplearon a fondo durante un decenio, poniendo en juego sus recursos militares, financieros e institucionales de todos los tipos, porque se consideró como la culminación de un proceso secular de *reconquista* contra los musulmanes, en el que se recuperaba la totalidad del espacio peninsular mediante la desaparición del último poder político islámico –el emirato vasallo de Granada– y de la frontera que durante dos siglos y medio había sostenido frente a la Andalucía castellana. La conquista de Granada fue, en consecuencia, un acontecimiento de excepcional importancia, sin duda el legado principal que aquella época dejó conscientemente a los tiempos y hom-

8. Las ganancias del reinado: Granada, Canarias, Indias

bres que seguirían en España. Además, al estudiar su desarrollo, se conocen no sólo circunstancias singulares, sino que también se aclara la comprensión de numerosas estructuras históricas de la Castilla bajomedieval, desde las mentales hasta las colonizadoras, pasando por las de su organización social, económica y política, puesto que todas fueron dinamizadas y empleadas en el esfuerzo ingente de aquella guerra.

En las islas Canarias tomó la Corona el relevo de una empresa que había comenzado en 1402 por iniciativa señorial, ante la necesidad de detener el peligro de intervención portuguesa, que se manifestó incluso durante la guerra de 1475 a 1479. En aquel momento había ya cuatro islas –Lanzarote, Fuerteventura, Gomera e Hierro– bajo dominio de señores originarios del patriciado sevillano (Las Casas y Peraza), pero las tres «islas mayores», Gran Canaria, Tenerife y La Palma, continuaban sin conquistar o integrar en Castilla, y los reyes asumieron la tarea para sí y, en consecuencia, para el *realengo*.

Pero la conquista se realizó por capitanes que *capitulaban* con los reyes la tarea. Fue discontinua, difícil a veces, y generó un tipo de repoblación y organización del territorio peculiar, pues era preciso combinar los intereses de la Corona y los de los conquistadores y sus socios o auxiliares en un espacio mucho menor y más lejano que el granadino. Además, mientras que en Granada se trataba de proseguir formas de coexistencia para después de la guerra ya ensayadas en siglos anteriores, con los musulmanes *mudéjares,* en Canarias las escasas poblaciones indígenas que subsistían sólo tuvieron la opción entre bautismo y fusión o esclavización. Son mayores, en resumen, las divergencias que las concomitancias entre ambos casos, aunque a plazo más largo los resultados fueran en muchos aspectos comparables y aunque, igualmente, la Corona tuvo desde el primer momento la voluntad de integrar a ambos territorios en pie de igualdad con los otros que ya gobernaba, como partes del mismo patrimonio y comunidad.

Este libro no tiene intención de transportar a sus lectores europeos al otro lado del Atlántico, pero es indispensable mencionar, muy brevemente, los aspectos fundamentales del descubrimiento y primera época de la implantación y colonización española en el Nuevo Mundo puesto que corresponde exactamente al tiempo de los Reyes Católicos y es el hecho que mayor fama histórica mundial ha proporcionado a Isabel y Fernando, a pesar de su relativa marginalidad si se contempla con ojos de aquel tiempo. Sin su conocimiento, aunque sea muy somero, nuestra visión del reinado sería incompleta.

1. Granada

Hago vos saber que ha plasydo a nuestro Señor, después de muchos y grandes trabajos e gastos e fatigas de nuestros reynos, muertes e derramamientos de sangre de muchos nuestros súbditos e naturales, dar bienaventurado fin a la guerra que he tenido con el rey e moros del reyno e çibdad de Granada, la qual tenida e ocupada por ellos por más de setecientos e ochenta años, oy, dos dias de enero de este año de noventa e dos es venida a nuestro poder e señorío, e se me entregó el Alhambra e la çibdad e las otras fortalezas e pueblos que de este reyno me quedaba por ganar. (Carta del rey Fernando al obispo de León. Azcona, *Isabel la Católica*, p. 526.)

8. Las ganancias del reinado: Granada, Canarias, Indias

1. EL EMIRATO

El emirato de Granada había nacido como consecuencia de la conquista cristiana del valle del Guadalquivir en tiempos de Fernando III, que reconoció en 1246 su condición de reino *vasallo* de Castilla y quedó integrado, por lo tanto, en su ámbito político. La provisionalidad del hecho se prolongó indefinidamente porque Granada se convirtió en tierra de refugio para muchos musulmanes que salieron en aquellos decenios de la Andalucía bética y de Murcia, recibió el apoyo de los meriníes del norte de África desde 1275 y contó con factores favorables para su supervivencia, aun en medio de guerras frecuentes: por una parte, la subpoblación de la Andalucía cristiana en los siglos XIII y XIV, que la convertía en un vecino con el que Granada se podía parangonar. Por otra, las crisis internas de Castilla a partir de 1272, la discontinuidad y, en largos periodos, la paralización de su impulso *reconquistador,* aunque es igualmente cierto que las luchas por el poder en Granada causaron muchos momentos de debilidad e inseguridad. En fin, las buenas condiciones naturales de defensa de un país montañoso, aprovechadas mediante una densa red de fortificaciones difíciles de allanar antes de la época de la artillería, y completadas con una capacidad limitada pero efectiva de ataque por sorpresa o de réplica a los que procedían del otro lado de la frontera. Además, el emirato contó con cierto margen de maniobra diplomática que le permitió contar en muchas ocasiones con la pasividad de los reyes aragoneses y con la colaboración marítima de Génova, aunque así aumentó la dependencia de su comercio exterior, pero algo similar ocurría en los vecinos países islámicos del Magreb.

En la historia granadina hay, no obstante, dos periodos distintos: antes y después de las victorias de Alfonso XI ante Algeciras –batalla del Salado, 1340– y la toma de la plaza (1344). A partir de entonces, sin ayudas exteriores y con su frontera terrestre a la defensiva, Granada perdió posibilidades. La inestabilidad y pugnas dinásticas que comenzaron en 1419 y la reanudación de las campañas castellanas de conquista desde 1407, esporádicas pero ya con el fin expreso de dominar todo el emirato (Fernando «el de Antequera», Álvaro de Luna desde 1430, Enrique IV entre 1455 y 1462), fueron agravando la situación. Los Reyes Católicos recogieron, pues, una tendencia, pero sólo gracias a su tenacidad y a la energía con que ejercieron el poder pudieron llevarla a término, precisamente cuando la expansión turca en el Mediterráneo y los Balcanes dibujaba en el horizonte la posibilidad de nuevos avances hacia el oeste, apoyándose en el Islam norteafricano; vista así, la incorporación de Granada no sólo fue el final de un largo proceso histórico, sino un acto de previsión, y la única réplica que los europeos supieron dar a la conquista de Constantinopla por los otomanos, que sacudió la conciencia de sus dirigentes políticos en 1453.

2. Los medios para la guerra

Nada mejor para comprender la magnitud del esfuerzo que movilizaron los reyes en Castilla, e incluso fuera de ella, que mencionar algunas características del ejército que hizo la guerra y de la financiación con que se sostuvo. Ya se ha mencionado anteriormente cuál fue su heterogénea composición (véase capítulo 4); indiquemos ahora sus efectivos

8. Las ganancias del reinado: Granada, Canarias, Indias

globales: 6.000 a 10.000 jinetes y 10.000 a 16.000 peones en las campañas iniciales; 11.000 y 25.000 en 1485; 12.000 y 40.000 en 1486, cifras máximas que, con escasas variaciones, se repitieron en las tres grandes campañas de 1487, 1489 y 1491. El mismo crecimiento se observa en artillería, pues de escasas piezas en las primeras campañas se llega a más de 200 en el asedio de Málaga (1487), cantidad que se mantendrá hasta el fin de la guerra porque aquella arma tuvo un papel decisivo en los asedios y destrucción rápida de las defensas de castillos y plazas que antes eran prácticamente inexpugnables, salvo por hambre o negociación. Aunque la caballería tuvo un papel importante y reverdeció las antiguas tradiciones –no en vano buena parte procedía de las huestes nobiliarias–, lo cierto es que muchas operaciones principales se lograron merced a las masas de infantes –de la Hermandad, de los concejos y otros–, que hacían posibles las operaciones de tala y bloqueo, así como la prolongación de los asedios, y cuando fue preciso, los asaltos a las fortificaciones, mientras que la caballería tuvo menos ocasión de actuar, pues apenas hubo batallas campales, aunque sí escaramuzas, razias y talas en campo abierto donde su protección era indispensable.

El abastecimiento de tan grandes ejércitos, alejados cientos de kilómetros de sus bases de partida, fue una tarea difícil y muy costosa: también a través suyo se pone de manifiesto cómo se estaban superando las tradicionales limitaciones de la guerra en tiempos medievales, pues la Corona aseguraba no sólo el sueldo, sino también el aprovisionamiento de los *reales* o campamentos a precios de tasa. Los sueldos medios eran de un real diario para el jinete y medio para el peón, pero la mayor parte cobraban también de su señor o concejo, o tenían ingresos habituales en tiempo de paz para mantener aprestos militares. El abastecimiento exigió la contratación de entre 2.000 y 4.000 acémilas y de 500 a 1.000 carretas en las grandes campañas, sin contar otro cuerpo de carretería de parecidas dimensiones para el transporte de los cañones, y la compra de enormes cantidades de cereales: en 1485 y 1487 fueron 120.000 fanegas de trigo y cebada –a 55 litros la fanega–, y el doble en el cerco de Baza, en 1489, debido a su larga duración.

Los ingresos ordinarios y habituales de la Hacienda regia servían para pagar a una pequeña parte del ejército, pero el resto de los gastos exigió una financiación extraordinaria. Su capítulo principal fue la predicación en cinco ocasiones desde 1482 a 1492 de la cruzada, pues las limosnas para obtener la indulgencia proporcionaron unos 650 millones de maravedíes en Castilla –un 85%–, Corona de Aragón y Navarra; los eclesiásticos aportaron *subsidios* tomados de sus propias rentas institucionales por cuantía de otros 160 millones; las minorías judía y mudéjar de Castilla pagaron un *servicio* especial, el de los «castellanos de oro», que rindió cincuenta; la Hermandad repartió una *contribución extraordinaria* que permitió contar a lo largo de la guerra con otros 300 millones, contratar con ellos peones y acémilas que equivalían a las huestes de la mayoría de las ciudades al norte de Sierra Morena y prescindir de convocatoria de Cortes, pues la Hermandad cumplía su función de otorgar ingresos extraordinarios. Hay que contabilizar el producto del botín, cautivos y *quinto real* en algunas campañas, sobre todo en la de Málaga, cuyos habitantes sufrieron cautiverio: acaso otros 50 millones. Y, en fin, los gastos no reembolsados hechos por nobles y concejos, que no podemos estimar en su valor monetario. Acaso hay que pensar en unos 5 millones de ducados de gasto directo.

Ocurrió muchas veces que los ingresos tardaban en llegar, y ante la urgencia de los gastos, fue necesario acudir a préstamos, en especial desde la agotadora campaña de Baza. Los prestamistas eran altos nobles –a veces reembolsados con señoríos en Granada–, el Concejo de la Mesta y mercaderes castellanos o extranjeros; también el municipio de Valencia emitió *censales* por cuenta de la Corona. Puede que los préstamos alcanzaran los 300 millones, reembolsados en los años inmediatos o bien transformados en deuda a largo plazo mediante la entrega de *juros* situados en rentas de la Corona; este procedimiento se empleó entonces por primera vez en Castilla, al menos de una manera significativa y voluminosa, pero no desapareció en el futuro.

3. El desarrollo de la contienda

Aunque la mayoría de las campañas se desarrollaban en primavera o al comienzo del otoño para respetar las necesidades de una economía agraria y dañar lo más posible a la del enemigo, la novedad de la guerra granadina fue la capacidad que alcanzó el ejército castellano para permanecer movilizado y combatiendo muchos meses: más de tres en 1487, más de seis en 1489, más de ocho en 1491, lo que era insólito, aunque hubiese ocurrido en algunas ocasiones durante los siglos centrales de la *reconquista*.

La guerra era un acontecimiento previsible desde 1480, pero cabe afirmar que comenzó por sorpresa. Las treguas anteriores, que no implicaban el pago de un tributo o *parias* por Granada, se habían acordado sin especial dificultad en 1475 y 1478 –cosa que se ignoraba hasta hace poco– y se renovaron por un año en marzo de 1481 «con las condiciones e costumbres antiguas». Parece que fue habitual no considerar rota una tregua por acciones, incluso tomas de castillos fronteros, que no durasen más de tres días ni se hicieran con públicos preparativos de guerra, de modo que la toma por el emir granadino de Zahara, en diciembre de 1481, fue una ruptura, pero no tanto la de Alhama por una hueste mucho mayor, que mandaba el marqués de Cádiz, el 28 de febrero, al final de la tregua; Alhama era una ciudad importante y estratégica en el interior del emirato, y en las fechas inmediatamente anteriores, los reyes habían anunciado su voluntad de no continuar dicha tregua. Así comenzó la guerra, que giró hasta 1484 en torno a la defensa de Alhama, cuya posición era clave para asegurar o perturbar las comunicaciones entre Málaga y Granada, además de permitir a los cristianos talas y destrozos en la Vega, que era el corazón económico de Granada, e incluso en las ricas y fragosas comarcas de la Ajarquía, al este de Málaga.

Mientras tanto, estallaba la discordia en Granada entre el emir Abu'l-Hasan 'Ali, que no conseguía recobrar Alhama a pesar de sus repetidos esfuerzos, y su hijo Boabdil. Mientras el padre se apoyaba cada vez más en su hermano Muhammad ibn Sad, el Zagal, que sería enérgico partidario de la guerra y resistencia, el hijo se proclamaba emir como Muhammad (XI), y ambas partes combatían a los cristianos: una razia de éstos en la Ajarquía, marzo de 1483, fue deshecha por el Zagal. Intentando emular «lo de las lomas de Málaga», que así se conoció aquel episodio, Boabdil entró por tierra cordobesa, en abril, pero fue derrotado y preso en la batalla de Lucena, con lo que puso en manos de los Reyes Católicos una excelente ocasión para combinar la acción bélica, que siempre fue principal, con el aprovechamiento de las discordias internas del emirato; así, reconocieron a Boabdil por emir, le otorgaron tregua, a él y a sus seguidores, y le pusieron en libertad, aunque dejó como rehén a su hijo. Los granadinos divididos tenían menos capacidad de resistencia, lo que tal vez contribuyó ya en 1484 a facilitar la toma de dos plazas importantes: Álora, en junio, y Setenil, en septiembre, como paso previo a las operaciones principales, que tenían como objetivo Málaga y Ronda respectivamente, sin olvidar la continuación de los embates contra la Vega.

Las campañas de 1485 y 1487 fueron decisivas al golpear y conquistar aquellas zonas vitales para Granada: Ronda fue asediada con auxilio de taladores, que destruyeron la huerta en torno, y de artillería, y se rindió en junio de 1485; con ella cayó toda su serranía, de modo que desapareció un sector de la antigua frontera, acaso el más duro y violento en los tiempos anteriores. Al año siguiente, también en mayo y junio, los cristianos conquistaron Loja y los principales puntos fortificados de la Vega (Illora, Moclín, Colomera, Montefrío), y en septiembre de 1485 cayeron Cambil y Alhabar, castillos que amenazaban las cercanías de Jaén. Todas ellas eran plazas que «en otro tiempo la menor era bastante para tenerse un año e no poderse tomar sino por hambre», escribe Bernáldez, ponderando la importancia del uso de artillería.

Mientras tanto, proseguían las disputas y luchas en Granada: Boabdil consiguió entrar en la capital y formalizó un nuevo tratado con los Reyes Católicos que preveía la entrega de la ciudad y la permanencia del emir en un amplio señorío situado en la parte oriental del territorio granadino cuando se venciera la resistencia del Zagal; sucedía aquello en abril de 1487, mientras los castellanos iniciaban campaña tomando Vélez-Málaga, y se pensaba que Málaga misma, donde dominaban los partidarios de Boabdil, capitularía sin lucha, pero los del Zagal, obstinados en la resistencia, se hicieron con el control de la ciudad, que sufrió un duro y violento asedio de más de tres meses, entre mayo y agosto, y que concluyó con la cautividad de toda la población, entre 12.000-15.000 personas; pero también puso punto final a las últimas posibilidades que el Zagal conservaba en la parte occidental del reino, por lo que hubo de organizar su defensa al este, en Guadix, Baza y Almería.

Todo obligaba, por lo tanto, a combatir en aquel sector, y eso ocurrió en 1488 y 1489. La campaña de 1488 tuvo por base a Murcia, fue muy breve –junio y comienzos de julio– y sencilla, pues capitularon muchas poblaciones que, según se pensaba, constituirían el futuro señorío de Boabdil: Vera, Mojácar, Vélez Blanco y Vélez Rubio, y al norte, Huéscar, Orce, Galera y Benamaurel. Todo lo contrario sucedió en 1489, porque los seguidores del Zagal se mantuvieron en Baza durante seis meses, hasta diciembre, aprovechando las dificultades que ofrecía el establecimiento del cerco y la instalación de la artillería, que no llegó a emplearse, así como los grandes costes del aprovisionamiento de los sitiadores, que había de atravesar buena parte de Andalucía y entrar por Quesada, o bien ser embarcado hasta puertos murcianos. Fue un triunfo de la tenacidad, subrayado por la presencia de la reina en el campamento cristiano desde noviembre, que tuvo como resultado no sólo la toma de Baza, sino que también se entregaron Guadix, los pueblos del Cenete, Almería y su comarca, Purchena y el valle del Almanzora; el Zagal hubo de capitular y emigró al Magreb.

8. Las ganancias del reinado: Granada, Canarias, Indias

A comienzos de 1490 se daban las condiciones para que Boabdil cumpliera lo pactado en 1487, pero una amplia facción de los habitantes de la capital, con sus dirigentes religiosos al frente, obligó a que continuara la resistencia, tal vez para obtener condiciones mejores de los Reyes Católicos que, después del esfuerzo realizado en 1489, no podían organizar otra campaña semejante. En efecto, durante 1490 se limitaron a ocupar los últimos puertos que permanecían en poder de los musulmanes y a mantener las posiciones en la Vega, de modo que los granadinos apenas podían salir de la ciudad.

El golpe final llegó en 1491: la capital fue totalmente aislada desde abril, se proyectó un asedio permanente, con escaramuzas de desgaste y cerco por hambre, que incluyó la edificación de Santa Fe, a poco más de dos leguas de Granada (12 km), a manera de *bastida* principal. Pasaron los meses, y cuando la capacidad de resistencia se debilitaba, Boabdil comenzó en secreto las negociaciones, que evitaron un desenlace mucho más trágico, cruento e inexcusable, por más que pesara a los partidarios de la resistencia. Las capitulaciones se firmaron el 25 de noviembre, pero Boabdil no entregó la Alhambra hasta el 2 de enero de 1492, y los Reyes Católicos entraron en la ciudad, ya inerme, el día 6, mientras el emir marchaba al señorío que se le había otorgado, no ya en el este del país, sino en Las Alpujarras, donde no se desarrollaron acciones militares: era una auténtica «montaña-refugio», densamente poblada y de difíciles accesos, pero casi aislada de cualquier auxilio exterior. Boabdil no permanecería allí mucho tiempo: en octubre de 1493 prefirió una indemnización y pasó al emirato de Tremecén con más de 6.000 seguidores, dentro de la corriente migratoria que padeció el antiguo emirato, ya reino de la corona castellana, en los años que siguieron a la conquista.

4. Musulmanes granadinos y repobladores

Del mismo modo que Fernando III se hizo enterrar en la Capilla Real de la catedral de Sevilla, así también los Reyes Católicos lo hicieron en la de Granada, pues, en uno y otro caso, se trataba de ganancias fundamentales, de las que los monarcas querían dejar memoria como suceso principal del reinado. La toma de Granada fue festejada en las ciudades españolas, y también en las Cortes extranjeras, e Isabel y Fernando –que habían supeditado todo a ella durante diez años– lo consideraron siempre el logro principal del reinado.

La conquista había significado para la mayor parte de los granadinos su paso a la condición de mudéjares, regulada por los términos de las *capitulaciones* que se acordaron en cada caso al cesar las hostilidades. En todas ellas, aunque en diverso grado, se mantienen las tradiciones de tolerancia, respeto a la religión, libertad personal y propiedad de bienes, al menos muebles, que habían singularizado buena parte de la coexistencia medieval entre cristiandad e islam en la península, aunque aquellas condiciones más favorables se otorgaban también para acelerar las rendiciones y el final de la guerra. En la mayoría de los textos conocidos de capitulaciones se observa que los habitantes de aldeas y lugares no fortificados solían conservar la propiedad de sus bienes raíces. En cambio, los de las ciudades, villas y puntos fuertes que habían sido objeto de sitio y acción bélica los abandonaban, tanto los urbanos como, al parecer, los rústicos. Sólo los conservaron en Granada capital, a pesar del largo asedio. En aquellas casas y tierras pudieron instalarse colonos cristianos, según indicaremos después, y también en las de quienes habían sido cautivos de guerra, cosa que sólo sucedió en localidades tomadas por la fuerza –Alhama, Málaga–, donde no medió capitulación.

En general, las capitulaciones permitieron mantener la tranquilidad hasta fin de siglo, pues su letra se cumplió, aunque con la conciencia de que la conquista no había terminado mientras no se consolidase la colonización cristiana, y con el recuerdo de la guerra y la hostilidad pasadas gravitando sobre conciencias y actitudes, de manera que fue inevitable el empeoramiento de la situación de los musulmanes a veces y, desde luego, el poder los trató con su peor medida, dentro de la legalidad: en la ciudad de Granada podían, por ejemplo, vender casas y tierras, pero no comprarlas, porque lo que se pretendía era instalar cristianos. La Corona, además, impuso contribuciones o *servicios* extraordinarios a los mudéjares en 1497 y 1499, lo que entraba dentro de su potestad, pero alteraba el espíritu de las capitulaciones.

Hubo entre la conquista y el fin de siglo dos flujos migratorios de distinto signo. Por una parte, la sociedad granadina perdió muchos hombres por guerra, cautiverio y emigración al Magreb, en especial gentes de los grupos dirigentes o letrados, lo que agravó la indefensión y empobrecimiento cultural de los que permanecían. Si en 1530 había en el reino de Granada unos 100.000 moriscos sobre una población censada de 204.000 personas, no se puede suponer que antes de 1500 hubiera ya más de 150.000 mudéjares, cifra que disminuiría durante las huidas, emigraciones y cautiverios que ocurrieron en las sublevaciones de aquel año y el siguiente. En cambio, la entrada de repobladores cristianos había sido intensa entre 1485 y 1499 –acaso unos 35.000-40.000, con sus familias la inmensa mayoría–, que llegaban de Andalucía, y en menor proporción, de Castilla la Nueva y Murcia, al extinto emirato y también a los territorios de la antigua frontera, hasta entonces casi vacíos e inexplotados.

La Corona procedió, en consecuencia, a numerosos repartos de tierras y otros bienes raíces, y cuando no era posible, apoyó su compra por los repobladores. En general, se siguieron los métodos de *repartimiento* que habían llegado a su perfección doscientos cincuenta años antes por término medio en el valle del Guadalquivir y en Murcia, cuyo punto de partida era la estimación previa del número de vecinos a fijar en cada localidad, y la concesión, además de diversos bienes, de exenciones fiscales durante cierto plazo –entre 10-20 años–, más abundantes o significativas cuanto mayor era el interés en poblar con rapidez. Se repoblaron por completo todas las grandes plazas del interior: Ronda, Alhama, Loja y las villas de la Vega, Baza, Guadix, Vera. También las costeras, excepto en el sector litoral de La Alpujarra, donde apenas había pequeñas aldeas y alguna fortificación; Marbella, Málaga, Vélez-Málaga, Almuñécar, Salobreña y Almería fueron los puntos más destacados. En la capital hubo avecindamientos y compras de tierra, de modo que hacia 1497 los pobladores cristianos eran ya muchos, y los musulmanes se concentraron en el Albaicín y otros arrabales. Cabe añadir que la ciudad de Granada incluyó en su término y jurisdicción buena parte de la Vega, Las Alpujarras, Almuñécar, Salobreña y Motril, formando así un gran territorio gobernado por el concejo con el corregidor real al frente.

Naturalmente, la mayoría de los colonos eran agricultores (entre el 50 y el 75%, según los casos) y recibían *vecindad* o lote como *peones,* lo que estimulaba la mediana y pequeña propiedad, pero hubo también contingentes de artesanos y mercaderes, sobre todo en las ciudades mayores, y buen número de *escuderos* de las Guardas Reales, caballeros y otra gente de milicia y mando que recibían vecindad doble, como mínimo. Aunque era obligado *residir* en la vecindad, con casa abierta y familia, un mínimo de 5-10 años, ocurrió, como en ocasiones anteriores, que paulatinamente creció la gran propiedad y pasaron bastantes repobladores a la condición de arrendatarios o tenancieros de tierra; mientras, la vida local experimentaba una oligarquización mayor incluso que en el resto de Castilla. Claro está que muchas veces aquellas tendencias venían marcadas desde los orígenes, debido a la abundancia de mercedes regias en algunas localidades que favorecían a grupos y personas ya de por sí privilegiados o dominantes: en Guadix, por ejemplo, Iznalloz o Fiñana se llegó a extremos peligrosos, que harían escribir al secretario Hernando de Zafra refiriéndose a esta última localidad:

> Si aquí se han de conplir todas las mercedes, nin es menester que se pueble de cristianos, nin menos de moros. Yo no digo esto porque non querría que todas las mercedes se conplieren, que cierto es mucha razón que se cunpla con los que han servido a Vuestras Altezas, mas porque no entiendan Vuestras Altezas que esto se puede hacer todo junto: conplir con las mercedes y poblar los pueblos.

En Iznalloz, siete de los cuarenta vecinos recibieron casi el 39% de las tierras que se repartieron, y en Guadix las mercedes efectivas superaron las 9.000 fanegas de tierra cuando estaba previsto 2.100 para tales efectos. Sin embargo, en otros muchos casos las mercedes fueron menores, y la repoblación resultó más equilibrada. Hay que tener en cuenta siempre los lotes de bienes reservados a propiedad y renta de las iglesias, y los que formaban parte de los *propios* y *comunales* de cada concejo.

En cambio, la Corona otorgó pocos señoríos jurisdiccionales o, mejor dicho, de poca importancia, siempre en áreas rurales interiores pobladas por mudéjares, con lo que el señor adquiría responsabilidades de gobierno y administración intermedias y el poder real permanecía por encima y conservaba, si llegaba el caso, capacidades arbitrales. Los más importantes se situaron en la Serranía de Ronda, donde el marqués de Cádiz recibió Casares –a cambio de un préstamo de 10 millones– y los lugares de la sierra de Villaluenga, y el duque de Medina Sidonia, Gaucín; en el Cenete de Guadix, señorío de un hijo del cardenal Mendoza, en el valle del Almanzora y sierra de los Filabres, y, en el noreste, Huéscar y los dos Vélez. Alonso de Aguilar, por su parte, recibió Montefrío en pago de un préstamo de 7 millones de maravedíes.

La administración del reino de Granada se organizó según los modelos empleados en el resto de la Corona de Castilla, pero sin el lastre de una evolución pasada; esto permitió acentuar el ejercicio de la autoridad regia, lo que, por otra parte, era conveniente en aquel momento inicial. El mando militar del reino correspondió al conde de Tendilla, Íñigo de Mendoza, con el cargo de *capitán general* y residencia en la Alhambra, de la que era alcaide. Sus herederos, como marqueses de Mondéjar, conservarían el puesto hasta 1569. Íñigo de Mendoza era persona de la confianza regia –había sido, entre otras cosas, embajador en Roma en 1486– y fue uno de los grandes organizadores del reino recién conquistado, hasta su muerte en 1515. Por todo el territorio granadino se mantuvieron un centenar de castillos, torres y fortalezas rurales y urbanas; sólo a partir de 1498 comenzó el abandono o demolición de las menos útiles. Además, se organizó un sistema de vigilancia costera, pagado por los musulmanes después mediante un tributo especial o *farda,* que alivió los peligros de incursiones procedentes del Magreb.

La administración municipal, organizada y encabezada por corregidores y pesquisidores, se basaba en *regimientos* reducidos, que, por primera vez, fueron de nombramiento directo regio. A continuación se estableció el marco normativo, inspirado al comienzo en el derecho de Sevilla y regulado en muchas poblaciones desde 1494-1495 por el mal llamado «Fuero Nuevo», pues es en realidad una ordenanza regia a la que se añadirían otras más del mismo origen o de procedencia municipal, compiladas en las ciudades principales a mediados del siglo XVI. En los primeros años, antes o al mismo tiempo que se formalizaran estas situaciones, lo fundamental fue la presencia de organizadores, delegados de la Corona: son los mismos repartidores, los reformadores de repartimientos, como el bachiller Juan Alfonso Serrano en Málaga y su región, y, sobre todo, el eficaz secretario real Hernando de Zafra, que se afincó en Granada desde 1492 y, junto con el conde de Tendilla, el arzobispo Talavera y el corregidor Calderón, formó la cúspide de la nueva organización castellana del reino.

En el plano eclesiástico, la concesión pontificia de Patronato Real convirtió a la Iglesia de Granada en modelo, y en cierto modo experiencia previa, de lo que iba a ocurrir después en el Nuevo Mundo. Los reyes actuaron con gran libertad a través de sus colaboradores: el cardenal Mendoza, en el primer momento; Hernando de Talavera, que culminó su carrera como arzobispo de Granada, y los obispos de

Málaga, Almería y Guadix, aunque el régimen parroquial no se completó hasta después del bautismo de los musulmanes. A pesar de la mansedumbre evangelizadora de Talavera, fue una Iglesia vencedora y triunfal la que se instaló en Granada: la advocación de muchos templos a la Encarnación –uno de los dogmas cristianos más inasimilables por la mentalidad islámica– muestra bien la firmeza con que se quería cimentar el nuevo edificio religioso, al que se veía como restauración de la cristiandad anterior a la invasión islámica.

5. Perspectivas norteafricanas

La propaganda regia presentó la toma de Granada como paso inicial en el camino que llevaría a las conquistas sobre el Islam norteafricano y mediterráneo y a la recuperación de la «Casa Santa» de Jerusalén. Los reyes habían efectuado donaciones de renta a favor de los franciscanos allí residentes (300 florines al año en 1477, 1.000 ducados en 1489), y se interesaron por su salvaguardia en las embajadas que intercambiaron con el *soldán* de Egipto, del que dependía entonces Palestina, en 1489 y 1501.

Sin embargo, más próximo en sus intereses políticos estaba el Magreb, con el que había continuas relaciones comerciales, compatibles con actos recíprocos de agresión y rapiña; las famosas *cabalgadas* son su expresión por parte cristiana. Partían de puertos de la Baja Andalucía, formadas a veces por decenas de barcos y cientos de hombres, en busca de botín y cautivos. Los norteafricanos eran entonces más débiles, pero respondían con frecuencia y, además, durante los años de la guerra de Granada se hizo preciso asegurar mediante flotas y barcos sueltos la vigilancia del estrecho de Gibraltar y del mar de Alborán, necesidad que continuó después de la conquista, así como, más al este, proteger las costas murcianas y valencianas de sorpresas procedentes de la otra orilla.

Ahora bien, había tres procedimientos para conseguirlo. Uno era estático: la fortificación y defensa de la costa. No se desdeñó, pero resultaba insuficiente. Otro, acaso el mejor, era el sostenimiento permanente de flotas, pero su coste lo hacía prohibitivo. El tercero, que se podía combinar con elementos de los anteriores, consistía en la ocupación de plazas y puntos fortificados en la costa norteafricana para llevar a cabo desde ellos tareas de vigilancia y control del territorio, y fue el que se quiso desarrollar después de 1492, pero los costes elevados de hacer una guerra en Berbería y de mantener los puntos conquistados, así como la preferencia dada a las empresas en Italia, tuvieron como consecuencia la obtención de resultados interesantes, pero esporádicos y tardíos.

En el litoral atlántico, al sur del emirato de Fez, los castellanos iniciaron algunas actividades a partir de las Canarias y relacionadas con ellas. Fez era ámbito reservado a la iniciativa portuguesa, según los tratados firmados por Castilla y Portugal. Más al este, ya en las costas mediterráneas, se sucedían los dominios de los emiratos de Tremecén, Bugía y Túnez; la zona que se consideraba más hostil, en potencia, era la comprendida entre Ceuta –enclave portugués en Fez– y Orán, pero los territorios al este de ella también llamaron la atención, debido a la conveniencia de proteger Sicilia y el sur de Italia, ya en el primer decenio del siglo XVI.

El planteamiento de la política norteafricana guarda relación con el fin de la guerra de Granada y de la conquista de Canarias y con la fijación de ámbitos de influencia alcanzada en el Tratado de Tordesillas con Portugal (1494). La Corona procuraba obtener o recuperar puertos en la Baja Andalucía, cuyo litoral estaba por completo en manos de señoríos nobiliarios; ya en 1484 había poblado Puerto Real, en el término de Jerez, que era *realengo,* y en 1492 compraba la jurisdicción sobre la mitad de Palos. Al año siguiente la recuperaba sobre Cádiz, que se convirtió en centro del comercio con Berbería, y en 1502 conseguiría lo mismo respecto a Gibraltar. Mientras tanto, las negociaciones llevadas a cabo en 1494 estuvieron a punto de conseguir la entrega de Melilla, y los reyes se preocupaban de respaldar sus proyectos con la autoridad pontificia: la bula *Ineffabilis* (13 de febrero de 1495) les investía, a ellos y a sus herederos, con el dominio de las tierras que conquistaran en África, y añadía en los meses siguientes la concesión de indulgencias de cruzada a los combatientes.

Sin embargo, la primera guerra de Italia, en aquel mismo año, aplazó todos los proyectos, y Melilla no fue tomada por sorpresa hasta septiembre de 1497 por una flota del duque de Medina Sidonia que mandaba Pedro de Estopiñán, aunque por orden de la Corona, que otorgó al duque la tenencia y defensa de la plaza, con una guarnición de al menos 700 hombres, y vinculó para ello un juro anual de 4.400.000 maravedíes y 4.080 fanegas de trigo, de modo similar a como antaño se proveía a la defensa de las fortalezas en la frontera de Granada, de manera que venía a darse un traslado «allende la mar» de dicha situación fronteriza en un sector, como era el melillense, situado entre Fez y Tremecén, donde no alcanzaba la autoridad efectiva de ningún emir, lo que, tal vez, facilitó la conservación de la plaza. Pero transcurrieron varios años hasta la reanudación de las conquistas en Berbería.

6. Las revueltas granadinas de fin de siglo

En noviembre de 1499, cuando los reyes se disponían a abandonar Granada después de una estancia de varios meses, llegó a la ciudad el arzobispo de Toledo, Jiménez de Cisneros, con comisión de los inquisidores para investigar sobre los *helches,* esto es, los musulmanes que antaño fueron cristianos, y que seguían practicando el Islam porque en la capitulación de la ciudad no se les obligaba a otra cosa, sino más bien lo contrario:

> Item, es asentado e concordado que si algund cristiano o cristiana se hobieren tornado moro o mora en los tienpos pasados, ninguna persona sea osado de los amenguar nin baldonar en cosa alguna, y que si lo hicieren que sean castigados por Sus Altezas.

No obstante, la capitulación dejaba también claro, implícitamente, que se trataba de una situación distinta a la de los musulmanes de nacimiento o *moros:*

> Item, es asentado e concordado que a ningund moro nin mora non fagan fuerza a que se torne cristiano nin cristiana.

Ahora bien, se entendió que la capitulación –un privilegio real, desde el punto de vista jurídico– no podía prevalecer sobre las disposiciones del Derecho eclesiástico relativas a los apóstatas, que eran caso de Inquisición. Pero la acción de Cisneros, que comenzó con unas semanas de pesquisa y atracción voluntaria, aunque también con el estilo propio del arzobispo, que era «hombre de su condición armígero y aun desasosegado» (P. Mártir de Anglería), provocaba tal intranquilidad y temor entre los musulmanes, cosa muy comprensible por otra parte, que acabó produciéndose una revuelta de los del Albaicín el 18 de diciembre. Sólo duró tres días: se anunció que quienes se bautizaran quedarían libres de cualquier culpa o cargo, y en aquellas circunstancias de temor, e incluso pánico, ocurrió la conversión masiva de los musulmanes de Granada y sus alquerías próximas. Conocemos la relación nominal de más de 9.000 bautizados, pero está incompleta, pues hubo muchos más: los eclesiásticos tomaban nota del nombre musulmán, del cristiano nuevamente tomado, así como de los padrinos y otras circunstancias familiares del neófito. Es falso que se bautizara por aspersión, indiscriminadamente. Es muy cierto, en cambio, que todos los responsables políticos optaron por promover y generalizar el bautismo en aquellas circunstancias, al menos por dos razones que se impusieron a las que podrían haberse esgrimido en contra: primero, porque su mentalidad religiosa les obligaba a creer o, al menos, a declarar, que el bautismo era mayor bien que cualquier otro, aunque fueran conscientes de la insinceridad de los conversos («mi voto y el de la reina –dicen que dijo el rey– es que estos moros se baptizen, y si ellos no fuessen cristianos, seranlo sus hijos, o sus nietos»). Segundo, porque pensaban que el bautismo rompería las barreras que impedían la aculturación y fusión, puesto que se recubrían con argumentos religiosos.

El futuro demostró que ambas apreciaciones eran erróneas, pero también lo sería pensar hoy que los reyes, o el mismo Cisneros, hacían otra cosa distinta que aplicar a la práctica política los criterios teológicos dominantes en su tiempo, y legitimar así sus acciones ante los demás y ante sí mismos. En la reflexión bajomedieval, desde el siglo XIII, o la cruzada precedía a la misión o ésta justificaba aquélla, aunque no se admitía generalmente la conversión forzosa sino por vía de predicación –«per predicaçió millor que per forsa», como había escrito Ramón Llull–. Ahora bien, opinaba Tomás de Aquino, si los infieles lo estorbaban con blasfemias, «persuasiones demoníacas» o persecuciones abiertas, entonces era lícita la guerra contra ellos. Duns Scotto iba más lejos: el príncipe cristiano podía tomar los hijos a sus padres infieles si no se convertían a la fe cristiana porque «sus descendientes, si son correctamente educados, serán verdaderos creyentes en la tercera o cuarta generación»: la frase atribuida a Fernando el Católico está tomada casi literalmente de esta opinión del teólogo, e incluso sabemos que en 1501 existió un borrador de pragmática regia destinado a establecer dicha separación familiar, al menos entre los judeoconversos, pero hubo la suficiente sabiduría política para no darle curso.

Lo ocurrido en el Albaicín fue causa de alteraciones en otras partes del reino granadino, aunque en ellas no existió modificación o ruptura previa de lo capitulado: La Alpujarra se sublevó a comienzos de 1500, las Serranías de Ronda y Villaluenga, un año después, mientras, al mismo tiempo, los mudéjares de otras partes de Granada concertaban sin violencia su bautismo y nuevas condiciones de vida. Está demostrado que las sublevaciones fueron vencidas sin gran dificultad, aunque exigieron la movilización de muchas tropas y ocurrieron episodios sangrientos, como el de Sierra Bermeja, donde murieron don Alonso de Aguilar, uno de los héroes de la guerra anterior, y el secretario Ramírez de Madrid. Al cabo, los gastos de aquellos sucesos fueron, para la Corona, menores que los ingresos obtenidos por la venta de cautivos y sus bienes.

Lo más trascendente fue que, a medida que transcurrían los acontecimientos, la supervivencia del mudejarismo se hacía más y más difícil: castigos a los sublevados, emigración de los más duros o atrevidos, rapiña, presiones morales sobre la población..., hasta que a comienzos de 1502 una pragmática real ordenaba –como en 1492 para los judíos– la alternativa entre bautismo o expulsión. Mientras que la mayoría de los judíos habían emigrado para no tener que convertirse, la casi totalidad de los mudéjares se convirtieron para no tener que emigrar. Pero en ambos casos la violencia sobre las conciencias y la identidad histórica tuvieron resultados negativos: los *moriscos,* como se llamó a los cristianos nuevos de origen musulmán, no se integraron en la sociedad hispano-cristiana, aunque los problemas de convivencia generados tanto en 1500 como más adelante deben considerarse, principalmente, cuestiones internas de la historia española, que no incidían, o muy poco, en el desarrollo de la gran política, ni de la exterior ni tan siquiera de la peninsular.

2. Canarias

Aquellas yslas son tierra muy caliente, e muy fértil de pan, e de muchos ganados domésticos, e miel, e otros frutales muchos. Las gentes que allí morauan no se vestían ropas de lana, salvo pellejos de animales, ni tenían fierro; e defendíanse con piedras e con varas de árboles, que aguçauan con piedras agudas, las quales varas, por el grand uso que tenían de tirar, salían de sus braços tan recias como de ballestas e de arcos, e pasauan una adarga. E defendíanse en cuevas, e de aquellas facían tanta guerra que ninguno osaua meterse entre ellos,

8. Las ganancias del reinado: Granada, Canarias, Indias

por la espesura de las cuevas que tenían. Moravan en choças e ramadas de árboles, que los defendían del fervor del sol e de las aguas. E labrauan la tierra con cuernos de vacas, e con poca labor cogían mucho fruto, por la gran fertilidad de la tierra... Aquellas gentes eran muy agudas de su natura, e plazíales entender e saber las cosas de nuestra fe. (Hernando del Pulgar, *Crónica de los Reyes Católicos,* año 1478, cap. 95.)

Las islas Canarias descritas por los geógrafos de la Roma imperial habían caído en el olvido durante la Edad Media. Las líneas que les dedican algunos geógrafos musulmanes de los siglos X al XIII se limitan a copiar a los autores clásicos y a añadir datos fabulosos, puesto que el islam medieval no conoció directamente las islas. El nuevo descubrimiento de las Canarias fue una faceta más de la expansión europea de los siglos XIV y XV y, como otros aspectos de tal expansión, se realizó a través de dos fases. Una primera, en el siglo XIV, cuando las islas fueron exploradas sobre todo por marinos del Mediterráneo. Otra segunda, desde fines de aquel siglo, en que la iniciativa pasó claramente a las marinas atlánticas de Castilla y Portugal.

1. LA CONQUISTA

En 1344, después de las primeras exploraciones, el papa Clemente VI constituyó a las Canarias en reino y lo otorgó a Luis de la Cerda, un biznieto de Alfonso X de Castilla, que era miembro de la alta nobleza francesa. Luis, «Príncipe de Fortuna», no llegó a hacer efectivos sus derechos, que quedaron en suspenso aunque reclamados tanto por Castilla como por Portugal. Medio siglo más tarde, en 1402, Enrique III de Castilla investía con el señorío de las islas al noble normando Juan de Bethencourt, que conquistó Lanzarote, Fuerteventura y parte de El Hierro. Bethencourt fue el primer conquistador que se dio cuenta de lo difícil que era la empresa en las «islas mayores» y del escaso fruto económico inmediato que cabía esperar.

Unos años más tarde, en torno a 1420, se hicieron con el señorío los linajes sevillanos de Las Casas y, luego, Peraza, que completaron la conquista de El Hierro y realizaron la de La Gomera. La empresa canaria sería así, durante buena parte del siglo XV, tarea de aristócratas y navegantes hispalenses, hasta la intervención de la Corona en 1477. La relativa proximidad de los puertos de la Andalucía atlántica, con su pujanza marinera y mercantil, y la integración de los asuntos canarios dentro del ámbito general de los intereses sevillanos serían las razones de la atención que ciertos linajes de la alta sociedad de la ciudad pusieron en las islas, manteniéndolas así unidas a los destinos de Castilla.

Portugal intentó dominar en ellas, sobre todo en La Gomera, múltiples veces, como parte de sus proyectos de navegación por la costa de África hacia el sur, pero nunca lo consiguió, aunque muchos inmigrantes portugueses participarían en la repoblación de las islas, bajo soberanía castellana, a fines de siglo. Durante la guerra luso-castellana de 1475 a 1479, Canarias fue, de nuevo, uno de los ámbitos de la lucha entre ambos países al intentar los portugueses ocupar alguna posición en ellas y los castellanos obstaculizar o intervenir en el tráfico hacia Guinea, descubierta recientemente y fuente de oro y esclavos. Por estos motivos, entre otros, los reyes castellanos reclamaron entonces para la Corona el dominio inmediato de las «islas mayores», todavía sin conquistar (Gran Canaria, Tenerife y La Palma), aunque respetando la jurisdicción señorial sobre las cuatro islas ya conquistadas. En los tratados de paz firmados en Alcaçovas-Toledo, año 1479, Portugal renunciaba a cualquier intervención o reclamación sobre las islas.

La conquista de las llamadas «islas mayores» no estuvo exenta de dificultades, debido a la pequeñez de las huestes empleadas, a su financiación y mantenimiento con cargo a fondos eclesiásticos de cruzada, en el caso de Gran Canaria, o mediante la formación de compañías privadas, en los de La Palma y Tenerife. La Corona intervino como poder sancionador, al fijar las condiciones o *capitulaciones* de conquista, y en el posterior proceso de organización administrativa y social, pero muy poco en la actividad directa de conquista que, según su criterio, era empresa secundaria con respecto a otras en que se hallaba embarcada. Las huestes de la conquista canaria se parecen ya, por esto, a las de la conquista indiana.

En la de Gran Canaria se produjeron, además, disputas y turbulencias entre los castellanos que preludian o se asemejan a otras ocurridas años más tarde en América. La primera capitulación para la empresa se estableció en 1477 con el obispo de Lanzarote, Juan de Frías, y con el capitán Juan Rejón, empleándose, como se ha dicho ya, dinero de procedencia eclesiástica. Rejón estableció en junio de 1478 el «Real de Las Palmas», que sería la primera ciudad española en la isla, pero hubo de aceptar la presencia de un gobernador nombrado por los reyes, Pedro de Algaba. Las disputas entre ambos paralizaron la conquista por más de un año. En agosto de 1479, Rejón preparó otra hueste, financiada por Frías y por un marino y mercader genovés avecindado en Cádiz, Pedro Fernández Cabrón; se logró formar una tropa de 400 hombres. Unos meses después, ya en 1480, llegaba a la isla Pedro de Vera como nuevo gobernador real, capitán general, corregidor y alcaide, al frente de otra hueste también financiada por Fernández y por la misma Corona a través del contador Alfonso de Quintanilla. Pedro de Vera, como primera providencia, depuso a Rejón, que había mandado ejecutar unos meses atrás a Algaba. Desde aquel momento, mezclando la fuerza con una astucia nada admirable, Vera venció a los canarios, divididos en la obediencia a dos reyes o *guanartemes* –los de Telde y Gáldar–, entre 1481 y 1483. En abril de este último año, la conquista había concluido.

Las de La Palma y Tenerife tardaron todavía un decenio en producirse, y fueron emprendidas por uno de los capitanes que habían intervenido en la de Gran Canaria: Alonso Fernández de Lugo. En junio de 1492 capituló con la Corona la conquista y consiguió que varios mercaderes genoveses financiasen la expedición a La Palma: entre septiembre de aquel año y mayo de 1493, Lugo ocupó toda la isla, apoyándose en las parcialidades o *bandos* de los aborígenes palmeros ya cristianizados.

Tenerife fue la última isla que se conquistó. Lugo contó en esta ocasión con nuevos socios financieros, también genoveses. La hueste formada en diciembre de 1493 era muy fuerte: 150 jinetes y 1.500 infantes embarcados en 30 navíos, pero la isla era también la más difícil de ocupar. Se apeló al procedimiento ya clásico de buscar el apoyo y alianza de los llamados *bandos de paz,* en vías de cristianización (los de Anaga, Güímar, Abona y Adeje), para emplear todo el esfuerzo frente a los *de guerra,* que dominaban el norte de la isla (Tegueste, Tacoronte, Taoro, Icod y Daute), pero los castellanos sufrieron un desastre en Acentejo, en mayo de 1494, y los supervivientes hubieron de reembarcar hacia Gran Canaria. Año y medio después, Lugo conseguía poner de nuevo el pie en la isla y esta vez no se dejó sorprender. Derrotó a los guanches que le hacían frente en Agüere, junto al lugar donde se fundaría la ciudad de San Cristóbal de La Laguna, y unos días más tarde en Acentejo, cerca de donde había sufrido anteriormente el desastre. En mayo de 1496, los reyes, o *menceyes,* de los bandos insumisos capitulaban definitivamente.

2. ABORÍGENES Y EUROPEOS

Aquellas conquistas, como antes las de las islas llamadas «menores», pusieron a los castellanos en contacto con poblaciones indígenas que no guardaban semejanza alguna ni con los infieles islámicos ni con los esclavos negros africanos a los que estaban acostumbrados a tratar y conocer desde hacía siglos. Se produjo necesariamente un proceso de aculturación de nuevo tipo, que en algunos aspectos anticipa al indiano o se desarrolla coetáneamete al ocurrido en La Española y Cuba, islas del Caribe que no en vano se conocieron a veces, por aquellos años, como «las Canarias de allende». Pero el fenómeno de aculturación canario tiene muchas peculiaridades que no se dieron en América, aunque haya servido, a veces, como banco de prueba para las colonizaciones indianas.

Ante todo, la misma pequeñez física de las islas y su situación mucho más cercana a la península Ibérica: sólo seis días de viaje, por término medio, desde Cádiz. Las relaciones son mucho más estrechas y continuadas desde el primer momento, y se efectúa una colonización de poblamiento completa. En segundo lugar, los aborígenes supervivientes fueron capaces de aceptar una europeización total y su propia etnia –cromañón o beréber–, igual o muy semejante a la de los inmigrantes, permitió una fusión biológica plena entre todos ellos en un plazo breve. Pero todo esto fue el resultado final cuando, ya en el siglo XVI, Canarias era una tierra castellana, una provincia más de la monarquía, la última escala europea en el camino hacia América. ¿Qué ocurrió hasta entonces? Contestar a esta pregunta puede tener interés, porque en la formación de la nueva sociedad se mezclaron elementos y prácticas de tradición medieval con otros forzosamente originales.

La población aborigen no era homogénea en las diversas islas, ni en su nivel cultural ni tampoco en sus formas de organización. Por paradójico que pueda parecer, no dominaban los antiguos canarios los conocimientos náuticos precisos para comunicarse regularmente entre sí, de modo que el mismo concepto unitario del archipiélago como entidad geohistórica no existió hasta la llegada de los europeos, que lo introdujeron. Antes, las islas eran «un mundo dividido y diverso» (Morales Padrón): mahos de Lanzarote y Fuerteventura, canarios, guanches de Tenerife, gomeros, palmeros y herreños vivían cada cual por su lado, e incluso divididos entre sí dentro de cada isla en varios reinos o *bandos,* que fueron dos en Gran Canaria, Lanzarote y Fuerteventura, cuatro en La Gomera, nueve en Tenerife y hasta trece en La Palma. Sólo El Hierro parece no haber conocido esta división interna.

El número de los habitantes es un enigma. La cifra de 80.000-100.000 supuesta por diversos autores es sencillamente inaceptable si se pone en relación –incluso óptima– con las capacidades productivas de una economía neolítica y con la extensión y características de las islas. Seguramente en las dos mejor dotadas, Gran Canaria y Tenerife, la respectiva población no superaba en mucho los 10.000 individuos, sobre todo después de las deportaciones y esclavizaciones del siglo XV. Las conquistas y la introducción de ciertas epidemias –el «moquillo», las «modorras»– que alteraron el equilibrio biológico de la población llevarían a una reducción aún mayor en el número de aborígenes. Hacia 1500 no habría más de 7.000 en todas las islas, y no siempre en las de su origen, pues, por ejemplo, grupos de grancanarios y gomeros habían participado junto con los castellanos en la conquista de Tenerife.

El choque con la población y cultura europeas renacentistas representadas por los castellanos tenía que resultar forzosamente destructor para los indígenas, que vivían en un mundo cultural prehistórico. Sus actividades económicas eran algo más ricas y complejas en Gran Canaria y Tenerife, especialmente en la primera de ambas islas, donde los misioneros mallorquines del siglo XIV habían tenido tiempo para difundir algunos progresos: se conoce la agricultura cerealista (cebada), el molino de mano, algunos frutales (higuera, palmito), ciertas formas rudimentarias de pesca costera y, sobre todo, como en las demás islas, una ganadería menor de ovejas, cabras y cerdos que aseguraban una parte notable de la subsistencia y el vestido. En cambio, no debía de haber un aprovechamiento intenso de los grandes recursos forestales existentes en La Palma –que era la isla culturalmente más atrasada–, Tenerife y Gran Canaria. Se practicaban técnicas artesanas del textil y el tinte, y se conocía la cerámica cocida al sol, todo ello en niveles plenamente neolíticos.

En la relación de exploradores y conquistadores con los aborígenes se mezclan la ignorancia e incapacidad para respetar formas culturales que les son extrañas, y la pugna entre dos estímulos que tanto son complementarios como contradictorios. Por una parte, el afán de conquista, lucro y poder, que lleva a depredar, esclavizar y sojuzgar; por otra, la exigencia de evangelización con respecto a unas poblaciones que son paganas pero no «infieles» enemigos de la fe cristiana, como los musulmanes, de modo que es posible su incorporación a la Iglesia, y para ello, es preciso respetar sus personas, e incluso parte de su cultura, si aceptan pacíficamente la presencia de misioneros que ejerzan el derecho a evangelizar. No obstante, en frase de García Gallo, «la carencia de personalidad jurídica de la población indígena ante los europeos», al ser pagana, legitima para la corriente de opinión principal las empresas de conquista y colonización por poderes cristianos: el *requerimiento* que Juan Rejón hizo conocer a los grancanarios se fundamentaba en esta idea.

Por lo demás, era lógico que los eclesiásticos adoptaran cierta función protectora en una época en que toda consideración de los derechos humanos pasaba por una previa reflexión religiosa. Sin este elemento atenuante, la suerte de las poblaciones isleñas habría sido mucho peor. A los daños previos o paralelos a las conquistas, a la ruptura inevitable de sus cuadros sociales y culturales, se habría añadido una esclavización general que, por el contrario, fue denunciada como abusiva en diversos momentos del siglo XV y prohibida tanto por la Santa Sede (1434, 1462) como por la Corona (1477, 1490, 1499). De todas maneras,

> los abusos y tropelías que se cometieron contra los indígenas de las islas Canarias fueron infinitos en número y crueldad, a espaldas de la acción tutelar de la Corona y violando las rí-

8. Las ganancias del reinado: Granada, Canarias, Indias

gidas normas de conducta decretadas por los Reyes Católicos para estimular la convivencia y alentar la conversión (Rumeu de Armas).

Hay en estas actitudes hacia el aborigen canario elementos que se van a repetir en América pocos años después. Los factores epidémicos y la ruptura de los marcos de vida prehispánicos también influyeron en un rápido descenso de la población aborigen:

Hay que pensar –escribe Serra Ràfols– en una baja vertical de la natalidad indígena, incluso dentro de los núcleos, a veces importantes, que permanecieron después de la conquista agrupados y con alguna conciencia propia: el mero ambiente es hostil a la reproducción espontánea de nuevas generaciones al disolver las bases tradicionales de la familia indígena.

Pero, aun así, hubo una diferencia sustancial con relación a muchas tierras americanas: los canarios supervivientes se integraron cultural y biológicamente con las poblaciones europeas inmigrantes, hasta el extremo de que de las antiguas lenguas insulares apenas subsistieron algunas docenas de palabras, topónimos muchas de ellas, pues los conquistadores y colonos «no sintieron la necesidad de redactar ninguna gramática» debido a la rapidísima extinción del mundo cultural aborigen tras la conquista, y a la presencia, en épocas anteriores, de «lenguas» o intérpretes isleños que habían aprendido el idioma castellano al tiempo que la fe católica.

A partir de 1510-1515, aproximadamente, la nueva sociedad canaria está constituida, y no ha habido en ella fenómenos de desarraigo total de la antigua población, ya incorporada a ella, ni de coexistencia entre dos culturas distintas puesto que sólo hay una, la española, en la que vivían los habitantes de las islas, fuera cual fuese su ascendencia étnica.

3. Los repobladores y la formación de la nueva sociedad

Se dio, por lo tanto, una importante colonización de poblamiento en las islas a raíz de la conquista, colonización efectuada de acuerdo con formas jurídicas semejantes a las que habían servido para organizar las repoblaciones medievales en la Castilla de los siglos XI al XV. Las últimas, ocurridas en el reino de Granada, son contemporáneas de las canarias. Así sucedió que los conquistadores y muchos pobladores que acudieron a las «islas mayores» en los años inmediatos a su incorporación a la Corona recibieron lotes de tierra en propiedad, a condición de permanecer un tiempo mínimo, cinco años generalmente, y de avecindarse con su familia. Conocemos mejor las entregas de tierra o *datas* realizadas en Tenerife por Alonso Fernández de Lugo, pero las repoblaciones de Gran Canaria y La Palma fueron también similares y no muy distintas las realizadas en las islas sujetas a jurisdicción señorial.

El proceso repoblador motivó desde un principio diferencias sociales y económicas considerables entre los inmigrantes, y reprodujo el modelo de organización social vigente en la Castilla de aquel tiempo, con las peculiaridades derivadas de la presencia y asimilación de los aborígenes, de la heterogénea procedencia de los inmigrantes y de la necesidad perentoria de poblar las islas, lo que obligaba a conceder buenas condiciones económicas y jurídicas a los colonos, al menos en los primeros tiempos. Además, al tratarse de una sociedad nueva, no se encuentran en ella los restos del pasado ni diversos aspectos tradicionales respetados en sociedades castellanas de origen más remoto.

Hubo repobladores que acudieron como señores, no como colonos. Fueron los conquistadores más importantes –los normandos y andaluces de Lanzarote y Fuerteventura–, los beneficiarios de las mejores y mayores *datas* en Gran Canaria, La Palma y Tenerife. Ocuparon los puestos de gobierno y administración y, al autoestimarse nobles, contribuyeron a crear en las islas fenómenos sociales semejantes en su forma, aunque menores por su importancia, a los de la Castilla del siglo XV, sobre todo cuando poseyeron capitales o enlazaron con grandes mercaderes dueños de ellos, italianos y flamencos en especial. Con su sola presencia, la colonización canaria se habría parecido mucho a la de amplias zonas de América.

Pero hubo también gran cantidad de colonos: los simples soldados de la conquista que se afincaron en las islas, y los repobladores que llegaron después. Todos ellos recibieron tierras y bienes modestos o, en el peor de los casos, vivieron como asalariados o cultivadores. Son «la espina dorsal» de la repoblación, en frase del profesor Serra Ràfols, la base de la europeización de Canarias, y los hay en todas las islas. Seguramente, los más numerosos procedían de Andalucía y Extremadura, pero hubo también, en las islas mayores, gentes que procedían de las de señorío y, en especial, bastantes portugueses –sobre todo en Tenerife y La Palma–; muchos de aquellos inmigrantes lusitanos eran artesanos o campesinos de situación económica modesta, muy solidarios entre sí, promotores de cultivos cerealistas, o técnicos de los «ingenios» azucareros.

Acudieron otros grupos menores, caracterizados por su situación religiosa o por su poder económico. En el primer caso, los judeoconversos, que no se vieron perjudicados por discriminación alguna cuando se conocía su origen, y que se fundieron rápidamente con el resto de la población. En el segundo, los mercaderes procedentes de algunos grandes centros urbanos europeos, que capitalizaron la puesta en explotación de las islas, en especial la producción de caña azucarera, aplicando técnicas tomadas de la tradición medieval mediterránea, e integraron así la economía canaria en los circuitos del incipiente capitalismo comercial. Sus miembros más poderosos o estables tienden a enlazar con la otra aristocracia, la surgida de la conquista; hubo incluso, ya lo hemos indicado, algunos grandes mercaderes-financieros que ayudan con su dinero a que se realice.

Los genoveses formaban el núcleo más importante de este grupo. Valencia, Granada y Málaga, Sevilla y Cádiz, Lisboa y Madeira habían sido sus etapas anteriores de colonización mercantil. Llegaron a Canarias, por lo tanto, con métodos de acción muy maduros y capitales fuertes. Los Riberol, Francisco Palmaro o Palomar y Jerónimo de Orerio en Gran Canaria; Mateo Viña, Bautista Ascanio, Cristóbal Ponte y Tomás Justiniano en Tenerife: tales son los nombres más destacados de inversores de capital, explotadores de *ingenios* azucareros y vecinos que se encuentran siempre entre las personas más ricas y con mejores tierras de las islas mayores. Algo más adelante llegarían también bretones y normandos, alemanes y flamencos, interesados en el negocio de la caña de azúcar.

Hacia 1515, cuando concluye la etapa fudamental del proceso repoblador, las islas contarían con unos 25.000 habitantes, de los que la cuarta parte eran aborígenes. Las Canarias estaban todavía muy lejos de alcanzar el techo demográfico que permitía su nueva situación social y económica, lo que explica que Tenerife, la más poblada, exportara cereales en los años de buena cosecha hasta mediados del siglo XVI. La Laguna y Las Palmas, que eran los principales centros urbanos, no superarían los 3.000 habitantes cada una; como consecuencia, la mano de obra era escasa, por lo que los contratos agrarios de aparcería, arrendamiento o censo resultaban especialmente favorables para los cultivadores en muchas ocasiones; los salarios y jornales eran algo más altos que en Castilla y se practicaba con mayor frecuencia la importación de esclavos negros o musulmanes.

El ejercicio de diversas actividades productivas acompaña y fundamenta la formación de la sociedad nueva. Las islas ofrecían diversos productos de recolección, como la *orchilla,* forestales –madera abundante en Tenerife y La Palma, pez de resina– y pesqueros. La explotación agropecuaria fue, con todo, la base principal de los auténticos colonizadores: ganado menor, ovino y cabrío abundante, trigo y cebada, parrales y huertas. En todos aquellos aspectos destacó, en un principio, Tenerife por sus mejores condiciones de suelo y agua. Las islas pudieron así autoabastecerse en diversos productos básicos; junto con ellos se cultivó en las mejores tierras la caña de azúcar.

El azúcar fue el principal producto de exportación hasta mediados del siglo XVI. Gracias a él se podía obtener en contrapartida las manufacturas y otros bienes que las islas necesitaban, pues atrajo las inversiones de capital más importantes y estimuló las relaciones mercantiles, así como la construcción de puertos y varaderos. No fue, contra lo que tantas veces se ha dicho, un monocultivo, pero si no hubieran contado con él como baza fundamental para atraer riqueza y compensar su balanza comercial, es indudable que los canarios habrían vivido en una situación económica mucho más precaria. Como contrapartida, al basar en el azúcar el equilibrio de su comercio exterior, las islas entraron en el concierto económico del capitalismo comercial en la situación inevitable de tierras productoras de una materia prima con la que habían de cubrir sus necesidades de manufacturas procedentes de Andalucía, Italia y Flandes.

Pero tampoco hay que exagerar la importancia de este hecho, porque las islas contaron desde el primer momento con otros dos elementos de importancia sustancial en su estructura económica: el poblamiento rural y sus cultivos para el consumo interno, y la situación atlántica estratégica, en el cruce de nuevas y grandes rutas mercantiles y cerca de ricas pesquerías, lo que favoreció la vida portuaria, el comercio de tránsito y, en teoría al menos, la formación de burguesías mercantiles en el país.

En resumen, su estructura económica permitió a Canarias unas posibilidades y le confirió unas peculiaridades desconocidas en las Indias. No hubo tampoco allí aquellas fabulosas fuentes de enriquecimiento, aquellas minas de plata y oro que hicieron la fortuna y, a la vez, la desgracia de tantas tierras y hombres más allá del Océano. ¿Se puede afirmar que Canarias, plataforma y escala hacia América por tantos conceptos, y tan vinculada a la historia del Nuevo Mundo en épocas posteriores, haya sido también un modelo para la colonización indiana a principios del siglo XVI? Parece, más bien, que no fue así. Las islas eran, ya entonces, más un *finis terrae* europeo –donde el Viejo Mundo se funde volcánicamente con el Atlántico– que una primera tierra americana.

Es importante recordar, también, la cercanía de las islas a la costa sahariana, entre el cabo de Nun, donde terminaba el dominio efectivo de los sultanes de Fez, y el de Bojador, al sur del cual los portugueses disponían de la exclusiva. En aquella área, además de la pesca, se practicaba el comercio o *rescates* con las tribus del interior, y las *cabalgadas* para hacer cautivos. Con ánimo de fomentar tales actividades y de asegurar el litoral se proyectó la construcción de enclaves permanentes, de los que el más conocido fue el de Santa Cruz de Mar Pequeña, establecido en 1478, y de nuevo, en 1496. Los intentos de Fernández de Lugo para construir torres en Nun, Tagaos y Bojador, entre 1499 y 1502, fracasaron. Además, después del Tratado de Sintra de 1509, en el que Portugal reconoció la conquista castellana del peñón de Vélez de la Gomera, que pertenecía al ámbito de Fez, los lusitanos obtuvieron a cambio derecho a intervenir también en aquel sector de la costa entre ambos cabos, Nun y Bojador, un sector que sería siempre elemento de importancia en la vecindad de las islas.

4. Gobierno y administración de las islas

En la organización administrativa de las Canarias se observa un claro predominio de los elementos tradicionales sobre los nuevos, así como de los aspectos peculiares sobre los anticipos o precedentes de la colonización americana. En lo que concierne a su integración política, las Canarias fueron desde el primer momento un reino más de los que componían la Corona de Castilla, y no se estableció diferencia alguna entre sus habitantes y el resto de los castellanos, ni matices jurisdiccionales o administrativos semejantes a los de las Indias. Así, la alta administración del archipiélago quedó en manos del Consejo Real de Castilla, y no hubo nunca virreyes sino oficiales gubernativos de raigambre medieval y castellana: en Gran Canaria hubo un capitán general en los años de la conquista pero, desde el primer momento, estuvo acompañado por un gobernador real, cargo que permanecería en la isla posteriormente. En Tenerife y La Palma, el cargo de adelantado real, conferido a Fernández de Lugo y que perdura como institución de gobierno efectivo durante el primer tercio del siglo XVI, confiere al gobierno de ambas islas un tinte predominantemente militar y personal, frente al aspecto más civil e institucional de la gobernación grancanaria.

El régimen municipal fue el mismo que el de las ciudades castellanas. El llamado «Fuero de Gran Canaria» es la misma carta municipal otorgada a diversas localidades granadinas en los años finales del siglo XV. Las ordenanzas municipales de Las Palmas y La Laguna muestran, dentro de la singularidad propia de este tipo de textos, semejanzas e influencias de otras peninsulares, en especial las de Sevilla, cuyo municipio, como es bien sabido, sirvió de modelo organizativo a muchos otros. Y, en fin, los señoríos jurisdiccionales de Lanzarote, Fuerteventura, La Gomera y El Hierro en nada difieren de otros castellanos contemporáneos suyos.

La legislación general aplicada en las islas es la misma que en el resto de Castilla e idénticas las instituciones encargadas de aplicarla o de promover su empleo en los diversos niveles: adelantados, gobernadores, pesquisidores, Audiencia –en Las Palmas– desde 1526. Por último, la organización hacendística sí que presenta rasgos originales desde un principio, al desgravar fiscalmente a los canarios con el fin de fomentar la población y no cargar con muchos impuestos a unas tierras en trance de puesta en explotación; las tasas o *almojarifazgos* sobre el comercio exterior son la única renta real de cierta importancia.

8. Las ganancias del reinado: Granada, Canarias, Indias

Al igual que en el reino de Granada, consiguió la Corona el ejercicio del patronato eclesiástico sobre las islas Canarias, claro anticipo del futuro patronato indiano. La sede episcopal de Lanzarote se trasladó a Gran Canaria en cuanto terminó la conquista, y la diócesis se organizó según el modelo habitual en toda Castilla, con aspectos muy similares a los de las sedes que, por entonces, se establecían en el reino de Granada. La Inquisición, dependiente en principio del tribunal sevillano, actuó desde principios del siglo XVI, y entre las órdenes religiosas, continuaron teniendo una presencia muy destacada los franciscanos, integrados también en la Custodia de Sevilla.

En conclusión, los conquistadores y colonos castellanos se hallaron en Canarias ante situaciones nuevas y en ambientes distintos a los que eran habituales para ellos. En este aspecto, la empresa canaria preludia a las americanas, pero las soluciones dadas, las formas organizativas que se adoptaron, responden a los métodos y prácticas tradicionales en gran medida, y en este sentido, las islas a comienzos del siglo XVI no fueron tanto el punto inicial del Nuevo Mundo como el enclave más extremo, en el espacio y en el tiempo, de la Castilla medieval.

3. Las Indias

1. El proyecto de Cristóbal Colón

Cristóbal Colón había nacido en Génova, en 1451, según las noticias más fidedignas con que contamos, y desde muy joven se integró en el mundo mercantil y marítimo genovés, aunque hasta su instalación en Lisboa, en 1476, y en

Madeira, tras su matrimonio con Felipa Perestrelo y Moniz, no comenzó a madurar su proyecto de navegación hacia Japón (Cipango) y China (Catay) por la ruta oceánica del oeste, en contacto con la experiencia y el conocimiento del Atlántico en sus latitudes medias que tenían los marinos portugueses y también, como veremos más adelante, los andaluces: el proyecto de Colón es inconcebible sin este contexto ibérico, que lo hizo posible.

Pero, además, el proyecto partía de cálculos equivocados, pues Colón había deducido de sus lecturas que la distancia entre las islas Canarias y el Japón era de 2.400 millas náuticas cuando en realidad es de 10.600. La persistencia de Colón en aquel error fue decisiva, porque le permitió mantener la fe en que establecería contacto con el Preste Juan y otros poderes asiáticos para hacer posible así la reanudación de la cruzada contra el Islam y la recuperación de la «Casa Santa» o Jerusalén; no hay que olvidar nunca este aspecto religioso en las ideas del descubridor de América –él nunca llegó a pensar que había llegado a un continente desconocido–, junto a otras facetas de su personalidad:

> Jamás el dinamismo de los mitos medievales apareció con más amplitud que en Cristóbal Colón –ha escrito Michel Mollat–. Todos convergieron entonces: a las viejas leyendas del Océano tales como la Atlántida, las Islas Afortunadas o la de San Brandán, vinieron a añadirse la búsqueda del Paraíso Terrenal, del país de los Reyes Magos, del Preste Juan y del oro del Catay.

Si añadimos la ya mencionada creencia colombina en la posibilidad de la cruzada, su fe en que así comenzaría la última época de la historia humana previa a la segunda venida de Cristo, y si no olvidamos su complicado y contradictorio bagaje de conocimientos e hipótesis geográficas, su espíritu mercantil y su enorme afán de poder y ennoblecimiento, tendremos el retrato perfecto de una mentalidad tardomedieval.

La oferta de su proyecto de viaje al rey Juan II de Portugal fue rechazada, tanto porque los consejeros reales consideraron erróneo el cálculo como, sobre todo, porque los portugueses tenían fundadas razones para suponer que en pocos años llevarían a su culminación el proyecto de llegar a la India y el este de Asia siguiendo la ruta que bordeaba la costa africana; además no querían entrar en un proyecto que implicaba la navegación en aguas canarias, atribuidas a Castilla en el Tratado de Alcaçovas de 1479. En tales circunstancias, y habiendo muerto su mujer y, con ella, los apoyos sociales que tenía en Portugal, Colón pasó a Castilla con la esperanza de alcanzar mejor acogida; lo intentó con el duque de Medinaceli y, acaso, con el de Medina Sidonia, y fue recibido por los reyes en Alcalá de Henares, en enero de 1486; considerado negativamente su proyecto por una junta de expertos, esto le llevó en 1488 a hacer nuevos intentos en la Corte portuguesa e, indirectamente, ante las de Francia e Inglaterra, siempre sin resultado. Por fin, entre el otoño de 1491 y la primavera de 1492 llegó a un acuerdo con los Reyes Católicos cuyo resultado son las Capitulaciones de Santa Fe, cerca de Granada, de 17 de abril de 1492, y la financiación por la Corona de buena parte del viaje proyectado: 1.400.000 maravedíes, sobre un total de 2.000.000 (5.333 ducados), más la puesta a disposición de Colón de dos carabelas en el puerto andaluz de Palos. Colón fletó también una nao, la *Santa María*.

Las condiciones políticas obtenidas por Colón fueron extraordinariamente buenas, sin duda porque eran imprevisibles las enormes consecuencias de su viaje descubridor: recibió el título de almirante, con las mismas prerrogativas en su ámbito que ya tenía el almirantazgo medieval castellano; fue nombrado virrey y gobernador de las tierras que descubriera, con derecho a designar al resto de los oficiales públicos y con jurisdicción en todo tipo de litigios mercantiles; recibiría el diezmo de los bienes que se obtuvieran, y podría participar con un octavo del capital en las compañías y empresas de comercio que se crearan para negociar en las tierras que él descubriera.

El 3 de agosto de 1492, el nuevo almirante zarpó de Palos con sus tres pequeños barcos, en los que viajaban 87 personas. Después de una larga escala en Canarias, puso rumbo al oeste el 6 de septiembre, y el 12 de octubre tocaba tierra en la isla de Guanahaní –San Salvador o Watling–, en las Bahamas. Después de recorrer otras islas y las costas de Cuba, a la que llamó Juana, desembarcó en La Española (Santo Domingo, 6 de diciembre) y dejó allí una parte de su tripulación, forzado por la necesidad y ante la actitud pacífica de los nativos, antes de regresar a España, donde arribó primero a Lisboa. Los Reyes Católicos le recibieron en Barcelona en abril de 1493. Colón, sin pretenderlo, acababa de encontrar o descubrir América, y se abría un tiempo distinto, en el que era preciso continuar las exploraciones y organizar la relación con las nuevas tierras, que fueron conocidas durante siglos como «Las Indias», conmemorando así el error colombino inicial.

2. LAS EXPLORACIONES

El descubrimiento de América entre 1492 y 1518 fue, en realidad, el del mar Caribe, sus islas y sus costas suramericanas, una empresa formidable, sin parangón en la historia anterior de las exploraciones, ya que, en menos de 25 años, Cristóbal Colón y el puñado de marinos y exploradores que siguieron su ejemplo y sus huellas desde 1499 –en torno a una docena si consideramos sólo los nombres principales– reconocieron mares, islas y costas en extensión superior a los 6.000.000 de km²: todas las Antillas e islas adyacentes, parte de La Florida, la costa suramericana entre la desembocadura del Orinoco y el istmo de Panamá y la de América central incluyendo el Yucatán, además de descubrir el océano Pacífico o Mar del Sur en 1513 y de lanzar expediciones hacia América del Sur hasta el Río de la Plata. Eso sin contar con el dominio de las rutas de ida y vuelta entre el Caribe y España a través del océano, esta última perfectamente trazada ya desde 1519 por Antón de Alaminos, piloto mayor de Hernán Cortés.

Las primeras medidas diplomáticas de los Reyes Católicos se dirigieron a obtener títulos jurídicos de dominio sobre las tierras descubiertas o por descubrir en la ruta del oeste, y a regular las relaciones con Portugal en el Atlántico a la vista de las nuevas circunstancias. Obtuvieron del papa Alejandro VI varias bulas entre mayo y septiembre de 1493 que garantizaban su derecho de conquista a las tierras que se descubrieran, y preveían la evangelización de los nativos, en términos semejantes a los que tenían los portugueses en relación con Guinea. En las Bulas Alejandrinas se establecía el derecho exclusivo de los castellanos a navegar y conquistar al oeste de un meridiano situado a 100 leguas –unos 550 km– al oeste de las islas Azores.

Pero el rey de Portugal no estaba de acuerdo: aceptó que, según estipulaba el Tratado de Alcaçovas, el monopolio de navegación portugués era el océano al sur de Canarias, «para abajo contra Guinea», y no hacia el oeste, pero consiguió en este ámbito desplazar la línea divisoria 370 leguas al oeste de las islas de Cabo Verde, siempre por debajo de los 27° de latitud norte; es posible que alguna navegación portuguesa hubiera ya alcanzado las costas de lo que en el futuro sería Brasil y que Juan II actuara con conocimiento de causa al exigir aquella línea divisoria en el llamado Tratado de Tordesillas (año 1494), que estableció un reparto de ámbitos a explorar y conquistar.

Mientras tanto, Colón había emprendido su segundo viaje, en septiembre de 1493, con 17 barcos y 1.500 hombres. Sus finalidades eran, como luego explicaremos, fundamentalmente colonizadoras, pero descubrió las Pequeñas Antillas y Puerto Rico. En su tercer viaje, a partir de mayo de 1498, el almirante tomó un rumbo algo más meridional, descubrió la isla de Trinidad, recorrió el golfo de Paria, la desembocadura del Orinoco –al que tomó por uno de los cuatro ríos que nacían, según la leyenda, en el Paraíso–, y parte de la actual costa venezolana.

El deterioro de la situación política de Colón y la gran publicidad dada a la nueva ruta del oeste explican el que haya viajes de otros navegantes desde 1496, aunque las expectativas de enriquecimiento y buenos negocios rápidos en las nuevas tierras habían disminuido rápidamente. Fuera del ámbito español, hay que recordar los viajes de Juan Caboto por la ruta del noroeste en los años 1496 y 1498, y los de Gaspar y Miguel Corte Real en 1500 y 1501, dos años después de que Vasco de Gama abriera definitivamente la ruta del cabo de Buena Esperanza y llegara a la India. Los castellanos, por su parte, realizaron viajes autorizados por los reyes desde 1499: así fue como Alonso de Ojeda, Juan de la Cosa, Américo Vespucio, Cristóbal

Guerra, Pero Alonso Niño, Vicente Yáñez Pinzón, Diego de Lepe, Alonso Vélez de Mendoza y Rodrigo de Bastidas completaron la exploración de la costa americana entre la desembocadura del Amazonas y la isla de Trinidad, o como Américo Vespucio conoció el Brasil en 1501 y 1503, a bordo en aquellas ocasiones de expediciones portuguesas.

El cuarto y último viaje de Colón se entiende mejor en aquel ambiente de exploración del Caribe y búsqueda de un paso hacia el oeste, pues recorrió las costas de la actual Honduras en 1502 con la esperanza de encontrarlo. Cuando regresó a Castilla, a finales de 1504, su estrella política se había apagado completamente; murió en Valladolid, el 19 de mayo de 1506, cuando intentaba ser recibido por el rey Fernando –entonces ya en trance de abandonar Castilla– y recuperar sus antiguas prerrogativas.

Por entonces, otros navegantes habían llegado a tener conciencia de que las tierras descubiertas no eran parte de Asia. En 1504, Vespucio lo había expresado de esta manera al escribir sobre un *Mundus Novus*, idea que recogió en 1507 el cartógrafo Martin Waldseemüller, en cuya *Cosmographiae Introductio* se da por primera vez el nombre de «América» al Nuevo Mundo. Vespucio fue poco después piloto mayor de la Casa de Contratación de Sevilla y tenía conocimiento directo e inmediato de todo lo que se iba descubriendo. Sin embargo, el primer mapa en el que se representan detalladamente las tierras de Nuevo Mundo data de 1500 y se debe al cartógrafo y navegante castellano Juan de la Cosa.

En los años de la regencia de Fernando el Católico diversos exploradores y *conquistadores* completaron el conocimiento del Caribe en busca de un paso que permitiera alcanzar Asia y las Islas de las Especias, lo que era un objetivo económico principal, según confirmó una junta reunida en Toro, a comienzos de 1505, con asistencia del mismo rey: después del regreso del monarca a Castilla, Vicente Yáñez Pinzón y Juan Díaz de Solís recorrieron las costas de Honduras y del Yucatán en 1508, Vasco Núñez de Balboa descubrió el «Mar del Sur», el actual océano Pacífico, en 1513, el mismo año que Juan Ponce de León recorría por primera vez las costas de Florida.

Por entonces, la conquista y el establecimiento de colonos se extendían ya a las demás Antillas mayores y no sólo a La Española: Jamaica, Puerto Rico y Cuba. Además, en la «Tierra Firme» americana se había conseguido una precaria instalación en la llamada «Costa de las Perlas» (golfo de Paria, Cumaná, islas Margarita y Cubagua) diez años después de su descubrimiento por Colón en 1498, y también más de 1.500 kilómetros al oeste, en las regiones en torno al golfo de Darién (Urabá y Veragua), igualmente reconocidas por Colón a comienzos de 1503, se instalaban los primeros centenares de conquistadores y colonos gracias a las expediciones llevadas a cabo por Alonso de Ojeda y Diego de Nicuesa (1509), a las exploraciones de Núñez de Balboa y a la armada dirigida por Pedrarias Dávila (1513), a que fue gobernador general de aquellas tierras, bautizadas como «Castilla del Oro».

Pero el ansiado paso hacia el oeste que permitiría llegar a «La Especiería» seguía sin aparecer, aunque, entre 1514 y 1516, Juan Díaz de Solís lo buscara hacia el sur y alcanzara el Río de la Plata. Cuando falleció Fernando el Católico, el Nuevo Mundo carecía aún de perfiles claros a ojos europeos; se trataba de un descubrimiento en marcha, un misterio a medio desvelar.

3. El oro de las Indias

Cuando Cristóbal Colón planeó su proyecto, pensaba que podría llevar a cabo en las tierras que descubriera «una empresa mercantil, al estilo de las portuguesas [en Guinea y] hacia Oriente, sustentada en la práctica del *rescate* o intercambio desigual de manufacturas por oro, esclavos y especiería» (A. M. Bernal). Los Reyes Católicos participaban de aquella idea, y así se explica que en las Capitulaciones de Santa Fe se reservara la Corona el monopolio del tráfico y el beneficio que se esperaba, cediendo a Colón la posibilidad de participar con una octava parte de los cargamentos destinados al comercio y, además, un décimo de los productos que se tomaran en las Indias. La Hacienda real efectuó inversiones sustanciales en los tres primeros viajes colombinos, así como en el envío de otros barcos con mercancías a La Española entre 1494 y 1499. Sin embargo, la práctica del *rescate* apenas fue posible en las Antillas, y hubo que pasar a un régimen económico basado en la instalación de colonos y la explotación directa de los recursos isleños, utilizando la mano de obra indígena, cuya esclavización –y consiguiente venta en Castilla– prohibió la Corona formalmente desde 1495, pero no así el empleo prácticamente forzoso de su capacidad laboral, casi la única con que se pudo contar en los primeros decenios. En aquellas condiciones, los reyes fueron renunciando a su participación directa en el negocio a partir de la licencia general para comerciar con las Indias que dieron a sus súbditos en febrero de 1504 y cedieron el paso a la iniciativa privada, más abundante a medida que pasaban los años, reservándose beneficios fiscales, en especial un porcentaje sobre el oro y las perlas obtenidos, a cobrar en Sevilla, así como impuestos sobre el comercio, que tributaba en La Española según un tipo aduanero reducido con respecto al habitual del Almojarifazgo Real de Sevilla.

En consecuencia, la Casa de Contratación de las Indias, que se estableció en enero de 1503 en Sevilla para «gestionar el monopolio de la Corona» al modo de la *Casa da Guiné e Mina* y de la *Casa da India* portuguesas, abandonó esta función inicial y pasó a ser un «alto organismo de control y supervisión del comercio privado» y de las relaciones de navegación con las Indias, resolviendo también en los litigios derivados de aquellas actividades; pero la mayoría de las expediciones de exploración y *rescate* se hicieron «a costa y misión» de sus organizadores, con licencia política de los reyes que iba acompañada de promesas o «ayudas indirectas» de futuro: oficios públicos, monopolios de negociación, cesión de derechos, exenciones fiscales y capacidad para organizar la colonización llegado el caso. «Casi nunca sus majestades ponen su hacienda y dinero en estos nuevos descubrimientos, excepto papel y buenas palabras», afirmaba años más tarde el cronista Gonzalo Fernández de Oviedo. Pero la participación de la Corona no fue desdeñable, y a veces con buenos resultados: todo dependía del éxito de cada empresa. Además, la Casa de Contratación, que se reguló por unas amplias ordenanzas datadas en 1510, tuvo bajo su control la emigración de colonos y la formación de pilotos: Américo Vespucio fue el primer piloto mayor de la Casa, en 1508.

Se abrió, en definitiva, un espacio cada vez mayor para el comercio privado, que fue muy beneficioso desde aquellos decenios para los mercaderes castellanos y los de otros países que se asociaban con ellos. El oro de las Indias era el motor principal de su desarrollo, debido a la gran demanda de metales preciosos por la economía mercantil europea de la época, en expansión y necesitada de aquellos medios de pago, que fueron muy escasos en los siglos XIV y XV: a la baratura de obtención inicial del oro antillano se unía la ganancia de su envío a Castilla, o bien directamente, puesto que su precio en origen era al menos un 20% inferior al que tendría en Sevilla, o bien porque se había utilizado para pagar mercancías importadas cuyo precio se duplicaba en algunos casos –harina, vino– entre Sevilla y La Española y se volvía a duplicar o incluso triplicar en el tráfico entre esta isla y otras caribeñas o con «Tierra Firme». Una vez en Sevilla, el *peso* de oro, tasado en 450 maravedíes, alcanzaba mayores precios en subasta, se acuñaba en forma de ducados o incluso salía en barras a Génova y otras partes, donde valía un 25-40% más que en Castilla. Por otra parte, si los mercaderes empleaban moneda de plata o de vellón para sus compras en las Indias, contaban allí con un «premio» de casi un 30% respecto a su valor de curso legal en Castilla; tan escasas eran estas monedas, imprescindibles para el comercio local, que la Casa de Contratación hizo acuñar y envió remesas en 1506 y 1511, con el correspondiente beneficio para la Corona.

Las mercancías que se enviaban a Indias rendían, por lo tanto, beneficios elevados que compensaban los riesgos de deterioro, naufragio y otros inherentes a aquel tráfico oceánico en el que participaron cada vez más naves, en cuanto se rompió el monopolio regio. Se ha estimado que entre 1504 y 1510 arribaron o partieron de Sevilla 229 barcos, y entre 1510 y 1522 partieron 469 y arribaron 365. Las cuentas de la Casa de Contratación dan detalles sobre la carga de muchos de aquellos barcos y proporcionan numerosos datos sobre las mercancías enviadas a Indias y sus precios en origen; son muchos cientos de productos diversos: alimentos, herramientas, manufacturas metálicas y metales diversos, materiales para navíos, armas, aperos agrícolas y aparejos para animales de labor, simientes y plantones, artes de pesca, textiles en gran cantidad y variedad, calzado, menaje de casa y cocina, mobiliario, lámparas y candelas, mercería, boticas completas, materiales de construcción, papelería y libros, objetos religiosos, embalajes y recipientes...

El descubrimiento de oro en La Española y, años más tarde, en Puerto Rico y Cuba fue, por lo tanto, el principal acicate económico para la conquista y explotación de las islas hasta los años veinte del siglo XVI y para el establecimiento de comercio con ellas. Se puede calcular cuánto oro se obtuvo a partir de un dato conocido, que es el porcentaje perteneciente a la Corona como titular que era de la *regalía* o monopolio minero: dicho porcentaje se fijó en el 20% o *quinto real* desde 1504, siguiendo la tradición medieval. El resultado global de las estimaciones realizadas por diversos autores es que llegaron legalmente a Sevilla entre 1503 y 1522 de 17.000 a 20.000 kg de oro en barras, de los que 4.000 fueron para la Hacienda real. El promedio anual de envío para la Hacienda real fue de unos 40.000 *pesos* (4,60 g de oro de 22,5 quilates), pero algunos años se acumularon cantidades mayores: 72.000 en 1512 y en 1513, 103.000 en 1518. Esta última cifra combina bien con el cálculo que el bachiller Fernández de Enciso hacía de la producción en el año anterior (unos 480.000 pesos).

Por este motivo, a los que hay que añadir otros de menor cuantía, las Indias comenzaron a ser rentables para la Corona desde 1503: el tesoro real recibió a través de la Casa de la Contratación 413 millones de maravedíes entre 1503 y 1521 (equivalentes a 1.100.000 ducados de oro), una vez pagadas in situ muchas de las obligaciones de la administración pública en aquellas tierras y sin contar algunas partidas de perlas que fueron directamente a la Corte; de ellos, no más de 90 millones de maravedíes se reinvirtieron o gastaron por aquellos años en empresas relativas a las Indias y las exploraciones oceánicas, mientras que el resto se empleó en otros ámbitos de la política monárquica.

4. LOS PRIMEROS TIEMPOS DE LA COLONIZACIÓN

Cristóbal Colón demostró ser mucho mejor navegante y descubridor que político. Ejerció sus cargos de virrey y gobernador en La Española teniendo como principal preocupación sobre todo la obtención de oro y otras riquezas, al tiempo que dirigía la instalación de colonos en la isla con el auxilio de sus hermanos Bartolomé, al que nombró adelantado, y Diego. Los malos tratos dados a los indígenas, a quienes se obligaba a un régimen de trabajo desconocido para ellos, produjeron choques y enfrentamientos; hubo incluso algún episodio de toma de esclavos para su envío a Castilla, cosa que los reyes prohibieron, tanto por el carácter evangelizador que tenía la conquista como por la irracionalidad económica que aquello suponía. A esta situación vinieron a añadirse luchas entre los mismos colonos a partir de 1496. Aunque los reyes confirmaron a Colón sus poderes en 1497, el aumento de las denuncias y quejas les movió a enviar como gobernador a un administrador experto, Francisco de Bobadilla, el cual mandó a Colón preso a Castilla en 1500, de una manera, sin duda, vejatoria para el descubridor, que no volvió a recuperar sus funciones gubernativas aunque sí conservó el título de almirante.

Sucedió a Bobadilla como gobernador de La Española Nicolás de Ovando, entre 1502 y 1508, bajo cuyo mando la colonización de la isla recibió un gran impulso. Entre 1508 y 1515 se restauró el virreinato en la persona de Diego Colón, hijo del descubridor, aunque con poderes más reducidos, por lo que Diego iniciaría un largo pleito con la Corona que sólo concluiría en 1556. Además, la creación en 1511 de una Audiencia Real en la capital de la isla, Santo Domingo, mermaba sus poderes, y algunos de los navegantes que hemos mencionado eran también gobernadores de las tierras que descubrían o colonizaban. Así, el aparato administrativo se iba organizando de forma rápida y cambiante a medida que lo hacía la situación, pero la Corona consiguió siempre integrar directamente a las tierras americanas en el sistema del Estado monárquico. Dos oficiales reales, el obispo Juan Rodríguez de Fonseca y, desde 1504, el secretario Lope de Conchillos, llevaron buena parte de la administración indiana en Castilla para asegurar el cobro del *quinto real* de los metales preciosos, perlas, palo de brasil y demás productos de una colonización que osciló en aquellos años entre el deseo de obtener riquezas rápidamente y la necesidad de instalar pobladores, sobre todo en La Española, y poner en pie un sistema nuevo de economía agraria ante el hundimiento e inadecuación del indígena.

La mayoría de los emigrantes, que no solían ser lo mejor de la sociedad española de la época, se inclinaba más por la primera opción: fueron la primera generación de exploradores y conquistadores, la más inexperta y la más ávida, imbuida de una mentalidad medieval, en la que pesaban las ideas de lucha contra el infiel desarrolladas durante las guerras contra los musulmanes en la península Ibérica, y tam-

8. Las ganancias del reinado: Granada, Canarias, Indias

bién dominada por el afán de enriquecimiento propio de las empresas mercantiles de la tardía Edad Media tanto en el ámbito mediterráneo como en el atlántico, que en bastantes ocasiones iban acompañadas de actos de piratería o de robos en tierra extranjera. Los castellanos, y en especial los andaluces, conocían bien aquellas situaciones. No es extraño que el centro de relación con las Indias se establezca en Sevilla y en sus antepuertos de Cádiz y Sanlúcar de Barrameda, Palos y Huelva, porque allí vivían gentes avezadas y se contaba con los medios técnicos adecuados para la navegación, además de que las rutas de ida y vuelta al Caribe establecidas en aquellos años fueron las más adecuadas y se siguieron sin cambios durante los siglos XVI y XVII. No obstante, los conquistadores procedieron tanto de Andalucía como de la actual Extremadura y de los reinos de Toledo, Castilla y León. Su obra, la conquista, escribe F. Morales Padrón, «fue deseo de mejora económica, anhelo de ganar honra y fama, celo misionero, preocupación de ascender socialmente, afán de aventura, "lucha por la justicia", proyección de una plenitud cultural...»; por lo tanto, no se ponía en duda la calidad superior de la fe religiosa y la cultura propias en el contacto con sociedades que no habían participado de ellas hasta entonces.

Así sucedió al mismo tiempo un doble proceso: por una parte de violencias y excesos durante la colonización inicial y, por otra, de reflexiones doctrinales y esfuerzos legales para eliminarla o limitarla a unos términos compatibles con el derecho de conquista y el deber de evangelizar. Los reyes promovieron la evangelización y emplearon en ella recursos cada vez mayores desde comienzos del siglo XVI: fue un interés a la vez religioso y político el que impulsó a la Corona a obtener del papa, en 1508, el *Real Patronato,* que situaba bajo su control la designación de obispos y el conjunto de la administración eclesiástica en las nuevas tierras.

Había aspectos en los que los españoles no pudieron intervenir por falta de medios: en el contacto entre Europa y América se produjo un «choque microbiano» de enorme magnitud; enfermedades desconocidas en Europa, como la sífilis, hicieron su aparición, pero, sobre todo, los indígenas padecieron otras frente a las que no tenían defensas acumuladas, como la viruela, la rubeola y otras de tipo infeccioso. Aunque los enfrentamientos armados, el nuevo régimen de trabajo y la descomposición de la organización socioeconómica de los indios causaron muchas bajas, las enfermedades epidémicas fueron el motivo principal del descenso brutal de la población indígena –estimada en un máximo de 300.000 personas en todas las islas–, que casi llegaría a desaparecer en el Caribe, en contra de los intereses de los colonizadores, que necesitaban inexcusablemente mano de obra nativa.

La llamada Junta de Burgos, en 1512, dio forma legal a diversos procedimientos para regular la relación con los indios y limitar los abusos que se venían denunciando por los religiosos misioneros –fray Antonio Montesino, 1511– y por parte de los colonos de La Española. Se repitió entonces que los indios eran libres y súbditos del rey, aunque sujetos a trabajar en condiciones limitadas y humanitarias para los colonos que los tenían en *repartimiento* bajo su *encomienda,* y se obligaban a facilitar su formación religiosa, apoyando a los misioneros; no cabe duda de que era una situación equívoca y abierta a abusos, pero también lo es que dejaba libre el camino a un reconocimiento de la dignidad humana del nativo que, en otras circunstancias, no habría existido. Los tres monjes jerónimos enviados por Cisneros como gobernadores de La Española en 1516-1518 trataron de poner en práctica aquella política, pero el descenso de la población indígena era ya tan grande que apenas fue posible aplicarla.

Al mismo tiempo, se desarrolló la doctrina jurídica que justificaba, a la vez, conquista y misión evangelizadora, a partir del argumento teocrático elaborado por diversos autores de los siglos XIII y XIV, entre ellos Enrique de Susa, y expresado en las bulas de Alejandro VI, según el cual el papa tenía autoridad suprema para otorgar el dominio de tierras de infieles a príncipes cristianos. Dicha doctrina es la que aplica el letrado del Consejo Real, Juan López de Palacios Rubios, al redactar el *Requerimiento* que debía leerse a los indígenas de las tierras a cuya exploración y conquista se procedía, y al escribir su reflexión teórica titulada *Libellus de Insulis Oceanis*. Un dominico contemporáneo suyo, Matías de Paz, partiendo de los mismos fundamentos doctrinales, puso el acento no tanto en el derecho a dominar como en el deber de evangelizar, en su obra *De dominio Regum Hispaniae super Indos,* donde encontramos ya algunos de los grandes argumentos utilizados por fray Bartolomé de las Casas en su denuncia de los abusos: la guerra sólo sería lícita contra los paganos que impidieran la evangelización; los trabajos forzosos y desmesurados eran incompatibles con la libertad del indígena; sin libertad no podía haber verdadera evangelización.

En aquellas reflexiones iniciales sobre los llamados *justos títulos* o derechos a la conquista estaba ya el germen de la nueva concepción jurídica sobre la dignidad humana y la libertad de los nativos que desarrollarían las *Leyes de Indias*. Es importante recordar el valor y la trascendencia que tuvieron estos aspectos, muchos de ellos nuevos en la historia humana, y los mismos hechos de convivencia, curiosidad e incluso adaptación al mundo cultural indígena que fueron produciendo misioneros y colonizadores, al mismo tiempo que se valora un proceso gigantesco y apenas comenzado hacia 1515 de contacto entre civilizaciones, que provocaba violencias y desarraigos culturales, a veces a pesar de los conquistadores, pues actuaban a partir de un modelo social estamental, casi de castas en algunos aspectos, y convencidos de la superioridad de su civilización con respecto a la barbarie ajena; difícilmente podría haber sido de otra manera, dadas las circunstancias históricas de Europa en aquella época.

Así comenzaron los españoles, en tiempo de los Reyes Católicos y en las islas del Caribe, el largo proceso de expansión europea por todo el planeta que ha caracterizado, y unificado, la historia de la humanidad en los últimos cinco siglos.

9. La política exterior

> Primeramente, es concordado e asentado que aya tregua e austinençia de guerra por mar e por tierras entre el dicho rey de Françia e su reyno e tierras e señoríos e vasallos e súbditos e sus confederados... de la una parte, y los dichos rey e reyna de España y el illustrísimo prínçipe don Juan su fijo primogénito y heredero, e sus reynos e tierras e señoríos e vasallos e súbditos e sus confederados... (Lyon, 25 de febrero de 1497, tregua franco-española. L. Suárez, *Política internacional...*, V, doc. 14.)

El desarrollo de una política exterior común fue el resultado más visible que la unión dinástica castellano-aragonesa tuvo en Europa. Así lo percibieron los contemporáneos, que denominaban a Fernando e Isabel «reyes de España» porque, como tantas veces ha sucedido, los factores de unidad se percibían antes desde el exterior. La política europea de los Reyes Católicos, salvo en los casos de Portugal y Navarra, respondió a directrices anteriores de la Corona de

Aragón, por lo que no ha de extrañar que se considerase a Fernando como su principal cerebro y propulsor, aunque utilizando el respaldo financiero y el peso político de Castilla, de manera que contó con posibilidades muchísimo mayores.

Comenzaremos en Portugal una breve presentación de los escenarios habituales de la política exterior que los Reyes Católicos desarrollaron hacia otros países del Occidente cristiano. La relación portuguesa parte de tradiciones y usos castellanos; no podía ser de otra forma dada la comunidad de origen y frontera, las profundas semejanzas institucionales y las estrechas relaciones dinásticas que existían de antiguo y que, renovadas desde el segundo matrimonio de Juan II de Castilla, habían hecho tan plausible la hipótesis de una fusión dinástica luso-castellana como la que en realidad ocurrió entre Aragón y Castilla. Pasada la crisis de 1475-1479, las relaciones con Portugal volvieron a los cauces tradicionales de una buena vecindad no exenta de tensiones y reforzada por enlaces matrimoniales que no hacían imposible la unión dinástica a más largo plazo, aunque tampoco se realizaban en función de ella, y renovada por la necesidad de concordia en los nuevos horizontes de la política atlántica.

Los caracteres de la relación con Navarra son muy diferentes, y para explicarlos hay que partir al menos de 1441, año en que murió la reina Blanca, hija de Carlos III y mujer de Juan de Trastámara, el futuro Juan II de Aragón desde 1458. Comenzó entonces un periodo de inestabilidad dinástica y de tensiones por el control indirecto del trono ya del lado castellano, ya del francés, aunque las instituciones y la administración del reino, que eran la clave de su identidad política, no sufrieron, porque estaban sujetas a fuero y norma desde hacía tiempo. Las turbulencias banderizas entre *agramonteses* y *beamonteses,* tan similares por lo demás a las que sacuden entonces a otras regiones peninsulares, favorecían la intervención exterior. Los beamonteses, fuertes en la montaña, querían proclamar rey a Carlos, príncipe de Viana, hijo de Juan y Blanca, y contaron con el apoyo de Castilla, mientras que los agramonteses eran partidarios de Juan, con el respaldo indirecto de Francia, y tenían sus bases principales en la Ribera, al sur del reino.

Juan reconoció como herederos en 1455 a su hija Leonor y al noble francés Gastón de Foix, su marido, lo que provocó la rebeldía de Carlos, e incluso su participación en la génesis de la revuelta catalana contra Juan II en 1460 y 1461, hasta su muerte. En aquel momento, Enrique IV de Castilla envió tropas a Navarra para auxiliar a los beamonteses, pero su acción fue neutralizada por Luis XI de Francia al apoyar a Juan II en Cataluña (1462) y entrevistarse al año siguiente con el mismo Enrique. El enfrentamiento franco-castellano iba contra la tradicional alianza entre ambos reinos, pero, al cabo, ambos preferían el mantenimiento del equilibrio en Navarra y aceptaban los derechos de Leonor y Gastón. Así, cuando el rey Fernando reconoció en 1481 los de Francisco de Foix a la herencia de aquel reino y renovó la alianza con los beamonteses, se limitaba a seguir una línea marcada anteriormente por la diplomacia castellana.

En el año 1462 Luis XI había enviado tropas para ayudar a Juan II frente a los sublevados en Cataluña, y se acordó que los condados de Rosellón y Cerdaña serían la garantía del pago debido por aquel servicio. Al no hacerse efectivo, lo que se añadía a las intenciones anexionistas del rey francés, éste ocupó los condados en los primeros meses de 1475;

se creó así un foco de discordia muy serio que gravitó sobre la política exterior de los Reyes Católicos tanto antes como después de la restitución de los condados en 1493.

La Corona de Aragón tenía antiguos intereses en Italia desde la intervención en Sicilia de 1282. La isla formaba parte de sus dominios desde 1409, así como Cerdeña desde 1324. Sicilia era la clave de la defensa del Mediterráneo contra los turcos, junto con Malta, Rodas y Creta, además de una plataforma para sostener acciones en la península italiana, donde Alfonso V había conseguido el trono de Nápoles en 1442, anteponiendo sus derechos a los de la anterior dinastía de Anjou, originaria de Francia. La situación permanecía estable en Italia desde la paz de Lodi (1454), pero Fernando e Isabel tomarían como punto de partida la defensa de su pariente napolitano, el rey Ferrante I, casado con Juana de Aragón, hermana de Fernando II, al tiempo que procuraban tener la mejor relación posible con la Santa Sede, cosa que consiguieron a partir de 1478, siendo papa Sixto IV.

La relación con Francia fue el principal problema exterior europeo del reinado y acabó marcando para mucho tiempo las líneas de acción de la monarquía hispánica unificada por los Reyes Católicos. Castilla y Francia habían sido aliadas desde 1368 –Tratado de Toledo–, y los marinos cantábricos castellanos auxiliaron a los reyes de Francia durante las guerras con Inglaterra. Todavía en 1455 y 1462 se renovaron los antiguos tratados, pero las cuestiones de Navarra y Cataluña, entre 1460 y 1463, provocaron un enfriamiento que se consolidó incluso durante las *vistas* de Enrique IV y Luis XI en la línea fronteriza del Bidasoa (1463). La guerra civil castellana, el enfrentamiento franco-borgoñón y la misma aproximación de Castilla a Inglaterra contribuyeron a deteriorar el ambiente en los años que precedieron al acceso de Isabel y Fernando al trono castellano. Claro está que entonces ocurrió el giro decisivo, al integrarse Castilla en las alianzas contrarias a Francia que tenía tejidas Juan II de Aragón con Inglaterra y Borgoña-Flandes como réplica al apoyo que Luis XI prestaba a Juana y Alfonso V de Portugal en la querella sucesoria.

La adhesión de Castilla al edificio diplomático aragonés fue, por lo tanto, un suceso fundamental en los comienzos de la unión dinástica, pero no implicaba siempre cambios de actitud radicales. Las relaciones castellanas con Borgoña-Flandes eran muy estrechas en el plano mercantil y cordiales en el político, y en lo tocante a Inglaterra, la anterior hostilidad estaba remitiendo, como lo demostraba el acuerdo de Westminster (1471) para normalizar las relaciones mercantiles. Así, las novedades ocurridas en 1475 no actuaban sobre el vacío.

Tales son, en síntesis, los ámbitos de interés y los puntos de partida para comprender mejor el vasto despliegue de relaciones europeas que llevaron a cabo los Reyes Católicos.

1. Los años de Granada

Entre la muerte de Juan II de Aragón y el fin de la guerra de sucesión en Castilla, por una parte, y el término de la conquista de Granada, por otra, no descuidaron los reyes la atención a los diversos frentes de la política exterior, aunque sólo pudieron tomar cautas iniciativas diplomáticas y asegurar el mantenimiento de sus principales líneas de acción, pues la empresa granadina absorbía todas sus posibilidades y la mayor parte de su tiempo. Sin embargo, la unión de las Coronas había provocado un súbito engrandecimiento del ámbito de intereses, así como la necesidad de formular una política conjunta en los términos que pasamos a exponer.

1. Italia

El diseño de la política italiana heredaba las grandes líneas trazadas por Alfonso V de Aragón, en especial después de su coronación como rey de Nápoles (1442), y procuraba mantener el equilibrio peninsular establecido en la paz de Lodi (1454), utilizando como puntos de apoyo los territorios incorporados a la Corona de Aragón: Cerdeña, ya totalmente pacificada –los marquesados de Oristán y Gociano se incorporaron al título real desde 1478–, y sobre todo Sicilia, gran plataforma del poderío naval y del comercio catalán en el centro del Mediterráneo, y cabeza de puente no sólo hacia los asuntos italianos, sino, en especial, frente al peligro próximo de la expansión turca; en el verano de 1480 hubo que prestar auxilio a Rodas, sede de los caballeros de la Orden de San Juan, sitiada por los otomanos, que, además, ocuparon Otranto, en el sur de Italia, en agosto y mantuvieron la posición durante un año. En 1481 el peligro era tan agudo que incluso se envió una flota armada en el Cantábrico por los responsables de la Hermandad castellana, Alfonso de Quintanilla y Juan de Ortega, para incorporarse en octubre a las otras fuerzas concentradas en Nápoles y Sicilia.

El interés mayor seguía situado en Nápoles, donde reinaba Ferrante, un hijo bastardo de Alfonso V, al que su primo aragonés apoyaba sin por eso renunciar a sus posibles derechos a aquel trono. Ferrante estaba enfrentado con buena parte de la alta nobleza de *barones* napolitanos y, además, sus relaciones con Sixto IV eran tensas. Por eso, cuando

9. La política exterior

Roma estableció una alianza con Venecia a comienzos de 1482 y estalló la llamada «Guerra de Ferrara», dirigida contra el duque de Este, pero también contra su suegro, el rey de Nápoles, la diplomacia de Fernando el Católico hubo de intervenir para sostener al pariente napolitano. La paz de Bagnolo (marzo de 1484) restituyó la tranquilidad; Fernando había podido comprobar lo inestable de la situación, pendiente de cualquier cambio de alianzas, e incluso la posibilidad, remota aún, de que alguna de las partes reclamase la intervención del rey de Francia, heredero de los derechos de la casa de Anjou en Nápoles.

La situación de Ferrante seguía siendo débil, a lo que contribuía su propia torpeza política y la de su hijo, Alfonso, duque de Calabria, así como la enemistad con el nuevo papa, Inocencio VIII (no hay que olvidar que Nápoles era reino vasallo de la Santa Sede). Los barones hostiles se conjuraron y hubo una revuelta apoyada por Roma en septiembre de 1485. La embajada extraordinaria de Íñigo López de Mendoza, conde de Tendilla, a Roma un año después sirvió para apuntalar al rey napolitano, que ya había conseguido la paz, a la que siguió una represión contraria a lo pactado que acentuó el filogalicismo de muchos nobles e indignó a Fernando, cuya opinión sobre su pariente debía de ser ya bastante mala. Aun manteniendo cuidadosamente la situación, comenzó a tejer la red de un partido proaragonés en el reino y procuró mejorar las relaciones tanto con Inocencio VIII como con el cardenal Rodrigo de Borja, que era, sin duda, el personaje político más influyente en Roma.

Los reyes contaban con otros elementos importantes a su favor, como eran su condición de combatientes contra el Islam, su apoyo al sultán mameluco de Egipto, que sufrió un importante ataque turco en 1488, y la voluntad de oponerse a éstos, que produjo ya un claro acercamiento a Venecia en 1489, así como su condición de protectores de los religiosos en Jerusalén, e incluso el utópico proyecto de cruzada que siempre alimentaron. Aquella proyección hacia Levante reforzaba las razones que esgrimían para mantener un fuerte interés en las cuestiones italianas.

2. Los ámbitos pirenaicos

Cuando se produjo la unión dinástica, la antigua política profrancesa de Castilla era ya un recuerdo del pasado, después de su deterioro a partir de 1463, y consumado durante la guerra de sucesión, en la que Luis XI había apoyado la causa de Juana. Bien es verdad que el rey francés respondía así al inevitable alineamiento castellano al lado de las posturas mantenidas por Juan II de Aragón. Sería, por lo tanto, predominante la línea diplomática aragonesa en las relaciones con Francia. Pero mientras que en el ámbito italiano la posibilidad de confrontaciones directas era todavía remota, en los pirenaicos y atlánticos resultaban mucho más probables, debido a los puntos de fricción y a las reclamaciones pendientes.

Navarra era siempre un punto de equilibrio delicado. La reina Leonor falleció a comienzos de 1479 y comenzó a reinar Francisco de Foix, tutelado por su madre Magdalena de Francia, que era hermana de Luis XI, pero se mantuvo el equilibrio negociado tres años atrás. Sin embargo, la muerte de Francisco en enero de 1483 y el acceso al trono de su hermana Catalina sí que producía una nueva situación susceptible de ser aprovechada por los vecinos del reino navarro. Los Reyes Católicos propusieron el futuro matrimonio de Catalina con su propio hijo y heredero Juan, pero la atención a la conquista en Granada, e incluso la posibilidad de recuperar Rosellón y Cerdaña por vía pacífica cuando murió Luis XI (agosto de 1483), les indujeron a ceder ante otro proyecto de enlace matrimonial que vinculaba más la suerte de Navarra al ámbito francés: el de Catalina con Juan de Albret, un noble gascón vasallo del rey de Francia. Así se acordó en junio de 1484, pero no se modificaron los medios de intervención que los reyes tenían en Navarra, esto es, el partido beamontés y la presencia de Pierres de Peralta en Tudela. Continuó, por tanto, la situación de equilibrio, que se consolidaría en 1488 con la firma del Tratado de Valencia.

Sin embargo, la actitud de los regentes de Carlos VIII de Francia frustró en 1484 la posible recuperación de Rosellón y Cerdaña, sin que fuera posible una acción militar porque las Cortes aragonesas de Tarazona se negaron a proveer los recursos necesarios, al tiempo que la reina no cedió un ápice en su voluntad de llevar a cabo, primero, la conquista de Granada. Así las cosas, Fernando sólo podía rehacer, por vía diplomática, la política exterior que ya había desarrollado su padre, tendente a cercar a Francia mediante la amistad –la «gran alianza occidental» en frase de J. Vicens Vives– con Inglaterra y Borgoña-Flandes. Así lo hizo, actuando sobre situaciones nuevas y también mediante la renovación de viejas vinculaciones mercantiles.

3. La cuestión de Bretaña

El acercamiento a Inglaterra se había iniciado en Castilla desde tiempos de Enrique IV, por motivos comerciales (acuerdos de 1467 y 1471), de modo que no fue preciso modificar ni la actitud anterior de Castilla ni tampoco la de Aragón, pero se mantuvo por el momento en aquellos términos, que permitían, incluso, pactos particulares: en 1483 hubo uno entre los mercaderes guipuzcoanos y Ricardo II, por ejemplo, para establecer arbitrajes en casos de disputa o agresión y evitar el régimen indiscriminado que introducían las *cartas de marca y represalia*.

Nantes, puerto de Bretaña, era una plaza principal del comercio castellano y escala en las rutas hacia el Canal de la Mancha: en noviembre de 1483, el embajador Juan de Herrera firmaba un tratado de amistad con el duque Francisco de Bretaña. El duque actuaba con entera independencia, y su herencia, que recaería en su hija Ana, preocupaba extraordinariamente en la Corte francesa, pues sólo el control del ducado podría impedir que fuera base de acción para intervenciones exteriores, al tiempo que lo vincularía más estrechamente al reino francés. Por tal motivo, Bretaña era su principal punto débil, y los adversarios no dejarían de aprovecharlo. Cuando se vinieron abajo nuevos proyectos para la reintegración de Rosellón y Cerdaña, los Reyes Católicos apoyaron con algunas tropas al duque Francisco y a los nobles que combatían contra los regentes de Carlos VIII: es la llamada «Guerra Loca», que concluyó con la derrota de los rebeldes y de sus aliados castellanos en agosto de 1488.

Los reyes desarrollaban al mismo tiempo proyectos de mayor alcance: el Tratado de Medina del Campo, en marzo de 1489, con el nuevo rey de Inglaterra, Enrique VII, aseguraba la alianza contra Francia para conseguir las reivindicaciones de ambas partes –Guyena en el caso inglés, Rosellón y Cerdaña en el español–, regularizaba el libre comercio y proyectaba el matrimonio pasados unos años del heredero inglés, Arturo, con la infanta Catalina como prenda de amistad. Desde 1480 y 1484, por otra parte, se venía intentado otra alianza con Maximiliano de Habsburgo, en su condición de duque de Borgoña, que tenía su razón de ser más profunda en las intensas relaciones comerciales entre Flandes y Castilla. Maximiliano vacilaba, temeroso de la reacción francesa en caso de una clara definición prohispánica por su parte, y en 1486 fracasó el primer proyecto para concertar el matrimonio entre su hijo Felipe y la infanta Juana de Castilla. De nuevo en 1489 se desarrollaban negociaciones para concertar un futuro enlace doble: el del príncipe Juan con otra hija de Maximiliano, Margarita de Austria, y el ya citado de Felipe y Juana.

Pero en aquel momento, las circunstancias eran diferentes, porque el duque Francisco de Bretaña había muerto en septiembre de 1488. El matrimonio de su heredera Ana era la clave para el dominio del ducado, que, como era previsible, se convirtió en campo de confrontación entre Francia y sus vecinos atlánticos. So color de auxiliar a la duquesa, enviaron tropas a lo largo de la segunda mitad de 1489 tanto los Reyes Católicos como Enrique VII y Maximiliano, pero, en realidad, los tres perseguían objetivos en los que Bretaña jugaba un papel secundario. El inglés pretendía recuperar Guyena e incluso Normandía, perdidas cuarenta años atrás; Maximiliano reivindicaba toda la herencia de su suegro Carlos el Temerario y quería, en consecuencia, la parte que había ocupado Luis XI en 1477; los Reyes Católicos se ceñían a su constante reclamación de Rosellón y Cerdaña.

La triple alianza se consolidó mediante el Tratado de Okyng (septiembre de 1490), y no parecía que fuera a terminar, pero la cuestión bretona se zanjó a favor de la Corona francesa en diciembre de 1491 mediante el matrimonio de Carlos VIII con la duquesa Ana; además, el rey galo supo negociar por separado con sus adversarios y darles satisfacción: es el Tratado de Étaples-sur-Mer con Enrique VII (noviembre de 1492), el de Tours-Barcelona con los Reyes Católicos (enero de 1493) y el de Senlis con Maximiliano (mayo de 1493). Carlos VIII necesitaba pacificar todos los frentes antes de emprender su gran proyecto visionario y cruzado hacia Nápoles y Tierra Santa, y lo consiguió. La «gran alianza» se deshacía víctima de su heterogeneidad, y las negociaciones o acuerdos matrimoniales de infantes eran papel mojado, pues se sujetaban a la reserva de la aprobación francesa. Con todo, en septiembre de 1493 Rosellón y Cerdaña se reintegraban pacíficamente en Cataluña, lo que era, sin duda alguna, un éxito diplomático de primera magnitud.

4. PORTUGAL

Las alianzas y maniobras exteriores desplegadas desde 1483 y el cambio de rey en Portugal (Juan II, 1481-1495) habían favorecido también la mejora de relaciones con este reino. Algunas cauciones acordadas en Alcaçovas –las *tercerías de infantes*– fueron alzadas en mayo de 1483, y desde 1487 se consolidó el proyecto de matrimonio entre la infanta Isabel y el heredero portugués Alfonso; la boda tuvo lugar a finales de 1490, pero Alfonso murió inesperadamente en julio de 1491 e Isabel hubo de regresar a Castilla, aunque el camino para otros acuerdos entre ambas Cortes seguía abierto.

2. Los años de Italia

1. Tiempo de paz

Los años de 1493 y 1494 fueron de tranquilidad en la vida de los Reyes Católicos, que trabajaron sobre todo en diversas cuestiones de política interior y en proyectos africanos ya mencionados en otros capítulos, además de revalidar la importante relación comercial con Génova en un nuevo tratado por 25 años que se firmó en agosto de 1493. También renovaron la situación de equilibrio en Navarra al acordar con sus reyes –Catalina de Foix y Juan de Albret–, en enero de 1494, la prohibición de que tropas extranjeras –léase francesas– entrasen en Navarra o atravesaran el reino, y proyectar un matrimonio de Ana, hija de los navarros, con un nieto, aún por determinar, o incluso un hijo de los reyes, lo que sólo era una reserva suplementaria con vistas al futuro. Mayor importancia de presente tenía el apoyo a los beamonteses del conde de Lerín, cuya hostilidad hacia los Albret era manifiesta y correspondida.

Mientras tanto cambiaba con rapidez la situación en Italia, donde, en 1492, Carlos VIII había establecido una alianza con Milán (enero), mientras que en abril moría Lorenzo de Médicis, garante de la estabilidad de Florencia y, en cierto modo, de la península entera, y en agosto era elegido papa Rodrigo de Borja, con el nombre de Alejandro VI (1492-1503). Los Reyes Católicos podían esperar de él una actitud amistosa, que se confirmó durante la embajada de Diego López de Haro, mediado el año 1493, en la que se obtuvo el reconocimiento pontificio al derecho castellano sobre las Indias y diversas bulas en materia de reforma eclesiástica. No obstante, López de Haro hubo de hacer presente al papa que «don Fernando consideraba como suyos los asuntos del reino de Nápoles» (M. Batllori), y trabajar para que no tuviera malos efectos la reciente alianza Roma-Milán-Venecia, con la que Alejandro VI pretendía sustituir el antiguo eje Milán-Florencia-Nápoles, que había sido la clave del equilibrio italiano desde 1454.

Importa mucho conocer las razones de la actitud que Fernando el Católico iba a tomar en el asunto napolitano: en el Tratado de Tours-Barcelona para nada se mencionaba a Nápoles, pero en agosto de 1493 el Rey prometió respetar a Carlos VIII «en el recobramiento de cualquier derecho que le pertenezca en el reino de Nápoles», y no establecer más enlaces matrimoniales con la familia de su primo Ferrante. Para Fernando había, no obstante, una gran diferencia entre tal respeto y la simple y llana aceptación de una conquista militar que no sólo iría contra Ferrante de Nápoles, sino también contra los derechos que el Rey Católico pretendía, como heredero de Alfonso V, y contra los de la Santa Sede, de la que Nápoles era feudataria. El equilibrio se basaba en un juego sutil que parecía ganar terreno cuando, al morir Ferrante, en enero de 1494, el papa reconoció como rey a su hijo Alfonso II y declaró que los derechos franceses y cualesquier otros habían de ser tratados por vía jurídica. Pero el momento era de gran tensión: en abril, el cardenal profrancés Giuliano della Rovere –el futuro Julio II– se refugiaba en Francia. Por otra parte, para asegurar la defensa frente al peligro turco, una flota de los Reyes Católicos, mandada por Bernat de Vilamarí, se hacía presente en aguas italianas.

2. Carlos VIII en Nápoles

El gran argumento del monarca francés era que la recuperación de sus derechos al trono de Nápoles sería el punto de partida para la cruzada contra los turcos y la recuperación de Jerusalén. Aunque las circunstancias habían cambiado, al precisarse mejor las posiciones diplomáticas y las alegaciones jurídicas, estimó que una acción militar decisiva prevalecería sobre cualquier dificultad. Al lanzarla, y romper el equilibrio en Italia, se abrió una época nueva en las relaciones de los países occidentales europeos, aunque la marcha del ejército francés desde Lyon a Roma, adonde llegó el 27 de diciembre de 1494, no tropezó con obstáculos, sino que encontró la firme ayuda de Ludovico Sforza, el Moro, nuevo señor de Milán desde octubre.

Alejandro VI se plegó ante la evidencia del predominio francés, pero no invistió a Carlos VIII con el reino de Nápoles. El embajador de los Reyes Católicos en Roma, Antonio de Fonseca, declaró ante el rey francés que aquéllos consideraban roto el Tratado de Barcelona y le conminaban a sujetar a procedimientos jurídicos sus reclamaciones al trono de Nápoles, renunciando a cualquier acción armada, lo que, como era de suponer, no hizo Carlos VIII. Por las mismas fechas Alfonso II abdicaba en su hijo Ferrante II, buena parte de los barones napolitanos se sublevaban y los franceses ocupaban el reino sin grandes tropiezos en enero y febrero de 1495. Ferrante huyó a Sicilia y algunas tropas de la isla pasaron el estrecho de Mesina para guarnecer plazas calabresas del litoral que podrían servir como cabeza de puente llegado el caso.

Fernando e Isabel no pensaban aceptar la decisión francesa, sino sostener en Nápoles los derechos de Ferrante II y los suyos propios, para lo que pusieron en marcha varios géneros de acciones combinadas entre sí, según explica L. Suárez Fernández, para quien la política regia se descompone ahora en dos planos: uno, el exterior, reajustando y estrechando aún más las antiguas amistades con Portugal, Inglaterra y la casa de Borgoña, a fin de rodear a Francia de un círculo de enemigos; otro, el italiano, con la construcción de una Liga al modo tradicional, con el papa a su cabeza, para restablecer el equilibrio en la península. Navarra salta siempre al primer plano, porque puede convertirse en plataforma para una inmediata penetración del enemigo.

El Tratado de Madrid de marzo de 1495 afianzó la neutralización de Navarra a cambio de una concesión importante a sus reyes: el conde de Lerín, vencida la revuelta y enfrentamiento que había protagonizado, marchaba desterrado a Castilla, pero como contrapartida, la infanta navarra Magdalena viviría en la Corte castellana durante cinco años; además, era indudable que Castilla intervendría inmediatamente si había cualquier aproximación a Francia, pues ya no contaba con la fuerza interpuesta del partido beamontés, aunque sí con pequeñas guarniciones en Viana, Sangüesa y otros castillos próximos a la frontera del Ebro.

En Italia, principal escenario de la disputa, se formó una Liga Santa en marzo de 1495, encaminada aparentemente a combatir a los turcos, en la que entraban el papa, Milán, Venecia, Maximiliano de Habsburgo –que ya era emperador– y los mismos Reyes Católicos, inspiradores máximos de la coalición, cuyo primer efecto fue incitar el retorno de Carlos VIII a su reino, aunque dejando bien guarnecido el de Nápoles con sus tropas. En aquellas circunstancias, la maniobra principal de los coaligados consistió en poner fin a la presencia francesa en Nápoles antes de que pudiera recibir refuerzos, lo que se consiguió paulatinamente entre julio de 1495 y julio de 1496 con la colaboración principal de dos armadas enviadas desde Andalucía bajo el mando de don Galcerán de Requesens, conde de Palamós y de Trevento, buen conocedor de los asuntos napolitanos, y de las tropas de tierra que dirigía Gonzalo Fernández de Córdoba, capitán de los reyes desde los tiempos de la guerra de Granada y segundón de la casa de los señores de Aguilar y Priego. Fernández de Córdoba comenzó su prodigioso ascenso gracias al acierto con el que condujo las operaciones napolitanas, siempre con medios insuficientes o muy ajustados; salió de Castilla en la primavera de 1495 como Gonzalo, regresó en 1497 como «el señor Gonzalo», llegaría a ser «don Gonzalo» y «el Gran Capitán» durante la segunda guerra de Nápoles, en la que fue ya capitán general de todas las fuerzas terrestres y navales, y culminó sus titulaciones como duque de Sessa y Terranova, cuando se le apartó del mando efectivo en 1507.

Los barcos, tropas y artillería llegaron al escenario del conflicto en tres expediciones, entre marzo y junio de 1495. La armada del conde de Palamós llegó a estar formada por unas 50 naos y carabelas con 3.500 tripulantes, y las tropas de tierra de Fernández de Córdoba integraban 500 *lanzas* de caballería y 800 peones procedentes de Castilla. En combinación con fuerzas de Ferrante II, se recuperó Nápoles a comienzos de julio, mientras que los venecianos actuaban en Apulia; Alejandro VI, ya en septiembre, respaldaba la restauración del rey de Nápoles. La guerra se prolongó todavía un año hasta que las últimas guarniciones francesas capitularon, en agosto de 1496, excepto en las plazas fuertes de Tarento y Gaeta. Así, en algo más de un año, la aventura triunfal de Carlos VIII se había convertido en un descalabro sin precedentes.

A mediados de 1495 y de nuevo en la primavera de 1496 ocurrió una gran movilización general en Castilla con los procedimientos ya practicados durante la guerra de Granada porque se preveía la posibilidad de que en el Rosellón se abriera otro frente de hostilidades. Así, para la campaña de 1496 se convocó en Castilla a 5.000 *hombres de armas* de caballería pesada, 11.000 jinetes y 25.400 peones, en números redondos, a los que sumaron algunas capitanías de peones contratados en Cataluña, 500 *hombres de armas* del reino de Aragón y un centenar de jinetes de Valencia. Además, se enviaron desde Andalucía al Rosellón, entre 1495 y 1499, 113.000 hectolitros de cebada y 17.000 de trigo para aprovisionamiento de las tropas. Pero las acciones de guerra se limitaron a escaramuzas y saqueos, entreverados con pequeñas treguas, aunque la toma y arrasamiento del castillo de Salsas por los franceses, a finales de octubre de 1496, cuando buena parte de las tropas castellanas ya se habían retirado fue una operación de mayor importancia. Después de la ruina de Salsas, se acordó una tregua, que fue renovada para abrir un compás de espera hasta que se iniciaran negociaciones sobre los derechos alegados en Nápoles.

Después del triunfo de Gonzalo Fernández de Córdoba, Fernando e Isabel querían desarrollarlas solamente con Carlos VIII: Ferrante II había muerto en octubre de 1496 y no reconocían derechos sucesorios a Fadrique, hijo bastardo de Ferrante I, aunque hubiera ocupado el trono. El 19 de diciembre, Alejandro VI otorgaba a Fernando e Isabel el título de «Católicos» por su defensa de los intereses pontificios; aunque el título pasaría a la Historia por motivos mucho más amplios y permanentes, era fruto de una circunstancia política que, en cierto modo, concluía entonces:

> Vosotros servís de aviso y ejemplo a los príncipes cristianos, porque vuestras fuerzas y vuestras armas no las habéis em-

pleado en la ruina y matanza de otros cristianos, por ambición de tierras y de dominio, sino en la prosperidad de los cristianos y en la defensa de la Iglesia y de la fe... Vuestra reverencia y devoción a la sede apostólica, tantas veces demostradas, de nuevo se patentizan a todas luces en la reciente guerra de Nápoles. ¿A quién, pues, cuadra mejor el título de Reyes Católicos que a vuestras majestades, que continuamente os esforzáis en defender y propagar la fe católica y la Católica Iglesia?

3. LA RENOVACIÓN DE LA ALIANZA OCCIDENTAL

La guerra de Nápoles había llevado a renovar la «gran alianza occidental», pensada para establecer un equilibrio de fuerzas y mantener un cerco diplomático sobre la Francia de Carlos VIII. Se daba la circunstancia, relativamente nueva, de que un conflicto mediterráneo repercutía inmediatamente en el ámbito atlántico y daba lugar a la construcción de una red de interrelaciones que afectaba ya al mismo tiempo a los principales poderes de Occidente; los Reyes Católicos, Fernando tal vez más, se dieron cuenta muy pronto de las posibilidades que se abrían y procuraron aprovecharlas. También hay un afán de equilibrio, que afecta a la política de descubrimientos, en el fortalecimiento de sus relaciones con Portugal.

El resultado de embajadas y negociaciones sería de nuevo, en esta ocasión, el concierto de matrimonios que venían a garantizar las alianzas, a dar marido a las hijas de los reyes y mujer a su único hijo varón. Primero fueron los enlaces con los Habsburgo: las negociaciones para el matrimonio del príncipe Juan con Margarita de Austria y de la infanta

Juana con el archiduque Felipe de Habsburgo se habían llevado a cabo desde la segunda mitad de 1494, hasta culminar en el intercambio de los documentos correspondientes en abril y junio de 1496. Juana partió del puerto cantábrico de Laredo hacia Flandes en una flota de 22 navíos armados a los que rodeaban la mayor parte de los mercantes que cubrían cada año la ruta entre Castilla y los Países Bajos, y celebró su matrimonio con Felipe el 18 de octubre. Margarita llegó a Castilla en marzo de 1497 y su boda con Juan tuvo lugar en Burgos a comienzos de abril, después de la Semana Santa.

Ninguno de los dos matrimonios fue afortunado: el segundo, por la prematura muerte de Juan, seis meses después de celebrado, y el primero por el aislamiento a que se sometió a Juana en tierra extraña, privada de casi toda su Corte de acompañantes castellanos, y por el deterioro de su salud mental, que ya era alarmante cuando fray Tomás de Matienzo, enviado por la reina Isabel, informaba sobre la vida de la infanta en Flandes (enero de 1499). La actitud política de los Habsburgo, en un principio, no parecía corresponder a las expectativas que habían llevado al doble enlace dinástico: con el emperador Maximiliano era posible el entendimiento, pues su interés político estaba en sus dominios alpinos y danubianos, y en cierto modo, en Italia, pero su hijo Felipe se sentía, como ha recordado Luis Suárez, «heredero de los antiguos condes de Flandes y, en todo caso, de los grandes duques de Borgoña; lo demás parecía interesarle poco». Su evidente francofilia no encajaba bien con los proyectos políticos de los Reyes Católicos. No obstante, hasta que no alcancen Juana y él la condición de herederos de los reinos en 1502, no se hará necesario un replanteamiento importante de la política exterior de Fernando e Isabel. Mientras tanto, habrían de pasar cinco años y ocurrir tres muertes prematuras –las de Juan, Isabel y Miguel– antes de que se abriera camino la sucesión dinástica a favor de la Casa de Austria, y con ella, un futuro político para los reinos españoles que nadie podría haber previsto en torno a 1495.

Al mismo tiempo que culminaban los enlaces matrimoniales con los Habsburgo, y venciendo la gran resistencia inicial de la infanta Isabel, se había concertado su segundo matrimonio con el nuevo rey de Portugal, Manuel I (1495-1521), primo de su anterior marido. Aunque el acuerdo era de noviembre de 1496, cuando Isabel pasó a Portugal era ya prácticamente heredera en Castilla, porque su hermano Juan murió por aquellas fechas. También en 1496, en octubre, se concertó el futuro matrimonio de la infanta Catalina con el heredero del trono inglés, Arturo, que se llevaría a efecto cuando ambos hubieran cumplido los catorce años; pero la negociación con Inglaterra era más laboriosa, debido a la dificultad para regular adecuada y pacíficamente unas relaciones mercantiles que, sin embargo, eran muy intensas.

A comienzos de 1497 las circunstancias para negociar favorecían a los Reyes Católicos. Los últimos actos bélicos ocurrieron en Italia durante el mes de febrero, cuando Fernández de Córdoba hubo de acudir a Roma, en auxilio del papa. Una tregua pactada en Lyon entre Carlos VIII y los Reyes Católicos comenzó a contar desde finales de abril de 1497 como pórtico de la paz, que se firmaría ya con Luis XII, pues Carlos murió en abril de 1498: es el Tratado de Marcoussis (agosto de 1498), que preveía un arbitraje sobre los derechos de ambas partes en Nápoles, donde, por el momento, seguía reinando Fadrique, aunque sin reconocimiento exterior a su legitimidad. Además, el rey francés recibía seguridades de no ver perturbados sus proyectos relativos a Milán, donde también carecía de legitimidad el poder de Ludovico Sforza.

La recepción triunfal que los Reyes Católicos dispensaron a Gonzalo Fernández de Córdoba en la Aljafería de Zaragoza, en septiembre de 1498, y el envío a Roma de un embajador experimentado y de la máxima confianza, Francisco de Rojas, parecían signos claros de que en Italia la diplomacia tomaba el relevo de las armas, e Isabel y Fernando volvieron a concentrar su atención en una política peninsular y atlántica que contribuyera a resolver los problemas de su propia sucesión generados por la muerte del príncipe Juan.

3. La conquista de Nápoles

1. Fin de siglo

Desde 1497, en coincidencia con la muerte del heredero, se observan algunos cambios en el estilo de gobierno de Castilla que, acaso, ya habían comenzado a esbozarse desde la muerte del cardenal Mendoza a comienzos de 1495; hubo un relevo de los equipos de gobierno que favorecía a los más directamente vinculados al rey, mientras que Isabel disminuyó algo la intensidad de sus acciones de gobierno, en relación con mermas de su salud que serían importantes a partir de 1501. La reforma monetaria, la disolución de la Hermandad y la convocatoria de Cortes son también hitos a tener en cuenta en aquellos meses.

Las Cortes de Toledo (abril de 1498) juraron como herederos del trono a la princesa Isabel y a su marido Manuel I

9. La política exterior

de Portugal, mientras que las aragonesas de Zaragoza, en agosto, arguyeron que las mujeres en Aragón podían transmitir derechos al trono, pero no reinar efectivamente, de modo que aplazaron su juramento hasta que Isabel dio a luz un hijo, Miguel, pero –nueva y terrible desgracia– la madre murió a consecuencia del parto. Miguel vino así a convertirse en heredero de Portugal, Castilla y Aragón –en Castilla le juraron las Cortes reunidas en Ocaña al comenzar el año 1499–; la frágil esperanza que encarnaba se quebró con su muerte en julio de 1500.

La sucesión correspondía a Juana y Felipe de Habsburgo, que era un notorio francófilo y mantenía con sus suegros relaciones distantes, frías y poco acordes políticamente. La perspectiva de futuro no era, pues, halagüeña y los reyes procuraron reforzar su posición en el tablero internacional, estrechando alianzas y evitando motivos de discordia. En 1500 se concertó un nuevo matrimonio de Manuel I con la menor de las infantas, María, que se llevó a cabo en octubre, y se aceleraron los preparativos para el de Catalina y Arturo de Inglaterra; para las dotes de ambas acordaron un *servicio* las Cortes castellanas reunidas en Sevilla a comienzos de año, aunque la boda de Catalina no tendría lugar hasta noviembre de 1501.

Las dos grandes maniobras diplomáticas de 1500 se refieren, sin embargo, otra vez a Navarra y a Nápoles. Con los reyes de Navarra se logró un tratado –Sevilla, mayo de 1500– que aseguraba más la neutralización del reino al disminuir el compromiso militar de Castilla en él, pues se acordó la devolución al conde de Lerín de sus señoríos y rentas navarras, mientras que los castellanos abandonaban la tenencia de las fortalezas y plazas que tenían en prenda o *tercería*. Completaba el tratado un compromiso por parte de los reyes navarros para casar a sus herederas con infantes castellanos.

El camino de la paz con Francia había sido trazado en Marcoussis, y por una vez, fue fácil recorrerlo, sobre todo después de que Luis XII se apoderase de Milán sin contratiempos en septiembre de 1499. Un año más tarde, el Tratado de Chambord-Granada (octubre y noviembre de 1500) entre él y los Reyes Católicos detallaba un reparto de Nápoles que parecía satisfacer las aspiraciones y derechos de las dos partes: Luis tendría el título real, la ciudad de Nápoles, la Tierra de Labor, los Abruzzos y la mitad de la aduana de los ganados de Basilicata; los Reyes Católicos serían duques de Calabria, señores de Apulia y beneficiarios de la otra mitad de la mencionada renta.

A lo largo de 1500 y 1501 se sucedieron las revueltas de musulmanes granadinos, que ya hemos estudiado. Desde el punto de vista de la política exterior, fueron un episodio marginal, sin relación incluso con el recrudecimiento de las tensiones que suceden entonces en el Mediterráneo central. Gonzalo Fernández de Córdoba partió hacia Sicilia en junio de 1500 al mando de una gran armada formada por tres galeras, tres carracas, 26 naos y 23 carabelas, con 4.000 marineros, 3.000 hombres de infantería y 600 de caballería; ya en Sicilia se añadieron otras tres galeras, cinco fustas y cuatro naos, mientras que Venecia aportaba 36 galeras, 20 galeazas y 10 naos, de modo que había complementariedad entre los tipos de navíos de una y otra formación. Españoles y venecianos lograron expulsar a los turcos de Cefalonia en enero de 1501, tras dos meses de duros y cruentos combates, y mantener así abierto el canal de Otranto para la navegación cristiana en el Adriático. Paralelamente, se incrementaba la relación con Túnez y Egipto, únicos poderes islámicos hostiles a la expansión otomana; este sentido tiene la fugaz ocupación de la isla de Djerba en la costa tunecina, o la embajada a Egipto en la que participó Pedro Mártir de Anglería, tanto para aplacar las quejas del *soldán* sobre la situación de los musulmanes granadinos y asegurar la de los cristianos en Tierra Santa como, sobre todo, para ofrecerse mutuo apoyo frente al peligro turco, que se materializaría con la conquista de Egipto en 1517.

2. LA GUERRA DE NÁPOLES

La política de concordia y equilibrio llevada a cabo en los años anteriores, en la que los enlaces matrimoniales eran pieza clave, parecía dar sus frutos en los últimos meses de 1501. Incluso se había llegado a un entendimiento con Felipe, aunque la diplomacia profrancesa del archiduque era irritante: en 1500 había comprometido el matrimonio de su hijo Carlos con Claudia, hija de Luis XII, pero la muy tierna edad de los futuros contrayentes privaba al pacto de todo lo que no fuera una muestra de intenciones. Mucha mayor importancia tuvo el viaje de Felipe y Juana a la península, donde estaban a comienzos de 1502, para ser jurados herederos; así se hizo en Toledo y, ya en noviembre, en Zaragoza, durante sendas reuniones de Cortes. Pero los procuradores castellanos sugirieron que, si llegaba el caso, Fernando fuese «administrador y gobernador» del reino, vista la incapacidad mental de Juana y las suspicacias que generaba la actitud política de Felipe. Sobre todo en aquel instante, cuando las dificultades por causa de Nápoles volvían a crecer.

La ocupación del reino había ocurrido en la segunda mitad de 1501, aunque Gonzalo Fernández de Córdoba encontró resistencia en Tarento, pero los motivos de confrontación proliferaban: unos barones eran partidarios de Luis XII y otros preferían la presencia aragonesa; además, resultó imposible en la práctica delimitar el territorio de cada parte en Basilicata y Capitanata, así como repartir las rentas de la aduana del ganado, que eran básicas para el sostenimiento en Nápoles tanto de franceses como de españoles, de modo que las hostilidades menudearon desde mediados de 1502; fue entonces cuando los reyes, sin privar del mando supremo a Fernández de Córdoba, le ordenaron concentrar su esfuerzos en tierra mientras que designaban capitán general de la armada a Bernat de Vilamarí.

No obstante, el recurso a la negociación seguía abierto, y se encomendó precisamente a Felipe, que regresaba a Flandes mientras Juana permanecía en Castilla por unos meses. El archiduque logró un acuerdo con Luis XII en Lyon (abril de 1503), pero su afán de medro político además de su progalicismo le habían llevado a incumplir las instrucciones de sus suegros, que se negaron a aceptarlo, además de ver confirmados sus temores sobre la relación que les esperaba con aquel yerno. Por otra parte, la demencia de Juana iba en aumento, combinando periodos de apatía completa con momentos de violencia y agresividad generados por los celos y el afán posesivo que sentía hacia su lejano y desatento marido; su estancia en Castilla los agravaba, y tras el nacimiento de su hijo Fernando, llegó a enfrentarse desmedidamente con Isabel hasta que consiguió volver a Flandes, en marzo de 1504, dejando tras de sí a unos padres abrumados por aquella nueva e inevitable desgracia, a la vez familiar y política.

Regresemos a Nápoles, donde la guerra se generalizaba desde julio de 1502, con clara superioridad inicial para el duque de Nemours, Luis de Armagnac, que era el virrey francés. Gonzalo Fernández de Córdoba evitó choques en campo abierto concentrando sus fuerzas en Barletta y otros puntos fortificados, y comenzó a recibir refuerzos castellanos en Calabria entre noviembre de 1502 y marzo de 1503, traídos por el capitán Manuel de Benavides, al que siguió con más tropas don Luis Portocarrero, sucedido por Fernando de Andrada: fueron, en total, 1.200 *hombres de armas* y jinetes, y 2.400 peones. Así se desbloqueó parcialmente la situación de Fernández de Córdoba en Apulia, que además recibió el apoyo de 2.000 mercenarios *lansquenetes* alemanes; pudo salir de Barletta y derrotó a los franceses en la decisiva batalla de Ceriñola (28 de abril). El planteamiento y desarrollo de la batalla, con un uso escalonado de tropas, introdujo novedades tácticas de gran importancia que han sido estudiadas detalladamente por diversos autores atribuyéndolas tanto al Gran Capitán y al arrojo de sus tropas de infantería como al ingenio y la previsión de Fabricio Colonna, que reforzó el campo español con una cava en torno a los viñedos donde se produjo el choque, anulando la ventaja de las cargas de caballería pesada y cuadros de piqueros enemigos y permitiendo así una maniobra defensiva-contraofensiva eficaz. Siete días antes, el 21 de abril, Andrada y Benavides habían conseguido otra gran victoria sobre el ejército francés en Seminara, con lo que también se despejó el camino desde Calabria a la capital del reino.

El Gran Capitán entró en la ciudad de Nápoles el 16 de mayo, mientras los franceses se fortificaban en Gaeta a la espera de un gran ejército de refuerzo que llegó a la altura del río Garellano en octubre de 1503. Allí, durante dos meses y medio de otoño fríos y lluviosos, se libró una pugna continua en la que el Gran Capitán procuraba impedir el paso del río por sus adversarios hasta que consiguió vencerlos en batalla campal, el 28 de diciembre. La entrega de Gaeta el 1 de enero de 1504 sin resistencia puso rápido fin a la guerra puesto que las tropas francesas abandonaron el reino, renunciando a continuar las hostilidades.

También hubo un segundo frente en el Rosellón durante los años 1502 y 1503, con grandes movilizaciones de tropas y aprovisionamientos comparables a las de 1496-1497, especialmente en 1503, cuando el rey dirigió personalmente las operaciones. Además, se edificó de nuevo una gran fortaleza en Salsas, que era la llave de acceso al Rosellón desde el norte, capaz para albergar una guarnición de varios cientos de defensores y dotada de nuevos sistemas de fortificación contra los bombardeos de artillería; los franceses la asediaron sin éxito en septiembre y octubre de 1503, cuando todavía estaba en construcción.

La buena defensa del Rosellón y los fulminantes triunfos bélicos del Gran Capitán en Nápoles fueron decisivos para alcanzar una tregua por tres años que permitía volver a negociar sobre el futuro del trono napolitano mientras el reino permanecía en poder de los Reyes Católicos, como gran baza diplomática y garantía de su dominio mediterráneo. No obstante, la contienda había sido muy costosa, y la paz significaba un gran alivio financiero.

Mientras, el Gran Capitán gobernaba en Nápoles con un estilo que molestaba al sentido de la dignidad real en ocasiones, especialmente la de Fernando: ya en 1502 había sido preciso advertirle para que no empleara un sello mixto con las armas reales y las suyas propias, y en el otoño de 1504 se le ordenó que de ninguna manera hiciese acuñar moneda de ley quebrada «porque Nos –escriben los reyes– no consentiríamos que se batiese en nuestras casas de moneda sino moneda de buena ley». Las pocas prisas de Gonzalo Fernández de Córdoba en informar a sus reyes y su falta de sentido de la economía creaban tensiones que aumentarían tras el fallecimiento de la reina.

4. La muerte de Isabel la Católica y la crisis del reino

La inestabilidad de una situación internacional –por así llamarla– basada a menudo en complejos juegos jurídicos de raíz feudal o en políticas matrimoniales se puso nuevamente de manifiesto en el último año de vida de Isabel la Católica. Los reyes habían tenido que negociar otra vez la alianza con Inglaterra, porque así lo exigía la muerte de Arturo y los proyectos de segundo matrimonio de su viuda Catalina con el nuevo heredero del trono inglés, Enrique, hermano del difunto. Pero Enrique VII aplazó su decisión hasta que se consumó la victoria española en Nápoles, y parece incluso que especuló con la posibilidad de casarse él mismo con la viuda –que vivió años difíciles en Inglaterra–, noticia que provocó la total oposición de Isabel I por motivos que hemos de suponer tanto afectivos como políticos.

Mientras tanto, Luis XII apoyaba abiertamente las pretensiones de Gastón de Foix a los señoríos que los reyes de Navarra tenían en el sur de Francia –Foix, Bearn, Bigorre–, e incluso a su trono, lo que produjo la aproximación de Catalina y Juan de Albret a la protección de los Reyes Católicos, y más todavía, a la de sus herederos: el Tratado de Medina del Campo, en marzo de 1504, consolidaba el de 1500 al fijar el futuro matrimonio del heredero navarro, Enrique, entonces un recién nacido, con Isabel, hija de Felipe y de Juana de Castilla.

Ya en aquel momento la gran preocupación de los Reyes Católicos era regular la difícil sucesión que se preveía próxima en Castilla. Intentaron asegurar la transmisión directa a Carlos, el mayor de los hijos varones de Felipe y Juana, considerando el contenido del Tratado de Lyon que no habían querido aceptar en abril de 1503: Felipe tendría el gobierno en Nápoles, de donde serían reyes Carlos y Claudia de Francia, si aceptaba que Carlos se educase en Castilla y Aragón, junto a sus abuelos. Pero aquello implicaba la regencia de Fernando en Castilla o, situación menos probable, la de Isabel en Aragón, lo que no aceptaban ni Luis XII ni Felipe: el Tratado de Blois, en septiembre de 1504, otorgaba a este último la misma situación en Nápoles –Carlos y Claudia serían reyes– sin obligarle a ninguna renuncia en el escenario de la herencia castellana.

El testamento de Isabel la Católica (12 de octubre de 1504) y su codicilo (23 de noviembre) señalaban la única solución aceptable para los reyes: Fernando fue designado gobernador en Castilla mientras Juana estuviera ausente en Flandes, o si no quería hacerse cargo de sus funciones como reina propietaria, hasta que Carlos cumpliese veinte años. No se hacía mención de Felipe. Cuando la reina falleció en Medina del Campo, el 26 de noviembre, la crisis sucesoria y política en Castilla era difícil de evitar, y el momento no podía ser peor, con el reino sumido en una fuerte carestía de cereales que había comenzado en 1503. Fernando contaba con la voluntad testamentaria de su mujer y con el apoyo de unas Cortes, las de 1502 y 1503, enteramente controladas por la Corona, pero Felipe podía reclamar el poder en nombre de Juana y ejercerlo, ya que la nueva reina era incapaz; todos los descontentos y ambiciosos, especialmente entre la alta nobleza, tenían una ocasión impar para conseguir que el Rey Católico saliera de Castilla y poner fin a la línea política que Isabel y Fernando habían mantenido durante treinta años.

Las Cortes de Castilla, reunidas en Toro a comienzos de 1505, reconocieron una vez más a Fernando como «legítimo curador e administrador e governador destos reynos e señoríos», vista la incapacidad de Juana, en los mismos términos que Isabel había dejado dispuestos. Fue el acto más importante de aquellas Cortes a las que hoy se recuerda por su obra en el terreno del derecho privado (las Leyes de Toro), pero no bastaron ni aquello ni los esfuerzos del rey para evitar el enfrentamiento previsible con Felipe. La correspondencia entre Fernando y sus embajadores es una buena guía, aunque interesada, para comprobar que mantuvo una actitud coherente:

Mayo de 1505: Yo siempre he dicho que si la reina mi hija está sana para poder gobernar, que viniendo acá a ella pertenece la gobernación, y juntamente con ella a él, Felipe, y que en tal caso yo les ayudaré como buen padre. Mas que si la reina mi hija no está sana para poder gobernar, como parece que ellos lo manifiestan, por lo que de ella han dicho y por la manera como la tienen, que en tal caso a mí me pertenece la gobernación, y este es el caso que yo hasta hoy he movido.

[Pretende el rey que ambos, Juana y Felipe], *se estuviesen holgando allá, en Flandes, y que enviasen acá al príncipe don Carlos, mi nieto, para que yo le hiciese criar acá y que supiese la lengua y costumbres y conociese las gentes, y al* llegar a la edad marcada en el testamento de su abuela tuviese habilidad para gobernar... y así no entrarían extranjeros en la gobernación.

Por el contrario, Felipe, que se sentía muy fuerte con el respaldo francés, exigía el aplazamiento de toda decisión hasta que él y Juana viajasen a Castilla, y a través de su consejero y agente Juan Manuel, señor de Belmonte, propiciaba la formación de un bando nobiliario que le apoyase a trueque de recuperar sus miembros el protagonismo político que ellos o sus antepasados habían tenido antes de 1479; reaparecen así conocidos nombres, como los de Manrique, duque de Nájera; Pacheco, marqués de Villena; Zúñiga, duque de Béjar; Pimentel, conde de Benavente, o Guzmán, duque de Medina Sidonia, entre otros. En medio de aquella delicada situación ocurrieron un par de sucesos favorables para la consolidación de posiciones en la costa norteafricana: la toma de Mazalquivir, cerca de Orán, en 1505 por el Alcaide de los Donceles, Diego Fernández de Córdoba, y la de Cazaza, un pequeño enclave próximo a Melilla, en 1506.

Ante el cariz que tomaban los acontecimientos, Fernando llevó a cabo una maniobra de gran estilo, pero que mostraba a las claras la debilidad de la posición que pretendía superar. Pactó su matrimonio con Germana de Foix, sobrina de Luis XII, y ofreció que el hijo que pudiese nacer de la unión heredaría el reino de Nápoles, o, si no lo hubiese, este título retornaría a Luis XII, además de asegurar la restitución de feudos, bienes y rentas a los nobles napolitanos profranceses, la liberación de los prisioneros y una indemnización para sufragar los gastos de la guerra de 500.000 ducados, pagadera en diez años. Luis XII se comprometía a apoyar la «gobernación» fernandina en Castilla y abandonaba su apoyo a Felipe. Además, el acuerdo podía incidir en las relaciones con Navarra, pues Germana de Foix era hermana de Gastón, que reclamaba para sí, como ya hemos indicado, los derechos de Catalina y Juan de Albret.

Nada más firmarse el nuevo tratado, también en Blois, se procedió al matrimonio por poderes (19 de octubre de 1505), aunque su consumación ocurriría meses después, en marzo de 1506 y en Dueñas, lugar que traería a Fernando viejos recuerdos de los tiempos iniciales y difíciles de su matrimonio con Isabel en 1469. El primer efecto de aquella sorprendente maniobra fue obligar a Felipe a una concordia –Salamanca, noviembre de 1505– en la que reconocía a Fernando la condición de gobernador perpetuo de Castilla y se estipulaba el reparto de las rentas castellanas. El rey-gobernador fortalecía su posición jurídica y ganaba tiempo, pero no la seguridad deseada, ni en Castilla –donde el bando nobiliario crecía– ni tampoco en Nápoles, donde sospechaba de la lealtad de Gonzalo Fernández de Córdoba, a quien hubiera deseado traer a la Corte. El Gran Capitán fue leal en todo momento y no se adhirió al bando filipino; sin embargo, seguía actuando con la independencia del triunfador: en marzo de 1505 le había ordenado Fernando

> que no se dé cosa alguna en aquel reino [Nápoles...] así porque el dar toca a sola nuestra real persona y no cabe en poder de virrey como porque con esto se pone en mayor necesidad a la gente.

Y es que Gonzalo hacía merced de bienes y tierras confiscados e incluso de rentas reales, y procedía a su antojo en las peticiones a Roma para la provisión de cargos eclesiásticos, según escribía el embajador Rojas a su rey, además de aplazar su vuelta a Castilla.

A finales de 1505 emprendieron Juana y Felipe el viaje a Castilla por mar, pero la armada, deshecha por una tempestad, se refugió en Inglaterra, donde hubieron de residir algunos meses en la corte de Enrique VII, quien aprovechó la ocasión para conseguir grandes ventajas en sus relaciones mercantiles con Flandes. Llegó la primavera, y contra lo que esperaba Fernando, que estaba en Burgos, no desembarcaron en ningún puerto cántabro sino en La Coruña, el 26 de abril de 1506. Con el tiempo jugando a su favor, fue recibiendo Felipe adhesiones de nobles y de otras fuerzas políticas durante dos meses, de tal manera que Fernando estaba abandonado de casi todos cuando se entrevistó con su yerno – Juana seguía demente y vigilada– y hubo de aceptar la llamada Concordia de Villafáfila (27 de junio) por fuerza, como denunció secretamente, aunque se respetasen las formas. Era el fin: Fernando renunció a la *gobernación* de Castilla a favor de Felipe y Juana, y abandonó el reino camino de Aragón y de Nápoles. Conservó solamente lo que ya poseía a título personal, es decir, la mitad de los derechos y rentas de las Indias, la administración de los tres maestrazgos (Santiago, Calatrava y Alcántara) y una libranza anual de 10 millones de maravedíes sobre las alcabalas reales en tierra de maestrazgos, que venía a ser el equivalente de lo que había tenido en años anteriores para sostenimiento de su Casa.

Las cartas de Fernando al embajador Rojas muestran bien la evolución de las circunstancias en aquellos momentos finales:

9 de junio: Mis fijos desembarcaron en La Coruña y yo iba derecho allí a los recibir. Los Grandes que piden cosas de la

Corona Real y los conversos han fecho grandísimas diligencias y estremos para poner desconfianza del rey mi fijo hacia mí, para que por aquella vía entre la discordia, que es la cosa que ellos más en el mundo desean, y esto ha sido causa de dilatarse nuestras vistas...

1 de julio: La verdad es que yo tove siempre intención de facerlo ansy... que después que la reyna murió, que me quité el título, tove determinado, venidos mis fijos, no quedar en estos reinos, porque habiendo sido en ellos rey tan absoluto, no convenía a mi honra que yo estoviese en ellos como procurador, estando en ellos otro con el título de rey... Lo que desto solamente a mí ha pesado es que quisiera que de la parte del rey mi fijo e de los Grandes y de los otros no se ficiera cosa por do paresciese que se daba a entender que yo no tenía la voluntad que en esto tenía...

Así que los más de los Grandes se concertaron para que la reina mi fija estoviese como está fuera de su libertad, sin acordarse que es señora del reino, y para procurar que no paresciese que yo daba el reino a mi fijo de mi voluntad, y esto han fecho a fin de sacar de él cosas de la Corona Real e de destruir los reinos, e piensan que cuando le tengan, como le ternán, solo, farán de él lo que quisieren...

[Y añade el secretario real Miguel Pérez de Almazán, también en carta al embajador Rojas:] Lo que yo creo es que después que seamos idos, cuando vieren que sea tiempo, los Grandes que agora la prenden [a Juana] tomarán después la querella por ella contra el rey Felipe, e otros por él, para ponerle en necesidad de repartirse la Corona Real, que si Dios no lo provee milagrosamente, Castilla se perderá e destruyrá sin remedio, e complirse ha lo que dicen: el año de siete dexa a España y vete... Proveed vuestra hacienda, la de acá, a propósito que si hay revuelta e destruición del reino no se os pierda todo...

Son cartas en las que se mezcla una aguda observación de la realidad, más la interpretación de los acontecimientos que Fernando deseaba ver divulgada con cierta dosis de inquietantes augurios. No cabe duda, en fin, de que el Rey Católico tenía motivos sobrados para la amargura, aunque afirma:

> Siempre fue mi fin hacer lo que he hecho y posponer mi particular interés por el bien y paz del reino y por sostener en paz esta heredad que yo, después de Dios, he hecho con mis manos, la cual, si yo tomara otro camino, fuera destruida para siempre.

> [Y añade:] De todos he recibido muchos servicios, y los tengo muy presentes en mi memoria, aunque como yo allané con la lanza y saqué de la tiranía estos reinos con mi persona, había pensado que después de treinta años de tanta familiaridad y amor mostrarían más sentimiento de mi partida y del modo de ella, pero lo que falta en ellos sobra en mi voluntad... Más solo, menos conocido y con mayor contradicción venía yo por esta tierra cuando entré a ser príncipe de ella, y Nuestro Señor quiso que reinásemos sobre estos reinos para algún servicio suyo.

Es posible que la maniobra anunciada en su carta por Fernando comenzara a producirse en las Cortes que se reunieron a continuación en Salamanca y Valladolid, pues se negaron, de acuerdo con los grandes nobles –el duque de Nájera, el almirante, el condestable–, a declarar perpetua la incapacidad de Juana y, por consiguiente, sólo reconocieron la *gobernación* de Felipe mientras aquélla durase, así como a Carlos por heredero «para después de los días de la dicha reyna doña Juana». Querían además los procuradores que los miembros del Consejo Real revisaran y signaran las cédulas reales de merced para evitar arbitrariedades, se quejaban de abusos de los corregidores y de las condiciones con que se arrendaban las alcabalas, así como del excesivo gasto de la Corte filipina y del afán regio por dar cargos a sus seguidores flamencos, es decir, a extranjeros, lo que iba contra los usos del reino. ¿Estaba empezando a esbozarse un programa de gobierno por las Cortes paralelo pero diferente al de los grandes nobles? Algunas similitudes con lo que sucedió bajo las Comunidades, en 1520, induce a pensarlo así, pero es inútil hacer suposiciones: la inesperada muerte de Felipe I (Burgos, 25 de septiembre de 1506) lo truncó todo.

Se formó una junta para la gobernación de Castilla presidida por el arzobispo Cisneros como primado y canciller mayor, y en ella participaban los duques del Infantado (Mendoza) y de Nájera (Manrique), el condestable (Velasco) y el almirante (Enríquez), pero no aristócratas andaluces ni de otras partes del reino, y se tomó el acuerdo de escribir a Fernando pidiéndole su regreso, «no se dijese en el mundo que por causa de Su Alteza se perdía España otra vez», según reza el extracto de la carta que transcribe Zurita; pero el monarca, que ya tenía noticia de la situación el 8 de octubre, tomó la actitud más prudente política y personalmente, y no suspendió su viaje, aunque encomendó a Cisneros que gobernase junto con el Consejo Real. Mientras tanto, Juana, en un lapso de lucidez, se negaba a convocar Cortes mientras no regresara su padre, y anulaba todas las mercedes concedidas desde la muerte de Isabel I, pero entraba a continuación en un nuevo periodo de demencia que la impulsó a viajar por las dos Castillas en pleno invierno y en etapas nocturnas junto al féretro que contenía el cadáver de Felipe, formando un extraño y casi fantasmal cortejo.

La mejor solución era la vuelta de Fernando en las condiciones que establecía el testamento de Isabel I, y a ella se atenían lo mismo Cisneros que la mayor parte de la alta nobleza y las ciudades; incluso el duque de Alba asumió la función de apoderado de los intereses castellanos de Fernando para asegurar mejor la transición. Sin embargo, algunos, como el duque de Nájera, el marqués de Villena o el conde de Benavente, habrían preferido una posible tutela de Maximiliano de Habsburgo sobre su nieto Carlos para prolongar la situación que había iniciado Felipe I. Otros intentaron aprovechar las circunstancias para saldar viejas cuentas: aparte de los alborotos producidos por el duque de Nájera, hay que recordar la toma de Ponferrada por el conde de Lemos, los dos intentos que hizo el duque de Medina Sidonia para recobrar Gibraltar, que había vuelto al *realengo* en 1502, o las alteraciones de Toledo contra su corregidor, y las de Córdoba, dirigidas por el marqués de Priego –sobrino del Gran Capitán–, contra los excesos de la Inquisición, en las que también padeció la dignidad del corregidor real.

Cisneros tropezó ya con dificultades que volvería a conocer diez años después, pero logró mantener el orden, en general, dentro de aquella situación incierta, que se vio agravada por la epidemia de peste que afligió a Castilla durante 1507, sobre todo en su mitad meridional.

* * *

9. La política exterior

Nápoles era el motivo principal del viaje a Italia que llevó a cabo Fernando el Católico entre septiembre de 1506 y agosto de 1507, con el alivio de saber que las puertas de Castilla estaban de nuevo abiertas, pero también con la preocupación urgente de asegurar la situación napolitana sin vulnerar los términos acordados con Luis XII. La sustitución de Gonzalo Fernández de Córdoba por un aragonés, el conde de Ribagorza, obedecía tanto a motivos personales del rey como a la necesidad de cambiar las formas del gobierno napolitano y dar cierta satisfacción a los barones profranceses. De todos modos, el Gran Capitán fue tratado sin desdoro: a los títulos de duque de Terranova y marqués de Santángelo y de Bitonto, que ya tenía, vendría a añadirse en 1507 el de duque de Sessa y un retiro dorado, que acaso era lo peor para él, en Loja, en el escenario de sus primeras hazañas granadinas, donde murió en 1515 sin haber vuelto a la política activa.

El Rey Católico vivió siete meses en Nápoles, tiempo suficiente para comprobar la exigüidad de las rentas regias y la imposibilidad de cambiar las formas del poder y del gobierno, dominadas ambas por la alta nobleza. El reino era importante, y el triunfo conseguido, digno de conservación, pero allí no había campo para las empresas de un rey absoluto: Fernando tomó posesión de él en nombre propio y de Juana, e incluso pidió a Julio II la investidura, a lo que el papa se negó, pues aquellas acciones parecían contradecir lo pactado en Blois, aunque Fernando y Germana todavía podían tener descendencia. De regreso hacia Valencia y Castilla, el rey aragonés se entrevistó con Luis XII en Savona –junio de 1507– en los términos más amistosos.

En Navarra, otro escenario de posibles tensiones con Francia, la situación había cambiado notablemente. Catalina y Juan de Albret intentaron una aproximación a la Castilla de Felipe I (Tratado de Tudela, 27 de agosto de 1506) que los dejó en descubierto a la muerte del rey, pero apoyaron más adelante el proyecto de regencia castellana por parte de Maximiliano, y consiguieron expulsar definitivamente al conde de Lerín, que se refugió y murió en Aragón, y descomponer así lo que restaba del bando beamontés. Cuando Fernando regresó, sus relaciones con los Albret estaban prácticamente rotas, pero tuvo buen cuidado de no introducir novedades, pues la situación era muy delicada a la espera de cómo terminaba el litigio de los navarros con Gastón de Foix, pues incluso podía producirse una intervención francesa en el reino. La eliminación de posibilidades intermedias amenazaba con llevar las cosas a un punto crítico, pero siempre en relación con otros escenarios de la política que desplegaban los grandes poderes vecinos de Navarra.

5. La «gobernación» castellana de Fernando el Católico. África o Italia

Una vez que regresó a Castilla, el rey se entrevistó con la reina su hija en Tórtoles, a finales de agosto de 1507, y se hizo cargo del gobierno mientras Juana se recluía en Tordesillas, junto al convento de Santa Clara, de donde no volvió a salir prácticamente hasta su muerte en 1555. Cisneros recibió el capelo cardenalicio que Julio II le había concedido a suplicación de Fernando, y el cargo de inquisidor general; acaso muy a su pesar, se convertía en el segundo personaje político del reino después de la actuación que había tenido en el año anterior.

9. La política exterior

La relativa facilidad con que Fernando venció las resistencias nobiliarias subsistentes, su propia inconexión y el aislamiento de sus protagonistas muestran claramente que Castilla estaba dispuesta a aceptar el gobierno regio en términos semejantes a los que había tenido hasta 1504. En 1507 fueron el duque de Nájera, cabeza de los partidarios de Maximiliano, y el conde de Lemos los vencidos y reconciliados, aunque el duque hubo de derribar algunas fortalezas. Al año siguiente, ya en otoño, el ejército real puso fin a las alteraciones andaluzas protagonizadas por el marqués de Priego y el duque de Medina Sidonia. El primero había expulsado de Córdoba a un alcalde de *casa y corte* enviado por el rey para conocer sobre los pasados alborotos: era caso que atentaba contra la soberanía regia y, aunque salvó la vida, el marqués fue desterrado a Valencia, y derruida la fortaleza de Montilla, donde había apresado al alcalde. El duque de Medina Sidonia, todavía un niño, había contraído matrimonio a espaldas de Fernando, que proyectaba casarlo con su nieta, Ana de Aragón, e instigado por su cuñado Pedro Girón, huyó a Portugal: sus *estados* fueron embargados temporalmente y la capital, Niebla, que resistió, tomada al asalto con crueldad. Pero el rey no confiscó el patrimonio ni los señoríos de ambas casas nobles, que se contaban entre las principales de Andalucía y de Castilla, porque no deseaba convertir aquellos actos en un ataque a las posiciones de la alta nobleza como estamento, sino reafirmar la supremacía de la autoridad real, evitar disturbios nobiliarios y, también, concentraciones de patrimonio y *estados* señoriales por vía matrimonial; y así fue, pues, como escribiría Zurita, muchos años más tarde:

Acabó de ganar el rey tanta autoridad en lo de la gobernación, que no parecía haber ninguna mudanza en Castilla del tiempo que reinaron él y la reina doña Isabel tan absolutamente como les pareció convenir, para el bien y la justicia universal.

* * *

La política exterior de Fernando el Católico llegó a su mejor momento entre 1509 y 1511, con el triunfo de sus proyectos y la consolidación de su imagen europea. África e Italia son sus objetivos principales, por distintos motivos, aunque todos vinculados a la presencia en el Mediterráneo central.

Italia era un escenario de menor importancia para el rey en 1508, aunque formó parte de la Liga de Cambray –el papa Julio II, Luis XII y Maximiliano eran sus otros miembros–, destinada a privar a Venecia de sus últimas adquisiciones en la *Terra Ferma* peninsular, lo que aprovechó Fernando para recuperar algunos enclaves que los venecianos retenían en Apulia para defender mejor sus rutas adriáticas. Por otra parte, el 3 de mayo de 1509 había muerto, a las pocas horas de nacido, el único hijo que tuvieron Fernando y Germana, llamado Juan, que habría heredado Nápoles según lo pactado en 1505, y sus derechos a suceder en Aragón se habrían contrapuesto a los que tenían Juana y Carlos. Mientras el futuro de Nápoles seguía en suspenso, al no haber aún definición jurídica sobre la atribución de su Corona, el de Carlos de Habsburgo se consolidaba más al renunciar Maximiliano a cualquier pretensión de regencia en Castilla –Concordia de Blois, en diciembre de 1509–, siempre que los derechos de aquel nieto suyo permanecieran a salvo, y no sería Fernando, su otro abuelo, quien iba a atacarlos, aunque el niño no se educara en Castilla y Aragón, sino su hermano menor, llamado también Fernando, al que el Rey Católico tuvo gran afecto, hasta el extremo de que, teniendo en cuenta su educación española, acaso habría preferido que permaneciera en el país: en el testamento de 1512 –sustituido por otro en 1515 y a comienzos de 1516– llegó a designarle regente mientras su hermano Carlos venía a la península, y su sucesor como maestre de las órdenes militares, pero Adriano de Utrecht y los demás consejeros de Carlos consiguieron cortar el proyecto.

También se consolidaba la buena relación con Inglaterra después del matrimonio de Catalina con Enrique VIII en junio de 1509, hasta el extremo de firmarse un tratado de amistad en mayo del año siguiente. Todo esto quiere decir que el Rey Católico contaba con la fuerza y las alianzas suficientes en el espacio atlántico como para contrapesar cualquier maniobra de Luis XII, en aquel momento su aliado. Navarra era el espacio donde previsiblemente podía ocurrir, pues la situación de Catalina y Juan de Albret era cada vez más delicada: a mediados de 1509 ambos estaban excomulgados por negarse a aceptar al cardenal Fazio Santori como obispo absentista de Pamplona; Fernando apoyaba al nuevo conde de Lerín y declaraba roto cualquier compromiso o situación de amistad con ellos, mientras que Luis XII proponía abiertamente la entrega de Bearne, Foix y Bigorre a Gastón de Foix a cambio de respetar el reino de Navarra para el matrimonio, pero éste acaso consideraba más importantes los señoríos franceses. La sentencia del Parlamento de París, en enero de 1510, que reconocía el mejor derecho de Gastón al Bearne, agravaba la situación.

* * *

En aquel momento, sin embargo, la atención militar de Fernando estaba concentrada en las costas norteafricanas, donde se desarrollaba un plan sistemático para conquistar puertos y enclaves, y llevar así las hostilidades y la vigilancia contra asaltos e incursiones musulmanas a la otra orilla del Mediterráneo. El principal responsable de los triunfos fue Pedro Navarro, conde de Oliveto, que había luchado a las órdenes del Gran Capitán en Italia. Primero fue la ocupación del peñón de Vélez de la Gomera, en julio de 1508, aunque estaba situado en el ámbito de la expansión portuguesa sobre Fez, pero afectaba a la defensa y seguridad de la costa andaluza; las diferencias con el rey de Portugal fueron zanjadas en el inmediato Tratado de Sintra, arguyendo el apoyo logístico que las plazas portuguesas de Arcila y, desde 1511, Tánger podían encontrar en los puertos de la Baja Andalucía.

En mayo de 1509 ocurrió el éxito más importante: una tropa de 10.500 infantes, 550 de caballo y 2.650 marineros, transportados en 90 barcos, conquistó Orán. El mando militar correspondió a Navarro, pero la iniciativa y el adelanto de los recursos financieros necesarios provenían de Cisneros; el gobierno de la plaza y del puerto cercano de Mazalquivir en nombre del rey se encomendó a don Diego Fernández de Córdoba, Alcaide de los Donceles, otro de los grandes capitanes de aquellas empresas. La buena racha, cimentada en la sorpresa y el dominio del mar, continuó en 1510, pues en enero tomaba Pedro Navarro por sorpresa Bugía con sólo 13 naves; en abril se sujetaba Argel al protectorado castellano y aceptaba que se vigilara el tráfico de barcos en el puerto desde un peñón cercano, y en julio, el mismo Navarro conseguía ocupar Trípoli. La situación era tan favorable que ya estaba en marcha la repoblación de

Orán, Bugía y Trípoli con cristianos, «porque no se podrían luengamente conservar si, siendo toda África de moros, hubiese moros en las dichas ciudades», según se lee en la orden repobladora del rey. Pero entonces ocurrió el primer desastre, a fines de agosto de 1510, cuando se intentó la conquista de los Gelves –es Djerba, a la entrada del golfo de Gabes–, que era el enclave preciso para proyectar el asalto contra Túnez. García de Toledo, hijo del duque de Alba, murió en la operación, que él había dirigido, y Pedro Navarro hubo de suspender sus actividades.

No volverían a reanudarse, a pesar de que el rey seguramente lo deseaba, y así lo ratificó ante las Cortes castellanas reunidas en Madrid, en 1510, para dar su conformidad a la Concordia de Blois y otorgar un servicio de 100 millones de maravedíes. Fernando expuso su proyecto de encabezar una cruzada en el norte de África que tendría como objetivo final Jerusalén –recordemos las profecías que por entonces le auguraban la conquista de la «Casa Santa»–. Naturalmente, los procuradores se aplicaron a disuadirle, alegando el peligro que su ausencia acarrearía a la estabilidad del reino y la edad avanzada del monarca. Nunca sabremos hasta qué punto eran sinceras aquellas intenciones, pues los preparativos militares que se hicieron en los puertos andaluces a comienzos de 1511 tenían más bien un destino italiano. A Italia arribó Pedro Navarro unos meses después con 1.500 infantes, «todos muy maltrechos y desharrapados», para combatir por Fernando, y quiso su destino que fuera hecho prisionero en la batalla de Rávena y que pasara por rescate al servicio del rey de Francia. En él siguió, siempre por tierras italianas, hasta su muerte, ocurrida en 1528.

En Italia habían girado los vientos políticos desde 1510: Julio II cesaba en su lucha contra Venecia, la Liga de Cambray se deshacía, y el temor a un excesivo predominio francés –recordemos que Luis XII seguía como dueño de Milán– impulsaba al papa a buscar un cambio de alianzas. Por ello se aproximó de nuevo a Fernando el Católico, y en julio de 1510, le invistió con el reino de Nápoles, dando plena validez jurídica a una situación de hecho, pero así también se rompían los anteriores acuerdos entre Luis XII y Fernando. Al año siguiente se consumó la inversión de alianzas: el rey francés y Maximiliano estrecharon la suya con vistas a mantener las hostilidades en el norte de Italia, e incluso apoyaron un proyecto de deposición del papa que produjo la reunión eclesiástica denominada posteriormente «Conciliábulo de Pisa» (septiembre de 1511), tal vez porque sólo consiguió la presencia de cinco cardenales, entre los que destacaba el español Bernardino López de Carvajal. La réplica, en un ambiente cada vez más enrarecido, fue la formación de la Liga Santa –Julio II, Venecia y Fernando el Católico–, la contrata de mercenarios suizos y la convocatoria de un concilio en Roma, que sería el V de Letrán, celebrado en 1512, y a decir verdad, poco eficaz en materia eclesiástica, aunque, en medio del embrollo italiano, aquello tal vez no importó mucho ni al papa ni a los demás dirigentes de la cristiandad latina.

6. Navarra

Es notable, hasta cierto punto, que aquellos sucesos, tan lejanos aparentemente, resultaran decisivos para la suerte política de Navarra. La guerra italiana alcanzó un punto culminante en la batalla de Rávena (11 de abril de 1512), ganada por los franceses; sin embargo, allí murió su general, Gastón de Foix, por lo que los derechos que alegaba sobre los señoríos pirenaicos y el trono navarro de los Albret pasaban a Germana, y por vía conyugal a Fernando el Católico. Aquello modificó instantáneamente la actitud de Luis XII, que ofreció una alianza a Catalina y Juan de Albret, el reconocimiento de sus derechos sobre Bearne, Bigorre y Foix, y una renta anual de 12.000 libras tornesas. Pero, si la aceptaban, la neutralidad navarra se rompía y la acción militar del Rey Católico era inevitable.

Sin embargo, ¿se podía evitar en caso de no aceptarla?, porque Enrique VIII de Inglaterra se disponía a abrir, con el apoyo de su suegro Fernando, un frente contra Luis XII en Guyena –vieja reivindicación que databa del final de la llamada hoy «Guerra de los Cien Años», cuando los ingleses tuvieron que evacuar aquel país después de siglos de dominio señorial–, y en Castilla se lograba, a tales efectos, el respaldo de las Cortes, que se reunieron en Burgos y acordaron un *servicio* de 150 millones de maravedíes en primavera. Fernando comenzó a concentrar tropas y reiteró su oferta de respetar la neutralidad navarra, pero cada vez más convencido de que los Albret iban a establecer una alianza total con Luis XII, escribía el 5 de junio a sus embajadores en Roma para que solicitaran del papa dos bulas: una autorizando el paso de sus tropas por Navarra e incluso la ocupación del reino durante el tiempo de la guerra, y otra que confiscaba la corona a los Albret en el caso de que se unieran a Francia.

Aquellas previsiones fueron desbordadas por los acontecimientos, que se precipitaron. Luis XII, Catalina y Juan de Albret formalizaron su tratado de alianza (Blois, 17 de julio). Dos días después, el Rey Católico, que estaba al tanto de las negociaciones y preveía su resultado, ordenaba al duque de

Alba la entrada en Navarra al frente de un ejército que se había ido formando en las semanas inmediatamente anteriores mediante una movilización paralela a la que se promovió para el proyectado retorno a Italia del Gran Capitán, que no llegó a ocurrir. El resultado final se mostró en los alardes realizados en Vitoria: 3.273 *lanzas* de las Guardas Reales, 5.319 *lanzas* de mesnadas de nobles, 620 efectivos de la *infantería de ordenanza* regia y otros 750 enviados por el Alcaide de los Donceles desde Bugía, la artillería del rey procedente de las maestranzas de Medina del Campo y Málaga, al mando de Diego de Vera, y varios miles de peones reclutados en Álava y Guipúzcoa; no se insistió en movilizar más infantería porque, si ocurría la entrada en Guyena, se contaba con la inglesa ya acantonada en Fuenterrabía. En suma, una gran movilización que recordaba mucho a las ocurridas durante las campañas del Rosellón de 1496 y 1503, y que, como sucedió en ellas, se acompañó de tareas de avituallamiento por vía marítima para que las tropas no tuvieran que vivir sobre el terreno y no se produjeran los motivos más frecuentes de abusos y rapiñas sobre la población civil.

Así se pudo tomar en muy pocas semanas Pamplona y el resto del reino hasta los Pirineos, prácticamente sin resistencia salvo alguna en los castillos de Estella y Tudela; Fernando adoptó el título provisional de «depositario de la corona de Navarra y del reino y del señorío y mando en él» mientras llegaba la bula pontificia (21 de julio de 1512, confirmada por otra de 18 de febrero de 1513) en la que se le abría el acceso al trono, pues afirmaba Julio II que era legítimo confiscar los bienes de quienes estaban excomulgados por aliarse con el rey francés, que entonces era cismático –recordemos el «Conciliábulo de Pisa»–. A la utilización de aquel respaldo legal pontificio añadía Fernando la declaración de sus propios derechos dinásticos y los de su mujer al trono navarro. El aparato de propaganda argumental se completó con dos opúsculos redactados respectivamente por el doctor Palacios Rubios *(De justitia et jure obtentionis et retentionis regni Navarrae)* desde el punto de vista jurídico y por Antonio de Nebrija desde el histórico-político *(De bello navarico);* es curiosa la ambivalente argumentación geopolítica de Nebrija, quien, partiendo de la definición de los Pirineos como barrera natural entre *galos e hispanos,* afirmaba que la anexión fernandina contendría la «cupiditas belligerandi... ut utriusque populi se intra fines suos continerent». Algo después, el embajador Juan de Lanuza y el mismo Guicciardini volverían sobre la misma cuestión al afirmar que Fernando había entrado en Navarra «porque cierra ahora estos reinos» o por «lo que aquel reino importa para cerrar la entrada de España».

Lo cierto era que el Rey Católico, pasando de las vías de hecho a las de derecho, comenzaba a titularse rey de Navarra en agosto, mientras que se rechazaba entre octubre y diciembre una contraofensiva de Juan de Albret, apoyado por los agramonteses y por tropas que envió Luis XII bajo el mando de Francisco, el heredero del trono –*Maximus Franciscus Francorum Dux* le denomina un medallón de aquel mismo año–. La campaña contó también con un aparato de propaganda, que sería interesante cotejar con el castellano, en el extenso poema latino de Guillaume de Tours titulado *De anglorum ex Galliis fuga et hispanorum ex Navarra expulsione opus heroica;* pero, aunque el ejército francés llegó a las cercanías de Pamplona, la suerte era adversa a Luis XII en otros escenarios de la contienda, tanto en Milán, que abandonó a principios de 1513, como en Borgoña, frente a los suizos, e incluso en el Canal de la Mancha, pues

Enrique VIII, que había visto cómo se frustraban sus proyectos en Guyena, desembarcó en Calais, plaza que también había sido inglesa tiempo atrás. Las hostilidades terminaron en Italia poco después de morir Julio II (el 21 de febrero de 1513), y Luis XII acordó poco después una tregua con Fernando (Orthez, abril de 1513).

Entonces se consolidó la integración de Navarra en los dominios fernandinos. En marzo, el marqués de Comares y Alcaide de los Donceles, Diego Fernández de Córdoba, juraba en nombre del rey, ante las Cortes reunidas en Pamplona, observar los «fueros, leyes y privilegios... sin que aquéllos sean interpretados sino en utilidad y provecho del reino», lo que aseguraba su identidad histórica y política. Únicamente la tierra de Ultrapuertos, al norte de los Pirineos, continuaba en poder de los Albret, que lanzaron otras acciones militares en marzo de 1516 y en 1521, aprovechando momentos difíciles de sus adversarios, pero ni tuvieron éxito ni encontraron ya apoyos dignos de consideración en su antiguo reino, lo que no fue obstáculo para que Enrique de Albret (1517-1555) continuara titulándose también rey de Navarra, como heredero de sus padres, y se transmitiera así el título más adelante, a efectos formales y reivindicativos, a los reyes de Francia a partir de Enrique IV. En realidad, los Albret habían perdido lo que para ellos era a buen seguro la baza menor, desde el punto de vista de renta e incluso político, para ganar la mayor, como miembros de la alta nobleza de Francia: su consolidación en la Corte francesa y en el dominio de todos los señoríos que tenían o reclamaban.

Había que definir todavía la articulación de Navarra en el régimen sucesorio de los otros reinos españoles, pero Fernando el Católico *(Fernandus Dei gracia rex Navarrae et Aragonum)* se tomó algún tiempo antes de llegar a una decisión. Es muy conocida la anécdota que relata cómo, en marzo de 1513, Germana de Foix había dado un brebaje a su marido para favorecer su capacidad genésica, aunque sólo consiguió que Fernando enfermara de bastante cuidado; pero esto deja de ser un episodio pintoresco para convertirse en acto político si se piensa que un hijo habría contribuido a disipar polémicas sobre la titularidad del reino y la sucesión tanto en Navarra como, acaso, en Nápoles. Hasta junio de 1515 no se consumó la decisión de integrar a Navarra en el mismo régimen sucesorio que tuviera la Corona de Castilla: así lo aceptaron las Cortes castellanas, reunidas en Burgos.

¿Por qué la integración era con Castilla y no con la Corona de Aragón? Una respuesta meditada ha de tener presentes varios aspectos: el argumento de vecindad sería válido igualmente para Aragón, pero las relaciones económicas eran mucho más intensas con las tierras castellanas y vascongadas próximas, y sobre todo, la complejidad legal de una incorporación a la Corona de Aragón era mayor, pues había que conseguir el consenso de un principado y tres reinos, en tres Cortes distintas y con un sistema de relaciones políticas en el que Fernando disponía de escasa capacidad de maniobra, lo que también le sucedía en Navarra, de modo que arriesgaba emplear más tiempo –recordemos que el rey tenía entonces 63 años– y conseguir un resultado inadecuado para su proyecto de fortalecimiento de la autoridad monárquica.

Lo contrario sucedía en el supuesto de una integración con Castilla, más rápida, menos problemática, pues ni esta Corona podía sentirse incómoda o menoscabada con aquella fusión ni se alteraba el estatus navarro, además de prolongarse un régimen de «protectorado» militar que se había conseguido con tropas castellanas, en una situación nueva donde sólo Castilla podía asegurar la defensa de Navarra frente a ofensivas ultrapirenaicas, como así fue, cosa que no podría decirse de Aragón: mientras las Cortes de Burgos otorgaban otro servicio de 150 millones cuyo empleo fuera de Castilla era previsible, las aragonesas de Calatayud a finales de 1515 daban una prueba más de la «ingobernabilidad» del reino, sobre todo de su nobleza, desde el punto de vista de un monarca interesado en incrementar los recursos de su Corona y su libertad de acción interior y exterior.

7. Epílogo cisneriano

El rey Fernando falleció en Madrigalejo, aldea de Trujillo, el 23 de enero de 1516, cuando viajaba a Guadalupe en busca de sosiego y curación, después de haber asistido en Plasencia, al fin, a la boda de su nieta Ana de Aragón con el nuevo duque de Medina Sidonia, Alfonso de Guzmán, lo que muestra cómo, hasta el último momento, fue tenaz en sus propósitos. El cardenal Cisneros quedaba por gobernador en Castilla, y el hijo del rey, el arzobispo de Zaragoza Alfonso de Aragón, por lugarteniente en Aragón; Cisneros, a su vez, nombraría al duque de Nájera virrey de Navarra, todo ello hasta la llegada a España de Carlos I, heredero universal de Fernando cuando cumpliera los veinte años. Sin embargo, Carlos, todavía en Flandes, se proclamó rey efectivo en la primavera de 1516, con el ánimo de evitar cualquier incidencia que pudiera serle adversa, y sin tener en cuenta suficientemente que la reina propietaria de Castilla era su madre Juana.

La regencia castellana de Cisneros no fue tranquila, aunque el franciscano «tenía un ánimo que se remontaba en tan grandes pensamientos que eran más de rey que de fraile», según Zurita, y consiguió mantener durante casi dos años, hasta su muerte en noviembre de 1517, un equilibrio que podría haberse roto, como en 1506.

> La muerte de Fernando, al igual que la llegada de Felipe el Hermoso en 1506 –ha escrito P. Chaunu–, provocó un choque, una serie de tumultos y de revueltas populares de corte tradicional, recusaciones fiscales, protestas y ajustes de cuentas, el desencadenamiento inevitable de una violencia contenida... En este contexto, la segunda regencia de Cisneros fue una obra maestra. Limitó, y por tanto difirió, el choque que provocó inevitablemente medio siglo de continuidad de los Reyes Católicos en el poder.

Con este criterio hay que considerar la actuación cisneriana frente a los numerosos focos conflictivos que surgieron a lo largo de 1516: los nuevos intentos de Pedro Girón, conde de Ureña, sobre los señoríos ducales de Medina Sidonia; la insurrección de Huéscar contra su señor, el duque de Alba; la de Málaga contra las pretensiones del almirante; las de Valladolid, Burgos, León y Salamanca en protesta por el pago de los sueldos militares a las *gentes de Ordenanza;* las alteraciones en Toledo y Sigüenza; la disputa por Villafrades entre el conde de Ureña y el señor de Villagarcía; el descontento ciudadano por la no convocatoria de Cortes, a la que al fin accedió Cisneros en septiembre de 1517, aunque le repugnaba hacerlo «en tiempo de gobernación» por los peligros que podían derivarse...
Un estudio atento de la regencia cisneriana revela la talla política del anciano cardenal, pero previene al mismo tiempo contra el cómodo y erróneo expediente de considerar

cerradas épocas y ciclos con la muerte de sus protagonistas principales. Aunque la obra de los Reyes Católicos había sido compleja, decisiva en muchos aspectos, grandiosa en otros, nada terminaba en 1516, como nada tampoco había comenzado por completo en 1475, y esto se podría entender mejor si al análisis de los acontecimientos políticos vistos desde la perspectiva de sus dirigentes regios, se añadieran otros que tuvieran en cuenta la existencia de intereses y grupos de gobierno en torno a ellos, los criterios intermedios de las fuerzas políticas nobiliarias y ciudadanas, las cuestiones de la «pequeña historia», las reivindicaciones transmitidas no sólo en los elevados niveles de los derechos dinásticos, sino también en los más modestos, cotidianos y sumamente sólidos de los ámbitos regionales y locales, y la permanencia duradera de determinadas realidades. Todo ello sin perder de vista, además, que los acontecimientos políticos pueden proporcionar un armazón imprescindible de la Historia en su conjunto y de su encadenamiento cronológico, pero no son, desde luego, su centro ni su corazón, por mucho que a veces pueda parecerlo.

8. Reflexiones finales

No obstante, hay que preguntarse sobre las consecuencias globales que tuvo para el futuro de España el ejercicio del oficio regio por Isabel y Fernando en el ámbito de las relaciones exteriores, porque nunca habían ocurrido tantas novedades en tan escaso tiempo, ni se había trazado una política hispánica común semejante a la que entonces se diseñó y desarrolló con un evidente sentido de conjunto, a pesar de su sujeción a avatares e imponderables que no cabe minusvalorar. Merced a ella salieron los reinos de Isabel y Fernando de la relativa marginalidad en que hasta entonces habían estado; más Castilla, menos, tal vez, Aragón, muchos de cuyos postulados de relación exterior fueron continuados después de la unión dinástica.

Se cuidó, ante todo, la existencia de un ámbito de influencia peninsular: conquista de Granada, alianza dinástica con Portugal, recuperación de Rosellón y Cerdaña, atención al equilibrio en Navarra. Al mismo tiempo, los intereses en Italia, cada vez mayores, y la herencia de la política de Juan II impulsaban, sobre todo a Fernando, a desarrollar una relación con los otros países cristianos que llevaba implícita la moderna idea de balanza o equilibrio de poder, e ignoraba por completo la de jerarquización bajo una cúpula suprema imperial, aunque aceptaba la noción de *Universitas Christiana*. Aquella idea iba a dominar durante siglos el escenario diplomático europeo. El Rey Católico pretendía la consecución de las propias reivindicaciones –«mi fin es de no querer cosa en Italia sino lo mío propio», escribe en cierta ocasión–, pero los choques con las de otros poderes eran inevitables, sobre todo en una Europa donde la inestabilidad era norma habitual en Italia y el papa se comportaba como un príncipe secular, o donde, a ambos lados del mar del Norte, no se habían apagado los ecos de guerras pasadas que envolvieron a Francia, Inglaterra, Flandes-Borgoña y, a través de este último país, por enlace matrimonial, incluso a los Habsburgo, titulares entonces de la Corona imperial.

La continuación de la línea diplomática aragonesa, con unos recursos mucho mayores, matizó un hegemonismo francés, que habría sido tal vez mucho mayor en otro caso, y obligó a los Reyes Católicos a un *crescendo* inacabable de oposición y enfrentamiento con sus contemporáneos franceses, al tiempo que les impulsó a unas relaciones con Borgoña e Inglaterra que no correspondían necesariamente a los intereses más profundos de sus reinos. A ellas supeditaron el futuro matrimonial de tres hijos, hasta producir compromisos muy fuertes, no siempre previsibles, que desembocaron en el cambio de dinastía. Tal vez, sin embargo, no tenga sentido, salvo como ucronía, preguntarse qué habría podido ocurrir si hubiera tomado otro giro menos comprometido la situación hacia 1494, cuando el reinado conjunto llegó a su mejor momento de equilibrio y de realizaciones interiores.

No es posible ignorar la carga de ideas medievales con que se actuaba aún en la relación entre países que componen la cristiandad; la armonía debe reinar entre ellos y, como máximo, se habla de «adversarios», pero no de «enemigos», término reservado a los infieles. Las empresas se justifican con motivos de defensa de los propios derechos, del interés general, o de cruzada contra el islam, especialmente en el caso de los turcos, de donde provenía el peligro mayor. Esto último hicieron tanto franceses como españoles a la hora de intervenir en Nápoles, pero Fernando e Isabel actuaban con la ventaja de haber probado antes su voluntad en la conquista de Granada y sus prolongaciones norteafricanas, aunque todos sabían que se debían a motivos a la vez más complejos e inmediatos, irrepetibles en otro ámbito.

Además, desde 1495, el argumento religioso y la utilización de armas y recursos eclesiásticos encubren a menudo auténticas «razones de Estado» en la relación política de los países cristianos, y sin duda Fernando el Católico fue un maestro a la hora de saber mezclar ambos ingredientes en la proporción y en el momento oportunos, sobre todo durante la regencia, lo que aumenta acaso el peligro de valorar su obra con anacronismo, pues es difícil penetrar en el fuero de la conciencia y de la sinceridad íntima del rey, aunque parece claro que su mayor empeño fue cuidar y engrandecer su *heredad,* que eran los reinos españoles más Sicilia y Cerdeña, mantener sus derechos en Italia y no perder de vista el horizonte de la cruzada en el Mediterráneo. Unos objetivos, en conclusión, limitados pero suficientes para poner las bases de la presencia militar y diplomática española en todos los escenarios de la política europea occidental.

En torno a 1515-1517 otros personajes tomarían el relevo como protagonistas más visibles de aquella trama internacional: Francisco I de Francia, Carlos I de España. Sería ya otra época, marcada por la revolución protestante, por la conquista de América, por la forzosa defensa de los intereses imperiales en Italia y Europa central con dinero castellano, por el apogeo de la Turquía otomana... ¿Hasta qué punto preludia esta situación la política de los Reyes Católicos? Seguramente, Fernando e Isabel actuaron pensando mucho más en el pasado inmediato que habían heredado y a cuyos problemas dieron solución, pero a través de su obra sentaron las bases de una presencia diplomática y militar española en Europa que debería, en la generación siguiente, enfrentarse al súbito engrandecimiento de sus ámbitos de actuación y al incremento abrumador de sus compromisos internacionales.

Mapas

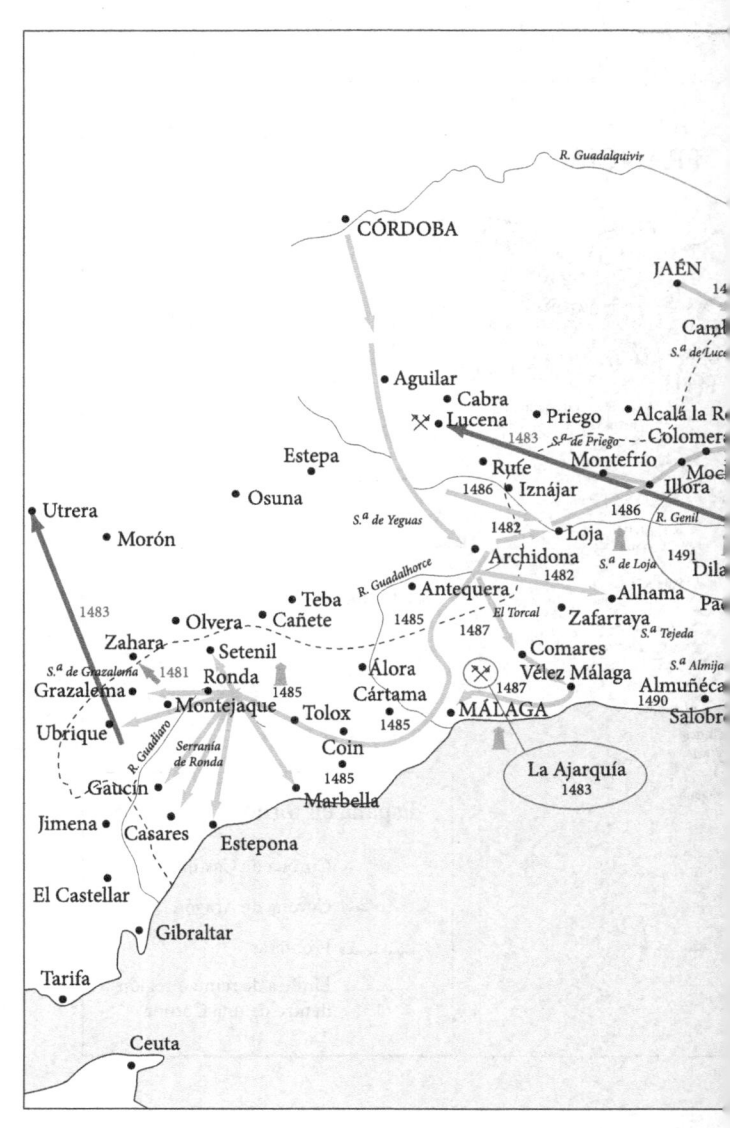

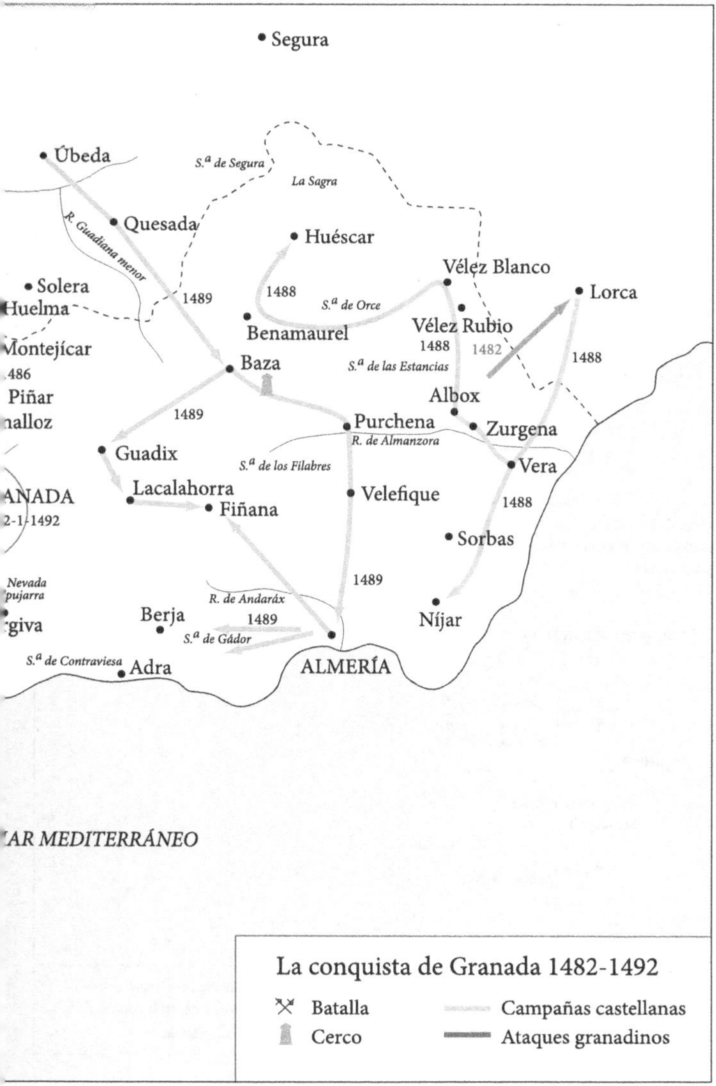

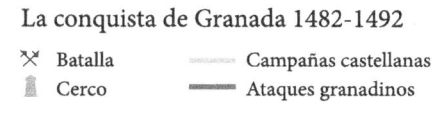

Segura
Úbeda
S.ª de Segura
La Sagra
Quesada
R. Guadiana menor
Huéscar
Vélez Blanco
Solera
Huelma
1489
1488
S.ª de Orce
Lorca
Benamaurel
Vélez Rubio
Montejícar
1488
1482
1488
.486
Baza
S.ª de las Estancias
Piñar
Albox
nalloz
1489
Purchena
Zurgena
R. de Almanzora
Guadix
S.ª de los Filabres
Vera
ANADA
Lacalahorra
Velefique
2-1-1492
Fiñana
1488
Sorbas
Nevada
pujarra
1489
R. de Andaráx
Berja
1489
Níjar
rgiva
S.ª de Gádor
S.ª de Contraviesa
Adra
ALMERÍA
AR MEDITERRÁNEO
La conquista de Granada 1482-1492
Batalla
Cerco
Campañas castellanas
Ataques granadinos

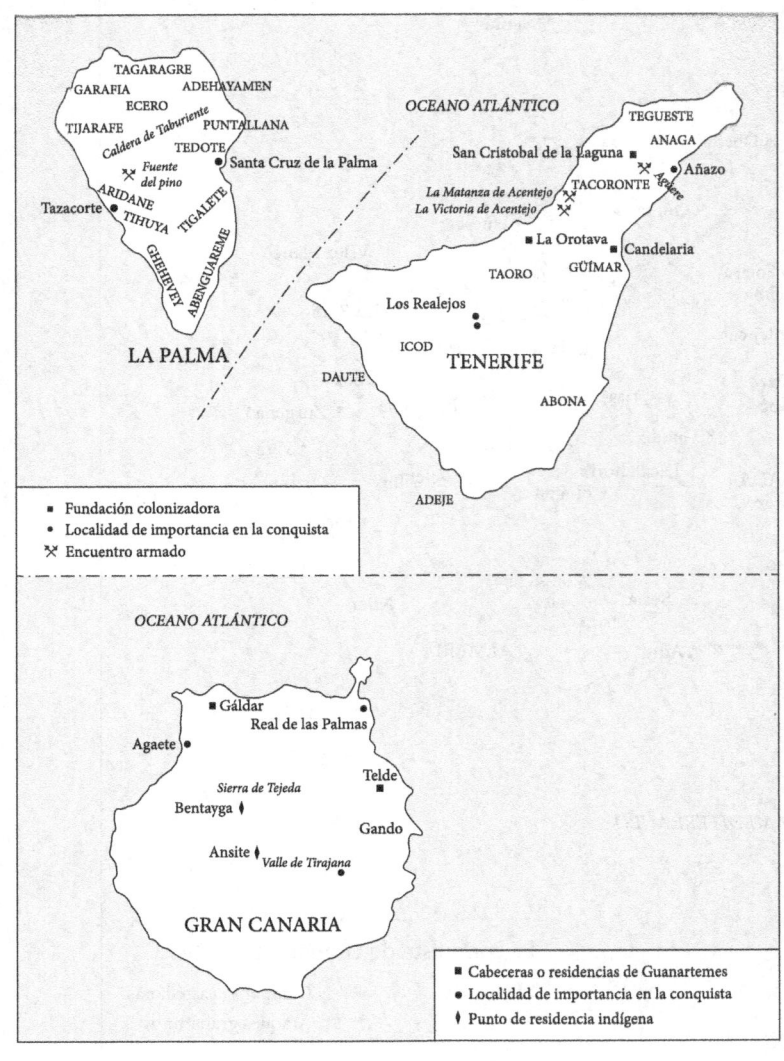

Conquista y colonización de las Islas Canarias.

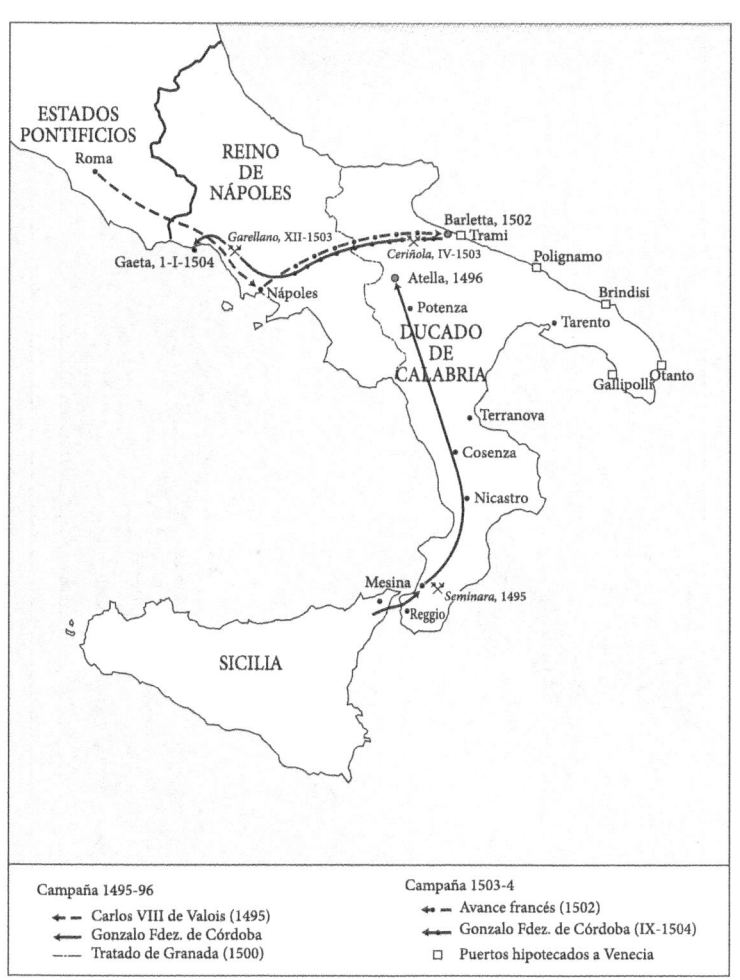

Conquista de Nápoles (1495-1504).

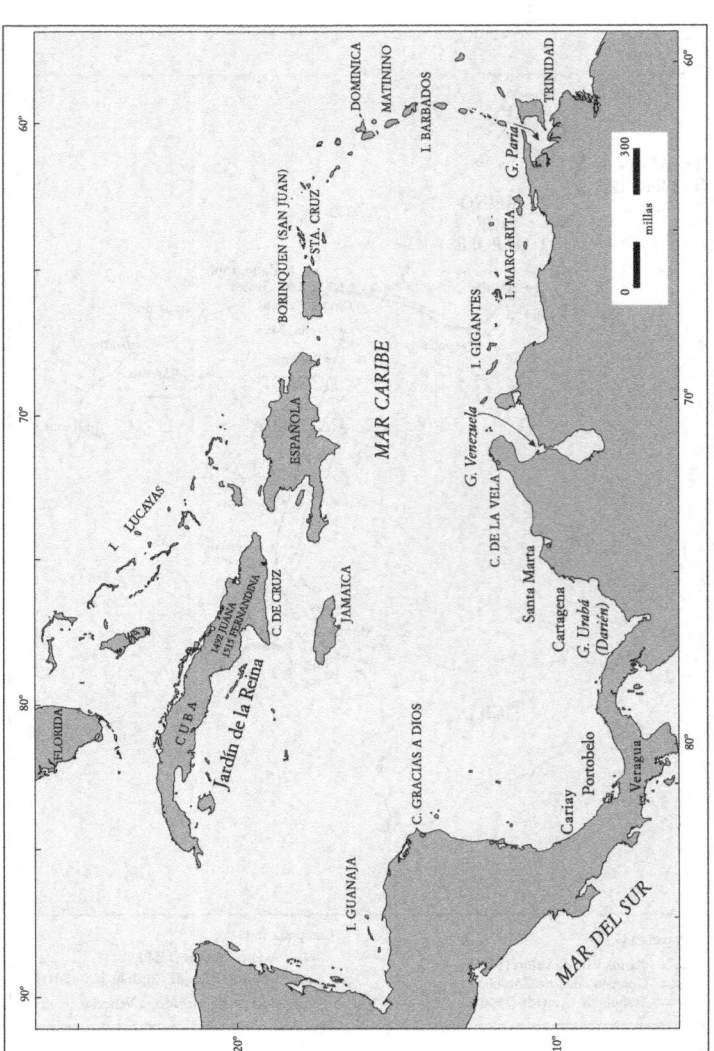

Las Indias de los Reyes Católicos.

Cronología

1438 Comienza el reinado de Alfonso V de Portugal (1438-1481).
1440 Federico III de Habsburgo, emperador de Alemania (1440-1493).
1443 Alfonso V de Aragón se corona rey de Nápoles (1442-1458).
 En septiembre, segundo matrimonio del infante Juan, entonces rey de Navarra, con Juana Enríquez. Son los padres de Fernando el Católico.
1444 Nace Antonio de Nebrija (1444-1522).
1446 Alfonso Carrillo de Acuña (1412-1482), arzobispo de Toledo.
1447 Segundo matrimonio de Juan II de Castilla con Isabel de Portugal. Son los padres de Isabel la Católica.
1449 Revuelta contra los conversos en Toledo. Hasta 1451 polémica doctrinal y primeras medidas de la Santa Sede al respecto.
1451 Nace la futura Isabel la Católica en Madrigal de las Altas Torres (22 de abril).

Nace en Génova Cristóbal Colón.
1452 Nace el futuro Fernando el Católico en Sos del Rey Católico (10 de marzo).
1453 Los turcos conquistan Constantinopla.
1454 Paz de Lodi: nuevo equilibrio político y militar en Italia que durará, con pocas alteraciones, hasta 1493.
S'ad, emir de Granada (1454-1464). Es el llamado «rey Ciriza» en las crónicas de Castilla.
Comienza el reinado de Enrique IV de Castilla (1454-1474).
1455 Segundo matrimonio de Enrique IV de Castilla con Juana de Portugal.
1456 Se intensifican, hasta 1460, la expansión y conquista turcas en los Balcanes y Grecia.
1458 Muere Alfonso V de Aragón. Es sucedido por su hermano Juan II (1458-1479), padre de Fernando el Católico.
Francisco II, duque de Bretaña (1458-1488).
Fernando o Ferrante I, hijo bastardo de Alfonso V, rey de Nápoles (1458-1494).
Fray Alonso de Espina: *Fortalitium fidei contra iudaeos*. Impresa en 1487.
1460 Comienza el renacimiento intelectual y científico de la Universidad de Salamanca.
Nace el humanista León Hebreo (1460-1535).
1461 Eduardo IV de York, rey de Inglaterra (1461-1483).
Luis XI, rey de Francia (1461-1483).
1462 Nace Juana, hija de Enrique IV. Cortes en Castilla.
Primera petición castellana a Roma de nueva inquisición.
Comienza la guerra civil en Cataluña (1462-1472).
1463 Entrevista entre Enrique IV y Luis XI a orillas del Bidasoa. Se debilita la alianza franco-castellana.
Segunda revuelta foránea en Mallorca.
1464 Abu'l-Hasan 'Ali, emir de Granada (1464-1485). Es el Muley Hacén de las crónicas castellanas.

Comienzo de los «tiempos rotos» en Castilla. Memorial de la nobleza en diciembre pidiendo reformas en el gobierno.

1465   En enero, «sentencia compromisaria» sobre el gobierno de Castilla. En junio la nobleza rebelde proclama rey a Alfonso, hermanastro de Enrique IV y hermano de Isabel. Guerra civil hasta 1468.
Intento contra los conversos en Sevilla.
Formación de Hermandades en Castilla y Galicia.

1467   Carlos el Temerario, duque de Borgoña (1467-1477).
Revuelta contra los conversos en Toledo.
Segunda «guerra hermandiña» en Galicia.

1468   Fernando, hijo de Juan II, recibe el título de rey de Sicilia. En septiembre, entrevista entre Enrique IV e Isabel –el príncipe Alfonso ha muerto– en la venta de los Toros de Guisando: concordia y «contratación» por la que se reconoce a Isabel princesa heredera del trono de Castilla y concluye la guerra civil.

1469   Enrique IV en Andalucía. Trujillo resiste el intento de los Zúñiga de ocupar la plaza y sujetarla a su señorío.
En marzo, capitulaciones matrimoniales entre Isabel, princesa de Castilla, y Fernando, heredero del trono aragonés y rey de Sicilia. 19 octubre: contraen matrimonio en Valladolid.

1470   Segundo reinado de Enrique VI de Lancáster, en Inglaterra (1470-1471).

1471   Tratado anglo-castellano de Westminster. Mayor seguridad en el comercio cantábrico.
Francesco della Rovere, papa Sixto IV (1471-1484).

1472   Continúa el desgobierno interno en Castilla: resistencia antiseñorial en Ágreda. Guerra entre Guzmán y Ponce de León, en Sevilla.

1473   Cortes en Castilla. Formación de una nueva Hermandad. Revueltas anticonversas en Córdoba y Jaén, así como intentona en Segovia.

Pedro González de Mendoza, obispo de Sigüenza (1428-1495), es nombrado cardenal.

El arzobispo toledano Alfonso Carrillo establece un primer «Estudio» en Alcalá de Henares.

1474 Introducción de la imprenta en Valencia.

En la noche del 11 al 12 de diciembre muere Enrique IV de Castilla. El 13 se proclamó reina Isabel I.

1475 El 15 de enero, sentencia arbitral o concordia de Segovia entre Isabel y Fernando sobre el gobierno conjunto de Castilla.

Parte de la nobleza inicia una guerra sucesoria en favor de Juana, hija de Enrique IV, con apoyo portugués y francés. En marzo Alcaraz, proisabelino, se subleva contra el marqués de Villena. En febrero-marzo, Luis XI invade los condados catalanes de Rosellón y Cerdaña. En mayo, tropas portuguesas entran en Castilla.

Se renuevan las treguas con Granada.

Fray Hernando de Talavera, jerónimo, confesor y consejero político de Isabel.

Desde este año la Real Chancillería estuvo instalada permanentemente en Valladolid.

Cristóbal Colón se instala en Lisboa.

1476 1 de marzo, batalla de Toro, en la que Fernando derrota a los portugueses. En abril, sublevación de Fuenteovejuna contra el comendador mayor de la Orden de Calatrava, Fernán Gómez de Guzmán; marzo-junio: asedios de Fuenterrabía.

Otoño: viaje de Fernando a Álava y Vizcaya, y de Alfonso V de Portugal a Francia en busca de mayor apoyo.

Abril: Cortes de Madrigal. Creación de la Hermandad general, de cuyas tropas se nombra capitán general a Alonso de Aragón, duque de Villahermosa, hermanastro de Fernando. Primeras reformas y ordenanzas de las Contadurías Mayores.

Abril: misión diplomática en Castilla del legado pontificio Nicolás Franco (hasta diciembre de 1478).
Atlántico: fracasada expedición de Charles de Valera contra las rutas y establecimientos portugueses en Guinea. Información a los reyes de Esteban Pérez Cubitos sobre los derechos señoriales en las islas Canarias.
Jorge Manrique: *Coplas por la muerte de su padre.* Rodrigo Manrique, uno de los aspirantes al maestrazgo de Santiago.
Diego de Valera: *Doctrinal de Príncipes.*

1477 María, duquesa de Flandes y Borgoña (1477-1482).
Primer viaje regio a Extremadura y Andalucía (1477-1478).
Alonso de Cárdenas, último maestre de la Orden de Santiago (1477-1493).
La Corona asume la conquista de las islas «mayores» de Canarias. Capitulaciones entre el obispo Juan de Frías y el capitán Juan Rejón para la conquista de Gran Canaria. Primeras medidas de la Corona contra la esclavización de aborígenes canarios.
Se crea en la Corte castellana el cargo de alcalde examinador mayor de los físicos y cirujanos del reino, o «protomedicato».

1478 Paz franco-castellana de San Juan de Luz (9 de octubre).
Treguas con Granada.
Nace el príncipe Juan, heredero de los reyes (30 de junio).
Juan Rejón funda el Real de Las Palmas de Gran Canaria (junio). Primer intento de construir una torre en la costa africana de Santa Cruz de Mar Pequeña.
Asamblea del clero castellano en Sevilla. Conflictos entre la Corona y la Santa Sede sobre la provisión de las sedes episcopales de Zaragoza y Cuenca.
Noviembre: Bula de Sixto IV estableciendo la nueva Inquisición en Castilla.

1479 Muere Juan II de Aragón y Fernando accede al trono (19 de enero). Enrique de Aragón, duque de Segorbe y conde de Ampurias, lugarteniente real en Cataluña (1479-1494).
Francisco de Foix, rey de Navarra (1479-1483).
Tratados de Alcaçovas-Toledo y paz luso-castellana (4 septiembre). Asamblea del clero en Valladolid. Primera solicitud de los monarcas a Sixto IV para que se encomiende a la Corona la promoción de la reforma monástica.
Agosto. Nuevo desembarco de Juan Rejón en Gran Canaria. Cristóbal Colón se establece en la isla de Madeira.

1480 Los turcos ocupan Otranto por breve tiempo, en agosto-septiembre, y asedian Rodas.
Desarrollo de las Cortes de Toledo. Amplias reformas hacendísticas y administrativas. Disposiciones sobre judíos y mudéjares.
Conjura de conversos en Sevilla.
Octubre: sentencia regia sobre el derecho de los solariegos castellanos a abandonar el predio que cultiven.
Supresión, de hecho, de las aduanas castellanas con Valencia.
Salvoconducto y libre tránsito a algunas tribus gitanas en Castilla.
Juan de Zúñiga, último maestre de Alcántara (1480-1494).
Pedro de Vera se hace cargo de proseguir la conquista de Gran Canaria (julio).

1481 Juan II, rey de Portugal (1481-1495).
Cortes catalanas. Política de «redreç». Constitución «de la observancia». Isabel, gobernadora, corregente y tutora en la Corona de Aragón.
Febrero: primer auto de fe de la Inquisición en Sevilla.
Última tregua con Granada.
Se reconoce a los campesinos castellanos de behetría el derecho a redimir en dinero sus obligaciones militares específicas para con la Corona («galeotes de behetría»).

Pedro de Vera concluye una fase de la conquista de Gran Canaria.

1482 Tratado de Arras: matrimonio entre María de Borgoña y Maximiliano de Austria, hijo del emperador Federico. De la unión nace Felipe, futuro marido de Juana de Castilla y padre de Carlos I.

Nuevo acuerdo anglo-castellano sobre seguridad de navegación y cartas de «marca y represalia».

Revuelta de los barones napolitanos contra Ferrante I. «Crisis de Ferrara» y peligro de ruptura del equilibrio italiano.

Febrero, 28: tropas sevillanas y del marqués de Cádiz, Rodrigo Ponce de León, toman por asalto Alhama. Da comienzo la guerra final contra Granada y el esfuerzo militar y hacendístico correspondiente. En julio, fracasado asedio de Loja.

Asamblea del clero castellano en Córdoba. Conflicto con Roma en torno a la provisión de la sede episcopal de Salamanca. El cardenal Mendoza, arzobispo de Toledo.

Nombramiento de inquisidores para Castilla, entre ellos el dominico Tomás de Torquemada, que desde octubre de 1483 será también inquisidor general en la Corona de Aragón. Conservó sus cargos hasta la muerte (1498). Tribunal inquisitorial en Córdoba.

García López de Padilla, último maestre de Calatrava (1482-1486).

Nuevas ordenanzas para las ferias de Medina del Campo.

Se imprime el *Regimiento de Príncipes* de Gómez Manrique. En Barcelona, Francesc de Sant Climent edita su aritmética comercial, y, en Valencia, Riusec imprime una colección de leyes del reino.

1483 Muere Luis XI de Francia. Sube al trono Carlos VIII (1483-1498), bajo la regencia de Ana de Beaujeu. En noviembre, acuerdo castellano-bretón para el envío de tropas a Bretaña.

Eduardo V (1483) y Ricardo III, reyes de Inglaterra (1483-1485).

Catalina de Foix, reina de Navarra (1483-1516). Proyecto frustrado de matrimonio con el príncipe Juan de Castilla.

En el tránsito de 1482 a 1483 Muhammad XI (Boabdil) se subleva contra su padre Abu'l-Hasan, que ha de huir a Málaga: guerra civil en Granada. En marzo, desastre de una expedición cristiana en los montes de Málaga (la Ajarquía). En abril, batalla de Lucena: Boabdil cae prisionero de los castellanos y acepta un pacto de vasallaje con respecto a los Reyes Católicos antes de ser liberado.

Fin de la conquista de Gran Canaria (abril).

Sixto IV confirma y amplía la actuación inquisitorial. Tribunal en Jaén, y primeras actuaciones en Aragón.

Expulsión parcial de los judíos, que salen de Andalucía.

Confirmación de las ordenanzas o fuero de las ferrerías vizcaínas y guipuzcoanas.

1484 Inocencio VIII, papa (1484-1492).

Catalina de Navarra contrae matrimonio con el noble francés Juan de Albret.

Cortes aragonesas de Tarazona (febrero-marzo). Segunda «guerra remensa».

Conquista de Álora (junio) y Setenil (septiembre).

Conflicto con Roma sobre la provisión de la sede archiepiscopal de Sevilla.

Comienzan a redactarse las *Instrucciones Antiguas* de la Inquisición (1484-1500).

El cardenal y arzobispo de Toledo, Pedro González de Mendoza, funda el Colegio de Santa Cruz, en Valladolid. Alonso Díaz de Montalvo recopila e imprime las *Ordenanzas Reales de Castilla*. En Cataluña, primera impresión del *Libro del Consulado del Mar*.

1485 Tensiones entre Roma y el rey de Nápoles. Mediación española.
A la muerte de Abul'l-Hasan, sus partidarios reconocen como emir a su hermano Muhammad ibn Sa'd, el Zagal.
Los castellanos conquistan Ronda y Marbella (junio) y Cambil (septiembre).
Rebeldía, en Ponferrada, del conde de Lemos, Rodrigo Enríquez Osorio.
Asamblea del clero castellano en Córdoba.
La Orden de Calatrava decide reconocer la futura administración de su maestrazgo por la Corona.
Evangelios y Epístolas, de Gonzalo García de Santamaría, Zaragoza.
Inquisición: se traslada a Toledo el tribunal de Ciudad Real. Actuación inquisitorial en Guadalupe. Asesinato del inquisidor aragonés Pedro de Arbués.
Mediados de 1485: Cristóbal Colón llega a Palos y La Rábida tras el rechazo de sus proyectos en la corte portuguesa.
1486 Embajada del conde de Tendilla, Íñigo de Mendoza, en Roma.
Conquista de Loja en mayo, de Illora, Moclín y otras plazas de la vega granadina, en junio.
Viaje de los reyes a Galicia. Nuevas leyes de la Hermandad. Bula otorgando a la Corona el patronato sobre las iglesias de Granada y Canarias.
En diciembre, la sentencia arbitral de Guadalupe pone fin al problema de los payeses de remensa catalanes.
Expulsión parcial de los judíos de Teruel.
Se examina por primera vez el proyecto colombino en la Corte.
1487 Conquista de Vélez-Málaga (abril). Asedio y toma de Málaga, entre mayo y septiembre. Nuevo acuerdo con Boabdil en mayo.
Primer tribunal inquisitorial en Barcelona.

1488 Acuerdo castellano-bretón y primer envío de tropas a Bretaña.
Junio: ocupación sin lucha de Vera, Vélez Blanco y Vélez Rubio, Huéscar, Mojácar, Benamaurel, Galera y otras plazas del este de Granada.
Cortes aragonesas. Primer tribunal inquisitorial en Mallorca. Se establece la Hermandad en Aragón, hasta 1495.
Plasencia retorna a la jurisdicción realenga.
Asamblea del clero castellano.
Cristóbal Colón ve rechazado por segunda vez su proyecto en la corte portuguesa. Bartolomé Díaz dobla el cabo de Buena Esperanza.

1489 Negociaciones con Flandes y proyectos matrimoniales: Juan de Castilla-Margarita, Juana de Castilla-Felipe. En marzo, negociaciones con Inglaterra y proyecto matrimonial Catalina de Aragón-Arturo. En el otoño, segundo envío de tropas castellanas a Bretaña.
Entre junio y diciembre, cerco de Baza. Toma de esta ciudad, Guadix y Almería. Los grandes gastos obligan a la venta de «juros».
Ordenanzas de la Audiencia o Real Chancillería.
Nuevas constituciones de la congregación de San Benito de Valladolid.
Ordenanzas para la pañería castellana. Universidad de mercaderes de Bilbao.
En mayo, Cristóbal Colón se entrevista en Jaén con la reina Isabel I, que le ofrece ocuparse de su proyecto cuando termine la conquista de Granada.

1490 Alianza anglo-hispano-flamenca de Okyng.
Matrimonio entre Alfonso de Portugal y la infanta Isabel (noviembre).
En mayo, talas y escaramuzas de poca importancia en las cercanías de Granada.
Edición valenciana de *Tirant lo Blanch*.

1491 El matrimonio de Carlos VIII de Francia con Ana, duquesa de Bretaña, pone fin a la guerra en el ducado y a las intervenciones extranjeras.
Asedio de la ciudad de Granada. Construcción de la ciudad-campamento de Santa Fe desde abril. Capitulaciones para la entrega de Granada (noviembre 25), negociadas por Hernando de Zafra, secretario real, con cortesanos de confianza de Boabdil, secretamente.
Asamblea del clero.
«Caso del santo niño de la Guardia»: falsas acusaciones de supuesta crucifixión ritual contra judíos toledanos.
Ordenanzas para la pañería castellana. Medidas contra la salida de moneda.
Nuevo salvoconducto a tribus gitanas.
Cristóbal Colón en La Rábida, y en Santa Fe. Sanción a los vecinos de Palos por pescar en zonas vedadas.
Edición de las *Siete Partidas,* bajo el cuidado de Alonso Díaz de Montalvo.

1492 Muere Lorenzo de Médicis. Rodrigo de Borja, valenciano, papa Alejandro VI (1492-1503).
Coronación de Juan de Albret y Catalina de Foix como reyes de Navarra.
Entrega de Granada (2 de enero). Hernando de Talavera, primer arzobispo de la ciudad (1492-1507). Íñigo de Mendoza, conde de Tendilla, primer capitán general del reino de Granada (1492-1515).
Pragmática ordenando la conversión a la fe cristiana o la expulsión de los judíos en el plazo de cuatro meses (marzo, 31).
Leyes de Córdoba sobre pruebas de hidalguía.
Pragmática sobre el deber de los vecinos castellanos de mantener el armamento debido (julio).
Nuevas ordenanzas de la Mesta.
La Corona se hace cargo de la administración del maestrazgo de la Orden de Santiago.

La Corona compra la jurisdicción sobre la mitad de Palos.
En el tránsito de 1492 a 1493 recupera la jurisdicción sobre Cádiz.
Capitulaciones de Santa Fe, entre la Corona y Cristóbal Colón (17 de abril). Primer viaje colombino y descubrimiento de América (12 de octubre).
Alonso Fernández de Lugo conquista la isla canaria de La Palma (1492-1493).
Antonio de Nebrija: *Arte de la lengua castellana*. Posible conclusión de la versión definitiva del *Amadís de Gaula*. *Cárcel de amor,* de Diego de San Pedro.
Nace en Valencia Juan Luis Vives, humanista (1492-1540).

1493 Maximiliano I de Habsburgo, padre de Felipe el Hermoso, emperador (1493-1519).
Tratado franco-español de Tours-Barcelona (enero). En septiembre, reintegración de Rosellón y Cerdaña en Cataluña.
Embajada de Diego López de Haro a Roma.
Boabdil abandona su señorío granadino de La Alpujarra y pasa al Magreb, en octubre.
Cortes aragonesas y catalanas. Reorganización de la Audiencia de Cataluña y del Justicia Mayor aragonés. Elección por insaculación de cargos municipales y de la Generalidad catalana.
Alejandro VI otorga bulas sobre el derecho exclusivo a evangelizar en las Indias y otras sobre el asunto indiano. Igualmente, concede entre 1493 y 1499 otras sobre «vicariato regio» para la reforma monástica.
Montserrat se une a la reforma benedictina de la congregación de San Benito de Valladolid.
Francisco Jiménez de Cisneros, franciscano, confesor de Isabel I.
Lucero de la vida cristiana, de Pedro Ximénez de Préxano. Salamanca, 1493.

Monopolio gaditano sobre el comercio con Berbería. Acuñación del ducado o «principat» catalán.
Segundo viaje colombino (25 de septiembre).
Primera entrada de Alonso Fernández de Lugo en Tenerife (diciembre 1493 a mayo 1494).

1494 Ludovico Sforza el Moro, duque de Milán (1494-1499/1500).
Alfonso, duque de Calabria, rey de Nápoles (Alfonso II. 1494-1495).
Comienza la expedición o «calata» de Carlos VIII de Francia en Italia (agosto).
Creación del Consejo de Aragón. Y, en Castilla, de la Real Chancillería de Ciudad Real.
La Corona se hace cargo de la administración del maestrazgo de la Orden de Alcántara.
Creación del consulado de Burgos.
Tratados luso-castellanos de Tordesillas. Partición de las zonas de exploración y conquista (meridiano 370 leguas al oeste de las islas de Cabo Verde). Se prohíbe de nuevo la pesca castellana al sur del cabo Bojador.

1495 Manuel I, rey de Portugal (1495-1521).
Carlos VIII de Francia invade Nápoles (enero-febrero).
Alfonso II renuncia el trono en su hijo Ferrante II, que huye a Sicilia. En marzo, formación de una liga (aparentemente contra los turcos) entre España, el papa, el emperador, Venecia y Milán. A mediados de año, Gonzalo Fernández de Córdoba desembarca en Nápoles con tropas españolas: primera guerra de Nápoles.
Tratado castellano-navarro de Madrid (marzo).
Nueva pragmática en Castilla recordando a los vecinos la obligación de mantener en uso su armamento (septiembre). Otra, primando la construcción de barcos con más de 600 «toneles» de aforo.
Se ensaya el régimen de «encabezamiento» para el cobro de alcabalas. Encuestas y memoriales sobre la pañería castellana.

Cisneros, arzobispo de Toledo.
1495-1497: numerosas «habilitaciones» a conversos y familiares para el ejercicio de todo tipo de cargos.
Alonso Fernández de Lugo regresa a Tenerife y conquista la isla (noviembre 1495-mayo 1496).

1496 Proyecto de ejército permanente en Castilla (febrero) y movilización general (primavera).
Los franceses, reducidos a Gaeta y Tarento (julio). Treguas en Nápoles a fin de año.
Alejandro VI otorga a Isabel y Fernando el título de Reyes Católicos (19 de diciembre).
Matrimonio entre la infanta Juana y Felipe de Habsburgo. Capitulaciones matrimoniales entre Catalina de Aragón y Arturo, heredero del trono inglés (otoño).
Juan de Aragón, conde de Ribagorza, lugarteniente de Cataluña.
Segundo intento de construcción de una torre en la costa africana de Santa Cruz de Mar Pequeña.
Primera pragmática limitando las posibilidades profesionales de los conversos y sobre su adoctrinamiento. Primeros estatutos de «limpieza de sangre» para la entrada en la orden de los jerónimos.
Francesc Eiximenis: *Vita Christi*. Adaptación y edición de Hernando de Talavera.

1497 Federico o Fadrique I, rey de Nápoles (1497-1501).
Matrimonio entre Juan, príncipe de Castilla, y Margarita de Flandes (marzo). Muere Juan en octubre. Segundo matrimonio de la infanta Isabel con Manuel I de Portugal.
Melilla, conquistada por las tropas del duque de Medina Sidonia (septiembre).
Reforma monetaria en Castilla. Acuñación del ducado o «excelente». Nueva relación oro/plata.
Jacobo de Benavente: *Vergel de consolación,* Sevilla, 1497.

Expulsión de los judíos de Portugal.
Excomunión de Savonarola.

1498 Luis XII, rey de Francia (1498-1515).
Tratado franco-español de Marcousis (agosto).
Cortes de Castilla. Disolución de los órganos generales y militares de la Hermandad.
Pragmática sobre márgenes de ganancias de los cambistas, en Castilla.
Diego de Deza, inquisidor general (1498-1507). Había sido maestro de los hijos de los reyes. Desde 1505, también arzobispo de Sevilla.
Expulsión de los judíos de Navarra.
Tercer viaje colombino (mayo). Vasco de Gama llega a la India por la ruta del cabo de Buena Esperanza.

1499 Primera ocupación francesa de Milán. Con interrupciones, se mantendrá hasta 1512.
Revuelta de los mudéjares del Albaicín de Granada, en diciembre.
Pragmáticas reales en Castilla privilegiando el flete de barcos del país, en 1499 y 1500.
Se renueva la pragmática de 1496 referente a los judeoconversos.
Primera pragmática en Castilla regulando las condiciones de permanencia en el país para los gitanos.
Intentos, entre 1499 y 1502, de penetración en la costa atlántica al sur de Marruecos (reino de Bu Tata).
Bulas pontificias, en 1499-1500, que establecen en Alcalá de Henares facultades de Artes, Derecho y Teología.

1500 Tratado castellano-navarro de Sevilla (mayo): se prevén enlaces matrimoniales entre ambas casas reales.
Acciones de Gonzalo Fernández de Córdoba contra los turcos en el Adriático. En noviembre, Tratado de Chambord-Granada sobre partición de Nápoles entre españoles y franceses.

Muere el infante Miguel, en julio, hijo de Manuel I de Portugal e Isabel de Castilla y heredero de las coronas de Portugal, Castilla y Aragón. Juana y Felipe, su marido, herederos; nace el hijo de ambos, Carlos, futuro Carlos I de España y emperador de Alemania.

Revueltas de mudéjares en el reino de Granada durante los años 1500 y 1501.

Nuevo matrimonio concertado entre Manuel I de Portugal y la infanta María.

En Castilla: Ordenanzas de corregidores. Nuevas ordenanzas sobre pañería. Confirmación de las ordenanzas del colegio de pilotos vizcaínos en Cádiz. Formación en la Corte de un tribunal examinador de albeitares.

García Jiménez de Cisneros: *Exercitatorio de la vida espiritual*.

1501 Comienza el reparto de Nápoles entre franceses y españoles, y continúan las acciones contra los turcos.

Matrimonio entre Arturo de Inglaterra, heredero del trono, y la infanta Catalina de Aragón.

Edición del *Fuero Real*, bajo el cuidado de Alonso Díaz de Montalvo.

Bula declarando vitalicia la administración regia de los maestrazgos de órdenes militares.

Se renueva la pragmática de 1496 sobre conversos.

Privilegio de «posesión» a favor de los ganaderos de la Mesta castellana.

Edición completa de *La Celestina* en Sevilla.

1502 Segunda guerra de Nápoles entre españoles y franceses (agosto).

Cortes en Castilla. Retorno de Gibraltar a la jurisdicción realenga.

Pragmática ordenando la conversión al cristianismo o expulsión de los mudéjares castellanos y granadinos (febrero).

Cuarto viaje de Cristóbal Colón a América.
Fundación del «Estudio» de Sevilla por Rodrigo de Santaella.

1503 Pío III, papa (septiembre-octubre). Giuliano della Rovere, papa Julio II (1503-1513).
Victorias de Gonzalo Fernández de Córdoba en Nápoles: Seminara (21 de abril), Ceriñola (28 de abril), Garellano (diciembre).
Nuevas capitulaciones matrimoniales entre Catalina, viuda, y Enrique, heredero del trono inglés.
Alonso Fernández de Lugo es nombrado adelantado de Canarias y de las costas africanas próximas al archipiélago.
Se edita por primera vez la colección de pragmáticas reales de Isabel y Fernando, al cuidado de Juan Ramírez.
Crisis y carestía cerealista en Castilla hasta 1507.
Fundación de la Casa de Contratación de Sevilla para el comercio indiano.

1504 Tregua en Nápoles (febrero).
Creación del cuerpo de infantería de *gentes de ordenanza* por Gonzalo de Ayora.
Muere Isabel I en el palacio real de Medina del Campo (26 noviembre).

1505 Juana I, reina de Castilla (enero, 11). Cortes del reino.
Leyes de Toro, dadas en Cortes, regulando y ampliando el régimen de mayorazgo.
La Real Chancillería de Ciudad Real se traslada a Granada. Se consolida la Audiencia de Galicia.
Asamblea del clero.
Conquista de Mazalquivir por tropas castellanas.

1506 De nuevo, Cortes en Castilla. Disputas sobre el gobierno entre Fernando el Católico y su yerno, marido de Juana I, Felipe el Hermoso. El 18 de marzo, Fernando se casa en segundas nupcias con Germana de Foix, sobrina del rey Luis XII de Francia. En verano, acuerdo de cesión del go-

bierno de Castilla a Juana y Felipe. En otoño, Fernando marcha a Aragón e Italia. Muerte de Felipe.
Muere en Valladolid Cristóbal Colón.

1507 Derrota del partido beamontés, procastellano, en Navarra. Fernando V regresa a Castilla en agosto y se hace cargo del gobierno ante la incapacidad de Juana I. Cisneros es nombrado inquisidor general de Castilla y recibe el capelo cardenalicio. Jaime de Luna, lugarteniente real en Cataluña. En Castilla, tremenda epidemia de peste.
Revuelta de los campesinos de la baronía aragonesa de Monclús.
Muere Hernando de Talavera, primer arzobispo de Granada, antiguo consejero y confesor de Isabel I.

1508 Julio II concede el patronato regio universal sobre las iglesias de Indias.
Revuelta del marqués de Priego, Pedro Fernández de Córdoba.
Comienzo de la crisis sucesoria en el ducado de Medina Sidonia.
Abre sus puertas en 1508-1509 la Universidad de Alcalá de Henares.
Primera edición de *Amadís de Gaula*. *Cancionero* de Ambrosio Montesino.

1509 Enrique VIII, rey de Inglaterra (1509-1547). Casado con Catalina, hija de los Reyes Católicos.
Conquista de Orán por los castellanos, a iniciativa del cardenal Cisneros.

1510 Fernando recibe la investidura pontificia como rey de Nápoles. Liga de Cambray (Papado-España-Francia) contra Venecia.
Cortes de Castilla.

1511 Se completan las ordenanzas de la Mesta y se promulgan las ordenanzas generales sobre pañería en Castilla. Consulado de Bilbao.

Cancionero General, de Hernando del Castillo. Edición castellana, en Valladolid, de *Tirant lo Blanch.*

1512 Liga Santa, en Italia.
Anexión de Navarra por Fernando el Católico (julio-agosto).
Cortes de Castilla.

1513 Juan de Médicis, papa León X (1513-1521).
Primera edición de la *Obra de Agricultura* de Gabriel Alonso de Herrera.

1514 Alfonso de Aragón, lugarteniente real en Cataluña (1514-1521).
Se imprimen los seis volúmenes de la *Biblia Políglota Complutense* (1514-1517).

1515 Francisco I, rey de Francia (1515-1547). Segunda intervención francesa en Milán (batalla de Marignano).
Cortes castellanas de Burgos. Unión de las coronas de Castilla y Navarra.
Pragmática sobre el obraje de la seda.
Aureum opus regalium privilegiorum civitatis et regni Valentiae, editado por Luis Alanya.

1516 Muere Fernando V de Castilla y II de Aragón (Madrigalejo-Trujillo, enero, 23). Cisneros se hace cargo de la regencia en nombre de Carlos I, en Castilla, y el arzobispo de Zaragoza, Alfonso de Aragón, en Aragón.
Maquiavelo (nac. 1469): *El Príncipe.*

1517 Lutero publica sus «tesis» e inicia su rebeldía contra la Santa Sede.

1519 Carlos I, rey de España, «rey de romanos» electo (mayo, 28). Magallanes inicia la que será primera vuelta al mundo. Hernán Cortés desembarca en México.

1520 Carlos I, proclamado «rey de romanos» (octubre, 26).
Germanías valencianas.
Creación de los «Grandes de España».

1521 Comunidades de Castilla.

Indicaciones bibliográficas

Un buen repertorio de fuentes y bibliografía sobre los Reyes Católicos, su época y su entorno histórico incluiría muchos miles de títulos. Aquí se presenta el mínimo preciso para dar cuenta de publicaciones fundamentales o importantes y facilitar, a la vez, los medios de obtener información bibliográfica más detallada. Apenas se añaden comentarios, por razones de espacio, y se limita mucho la referencia a obras de temática o ámbito más amplio para atender sobre todo a bibliografía específica, aunque hayamos tenido que renunciar a la mención de numerosos trabajos valiosos o interesantes: algunos de ellos –en general más antiguos– se citan en ediciones anteriores de este libro, que aparecieron bajo el mismo u otros títulos (M. Á. Ladero Quesada, *España en 1492*, Madrid, Ed. Hernando, 1979; *Los Reyes Católicos. La Corona y la unidad de España*, Madrid, Fundación Francisco López de Gómara, 1989; *La España de los Reyes Católicos*, Madrid, Alianza Editorial, 1999, 2005)[1].

Siempre debe tenerse en cuenta el repertorio, con 8.740 referencias de libros y artículos, titulado *Los Reyes Católicos y su tiempo* (dir. M. Á. Ladero Quesada; redac. A. I. Carrasco Manchado, M. P. Rábade Obradó, M. C. Rubio Linares), Madrid, C.S.I.C., Bibliografías de Historia de España,

---

1. Siglas empleadas: *AEMed*, Anuario de Estudios Medievales (Barcelona). *AHDE*, Anuario de Historia del Derecho Español (Madrid). *AraEM*, Aragón en la Edad Media (Zaragoza). *BRAH*, Boletín de la Real Academia de la Historia (Madrid). *CEMYR*, Cuadernos del Centro de Estudios Medievales y Renacentistas (La Laguna de Tenerife). *CH*, Cuadernos de Historia. Anejos de 'Hispania' (Madrid). *CHCA*, Congreso de Historia de la Corona de Aragón. *CHE*, Cuadernos de Historia de España (Buenos Aires). *CHM*, Cuadernos de Historia Moderna (Madrid). *EEMed*, En la España Medieval (Madrid). *ETF*, Espacio, Tiempo y Forma (Madrid). *HID*, Historia. Instituciones. Documentos (Sevilla). *His*, Hispania (Madrid). *HS*, Hispania Sacra (Madrid). *MMM*, Miscelánea Medieval Murciana (Murcia). *RABM*, Revista de Archivos, Bibliotecas y Museos (Madrid). *RAH*, Real Academia de la Historia. *RHM*, Revista de Història Medieval (Valencia). *SEMedEstella*, Semana de Estudios Medievales de Estella (Navarra).

n.º 12, 2004, 2 v. Una compilación de libros anteriores a 1930, en CDRom, en mi obra *Textos clásicos sobre los Reyes Católicos,* Colección Clásicos Tavera, serie III, volumen 5, Madrid, 1999. Amplias referencias y comentarios bibliográficos en las ponencias de *La Historia Medieval de España. Un balance historiográfico (1968-1998),* XXV SEMed Estella, Pamplona, 1999.

1. El reinado. Los reyes[2]

Actas de congresos, estudios en catálogos de exposiciones y otras obras con colaboraciones de diversos autores

Hispania-Austria. I Re Cattolici, Massimiliano I e gli inizi della Casa d'Austria in Spagna, Milán, 1992 (versiones en italiano y alemán). La correspondiente edición española, *Reyes y Mecenas. Los Reyes Católicos, Maximiliano I y los inicios de la Casa de Austria en España,* Madrid, Ministerio de Cultura, 1992, se refiere con mayor extensión a los aspectos artísticos.

1490: en el umbral de la Modernidad. El Mediterráneo europeo y las ciudades en el tránsito de los siglos XV-XVI, Valencia, 1994.

El Tratado de Tordesillas y su época. Congreso internacional de historia, Valladolid, Junta de Castilla y León, 1995, 3 vols. (L. A. Ribot García, coord.). (Ponencias sobre todos los aspectos de la época y reinado.)

La paz y la guerra en la época del Tratado de Tordesillas, Madrid, 1994.

La Península Ibérica en la Era de los Descubrimientos (1391-1492). III Jornadas Hispano-Portuguesas de Historia Medieval, Sevilla, 1997, 2 vols. (M. González Jiménez, coord.).

Fernando II de Aragón. El Rey Católico, Zaragoza, 1996 (E. Sarasa, coord.). (Especial interés para el reino de Aragón.)

De la unión de Coronas al imperio de Carlos V, Madrid, 2001, 3 v. (E. Belenguer Cebriá, coord.).

Isabel la Católica y la política, Valladolid, 2001 (J. Valdeón Baruque, ed.). [Otros tres volúmenes de esta serie se mencionan en los apartados sobre sociedad, imagen de la reina, cultura.]

Isabel la Católica, reina de Castilla, Barcelona, Lunwerg, 2002 (ed. P. Navascués Palacio).

2. Las citas bibliográficas se agrupan dentro de cada epígrafe, en general, por materias, no por orden alfabético, para que se correspondan mejor con el orden seguido en el texto principal del libro, siempre que sea posible.

Isabel la Católica Queen of Castile: Critical Essays, Palgrave-MacMillan, 2003 (D. A. Boruchoff, ed.).
Isabel la Católica. La magnificencia de un reinado. Quinto Centenario de Isabel la Católica. 1504-2004, Sociedad Estatal de Conmemoraciones Culturales, Junta de Castilla y León, 2004.
Los Reyes Católicos y la monarquía de España, Sociedad Estatal de Conmemoraciones Culturales, Generalitat Valenciana, 2004.
Isabel la Católica, reina de Castilla, Segovia, Caja Segovia, 2004.
Isabel la Católica vista desde la Academia, Madrid, Real Academia de la Historia, 2005 (L. Suárez Fernández, coord.).
Ysabel. La Reina Católica. Una mirada desde la catedral primada, Toledo, Arzobispado, 2005.
La Península Ibérica entre el Mediterráneo y el Atlántico. Siglos XIII-XV, Sevilla-Cádiz, 2006 (M. González Jiménez, I. Montes Romero-Camacho, eds.).
Andalucía y Granada en tiempos de los Reyes Católicos, Sevilla, 2006 (M. García Fernández, C. A. González Sánchez, eds.).
Ferdinandus, príncipe del Renacimiento, Rex Hispaniarum, Zaragoza, 2006 (E. Sarasa, ed.).
Isabel la Católica y su época, Actas del Congreso Internacional Valladolid-Barcelona-Granada, 15 a 20 de noviembre de 2004, Valladolid, 2007, 2 vols. (L. Ribot, J. Valdeón, E. Maza, coords.).
Isabel la Católica y su época. Estudios y selección de textos, Universidad de Alcalá, 2007 (M. D. Cabañas González, C. L. López, G. del Ser, eds.).
En los umbrales de España. La incorporación del reino de Navarra a la monarquía hispana, XXXVIII SEMedEstella, Pamplona, 2012.

[Incluyo otros libros de este tipo en las secciones temáticas.]

Obras de conjunto

SUÁREZ FERNÁNDEZ, L., *Los Reyes Católicos,* Madrid, 1989-1990, 5 vols. *(La conquista del trono. Fundamentos de la monarquía. El tiempo de la guerra de Granada. La expansión de la fe. El camino hacia Europa).* (Obra fundamental.)
– *Claves históricas en el reinado de Fernando e Isabel,* Madrid, 1998.
PÉREZ, J., *Isabel y Fernando. Los Reyes Católicos,* Madrid, 1988.
HILLGARTH, J. N., *Los Reyes Católicos. 1474-1516,* Barcelona, 1984.
VINCENT, B., *1492: «El año admirable»,* Barcelona, 1992.
EDWARDS, J., *La España de los Reyes Católicos (1474-1520),* Barcelona, 2001.

– *Isabel de Castilla y Fernando de Aragón, constructores de un régimen*, Madrid, 2007.
AZCONA, T. de, *Isabel la Católica. Estudio crítico de su vida y reinado*, Madrid, 1993 (3.ª ed. revisada).
RUBIN, N., *Isabella of Castile: the first Renaissance Queen*, Nueva York, 1991.
LISS, P. K., *Isabel the Queen. Life and Times*, New York, Oxford, U. P., 1992.
SUÁREZ FERNÁNDEZ, L., *Isabel I, reina*, Barcelona, 2000.
SAN MIGUEL PÉREZ, E., *Isabel I de Castilla (1474-1504)*, Burgos, 1998.
ALVAR, A., *Isabel la Católica: una reina vencedora, una mujer derrotada*, Madrid, 2002.
PÉREZ SAMPER, M.ª A., *Isabel la Católica*, Barcelona, 2004.
JAVIERRE, J. M., *Isabel la Católica. El enigma de una reina*, Salamanca, 2004.
VAL VALDIVIESO, M.ª I., *Isabel la Católica y su tiempo*, Granada, 2005 (recopilación de estudios).
LADERO QUESADA, M. A., *Isabel I de Castilla. Siete ensayos sobre la reina, su entorno y sus empresas*, Madrid, Dykinson, 2012 (en lo sucesivo, *Isabel I de Castilla*).
VICENS VIVES, J., *Historia crítica de la vida y reinado de Fernando II de Aragón*, Zaragoza, 1962; 2.ª ed. Zaragoza, 2006. (Hasta 1481.)
SESMA MUÑOZ, A., *Fernando de Aragón. Hispaniarum Rex*, Zaragoza, 1992. (Hasta 1492).
VILLAPALOS SALAS, G., *Fernando V (1474-516)*, Palencia, 1998.
BELENGUER CEBRIÁ, E., *Fernando el Católico. Un monarca decisivo en las encrucijadas de su época*, Barcelona, 1999 (3.ª, 2001).
SUÁREZ FERNANDEZ, L., *Fernando el Católico*, Barcelona, 2004.

Antecedentes del reinado. Acceso al trono. Perfil cronológico del reinado

VICENS VIVES, J., *Juan II de Aragón. Monarquía y revolución en la España del siglo XV*, Barcelona, 1953.
– *Fernando el Católico, príncipe de Aragón y rey de Sicilia, 1458-1478*, Madrid, 1954.
SOBREQUÉS VIDAL, S., y J. SOBREQUÉS I CALLICÓ, *La guerra civil catalana del segle XV*, Barcelona, 1973, 2 v.
SUÁREZ FERNÁNDEZ, L., *Nobleza y Monarquía. Puntos de vista sobre la historia política castellana del siglo XV*, Valladolid, 1975 (2.ª ed.) (3.ª ed. reformada: *Nobleza y Monarquía. Entendimiento y rivalidad: el proceso de construcción de la corona española*, Madrid, 2002).
– *Monarquía hispana y revolución trastámara*, Madrid, 1994.

LADERO QUESADA, M. Á., «Los Trastámara, de Castilla a la Corona de Aragón», en *Poder político y sociedad en Castilla. Siglos XIII al XV*, Madrid, Dykinson, 2014, pp. 163-193.
ROMERO PORTILLA, P., *Dos monarquías medievales ante la modernidad. Relaciones entre Portugal y Castilla (1431-1479)*, La Coruña, 1999.
PHILLIPS, W. D., *Enrique IV and the crisis of Fifteenth Century Castile. 1425-1480*, Cambridge Mass., 1978.
PÉREZ BUSTAMANTE, R., y J. M. CALDERÓN ORTEGA, *Enrique IV de Castilla (1454-1474)*, Palencia, 1998.
SUÁREZ FERNÁNDEZ, L., *Enrique IV de Castilla*, Barcelona, 2001.
MARTIN, J. L., *Enrique IV de Castilla, Rey de Navarra, Príncipe de Cataluña*, Fuenterrabía, 2003.
FRANCO SILVA, A., *Los discursos políticos de la nobleza castellana en el siglo XV*, Cádiz, 2012 [especialmente en tiempos de Enrique IV].
– *Juan Pacheco: privado de Enrique IV de Castilla*, Granada, 2012.
CARCELLER CERVIÑO, M.ª P., *Beltrán de la Cueva, el último privado*, Madrid, 2011.
VAL VALDIVIESO, M. I. del, *Isabel la Católica princesa (1468-1474)*, Valladolid, 1974.
– «La sucesión de Enrique IV», *ETF*, III, 4 (1991), 43-78.
TORRES FONTES, J., *El príncipe don Alfonso y la contratación de Guisando, 1465-1468*, Murcia, 1985.
MORALES MUÑIZ, C. D., *Alfonso de Ávila, rey de Castilla*, Ávila, 1988.
CASSSOTI, M., *A rainha adúltera. Joana de Portugal e o enigma da «Excelente Senhora». Crónica d'uma difamaçâo anunciada*, Lisboa, 2012.
AZCONA, T. de, *Juana de Castilla, mal llamada la Beltraneja. Vida de la hija de Enrique IV de Castilla y su exilio en Portugal (1461-1530)*, Madrid, 2006.
GARCÍA DE LOUAPRE, P., *Proceso al trono de Isabel la Católica*, Barcelona, 1994.
SOLÓRZANO TELLECHEA, J. A., ed., *Rodrigo Sánchez de Arévalo: tratado sobre la división del reino y cuándo es lícita la primogenitura*, Logroño, 2011 [escrito en 1467].

2. Población. Economía. Sociedad

Obras generales

LADERO QUESADA, M. Á., «Población, economía y sociedad», en *Historia General de España y América. V. 1369-1517*, Madrid, 1982, pp. 3-103.
– *La formación medieval de España. Territorios, regiones, reinos*, Madrid, Alianza Editorial, 2004, 2006 (3.ª ed. 2014).

- «La historia económica medieval hispánica», en *Dove va la storia económica? Metodi e prospettive...*, 42.ª Settimana... Istituto Datini. Firenze University Press, 2011, pp. 105-141.
- «Política económica de Isabel la Católica», en M. Á. Ladero Quesada, *Poder político y sociedad en Castilla. Siglos XIII al XV*, Madrid, Dykinson, 2014, pp. 283-308.
- coord., *El mundo social de Isabel la Católica. La sociedad castellana a finales del siglo XV*, Madrid, Dykinson, 2004 [16 estudios sobre estructuras y grupos sociales].

VALDEÓN BARUQUE, J., y MARTÍN RODRÍGUEZ, *La Baja Edad Media peninsular. Siglos XIII-XV. La población, la economía, la sociedad. Historia de España Menéndez Pidal*, vol. XII, Madrid, 1996.

Sociedad y economía en tiempos de Isabel la Católica, Valladolid, 2002 (J. Valdeón Baruque, ed.)

GARCÍA BALLESTER, L., dir., *Historia de la ciencia y de la técnica en la Corona de Castilla. II. La Edad Media*, Valladolid, 2002.

Población

LADERO QUESADA, M. Á., «La población de reinos y ciudades en la baja Edad Media española (de finales del siglo XIII a comienzos del XVI)», *BRAH*, CCXI (2014).

CARRETERO ZAMORA, J. M., *La averiguación de la Corona de Castilla (1525-1540). Los buenos vecinos pecheros del reino en época del emperador Carlos V*, Junta de Castilla y León, 2008, 3 vols.

MONTEANO SORBET, P., *Los navarros ante el hambre, la peste, la guerra y la fiscalidad: siglos XV y XVI*, Pamplona, 2002.

FELIU, G., «Evolución y asentamiento de la población», en *La Corona de Aragón en el centro de su historia. 1208-1458*, Zaragoza, 2010, pp. 31-58 (J. A. Sesma, coord.).

SESMA MUÑOZ, J. A., «La población urbana en la Corona de Aragón (siglos XIV y XV)», en *Las sociedades urbanas en la España medieval, XXIXSEMedEstella*, Pamplona, 2003, pp. 151-193.

GARCÍA CÁRCEL, R., «El censo de 1510 y la población valenciana en la primera mitad del siglo XVI», *Saitabi*, 26 (1976), 171-188.

Ámbitos territoriales. Ciudades

LADERO QUESADA, M. Á., *Ciudades de la España medieval. Introducción a su estudio*, Madrid, Dykinson, 2010. [Todos los aspectos. Referencias bibliográficas.]

La ciudad hispánica durante los siglos XIII al XVI, Madrid, 1985-1987, 3 vols. (*EEMed*, 6, 7, 10).

Oligarquías políticas y elites económicas en las ciudades bajomedievales (siglos XIV-XVI), RHM, 9, 1998 (monográfico).
Las sociedades urbanas en la España medieval, XXIXSEMedEstella, Pamplona, 2003.
VILAR, P., «El declive catalán de la baja Edad Media. Hipótesis sobre su cronología», en *Crecimiento y Desarrollo,* Barcelona, 1964, pp. 325-430.
VICENS VIVES, J., *Cataluña a mediados del siglo XV,* Barcelona, 1956.
CARRÈRE, Cl., *Barcelone: centre économique à l'époque des difficultés, 1380-1462,* París, 1967.
SESMA MUÑOZ, J. A., y otros, *Un año en la historia de Aragón. 1492,* Zaragoza, 1992.
FALCÓN PÉREZ, I., *Zaragoza en el siglo XV,* Zaragoza, 1981.
BARRAQUÉ, J.-P., *Saragosse à la fin du Moyen Âge. Une ville sous influence,* París, 1998.
Lluís de Santàngel i el seu temps, Valencia, 1992, y *Lluís de Santàngel. Un nou home, un nou món,* Valencia, 1992 (numerosos estudios sobre Valencia a fines del siglo XV).
BELENGUER CEBRIÁ, E., *Fernando el Católico y la ciudad de Valencia,* Valencia, 2012 (1.ª ed. 1986: *València en la crisi del segle XV).*
VIDAL, J. J., *Mallorca en tiempos del descubrimiento de América,* Mallorca, 1991.
SANTAMARÍA ARÁNDEZ, A., *Mallorca del medioevo a la modernidad,* en *Historia de Mallorca,* Palma de Mallorca, III, 1970 (J. Mascaró Pasarius, coord.).
BARCELÓ CRESPÍ, M., *Ciutat de Mallorca en el trànsit a la Modernitat,* Palma de Mallorca, 1988.
ASENJO GONZÁLEZ, M., «Las ciudades castellanas al inicio del reinado de Carlos V», *Stvdia Historica. Historia Moderna* (Salamanca), 21 (1999), 49-115.
– «Las ciudades medievales castellanas. Balance y perspectivas de su desarrollo historiográfico (1990-2004)», *EEMed,* 28 (2005), 415-453.
La ciudad medieval. Aspectos de la vida urbana en la Castilla bajomedieval, Valladolid, 1996 (J. A. Bonachía Hernando, ed.).
El fenómeno urbano medieval entre el Cantábrico y el Duero, Santander, 2002 (J. A. Solórzano Tellechea y B. Arízaga Bolumburu, eds.).
GARCÍA DE CORTÁZAR Y RUIZ DE AGUIRRE, J. A., *Vizcaya en el siglo XV. Aspectos económicos y sociales,* Bilbao, 1966.
DÍAZ DE DURANA ORTIZ DE URBINA, J. R., ed., *La lucha de bandos en el País Vasco... Guipúzcoa, de los bandos a la provincia (siglos XIV a XVI),* Bilbao, 1998.
LEMA PUEYO, J. A., y otros, *Los señores de la guerra y de la tierra: nuevos textos para el estudio de los Parientes Mayores guipuzcoanos (1265-1548),* San Sebastián, 2000.

GARCÍA FERNÁNDEZ, E., ed., *Bilbao, Vitoria y San Sebastián. Espacios para mercaderes, clérigos y gobernantes en el Medievo y la Modernidad*, Bilbao, 2005.
GARCÍA ORO, J., *Galicia en los siglos XIV y XV. I. Galicia señorial. II. Galicia urbana*, Pontevedra, 1987, 2 vols.
–, y M.ª J. PORTELA SILVA, *Los Reyes Católicos y Galicia*, Santiago de Compostela, 2005.
CASADO ALONSO, H., *Señores, mercaderes y campesinos. La comarca de Burgos a fines de la Edad Media*, Valladolid, 1987.
GOICOLEA JULIÁN, F. J., *Haro: una villa riojana del linaje Velasco a fines del medievo*, Logroño, 1999.
RUCQUOI, A., *Valladolid en la Edad Media*, Valladolid, 1987, 2 vols.
ÁLVAREZ BEZOS, S., *Valladolid en época de los Reyes Católicos según el alarde de 1503*, Valladolid, 1998.
Historia de Salamanca. II. Edad Media, Salamanca, 1997 (J. L. Martín y J. M. Mínguez, dirs.).
ASENJO GONZÁLEZ, M., *Espacio y sociedad en la Soria medieval. Siglos XIII-XV*, Soria, 1999.
– *Segovia. La ciudad y su tierra a fines del medievo*, Segovia, 1986.
MOLÉNAT, J. P., *Campagnes et Monts de Tolède du XIIᵉ au XVᵉ siècle*, Madrid, 1997.
IZQUIERDO BENITO, R., *Abastecimiento y alimentación en Toledo en el siglo XV*, Cuenca, Universidad de Castilla-La Mancha, 2002.
SANTOS CANALEJO, E. C. DE, *La historia medieval de Plasencia y su entorno geo-histórico: la Sierra de Béjar y la Sierra de Gredos*, Cáceres, 1986.
FERNÁNDEZ-DAZA ALVEAR, C., *La ciudad de Trujillo y su tierra en la baja Edad Media*, Badajoz, 1993.
BERNAL ESTÉVEZ, A., *Poblamiento, transformación y organización social del espacio extremeño (ss. XIII-XV)*, Mérida, 1998.
ORTUÑO MOLINA, J., *Realengo y señorío en el marquesado de Villena. Organización económica y social en tierras castellanas a finales de la Edad Media (1475-1530)*, Murcia, 2005.
MENJOT, D., *Murcie castillane. Une ville au temps de la frontière (1243-Milieu du Xᵉ siècle)*, Madrid, 2002, 2 vols.
COLLANTES DE TERÁN SÁNCHEZ, A., *Sevilla en la Baja Edad Media. La ciudad y sus hombres*, Sevilla, 1977.
– *Las ciudades andaluzas en la transición de la Edad Media a la Moderna*, Sevilla, 2004.
– coord., *Andalucía 1492: razones de un protagonismo*, Sevilla, 1992.
LADERO QUESADA, M. Á., *Andalucía a fines de la Edad Media. Estructuras. Valores. Sucesos*, Cádiz, Universidad, 1999. [Amplio repertorio bibliográfico.]

(Véase también el epígrafe sobre concejos)

Economía agraria. Mundo campesino

GARCÍA DE CORTÁZAR Y RUIZ DE AGUIRRE, J. A., *La sociedad rural en la España medieval,* Madrid, 1988.
VICENS VIVES, J., *Historia de los remensas en el siglo XV,* Barcelona, 1945 (2.ª ed. 1978).
– *El Gran Sindicato Remensa,* Madrid, 1954.
GOLOBARDES VILA, M., *Els remences, dins el quadre de la pagesia catalana fins el segle XV,* Gerona, 1970-1973, 2 vols.
SERRA PUIG, E., «El régim feudal català abans i després de la senténcia arbitral de Guadalupe», *Recerques* (Barcelona), 10 (1980), 17-32.
LALIENA CORBERA, C., *Sistema social, estructura agrarian y organización del poder en el bajo Aragón (siglos XII-XV),* Teruel, 2009 (1.ª ed. 1987).
VASSBERG, D. E., *Tierra y sociedad en Castilla. Señores, 'poderosos' y campesinos en la España del siglo XVI,* Barcelona, 1986.
MARTÍN CEA, J. C., *El campesinado castellano de la cuenca del Dureo. Aproximaciones a su estudio durante los siglos XIII al XV,* Zamora, 1986.
OLIVA HERRER, H. R., *La Tierra de Campos a fines de la Edad Media. Economía, sociedad y acción política campesina,* Valladolid, 2002.
– «El mundo rural en la Corona de Castilla en la Baja Edad Media: dinámicas socioeconómicas y nuevas perspectivas de análisis», *Edad Media* (Valladolid), 8 (2007).
DIAGO HERNANDO, M., *Soria en la Baja Edad Media. Espacio rural y economía agraria,* Madrid, 1993.
CARRASCO TEZANOS, A., *La sociedad campesina en la Sierra de Guadarrama a finales de la Edad Media,* Madrid, 2006.
LADERO QUESADA, M. Á., y M. GONZÁLEZ JIMÉNEZ, *Diezmo eclesiástico y producción de cereales en el reino de Sevilla (1408-1503),* Sevilla, 1979.
BORRERO FERNÁNDEZ, M., *El mundo rural sevillano en el siglo XV,* Sevilla, 1983.
– *Mundo rural y vida campesina en la Andalucía medieval,* Granada, 2003. [Recopilación de trabajos.]
MONTES ROMERO-CAMACHO, I., *Propiedad y explotación de la tierra en la Sevilla de la Baja Edad Media,* Sevilla, 1988.
– *El paisaje rural sevillano en la Baja Edad Media,* Sevilla, 1989.
CARMONA RUIZ, M.ª A., *Usurpaciones de tierras y derechos comunales en Sevilla y su 'tierra' durante el siglo XV,* Madrid, 1995.
GERBET, M. C., *L'élevage sous les Rois Catholiques dans le royaume de Castille (1454-1516),* Madrid, 1991.
– *Un élevage original au Moyen Âge. La Péninsule Ibérique,* Biarritz-París, Atlantica, 2000.

MARÍN BARRIGUETE, F., «Los Reyes Católicos y el Honrado Concejo de la Mesta. Una desmitificación necesaria», *CHM*, 13 (1992), 109-142.
– «La defensa de las cañadas en el reinado de los Reyes Católicos», *EEMed*, 19 (1996), 239-273.
DIAGO HERNANDO, M., *Mesta y trashumancia en Castilla (siglos XIII a XIX)*, Madrid, 2002.
ARGENTE DEL CASTILLO OCAÑA, C., *La ganadería medieval andaluza. Siglos XIII-XVI (Reinos de Jaén y Córdoba)*, Jaén, 1991, 2 vols.
CARMONA RUIZ, M.ª A., *La ganadería en el reino de Sevilla durante la Baja Edad Media*, Sevilla, 1998.
FERNÁNDEZ OTAL, J. C., *La Casa de Ganaderos de Zaragoza. Derecho y trashumancia a fines del siglo XV*, Zaragoza, 1993.
Vida rural i ramadera. Boletín de la Sociedad Castellonense de Cultura, LXXV (1999) (G. Colón Domènech y J. Sánchez Adell, coords.).

Manufacturas. Comercio. Moneda y crédito

IRADIEL MURUGARREN, P., *Evolución de la industria textil castellana en los siglos XII-XV. Factores de desarrollo, organización y costes de la producción manufacturera en Cuenca*, Salamanca, 1974.
NAVARRO ESPINACH, G., *Los orígenes de la sedería valenciana. Siglos XV-XVI*, Valencia, 1999.
IRADIEL, P., D. IGUAL, y otros, *Oficios artesanales y comercio en Castelló de la Plana (1371-1527)*, Castellón, 1995.
DEYA BAUZÁ, M. J., *La manufactura de la lana en la Mallorca del siglo XV*, Palma de Mallorca, 1997.
CÓRDOBA DE LA LLAVE, R., *La industria medieval de Córdoba*, Córdoba, 1990.
MARTÍNEZ MARTÍNEZ, M., *La industria del vestido en Murcia (ss. XIII-XV)*, Murcia, 1988.
GONZÁLEZ ARCE, J. D., *Gremios, producción artesanal y mercado. Murcia, siglos XIV y XV*, Murcia, 2000.
– «La organización de la producción textil y las corporaciones gremiales en las ordenanzas generales de paños castellanas (1494-1511)», *AEMed*, 38/2 (2008), 707-759.
– *Gremios y cofradías en los reinos medievales de León y Castilla*, Murcia, 2009.
PUÑAL FERNÁNDEZ, T., *Los artesanos de Madrid en la Edad Media (1200-1474)*, Madrid, 2000.
ARAGUAS, Ph., *Brique et architecture dans l'Espagne médiévale (XIIe-XVe s.)*, Madrid, 2003.

CÓMEZ RAMOS, R., *Los constructores de la España medieval*, Sevilla, 2009 (3.ª ed.).
LADERO QUESADA, M. Á., «Monedas y políticas monetarias en la Corona de Castilla (siglos XIII a XV)», en *Moneda y monedas en la Europa Medieval (siglos XII-XV). XXVI SEMedEstella*, Pamplona, 2000, pp. 129-178.
– «El Banco de Valencia, los genoveses y la saca de moneda de oro castellana. 1500-1503», *AEMed*, 17 (1987), 571-594.
CARRASCO PÉREZ, J., «Moneda metálica y moneda crediticia en el reino de Navarra (siglos XII-XV)», en *Moneda y monedas en la Europa Medieval (siglos XII-XV). XXVI SEMedEstella*, Pamplona, 2000, pp. 399-456.
IGUAL LUIS, D., «Los medios de pago en el comercio hispánico (siglos XIV y XV)», en *El comercio en la Edad Media*, XVI Semana de Estudios Medievales de Nájera, Logroño, 2006, pp. 253-288.
IGUAL LUIS, D., y G. NAVARRO ESPINACH, «Los genoveses en España en el tránsito del siglo XV al XVI», *HID*, 24 (1997), 261-332.
BELLO LEÓN, J. M., *Extranjeros en Castilla (1474-1501). Notas y documentos para el estudio de su presencia en el reino a fines del siglo XV*, La Laguna de Tenerife, 1994.
TREPPO, M. del, *I mercanti catalani e l'espansione della Corona d'Aragona nel secolo XV*, Nápoles, 1972.
COULON, D., *Barcelone et le grand commerce d'Orient au Moyen Âge. Un siècle de relations avec l'Égypte et la Syrie-Palestine (c. 1330-c. 1430)*, Madrid-Barcelona, 2004.
L'expansió catalana a la Mediterrània a la Baixa Edat Mitjana, Barcelona, 1999 (M. T. Ferrer i Mallol y D. Coulon, eds.).
CUADRADA, C., *La Mediterrània, cruïlla de mercaders (segles XIII-XV)*, Barcelona, 2001.
AURELL, J., ed., *El Mediterráneo medieval y renacentista, espacio de mercados y de culturas*, Barcelona, 2002.
ARMENTEROS MARTÍNEZ, I., *Cataluña en la era de las navegaciones. La participación catalana en la primera economía atlántica (c. 1470-1540)*, Lérida, 2012.
BAJET Y ROYO, M., *El mostassaf de Barcelona i les seves funcions en el segle XVI*, Barcelona, 1994.
GUIRAL, J., *Valence, port méditerranéen au XVe siècle (1410-1525)*, París, 1986.
IGUAL LUIS, D., *Valencia e Italia en el siglo XV. Rutas, mercados y hombres de negocios en el espacio económico del Mediterráneo occidental*, Castellón de la Plana, 1998.
CRUSELLES GÓMEZ, E., *Los mercaderes de Valencia en la Edad Media (1380-1450)*, Lérida, 2001.
– *Los comerciantes valencianos del siglo XV y sus libros de cuentas*, Castellón de la Plana, 2007.

València i la Mediterrània medieval. Societats i economies en contacte al segle XV, RHM, 3 (1993) (Monográfico.)
AGUILAR, I., *L'almodí de València i els espais del comerç*, Valencia, 1996.
SESMA MUÑOZ, J. A., *Revolución comercial y cambio social. Aragón y el mundo mediterráneo (siglos XIV y XV)*, Zaragoza, 2013. [Recopilación de estudios.]
–, y A. LÍBANO ZUMALACÁRREGUI, *Léxico del comercio medieval en Aragón. Siglo XV*, Zaragoza, 1982.
LALIENA CORBERA, C., LAFUENTE GÓMEZ, y M., coords., *Una economía integrada. Comercio, instituciones y mercados en Aragón. 1300-1500*, Zaragoza, 2012.
LADERO QUESADA, M. Á., *Las ferias de Castilla. Siglos XII a XV*, Madrid, 1994.
– «Economía mercantil y espacio urbano: ciudades de la Corona de Castilla en los siglos XII a XV», *BRAH*, CXCI (1994), 235-293.
Historia de Medina del Campo, Medina, 1986, I y II (E. Lorenzo Sanz, coord.). [Ferias.]
Comercio, mercado y economía en tiempos de la reina Isabel, Fundación Museo de las Ferias, Junta de Castilla y León, 2004.
Los negocios del hombre. Comercio y rentas en Castilla. Siglos XV y XVI, Valladolid, 2012 (J. A. Bonachía Hernando y D. Carvajal de la Vega, eds.).
CAUNEDO DEL POTRO, B., *Mercaderes castellanos en el Golfo de Vizcaya (1475-1492)*, Madrid, 1983.
Actas del V Centenario del Consulado de Burgos (1494-1994), Burgos, 1994 (H. Casado Alonso, ed.).
Castilla y Europa. Comercio y mercaderes en los siglos XIV, XV y XVI, Burgos, 1995 (H. Casado Alonso, ed.).
CASADO ALONSO, H., «El comercio burgalés y la estructuración del espacio económico español a fines de la Edad Media», en *Itinerarios Medievales e identidad hispánica, XXVII Semana de Estudios Medievales de Estella*, Pamplona, 2001, pp. 329-356.
– *El triunfo de Mercurio. La presencia castellana en Europa (s. XV-XVI)*, Burgos, 2003.
FERREIRA PRIEGUE, E., *Galicia en el comercio marítimo medieval*, La Coruña, 1988.
OTTE, E., *Sevilla y sus mercaderes a fines de la Edad Media*, Sevilla, 1996.
BELLO LEÓN, J. M., *Comercio exterior y navegación atlántica en el reino de Sevilla a fines de la Edad Media*, Universidad de La Laguna, 1992 (tesis doctoral).
AZNAR VALLEJO, E., «Los itinerarios atlánticos en la vertebración del espacio hispánico. De los Algarbes al Ultramar oceánico», en *Itinerarios Medievales e identidad hispánica, XXVII Semana de Estudios Medievales de Estella*, Pamplona, 2001, pp. 47-82.

MEDRANO FERNÁNDEZ, V., *Un mercado entre fronteras. Las relaciones comerciales entre Castilla y Portugal al final de la edad media*, Valladolid, 2010.

Nobleza. Caballería

QUINTANILLA RASO, M. C., «El protagonismo nobiliario en la Castilla bajomedieval. Una revisión historiográfica (1984-1997)», *Medievalismo* (Madrid), 7 (1997), 187-233.
– «Nobleza y señoríos en Castilla durante la baja Edad Media. Aportaciones de la historiografía reciente», *AEMed,* 14 (1984), 613-639.
– «Historiografía de una élite de poder: la nobleza castellana bajomedieval», *His,* 175 (1990), 719-736.
– *La nobleza señorial en la Corona de Castilla,* Granada, 2008. [Recopilación de trabajos.]
– dir., *Títulos, grandes del reino y grandeza en la sociedad política. Fundamentos en la Castilla medieval,* Madrid, 2006.
GERBET, M. C., *Las noblezas españolas en la Edad Media (Siglos XI-XV),* Madrid, 1997.
– *La noblesse dans le Royaume de Castille. Étude sur ses structures sociales en Estrémadure (1454-1516),* París, 1979.
FRANCO SILVA, A., *La fortuna y el poder. Estudios sobre las bases económicas de la aristocracia castellana (s. XIV-XV),* Cádiz, 1996.
– *Señores y señoríos (siglos XIV-XVI),* Jaén, 1997.
– *En la Baja Edad Media (Estudios sobre señoríos y otros aspectos de la sociedad castellana entre los siglos XIV al XVI),* Jaén, 2000.
– *Estudios sobre la nobleza y el régimen señorial en el reino de Castilla,* Cádiz, 2005.
– *El condado de Oropesa y otros estudios de historia medieval,* Jaén, 2010.
MONTERO TEJADA, R., *Nobleza y sociedad en Castilla. El linaje Manrique (siglos XIV-XVI),* Madrid, 1996.
SÁNCHEZ PRIETO, A. B., *La Casa de Mendoza hasta el tercer duque del Infantado (1350-1531),* Madrid, 2001.
CALDERÓN ORTEGA, J. M., *El ducado de Alba: la evolución histórica, el gobierno y la hacienda de un estado señorial (siglos XIV-XVI),* Madrid, 2005.
CABRERA MUÑOZ, E., *Feudalismo y señoríos al sur del Tajo (siglos XIII al XV),* Córdoba, 2007. [Recopilación de estudios.]
LADERO QUESADA, M. Á., *Los señores de Andalucía. Investigaciones sobre nobles y señoríos en los siglos XIII a XV,* Cádiz, 1998.
SÁNCHEZ SAUS, R., *Caballería y linaje en la Sevilla medieval,* Sevilla-Cádiz, 1989.

– *La nobleza andaluza en la Edad Media*, Granada, 2005. [Recopilación de estudios.]
LÓPEZ BENITO, C., *La nobleza salmantina ante la vida y la muerte (1476-1535)*, Salamanca, 1992.
CABRERA SÁNCHEZ, M., *Nobleza, oligarquía y poder en Córdoba al final de la Edad Media*, Córdoba, 1998.
DÍAZ DE DURANA ORTIZ DE URBINA, J. R., *La otra nobleza. Escuderos e hidalgos sin nombre y sin historia. Hidalgos e hidalguía universal en el País Vasco al final de la Edad Media (1250-1525)*, Bilbao, 2004.
RAMÍREZ VAQUERO, E., *Solidaridades nobiliarias y conflictos políticos en Navarra, 1387-1464*, Pamplona, 1990.
BECEIRO PITA, I., R. Córdoba de la Llave, *Parentesco, poder y mentalidad. La nobleza castellana. Siglos XII-XV*, Madrid, 1990.
LADERO QUESADA, M. A., «No curemos de linaje ni hazañas viejas. Diego Hernández de Mendoza y su visión hidalga de Castilla en tiempo de los Reyes Católicos», *BRAH*, XCXVIII/2 (2001), pp. 205-314.
La conciencia de los antepasados. La construcción de la memoria de la nobleza en la Baja Edad Media, Madrid, 2014. (A. Dacosta, R. Prieto Lasa y J. R. Díaz de Durana, eds).
PORRO GIRARDI, N. R., *La investidura de armas en Castilla, del Rey Sabio a los Católicos*, Valladolid, 1998.
RODRÍGUEZ VELASCO, J. R., *El debate sobre la caballería en el siglo XV. La tratadística caballeresca en su marco europeo*, Valladolid, 1996.
HEUSCH, C., *La caballería castellana en la baja Edad Media. Textos y contextos*, Montpellier, 2000 (con la colaboración de J. Rodríguez Velasco).
MARTIN, G., *La chevalerie en Castille à la fin du Moyen Âge. Aspects sociaux, idéologiques et imaginaires*, París, 2001 (con la colaboración de A. Pérez Martín).
RIQUER, M. de, *Caballeros andantes españoles*, Madrid, 1967.
– *Heráldica castellana en tiempos de los Reyes Católicos*, Barcelona, 1986.
VALLEJO NARANJO, C., *La caballería en el arte de la Baja Edad Media*, Sevilla, 2013.

(Véase también el epígrafe sobre señoríos.)

Otras cuestiones de historia social. Vida cotidiana

AURELL, J., *Els mercaders catalans al Quatre-Cents. Mutació de valors i procés d'aristocratització a Barcelona (1370-1470)*, Lérida, 1996.
CRUSELLES GÓMEZ, J. M., *Els notaris de la ciutat de València. Activitat professional i comportament social a la primera meitat del segle XV*, Barcelona, 1988.

GARCÍA HERRERO, M. C., *Las mujeres en Zaragoza en el siglo XV*, Zaragoza, 1990, 2 vols.
RUBIO GARCÍA, L., y L. RUBIO HERNÁNDEZ, *La mujer murciana en la Baja Edad Media*, Murcia, 2000.
NÚÑEZ RODRÍGUEZ, M., *Casa, calle, convento. Iconografía de la mujer bajomedieval*, Santiago de Compostela, 1997.
LADERO QUESADA, M. Á., «Grupos marginales», *La historia medieval en España... XXV SEMedEstella*, Pamplona, 1999, pp. 505-601. [Estado de cuestiones. Bibliografía.]
Los caminos de la exclusión en la sociedad medieval. XXII Semana... Nájera, Logroño, 2012.
LÓPEZ ALONSO, C., *La pobreza en la España medieval*, Madrid, 1986.
BAZÁN DÍAZ, I., *Delincuencia y criminalidad en el País Vasco en la transición de la Edad Media a la Moderna*, Vitoria, 1995.
CÓRDOBA DE LA LLAVE, R., *El homicidio en Andalucía a fines de la Edad Media*, Córdoba, 2007.
LÓPEZ GÓMEZ, Ó., *La sociedad amenazada. Crimen, delincuencia y poder en Toledo a finales del siglo XV*, Toledo, 2007.
– *Los Reyes Católicos y la pacificación de Toledo*, Madrid, 2008.
GONZÁLEZ ZALACAÍN, R., *El perdón real en Castilla a fines de la Edad Media*, Bilbao, 2013.
RUBIO GARCÍA, L., *Vida licenciosa en la Murcia bajomedieval*, Murcia, 1991.
GARCÍA HERRERO, M. C., «El mundo de la prostitución en las ciudades bajomedievales», *Cemyr*, 4 (1998), 67-100.
CORTÉS ALONSO, V., *La esclavitud en Valencia durante el reinado de los Reyes Católicos*, Valencia, 1964.
FRANCO SILVA, A., *La esclavitud en Andalucía. 1450-1550*, Granada, 1992.
GONZÁLEZ ARÉVALO, R., *La esclavitud en Málaga a fines de la Edad Media*, Jaén, 2005.
GONZÁLEZ ARCE, J. D., *Apariencia y poder. La legislación suntuaria castellana en los siglos XIII-XV*, Jaén, 1998.
BERNÍS, C., *Trajes y modas en la España de los Reyes Católicos. I. Las mujeres. II. Los hombres*, Madrid, 1978-1979, 2 vols.
GARCÍA MARSILLA, J. V., *La jerarquía de la mesa. Los sistemas alimentarios en la Valencia bajomedieval*, Valencia, 1993.
CASTRO MARTÍNEZ, T. de, *La alimentación en las crónicas castellanas bajomedievales*, Granada, 1996.
La Mediterrània, àrea de convergència de sistemes alimentaris (segles V-XVIII). XIV Jornades d'Estudis Històrics Locals, Palma de Mallorca, 1996 (M. Barceló Crespí y A. Riera Melis, coords.).
ANDERSON, R. M., *Hispanic Costume, 1480-1530*, Nueva York, 1979.
LADERO QUESADA, M. Á., *Las fiestas en la cultura medieval*, Barcelona, Random House/Mondadori, 2004.

3. Ideas, proyectos y realidades políticas

RUMEU DE ARMAS, A., *Itinerario de los Reyes Católicos (1474-1516)*, Madrid, 1974.
LADERO QUESADA, M. Á., «Isabel la Católica: perfil de un reinado decisivo», en *Isabel I de Castilla*, pp. 1-42.
– «Historia institucional y política de la Península Ibérica en la Edad Media (La investigación en la década de los 90)», *EEMed*, 23 (2000), pp. 441-481.
PÉQUIGNOT, St., «Pouvoir royal et sociétés dans la Couronne d'Aragon. Un essai de lecture historiogrpahique (1990-2006)», *EEMed*, 30 (2007), pp. 381-432.
MONSALVO ANTÓN, J. M., «Historia de los poderes medievales, del Derecho a la Antropología. El ejemplo castellano», en *Historia a Debate*, Santiago de Compostela, 1995, pp. 81-149 (C. Barros, ed.).
NIETO SORIA, J. M., «La renovación de la historia política en la investigación medieval: las relaciones de poder», en *Relaciones de poder en Castilla*, Cuenca, 1997, pp. 37-64.

El poder político. El Estado

MARAVALL, J. A., *Estado moderno y mentalidad social (Siglos XV-XVIII)*, Madrid, 1986, 2 vols. (2.ª ed.).
FERRARI NÚÑEZ, A., *Fernando el Católico en Baltasar Gracián*, Madrid, 1945 (2.ª, 2006, Madrid, Real Academia de la Historia).
PÉREZ-PRENDES, J. M., *La Monarquía Indiana y el Estado de Derecho*, Madrid, 1989.
Poderes públicos en la Europa medieval. Principados, reinos y coronas, XXIII SEMEstella, Pamplona, 1997.
LADERO QUESADA, M. Á., *Poder político y sociedad en Castilla. Siglos XIII al XV. Selección de estudios*, Madrid, Dykinson, 2014.
– *Lecturas sobre la España histórica*, Madrid, Real Academia de la Historia, 1998.
– «La genèse de l'État dans les royaumes hispaniques médiévaux (1250-1450)», en *Le premier âge de l'État en Espagne (1450-1700)*, París, 1989, pp. 9-65) (coord. Ch. Hermann).
– «La monarquía de los Reyes Católicos: fundamentos políticos y recursos institucionales», en *En los umbrales de España*, XXXVIII SEMedEstella, Pamplona, 2012, pp. 221-277.
Realidad e imágenes del poder. España a fines de la Edad Media, Valladolid, 1988 (coord. A. Rucquoi).
Isabel la Católica y la política, Valladolid, 2001 (J. Valderón Baruque, ed.).
NIETO SORIA, J. M., *Fundamentos ideológicos del poder real en Castilla (siglos XIII-XVI)*, Madrid, 1988.

- «La imagen y los instrumentos ideológicos de exaltación del poder regio», en *Isabel la Católica y su época,* Valladolid, 2007, I, pp. 171-190.
- «De la España histórica a la España política como tránsito del medievo a la modernidad», *Fundación* (Buenos Aires), VIII (2006-2007), pp. 9-32.
- «Conceptos de España en tiempos de los Reyes Católicos», *Norba* (Universidad de Extremadura), 19 (2006), pp. 105-123.
- (dir.), *Orígenes de la monarquía hispánica. Propaganda y legitimación (ca. 1400-1520),* Madrid, 1999.
- (dir.), *La monarquía como conflicto en la corona castellano-leonesa (c. 1230-1504),* Madrid, 2006.
- (dir.), *El conflicto en escenas. La pugna política como representación en la Castilla bajomedieval,* Madrid, 2010.
- DIOS, S. de, «El absolutismo regio en Castilla durante el siglo XVI», *Ivs Fugit,* 5-6 (1996-97), pp. 53-236.
- MORALES MOYA, A., «El Estado absoluto de los Reyes Católicos», *His,* 129 (1975), pp. 75-120.
- GONZÁLEZ ALONSO, B., «Las Comunidades de Castilla y la formación del Estado absoluto», *Revista de Historia del Derecho* (Granada), II, 1 (1978), pp. 265-313.
- *El poder real en la Corona de Aragón (siglos XIV-XVI). XV CHCA,* Zaragoza, 1997, 5 vols. [Numerosas ponencias y comunicaciones.]
- SESMA MUÑOZ, J. Á., «¿Nueva monarquía de los Reyes Católicos?», *Aragón en la Edad Media,* XIX (2006), pp. 521-534.
- «Estado y nacionalismo en la Baja Edad Media. La formación del sentimiento nacionalista aragonés», *AraEM,* VII (1987).
- ORCÁSTEGUI GROS, C., «La memoria histórica de Navarra a fines de la Edad Media: la historiografía nacional», *Príncipe de Viana,* 1986, anejo 3.
- GARCÍA CÁRCEL, R., «Las fronteras mentales y culturales. Los problemas de identidad de la España moderna», en *Fronteras y fronterizos en la Historia,* Valladolid, 1997, pp. 63-82.
- BELENGUER CEBRIÁ, E., «La Monarquía hispánica vista desde la Corona de Aragón», en F. Ruiz Martín, ed., *La proyección europea de la monarquía hispánica,* Madrid, 1996, pp. 107-132.

Imágenes y propaganda del poder, de las personas reales, de los reinos

NIETO SORIA, J. M., *Ceremonias de la realeza. Propaganda y legitimación en la Castilla trastámara,* Madrid, 1993.
- «Las concepciones monárquicas de los intelectuales conversos en la Castilla del siglo XV», *ETF,* III, 6 (1993), pp. 229-248.

NOGALES RINCÓN, D., «Los espejos de príncipes en Castilla (siglos XIII-XV): un modelo literario de la realeza bajomedieval», *Medievalismo*, 16 (2006), pp. 9-39.

Aspectos generales

CARRASCO MANCHADO, A. I., «Propaganda política en los panegíricos poéticos de los Reyes Católicos: una aproximación», *AEMed*, 25 (1995), pp. 517-545.
– «Aproximación al problema de la consciencia propagandística en algunos escritos políticos del siglo XV», *EEMed*, 21 (1998), pp. 229-269.
– *Isabel I de Castilla y la sombra de la ilegitimidad: propaganda y representación en el conflicto sucesorio (1474-1482)*, Madrid, 2006.

La reina Isabel

CLEMENCÍN, D., *Elogio de la reina católica doña Isabel*, Madrid, 1821.
RODRÍGUEZ VALENCIA, V., *Isabel la Católica en la opinión de españoles y extranjeros: siglos XV al XX*, Valldolid, 1970, 3 vols.
– *Perfil moral de Isabel la Católica*, Valladolid, 1974.
Visión del reinado de Isabel la Católica, Valladolid, 2004 (J. Valdeón Baruque, ed.).
LADERO QUESADA, M. Á., «Isabel la Católica vista por sus contemporáneos», en *Isabel I de Castilla*, 2012, pp. 43-101.
EDWARDS, J., *Isabel la Católica. Poder y fama*, Madrid, 2004.
PÉREZ, J., *Isabel la Católica ¿un modelo de cristiandad?*, Granada, 2007.
GUIANCE, A., «Las muertes de Isabel la Católica. De la crónica a la ideología de su tiempo», en *Sociedad y economía en la época de Isabel la Católica*, Valladolid, 2002, pp. 347-374 (J. Valdeón Baruque, ed.).
Gouverner en Castille au Moyen Âge: la part des femmes. E-Spania, 1 (2006) [*Dossier sobre Isabel la Católica*].
La reina Isabel I y las reinas de España. Realidad, modelos e imagen historiográfica, Madrid, 2005 (M. V. López Cordón y G. Franco Rubio, coords.).
MAZA ZORRILLA, E., *Miradas desde la historia: Isabel la Católica en la España contemporánea*, Valladolid, 2006.
Isabel la Católica y el arte, Madrid, Real Academia de la Historia, 2006. [Pintores de la reina. Pintura histórica.]
WEISSBERGER, B., *Isabel rules. Constructing Queenship, Wielding Power*, Minneapolis, 2004.

– ed., *Queen Isabel I of Castile: Power, Patronage, Persona*, Woodbridge, 2008.
MARTIN, J. L., *Isabel la Católica: sus hijas y las damas de su corte, modelos de doncellas, casadas y viudas en el 'Carro de las Donas'(1542)*, Ávila, 2001.
La Poncella de Francia: la historia castellana de Juana de Arco, Madrid, 1997 (V. Campo y V. Infantes, eds.).

El rey Fernando

GRACIÁN, B., *El político Don Fernando el Católico*, Zaragoza, 1985 (ed. facsímil, prólogo A. Egido).
FERRARI, A., *Fernando el Católico en Baltasar Gracián*, Madrid, 2006 (1.ª ed. 1945).
SESMA MUÑOZ, J. A., «Ser rey a finales del siglo XV», en *Fernando de Aragón, el rey católico*, Zaragoza, 1996, pp. 109-121.
– *Los idus de diciembre de Fernando II. El atentado del rey de Aragón en Barcelona*, Zaragoza, 2006.
VAL VALDIVIESO, M.ª I., «Ascenso y caída de un «héroe»: Fernando el Católico en las Décadas de Alfonso de Palencia», *Temas Medievales* (Buenos Aires), 7 (1997), pp. 37-56.
CORRAL LAFUENTE, J. L., «Fernando el Católico y la construcción historiográfica de un mito», *Aragón en la Edad Media*, XXI (2009), pp. 99-120.

Cronistas

TATE, R. B., *Ensayos sobre la historiografía peninsular del siglo XV*, Madrid, 1973.
– *Joan Margarit i de Pau, cardinal-bishop of Gerona. A biographical study*, Manchester, 1955.
– «La historiografía del reinado de los Reyes Católicos», en *Antonio de Nebrija. Edad Media. Renacimiento...*, pp. 17-28.
– «Introducción» a Alfonso de Palencia, *Gesta Hispaniensia*, Madrid, RAH, 1998, I, pp. XXXV-LXX.
Mosén Diego de Valera y su tiempo, Cuenca, 1996.
HOYOS RUIZ, A., *La política de los Reyes Católicos en Rodríguez de Almela*, Murcia, 1952.
LISÓN TOLOSANA, C., «Vagad o la identidad aragonesa en el siglo XV», *Revista española de investigaciones sociológicas*, 25 (1984).

CARRASCO MANCHADO, A. I., «La memoria del conflicto en la formación de la conciencia política: la visión de Gonzalo Fernández de Oviedo sobre los reinados de Enrique IV y Reyes Católicos», en *Memoria e Historia. Utilización política en la Corona de Castilla al final de la Edad Media*, Madrid, 2010, pp. 221-247 (J. A. Fernández de Larrea y J. R. Díaz de Durana, eds.).

Opiniones de autores extranjeros

MENÉNDEZ PIDAL, R., *Los Reyes Católicos según Maquiavelo y Castiglione*, Madrid, 1952.
GIUNTA, F., «I Re Cattolici nelle opere di Machiavelli e di Guicciardini», en *Presenza italiana in Andalusia...*, Sevilla, 1986, pp. 21-34.
FERNÁNDEZ DE CÓRDOVA MIRALLES, A., «Imagen de los Reyes Católicos en la Roma pontificia», *EEMed*, 28 (2005), pp. 259-354.
SALVADOR MIGUEL, N., «La visión de Isabel la Católica por los escritores de su tiempo», en *La maschera e l'altro*, Florencia, 2005, pp. 91-113 (a cura di M. Grazia Profeti).

Símbolos e insignias

GONZÁLEZ IGLESIAS, J. A., «El humanista y los príncipes: Antonio de Nebrija, inventor de las empresas heráldicas de los Reyes Católicos», en *Antonio de Nebrija. Medievo...*, 1994, p. 59-76.
MINGOTE CALDERÓN, J. I., *Los orígenes del yugo como divisa de Fernando el Católico*, Zaragoza, 2005.
YARZA LUACES, J., «Imágenes reales hispanas en el fin de la Edad Media», en *Poderes públicos en la Europa medieval. XXIII Semana Estella*, Pamplona, 1997, pp. 441-500.
DURAN, E., *Simbología política catalana a l'inici dels temps moderns*, Barcelona, 1987.
MENÉNDEZ PIDAL DE NAVASCUÉS, F., *Heráldica medieval española. I. La Casa Real de Castilla*, Madrid, 1982.
MILHOU, A., *Colón y su mentalidad mesiánica en el ambiete franciscanista español*, Valladolid, 1983.
– «Propaganda mesiánica y opinión pública. Las reacciones de las ciudades del reino de Castilla frente al proyecto fernandino de cruzada (1510-1511)», en *Homenaje... Maravall*, Madrid, 1985, III, pp. 51-62.
– «De Rodrigue le pécheur à Ferdinand le restaurateur», en *L'Europe héritière de l'Espagne wisigothique*, Madrid, 1992, pp. 365-382.

DURAN, E., y J. REQUESENS, *Profecia i poder al Renaixement. Texts profètics catalans favorables a Ferran el Catòlic,* Valencia, 1997.
AURELL, M., «Messianisme royal de la Couronne d'Aragon (14e-15e siècles)», *Annales ESC,* 52, 1 (1987), pp. 119-155.
LECOQ, A. M., *François Ier imaginaire. Symbolique et Politique à l'aube de la Renaissance française,* París, 1987.

Príncipe. Infantas

LADERO QUESADA, M. Á., «Príncipes de Asturias», en *Isabel I de Castilla,* 2012, pp. 103-111.
FRANCISCO OLMOS, J. M., «La sucesión de los Reyes Católicos (1475-1504). Textos y documentos», *Cuadernos de Investigación Histórica* (Madrid), 19 (2002), pp. 129-166.
– *La figura del heredero del trono en la baja edad media hispánica,* Madrid, 2003.
FERNÁNDEZ DE OVIEDO, Gonzalo, *Libro de la Cámara Real del príncipe don Juan,* Valencia, 2006 (S. Fabregat Barrios, ed.).
ORTIZ, A., *Diálogo sobre la educación del Príncipe Don Juan, hijo de los Reyes Católicos,* Madrid, 1983 (G. M. Bertini, ed.).
MAURA, Gabriel (duque de Maura), *El príncipe que murió de amor. Don Juan, primogénito de los Reyes Católicos,* Madrid, 1944.
PÉREZ PRIEGO, M. A., *El Príncipe don Juan, heredero de los Reyes Católicos, y la literatura de su época,* Madrid, 1997.
ALCALÁ, A., y J. SANZ HERMIDA, *Vida y muerte del príncipe don Juan, hijo de los Reyes Católicos,* Valladolid, 1998.
PÉREZ-BUSTAMANTE, R., y J. M. CALDERÓN ORTEGA, *Don Juan príncipe de las Españas (1478-1497). Colección Diplomática,* Madrid, 1999.
CARDAILLAC, L., *L'Espagne des Rois Catholiques. Le prince don Juan, symbole de l'apogée d'un règne, 1474-1500,* París, 2000.
MARTÍNEZ LÓPEZ, F., *La Casa del Príncipe de Asturias (D. Juan, heredero de los Reyes Católicos),* Madrid, 2007.
GONZÁLEZ ARCE, J. D., «Trabajar para el príncipe. Los salarios de los servidores en la casa del príncipe de Asturias y Gerona (Juan de Aragón y Castilla, 1478-1497)», *AEMed,* 39/2 (2009), pp. 777-842.
RAMÍREZ DE HARO Y VILLAESCUSA, *Cuatro diálogos que tratan sobre el infausto día en que murió el príncipe don Juan, heredero de España,* Jaén, 1997.
ORTIZ, A., *Tratado del fallecimiento del muy ínclito señor don Juan,* Ávila, 2000 (J. Sanz Hermida, ed.).
Consolatoria a la muerte del príncipe don Juan, Ávila, 1998 (J. Sanz Hermida, ed.).

GONZÁLEZ ROLÁN, T., y otros, *El humanismo cristiano en la Corte de los Reyes Católicos: las Consolatorias latinas a la muerte del Príncipe Juan,* Madrid, 2006.
LADERO QUESADA, M. Á., «La princesa Juana. Felipe 'el hermoso'», en *Isabel I de Castilla,* pp. 113-155.
MATTINGLY, G., *Catalina de Aragón,* Madrid, 1998.
TRENSALL, G., *Catherine of Aragon,* Londres, 2010.

(Véanse los apartados «La política exterior» y «1505-1520».)

Casa Real

GARCÍA VERA, M. J., «Los estudios sobre la Corte y la «sociedad cortesana» a fines de la Edad Media. Un balance historiográfico», *Medievalismo,* 10 (2000), pp. 207-267.
FERNÁNDEZ DE CORDOVA MIRALLES, A., *La Corte de Isabel I. Ritos y ceremonias de una reina (1474-1504),* Madrid, 2002.
GONZÁLEZ MARRERO, M.ª C., *La Casa de Isabel la Católica. Espacios domésticos y vida cotidiana,* Ávila, Diputación Provincial, 2005.
DOMÍNGUEZ CASAS, R., *Arte y etiqueta de los Reyes Católicos. Artistas, residencias, jardines y bosques,* Madrid, 1993.
LADERO QUESADA, M. Á., «La Casa Real en la Baja Edad Media», *HID,* 25 (1998), 327-350 (y en *Poder político y sociedad en Castilla,* op. cit., 2014, pp. 195-218).
– «Gastar bien el tiempo y ordenar los oficios: consejos, instrucciones y ejemplos de fray Hernando de Talavera», en *Castilla y el mundo feudal. Homenaje al profesor Julio Valdeón,* Valladolid, 2009, III, pp. 269-294.
CHUECA GOITIA, F., *Casas reales en monasterios y conventos españoles,* Madrid, 1966.
– «Los Palacios de los Reyes Católicos», *Reales Sitios,* 110 (1991), pp. 37-44.
NOGALES RINCÓN, D., *La representación religiosa de la monarquía castellano-leonesa: la Capilla Real (1252-1504),* Madrid, Universidad Complutense, 2009 (tesis doctoral).
– «Cultura visual y genealogía en la corte regia de Castilla durante la segunda mitad del siglo XV», *E-Spania,* 11 (2011).
SOLANA VILLAMOR, M. C., *Cargos de la Casa y Corte de los Reyes Católicos,* Valladolid, 1962.
TORRE Y DEL CERRO, A. de la, *La Casa de Isabel la Católica,* Madrid, 1954.
– *Cuentas de Gonzalo de Baeza, tesorero de Isabel la Católica,* Madrid, 1956, 2 vols.
– *Testamentaría de Isabel la Católica,* Valladolid, 1968.

PRIETO CANTERO, A., *Casa y descargos de los Reyes Católicos,* Valladolid, 1969.
LÓPEZ DE COCA CASTAÑER, J. E., «Genoveses en la Corte de los Reyes Católicos: los hermanos Italián», en *Moneda y monedas en la Europa medieval, XXVI SEMedEstella,* Pamplona, 2000, pp. 457-483.
El Libro del limosnero de Isabel la Católica, Madrid, 1989 (E. Benito Ruano, ed.).
ANGULO, D., *Isabel la Católica. Sus retratos, sus vestidos y sus joyas,* Santander, 1951.
MARTÍN GARCÍA, J. M., *Arte y diplomacia en el reinado de los Reyes Católicos,* Madrid, 2002.
ZALAMA, M. A., *Vida cotidiana y arte en el palacio de la reina Juana I en Tordesillas,* Valladolid, 2003.

Algunos colaboradores de los reyes

GARCÍA HERNÁN, E., *Políticos de la Monarquía Hispánica (1469-1700). Ensayo y diccionario,* Madrid, 2002.
ARTEAGA, C. de, *Beatriz Galindo «la Latina»,* Madrid, 1975 (2.ª ed. 2007).
MATILLA TASCÓN, A., *Beatriz Galindo, Francisco de Madrid y su familia,* Madrid, 2000.
PORRAS ARBOLEDAS, P. A., *Francisco Ramírez de Madrid (144?-1501),* Madrid, 1996.
BULLÓN Y FERNÁNDEZ, E., *Un colaborador de los Reyes Católicos. El Doctor Palacios Rubios y sus obras,* Madrid, 1927.
SÁNCHEZ DE RIVERA VÁZQUEZ, G., *Don Gutierre de Cárdenas,* Toledo, 1984.
MORALES MUÑIZ, M. D., *Alonso de Quintanilla,* Madrid, 1993.
RODRÍGUEZ MUÑOZ, P., «Un colaborador de los Reyes Católicos. Miguel Pérez de Almazán», *Publ. Inst. Tello Téllez de Meneses,* Palencia, 6 (1951), pp. 117-158.
LADERO QUESADA, M. Á., *Hernando de Zafra, secretario de los Reyes Católicos,* Madrid, Dykinson, 2005.
VAQUERO SERRANO, M.ª C., *Fernán Álvarez de Toledo, secretario de los Reyes Católicos,* Toledo, 2005.
SERRANO SANZ, M., *Orígenes de la dominación española en América. 1.º: los amigos y protectores aragoneses de Cristóbal Colón,* Madrid, 1918.
BALLESTEROS GAIBROIS, M., y R. FERRANDO PÉREZ, *Luis de Santángel y su entorno,* Valladolid, 1996.
Lluís de Santàngel i el seu temps, Valencia, 1992, y *Lluís de Santàngel. Un nou home, un nou món,* Valencia, 1992.

(Véanse los apartados sobre Administración regia, Prelados, Nobleza.)

4. Los medios de gobierno

Corona de Castilla. La administración regia

Las instituciones castellano-leonesas y portuguesas antes del Tratado de Tordesillas, Valladolid, 1995 (L. Suárez Fernández y J. I. Gutiérrez Nieto, coords.).
TORRES SANZ, D., *La administración central castellana en la Baja Edad Media,* Valladolid, 1982.
GARCÍA MARÍN, J. M., *El oficio público en Castilla durante la Baja Edad Media,* Alcalá de Henares, 1987.
PHILLIPS, W. D., «University Graduates in Castilian Royal Service in the Fifteenth-Century», en *Homenaje... Sánchez-Albornoz,* Buenos Aires, 1986, IV.
MARTÍN POSTIGO, M.ª S., *La cancillería castellana de los Reyes Católicos,* Valladolid, 1959.
DIOS, S. de, *El Consejo Real de Castilla (1385-1522),* Madrid, 1982.
— *Fuentes para el estudio del Consejo Real de Castilla,* Salamanca, 1986.
— *Gracia, Merced y Patronazgo Real. La Cámara de Castilla entre 1474 y 1530,* Madrid, 1993.
GARRIGA, C., *La Audiencia y las Chancillerías castellanas (1371-1525). Historia política, régimen jurídico y práctica institucional,* Madrid, 1994.
— «Control y disciplina de los oficiales públicos en Castilla: la 'visita' del ordenamiento de Toledo (1480)», *AHDE,* 61 (1991), pp. 215-390.
VILLAPALOS SALAS, G., *Justicia y Monarquía. Puntos de vista sobre su evolución en el reinado de los Reyes Católicos,* Madrid, 1997.
BERMEJO CABRERO, J. L., «Los primeros secretarios de los reyes», *AHDE,* 49 (1979), pp. 186-296.
GONZÁLEZ ALONSO, B., *Gobernación y Gobernadores. Notas sobre la administración de Castilla en el periodo de formación del Estado Moderno,* Madrid, 1974.
— *El corregidor castellano (1348-1808),* Madrid, 1970.
LUNENFELD, M., *Keepers of the City. The Corregidores of Isabela I of Castile (1474-1504),* Cambridge, 1987.
LADERO QUESADA, M. Á., «Estado, Hacienda, Fiscalidad y Finanzas», en *El medievalismo español en los últimos treinta años, XXV SEMedEstella,* Pamplona, 1998 (estado de cuestión, bibliografía sobre todos los reinos).
— «Lo viejo y lo nuevo de la investigación sobre fiscalidad y poder político en la Edad Media», en *Estados y mercados financieros en el Occidente cristiano, XLI SEMedEstella,* 2014.
— *La Hacienda Real de Castilla 1369-1504,* Madrid, RAH, 2009.
— *Legislación hacendística de la Corona de Castilla en la Baja Edad Media.* Selección y transcripción. Madrid, RAH, 1999.

CARRETERO ZAMORA, J. M., «Los servicios de Cortes y las necesidades financieras de la monarquía castellana (1500-1515)», *CHM,* 8 (1987), pp. 31-56.
–, y D. ALONSO GARCÍA, *Hacienda y negocio financiero en tiempos de Isabel la Católica. El libro de hacienda de 1503,* Madrid, 2003.
ANDRÉS DÍAZ, R. de, «La fiscalidad real extraordinaria en el último decenio de Isabel I (1495-1504)», *CHM,* 13 (1992), pp. 143-168.
– *El último decenio del reinado de Isabel I a través de la tesorería de Alonso de Morales (1495-1504),* Madrid (Universidad Complutense, tesis doctorales), 1998. Valladolid, Universidad, 2004.
ORTEGO RICO, P., *Hacienda, poder real y sociedad en Toledo y su reino (siglo XV-principios del XVI),* Madrid, Universidad Complutense, 2013 (tesis doctoral).
ALONSO GARCÍA, D., *El erario del reino. Fiscalidad en Castilla a principios de la Edad Moderna. 1504-1525,* Valladolid, 2007.
QUATREFAGES, R., *La Revolución Militar moderna. El crisol español,* Madrid, 1996.
LADERO QUESADA, M. A., *Castilla y la conquista del reino de Granada,* Valladolid, 1967 (3.ª ed. Granada, 1993).
– *Ejércitos y armadas de los Reyes Católicos. Nápoles y el Rosellón (1494-1504),* Madrid, RAH, 2010. (Con la colaboración de A. Ladero Galán.)
– *La armada de Flandes. Un episodio en la política naval de los Reyes Católicos (1496-1497),* Madrid, RAH, 2003.
– «Baja Edad Media», en *Historia Militar de España. 2. La Edad Media,* Madrid, Ministerio de Defensa, 2010, pp. 217-377 (H. O'Donnell, dir.).

Corona de Castilla. Cortes, hermandades, concejos, señoríos

CARRETERO ZAMORA, J. M., *Cortes, monarquía, ciudades. Las Cortes de Castilla a comienzos de la época moderna,* Madrid, 1988.
– *Corpus documental de las Cortes de Castilla (1475-1517),* Madrid, 1993.
GONZÁLEZ ALONSO, B., coord., *Las Cortes y las Leyes de Toro de 1505,* Salamanca, Cortes de Castilla y León, 2006. [Estudios sobre las instituciones castellanas a comienzos del siglo XVI.]
BERMEJO CABRERO, J. L., «Hermandades y comunidades de Castilla», *AHDE,* 68 (1988), pp. 277-412.
LUNENFELD, M., *The Council of Santa Hermandad. A Study of the pacification forces of Ferdinand and Isabela,* Florida, 1970.
SÁNCHEZ BENITO, J. M., *Castilla, los Reyes Católicos y la Hermandad general,* Cuenca, 1988.
UROSA SÁNCHEZ, J., *Política, seguridad y orden público en la Castilla de los Reyes Católicos,* Madrid, 1998.

SUÁREZ BILBAO, F., *Un cambio institucional en la política interior de los Reyes Católicos: la Hermandad general,* Madrid, 1998.
LADERO QUESADA, M. Á., *La Hermandad de Castilla. Cuentas y memoriales. 1480-1498,* Madrid, RAH, 2005.
SÁNCHEZ LEÓN, P., *Absolutismo y comunidad. Los orígenes sociales de la guerra de los Comuneros de Castilla,* Madrid, 1998.
HALICZER, S., *The Comuneros of Castile: The Forging of a Revolution. 1475-1520,* Madison, 1981.
Concejos y ciudades en la Edad Media hispánica, León, 1990. (Actas de Congreso.)
LADERO QUESADA, M. Á., «Monarquía y ciudades de realengo en Castilla. Siglos XII a XV», *AEMed,* 24 (1994), pp. 719-774, (y en *Poder político y sociedad en Castilla,* 2014, pp. 333-376.
– «Las Haciendas concejiles en la Corona de Castilla (Una visión de conjunto)», en *La Hacienda Real de Castilla. 1369-1504,* 2008, pp. 685-759.
– «Las ordenanzas locales. Siglos XIII a XVIII», *EEMed,* 21 (1998), pp. 293-337.
FRANCO SILVA, A., *Estudios sobre Ordenanzas municipales (siglos XV-XVI),* Cádiz, 1998.
POLO MARTÍN, R., *El régimen municipal de la Corona de Castilla durante el reinado de los Reyes Católicos (Organización, funcionamiento y ámbito de actuación),* Madrid, 1999.
GARCÍA FERNÁNDEZ, E., coord., *Gobernar la ciudad en la Edad Media: oligarquías y élites urbanas en el País Vasco,* Vitoria, 2004.
MONSALVO ANTÓN, J. M., ed., *Sociedades urbanas y culturas políticas en la Baja Edad Media castellana,* Salamanca, 2013.
MENJOT, D., y M. SÁNCHEZ MARTÍNEZ, coord., *La fiscalité des villes au Moyen Âge,* Toulouse, 1996-2004, 4 vols.
– (coord.), *Fiscalidad de Estado y fiscalidad municipal en los reinos hispánicos medievales,* Madrid, 2006.
MENJOT, D., «Les enjeux de la fiscalité directe dans les systèmes financiers et fiscaux des villes castellanes aux XIV et XV siècles», en *La fiscalità nell'economia europea. Secc. XIII-XVIII,* XXXIX Settimana... Istituto Datini (Prato), Florencia, 2008, pp. 699-729.
VAL VALDIVIESO, M. I. del, «Ascenso social y lucha por el poder en las ciudades castellanas del siglo XV», *EEMed,* 17 (1994), pp. 157-184.
GUERRERO NAVARRETE, Y., *Organización y gobierno de Burgos durante el reinado de Enrique IV de Castilla,* Madrid, 1986.
LADERO QUESADA, M. F., *La ciudad de Zamora en la época de los Reyes Católicos. Economía y Gobierno,* Zamora, 1991.
DIAGO HERNANDO, M., *Estructuras de poder en Soria a fines de la Edad Media,* Valladolid, 1993.
BERNAL ESTÉVEZ, A., *El concejo de Ciudad Rodrigo y su tierra durante el siglo XV,* Salamanca, 1989.

LOSA CONTRERAS, C., *El concejo de Madrid en el tránsito de la Edad Media a la Edad Moderna,* Madrid, 1999.

GUERRERO NAVARRETE, Y., y J. M. SÁNCHEZ BENITO, *Cuenca en la Baja Edad Media: un sistema de poder,* Cuenca, 1994.

JARA FUENTE, J. A., *Concejo, poder y élites. Las clases dominantes de Cuenca en el siglo XV,* Madrid, 2001.

JIMÉNEZ ALCARAZ, J. F., *Un concejo de Castilla en la frontera de Granada: Lorca, 1460-1521,* Granada, 1997.

PINO GARCÍA, J. L. del, *Extremadura en las luchas políticas del siglo XV,* Badajoz, 1991.

LADERO QUESADA, M. Á., *Andalucía en el siglo XV. Estudios de historia política,* Madrid, 1973.

En torno al feudalismo hispánico, León, 1989. (Actas de Congreso.)

Señorío y feudalismo en la Península Ibérica (ss. XII-XIX), Zaragoza, 1993, 4 vols. (Actas de Congreso.)

GUILARTE, A. M., *El Régimen señorial en el siglo XVI,* Valladolid, 1987 (2.ª ed.).

MOXÓ, S. de, *Feudalismo, señorío y nobleza en la Castilla medieval,* Madrid, 2000.

– «Los señoríos: cuestiones metodológicas que plantea su estudio», *AHDE,* 1973.

IRADIEL, P., «Señoríos jurisdiccionales y poderes públicos a finales de la Edad Media», en *Poderes públicos en la Europa medieval, XXIII SEMed Estella,* Pamplona, 1997, pp. 69-116.

COOPER, E., *Castillos señoriales de Castilla en los siglos XV y XVI,* Madrid, 1980-81, 2 vols.

BECEIRO PITA, I., *El condado de Benavente en el siglo XV,* Benavente, 1998.

– «Los estados señoriales como estructura de poder en la Castilla del siglo XV», en *Realidad e imágenes del poder...,* Valladolid, 1988, p. 293-323.

VAL VALDIVIESO, M. I. del, «Resistencias al dominio señorial durante los últimos años del reinado de Enrique IV», *His,* 126 (1974), pp. 53-104.

OLIVA HERRER, H. R., *Justicia contra señores. El mundo rural y la política en tiempos de los Reyes Católicos,* Valladolid, 2004.

– «Conflictos antiseñoriales en el reino de Castilla a fines de la Edad Media: viejas preguntas, ¿nuevas respuestas?», *HID,* 36 (2009), pp. 313-332.

BARROS, C., *Mentalidad justiciera de los irmandiños. Siglo XV,* Madrid, 1990.

Corona de Aragón. Navarra

BELENGUER CEBRIÁ, E., *La Corona de Aragón en la Monarquía Hispánica: del apogeo del siglo XV a la crisis del siglo XVII,* Barcelona, 2001.

LADERO QUESADA, M. Á., «El ejercicio del poder real en la Corona de Aragón (siglos XIV y XV): instituciones e instrumentos de gobierno», *XV CHCA, El poder real en la Corona de Aragón*, Zaragoza, 1996, I, pp. 71-140. [Bibliografía, estado de cuestiones. V. todos los volúmenes de actas del Congreso.]

SALVADOR ESTEBAN, E., «La precaria monarquía hispánica de los Reyes Católicos: reflexiones sobre la participación de Isabel I en el gobierno aragonés», en *Homenaje... Maravall,* Madrid, 1985, III.

ARRIETA ALBERDI, J., *El Consejo Supremo de la Corona de Aragón (1494-1707),* Zaragoza, 1995.

REDONDO VEINTEMILLAS, G., y L. ORERA ORERA, *Fernando II y el reino de Aragón,* Zaragoza, 1980.

GONZÁLEZ ANTÓN, L., «La Corona de Aragón: régimen político y Cortes. Entre el mito y la revisión historiográfica», *AHDE,* 1986, pp. 1017-1042.

– «Las instituciones aragonesas», en *Fernando II de Aragón. El Rey Católico,* Zaragoza, 1996, pp. 199-211.

SESMA MUÑOZ, J. A., *La Diputación del reino de Aragón en la época de Fernando II (1479-1516),* Zaragoza, 1978.

– «Trayectoria económica de la Hacienda del reino de Aragón en el siglo XV», *AraEM,* II (1979), pp. 171-202.

– «Instituciones parlamentarias del Reino de Aragón en el tránsito a la Edad Moderna», *AraEM,* IV (1981), pp. 221-234.

– «Las transformaciones de la fiscalidad regia en la Baja Edad Media», en *El poder real en la Corona de Aragón. XV Congreso H. C. A.,* Zaragoza, 1996, I/1, pp. 233-291.

SÁNCHEZ MARTÍNEZ, M., ed., *La deuda pública en la Cataluña bajomedieval,* Barcelona, 2009.

VICENS VIVES, J., *Política del Rey Católico en Cataluña,* Barcelona, 1940.

PELÁEZ ALBENDEA, M. J., *Catalunya després de la guerra civil del segle XV. Institucions, formes de govern i relacions socials i econòmiques (1472-1479),* Barcelona, 1981.

FERRO, V., *El dret public català. Les institucions a Catalunya fins el Decret de Nova Planta,* Vich, 1987.

FERRER I MALLOL, M.ª T., dir., *Història de la Generalitat de Catalunya,* Barcelona, 2011.

VIDAL, J. J., *El sistema de gobierno en el Reino de Mallorca (siglos XV-XVII),* Mallorca, 1996.

PIÑA HOMS, R., *El Gran i General Consell, asamblea del Reino de Mallorca,* Palma de Mallorca, 1977.

El regim municipal a la Corona d'Aragó. Estudis Baleàrics, 31 (1988). (Varios trabajos.)

TORRAS I RIBÉ, J. M., *Els Municipis Catalans de l'Antic Régim, 1453-1808*, Barcelona, 1983.
TURULL I RUBINAT, M., *El gobierno de la ciudad medieval. Administración y finanzas en las ciudades medievales catalanas*, Barcelona, 2009 (recopilación de sus estudios).
VICENS VIVES, J., *Ferran II i la ciutat de Barcelona*, Barcelona, 1936-37, 3 vols.
FALCÓN PÉREZ, M. I., *La organización municipal de Zaragoza en el siglo XV*, Zaragoza, 1978.
– «El patriciado urbano de Zaragoza y la actuación reformista de Fernando II en el gobierno municipal», *AraEM*, II (1979).
TORREBLANCA GASPAR, M.ª J., *Violencia urbana y sus manifestaciones en el Aragón bajomedieval: luchas de bandos y régimen municipal en las ciudades aragonesas (1250-1450)*, Zaragoza, Universidad, 1993 (tesis doctoral).
MORELLÓ BAGET, J., *Fiscalitat i deute públic en dues viles del Camp de Tarragona. Reus i Valls, segles XIV-XV*, Barcelona, 2001.
VERDÉS PIJUAN, P., *'Per ço que la vila no vage a perdició'. La gestió del deute públic en un municipi català (Cervera, 1387-1516)*, Barcelona, 2004.
GARCÍA MARSILLA, J. V., *Vivir a crédito en la Valencia medieval: de los orígenes del sistema censal al endeudamiento del municipio*, Valencia, 2002.
CATEURA BENNASSER, ed., *El crédito i el sistema financier del Regne de Mallorca (segles XIV-XV)*, Palma de Mallorca, 2009.
COLÁS LATORRE, G., «Fernando II y el mundo señorial aragonés», en *Fernando II de Aragón. El Rey Católico*, pp. 241-273.
REDONDO VEINTEMILLAS, G., «Fernando II y el régimen señorial en Aragón: la sentencia de Celada (1497)», *Estudios 79. Dep. Historia Moderna*, Zaragoza, 1979, pp. 231-276.
GUINOT, E., «Senyoriu i reialenc al país valencià a les darreries de l'època medieval», en *Lluís de Santangel i el seu temps*, pp. 183-204.
PASTOR ZAPATA, J. L., *El Ducado de Gandía: un señorío valenciano en el tránsito de la Edad Media a la Moderna*, Madrid, 1990.
FORTÚN PÉREZ DE CIRIZA, L. J., «El Consejo Real de Navarra entre 1494 y 1525», *Príncipe de Viana*, 1986, anejo 2, pp. 165-180.
HUICI GOÑI, M. P., *La Cámara de Comptos de Navarra, 1328-1512*, Pamplona, 1988.

5. Organización eclesiástica y reforma religiosa

Organización eclesiástica

LADERO QUESADA, M. Á., «Historia de la Iglesia en la España Medieval», en *La historia de la Iglesia en España y en el mundo hispano*

(J. Andrés Gallego, ed.), Murcia, Universidad Católica de Murcia, 2001, pp. 121-190 [revisión bibliográfica. 1987-2000].
– y J. M. NIETO SORIA, «Iglesia y sociedad, siglos XII-XV», *EEMed,* 11 (1988) (revisión bibliográfic hasta 1987).
Historia de la Iglesia en España, Madrid, B.A.C., 1980, III, 2 vols. (R. GarcíaVilloslada, dir.).
NIETO SORIA, J. M., *Iglesia y génesis del estado moderno en Castilla (1369-1480),* Madrid, 1994.
– «Enrique IV de Castilla y el Pontificado (1454-1474)», *EEMed,* 19 (1996), pp. 167-238.
– «Las relaciones Iglesia-Estado en España a fines del siglo XV», en *El Tratado de Tordesillas y su época,* Valladolid, 1994, II, pp. 731-749.
– «Relaciones con el Pontificado, Iglesia y poder real en Castilla en torno a 1500. Su proyección en los comienzos del reinado de Carlos I», *Stvdia Historica. Historia Moderna* (Salamanca), 21 (1999), pp. 19-48.
– «La política eclesiástica de los Reyes Católicos durante el pontificado de Alejandro VI», en *De València a Roma a través dels Borja,* Valencia, 2006, pp. 91-112. (P. Iradiel y J. M. Cruselles, coords.).
FERNÁNDEZ DE CÓRDOVA MIRALLES, A., *Alejandro VI y los Reyes Católicos. Relaciones político-eclesiásticas (1492-1503),* Roma, 2005.
– «Cèsar Borja en el seu context històric: entre el pontificat i la monarquia hispànica», en *Cèsar Borja, cinc-cents anys després (1507-2007),* Valencia, 2009, pp. 11-98 (M. Toldrà, coord.).
BATLLORI, M., *La familia de los Borjas,* Madrid, 1999.
AZCONA, T. de, *La elección y reforma del episcopado español en tiempo de los Reyes Católicos,* Madrid, 1960.
HERMANN, Ch., *L'Église d'Espagne sous le Patronage Royal (1476-1834),* Madrid, 1988.
LOP OTÍN, M.ª J., *El cabildo catedralicio de Toledo en el siglo XV. Aspectos institucionales y sociológicos,* Madrid, 2003.
ALDEA VAQUERO, Q., *Política y religión en los albores de la Edad Moderna,* Madrid, 1999.
MUNSURI ROSADO, M.ª N., *El clero secular en la Valencia del siglo XV. Composición e influencia socio-política,* Valencia, 2010.
ORTEGO RICO, P., «Las riquezas de la Iglesia al servicio del poder monárquico: los empréstitos eclesiásticos en la Castilla del siglo XV», *EEMed.,* 25 (2012), pp. 145-176.
Synodicon Hispanum (A. García y García, ed.), Madrid, 1981 y ss. (edición íntegra).
SÁNCHEZ HERRERO, J., «Los concilios provinciales y los sínodos diocesanos españoles. 1215-1550», *Quaderni Catanesi di Studi Clasici e Medievali,* 5 y 7 (1981 y 1982).
VILLALBA RUIZ DE TOLEDO, F. J., *Aproximación al concilio nacional de Sevilla. 1478,* Madrid, 1984.

Prelados

ESTEVE BARBA, F., *Alonso Carrillo de Acuña,* Barcelona, 1943.
VILLALBA RUIZ DE TOLEDO, F. J., *El cardenal Mendoza ante la guerra civil castellana (1474-1482),* Madrid, 1983.
– *El cardenal Mendoza (1428-1495),* Madrid, 1988.
– *Colección diplomática del Cardenal Mendoza,* Madrid, 1999.
LAYNA SERRANO, F., *El Cardenal Mendoza como político y consejero de los Reyes Católicos,* Madrid, 1968.
VÍLCHEZ VIVANCOS, F., *El cardenal Mendoza. Datos biográficos definitivos y obra literaria,* Guadalajara, 1994.
LADERO QUESADA, M. Á., «Fray Hernando de Talavera en 1492: de la corte a la misión», *Chronica Nova,* 34 (2008), pp. 249-275 [referencias bibliográficas].
IANUZZI, I., *El poder de la palabra en el siglo XV. Fray Hernando de Talavera,* Valladolid, 2009.
MARTÍNEZ MEDINA, F. J., y M. BIERSACK, *Fray Hernando de Talavera, primer arzobispo de Granada: hombre de Iglesia, estado y letras,* Granada, 2011.
GARCÍA ORO, J., *El cardenal Cisneros. Vida y empresas,* Madrid, 1992-93, 2 vols.
– *Cisneros: un cardenal reformista en el trono de España (1436-1517),* Madrid, 2005.
ESCANDELL BONET, B., *El 'modelo' cisneriano de actuación histórica,* Alcalá de Henares, 1980.
Estudios cisnerianos. In honorem B. Escandell Bonet..., Alcalá de Henares, 1990.
PÉREZ, J., *Cisneros: el hombre y el político,* Madrid, 2014.
COTARELO Y VALLADOR, A., *Fray Diego de Deza. Ensayo biográfico,* Madrid, 1902.
ORTEGA, J. L., *Un reformador pretridentino: Don Pascual de Ampudia, obispo de Burgos (1496-1512),* Roma, 1973.
TERESA LEÓN, T., «El obispo don Juan Rodríguez de Fonseca, diplomático, mecenas y ministro de Indias», *HS,* 13 (1960), pp. 251-304.

Órdenes

GARCÍA ORO, J., *La reforma de los religiosos españoles en tiempo de los Reyes Católicos,* Valladolid, 1969.
– *Cisneros y la reforma del clero español en tiempo de los Reyes Católicos,* Madrid, 1971.
ZARAGOZA PASCUAL, E., *Los generales de la Congregación de San Benito de Valladolid. I: los priores (1390-1499),* Silos, 1975.

PÉREZ-EMBID WAMBA, J., *El Cister en Castilla y León, Monacato y dominios rurales (siglos XII-XV)*, Valladolid, 1986.
COUSSEMACKER, S., *L'Ordre des Hiéronymites en Espagne de la fin du XIVᵉ au début du XVIᵉ siècle*, París, 1994 (Thèse d'État).
SÁNCHEZ HERRERO, J., «Fundación y desarrollo de la Orden de los Jerónimos, 1360-1561», *Codex Aquilarensis*, 10 (1994), pp. 63-95.
LADERO QUESADA, M. Á., «Mecenazgo real y nobiliario en monasterios españoles: los jerónimos (siglos XV y XVI)», *Príncipe de Viana*, 1986, anejo 3.
CANTERA MONTENEGRO, S., *Los cartujos en la religiosidad y la sociedad españolas: 1390-1563*, Salzburgo, 2000, 2 vols. *(Analecta Cartusiana)*.
BELTRÁN DE HEREDIA, V., *Historia de la reforma de la Provincia de España, 1450-1550*, Roma, 1939.
– *Las corrientes de espiritualidad entre los dominicos de Castilla durante la primera mitad del siglo XVI*, Salamanca, 1941.
ÁLVAREZ GUTIÉRREZ, L., *El movimiento 'observante' agustiniano en España y su culminación en tiempo de los Reyes Católicos*, Madrid, 1978.
VELASCO BAYÓN, B., *Historia del Carmelo español*, Roma, 1992.
MIURA ANDRADES, J. M., *Frailes, monjas y conventos. Las Órdenes Mendicantes y la sociedad sevillana bajomedieval*, Sevilla, 1998.
GRAÑA CID, M.ª M., *Religiosas y ciudades. La espiritualidad femenina en la construcción sociopolítica urbana bajomedieval (Córdoba, siglos XIII-XVI)*, Córdoba, 2010.
Actas del I encuentro trinitario-mercedario. Las dos Órdenes redentoras de la Iglesia, Madrid, 1989.
AYALA MARTÍNEZ, C. de, y otros, «Las Órdenes Militares en la Edad Media peninsular. Historiografía 1976-1992», *Medievalismo*, 2 (1992) y 3 (1993).
LADERO QUESADA, M. Á., «La investigación sobre Órdenes Militares en la Edad Media hispánica durante los últimos decenios: Corona de Castilla y León», en *Las Órdenes Militares en la Península Ibérica*, Ciudad Real, Universidad de Castilla La Mancha, 2000, pp. 9-31.
SOLANO RUIZ, E., *La Orden de Calatrava en el siglo XV. Los señoríos castellanos de la Orden a fines de la Edad Media*, Sevilla, 1978.
RODRÍGUEZ BLANCO, D., *La Orden de Santiago en Extremadura en la Baja Edad Media*, Badajoz, 1985.
PORRAS ARBOLEDAS, P., *La Orden de Santiago en el siglo XV. La Provincia de Castilla*, Madrid, 1997.
CORRAL VAL, L., *Los monjes soldados de la Orden de Alcántara en la Edad Media. Su organización institucional y vida religiosa*, Madrid, 1999.
BARQUERO GOÑI, C., *Los caballeros Hospitalarios durante la Edad Media en España*, Burgos, 2003.

Formación religiosa. Religiosidad

ANDRÉS ÁLVAREZ, M., *Historia de la teología española*, Madrid, 1983-1987, 2 vols.
SÁINZ RODRÍGUEZ, P., *Antología de la literatura espiritual española*, Madrid, 1980-1983, 3 vols.
ANDRÉS MARTÍN, M., *La fuerza decisiva. Reforma, pensamiento y vivencia en la época de los Descubrimientos (1400-1600)*, Cáceres, 1993.
FERNÁNDEZ CONDE, F. J., *La religiosidad medieval en España. Baja Edad Media (siglos XIV-XV)*, Gijón, 2011.
TORRES JIMÉNEZ, M.ª R., *Formas de organización y práctica religiosa en Castilla la Nueva. Siglos XIII-XVI*, Madrid, Universidad Complutense, 2002 (tesis doctorales).
RESINES, L., *La catequesis en España*, Madrid, 1997.
Historia de la acción educadora de la Iglesia en España. I, Madrid, B.A.C., 1995 (B. Bartolomé Martínez, dir.).
LABAJOS ALONSO, J., *Proceso contra Pedro de Osma*, Salamanca, 2010.
La figura de Jerónimo Savonarola y su influencia en España y Europa, Madrid, 2004 (D. Weinstein, J. Benavent e I. Rodríguez, eds.).
BATAILLON, M., *Erasmo y España. Estudios sobre la historia espiritual del siglo XVI*, Madrid, 1979 (1.ª ed. 1937. Nueva edición en francés, Ginebra, 1991, 3 vols.).
El erasmismo en España, Santander, 1986 (M. Revuelta Sañudo y C. Morón, eds.).
CASTRO Y CASTRO, M. de, *Teresa Enríquez, la 'Loca del Sacramento' y Gutierre de Cárdenas*, Toledo, 1992.
HUERGA, A., «Los Pre-Alumbrados y la Beata de Piedrahita», en Fliche-Martin, *Historia de la Iglesia, VIII, El Renacimiento*, Valencia, 1974, pp. 523-546.
MUÑOZ FERNÁNDEZ, A., *Acciones e intenciones de mujeres. Vida religiosa de las madrileñas (ss. XV-XVI)*, Madrid, 1995.
– *Beatas y santas neocastellanas: ambivalencias de la religión y políticas correctoras del poder (ss. XIV-XVi)*, Madrid, 1994.
COLOMBÁS, G. M., *Un reformador benedictino en tiempo de los Reyes Católicos, García Jiménez de Cisneros, abad de Montserrat*, Montserrat, 1955.
CHRISTIAN, W. A. jr., *Apparitions in Late Medieval and Renaissance Spain*, 1981.
CRÉMOUX, F., *Pèlerinages et miracles à Guadalupe au XVIe siècle*, Madrid, 2001.
RODRÍGUEZ, G., «Elementos de la doctrina cristiana presentes en *Los milagros de Guadalupe*. España. Siglos XV y XVI», *HID*, 30 (2003), pp. 487-512.

GORRICIO DE NOVARA, G., *Contemplaciones sobre el rosario de Nuestra Señora historiadas,* Salzburgo, 2002 *(Analecta Cartusiana)* (ed. e introd. S. Cantera Montenegro, A. Torrego Casado).

6. De la tolerancia a la Inquisición

LADERO QUESADA, M. Á., «Grupos marginales», en *XXVSEMEstella,* Pamplona, 1999. [Bibliografía y estado de cuestiones sobre judíos, conversos y mudéjares].

Judíos

BAER, Y., *Historia de los judíos en la España cristiana,* Madrid, 1981, 2 vols. (completa bibliografía, a cargo del traductor, J. L. Lacave Riaño).
BEINART, H., *Los judíos en España,* Madrid, 1992.
– *Gerus Sefarad* (La expulsión de los judíos de España), Jerusalén, 1994.
– ed., *Moreset Sefarad. El legado de Sefarad,* 1992-93, 2 vols.
SUÁREZ FERNÁNDEZ, L., *Judíos españoles en la Edad Media,* Madrid, 1980.
– *La expulsión de los judíos de España,* Madrid, 1991.
– *La expulsión de los judíos. Un problema europeo,* Barcelona, 2012.
PÉREZ, J., *Historia de una tragedia. La expulsión de los judíos de España,* Barcelona, 1993.
Judíos, sefarditas, conversos. La expulsión de 1492 y sus consecuencias, Valladolid, 1995 (A. Alcalá, ed.).
LADERO QUESADA, M. Á., «Después de 1492: los *bienes e debdas de los judíos*», en *Judaísmo Hispano. Estudios en memoria de José Luis Lacave Riaño,* Madrid, 2002, pp. 727-747.
– «De nuevo sobre los judíos granadinos al tiempo de su expulsión», *EEMed,* 30 (2007), pp. 281-316.
– «Coronel, 1492: de la aristocracia judía a la nobleza cristiana en la España de los Reyes Católicos», en *Países y hombres de la Edad Media,* Granada, Universidad, 2007, pp. 435-454.
MOTIS DOLADER, M. A., *La expulsión de los judíos del reino de Aragón,* Zaragoza, 1990, 2 vols.
GAMPEL, B. R., *Los últimos judíos en suelo ibérico. Las juderías navarras. 1479-1498,* Pamplona, 1996.
PIMENTA FERRO, M. J., *Os judeus em Portugal no século XV,* Lisboa, 1982-84, 2 vols.
SOYER, F., *The Persecution of the Jews and Muslims of Portugal. King Manuel I and the end of Religious Tolerance (1496-7),* Boston, 2007.

SUÁREZ BILBAO, F., *Las ciudades castellanas y sus juderías en el siglo XV*, Madrid, 1995.
RUBIO GARCÍA, L., *Los judíos de Murcia en la baja Edad Media (1350-1500)*, Murcia, 1992-1997, 4 vols.
Xudeus e conversos na historia, Orense, 1994 (C. Barros, ed.).

Conversos. Inquisición

DOMÍNGUEZ ORTIZ, A., *Los judeoconversos en la España moderna*, Madrid, 1992.
BENITO RUANO, E., *Los orígenes del problema converso*, Madrid, 2001 (2.ª ed.).
MÁRQUEZ VILLANUEVA, F., *De la España judeoconversa. Doce estudios*, Barcelona, 2006.
LÓPEZ MARTÍNEZ, N., *Los judaizantes castellanos y la Inquisición en tiempos de Isabel la Católica*, Burgos, 1954.
DÍAZ DE MONTALVO, A., *La causa conversa*, Madrid, 2008 (M. Conde Salazar, A. Pérez Martín, C. del Valle Rodríguez, ed.).
MEYUHAS GINIO, A., *La forteresse de la foi. La vision du monde du moine espagnol Alonso de Espina*, París, 1998.
CARRETE PARRONDO, C., *El judaísmo español y la Inquisición*, Madrid, 1992.
RÁBADE OBRADÓ, M. P., *Los judeoconversos en la Corte y en la época de los Reyes Católicos*, Madrid, 1990.
– *Una élite de poder en la Corte de los Reyes Católicos. Los judeoconversos*, Madrid, 1993.
– «La instrucción cristiana de los conversos en la Castilla del siglo XV», *EEMed*, 22 (1999), pp. 369-393.
MONTES ROMERO-CAMACHO, I., «El problema converso. Una aproximación historiográfica (1998-2008)», *Medievalismo*, 18 (2008), pp. 109-248.
La Inquisición española. Nueva visión, nuevos horizontes, Madrid, 1980 (J. Pérez Villanueva, ed.).
Inquisición española y mentalidad inquisitorial, Barcelona, 1984 (A. Alcalá, ed.).
Inquisición española. Nuevas aproximaciones, Madrid, 1987.
Historia de la Inquisición en España y América, Madrid, 1984-1993, 2 vols. (J. Pérez Villanueva y B. Escandell Bonet, dirs.).
Intolerancia e Inquisición, Madrid, 2006, 3 v. (J. A. Escudero, ed.).
KAMEN, H., *The Spanish Inquisition. An Historical Revision*, Londres, 1997 (ed. en español, 2005).

EDWARDS, J., *Religion and Society in Spain, c. 1492*, Variorum Collected Studies Series, 1996.
– *The Spanish Inquisition*, Tempus Publishing, 1999 (ed. en español, 2005).
PÉREZ, J., *La Inquisición española. Crónica negra del Santo Oficio*, Madrid, 2005.
MARTÍNEZ MILLÁN, J., *La Inquisición española*, Madrid, 2007.
ROTH, N., *Conversos, Inquisition and the Expulsion of the Jews from Spain*, Wisconsin, 1995 (2.ª ed. 2002).
NETANYAHU, B., *The Origins of Inquisition in Fifteenth Century Spain*, Nueva York, 1995 (edición en español, Valladolid, 1999).
– *de la anarquía a la Inquisición. Estudios sobre los conversos en España durante la baja Edad Media*, Madrid, 2005.
BEINART, H., *Los conversos ante el tribunal de la Inquisición*, Barcelona, 1983.
LADERO QUESADA, M. Á., «Judeoconversos andaluces en el siglo XV», en *III Coloquio Historia Medieval Andaluza*, Jaén, 1984, pp. 27-55.
GIL, J., *Los conversos y la Inquisición sevillana*, Sevilla, 2000-2003, 8 vols.
– «Isabel la Católica y la Inquisición», en *Ciclo de conferencias V Centenario de la muerte de Isabel la Católica*, Sevilla, Fundación el Monte, 2004, pp. 69-130 (M. González Jiménez, coord.).
PÉREZ, B., *Inquisition, Pouvoir, Société. La province de Séville et ses judéoconvers sous les Rois Catholiques*, París, 2007.
GARCÍA CÁRCEL, R., *Orígenes de la Inquisición española. El Tribunal de Valencia, 1478-1530*, Barcelona, 1985 (2.ª ed.).
SESMA MUÑOZ, J. A., *Fernando II y la Inquisición. El establecimiento de los tribunales inquisitoriales en la Corona de Aragón (1479-1490)*, Madrid, Real Academia de la Historia, 2013.
D'ABRERA, A. Y., *The Tribunal of Zaragoza and Crypto-Judaism. 1484-1515*, Turnhout, 2008.

Mudéjares

Simposio Internacional de Mudejarismo, Teruel. Celebrados doce entre 1975 y 2011, publicadas las actas. Información actualizada y gran cantidad de ponencias y comunicaciones.
HINOJOSA MONTALVO, J., *Los mudéjares. La voz del Islam en la España cristiana*, Teruel, 2002, 2 vols.
LADERO QUESADA, M. Á., *Los mudéjares de Castilla y otros estudios de historia medieval...*, Granada, 1989.
– «Las relaciones con los musulmanes en la Baja Edad Media: rechazo, coexistencia, proselitismo», en *Cristianos y musulmanes en la Península*

Ibérica. XI Congreso de Estudios Medievales, León, Fundación Sánchez-Albornoz, 2009, pp. 13-65.
– «Los mudéjares de Castilla cuarenta años después», *EEMed,* 33 (2010), pp. 383-426. [Revisión bibliográfica.]
– «Isabel y los musulmanes de Granada y Castilla», en *Isabel I de Castilla,* pp. 157-176.
ECHEVARRÍA, A., *The Fortress of Faith. The Attidude towards Muslims in Fifteenth Century Spain,* Leiden, 1999.
LEDESMA RUBIO, M. L., *Estudios sobre los mudéjares en Aragón,* Teruel, 1996.
– *Los mudéjares aragoneses,* Zaragoza, 1980.
MEYERSON, M. D., *Els musulmans de València en l'època de Ferran i Isabel,* Valencia, 1994.

7. Medievo y Renacimiento

Saberes científicos y técnicos

GARCÍA BALLESTER, L., dir., *Historia de la Ciencia y de la Técnica en la Corona de Castilla,* Junta de Castilla y León, 2002, vols. II y III.
BEAUJOAN, G. de, *La science en Espagne aux XIVe et XVe siècles,* París, 1967.
La medicina en la época del Tratado de Tordesillas, Salamanca, 1995 (J. Riera Palmero, coord.).
LOSANA MÉNDEZ, J., *La sanidad en la época del descubrimiento de América,* Madrid, 1994.
Medicina y sociedad: curar y sanar en la España de los siglos XIII al XVI, Buenos Aires, 1996 (M. E. González de Fauve, coord.).
Ciencia, poder e ideología. El saber y el hacer en la evolución de la medicina española (siglos XIV-XVIII), Buenos Aires, 2001 (M. E. González de Fauve, ed.).

Humanismo. Cultura intelectual. Imprenta y bibliotecas. Educación

Arte y cultura en la época de Isabel la Católica, Valladolid, 2003 (J. Valdeón Baruque, ed.).
La cultura del Renacimiento (1480-1580). Historia de España Menéndez Pidal, vol. XXI, Madrid, 1999.
BATLLORI, M., *Humanismo y Renacimiento,* Barcelona, 1987.

GIL FERNÁNDEZ, L., *Panorama del humanismo español (1500-1800)*, Madrid, 1997 (2.ª ed.).
GÓMEZ MORENO, A., *España y la Italia de los humanistas. Primeros ecos*, Madrid, 1994.
FERNÁNDEZ GALLARDO, L., *Alonso de Cartagena. Una biografía política en la Castilla del siglo XV*, Junta de Castilla y León, 2002.
Diplomacia y humanismo en el siglo XV, Madrid, 1994 (T. González Rolán, F. Hernández y P. Saquero, eds.).
CAMILLO, O. di, *El humanismo castellano del siglo XV*, Valencia, 1976.
Al tombant de l'edat mitjana. Tradició medieval i cultura humanista. XVIII Jornades d'Estudis Històrics Locals, Palma de Mallorca, 2000 (M. Barceló Crespí, coord.).
Antonio de Nebrija: Edad Media y Renacimiento, Salamanca, 1994 (C. Codoñer y J. A. González Iglesias, eds.).
Nebrija y la introducción del Renacimiento en España, Salamanca, 1983 (2.ª ed., 1996) (V. García de la Concha, ed.).
PERONA, J., *Antonio de Nebrija*, Murcia, 2010. [Recopilación de trabajos].
RIBER, L., *El humanista Pedro Mártir de Anglería*, Barcelona, 1964.
FONTÁN, A., *La España de los humanistas*, Madrid, 2000.
AJO Y SÁINZ DE ZÚÑIGA, C. M., *Historia de las universidades hispánicas*, I, Madrid, 1957.
ALVAR EZQUERRA, A., ed., *Historia de la Universidad de Alcalá*, Alcalá de Henares, 2010.
AURELL, J., y A. PUIGARNAU, *La cultura del mercader en la Barcelona del siglo XV*, Barcelona, 1998.
CRUSELLES GÓMEZ, J. M., *Escuela y sociedad en la Valencia bajomedieval*, Valencia, 1997.
SÁNCHEZ HERRERO, J., *Las tres etapas de la enseñanza en Sevilla a finales del siglo XV y comienzos del XVI*, Sevilla, 2007.
GARCÍA ORO, J., *Los reyes y los libros: la política libraria de la Corona en el Siglo de Oro (1475-1598)*, Madrid, 1995.
ANTELO IGLESIAS, A., «Las bibliotecas del otoño medieval. Con especial referencia a las de Castilla en el siglo XV», *ETF*, III, 4 (1991), pp. 285-350.
BECEIRO PITA, I., A. Franco Silva, «Cultura nobiliar y bibliotecas», *HID*, 12 (1985).
ROMERO DE LECEA, C., y A. ODRIOZOLA, *Historia de la imprenta en España*, Madrid, 1982.
NORTON, F. J., *A Descriptive Catalogue of printing in Spain and Portugal. 1501-1520*, 1978.
MARTÍN ABAD, J., *Los primeros tiempos de la imprenta en España (c. 1471-1520)*, Madrid, 2003.
–, e I. MOYANO ANDRÉS, *Estanislao Polono*, Alcalá de Henares, 2002 [impresor en Alcalá].

BERGER, Ph., *Libro y lectura en la Valencia del Renacimiento (1473-1560)*, Valencia, 1986.
HILLGARTH, J. N., *Readers and Books in Majorca, 1229-1550*, París, 1991, 2 vols.
PEÑA, M., *Cataluña en el Renacimiento: libros y lenguas (Barcelona, 1473-1600)*, Lérida, 1996.
GÓMEZ MOLLEDA, D., «La cultura femenina de Isabel la Católica. Cortejo y estela de una reina», *RABM*, LXI (1955), pp. 137-195.
YARZA LUACES, J., «Isabel la Católica, promotora de las artes», *Reales Sitios*, 110 (1991), pp. 57-64.
CAMPO, V., «Modelos para una mujer 'modelo': los libros de Isabel la Católica», *IX Simposio Sociedad Española Literatura General Comparada*, Zaragoza, 1994, I, pp. 85-94.
SÁNCHEZ CANTÓN, F. J., *Libros, tapices y cuadros que coleccionó Isabel la Católica*, Madrid, 1950.
MAHN-LOT, M., «Le mécenat d'Isabelle la Catholique», *Revue Historique*, 562 (1987), pp. 289-308.
RUIZ GARCÍA, E., *Los libros de Isabel la Católica. Arqueología de un patrimonio escrito*, Salamanca, 2004.
SALVADOR MIGUEL, Nicasio, *Isabel la Católica. Educación, mecenazgo y entorno literario*, Alcalá de Henares, 2008.
Isabel la Católica. Los libros de la reina, Instituto Castellano y Leonés de la Lengua / Caja Burgos, 2004 (N. Salvador Miguel, coord.).
NADER, H., *The Mendoza family in the Spanish Renaissance. 1350 to 1550*, New Brunswick, 1979.

Literatura

LAPESA, R., *Historia de la lengua española*, Madrid, 1980 (8.ª ed.), cap. X.
Historia de la Lengua española, Barcelona, Ariel, 2005 (2.ª ed.), sexta parte (R. Cano, coord.).
GÓMEZ REDONDO, F., *Historia de la prosa de los Reyes Católicos. El umbral del Renacimiento*, Madrid, 2012, 2 vols. [obra fundamental].
The Age of the Catholic Monarchs, 1474-1516, Liverpool, 1989 (A. Deyermond e I. Macpherson, eds.).
RIQUER, M. de, *Historia de la literatura catalana*, Barcelona, 1980.
– *Aproximació al 'Tirant lo Blanc'*, Barcelona, 1990.
Estudios sobre el 'Tirant lo Blanc', Granada, 1995 (J. Paredes, E. Nogueras y L. Sánchez, eds.).
VILLALMANZO, J., *Joanot Martorell. Biografía ilustrada y diplomatario*, Valencia, 1995.

AVALLE-ARCE, J. B., *'Amadís de Gaula': el primitivo y el de Montalvo*, México, 1990.
CACHO BLECUA, J. M., *Amadís: heroísmo mítico-cortesano*, Zaragoza, 1985.
ROUBAUD-BÉNICHOU, S., *Le roman de chevalerie en Espagne. Entre Arthur et Don Quichotte*, París, 2000.
RUBIO GARCÍA, L., *Estudios sobre la Celestina*, Murcia, 1985 (2.ª ed.).
Estudios sobre la Celestina, Madrid, 2001 (S. López-Ríos, ed.).
RUSSELL, P. E., ed. e intr., Fernando de Rojas, *Comedia o tragicomedia de Calisto y Melibea*, Madrid, 1991.
– *Temas de 'La Celestina'*, Barcelona, 1978.
GILMAN, S., *La Celestina. Arte y estructura*, Madrid, 1982.
– *La España de Fernando de Rojas. Panorama intelectual y social de 'La Celestina'*, Madrid, 1988.
SALVADOR MIGUEL, N., «La Celestina», en J. Huerta Calvo, dir., *Historia del teatro español*, Madrid, 2005, I, pp. 137-167.
MARAVALL, J. A., *El mundo social de 'La Celestina'*, Madrid, 1964.
La Celestina y su contorno social, Barcelona, 1977 (M. Criado de Val, dir.).
LADERO QUESADA, M. Á., «Aristócratas y marginales: aspectos de la sociedad castellana en *La Celestina*», en *Países y hombres de la Edad Media*, Granada, 2007, pp. 365-399.
BOASE, R., *El resurgimiento de los trovadores*, Madrid, 1981.
DUTTON, B., *El Cancionero del siglo XV (c. 1360-1520)*, 7 v., Salamanca, 1989 y ss.
–, y V. RONCERO LÓPEZ, *La poesía cancioneril del siglo XV. Antología y estudio*, Madrid, 2004.
Hernando del Castillo: Cancionero General, ed. J. González Cuenca, Madrid, 2005, 5 vols.

Música. Artes

ANGLÉS, H., *La música en la Corte de los Reyes Católicos*, Barcelona, 1940.
QUEROL GAVALDÁN, M., *La música española en torno a 1492*, Granada, 1995.
Reyes y Mecenas, Madrid-Toledo, 1992 (F. Checa Cremades y R. Díez del Corral, coords.).
El arte en la época del Tratado de Tordesillas, Valladolid, 1994.
Las artes en Aragón durante el reinado de Fernando el Católico (1479-1516), Zaragoza, 1993.
El arte en Cataluña y los reinos hispanos en tiempos de Carlos I, Madrid, 2000.
El arte en la Corte de los Reyes Católicos, Madrid, 2005 (F. Checa Cremades y B. J. García García, eds.).

YARZA LUACES, J., *Los Reyes Católicos. Paisaje artístico de una monarquía,* Madrid, 1994.
— *La nobleza ante el rey. Los grandes linajes castellanos y el arte del siglo XV,* Madrid, 2003.
— *Isabel la Católica: promotora artística,* León, 2005
MARTÍN GARCÍA, J. M., *Arte y diplomacia en el reinado de los Reyes Católicos,* Madrid, 2002.
BERMEJO, E., *La pintura de los primitivos flamencos en España,* Madrid, 1980-82, 2 vols.
SILVA MAROTO, Pilar, *Juan de Flandes,* Salamanca, 2007.
Gil de Siloe y la escultura de su época. Congreso internacional, Burgos, 2001.
Pedro Berruguete: el primer pintor renacentista de la Corona de Castilla, Madrid, 2003.
RUIZ MATEOS, A., O. PÉREZ MONZÓN, J. ESPINO NUÑO, «Las manifestaciones artísticas», en *Orígenes de la Monarquía Hispánica,* 1999, pp. 341-368 (J. M. Nieto Soria, dir.).
PÉREZ MONZÓN, O., «La dimensión artística de las relaciones de conflicto», en *La monarquía como conflicto,* 2006, pp. 547-620 (dir. J. M. Nieto Soria).

8. Las ganancias del reinado

Granada. Norte de África

Historia de España Menéndez Pidal, XVII, 1, Madrid, 1969 (La guerra de Granada, por Juan de M. Carriazo y Arroquia).
Historia del reino de Granada. I. De los orígenes a la época mudéjar (hasta 1502), Granada, 2000 (R. G. Peinado Santaella, ed.).
Los Reyes Católicos y Granada, Sociedad Estatal de Conmemoraciones Culturales, 2004.
Isabel la Católica y Granada, Granada, 2004 (M. Barrios Aguilera, coord.).
LADERO QUESADA, M. Á., *Granada. Historia de un país islámico (1232-1571),* Madrid, 1989 (3.ª ed.).
— *Castilla y la conquista del reino de Granada,* Granada, 1993 (3.ª ed.).
— *Granada después de la conquista. Repobladores y mudéjares,* Granada, 1993 (3.ª ed.).
— *Las guerras de Granada en el siglo XV,* Barcelona, 2002.
— «La noble, honrada e grand çibdad de Granada», en *Documentos de nuestra historia. V Centenario de la constitución del Ayuntamiento de Granada,* Granada, 2000, pp. 23-51.
— «Los bautismos de los musulmanes granadinos en 1500», en *VIII Simposio Internacional de Mudejarismo (1999),* Teruel, Centro de Estudios Mudéjares. Instituto de Estudios Turolenses, 2002, I, pp. 481-542.

- «Granada en la Corona de Castilla: las instituciones», en *Isabel I de Castilla,* 2012, pp. 177-204.
- ed., *La incorporación de Granada a la Corona de Castilla. Actas del Symposium conmemorativo del Quinto Centenario,* Granada, 1993.
LÓPEZ DE COCA CASTAÑER, J. E., *La tierra de Málaga a fines del siglo XV,* Granada, 1977.
- *El Reino de Granada en la época de los Reyes Católicos. Repoblación. Comercio. Frontera,* Granada, 1989, 2 vols.
SUBERBIOLA MARTÍNEZ, J., *Real Patronato de Granada. El arzobispo Talavera, la Iglesia y el Estado Moderno (1486-1516),* Granada, 1985.
PEINADO SANTAELLA, R. G., «La repoblación del reino de Granada. Estado de la cuestión y perspectivas de la investigación», en *La reconquista y repoblación de los reinos hispánicos,* Zaragoza, 1991, pp. 173-334.
- «El reino de Granada después de la conquista. La sociedad repobladora según los 'libros de repartimiento'», en *La Península... en la era de los Descubrimientos,* p. 1575-1630.
- *Aristócratas nazaríes y principales castellanos,* Málaga, 2008.
- *«Como disfrutan los vencedores cuando se reparten el botín». El reino de Granada tras la conquista castellana (1483-1526),* Granada, 2011.
GALÁN SÁNCHEZ, A., y R. PEINADO SANTAELLA, *Hacienda regia y población en el reino de Granada: la geografía morisca a comienzos del siglo XVI,* Granada, 1997.
SZMOLKA CLARES, J., *Los inicios de la Granada cristiana a través de la correspondencia del Conde de Tendilla (1492-1516),* Granada, 1976.
RUIZ POVEDANO, J. M., *El primer gobierno municipal de Málaga (1489-1495),* Granada, 1991.
Granada: su transformación en el siglo XVI. Conferencias pronunciadas con motivo de la conmemoración del V° Centenario del Ayuntamiento de Granada, Granada, 2001
GALÁN SÁNCHEZ, A., *Los mudéjares del reino de Granada,* Granada, 1991.
TRILLO SAN JOSÉ, C., *La Alpujarra antes y después de la conquista castellana,* Granada, 1998.
PÉREZ BOYERO, E., *Los señoríos en el reino de Granada,* Granada, 1997.
BARRIOS AGUILERA, M., *Granada morisca, la convivencia negada,* Granada, 2002.
GUTIÉRREZ CRUZ, R., *Los presidios españoles del norte de África en el tiempo de los Reyes Católicos,* Melilla, 1997.
ALONSO ACERO, B., *Cisneros y la conquista española del norte de África: cruzada, política y arte de la guerra,* Madrid, 2006.
LADERO QUESADA, M. Á., «Melilla en 1494: el primer proyecto de conquista», en *Hacer historia desde Simancas. Homenaje a José Luis Rodríguez de Diego,* Alberto Marcos Martínez (ed.), Valladolid, 2011, pp. 445-466.

– «La toma de Mazalquivir y el retorno de Nápoles. Julio de 1505-Junio de 1506», *EEMed*, 36 (2013), pp. 183-224.

Islas Canarias. Atlántico. América

RUMEU DE ARMAS, A., *España en el África atlantica*, Madrid, 1956, 2 vols.
– *Política indigenista de Isabel la Católica*, Valladolid, 1969.
– *La conquista de Tenerife (1494-1496)*, Santa Cruz de Tenerife, 1975 (2.ª ed. 2006).
MORALES PADRÓN, F., *Crónicas de la conquista de Canarias*, Las Palmas de Gran Canaria, 1978.
AZNAR VALLEJO, E., *La integración de las Islas Canarias en la Corona de Castilla (1478-1526)*, Las Palmas de Gran Canaria, 1992 (2.ª ed.).
– *Pesquisa de Cabitos*, Gran Canaria, 1990.
– «Exploración y colonización en la configuración de la Europa atlántica», *HID*, 35 (2008), pp. 45-62.
FERNÁNDEZ ARMESTO, F., *The Canary Islands after conquest. The making of a colonial society in the early sixteenth century*, Oxford, 1982.
– *Before Columbus. Exploration and Colonisation from the Mediterranean to the Atlantic, 1229-1492*, Londres, 1987.
PÉREZ-EMBID, F., *Los descubrimientos en el Atlántico y la rivalidad hispano-portuguesa hasta el Tratado de Tordesillas*, Sevilla, 1948.
OLMEDO BERNAL, S., *El dominio del Atlántico en la baja Edad Media. Los títulos jurídicos de la expansión peninsular hasta el Tratado de Tordesillas*, Salamanca, 1995.
LADERO QUESADA, M. Á., «Los debates sobre el *Mare Clausum*», *CHE*, LXXIV (1997), pp. 233-253.
CEREZO MARTÍNEZ, R., *La cartografía náutica española en los siglos XIV, XV y XVI*, Madrid, 1994.
VERLINDEN, Ch., y F. PÉREZ EMBID, *Cristóbal Colón y el descubrimiento de América*, Madrid, 2006 (3.ª ed.).
PHILLIPS, W. D., y C. R. PHILLIPS, *The Worlds of Cristopher Columbus*, Cambridge, 1992.
VARELA, C., y J. GIL, *Cristóbal Colón. Textos y documentos completos. Nuevas cartas*, Madrid, 1992 (3.ª ed.).
VARELA, C., *Cristóbal Colón, de corsario a almirante*, Barcelona, 2005.
GIL, J., *Columbiana. Estudios sobre Cristóbal Colón. 1984-2006*, Santo Domingo, Academia Dominicana de la Historia, 2007.
– «Sevilla, de "feudo" nobiliario a Puerto de las Indias», en *La Spagna nell'età di Colombo*, Génova, 1995, pp. 65-101 (a cura di G. Airaldi e di S. Fossati Raiteri).
DÍAZ-TRECHUELO, M.ª L., *Cristóbal Colón*, Madrid, 2006 (2.ª ed.).

ARRANZ MÁRQUEZ, L., *Cristóbal Colón. Misterio y grandeza,* Madrid, 2006.
D'ARIENZO, L., *La presenza italiana in Spagna la tempo di Colombo,* Roma, 2010.
RUMEU DE ARMAS, A., *El Tratado de Tordesillas,* Madrid, 1992.
PÉREZ DE TUDELA, J., y otros, *Tratado de Tordesillas,* Madrid, 1990, 2 vols.
El Testamento de Adán, Valladolid, 1995.
VARELA MARCOS, J., *La organización de los grandes descubrimientos españoles en América,* Valladolid, 2011.
MENA GARCÍA, C., *El oro del Darién. Entradas y cabalgadas en la conquista de Tierra Firme (1509-1526),* Sevilla, 2011.
LADERO QUESADA, M. Á., *Las Indias de Castilla en sus primeros años. Cuentas de la Casa de la Contratación. 1503-1520,* Madrid, Dykinson, 2008.
– «Participación de judíos y conversos en la empresa de Cristóbal Colón», en *América y los judíos hispanoportugueses,* Madrid, Real Academia de la Historia, 2009, pp. 35-80 (F. Díaz Esteban, coord.).
– «Las Indias de los Reyes Católicos», en *Isabel I de Castilla,* 2012, pp. 205-234 y 255-264. [Referencias bibliográficas].

9. La política exterior

OCHOA BRUN, M. A., *Historia de la diplomacia española. 4. La diplomacia de los Reyes Católicos,* Madrid, 1995.
TORRE Y DEL CERRO, A. de la, *Documentos sobre las relaciones internacionales de los Reyes Católicos,* Barcelona, 1949 y s., 6 vols.
–, y L. SUÁREZ FERNÁNDEZ, *Documentos sobre las relaciones con Portugal durante el reinado de los Reyes Católicos,* Valladolid, 1956, 3 vols.
SUÁREZ FERNÁNDEZ, L., *Política internacional de Isabel la Católica,* Valladolid, 1965-2002, 6 vols.
DOUSSINAGUE, J. M., *La política internacional de Fernando el Católico,* Madrid, 1944.
MENDONÇA, M., *D. Joâo II. Um percurso humano e político nas origens da Modernidade em Portugal,* Lisboa, 1995 (2.ª ed.).
– *As relações externas de Portugal nos finais da Idade Media,* Lisboa, 1994.
CARABIAS TORRES, A. M., ed., *Las relaciones entre Portugal y Castilla en la época de los descubrimientos y la expansión colonial,* Salamanca, 1994.
WIESFLECKER, H., *Maximilian I. Die Fundamente des habsburgischen Weltreiches,* Viena, 1991.

Hispania-Austria. Die Katholischen Könige. Maximilian I. und die Anfänge der Casa de Austria in Spanien, Viena, 1993 (A. Kohler y F. Edelmayer, eds.).
RODRÍGUEZ VILLA, A., *Don Francisco de Rojas, embajador de los Reyes Católicos*, Madrid, 1896.
LÓPEZ PITA, P., «Francisco de Rojas: embajador de los Reyes Católicos», *Cuadernos de Investigación Histórica* (Madrid), 15 (1994), pp. 99-149.
LABANDE-MAILFERT, Y., *Charles VIII et son milieu (1470-1498)*, París, 1975.
CLOULAS, I., *Charles VIII et le mirage italien*, París, 1986.
BEAUNE, C., *Naissance de la nation France*, París, 1985.
TRASSELLI, C., *Da Ferdinando il Cattolico a Carlo V. L'esperienza siciliana. 1475-1525*, Mesina, 1982, 2 vols.
Roma di fronte all'Europa al tempo di Alessandro VI, Roma, 2001, 3 vols. (M. Chiabó, S. Massalo y M. Miglio, eds.). [Fundamental.]
CROCE, B., *La Spagna nella vita italiana durante la Rinascenza*, Bari, 1971. (nueva edición).
PELLEGRINI, M., *Le guerre d'Italia, 1494-1530*, Bolonia, 2009.
LADERO QUESADA, M. Á., *Ejércitos y armadas de los Reyes Católicos. Nápoles y el Rosellón. 1494-1504*, Madrid, 2010.
FERNÁNDEZ DE CÓRDOVA MIRALLES, Á., *Alejandro VI y los Reyes Católicos. Relaciones político-eclesiásticas (1492-1503)*, Roma, 2005.
– «El cardenal Giuliano della Rovere y los reinos ibéricos. Rivalidades y convergencias en el Mediterráneo occidental», en *Metáfore di un Pontificato. Giulio II (1503-1513)*, Roma, 2009, pp. 119-163 (a cura di F. Cantatore, etc.).
RUIZ-DOMÈNEC, J. E., *El Gran Capitán. Retrato de una época*, Barcelona, 2002.
MARTÍN GÓMEZ, A. L., *El Gran Capitán. Las campañas del duque de Terranova y Santángelo*, Madrid, 2000
HERNANDO SÁNCHEZ, C., «El Gran Capitán y los inicios del virreinato de Nápoles. Nobleza y Estado en la expansión europea de la monarquía bajo los Reyes Católicos», en *El Tratado de Tordesillas*, 1995, III, pp. 1817-1854.
– «Estrategia cruzada y guerra moderna: la conquista de Nápoles en la política italiana de los Reyes Católicos», en *Los Reyes Católicos y la Monarquía de España*, op. cit., 2004, pp. 287-302.
– «La corona y la cruz: el Mediterráneo en la Monarquía de los Reyes Católicos», en *Isabel la Católica y su época*, op. cit., 2007, I, pp. 611-649.
ZURITA, J., *Historia del rey Don Hernando el Católico: de las empresas y ligas de Italia*, Zaragoza, 1996, V y VI (A. Canellas López, ed.) [obra clásica fundamental].

10. De la reina Isabel al emperador Carlos (1505-1520)

LADERO QUESADA, Miguel Ángel., *Los últimos años de Fernando el Católico (1505-1517)*, Madrid, 2019 (2.ª ed.).
MANGLANO Y CUCALO DE MONTULL, J. (Barón de Terrateig), *Política en Italia del Rey Católico (1507-1516)*, Madrid, 1958.
RODRÍGUEZ VILLA, A., *La Reina doña Juana la Loca*, Madrid, 1892.
FERNÁNDEZ ÁLVAREZ, M., *Juana la Loca. La cautiva de Tordesillas*, Madrid, 2000.
ARAM, B., *La reina Juana. Gobierno, piedad y dinastía*, Madrid, 2001.
PFANDL, L., *Juana la Loca, madre del Emperador Carlos V. Su vida, su tiempo, su culpa*, Madrid, 1999 (nueva edición).
ZALAMA, M. Á., dir., *Juana I de Castilla, 1504-1555. De su reclusión en Tordesillas al olvido de la Historia*, Valladolid, 2006.
ZALAMA, M. A., *Juana I. Arte, poder y cultura en torno a una reina que no gobernó*, Madrid, 2010.
PÉREZ-BUSTAMANTE, R., y J. M. CALDERÓN ORTEGA, *Felipe I. 1506*, Palencia, 1995.
CAUCHIES, J.-M., *Philippe le Beau. Le dernier duc de Bourgogne*, Turnhout, 2003.
ZALAMA, M. A., y P. VANDENBROECK, dir., *Felipe I el hermoso. La belleza y la locura*, Madrid, 2006.
DOUSSINAGUE, J. M., *Fernando el Católico y Germana de Foix. Un matrimonio por razón de Estado*, Madrid, 1944.
BELENGUER, E., *Germana de Foix, última reina de Aragón*, Valencia, 2007.
RÍOS LLORET, R. E., *Germana de Foix: una mujer, una reina, una corte*, Valencia, 2003.
Germana de Foix i la societat cortesana del seu temps, Valencia, 2006 (R. E. Ríos Lloret y S. Vilaplana Sanchis.)
CARRETERO ZAMORA, J. M., «La Concordia de Blois de 1509 y los acuerdos para la Gobernación de Castilla», en *Hernán Cortés y su tiempo*, Valencia, 1987, II, pp. 528-536.
– «Algunas consideraciones sobre las actas de Cortes en el reinado de los Reyes Católicos. Actas de las Cortes de Madrid de 1510», *CHM*, 12 (1991), pp. 13-45.
BOISSONADE, P., *Historia de la incorporación de Navarra a Castilla*, Pamplona, 2005 (ed. francesa, 1893).
SUÁREZ FERNÁNDEZ, L., *Fernando el Católico y Navarra. El proceso de incorporación del reino a la Corona de España*, Madrid, 1985.
AZCONA, T. de, «Las relaciones de la provincia de Guipúzcoa con el reino de Navarra (1512-1521)», en *El pueblo vasco y el Renacimiento (1491-1521)*, Bilbao, 1990.

OSTOLAZA ELIZONDO, M.ª I., PANIZO SANTOS, J. I., y BERZAL TEJERO, M.ª J., *Fernando el Católico y la empresa de Navarra (1512-1516)*, Pamplona, 2011.
FLORISTÁN IMIZCOZ, A., *1512. Conquista e incorporación de Navarra. Historiografía, derecho y otros procesos de integración en la Europa renacentista*, Barcelona, Ariel, 2012.
GALÁN LORDA, M., dir., *Gobernar y administrar justicia: Navarra ante la incorporación a Castilla*, Pamplona, Aranzadi, 2012.
FLORISTÁN IMÍZCOZ, A., y M. GALÁN LORDA, *1512. La conquista de Navarra. Historia y derecho*, Pamplona, 2012.
PESCADOR, A., *Navarra, 1510-1512. Diario de una conquista*, Pamplona, 2012.
LADERO QUESADA, M. Á., «La incorporación de Navarra a Castilla: precedentes, circunstancias y efectos», en *La historia medieval hispánica, a través de cuatro centenarios*, Madrid, RAH, 2012, pp. 91-118.
DOUSSINAGUE, J. M., *El testamento político de Fernando el Católico*, Madrid, 1950.
LÓPEZ DE AYALA Y ÁLVAREZ DE TOLEDO, J. (conde de Cedillo), *El cardenal Cisneros, gobernador del reino*, Madrid, 1921-28, 3 vols.
PÉREZ, J., *Cisneros: el hombre y el político*, Madrid, 2014. [Véase epígrafe sobre organización eclesiástica.]
– ed., *La hora de Cisneros*, Madrid, 1995.
CORONA, C., «España desde la muerte del Rey Católico hasta la llegada de Don Carlos», *Universidad* (Zaragoza), 3-4 (1958), 3-28.
PÉREZ, J., *La révolution des 'Comunidades' de Castille (1520-1521)*, Burdeos, 1970.
– «Las 'comunidades' de Castille: nouvel examen de la question», en *Les sociétés urbaines en France méridionale...*, París, 1991, pp. 143-157.
GUTIÉRREZ NIETO, J. I., *Las Comunidades como movimiento antiseñorial*, Barcelona, 1973.
DIAGO HERNANDO, M., *Le Comunidades di Castiglia (1520-1521). Una rivolta urbana contro la monarchia degli Asburgo*, Milán, Unicopl, 2001.
En torno a las Comunidades de Castilla, Cuenca-Universidad de Castilla-La Mancha, 2002 (F. Martínez Gil, coord.).
DURAN, E., *Les germanies als països catalans*, Barcelona, 1982.
GARCÍA CÁRCEL, R., *Las germanías de Valencia*, Barcelona, 1975.

Índice onomástico

Abravanel, Isaac, 374-375, 378, 418, 424
Abu'l-Hasan 'Ali, 464, 582, 588-589
Acuña, familia, 81
Acuña, Fernando de, 71, 216, 272
Adriano VI, 332, 338, 402, 557
Adriano de Utrecht *véase* Adriano VI
Aguilar, familia, 63, 66, 82, 531
Aguilar, Alfonso de, *véase* Fernández de Córdoba, Alfonso
Aimeric, Joan, 289
Alamany, Johan, 362
Alaminos, Antonio de, 501
Alanya, Luis, 288, 599
Alarcón, Juan de, 352
Alba, conde y duque de, *véase* Álvarez de Toledo, familia; Álvarez de Toledo, García, y Álvarez de Toledo, Fadrique
Alba de liste, conde, *véase* Enríquez, Enrique
Albert, Pere, 136
Alberti, Leon Battista, 419
Albión, Juan de, 237
Alburquerque, ducado, *véase* La Cueva, familia
Alcalá, Ángel, 385
Alcalá, Pedro de, 325
Alcañiz, Luis, 440-441
Alcocer, Pedro de, 219, 333
Alcor, arcediano del, Francisco de Madrid, 341

Alegre, Francesc, 419
Alejandro VI, papa, 48, 59, 85, 312-314, 320, 334, 339, 429, 501, 513, 527-529, 531-532, 591-592, 594
Alemany, Joan, 147
Alfonso, hermano de Isabel la Católica, 53-54, 186-187, 228, 244, 261, 389, 447, 583
Alfonso, príncipe portugués, 68-69, 195-196, 526, 590
Alfonso II, rey de Nápoles, 521, 528-529, 593
Alfonso V el Magnánimo, rey de Aragón, 113, 170, 454, 518, 520, 528, 581-582
Alfonso V, rey de Portugal, 46-47, 56-57, 59, 62-63, 65, 67-68, 519, 581, 584
Alfonso VI, rey de Castilla, 122
Alfonso VII, rey de Castilla, 122
Alfonso X, rey de Castilla, 104, 126, 136, 150, 202, 221, 260, 302, 415, 481
Alfonso XI, rey de castilla, 126, 221, 238, 244, 246, 336, 460
Alfonso de Aragón, duque de Villahermosa y conde de Ribagorza, 85, 255
Alfonso de Aragón, arzobispo de Zaragoza, 51, 158, 1943 276, 319, 322, 566, 599
Algaba, Pedro de, 483-484
Altamirano, familia, 241

Alvear, Sancho de, 162
Álvarez de Toledo, familia, condes y duques de Alba, 55, 80, 269
Álvarez de Toledo, Fadrique, duque de Alba, 271, 552, 559, 562, 567
Álvarez de Toledo, Fernán, 211, 227, 258, 333, 383
Álvarez de Toledo, Fernando, conde de Oropesa, 434
Álvarez de Toledo, García, conde y duque de Alba, 55, 80, 271
Álvarez de Osorio, Pedro, conde de Lemos, 71, 80
Álvarez de Osorio, Pedro, marqués de Astorga, 80
Alvarnaes, Clara, 188
Ampudia, Pascual de, 196, 323
Ana, princesa navarra, 527
Ana de Aragón, 274, 555, 566
Ana de Beaujeu, 587
Ana de Bretaña, 524-526, 591
Anchieta, Juan de, 454
Andrada, Fernando de, 541
Anglería, Pedro Mártir de, 138, 180, 182, 193, 422-423, 477, 539
Aranda, conde, *véase* Urrea, familia
Aranda, Pedro de, 397
Arbués, Pedro de, 393, 588
Arévalo, duque de *véase* Zúñiga, Álvaro de
Arfe, Enrique de, 454
Arfe, familia, 454
Arias Dávila, Diego, 383
Arias Dávila, Juan, 383, 397
Ariño, Gaspar de, 188
Aristóteles, 120, 125-126, 136, 341, 420, 424
Armagnac, Luis de, duque de Nemours, 541
Artieta, Íñigo de, 235
Arturo de Inglaterra, príncipe, 197, 525, 535, 537, 543, 590, 594, 596
Ascanio, Bautista, 492

Assan, Bernabé, 437
Astorga, marqués, *véase* Álvarez de Osorio, Pedro, y Pérez de Osorio, Alvar
Austria, casa, *véase* Habsburgo
Ávila, Alonso de, 211, 383
Ayala, familia, 81, 244
Ayora, Gonzalo de, 234, 597
Azamar, Pere, 147
Azcona, Tarsicio de, 187, 192, 196, 304, 318, 321-322, 329, 332, 458

Baeza, Gonzalo de, 1932 400
Balma, Hugo de, 341
Barrientos, Lope, 387
Bastidas, Rodrigo de, 503
Bataillon, Marcel, 339, 363, 402, 404, 430
Batllori, Miquel, 312, 419, 424, 528
Beatriz, duquesa de Braganza, 68
Beaujoan, Guy de, 415
Beaumont, Luis de, conde de Lerín, 65, 85, 527, 530, 537, 554, 557
Béjar, duque de, *véase* Zúñiga, familia
Belenguer Cebrià, Ernest, 285
Benamí, Mosés, 374
Benavente, conde, *véase* Pimentel, familia, y Pimentel, Rodrigo Alfonso de
Benavente, Jacobo de, 342, 594
Benavente, Juan Alfonso de, 356
Benavides, familia, 82
Benavides, Manuel de, 541
Benito Ruano, Eloy, 385
Berger, Philippe, 433-434
Bermejo, Bartolomé, 452
Bernal, A. M., 505
Bernáldez, Andrés, 93, 139, 142, 146, 196, 371, 378, 381, 391, 465
Berruguete, Pedro, 453
Bessarion, Johannes, 415
Béthencourt, Juan de, 482

Bienveniste, Abraham, 372, 374
Bienveniste, Vidal, 374
Blanca, reina de Navarra, 516-517
Boabdil, rey de Granada, 464-467, 588-589, 591-592
Boase, Roger, 441
Bobadilla, Beatriz de, 78, 188, 272
Bobadilla, Francisco, 509-510
Boccaccio, Giovanni, 419
Boecio, 341
Borbón, casa, 184
Borja, César, 320
Borja, familia, 85, 450
Borja, Juan, duque de Gandía, 312
Borja, Pedro Luis de, 312
Borja, Rodrigo de, 59, 312-313, 319, 521, 527, 591; *véase también* Alejandro VI, papa
Bovelles, Charles de, 363
Boyl, Bernardo, 188, 237
Bracton, Henricus de, 204
Bravo, Juan, 450
Bruni, Leonardo, 419
Burgos, Alonso de, 189 193, 254, 319, 321, 326

Cabanillas, Jerónimo de, 237
Caboto, Juan, 502
Cabra, conde de, *véase* Fernández de Córdoba, Diego
Cabrera, Andrés, 60, 78, 188, 272, 383
Cádiz, marqués de, *véase* Ponce de León, familia, y Ponce de León, Rodrigo
Çaera, Guillem, 288
Calderón, Andrés, 473
Calixto III, papa, 312, 317, 336
Camiña, conde de, *véase* Madruga, Pedro, y Sotomayor, familia
Camón Aznar, José, 446
Canals, Antoni, 419
Canellas, Ángel, 293
Carbonell, Pere Miquel, 1632 419

Cárdenas, Alonso de, 66, 337-338, 584
Cárdenas, Gutierre de, 188-189, 227, 360
Carlos I, rey de España y emperador, 107, 151, 191, 208, 227, 229, 266, 282, 332, 338, 402-403, 443, 539, 544-545, 551-552, 556-557, 566, 571, 586, 596, 599
Carlos II, rey de Navarra, 296
Carlos III, rey de Navarra, 516
Carlos VIII, rey de Francia, 363, 523-524, 526-533, 535, 579, 587, 591, 593
Carlos de Anjou, 363
Carlos de Aragón, príncipe de Viana, 52-53, 162, 187, 420, 517
Carlos de Guyena, 56, 59
Carlos el Temerario, duque de Borgoña, 67, 525, 583
Carlos María Isidro de Borbón, pretendiente carlista, 185
Carretero Zamora, Juan Manuel, 252, 264
Carrillo de Acuña, Alfonso, 54-55, 57, 59, 61, 64, 262, 317, 323, 344-345, 389, 429, 581, 584
Carroz de Vilagarut, Luis, 237
Cartagena, Alfonso de, 136, 159, 383, 387-388, 420, 435, 437
Casale, Ubertino de, 341
Casenove Coulon, Guillaume de, 65
Castañeda, conde de, *véase* Manrique, Juan
Castiglione, Baldassare152, 178
Castillejos, Francisco de, 220
Castillo, Hernando del, 441-442, 599
Castro, Américo, 444
Catalina, infanta y reina de Inglaterra, 193, 196-197, 259, 525, 535, 537, 543, 547, 590, 594, 596-598

651

Catalina de Foix, reina de Navarra, 522-523, 527, 543, 547, 557, 561, 588, 591
Centurión, familia, 94
Centurión, Gaspar, 117
Chacón, Gonzalo, 178, 186, 188-189, 208, 227
Chacón, Juan, 82, 216, 227, 272
Chaunu, Pierre, 567
Chaves, Luis de, 241
Chinchilla, Garci López de, 71, 241
Chirino, Alonso, 416
Cicerón, 341, 419
Cifuentes, condes de, *véase* Silva, familia
Cifuentes, Juan de, 348
Ciruelo, Pedro, 418
Cirujano, Paloma, 185
Cisneros, Francisco Jiménez de, 48, 51, 158, 189, 214, 227, 234, 273, 315, 322-323, 326-328, 333, 341, 344-345, 348, 351, 353, 363, 394, 398-402, 418, 423, 425, 429-430, 432, 451-453, 477-478, 513, 551-552, 554, 558, 566-567, 592, 594, 598-599
Cisneros, García Jiménez de, 342-343, 596
Claudia de Francia, 539, 544
Clemencín, Diego, 184
Clemente, Felipe, 188
Clemente VI, papa, 481
Colas, Gregorio, 283
Coloma, Juan de, 188, 211
Colombás, García, 342
Colón, Bartolomé, 510
Colón, Cristóbal, 361, 383, 453, 497-505, 509-510, 582, 584, 586, 589-592, 597-598
Colón, Diego, 509-510
Colonna, Fabricio, 541
Conchillos, Lope de, 211, 258, 510
Contreras, Juan de, 450
Córdoba, Fernando de, 415

Córdoba, Juan de, 399
Córdoba, Martín de, 138, 437
Corte Real, Gaspar, 502
Corte Real, Miguel, 502
Cortés, Hernán, 501, 599
Cosa, Juan de la, 502-503
Cota, Rodrigo, 441, 444
Covilhão, Pedro de, 416

Dancart, Pyeter, 449
Dante Alighieri, 419
Dávila, familia, 450
Dávila y Cota, Pedrarias, 383, 504
De Dios, Salustiano, 212
De la Caballería, Alfonso, 277, 286, 289
De la Caballería, familia, 383
De la Caballería, Pedro, 387
De la Cruz, Diego, 447
Del Arco, Ricardo, 185
Desprats, Francisco, 312
Destorrents, Jaime, 287
Deza, Diego de, 189, 193, 323, 325-326, 328, 333, 344, 352, 381, 383, 399-401, 595
Díaz, Bartolomé, 590
Díaz de Montalvo, Alonso, 137, 205-206, 387, 587, 590, 595
Díaz de Solís, Juan, 504
Díaz de Toledo, Fernán, 334, 383, 386, 388
Díaz de Toledo, Pedro, 420
Díez de Aux, Martín, 298
Díez del Corral, Luis, 163
Dionisio el Cartujano, 341
Domínguez Ortiz, Antonio, 380, 382, 395
Doussinague, José María, 186
Duns Scotto, Johannes, 479
Duque (o Alemán), Rodrigo, 449

Egas, Enrique, 448
Eiximenis, Francesc, 129, 136, 298, 340, 362, 436, 594

Encina, Juan del, 357, 441, 445, 454
Enrique, heredero navarro, 542
Enrique, infante de Aragón, 336, 586
Enrique II de Trastámara, rey de Castilla, 260
Enrique III, rey de Castilla, 203, 239, 246, 260, 262, 336
Enrique IV, rey de Castilla, 46, 52-59, 61, 69, 81, 186, 188, 191, 201, 216-217, 246, 260-262, 266, 317, 323, 336, 349, 383, 388-389, 460, 517-518, 523, 565, 582-584
Enrique VI, rey de Inglaterra, 583
Enrique VII, rey de Inglaterra, 197, 524-526, 543, 548, 597
Enrique VIII, rey de Inglaterra, 197, 543, 557, 561, 564, 598
Enrique de Albret, 5654
Enrique de Aragón, llamado «el infante Fortuna», 85, 275
Enríquez, Alfonso, 79, 272
Enríquez, Enrique, 80, 188, 208, 271
Enríquez, familia, 57, 61, 79-80, 149, 208, 262, 384
Enríquez, Fadrique, 79-80, 423, 551
Enríquez, Francisco, 80
Enríquez, Juana, 52, 187, 581
Enríquez, María, 312
Enríquez, Pedro, 80
Enríquez, Teresa, 188, 360
Enríquez de Ribera, familia, 216
Enríquez Osorio, Rodrigo, conde de Lemos, 552, 555, 589
Erasmo de Rotterdam, 196, 423-424, 426, 431
Ercole I, duque de Este, 521
Escalona, ducado, *véase* Pacheco, familia
Escobar, Pedro de, 454

Escrivà, Joan Ram, 440
Espanha, A. M., 127
Espés, familia, 188
Espina, Alonso de, 387-388, 582
Espínola, Agustín, 183
Espínola, familia, 94
Espínola, Tadeo, 183
Este, duque de, *véase* Ercole I
Estopiñán, Pedro de, 476

Fadrique I, rey de Nápoles, 532, 535, 594
Fadrique Alfonso de Castilla, 336
Fajardo, familia, 82, 216, 272, 448
Fajardo, Luisa, 216
Fajardo, Pedro, 82
Fajardo y Chacón, Pedro, marqués de los Vélez, 273, 422, 452
Fancelli, Domenico Alessandro, 451
Federico III de Habsburgo, emperador, 581
Feijoo, Benito Jerónimo, 184
Felipe I el Hermoso, rey de Castilla, 49-50, 235, 273, 326, 399-400, 452, 525, 534, 537, 539-540, 551-552, 554, 567, 587, 590, 592, 594, 596-598
Felipe II, rey de España, 154, 210, 298, 349, 408
Felipe III, rey de Navarra, 299
Feltre, Vittorino da, 436
Fenollar, Bernat, 440
Fernando I de Antequera, rey de Aragón y Sicilia, 53, 171, 261, 336, 460
Fernando II de Aragón: *passim*
Fernando III, rey de Castilla, 450, 468
Fernando IV, rey de Castilla, 126
Fernández, Alejo, 453
Fernández, Jorge, 449
Fernández, Lucas, 357, 445
Fernández Abolafia, Juan, 391

Fernández Benadeva, Pedro, 391
Fernández Cabrón, Pedro, 483-484
Fernández de Córdoba, familia, 82
Fernández de Córdoba, Alonso, señor de Aguilar, 61, 82, 271, 472, 479
Fernández de Córdoba, Diego, Alcaide de los Donceles, 82, 271, 546, 558, 562, 564
Fernández de Córdoba, Diego, conde de Cabra, 59, 66, 82
Fernández de Córdoba, Gonzalo, el Gran Capitán, 82, 150, 234, 271, 349, 424, 531-532, 535-536, 538-543, 547-548, 552-553, 558, 562, 579, 593, 595, 597
Fernández de Córdoba, Pedro, marqués de Priego, 82, 434, 552, 555, 598
Fernández de Enciso, Martín, 416, 508
Fernández de Heredia, Juan, 275 419
Fernández de Lugo, Alonso, 217, 484-485, 490, 495-496, 592-594, 597
Fernández de Oviedo y Valdés, Gonzalo, 21, 138, 142, 194, 209, 227, 233, 310, 314, 422, 437, 506
Fernández de Quiñones, Diego, conde de Luna, 79, 150
Fernández de Velasco, Pedro, conde de Haro, 61, 79, 272, 551
Fernández de Villegas, Pedro, 356
Fernández Manrique, Gabriel, conde de Osorno, 79
Fernández Manrique, Garci, 80
Ferrante I, rey de Nápoles, 275, 518, 520-521, 529, 532, 582, 587
Ferrante II, rey de Nápoles, 529, 531-532, 593
Ferrari, Alberto, 155, 184-185
Ferreras, Juan de, 184

Filarete, 448
Filelfo, Francesco, 436
Flórez, Enrique, 184
Fonseca, Alfonso de, 71, 322-324
Fonseca, Alfonso de, el Viejo, 55, 323, 425
Fonseca, Antonio de, 227, 529
Forment, Damián, 450
Fortescue, John, 202
Francisco, duque de Bretaña, 524-525, 582
Francisco I, rey de Francia, 321, 332, 563, 571, 599
Francisco de Foix, 65, 517, 522, 586
Franco, José, 374
Franco, Nicolás, 585
Frías, Juan de, 483, 585

Galíndez de Carvajal, Lorenzo, 138, 147, 206, 218, 321
Galindo, Beatriz, la Latina, 188, 195, 353, 360, 422, 438
Gallego, Fernando, 452
Gama, Vasco de, 502, 595
Gandía, duque de, *véase* Borja, Juan
García, Benito, 374
García, Gómez, 342
García Cárcel, Ricardo, 287, 393, 403, 440
García de Castrojeriz, Juan, 136
García de Mora, Marcos, 386
García de Santa María, Alvar, 383
García de Santa María, Gonzalo, 138, 589
García Gallo, Alfonso, 488
García Oro, José, 346
Gaston de Foix, 517, 542, 547, 554, 557, 561
Geraldini, Alejandro, 196, 422
Geraldini, Antonio, 422
Germana de Foix, 50, 191, 546-547, 553, 558, 561, 565, 597

Índice onomástico

Gil de Albornoz, Juan, 420
Gil de Zamora, Juan, 136
Giménez Soler, Andrés, 180, 185
Girbés, Martín, 197
Girón, familia, *véase* Téllez-Girón, familia
Girón, Pedro, conde de Urueña, 81, 555, 567
Gómez Barroso, Pedro, 416
Gómez de Fuensalida, Gutierre, 237
Gómez de Guzmán, Fernán, 584
Gómez de Sotomayor, Payo, 71
Gómez Manrique, Diego, 137, 187, 218, 242-243, 252, 357, 436, 445, 587
Gómez Sarmiento, Pedro, conde de Salinas, 271
Gonçalves, Nunho, 452
González Alonso, Benjamín, 214
González Antón, Luis, 293
González de Illescas, Gonzalo, 219
Gordo, Jimeno, 286
Gorricio de Novara, Gaspar, 342
Gracia Dei, Pedro, 436
Gracián, Baltasar, 184
Gralla, Juan, 237
Gran Capitán, *véase* Fernández de Córdoba, Gonzalo
Gregorio VII, papa, 122
Gricio, Gaspar de, 194-195, 211, 360
Grimaldo, Agustín, 94, 117
Guadalupe, Fernando de, 417
Guadalupe, Juan de, 351, 417
Guas, Juan, 417, 448
Guerra, Cristóbal, 502-503
Guevara, familia, 79
Guicciardini, Francesco, 145, 149, 155-156, 166, 181-182, 563
Guillaume de Tours, 563
Guillén de Brocar, Arnaldo, 432
Gumiel, Pedro de, 451
Gutiérrez de Toledo, Juan, 417

Guzmán, familia, duques de Medina Sidonia y condes de Niebla, 78, 94, 270, 273, 434, 546, 567, 582, 598
Guzmán, Alfonso de, duque de Medina Sidonia, 555, 566
Guzmán, Enrique de, duque de Medina Sidonia, 59, 66, 81, 472, 499, 552
Guzmán, Juan de, duque de Medina Sidonia, 81, 476, 594

Habsburgo, familia, 166, 171, 225, 227, 533-535, 569, 593
Hagenbach, Pedro, 432
Haro, condes de, *véase* Fernández de Velasco, Pedro, y Velasco, familia
Hebreo, León, 424
Herrera, Gabriel Alonso de, 418, 599
Herrera, Hernando Alonso de, 429
Herrera, Juan de, 524
Huguet, Jaime, 452
Hurtado de Mendoza, Antonio, conde de Monteagudo, 194
Hurtado de Mendoza, Diego, 80, 218-219, 319
Hurtado de Mendoza, Juan, 352

Inca Garcilaso, 424
Infantado, duques del, *véase* Mendoza, familia
Inglés, Jorge, 453
Inocencio VIII, papa, 311, 319, 338, 521, 588
Isabel, hija de Felipe el Hermoso y Juana la Loca, 544
Isabel, infanta y reina de Portugal, 169, 190, 193, 195-196, 259, 526, 535-537, 590, 594, 596
Isabel I, reina de Castilla, *passim*
Isabel II, reina de España, 185
Isabel de Portugal, 52, 186, 447, 581

Jaén, Alonso de, 147
Jaime I, rey de Aragón, 126, 283
Jaime II, rey de Aragón, 126
Jiménez de Rada, Rodrigo, 159
Josefo, Flavio, 420
Juan, hijo de Fernando el Católico y Germana de Foix, 556
Juan, príncipe heredero de los Reyes católicos, 68-69, 72, 137, 147, 161, 168, 190, 192-195, 252, 258, 326, 363, 422, 451, 515, 523, 525, 533-536, 585, 587, 590, 594
Juan I, rey de Aragón, 419
Juan I, rey de Castilla, 147, 348, 369
Juan II, rey de Aragón, 46-47, 52-53, 56, 59, 61-63, 65, 68, 85, 171, 187-188, 261-262, 275, 516-517, 519, 522, 569, 581-583
Juan II, rey de Castilla, 52-53, 81, 109, 136, 186, 191, 246, 260-261, 266, 334, 336, 372, 383, 416, 420, 447, 516, 581
Juan II, rey de Portugal, 56, 67, 196, 499, 502, 526, 586
Juan XXII, papa, 315
Juan de Albret, rey de Navarra, 523, 527, 543, 547, 554, 557, 561, 563-564, 588, 591
Juan de Aragón, conde de Ribagorza, 275, 553, 594
Juan de Aragón, obispo de Jaca-Huesca, 322
Juan de Borgoña, 453
Juan de Castilla, 318
Juan de Colonia, 447
Juan de Flandes, 453
Juan de Salisbury, 136
Juan Manuel, don, infante, 136
Juan Manuel, señor de Belmonte, 546
Juana I la Loca, reina de castilla, 49-50, 193, 195-196, 235, 259, 282, 452, 525, 534, 537, 539-540, 544-546, 548-549, 551-554, 556, 566, 587, 590, 594, 596-598
Juana de Aragón, 275, 518
Juana de Arco, 178, 184
Juana de la Cruz, sor, 363
Juana de Portugal, 53, 582
Juana la Beltraneja, hija de Enrique IV, 46-47, 53-56, 58-59, 61-62, 67, 69, 519, 522, 582, 584
Julio II, papa, 178, 311, 314, 320-321, 334, 338, 353, 511, 553-554, 556, 559-562, 564, 597-598
Justiniano, Tomás, 492

Kamen, Henry, 403
Kempis, Tomás de, 341

La Cerda, familia, duques de Medinaceli, 81, 384, 451, 454
La Cerda, Luis de, conde y duque de Medinaceli, 81, 481, 499
La Cueva, familia, duques de Alburquerque, 81, 262, 336
La Cueva, Beltrán de, duque de Alburquerque, 81, 336
Lacarra, José María, 294
Laguna, Andrés de, 418
Las Casas, Bartolomé de, 513
Las Casas, familia, 457, 482
Lalinde, Jesús, 292
Lanuza, familia, 85
Lanuza, Juan de, 297, 563
Lebrija, Francisca de, 422
Lecoq, Anne-Marie, 148
Lemos, conde, 71, 269; *véase también* Álvarez Osorio, Pedro, y Enríquez Osorio, Rodrigo
León X, papa, 311, 321, 599
Leonardo da Vinci, 453
Leonor de Aragón, reina de Navarra, 65, 517, 522
Lepe, Diego de, 503
Lerín, conde de, *véase* Beaumont, Luis de

Lévi-Strauss, Claude, 395
Lezcano Juan de, 236
Llanos, Fernando, 453
Llanos y Torriglia, Félix de, 185
Llull, Ramón, 136, 362, 415, 428, 435, 479
Londoño, Sancho de, 237
López de Arenas, Diego, 411
López de Arriarán, Garci, 236
López de Carvajal, Bernardino, 561
López de Haro, Diego, 71, 216, 236, 527, 592
López de Padilla, García, 338, 587
López de Salamanca, Juan, 356
López de Toledo, Ruy, 211
López de Villalobos, Francisco, 417
López de Vivero, Juan, 138, 204, 219-220, 320, 513, 563
Lucano, 419
Lucena, Juan de, 137, 143, 341, 421
Lucero, Diego Rodríguez, 325, 399-400
Ludolfo de Sajonia, 340
Ludueña, Hernando de, 436
Luis XI, rey de Francia, 46-47, 56, 61-65, 67, 517-519, 522-523, 525, 582, 584, 587
Luis XII, rey de Francia, 50, 535, 538-540, 543-544, 546, 553, 556-557, 560-561, 563-564, 595, 597
Luna, condes de, *véase* Quiñones, familia
Luna, Álvaro de, 56, 186, 261-262, 269, 336, 372-373, 389, 460
Luna, Jaime de, 276, 598
Lunenfeld, Marvin, 248

Madrigal, Alonso de, 220, 356, 420, 451
Madruga, Pedro, conde de Camiña, 63, 71

Maestro de los Reyes Católicos, 453
Maestro de San Ildefonso, 453
Magdalena, infanta navarra, 530
Magdalena de Francia, 522
Magdaleno, Diego, 352
Manrique, Antonio, duque de Nájera y virrey de Navarra, 566
Manrique, familia, duques de Nájera, 57, 79, 217, 269, 546, 551
Manrique, Íñigo, 79
Manrique, Jorge, 357, 585
Manrique, Juan, conde de Castañeda, 79
Manrique, Pedro, conde de Treviño y duque de Nájera, 71, 79, 269, 546, 550-552, 555
Manrique, Rodrigo, conde de Paredes, 66, 79, 337, 585
Manuel I, rey de Portugal, 196-197, 416, 535-537, 593-594, 596
Maquiavelo, Nicolás, 145-146, 155, 166, 183, 599
Maravall, José Antonio, 24, 122, 125, 203-205, 311
March, Ausias, 440
Marcuello, Pedro, 138
Margarit, Joan, 137, 160, 187, 419
Margarita de Austria, 195, 525, 533-534, 590, 594
María, infanta y reina de Portugal, 193, 196-197, 259, 537, 596
María de Borgoña, 585, 587
María de Castilla, 170
María de Molina, 126
María de Santo Domingo, 363
María «la Pobre», 363
María Tudor, 424
Marineo Sículo, Lucio, 82, 138, 161, 176, 182, 424
Márquez Villanueva, Francisco, 386
Marsilio de Padua, 136
Marta, Madre, 363
Martí de Galba, Joan, 440
Martín V, papa, 317, 427

Martínez, Ferrán, 369
Martínez de Ampiés, Martín, 362
Martínez de Osma, Pedro, 326, 418
Martínez Siliceo, Juan, 418
Martorell, Joanot, 440
Matienzo, Tomás de, 534
Maximiliano I, emperador, 162, 237, 525-526, 530, 534, 552, 554-556, 560, 587, 592
Medellín, condes, *véase* Portocarrero, familia
Médicis, Juan de, *véase* León X, papa
Médicis, Lorenzo de, 527, 591
Medina, Pedro de, 423
Medina Sidonia, *véase* Guzmán, familia
Medinaceli, condado, *véase* La Cerda, familia, y La Cerda, Luis de
Medrano, Francisca, 438
Medrano, Lucía, 422
Melamed, Rabí Mayr, 374
Membreque, Martín Alonso, 399
Mena, Juan de, 420
Mendoza, familia, marqueses de Santillana y duques del Infantado, 55, 60-61, 80-81, 262, 269, 324, 451, 551
Mendoza, Íñigo de, 137, 142-143, 178, 340, 357, 383
Mendoza, Íñigo López de, marqués de Santillana, 55, 324, 420, 435
Mendoza, Íñigo López de, conde de Tendilla, 81, 236, 271-272, 422, 472-473, 521, 589, 591
Mendoza, Juana de, 188
Mendoza, Pedro González de, cardenal, 59-61, 190, 226, 272, 312, 316, 319, 322-324, 333, 344, 356, 390, 420, 428, 472-473, 536, 584, 587-588
Menéndez-Pidal de Navascués, Faustino, 173

Mercadante, Lorenzo, 449
Metge, Bernat, 419
Miguel, infante de Portugal, 195-196, 259, 537, 596
Milhou, Alain, 146, 362
Miranda, Andrés de, 196
Mollat, Michel, 498
Monroy, Alonso de, 68, 337
Montagut, Tomás de, 298
Monteagudo, conde de, *véase* Hurtado de Mendoza, Antonio
Montesino, Antonio, 512
Montesinos, Ambrosio de, 340, 357, 442, 598
Morales, Alonso de, 211, 226, 258
Morales Padrón, Francisco, 486, 511
Moreno, Joan, 440
Morlanes, Gil de, 450
Moro, Tomás, 424
Muhammad ibn Sad, el Zagal, 464-466, 589
Münzer, Thomas, 447
Muros, Diego de, 428

Nájera, duque de, *véase* Manrique, familia; Manrique, Antonio, y Manrique, Pedro
Nájera, Pedro de, 348
Navarro, Pedro, conde de Oliveto, 558-559
Nebrija, Elio Antonio de, 27, 138, 161, 173, 416, 421, 424-426, 429-430, 436, 563, 581, 592
Netanyahu, Benzion, 385, 403
Nicolás V, papa, 336
Nicuesa, Diego de, 504
Niebla, condado, *véase* Guzmán, familia
Nieto, José Manuel, 123
Niño, Pero Alonso, 503
Núñez Coronel, Fernando, 377
Núñez de Balboa, Vasco, 504

Ojeda, Alonso de, 502, 504
Olivera Serrano, César, 58
Oliveto, conde de, *véase* Navarro, Pedro
Ordóñez, Bartolomé, 451-452
Orerio, Jerónimo de, 492
Oropesa, Alonso de, 324-325, 383, 387, 389
Oropesa, condes de, 80, 434; *véase también* Álvarez de Toledo, Fernando
Oropesa, Pedro de, 219
Ortega, Juan de, 253-254, 321, 520
Ortiz, Alonso, canónigo, 137, 141, 327, 438
Ortiz, Francisco, 328
Ortiz de Calzadilla, Diego, 415-416
Ortiz de Zúñiga, Diego, 268
Osma, Pedro de, *véase* Martínez de Osma, Pedro
Osona, Rodrigo de (el Viejo y el Joven), 453
Osorio, familia, 80, 269-270
Osorno, conde, *véase* Fernández Manrique, Gabriel
Ovando, Nicolás de, 195, 510
Ovidio, 419

Pablo II, papa, 57
Pacheco, familia, marqueses de Villena y duques de Escalona, 81, 208, 269-270, 384, 546
Pacheco, Diego López, marqués de Villena y duque de Escalona, 61-64, 81, 267
Pacheco, Juan, marqués de Villena y duque de Escalona, 46, 54-61, 261-262, 336, 552, 584
Pacheco, María, condesa de Benavente, 325, 436
Padilla, Juan de, 340
Padilla, Lorenzo, 138
Padilla, Sebastián de, 348

Palacios Rubios, Juan López de, *véase* López de Vivero, Juan
Palafox, Guillén de, señor de Ariza, 290
Palamós, conde de, *véase* Requesens, Galcerán de
Palencia, Alfonso de, 87, 138, 421, 425, 437
Palladio, Andrea, 420
Palma, Alonso (bachiller Palma), 137, 147, 161
Palmaro (o Palomar), Francisco, 492
Pardo de Cela, Pedro, 71
Paredes, conde de, *véase* Manrique, Rodrigo
Paredes, Sancho de, 192, 434
Paz, Matías de, 513
Pedro I, rey de Castilla, 193, 221
Pedro III, rey de Aragón, 126, 362
Pedro de Aragón, infante, 136
Pelayo, Álvaro, 126, 136
Penyafort, Ramón de, 136
Peñalosa, Francisco de, 454
Peralta, Pierres de, 85, 523
Peraza, familia, 457, 482
Pereç, Miguel, 440
Perestrelo y Moniz, Felipa, 498
Pérez, Fernando, *véase* Señor, Abraham
Pérez Cubitos, Esteban, 585
Pérez de Almazán, Miguel, 211, 258, 401, 426, 549-550
Pérez de Guzmán, Fernán, 160, 387, 437
Pérez de Oliva, Fernán, 436
Pérez de Osorio, Alvar, marqués de Astorga, 323
Pérez-Prendes, José Manuel, 200, 207
Perrin, Michel, 449
Pertusa, Martín de, 286
Petrarca, Francesco, 341, 419, 444
Piccolomini, Eneas Silvio, 436
Pico della Mirandola, Giovanni, 425

Pimentel, familia, condes de Benavente 71, 79, 269
Pimentel, Rodrigo Alfonso de, conde de Benavente, 61, 80, 546, 552
Plasencia, conde de, *véase* Zúñiga, Álvaro de, y Zúñiga, Juan
Plutarco, 419, 437
Polono, Nicolás, 415
Ponce de León, familia, marqueses de Cádiz, 81, 270, 583
Ponce de León, Juan, 504
Ponce de León, Rodrigo, marqués de Cádiz y duque de Arcos de la Frontera, 61, 63-64, 66, 81-82, 271, 464, 472, 587
Ponte, Cristóbal, 492
Portocarrero, familia, condes de Medellín, 68, 81
Portocarrero, Luis de, 541
Prescott, William Hickling, 185
Preste Juan, 498
Priego, marqués de, *véase* Fernández de Córdoba, Pedro
Prieto Cantero, Amalia, 198
Prodi, Paolo, 310
Puebla, Juan de la, 351
Puebla, Rodrigo de la, 236
Pulgar, Hernando del, 138, 140, 143, 149, 153, 155, 175-177, 180-181, 383, 386, 390, 392, 421, 437, 481

Quintana, Pedro de, 211
Quintanilla, Alfonso de, 188, 228, 253-254, 484, 520
Quinto Curcio, 420
Quiñones, familia, condes de Luna, 79, 85, 269-270

Ramírez, Juan, 205, 597
Ramírez Ávalos de la Piscina, Diego, 162
Ramírez de Madrid, Francisco, 211, 360, 479
Ramírez de Villaescusa, Alonso, 137
Ramírez de Villaescusa, Diego, 137
Regalado, Pedro, 350
Rejón, Juan, 483-484, 488, 585-586
Requesens, Galcerán de, conde de Palamós y de Trevento, 236, 531
Riario, Pietro, 319
Ribagorza, conde de, 53; *véase también* Alfonso de Aragón y Juan de Aragón
Ribas, Lope de, 254
Ricardo II, rey de Inglaterra, 524
Ricardo III, rey de Inglaterra, 588
Riquer, Martín de, 443
Rocamora, Moisés Samuel de, 416
Rocatallada, Juan de, 147, 362
Rodríguez de Almela, Diego, 138, 160, 436
Rodríguez de Fonseca, Juan, 237, 324, 510
Rodríguez de Lillo, Antón, 219
Rodríguez de Montalvo, Garci, 443
Rodríguez Puértolas, Julio, 445
Rodríguez Valencia, Vicente, 198
Roiç de Corella, Joan, 340, 357, 419, 440
Rojas, Fernando de, 444-445
Rojas, Francisco de, 237, 313, 536, 548-549
Roma, Gil de, 136
Romano, Egidio, 126, 136
Roth, Cecil, 383, 385
Rovere, Francesco della, *véase* Sixto IV, papa
Rovere, Giuliano della, *véase* Julio II, papa
Rubio, Samuel, 454-455
Rucquoi, Adeline, 244, 427
Ruiz de Calcena, Juan, 211
Ruiz de la Mota, Alonso, 209
Rumeu de Armas, Antonio, 489

Saja, Luis de, 350
Sala Balust, Luis, 339
Salas, José Antonio, 283
Salazar, Lope de, 350
Salinas, conde de, *véase* Gómez Sarmiento, Pedro, y Sarmiento, Diego
Salinas, Martín de, 211
Salustio, 420
Salrach, José María, 293
Salvador, Emilia, 171
Salvador, N., 423
San Agustín, 205, 341, 424
San Anselmo, 341
San Buenaventura, 341
San Francisco de Asís, 359
San Gregorio Magno, 341
San Ignacio de Loyola, 342
San Isidoro de Sevilla, 23, 136
San Jerónimo, 342
San Juan Clímaco, 341
San Leocadio, Pablo de, 453
San Pedro, Diego de, 138, 443
San Vicente Ferrer, 341, 356, 369
Sánchez, Alfonso, 188, 383
Sánchez, Francisco, 188, 383
Sánchez, Gabriel, 188, 278, 383
Sánchez, Luis, 187-188, 383
Sánchez-Albornoz, Claudio, 403
Sánchez de Arévalo, Rodrigo, 137, 160, 203, 341, 420, 431, 436
Sánchez de Badajoz, Garci, 441
Sancho de Castilla, 193-194
Sandoval, Prudencio de, 138
Sant Climent, Francesc, 418
Santa Catalina de Siena, 341, 440
Santa Cruz, Alonso de, 138, 416
Santa Fe, Jerónimo de, 387
Santa María, Gonzalo de, 340
Santa María, Pablo de, 383, 387
Santa Matilde, 341
Santaella, Rodrigo de, 344, 428, 597
Santángel, Luis de, 188, 211, 278, 383

Santiago, apóstol, 23
Santillana, marqués de, *véase* Mendoza, familia, y Mendoza, Íñigo López de
Santori, Fazio, 557
Santoyo, Pedro, 350
Sanudo, Marino, 176
Sarmiento, Diego, conde de Salinas, 208
Sarmiento, Pedro, 386
Savonarola, Girolamo, 341, 352, 595
Segovia, Juan de, 420
Séneca, 341, 419-420
Señor, Abraham, 374, 377
Serra Ráfols, Elías, 489, 491
Serrano, Juan Alfonso, 473
Sesma Muñoz, Ángel, 297
Sforza, Lodovico, el Moro, 529, 536, 593
Silió, César, 185
Siloé, Diego de, 451-452
Siloé, Gil de, 447
Silva, familia, condes de Cifuentes, 81
Silva, Alonso de, 237
Silva, Beatriz de, 353, 359
Simón de Colonia, 447
Sixto IV, papa, 57, 67, 311-312, 319, 390-391, 518, 520, 582, 585-586, 588
Socarrats, Joan de, 274
Solano, Fernando, 293
Soria, Diego de, 88
Sotomayor, familia, condes de Camiña, 80
Sotomayor, Gutierre de, 81
Strayer, Joseph R, 126
Stúniga, *véase* Zúñiga, familia
Suárez de Figueroa, Gómez, 81
Suárez de Figueroa, Lorenzo, 81, 237, 336
Suárez de Toledo, María, 360
Suárez Fernández, Luis, 65, 252, 308, 367, 376, 515, 529, 534

Susa, Enrique de, 513
Susán, Diego de, 391

Talavera, Hernando de, 167, 181, 189, 191-192, 315, 321-325, 333-334, 340-341, 347, 349, 356, 383, 390, 400, 425, 432, 436, 473-474, 584, 591, 594, 598
Talavera, Maldonado, 219, 333
Tate, Robert Brian, 160-161
Tavera, Juan de, 326, 328
Téllez-Girón, familia, condes de Urueña, 63-64, 81, 323
Texeda, Gaspar de, 437
Theodoli, Giovanni Rufo de, 314
Tito Livio, 420
Toledo, Fadrique de, duque de Alba, 271
Toledo, Francisco de, 140
Toledo, García de, 559
Toledo, Pedro de, 193, 334
Tomás de Aquino, 136, 427, 479
Tomic, Pere, 162
Tormo, Elías, 350
Torquemada, Juan de, 352, 383, 387, 420
Torquemada, Tomás de, 189, 383, 392-394, 431, 587
Torre, Alfonso de la, 420, 435
Torre, Antonio de la, 185
Torre, Juana de la, 193
Torre, Mencía de la, 188
Torre, Rodrigo de la, 316
Torres, Diego de, 188, 197, 278
Torres Naharro, Bartolomé de, 445
Trastámara, casa, 24, 32, 46, 53, 78, 133, 163, 171, 240, 243, 260, 516
Trevento, conde de, *véase* Requesens, Galcerán de Trevento
Treviño, conde de, *véase* Manrique, Pedro
Trogo Pompeyo, 140
Tucídides, 419
Turell, Gabriel, 162, 437

Ullmann, Walter, 122
Ulloa, Rodrigo de, 227, 326, 333
Urrea, familia, condes de Aranda, 85
Urrea, Pedro de, 158
Urríes, familia, 85
Urríes, Hugo de, 85
Urueña, conde de, *véase* Téllez-Girón, familia y Girón, Pedro

Vaca, Pedro, 180, 188
Vagad, Fabricio de, 138, 143, 161
Valera, Charles de, 67, 585
Valera, Diego de, 67, 137-138, 143-144, 153, 155, 158, 160, 381, 383, 387, 421, 436-437, 584
Valerio Máximo, 420
Valla, Lorenzo, 425
Vargas, Martín de, 348
Vauchez, André, 146
Vázquez, Juan, 454
Vázquez de Acuña, Luis, 323
Vázquez de Arce, Martín, 448
Vázquez de Figueroa, Lorenzo, 451
Vega, Garcilaso de la, 236
Vega, Garcilaso de la (Inca Garcilaso), *véase* Inca Garcilaso
Vegio, Maffeo, 436
Velasco, familia, 78, 208, 447; *véase también* Fernández de Velasco, Pedro
Velázquez, Juan, 192, 194
Vélez, marqués de los, *véase* Fajardo y Chacón, Pedro
Vélez de Mendoza, Alonso, 503
Veneris, Antonio de, 54, 57
Vera, Diego de, 234, 562
Vera, Pedro de, 484, 586-587
Vespucio, Américo, 502-503, 506
Vicens Vives, Jaime, 149, 169, 186, 284, 287, 523
Vicente, Gil, 99, 445
Vich, Jerónimo de, 237

Vidal de Noya, Francesc, 187, 419
Vigarny, Felipe, 452
Vigna, Pietro della, 136
Vilamarí, Bernat de, 236, 528, 540
Vilanova, Arnau de, 136, 147, 362, 415
Vilar, Pierre, 17
Villacreces, Pedro de, 350
Villalpando, Antonio de, 137
Villanueva, Tomás de, 323
Villena, Enrique de, 415
Villena, Isabel de, 340, 440
Villena, marqués, 216; *véase también* Pacheco, familia; Pacheco, Diego López, y Pacheco, Juan
Villuga, Juan de, 209
Vinyoles, Narcis, 441
Viña, Mateo, 492
Vique, Catalina de, 81
Virgilio, 419
Vivero, Juan de, 244
Vives, Juan Luis, 196, 399, 424, 592
Vives, Miguel, 424

Waldseemüller, Martin, 503
Weber, Max, 204

Ximénez de Préxamo, Pedro, 342, 356, 592
Ximénez de Urrea y Fernández de Híjar, Pedro, 442

Yáñez de la Almedina, Fernando, 453
Yáñez Pinzón, Vicente, 503-504

Zacuto, Abraham, 416
Zafra, Hernando de, 211, 227, 471, 473, 591
Zafra, Lorenzo de, 236
Zagal, el, *véase* Muhammad ibn Sad
Zamora, Álvaro de, 352
Zapata, Juan, 193
Zarza, Vasco de la, 451
Zittow, Miguel, 453
Zúñiga, familia, 55, 61, 63, 80, 208, 269-270, 546, 583
Zúñiga, Álvaro de, duque de Arévalo y conde de Plasencia, 55, 62, 64, 80
Zúñiga, Juan de, conde de Plasencia, 68, 337-338, 425, 586
Zurita, Jerónimo, 197, 551, 555-556, 567